駿台

京大入試詳解25年 現代文

第2版

2022~1998

問題編

駿台文庫

◇目次◇

＊本書では，編集の都合上，以下の問題を省略しております。
二〇〇六年 一　　一九九八年 一

二〇二二年

（文理共通）

一　次の文を読んで、後の問に答えよ。（文系五〇点・理系四〇点）

現実は残酷です。今日の若い世代に、古典芸術についてたずねてみてごらんなさい。*コーリンとか、タンニュー、トーハク、なんて言ったら、新薬の名前かなんかと勘ちがいすること、うけあい。そうしてダ・ヴィンチやミケランジェロならご存じだということになると、(1)どっちがこれからの世代に受けつがれる伝統だか分からなくなってきます。

さらに一例。――やや古い話ですが、法隆寺金堂《こんどう》の失火で、壁画を焼失したのは昭和二十四年のことです。この年、某新聞社の十大ニュースの世論調査では、第一位が*古橋の世界記録、二位が湯川秀樹のノーベル賞、以下、*三鷹《みたか》事件、下山《しもやま》事件などの後に、あれだけさわがれた法隆寺の壁画焼失という、わが国文化史上の痛恨事は、はるかしっぽのほうの第九位に、やっとすべりこんでいた。これは有名な事実です。（法隆寺は火災によってかえってポピュラーになりました。以前には、*大仏殿の年間のあがりが十とすると、法隆寺は一、古美術の名作をゆたかに持っている寺でも、薬師寺とか唐招提寺などになると、〇・一という比例だったと聞きました。それが金堂が焼け、壁画が見られなくなった、と聞いたとたん、法隆寺の見物人が急に四倍にふえたということです。）

伝統主義者たちの口ぶりは目に見えるようです。「俗物どもは」――「近頃の若いやつらは」――「現代の頽廃《たいはい》」――などと時代を呪い、教養の低下を慨嘆するでしょう。

だが嘆いたって、はじまらないのです。今さら焼けてしまったことを嘆いたり、それをみんなが嘆かないってことをまた嘆いたりするよりも、もっと緊急で、本質的な問題があるはずです。

(2)自分が法隆寺になればよいのです。

失われたものが大きいなら、ならばこそ、それを十分に穴埋めすることはもちろん、その悔いと空虚を逆の力に作用させて、それよりもっとすぐれたものを作る。そう決意すればなんでもない。そしてそれを伝統におしあげたらよいのです。そのような不逞《ふてい》な気魄《きはく》にこそ、伝統継承の直流があるのです。むかしの夢によりかかったり、くよくよすることは、現在を侮蔑し、おのれを貧困化することにしかならない。

私は嘆かない。どころか、むしろけっこうだと思うのです。このほうがいい。今までの登録商標つきの伝統はもうたくさんだし、だれだって面倒くさくて、そっぽを向くにきまっています。戦争と敗北によって、あきらかな断絶がおこなわれ、いい気な伝統主義にピシリと終止符が打たれたとしたら、一時的な空白、教養の低下なんぞ、お安いご用です。

それはこれから盛りあがってくる世代に、とらわれない新しい目で伝統を直視するチャンスをあたえる。そうさせなければなりません。私がこの、『日本の伝統』を書く意味もそこにあるのです。つまり、だれでもがおそれていまだにそっとしておく、*ペダンティックなヴェールをひっぱがし、みんなの目の前に突きつけ、それを現代人全体の問題にしようと考えるからです。

先日、竜安寺《りょうあんじ》をおとずれたときのこと、石庭を眺めていますと、ドヤドヤと数名の人がはいってきました。*方丈の縁に立つなり、

「イシダ、イシダ」

と大きな声で言うのです。そのとっぴょうしのなさ。*むきつけな口ぶり。さすがの私もあっけにとられました。

彼らは縁を歩きまわりながら、

「イシだけだ」

「なんだ、タカイ」

なるほど、わざわざ車代をはらって、こんな京都のはずれまでやって来て、ただの石がころがしてあるだけだったとしたら、高いにちがいない。

シンとはりつめ、凝固した名園の空気が、この単純素朴な価値判断でバラバラにほどけてしまった。私もほがらかな笑いが腹の底からこみあげてきました。

私自身もかつて大きな期待をもって、はじめてこの庭を見にいって、がっかりしたことがあります。ヘンに観念的なポーズが鼻について、期待した芸術のきびしさが見られなかった。

だがこのあいだから、日本のまちがった伝統意識をくつがえすために、いろいろの古典を見あるき、中世の庭園をもしばしばおとずれているうちに、どうも、神妙に石を凝視しすぎるくせがついたらしい。用心していながら、逆に、うっかり敵の手にのりかかっていたんじゃないか。(3)どうもアブナイ。

『裸の王様』という物語をご存じでしょう。あの中で、「なんだ、王様はハダカで歩いてらぁ」と叫んだ子どもの透明な目。あれをうしなったらたいへんです。

石はただの石であるというバカバカしいこと。だがそのまったく即物的な再発見によって、権威やものものしい伝統的価値をたたきわった。そこに近代という空前の人間文化の伝統がはじまったこともたしかです。

なんだ、イシダ、と言った彼らは文化的に根こぎにされてしまった人間の空《むな》しさと、みじめさを露呈しているかもしれません。が、そのくらい平気で、むぞうさな気分でぶつかって、しかもなお、もし打ってくるものがあるとしたら、ビリビリつたわってくるとしたら、これは本ものだ。(4)それこそ芸術の力であり、伝統の本質なのです。

戦前、私がフランスから帰ってきたばかりのときでした。*小林秀雄に呼ばれて、自慢の骨董《こっとう》のコレクションを見せられたことがあります。まず奇妙な、どす黒い壺《つぼ》を三つ前に出され、さて、こまった。なにか言わなきゃならない。かつて骨董なんかに興味をもったこともないし、もとうと思ったこともない。徹底的に無知なのです。だが見ていると、一つだけがピンときた。

「これが一等いい」

とたんに相手は「やあ」と声をあげました。

「それは日本に三つしかないヘンコ（骨董としてたいへん尊重される古代朝鮮の水筒型の焼きもの）の逸品の一つなんだ。今まで分かったような顔をしたのが何十人、家に来たか分からないけれど、ズバリと言いあてたのはあなたが初めてだ」

というのです。私のほうでヘエと思った。つぎに、白っぽい大型の壺を出してきました。

「いいんだけれど、どうも口のところがおかしい」というと、彼、ますますおどろいたていで、「するどいですな。あとでつけたものです。これはうれしい」とすっかり感激し、ありったけの秘蔵の品を持ちだしてしまいました。えらいことになったと思った。しようがないからなにか言うと、それがいちいち当たってしまうらしいのです。だが私にはおもしろくもへったくれもない。さらにごそごそと戸棚をさぐっている小林秀雄のやせた後姿を見ながら、なにか、気の毒なような、もの悲しい気分だったのをおぼえています。

美がふんだんにあるというのに、こちらは退屈し、絶望している。

しかし、(5)美に絶望し退屈している者こそほんとうの芸術家なんだけれど。

（岡本太郎『日本の伝統』〈昭和三十一年〉より。一部省略）

注（＊）

コーリンとか、タンニュー、トーハク＝尾形光琳、狩野探幽、長谷川等伯。桃山時代～江戸時代中期に活躍した画家。

古橋＝古橋広之進。第二次世界大戦後、自由形の世界記録を次々と打ち立てた水泳選手。

三鷹事件、下山事件＝いずれも昭和二十四年に国鉄（現ＪＲ）で起こった事件。

大仏殿＝大仏を安置した殿堂。ここは奈良東大寺の大仏殿。

ペダンティック＝物知りぶったさま。

方丈＝禅宗寺院で、住職の居室を言う。
むきつけな＝無遠慮なさま。
小林秀雄＝文芸評論家（一九〇二～一九八三）。古美術収集家としても知られた。

問一　傍線部（1）はどういうことか、説明せよ。

問二　傍線部（2）はどういうことか、説明せよ。

問三　傍線部（3）のように筆者が言うのはなぜか、説明せよ。

問四　傍線部（4）はどういうことか、説明せよ。

問五　傍線部（5）について、「ほんとうの芸術家」とはどういうものか、本文全体を踏まえて説明せよ。

※問四は文系のみ。

（解答枠は問一・三＝ヨコ10ミリ×タテ140ミリ×3行、問二・四＝同4行、問五＝同5行）

（文系）

二

次の文を読んで、後の問に答えよ。（五〇点）

*『千一夜物語』は周知のように、大臣の娘姉妹が宮廷におもむき、夜ごと興味尽きぬ話を王にきかせてゆくという発想からなっている。そして、そのシャハラザードなる姉娘の話は、いわば萌芽《ほうが》増殖とでもいうべき形態をとり、たとえば旅をする一人の商人が道中不思議な三人の老人に会うと、その三人の老人がめいめいに自己の境遇を話し出して独立の物語となり、あるいは一人の登場人物がある状況に出くわして、「これは嘗《か》ってあったある大臣と医者の話そっくりじゃ」と歎息《たんそく》すると、その大臣と医者の物語が不意に膨脹《ぼうちょう》して独立の一篇《いっぺん》をなすといった具合である。物語が物語を生み、登場人物が語り出した物語の中の人物がまた一つの物語を語り出す。土地に接触した茎から根がはえ、そこからまた茎を出し、その茎の一部からまた根がはえて独立する、ある種の植物の繁殖にそれは似ている。

察する(1)にこうした発想法の背後には、従来あまり問題にされないアラビア文化圏特有の存在論が秘められているのであり、それは彼らの生命観や歴史意識ともおそらくは無縁ではない。仏教に地獄の中に極楽がふくまれていて、その極楽の中にまた地獄があるといった思念があって、それが仏教文学の発想や存在論とかかわりがあるのと、多分同じことであろう。

いまここで私は存在論を問題にしようとしているのではなく、考えてみたいのは「読書について」であるが、『千一夜物語』をふと思い出したのは、かつて青春の一時期、私はこの物語の発想に近い読書の仕方をしていたことのあったのを想起したからである。

一時、痩身病弱だったことのある私は、暗い下降思念のはてに死の誘惑にとりつかれ、それから逃れるために手当りしだいに書物を読んだものだったが、それが何か確実な、具体的認識をうるためというよりは、*パスカルの言う〈悲惨なる気晴し〉に近かったために、逆に一冊の書物を読んでいる過程での思念の動きは、あたかも『千一夜物語』のように、一つの瘤《こぶ》の上にまた一つ瘤が出来るといった気ままな膨脹をした。

当時友人の一人に一冊の書物を読みきれば、その理解したところを見事に要約してみせねばやまない〈要約魔〉がいて、電車の中や街頭で彼の的確精密な要約を聞きながら、(2)しばしば自分の読書の仕方に対するある後ろめたさの念におそわれたものである。「あの本を読んだか」と聞かれ、嘘《うそ》ではなく読んだ記憶があって、「ああ」と答えるのだが、想念を刺戟《しげき》された部分や、小説ならば作中人物のある造形に共感を伴うイメージはあるのだが、どうしてもその友人がしてみせるようには、内容を整然と紹介したり説明したりできないのだった。後年、生活の糧をうるべく某新聞の無記名書評を担当したりしていた時、必要上、そうした技術も身につけたが、当時には、どうもその気にはなれず、また周囲にある事柄に関して及びがたい人物がいると、却《かえ》って逆の性質を増長させてしまう交友心理もはたらいてか、私はますます妄想的読書にのめり込んでいった。やがて病は昂《こう》じ、一つの思念や想像が刺戟された時には、その思念や想像のがわに身を委ねて、あえて一つの書物を早急に読み切ることに執着しなくなっていった。あげくの果てには、人が死ぬのは、疾病や過労によって肉体的生命が涸渇《こかつ》するからではなく、想像の世界が縮小し消失した時、なにものかに殺されるのであるという私《ひそ》かな確信すら懐《いだ》くようになってしまったのである。

(3)これはむろん読書の態度としては、いわば〈邪読〉であって、読書はまず即自有*としての自己を一たん無にして、他者の精神に接するべきものであり、あるいは確実な、あるいは体系的な知識を身につけるために読むべきものであることは知っている。また客観的精神というものは、そうした過程を経なければ形成されず、また、そうでなければ、認識と実践の統一という美しい神話も成り立たない。

しかしすべて邪《よこしま》なるものには、悪魔的魅力があるものであって、常に正しく健全であり続けることは、おそらくは索漠として淋《さび》しいものなのではあるまいか。

私見によれば、ある領域に関して長ずるための唯一の方法は、半ば無自覚にそれに耽溺《たんでき》することであって、中庸というのはあくまで晩年の理想にすぎない。読書に関してもまた同じ。厠《かわや》の中で何か読みはじめたために厠から出るのを忘れ、飯を食っている間ぐらい、考えごとをするのをやめなさいと両親にさとされても、生返事をしてあい変らず妄想し、なおさっきの続きを読んでいるといった耽溺がなければ、なんらかの認識の受肉はありえないという気がする。そして、それは客観的精神がある時期に芽ばえ育つこととは必ずしも矛盾しない。

あえて〈邪読〉について書きつづければ、こうした耽溺のあとには必ず〈忘却〉がやってくる。何を読んだのだったか、題名の記憶はありながらもその内容の痕跡《こんせき》がほとんど残らず、あたかもその時間が無駄であったように印象される。読んだ内容を可能な限り記憶にとどめているべき学問的読書や実務型の読書、あるいは次の実践や宣伝の武器としても、章句を記憶にとじこめておくべき行動型の読書から言っても、この〈忘却〉は、はなはだしく迂遠《うえん》である。せっかく読んで忘れてしまうくらいなら読まない方がまし、とも言える。だがしかし、(4)その〈忘却〉にも、意味があると私は言いたい気もする。

これは経験的に確かなこととして言えると思うが、もし創造的読書というものがあるとすれば、それは必ずこの忘却を一つの契機とするからである。

かつて*ショーペンハウエルが思考なき多読の弊害を説き、*ニイチェが文献学者から哲学者への転身に、その〈忘却〉の契機を積極的に生かしたことは周知のことに属するが、まこと読書は各自の精神の濾過器《ろか》を経て、その大部分が少くとも顕在的な意識の上からは、一たん消失するということがなければ、精神に自立というものはなくなるかもしれない。

ものごとはすべて失いかけた時に、そのことの重大さを意識する。いま私が〈邪読〉についてしるすのも、率直に言えば、私自身がすでにその〈邪読〉の条件を大はばに失ってしまっているからである。*職業上の読書、下調べのための走り読み……。もっとも書物と縁が深いようで、少し心を許せば(5)読書の本質から遠くなる危険をもった生活が、おそらく私にかつてあった豊饒《ほうじょう》な時間を無限に愛惜させるのであろう。

むろん、そうであっても、なお〈邪読〉は〈邪読〉であり、一つの読書のあり方ではあり得ても、他の読書のあり方を排除すべき権利も理由もない。むしろ、人の顔がそれぞれ違うように、無限に多様な読書の態度がありえていいのである。

一冊の書物にほとんど救いを求めるようにして接する求道型の読書、具体的な生活上の知識や知恵を得るための読書、あるいは無目標なしかし存在の奥底からの渇望から発する読書等々。各人がその人の個性にあった読書のかたちを造り出せばいいのであろう。

そして人生がそうであるように、誰しもあれもこれもと欲し、理想はさまざまの読書の型をそれぞれの人生の時期に経過することにあるのだろうが、しかしまた人生そのものがそうであるように、人は一つの読書のあり方に比重をかけたまま、その生を終らざるをえないのであろう。

（高橋和巳「〈邪読〉について」。一部省略）

注（＊）

『千一夜物語』＝『千夜一夜物語』や『アラビアン・ナイト』の名称でも知られるアラビアの説話集。

パスカル＝フランスの数学者、自然哲学者、神学者（一六二三～一六六二）。遺稿集『パンセ』の中で、悲惨な境遇を考えることから意識をそらすことを「気晴し」と呼んでいる。

即自有＝ドイツの哲学者ヘーゲル（一七七〇～一八三一）の用語。「即自存在」ともいい、他者との関係によらずに、それ自体として存在するもの。以下の本文にある「客観的精神」、「認識と実践の統一」もヘーゲル哲学を意識したもの。

ショーペンハウエル＝ドイツの哲学者（一七八八～一八六〇）。

ニイチェ＝ドイツ出身の文献学者、哲学者（一八四四～一九〇〇）。

職業上の＝当時、筆者は大学で中国文学を講じつつ、作家として活動していた。

問一　傍線部（1）はどのような発想法か、説明せよ。

問二　傍線部（2）について、筆者が「ある後ろめたさ」を感じたのはなぜか、説明せよ。

問三　傍線部（3）のように筆者が言うのはなぜか、説明せよ。

問四　傍線部（4）のように筆者が言うのはなぜか、説明せよ。

問五　傍線部（5）について、筆者にとっての「読書の本質」とはどのようなものか、本文全体を踏まえて説明せよ。

（解答枠は問一＝ヨコ10ミリ×タテ140ミリ×2行、問二＝同3行、問三～五＝同4行）

（理系）

二　次の文を読んで、後の問に答えよ。（三〇点）

手紙の返事を書こうとしてもなかなか書けない時、つい日記をひろげてしまう。悪い癖だと思う。手紙は一人の人間に向かって真っ直ぐ飛ばさなければならない紙飛行機のようなもので、(1)紙とは言え、尖《とが》った先がもし眼球に刺さってしまったら大変。責任を持って書かなければならない。責任を気にかけすぎると、書きたいことが書けない。それで、とりあえず責任のない日記をひろげてしまうのかもしれない。日記を前にすると頬杖《ほおづえ》がつきたくなる。頬杖をつくと、顎がかくっと上に向けられ、窓ガラスを通して青い空が見える。

今日の西の空は白い鱗《うろこ》に覆われていて、「いわし」がひらがなで浮かんだ。まだ朝早いせいか、いつまで待っても漢字に変換されない。ひらがなの味も悪くない。火を通さないナマの味。ひらがなで「いわし」と書いてみると、まるでドイツ語で「ふぉれれ」と書いた時のように口の中で柔らかく崩れる。フォレレというのは鰯《いわし》ではなく鱒《ます》のことだけれど、頭の中で魚を介さずに単語同士が互いに結びつき合っている。

わたしが心の中でひそかに「鱒男」と呼んでいたブレーメン出身の青年のことを思い出してしまうのは、今手紙を書こうとしている相手と彼が似ているからだろう。数ヵ月前、知人に頼まれてハンブルグ市の成人教育センターで日本語集中講座の手伝いをした。中級を受け持っている先生が喉の手術を受けてしばらく教えられなくなったということで、わたしはアルバイトで代理として雇われ、週に一度、大学の授業が終わってからセンターに足を運んだ。その時の教え子の一人が鱒男だった。言葉に対して繊細でかろやかな遊び心を持つ学生の多い中で、鱒男は口が重く、実直で無骨な印象を与えた。「赤い家の外に出ます」、「火曜日に、町から外に出ました」、「カエルが川から出ました」など、正しさがぎりぎり怪しい例文を作って文法を稽古するにあたっては、あることないこと文章にしてしまった方が練習になるのに、鱒男は「わたしは学生です」など最低限の守りの真実しか言わず、しかも、そんなことでさえ言うのがばかばかしい、といういらだちが声にも目元の表情にも出てしまう。その鱒男が急に顔をあげて「出たい」と言った時、(2)わたしはどきっとした。前も後ろもなし、ただ「出たい」と言ったのである。どこから出たいと言う以前に、とにかく出たいのだ、という切実な気持ちだけが伝わった。

「書く」を例にすれば分かりやすい。学生たちは、「書きます」など、いわゆる「ですます形」を初級クラスで覚え、中級クラスでは「書きます」から「ます」を引き算して、「たい」を足して、「書きたい」と欲望を表現する。そういう意味では、「書きます」という形は、「書く」という形よりも直接的に欲望につながっていく。鱒を取り除いて鯛《たい》を入れれば欲望が現れる。

そういうわけで鱒男も「出ます」の「ます」を取って「たい」を付けたのだが、それにしても鱒男の「出たい」は突飛で、どこから出たいのか見当がつかない。「出たい、という文章は間違ってはいないけれど、もう少し言ってくれないと意味が分からない」とわたしが言うと、鱒男は眉間に皺《しわ》を寄せてしばらく考えてから恥じらいもためらいも見せずに、「春が来ると、出たいです」という文章を作ってみせた。こうなってくるとどこから出たいのかだけでなく、誰があるいは何が出たいのかまで分からなくなってくる。

「と」を使ってある状況を仮定してから話者の希望を述べるのはまちがいだと日本語の教科書には書いてある。でもその理由を手早く説明するのは難しいだけでなく、わたしにはその瞬間、その文章が間違っているのかどうか、確信が持てなくなった。春が来ると出たい。鱒男は必死でこちらを見ていた。「春が来ると」という文節を他人の庭の木から折ってきて接ぎ木した。どうして春なんだ、と呆《あき》れてみせたい一方、何か本当に言ってみたい時の文章というのは(3)そういう風な手触りなのかもしれない、とも思う。

そしてその日の帰り道、気がつくとわたしは口ずさんでいた。春が来ると、出たいです。春が来ると、出るつもりです。春が来ると出ませんか。春が来ると、いっしょに出ましょうよ。

しばらく歩いて行くと、信号が目の前で赤に変わって、その瞬間どうして「春が来たら」って言わないんだろうと思った。そうすれば、誰にも文句を言われないのに。「春が来たら」と言える人間は、春が来ることを確信している。べったりと確かな未来を今の続きとして感じている。その春を自分が体験できると単純に信じ切っている。つまり、自分が明日死ぬかも知れないということをうっかり忘れている。それに対して、「春が来ると」と言う人は、どこでもない場所から一般論を述べている。話し手の存在は薄い。声が小さい。何を恐れているのか。自分はどこにもいないのに、急に濃い欲望、出たい気持ちを述べている。そこに矛盾があるのかもしれない。「春が来ると、出たいです。」鱒男は今どこにいて、どこへ出たいのか。

（多和田葉子「雲をつかむ話」より）

問一　傍線部（1）はどういうことか、説明せよ。

問二　傍線部（2）について、「どきっとした」のはなぜか、説明せよ。

問三　傍線部（3）はどのような「手触り」か、説明せよ。

（解答枠は問一・二＝ヨコ10ミリ×タテ140ミリ×3行、問三＝同4行）

二〇二一年

（文理共通）

一　次の文を読んで、後の問に答えよ。（文系五〇点・理系四〇点）

もうかれこれ三十何年も前の話である。当時、私は京都大学の学生で、北白川に下宿し、やはり東京から来て同じ区域にいた何人かと特に親しいグループを作っていた。（今でも親しくつき合っている。）いずれも気儘《きまま》な者ばかりだったが、ただ兄貴株の山崎深造だけは別であった。彼はおだやかな、思いやりの深い、そして晴れやかな落着きを感じさせるような人間で、時にはかなり辛辣な皮肉も言ったが、不思議に少しも嫌な気持が起らなかった。彼だけは既におとなであった。

京都へ来て二年目の六月に、私は熱を出し、*チブスの疑いがあるというので入院させられることになった。

そのとき彼は、私の蒲団《ふとん》があまり汚れているというので、自分のを分けて貸してくれた。そして入院の手続きから必要な買物まで、万事世話をしてくれた。幸いチブスではないとわかって、半月程して退院したが、医師のすすめで、そろそろ始まる夏休みには東京へ帰らずに郷里で保養することにした。それで、退院の直後、私は彼の下宿の部屋で雑談しながら、郷里の海や景色の美しさ、軽いボートを操って釣をしたり泳いだりして遊ぶ楽しさのことなどを、はずんだ気持で、調子づいて話していた。その時、彼は突然軽く笑いながら、一言、「君も随分おぼっちゃんだなア」と言った。そして(1)それが私には「忘れ得ぬ言葉」になってしまった。彼はその言葉を嘲りや嫌味の気持で言ったわけではない。彼はそういう、自分自身を卑しめるたぐいのことは、もともと出来ない人柄であった。だから、単にからかい半分の軽い気持で言ったに違いない。しかしそれを聞いた私にとっては、その一言は何かハッとさせるものをもっていた。私はその時の自分の心が自分自身のことで一杯になっていて、彼の友情、彼が私のために払ってくれた犠牲、についての思いが、そこに少しも影を落していないことに気付かされた。

しかもその時の自分のそういう心持というばかりでなく、自分というもの、それまでの自分の心の持ち方というものが、鏡にうつし出されたかのような感じであった。いわば生れてからこのかたの自分に突然サイド・ライトが当てられて、それまで気が付かなかった自分の姿に気が付いたというような気持であった。彼の眼には、散々厄介をかけながら好い気持でしゃべっていたわたしが、罪のない無邪気なおぼっちゃんと映ったに違いない。しかしその一言によって、(2)私の眼には、その自分の「罪のない」ことがそれ自身罪あることと映って来たのである。それは眼が開かれたような衝撃であった。実際に、私はそれ以来自分がおとなの段階、乃至《ないし》はおとなに近い段階に押し上げられたと思っている。

　実はそれまでにも高等学校の頃など、時たま友人達から「世間知らず」とか「おぼっちゃん」とか言われたことがある。兄弟姉妹というものをもたない独り子として育ったので、そういうところが実際あったのかも知れない。しかしそういう場合いくら「世間知らず」といわれても、殆《ほと》んど痛痒《つうよう》を感じなかった。というのは、少年の時に父親を失って以来、物質的にも精神的にもいろいろな種類の苦痛を嘗《な》めて、いわば人生絶望の稜線《りょうせん》上を歩いているような状態で、批評した友人達よりはずっと「世間」の何たるかを知っているという気持だったし、同時にまたそういう「世間」的なものを、十把一からげに自分の後にして来たような気持だったからである。しかし今度はまるで違っていた。(3)今度は、自分が、以前に言われたとは全く別の意味において「世間知らず」であったことを知った。という事は、裏からいえば、山崎の友情が私に実感となることによって、私は彼という「人間」の存在に本当の意味で実在的に触れることが出来、そして彼という「人間」の実在に触れることにおいて、本当の意味での「世間」に実在的に触れることが出来たということである。他の「人間」に触れ、彼とのつながりのなかで自分というものを見る眼が開けて初めて、普通に世間といわれるような虚妄でない実在の「世間」に触れたように思う。自分というものにサイド・ライトが当てられたのと世間というものを知ったのとは同時であった。それまでは、本質的な意味で「世間知らず」であり、同時に「自分知らず」であった。ずっと後になって考えたことだが、仏教でよく「縁」と言うのは、今いったような意味での人間とのつながり、又あらゆるものとのつながりのことではないであろうか。それはともかく、そういう意味で「人間」に触れ、「世間」に触れたことが、絶望的な気持のなかにいた当時の私には、何か奥知れぬ所から一筋の光が射して来て、生きる力を与えてくれるかのようであった。

　それにしても、ほんのちょっとした言葉が「忘れ得ぬ」ものになるのだから、言葉というものは不思議なものだと思う。現代の*セマンティックスの人々や*論理実証主義の哲学の人々が何と言おうと、言葉の本源は、生き身の人間がそれを語るというところにある。忘れ得ぬ言葉ということは、他人が自分のうちへ入って来て定着し、自分の一部になることだろうが、そのなり方はいろいろである。書物から来た言葉の場合には、どんなに深く自分を動かしたものでも、それが繰返し想起され反芻《はんすう》されているうちに、初めそれが帯びていた筆者のマークがだんだん薄れてくる。言葉の抽象的な意味内容だけが自分のうちに定着して、血肉に同化したかのように自分のうちへ紛れ込んでしまう。ところが、(4)言葉が生き身の人間の口から自分に語られた場合は、全く別である。その場合には言葉は、それを発した人間と一体になって自分のうちへ入ってくる。それが忘れ得ないものになるという時には、独立した他の人間がその人間としての実在性をもって自分のうちに定着し、自分とつながりながら自分の一部になる。彼の言葉は自分のうちで血肉の域を越えて骨身に響くものになってくる。それが忘れ得ぬ言葉ということである。その言葉が想起されるたびに、言葉は語った人間の「顔」、肉身の彼自身、を伴って現われてくる。そしてその言葉を反芻するたびに、我々は我々の内部でその彼の存在の内部へ探り入り、彼を解読することになる。それによって彼はますます実在性をもってもくるし、同時にまたますます我々自身の一部にもなってくる。つまり、言葉は人間関係の隠れた不可思議さを現わしてくる。

　私にとって、山崎の場合がまさしくそうであった。彼と彼の言葉を思い出す毎《ごと》に、彼はますます私に近付いてくるようでもあるし、私がますます彼のなかへ、もはや何も答えない彼という「人間」の奥へ、入って行って、彼を解読しているようでもある。(5)生きているとか死んでいるとかという区別を越えた、そういう人間関係は、夢のような話と思われるかも知れないが、私にはいわゆる現実よりも一層実在的に感ぜられるのである。明日には忘れられる「現実」よりも、何十年たってもますます実感を増すものの方が一層実在的ではないだろうか。本当の人間関係はそういう不思議な「縁」という性質があり、人間とはそういうものではないだろうか。

（西谷啓治「忘れ得ぬ言葉」〈一九六〇年〉より。一部省略）

注（＊）
チブス＝チフスのこと。
セマンティックス＝意味論。言語表現とその指示対象との関係の哲学的研究を指す。
論理実証主義＝二〇世紀初頭の哲学運動。哲学の任務はもっぱら科学の命題の論理的分析にあるとする。

問一　傍線部(1)について、なぜ「忘れ得ぬ言葉」となったのか、説明せよ。
問二　傍線部(2)はどういうことか、説明せよ。
問三　傍線部(3)はどういうことか、説明せよ。
問四　傍線部(4)のように筆者が言うのはなぜか、説明せよ。
問五　「本当の人間関係」について、傍線部(5)のように言われるのはなぜか、説明せよ。

※問五は文系のみ。

（解答枠は問一～三＝ヨコ10ミリ×タテ140ミリ×3行、問四・五＝同4行）

（文系）

二　次の文を読んで、後の問に答えよ。（五〇点）

ひとりの少女が直撃弾にうたれて路上に死んだ。さういふ死体は、いや、はなしのたねは、いくさのあひだ、空襲のサイレンが巷《ちまた》に鳴りわたつたあとには、おそらく至るところにころがつてゐたのだから、その場所が山の手の某アパートのまへであらうと、他のどこであらうと、(1)後日の語りぐさになるやうなことではない。しかし、わたしはこの小さい事件をおぼえてゐる。といふのは、当時わたしはそこのアパートの一室にひとりでくらしてゐて、少女もまたおなじ屋根の下の、となりの室に、これもひとりで住んでゐたからである。そして、少女の倒れたところは、わたしの室の窓からすだれ越しに見える鋪道《ほだう》の上であつた。

さういつても、わたしはかねて少女と口をきくどころか、顔すらろくに見たことがなかつた。関係といへば、ただ壁をへだてて声を聞いただけであつた。毎朝、わたしはサイレンの吠《ほ》える声に依つてたたきおこされないときには、少女の歌ふ声に依つてうとうと目をさますといふたのしい習慣をあたへられた。歌はシャンソンであつた。そして、その歌の音色が青春を告げてゐた。それはいつ炎に燃えるとも知れぬ古い軒さきに、たまたまわたしの束の間の安息のために、カナリヤの籠が一つさげられたといふに似てゐた。しかし、(2)あはれなカナリヤもまた雷にうたれた。その日わたしはアパートを留守にしてゐたので、かへつて来て窓の外を見たときには、少女の死体はすでにどこやらにはこばれて、道は晩春の月の光に濡れてゐた。昭和二十年四月某日の夜のことである。

となりの室の歌声が絶えたあとに、アパートでは当分少女のうはさが尾を曳《ひ》いた。ひとが室内をしらべてみると、二万円の現金とおびただしいタバコの量とが発見されたといふ。そして、ときどき少女をたづねて来た中年の紳士がその後ぷつつりすがたをあらはさないといふ。うはさにはさまざまの解釈が附せられた。しかし、わたしにとつては、解釈はもとより、うはさも不要であつた。ただ朝の軒さきにカナリヤのうしなはれたことが不吉の前兆のやうにちよつと気になつたが、それもぢきにわすれた。おもへば、(3)わたしは当時すべての見るもの聞くものとすだれ越しの交渉しかもたないやうであつた。実際に、わたしの室の窓には一枚の朽ちたすだれがぶらさがつてゐて、それがやぶれながらに、四季を通じて、晴曇にも風雨にも、ともかく時間に堪へつづけてゐた。

越えて五月、その二十五日の夕方、Aといふ友だちが塩豚をみやげにもつてたづねて来た。ちやうど、わたしのところにちとの酒とちとの野菜とがあつた。たちまち、饗宴がひらかれた。当日は晴天であり、巷のけしきは平穏に見えた。そして、塩豚のスープは極上であつた。われわれは上機嫌で、いづれ焼けるかも知れないがなんぞと、まだ焼けてゐない現在をはかなくも恃《たの》んで、すだれからすかして見た外の世界の悪口をいつて笑つた。やがて酒が尽きると、笑もにがく、巷もすでに暗く、家の遠いAはいそいでかへつて行き、わたしはごろりと寝た。サイレンの音にねむりがやぶれたのは、それから三時間ほどのちであつた。おきて出ると、まぢかの空があかあかと燃えあがつて、火の子が頭上にふりかかつた。猛火は前後から迫つて、すなはち窓のすだれを焼いた。すだれのみならず、室内のすべて、アパートのすべて、いや、東京の町*のすべてが一夜に焼けおちた。わたしはどうやら路上の死体になることはまぬがれたが、そのときわたしのポケットには百円ぐらゐの現金と五本ぐらゐの夕バコしか残つてゐなかつた。

その後、わたしはわたしの室の焼跡をただの一度も見に行つたことはない。しかるに、猛火の夜のあくる日、これは災厄に遭はずじまひのAがわざわざわたしのゐない焼跡を見舞つてくれたさうである。後日に、そのAのはなしに依ると、もとわたしの室のあつたところに、そこのいぶりくさい地べたの上に、焦げた紙きれが一枚落ちてゐたので、拾ひとつて見ると、それは古今集の一ひらであつたといふ。わたしのもつてゐた古本の山がぞつくり灰になつたあとに、どうすれば古今集の一ひらだけが焼けのこつたのか。合理主義繁昌の常識からいへば、(4)これははなしができすぎてゐて、ウソのやうにしかおもはれないだらう。しかし、決して非常識ではないAがかういふことでウソをつくとは絶対におもはれない。人生の真実のために、このはなしはウソではないと信じておかなくてはならぬ。

そのときから十年をへた今日に至るまで、わたしは窓にすだれがぶらさがつてゐるやうな室に二度と住んだことがない。またその当時にしても、毎日すだれを意識しながらくらしてゐたわけでもない。それに気がついたのは、いくさがをはつてから年を越したつぎの春であつた。

ある日わたしは旅に出て、あたりに田圃《たんぼ》を見わたす座敷でどぶろくをのんでゐた。すつぱいどぶろくであつた。座敷は障子をあけはなしてあつたが、片側が窓で、そこにすだれがさがつてゐた。煤《すす》けた古すだれで、いくさのあひだから長らくそこにさうなつてゐたのが、たれの気にもとめられずに、ついうち捨てられたままのふぜいと見えた。あついといふ日ざしでもないのに、すだれは風をさへぎつて、うつたうしくおもはれた。窓のそばに寄つて巻きあげようとすると、古すだれはあはや切れて落ちさうで、黒ずむまでにつもつた塵は手をふれることを禁じてゐた。それはあたかもわたしの室の焼けたすだれがここにそつくり移されて来たやうであつた。そのとき、すだれの向うに、花の色のただよふのが目にしみた。藤であつた。窓の外に藤棚があり、花はさかりであつた。

庭に出て、そこにまはつて行くと、座敷は中二階のやうなつくりになつてゐたので、窓の下と見えた藤棚はおもつたよりも高く、手をのばすと、指さきは垂れさがつた花の房を掠《かす》めようとして、それまでにはとどかなかつた。わたしは悪癖のへたな狂歌をつくつた。

むらさきの袂《たもと》つれなくふりあげて引手にのらぬ棚の藤浪

(5) わたしが花を垣間見るのはいつもすだれ越しであり、そしていつもそこには手がとどかないやうな廻合《めぐりあは》せになつてゐるらしい。

（石川淳「すだれ越し」より）

注（＊）
東京の町のすべてが……＝昭和二十年（一九四五）五月二十五日、東京の中心部がアメリカ軍爆撃機による大規模な空襲を受けたこと。「山の手大空襲」と呼ばれる。

問一　傍線部(1)のように筆者が言うのはなぜか、説明せよ。

問二　傍線部(2)はどういうことか、説明せよ。

問三　傍線部(3)はどういうことか、説明せよ。

問四　傍線部(4)のように筆者が言うのはなぜか、説明せよ。

問五　傍線部(5)はどういうことか、前年（昭和二十年）の「すだれ越しの交渉」を踏まえて説明せよ。

（解答枠は問一＝ヨコ10ミリ×タテ140ミリ×2行、問二＝同3行、問三・四＝同4行、問五＝同5行）

（理系）

二　次の文を読んで、後の問に答えよ。（三〇点）

短歌を五七五七七と呼ぶ場合に、見逃してはならない点が一つあります。というのは、この音数律が日本語——とくに日常語から自然に、するすると引き出され、定着したなどというものではないということです。それは、「自然に」どころか、「不自然に」存在します。定型とは、つねに、超日常的な不自然な規約にほかなりません。(1)

五七の音数律には、あるいは日本語の日常態からの自然な推移・定着があるかも知れません。また、さらにさかのぼって、五拍、七拍という拍数が一かたまりの句単位を形づくりやすいということは、日本語の自然かも知れません。国語学者たちの分析は、たしかにそういう結論を許しているようです。しかし、五拍がまず最初に来て、次に七拍が接続し、さらに五拍、そして七拍、最後に七拍で締めくくるという、この五と七の特殊な連結法——組み合わせは、必然でしょうか。

五、七、五、七、七は、これを拍数の多い少ないにしたがって各句単位の読過時間の長短からみれば、短・長・短・長・長というリズムになります。そして、長句と短句の拍数差は、二拍にすぎず、たとえば長句と短句の間に倍数関係が成り立つようなことはない。また、短句はすべて五拍であり長句はすべて七拍であって、五拍七拍以外の拍数を含まない。

この特殊なかたち、組み合わせは、おそらく、日常語あるいは散文の持っている乱雑で即興的で無方向な、またそれだけに生き生きと多彩で変化するリズム(むろん、それもまた音数律です。不定の一回かぎりの音数律です。日本語でリズム感を出すには、音数律によるほかないのです。)からは、到底、抽出しがたい。たとえ、日本語の散文のリズムが、結局は、七五音数律のヴァリエーションに還元できるとしても、短歌の五拍七拍のこの特殊な組み合わせ方は、不自然と呼ぶよりほかないのではないでしょうか。

定型詩の概念は、もともと、その詩型が、以上の意味で自然に反し、人工の約束という側面を持つことによってのみ成立するものではあるまいか、とわたしは思います。

(2)古代日本語を背景にした時には、短歌詩型は、今よりもはるかに自然で、作りやすかったろう、などと羨ましげに言う声を時々聞くことがあります。また、古代日本語から抽出された詩型が、近代に通用するわけがないから、近代短歌の貧困さは、この時代錯誤によるものだといった論をなす人もあります。

だが、一体、詩は散文に解消されうる位置にみずから晏如《あんじょ》*たりうるものですか。詩ほど、散文を超えて、それに対立しようとするものはない。定型詩型は、つねに、その型へと、あらゆる内容を還元せねばならぬ、集約せねばならぬという意味では、日常語の自然なリズムと闘い、それを断ち切り、また強引に接続するというエネルギッシュな作業を、詩人に要求するものではありませんか。定型は、その意味では、かたちの上から、外から、非日常的な詩の世界を支えるバネ仕掛のワクとも言えましょう。

古代においても、中世にあっても、短歌は、現代と変わらぬ、むつかしさを抱えていたとみるべきではないでしょうか。日常語の世界から、一つ飛躍したところに短歌の世界はある。しかし、それは、日常語の世界に単に反してあるのではなく、そこに基礎を置いて、そこの世界のささやきがおのずから叫びにまで高まり煮つまるかたちをとって、(反日常ではなく)非日常的世界へと昇華するのではないでしょうか。

短歌が、各時代の文章語の文法的なあるいは語彙の上での遺産を、いまなお使っているのは、単純な理由ではないと考えます。少なくとも、この詩型と現代日本語(とくに音声言語という意味での口語)との不協和が、主たる理由とは思えません。どの時代にあっても、一定の音数律上の約束を持ち、この短さを持った詩型なら、その時代の口語や散文文章語とそうたやすく交流しうるわけがありません。

歌人は、古語に不必要に執着して来たように言われます。ちょっと見ると、たしかに、因襲的な古語へのなずみ方はかなり一般的なもののように見える。しかし、見方をかえれば、一部の自覚した人たちをのぞくと、一般の歌人は、案外、現代口語の世界にのみ安住して来たのではありませんか。ある表現内容を、この厳密な定型の約束のもとに表明するために、古今東西に語を求める態度は、はたして歌人のすべてにゆきわたっていたでしょうか。

民族《みんぞく》のエミグラチオはいにしへも国のさかひをつひに越えにき　（斎藤茂吉）

「民族」という漢語は、現代口語における頻繁な使用例を背景において選出されています。「エミグラチオ」はラテン語で、移住とか移住民を言いますが、（英語やドイツ語ではなく）ラテン語を使うことによって、日本語と同じく母音で終わらせて、一首への音韻上の親和性をたかめています。「いにしへも……」以下は、いわゆる文語的な表現ですが、「昔も今も」とか「国境線」とか「越境」とかいう概念を、たくみに、短歌の言葉に翻訳して、しかもそこに、沈痛なひびきをこもらせているのです。この歌における茂吉は、(3)彼の全教養をあげて、うたうべき思想内容と短歌定型律とに忠実たらんと努めているように見えます。この態度の前には、すでに通俗の口語文語の区別は消えているのです。

（岡井隆「韻と律」より）

注（＊）　晏如＝落ち着いているさま。

問一　傍線部(1)のように筆者が考える根拠はなにか、説明せよ。

問二　傍線部(2)の考えに筆者が反対するのはなぜか、説明せよ。

問三　傍線部(3)はどういうことか、説明せよ。

（解答枠は問一～三＝ヨコ10ミリ×タテ140ミリ×3行）

二〇二〇年

（文理共通）

一

次の文を読んで、後の問に答えよ。（文系五〇点・理系四〇点）

例えば戦争に関してだけれど、体験をそれがあったままに語り得る人はまれだ。意識して潤色しなくても、自然に武勇談になってしまうことが多い。武勇談につきもののフィクションはいく種類かあるだろうが、その一例は、自分は臆病ではなかった、むしろ勇敢だったと証明するためのものだ。或《あ》ることを証明するためにフィクションが必要というのは逆説めくけれども、そういう場合が多い。自分に都合のいい事実だけを語り、都合が悪いことは黙っているというのも一種のフィクションであろう。

このことは戦争に限らず、すべての体験談にあてはまる。つまり言葉で事実を美化する。だから、言葉とは便利なもの、といわれるわけだ。しかし、よく考えれば逆で、言葉とは不便なもの、といわなければならない。なぜなら、言葉は体験の真実を隠してしまうからだ。霧みたいなもので、本人に対してさえ、真実のありかを判《わか》らなくしてしまう。なぜ言葉はこのように否定的に働くのだろう。それは、語る人が他人の納得を得ようとして、話の客観化に心を砕くからだ。つまり、彼の心を占めているのはリアリズムの感覚だ。ところで、彼がリアリズムの衣の下で本当にいわんとしていることは、自分は勇敢だったということだとすれば、多くの場合、それは真実に反する。

非真実をいかに本当らしく語るか、ということが彼の本能的な性向だ。したがって、真実を知ろうとする人は、言葉の分厚い層の奥を見きわめようとする。その人の意は言葉を次々と剝ぎ取って行くことに注がれる。或《ある》いは、言葉の霧を透明化することに注がれる。つまり、これを高度のリアリズム精神といえよう。

井原西鶴の作品について、いわゆるキー・ワードに当たる言葉は何であろうか、と考えたことがある。それは読む人によってさまざまだろうが、私には、〈真実よりつらきことはなし〉という一句であるように思える。冒頭の例でいうなら、自分は勇敢だと証明しようとする人に、君は実は勇敢ではない、と気付かせることだ。西鶴らしい直言だ。勇敢だと思う、思わせようと努める心の奥に、臆病なのではないかと危惧を抱いている。臆病であることは隠さなければならない。(1)それと今一つ、それにこだわっている自分も見抜かれたくない。

しかし、たとえ見抜かれてしまったとしても、彼にも反論の根拠はある。自分を見透かした人間にとっても、その人自身の〈真実〉はこの上なくつらい。その人間も自分の弱点のつらさを知っているからこそ、相手の弱点を識別できる、と反論し得る。この間の事情をユーモアをもって語ったのはツルゲーネフ*だ。彼はいう。(2)他人を有効に罵りたければ、自分の欠点を相手のこととして並べ立てればいい。つまり、人間にはこうした共有の過敏な粘膜がある。

ここまで、私は体験談について書いて来た。それは好ましく写真に撮られたいという望みに似ている。自分の好ましい姿を、写真の〈真〉によって保証されたいのだ。しかし願望が混っている以上、結果は全てが真とはいえない。この場合願望とは、人間に共有な過敏な粘膜を、それぞれに包み隠したい意思といえよう。ここで小説について触れると、こうした人間の弱点が、いわゆるリアリズム小説の第一の着眼点なのだ。筆がこの部分に相わたらなければ、小説の迫力は湧かない。

つまり〈あばく〉ということなのだが、それでは、人間はなぜ自分たちの弱点について書き、また、それを読むのだろうか。その積極的意義は見当たらない。人間研究をしたいからだ、といっても充分な答えにはならない。きれいごとの答えではあるが、本当ではない。せいぜい、小説を書いたり読んだりするのが面白いからだ、としかいえない。さまざまな性質の違いはあるにせよ、小説とは興味本位のものなのだ。

更に、(3)人間が人間に対して抱くこの種の興味が、いかに矛盾しているかを衝《つ》いた人がいる。それはアウグスチヌス*で、彼がいうには、劇を見る人は他者をあわれむことを欲しているが、自分があわれであることは欲しない。アウグスチヌスがいいたいのは、人間は本来あわれであるのに、その事実を自認しようとはしないで、劇を見たりして、他人の運命をあわれむことなどを望んでいるということだ。ここに彼の実存主義があり、まことに鋭敏な洞察だ。劇が多くの人の心をとらえることはだれも知っているが、それは酔うためであって、あわれな自己を直視するのを避けるためだという。或いは、劇が存在するのは、観客の自己認識の甘さによりかかっているというわけだ。アウグスチヌスのこの冷厳な見方には、反論の余地はない。彼がこうした認識に到る前、劇や物語に耽溺《たんでき》し、いうまでもなく一流の鑑賞者だったことを思うと、なお更だ。

トルストイの思想が、これにはなはだ似ていることは、知る人も多いだろう。彼はあの大部の傑作を成した後に、また新しい世界に踏み込んで行った。そして、考えて行くにつれ、自分の小説を含め、往時読まれていた大部分の小説を否定せざるを得なくなった。この思想と彼が築き上げた近代小説とは、互いに矛盾したままで併存し、現代に残ってしまったわけで、例えていうなら、小説という山脈の中心は空洞で、暗闇に寒々と風が吹き抜けている観がある。その後の小説家たちは、この事態を放置したままで、小説を書き続けているのだ。勿論《もちろん》私も、こうした人々の中の一個のチンピラに過ぎないわけだけれど、以上のアウグスチヌスとトルストイの思想は心に懸っていて、時々灰色の雲のように心を去来している。

だれも子供の頃には、見聞きするものすべてが量り知れない意味を孕《はら》んでいるように思っている。その一つとして、人間世界に好奇心をはせ、大人たちの話に耳を澄ます。その秘密をときほぐし、実態を知らせてくれるものは、彼らの体験談だと思うわけだ。しかし、体験談は真実をあきらかに示すというよりも、しばしば真実を覆ってしまうものだということを、彼は知る。その結果、体験談の語り直しが行われた。それが小説であったといえよう。つまり、体験談からは現れてこない人間の真実に気付いて、これをあらわにする方法を考えた。それがリアリズムの小説であり、(4)かつては、真実は小説でなければ語り得ないという信念さえあった。

成果はあったといえよう。リアリズム小説は、人生の分厚い雑多な層を透視するレントゲン光線のような役割を果たした。しかし、その結果もたらされたのは、〈人生はひとつの崩壊の過程に過ぎない〉*という結論めいたことだった。トルストイが反省し、苦しんだことは、リアリズムがもたらしたこのような決定論*であった。この開拓者にはリアリズムの行き着いた場所があきたらなかった。更にその先に、果て知れない地域が拡《ひろ》がっていたわけだ。

人の世はそれ自体が喩《たと》え話のようなもので、意味を隠し持っている。これは大勢の人間の思い込みであって、それをあきらかにしたいという意思は捨てきれない。この場合、人生の外貌を形づくっている大きな要素は、人の口から出る言葉・言葉だ。体験談もまた、永遠に雑草のようにはびこって、地球を覆っている。

リアリズムの小説は、それへの優れた考察であり、解釈であったが、この生《なま》の言葉の原野に較《くら》べれば、庭園のようなものであったことはいうまでもない。(5)これからも、或る種の人々は言葉・言葉にいどみ続けるであろうが、その場合、鍵になるのは、体験談と告白という二つの観念の識別、把握のし方であるように、私には思える。

（小川国夫「体験と告白」）

注（＊）

ツルゲーネフ＝ロシアの小説家。

アウグスチヌス＝四～五世紀のキリスト教会の神学者。

〈人生はひとつの崩壊の過程に過ぎない〉＝アメリカの小説家フィッツジェラルドのことば。いくら努力しようとも人生は不幸へ向かう無意味な過程に過ぎないという見方を表す。

決定論＝すべてのできごとはあらかじめ決まったとおりに生起するという考え。

問一　傍線部(1)はどういうことか、説明せよ。

問二　傍線部(2)はどういうことか、説明せよ。

問三　傍線部(3)はどういうことか、文中のアウグスチヌスの議論を参考に説明せよ。

問四　傍線部(4)について、このような信念が失われたのはなぜか、説明せよ。

問五　傍線部(5)のように筆者が言うのはなぜか、説明せよ。

※問五は文系のみ。

(解答枠は問一・二・四＝ヨコ10ミリ×タテ140ミリ×3行、問三＝同4行、問五＝同5行)

（文系）

二　次の文は、太宰治に傾倒していた作家、小山清による井伏鱒二訪問記の一節である。井伏は太宰の師匠であった。これを読んで、後の問に答えよ。（五〇点）

私が初めて井伏さんに会つたのは、終戦の年の春、太宰さんが甲府の奥さんの里に疎開したときのことであつた。その年の三月上旬に私は罹災《りさい》して三鷹《みたか》の太宰さんの許《もと》に同居してゐたが、四月上旬に三鷹界隈《かいわい》に敵機の来襲があり、太宰さんの家も半壊の憂目《うきめ》に遭つたので、太宰さんは先に奥さんや子供さんを疎開さしてあつた甲府へ行くことになり、私は独り三鷹に残ることになつたのだが、その際私は太宰さんを送つてゆき、一週間ばかり甲府で遊んできた。その頃、井伏さんは甲府市外の甲運村に疎開してゐた。ある日、甲府の井伏さんの行きつけの梅ヶ枝といふ旅館で、三人で酒を飲んだ。そのとき、井伏さんは太宰さんに向つてふと、「君は運がよかつたね」と云《い》ひ、その言葉に太宰さんが一寸《ちよつと》表情をすると、井伏さんはすかさず、「僕もよかつたがね」と云つた。私は自分が傾倒してゐる人に対して、こんな口をきける人がゐようとは思つてゐなかつた。井伏さんと別れて帰る道すがら、太宰さんは私に向ひ、「井伏さんつて興奮させるところのある人だろ」と云つた。

終戦後私は北海道へ行つたが、太宰さんが逝《な》くなつた年の秋に、また東京に帰つてきた。その後、私はときどき清水町の井伏さんのお宅に伺ふやうになつた。そして井伏さんに親炙《しんしや》するにつれ、太宰さんが身につけてゐた雰囲気の幾分かは、井伏さんから伝はつたものであることを感じた。また、「井伏鱒二選集」の後記で、太宰さんが云つてゐる、「さまざま山ほど教へてもらひ」といふことが、よく合点がいつた。(1)井伏さんと対坐《たいざ》してゐるときほど、逝くなつた太宰さんの身近にゐる気のされることは、私にはないのである。

井伏さんのお宅に伺ふと、いつも玄関からは入らずに、庭先へ廻り、縁側から書斎に上る。井伏さんの書斎は庭に面した八畳間で、ここで井伏さんは客に会ふ。

井伏さんは庭のことを植木溜《うゑきだめ》と云つてゐる。実際、処狭きまでに、庭いつぱいにいろんな樹木が植ゑてある。井伏さんはその樹の一つ一つを、井伏さんの郷里、深安郡加茂村の家の背戸から眺めた、故郷の山々の姿になぞらへて見てゐるのだといふ。あの樹はなに山、この樹はなに山といふやうに。

私は書斎に上り、井伏さんと二言三言話すと、ホッとして気持が寛《くつろ》いでくる。井伏さんの話ぶりは静かで、(2)こちらの気持が吸ひ込まれてゆくやうな感じがする。たしか青柳瑞穂氏*が書いた井伏さんの印象記であつたと思ふが、道で井伏さんに逢つたやうな場合、井伏さんはひとところに立ち止つてゐて、自分だけが歩いて近づいてゆくやうな感じがすると云つてあつたのを覚えてゐるが、井伏さんと向ひあつて話をきいてゐるときの気持がさうである。井伏さんの話には目だたない吸引力があつて、いつか自然に井伏さんの身についた雰囲気にこちらが同化されてゆくのである。井伏さんが頭で話す人でなく、気持で話す人だからであらう。そして井伏さんの話は、きいてゐると、釣りのことにしろ、植木のことにしろ、または人の噂にしろ、そのままで滋味ゆたかな随筆や小品になる感じがする。

こんど私はこの訪問記を書くために、井伏さんをたづね、いろいろ意見を伺つたのだが、格別改まつた気持では質問をしなかつた。いつもと同じやうに楽な気持で、記事をつくることなどは忘れて、話をきくことが出来た。私はその日の話ばかりではなく、平素私が井伏さんについて感じてゐることを順序不同に書いて、責を塞ぎたいと思ふ。話をきいてゐたときは楽しかつたが、さてかうして筆を執つてみたら、なんだか難しい気がしてきた。(3)井伏さんといふ芳醇《はうじゆん》な酒を、私といふ水で、いたづらに味ないものにしてしまふのではないかと思ふ。

井伏さんは五十も半ば越して、いまが男盛りである。鬢《びん》にも大分白いものが見える。太宰さんが同じく選集の後記で云つてゐる、「渋くてこはくて、にこりともしない風貌」である。「叔父ワーニャ」*の中に「昔とはお綺麗さが違ひます」といふ台詞があるが、私は井伏さんの若い頃のことは知らないが、なんだかそんな感じがする。井伏さんの風貌には一寸男惚《ぼ》れをさせるものがある。恰幅《かつぷく》も立派で、てこでも動かない感じである。私などはもう少し太つて、見かけだけでも立派に見えるやうになりたいのだが、井伏さんは自分の「立派さ」を持てあましてゐるやうである。「太つてゐると、小説が下手に見えていけない」と云ふ。「芥川龍之介が人気があるのは痩せてゐたからだ」と云ふ。(4)殊更に自分を人に野暮つたく印象づけようとしてゐるのかも知れない。それほどに井伏さんは、いはばスマートなのである。雨河内川《あめがふちがは》かに釣りに行つたときの写真があるが、岩の上にゐて釣竿をあつかつてゐる井伏さんの姿は、軽快で、若いなあといふ気がする。そしてその衰へぬ若さは、常に井伏さんの作品の艶になつてゐる。

清水町のいまの住居は、昭和二年に建てたもので、間取りなども井伏さんの設計になるものだといふ。もう三十年近くにもなるわけである。根太《ねだ》*がすつかり緩んでゐるので、風や地震には油断が出来ないさうである。いつぞや台風が吹くといふ前ぶれがあつた日に伺つたが、井伏さんは実に不安な面持をしてゐて、家の裏側に材木で突かひ棒をしてゐると云つた。またある日、お邪魔してゐる間に微震があつたが、井伏さんは立ち上つてそはそはした。住居についての意見をきいたら、なによりも耐風耐震といふことが懸念されるやうな塩梅《あんばい》であつた。住居にあまり凝る気持はないのであらう。井伏さんの日常も、凡《およ》そ簡素を旨としてゐるやうに見受けられる。

井伏さんの机は、横長の抽斗《ひきだし》のない、材は赤松の、もう五十年来愛用してゐるものである。夜になると、井伏さんはこの机のうへに電灯を引つぱつてきて、執筆するやうである。文房具なども、とりわけて好みに執することもないやうである。井伏さんは身のまはりをかへりみて、あれも貰《もら》ひもの、これも貰ひもの、それも、と云つた。井伏さんはいまいい硯箱《すずりばこ》が欲しいさうである。

部屋の壁には、ゴッホの糸杉の絵の複製が貼つてある。カレンダー附《つき》のポスターである。どこやらの酒場に掲げてあつたのを、気に入つたので、無心してきたのだといふ。

井伏さんは机のわきにある小抽斗をあけて、なにやら取り出し、私に渡して寄こした。見ると、馬糞紙《ばふんし》*でこしらへたメンコ*であつた。井伏さんが子供の頃に弄んだ品ださうである。こなひだ郷里へ帰つたときに、生家で見つけたのだといふ。

「心が荒れてゐるときなど、こんなものを取り出して見てゐると、柔らいでくるね」

と井伏さんは云つた。

丸メンで、表には武者絵が描いてある。私が子供の時分に流行《はや》つたものよりも、もう一つ時代がついてゐる。(5)見てると、私の胸の中にも、泉のやうに湧き出てくるものがあつた。

（小山清「井伏鱒二の生活と意見」より）

注（＊）

青柳瑞穂＝仏文学者。

「叔父ワーニャ」＝ロシアの作家チェーホフの戯曲。

根太＝床板を支える横木。

馬糞紙＝質の悪い厚紙。ボール紙。

メンコ＝表面に絵や写真のあるボール紙製の玩具。文中にある「丸メンコ」は円形のメンコ。

問一　傍線部（1）のように感じられるのはなぜか、説明せよ。

問二　傍線部（2）のように感じられるのはなぜか、説明せよ。

問三　傍線部（3）はどういうことか、説明せよ。

問四　傍線部（4）はどういうことか、説明せよ。

問五　傍線部（5）はどういうことか、説明せよ。

（解答枠は問一・四・五＝ヨコ10ミリ×タテ140ミリ×4行、問二＝同2行、問三＝同3行）

（理系）

二　次の文を読んで、後の問に答えよ。（三〇点）

私たちの身の回りから「闇」がなくなりだしたのは、いつのころからだろうか。地域によって違いがあるのは当然であるが、文学者の鋭い感性で(1)「闇」の喪失の危機を感じ取った谷崎潤一郎が、*『陰翳礼讃《いんえいらいさん》』という文章のなかで「私は、われわれが既に失いつつある陰翳の世界を、せめて文学の領域へでも呼び返してみたい。文学という殿堂の檐《のき》を深くし、壁を暗くし、見え過ぎるものを闇に押し込め、無用の室内装飾を剝ぎ取ってみたい。それも軒並みとは云《い》わない、一軒ぐらいそう云う家があってもよかろう。まあどう云う工合《ぐあい》になるか、試しに電灯を消してみることだ」と書いたのが、昭和の初めのことであった。もうこのころには、闇の喪失が目立ったものになってきていたのである。その文章のなかで、谷崎は妖怪の出現しそうな室内の陰翳のある闇について、こう書き記している。

現代の人は久しく電灯の明《あか》りに馴《な》れて、こう云う闇のあったことを忘れているのである。分けても屋内の「眼に見える闇」は、何かチラチラと*かげろうものがあるような気がして、幻覚を起し易《やす》いので、或《あ》る場合には屋外の闇よりも凄味がある。*魑魅《ちみ》とか妖怪変化とかの跳躍するのはけだしこう云う闇であろうが、その中に深い帳《とばり》を垂れ、屛風《びょうぶ》や襖《ふすま》を幾重にも囲って住んでいた女と云うのも、やはりその魑魅の*眷属《けんぞく》ではなかったか。闇は定めしその女達を十重二十重に取り巻いて、襟や、袖口や、裾の合わせ目や、至るところの空隙を塡《う》めていたであろう。いや、事に依ると、逆に彼女達の体から、その歯を染めた口の中や黒髪の先から、*土蜘蛛《つちぐも》の吐く蜘蛛のいとの如く吐き出されていたのかも知れない。

谷崎が嘆いているのは、「眼に見える闇」の喪失であって、「眼が効かない漆黒の闇」の喪失ではない。燭台《しょくだい》や行灯《あんどん》の明かりとその明かりの陰にできる闇とがほどよく調和したところに日本文化の美しさを見いだし、明る過ぎる電灯によってそうした陰翳のある世界が消失しようとしていることを憂い悲しんでいるのである。すなわち、明かりのない闇も好ましくはないが、闇のない白日のような過度の明るさも好ましいことではなく、光りと闇の織りなす陰翳ある状態こそ理想だというわけである。

　谷崎はそこに日本の美の理想的姿を見いだした。しかし、陰翳の作用の重要性はその配合調和の度合いに多少の違いはあるにせよ、美のみではなく、日本人の精神や日本文化全体、さらにいえば人間全体にとっても重要なことだといっていいのではなかろうか。

　谷崎の文章からもわかるように、光りと闇の、ときには対立し相克し、ときには調和するという関係が崩れ、急速に闇の領域が私たち日本人の前から消滅していったのは、電線が全国に張りめぐらされていった大正から昭和にかけての時代であった。この時代に大正デモクラシーという名のもとに、近代化の波が庶民のあいだにも押し寄せ、その一方で、人々は資本主義・近代的消費社会のシステムのなかへ編入されていったのである。銀座にネオンが輝き、*『東京行進曲』が明るい大都会の明るいイメージをアッピールし始めたころである。そのころから高度成長期にかけて、戦争という緩慢期はあったものの、闇の領域が人々の身辺から消え、(2)それとともに多くの妖怪たちの姿も消え去ってしまったのである。

　大正時代に流行《はや》った童謡に*西条八十《さいじょうやそ》の*『かなりや』がある。「唄を忘れた金糸雀《かなりや》は、後《うしろ》の山に捨てましょか、いえいえ、それはなりませぬ」というフレーズのこの歌を、私たち現代人もときどき思い出し口ずさむことがある。この歌の「かなりや」が海の向こうからやってきた西洋の文明を象徴しているとすれば、「後ろの山」は人間の完全な管理下に置かれた山でなく、それ以前の「闇」の領域としての恐怖に満ちた山であった。この「後ろの山」は自分の家のすぐ裏手の山であったかもしれないし、*小盆地宇宙モデルでいう周囲の山であったかもしれない。あるいは近くの森や林や野原だったかもしれない。いずれであったにせよ、この「後ろの山」は前近代が抱えもっていた深い闇の恐怖空間であった。こうした「後ろの山」や*「背戸《せど》」という言葉で表現される空間が、当時の子どもたちにとって、さらには大人たちにとっても謎めいた闇の空間としてまだしっかり生きていたのである。児童文学者の村瀬学は、『子ども体験』という本のなかで、次のように説いている。

子どもたちの直面する空間には、常に「向う側」「背後」があって、それがよくわからないと不安になるのである。仏壇や納戸の恐さは、その暗さが特有の「向う側」を隠しもっている感じがするからである。

しかし、これは子どもたちだけではなく、大人たちにとっても同様であった。『かなりや』のような明るさと暗さが漂う大正童謡が流行った理由の一つは、それが子どもたちに向けての歌であると装いつつ、(3)じつは大人たちの心情に訴えかけるように仕組まれていたからである。それゆえ大人たちの心を揺さぶり支持されたのである。

（小松和彦『妖怪学新考　妖怪からみる日本人の心』より）

注（＊）

『陰翳礼讃』＝谷崎潤一郎の随筆。昭和八年（一九三三）から翌年にかけて発表された。

かげろう＝姿などが見えたり消えたりするという意味の動詞。

魑魅＝山林の精気から生じるという化け物。

眷属＝身内、配下の者。

土蜘蛛＝クモの姿をした妖怪。

『東京行進曲』＝昭和四年（一九二九）に公開された同名の映画の主題歌。

西条八十＝詩人・童謡作家。『東京行進曲』の作詞者でもある。

『かなりや』＝大正七年（一九一八）に西条八十が発表した詩で、後に曲が付けられた。

小盆地宇宙＝盆地の底に町などがあり、その周囲が農村や丘陵などに囲まれた空間。
背戸＝ここでは家の後ろの方、裏手。『かなりや』の歌詞に現れる。

問一　傍線部(1)について、どのような意味で「危機」なのか、説明せよ。

問二　傍線部(2)のように言うのはなぜか、本文に即して説明せよ。

問三　傍線部(3)について、「大人たちの心情に訴えかける」ことができたのはなぜか、説明せよ。

(解答枠は問一～三＝ヨコ10ミリ×タテ140ミリ×3行)

二〇一九年

（文理共通）

一　次の文を読んで、後の問に答えよ。（文系五〇点・理系四〇点）

現代イタリアの重要な思想家、アガンベンには「インファンティアと歴史」という論攷《ろんこう》がある。その冒頭近くに、われわれの問題意識からしても極めて興味深い指摘がなされている。

常識的な理解では、一七世紀前後に西欧で近代科学が生まれたのは、それまで〈書斎〉であれこれ観念を振り回しては世界を理解していたつもりになっていた人間が、実際に〈外〉に出て、物事をしっかり見るようになったからだ。観念から経験へ。それこそが、〈科学の科学性〉を保証するものなのだ。――こんな類《たぐ》いの話をさんざん聞かされてきたわれわれだが、アガンベンは、それをほぼ逆転させるのである。

彼にいわせれば、(1)事態は遥かに複雑なのだ。それは、今述べたばかりの〈常識〉とは、むしろ逆方向を向いている。近代科学がその実定的科学性に向けて一歩を踏み出すためには、それまで〈経験〉と思われてきたことをあまり信用し過ぎないことが大切だった。なぜなら、日常的な経験などは、ごちゃごちゃとした混乱の集積であるに過ぎず、それをいくら漫然と観察しても、科学的知見などには到達できないからだ。伝統的経験へのこの上ない不信感、それこそが、近代科学の黎明《れいめい》期に成立した特殊な眼差《まなざ》しだったのだ。

(2)〈実験〉は、〈経験〉の漫然とした延長ではない（確かに、近代科学以降も系統的観察を中心とした科学は存在する。だがそれは一応度外視し、実験中心の科学を科学の範型と見る）。一定の目的意識により条件を純化し、可能な限り感覚受容を装置によって代替させることで、緻密さの保証をする。*原基的構想がどの程度妥当かを、〈道具と数〉の援助を介在させながら試してみること――それこそが実験なのであり、それは、経験は経験でも極めて構築的な経験、極めて人工的な経験なのだ。ベーコン風にいうなら、それは〈暗闇での暗中模索〉とはほど遠い。さらに時代が下り、一九世紀半ばにもなってから、*クロード・ベルナールが『実験医学序説』の冒頭のかなりの紙数を割いて力説していたのも、それと似たようなことだった。

その意味で、若干*箴言《しんげん》めかした逆説を弄するなら、経験科学は非・経験科学、というより、特殊な経験構成を前提とした科学だということになる。日常的世界での経験などは、多くの場合、科学にとってはそのままでは使い物にならない〈前・経験〉、あるいは〈亜・経験〉であるに過ぎず、その華やかで賑々《にぎにぎ》しい経験世界からの一種の退却こそが、実定的な科学的認識には必要な前提だと見做《みな》されるのである。学問的な物理世界で語られるのは、あくまでも〈紫色〉ではなく〈波長〉であり、〈笛太鼓〉ではなく〈波動〉なのだ。特に物理学の場合には、基底概念自体が、自然界の模写から来ているというよりは、大幅な単純化と抽象化を経た上で構成された概念だという印象が強い。後はその基底概念が孕《はら》む物理的含意を演繹《えんえき》的に敷衍《ふえん》し、それが正しいかどうかを、ときどき実験でチェックする。私から見ると、どうもプロの物理学者たちの仕事はそのような種類のものに見える。いずれにしろ、それが〈日常世界〉の技巧的模写などではないというのは、確かなものに思えるのだ。

それを確認した上で述べるなら、寺田寅彦の物理学が、いささか変わった物理学だということは、やはり改めて強調しておくべきだ。もちろん寺田には、プロの物理学者として多くの業績があり、それについて私などがあれこれ口を挟む余地はない。だが、寺田が「趣味の物理学」、「小屋掛け物理学」としての相貌を顕著に示すのは、割れ目、墨流し、金平糖の研究などの一連の仕事、あるいは、まさに日常世界での経験に〈科学的検討〉を加えた一連のエッセイを通してなのだ。かの有名な市電の混み具合を巡るエッセイ（「電車の混雑について」）などが、その代表的なものだろう。

それはあたかも、先に触れた、(3)近代科学の〈経験からの退却〉を惜しむかのような風情なのだ。ただ、注意しよう。寺田がX線回折の研究では同時代的にみて重要な貢献をなしたとか、地球物理学の分野で力を発揮したなどという事実は、決して看過されてはならない。仮に彼が、〈経験からの退却〉を惜しんだとしても、それは例えば一八世紀フランスの素人物理学者、トレサン伯爵が大著で〈電流〉を論じたありさまとは、あくまでも一線を画する。トレサン伯爵の〈電流一元論〉は、荒唐無稽、珍妙奇天烈《きてれつ》な議論のオンパレードだ。その最大の特徴は、物理学的言説であろうとしながらも、あくまでも日常的水準での直観が基盤となり、その直観からそのまま連続的な推論がなされているところにある。それはまさに(4)〈経験からの退却〉のし損ないなのである。

それに対して、寺田の場合には、同時代の学問的物理学の言説空間の中で或《あ》る程度行くところまで行った後での遡行的な運動なのであり、途中で頓挫した前進運動なのではない。〈日常世界〉と〈物理学世界〉のどこか途中に潜む、恐らくは無数にある中間点、そこをいったん通り過ぎた後で、また戻ろうとすること。(5)その興味深い往復運動がもつ可能性に、西欧自然科学が本格的に導入されてから百年もしない内に目を向けた貴重な人物——それが寺田寅彦なのだ。

プロの物理学者は、その後、寺田の学統をあまり積極的に受け継ごうとはしていないらしい。中谷宇吉郎については、さすがに一定の研究が進んでいるようだが、宇田道隆や平田森三《もりぞう》など、興味深い境地を実現しえている何人かの物理学者たちに、私のような部外者ではなく、物理学者自身も目を向けて、その可能性に思いを馳《は》せてほしい。いまさら〈日本的科学〉などについて語るつもりはない。だが、自然科学が文化全体の中でもちうる一つのオールタナティブ*な姿を、寺田物理学は示唆している。私にはそう思われてならない。

（金森修『科学思想史の哲学』より）

注（＊）

原基的＝全ての大もととなる。

クロード・ベルナール＝一九世紀フランスの医師、生理学者。実験医学の祖として知られる。

箴言＝教訓を含んだ短い句、格言。
オールタナティブな＝alternative「代替的な、代案となる」の意。

問一　傍線部(1)のように言われるのはなぜか、説明せよ。

問二　傍線部(2)のように言われるのはなぜか、説明せよ。

問三　傍線部(3)はどのような意味か、説明せよ。

問四　傍線部(4)のように言われるのはなぜか、説明せよ。

問五　傍線部(5)はどのようなものか、説明せよ。

※問五は文系のみ。

(解答枠は問一・四＝ヨコ10ミリ×タテ140ミリ×3行、問二・三＝同4行、問五＝同5行)

（文系）

二

次の文は、大岡信と谷川俊太郎による対話の一部である。これを読んで、後の問に答えよ。（五〇点）

大岡　詩が生まれる瞬間は感じとしてわかるだろう。自分が詩を書きはじめた時期のことを考えても、なにか言葉がムズムズ生まれてくるというか、むしろどこかがひっかかってるような気がして、その言葉を紙に書きつけてみたら、それから一連の形をもった言葉が生じてきたというようなことがある。個人のなかでの自覚的な詩の誕生としては、そういうのがわりあい普遍的な形としてあると思うんだけれども、詩の死滅については、それぞれの詩がどこかで死んでいるはずなのに、それがわからない。

詩ではは現実にいつまでも存在しているものじゃなくて、どこかに向って消滅していくものだと思う。消滅していくところに詩の本質があり、死んでいく瞬間がすなわち詩じゃないかということがある。あるものが生まれてくることはわりあい自然であって、むしろそれが消えていく瞬間をどうとらえるかが、実はその次の新たな「詩の誕生」につながるのじゃないかな。(1)活字になった詩は永久に残ってしまうみたいな迷信がわれわれにあるけれども、実はとっくの昔に生命を終えているのかもしれないということは考えたほうがいいのじゃないか。そう考えたとき、本なら本のなかに詩という形で印刷されてるものをもう一回生きさせる契機も、またそこから出てくるのじゃないか。これは死んでるから、おれはもう一回生きさせてやるぞ、ということが出てくると思う。

谷川　詩が死ぬ死に方だけれども、それが社会のなかでの死であるのか、それともその詩を受取る個人のなかでの死であるのか、二つあるよね。個人のなかで詩が死ぬというのは、たとえば三年前にすごく感動した詩が、いま読んでみたらどこに感動したのかぜんぜんわからないということがあるでしょう。

大岡　あるある。すごくある。

谷川　僕もその経験が、詩にもあるし音楽にもあるのね。非常に感動した音楽にまったく感動しなくなっている。それを単純に、自分が大人になったから、あるいは自分がすれてきたから感動しなくなったんだみたいな言い方もあるけれども、それはちょっと信用できない。そういうものとぜんぜん違う何かがあって、詩が死に、音楽が死ぬ。個人的な経験から言ってそうだね。それがなぜなのか、とっても気になるんだけれどもね。

また、もっと(2)微視的に見ると、ある一つの詩を読むにしろ聞くにしろ、その詩に感動したらその詩が受取り手のなかで生まれたと考えられるけれども、その感動は生理的にどうしても長続きはしないよね。電話がかかってきたとか何かほかの仕事しなきゃいけないとか、すぐ日常的なことにまぎれちゃう。そのときには、その詩は死んでいるとも言える。もちろんそういうふうにあまりにも微視的に見ると、詩は単に人間の生理にかかわるものだけになりかねないから、そういう考えは危いけれども、われわれは従来あんまりそういうふうに考えてこなかったでしょう。たとえば万葉集という詩集が千数百年をずっと生きつづけてきたというふうに、どうしても意識しがちだよね。僕はこのごろその考えにやや疑問があるわけ。詩てのはそんなふうに確固としたものであってはいけないのじゃないかな。

大岡　たしかに個人のなかでの詩の生き死にと社会化された詩の生き死にとあると思うね。即物的な言い方をすると、一人の人間の脳髄から生まれた言葉が文字になった瞬間に詩が社会化されているんだと思う。もちろん、音声だけで詩がうたわれ、語られていた時代のことを考えれば、それこそ詩が最も幸福な形で社会化されていた時代だといえるかもしれないけれども、現在のわれわれの表現手段からいうと、文字にいったん書くということが基本的にあると思うね。文字になった瞬間にその詩が、少なくとも(3)潜在的には社会化されているということなんだ。

つまり人類が文字をもった瞬間から、詩の社会的な生き死にと個人のなかでの生き死にと、二つがはっきり存在するようになったんじゃないかしら。そして文明が進めば進むほど、文字＝本という形で存在する詩の社会的な存在の仕方というのは無視することができなくて、(4)そういうものは簡単に生きたり死んだりするものじゃないということになる。で、そうなってくると、詩というものをある「全体」のなかでとらえるということがどうしても問題になってくる。ある文明のなかでその詩がどれだけ、人びとのなかに無意識に蓄えられてきた言語構造体のなかに、いわば雨水が土に浸透するようにジワッと浸透したか、そういうところで、ある詩の価値が測られるようなことも出てくるわけだね。

うろおぼえだけれども、T・S・エリオットが「伝統論」のなかでたしかこういうことを言っていた。――ある新しい時代に新しいものがつくられるが、それは新しいものとして単独に存在するのではなくて、そういうものが付け加えられると過去に蓄積されたものの全体もジワッと変る。その総体が伝統というものだ。だから伝統は毎日毎日変っているのだ、とね。

その意味でいうと、詩てのは死ぬことによって実は伝統を変えていくのだと言えるのかもしれないね。一篇の詩は、個人のなかで生きたり死んだりするけれども、その同じ詩が社会的性格を持っている。その側面でいえば、一篇の詩が社会的にある新しい衝撃力を持った時代から、やがてその詩はみんなが読んでみて「もうちっともショックじゃない」というものになっていく。それはその詩の社会的な死だけれども、実は全体が変ったからその詩が死んだのであって、全体が変ったってことは新しい事件なんだよね。逆に言うと死ぬことが新しさをつくっていく。そういう考え方が、ヨーロッパの文学伝統についての考え方をある意味で代表していると思う。

学生時代にはそういう考えが頭のなかで理屈としてわかったような気がしていたんだけれども、その実感はなかった。ところがその後、たとえば紀貫之を読むことで古今和歌集なんてのをあらためて知ったりして、古い時代のものを読み直してみると、伝統のなかでの古今集の意味などが実感としてわかってきた。T・S・エリオットの言ったことも、自分なりに理解できるように思えてきたんだ。

つまり紀貫之がつくったものが、彼より以前の時代の伝統全体に対して、非常に新しい意味で働きかけている。貫之の仕事が付け加わったことによって、それ以前の古代の詩歌全体の構造が、わっと変ったところがあるはずだ。そういうところが見えてきたわけね。それを考えていくと、われわれがいまあらためて紀貫之について考えるということは、どうやらそのことを通じて全体をかきまわし、もう一回新しい一つの構造体をつくるということになるらしい。(5)詩が死ぬってことはとてもいいことなんじゃないか。死んでると認められる詩は、実は甦《よみがえ》らす可能性のあるものとして横たわっているのだということを思うんだ。ただ、横たわっている状態があまりにきちんとした死体に見えるときは、こちらを刺戟《しげき》するどころか、はじめから一種の圧迫感になって、貝殻のかたい殻みたいにのしかかってくるから、そうなると揺り動かしたり叩いたり、やり方がいろいろむずかしいと思うけれどもね。

結局、詩が一人の人間のなかで生きたり死んだりする動きと、その詩が社会的に生きたり死んだりする動きと、両者はあるところで重なるけれども、あるところでぜんぜん別なんだ。僕は、ぜんぜん別であるところに実はおもしろい要素があるような気がするね。

（大岡信・谷川俊太郎『詩の誕生』より）

問一　傍線部（1）で「迷信」と言うのはなぜか、説明せよ。

問二　傍線部（2）はどういう見方を言うのか、説明せよ。

問三　傍線部（3）はどういうことか、説明せよ。

問四　傍線部（4）はどういうことか、説明せよ。

問五　傍線部（5）のように言うのはなぜか、説明せよ。

（解答枠は問一～三＝ヨコ10ミリ×タテ140ミリ×2行、問四＝同4行、問五＝同5行）

（理系）

二　次の文は、「音楽評論家になるにはどうすればよいのか」という高校生からの質問に答えたものである。これを読んで、後の問に答えよ。（三〇点）

批評家とは批評を書いて暮らすのを業とする人間というにすぎない。音楽評論家になりたければ、まず音楽を勉強することです。現に最近の音楽批評家には音楽大学で楽理とか音楽学とかを修めた人もボツボツ見かける。わが国の既成の評論家にそういう経歴の人が少ないのは、これらの学科が戦後の産物だからにすぎない。

だが、それだけですべてがきまりはしない。それに批評家といっても、その中にいろいろと良否の別がある。

その違いはどこにあるか。私の思うに、芸術家や作品を評価するうえで自分の考えをいつも絶対に正しいと思わず、むしろ自分の好みや主観的傾向を意識して、それを、いうなれば、読者が「そういえばそうだな」と納得できる道具に変える心構えと能力のある人が批評家なのではなかろうか。論議が正しくなければ困るのだが、自分がいつも正しいと限らないことをわきまえた人でないと、他人を説得し、納得させるために、自分の考えを筋道たてて説明したり、正当化につとめたり検討したり訂正したりという（1）手間をかける気にならないのではないか。これをしない人は、たとえ音楽の天才であり大理論家であっても、批評家ではないのではないか。

また批評家はすべて言葉を使うわけだが、すぐれた批評家とは対象の核心を簡潔な言葉でいいあてる力がなければならない。名批評家とは端的な言葉で的確に特性指摘のできる人をさすと、私は近年ますます考えるようになってきた。モーツァルトを「耳におけるシェイクスピア的恐怖」と呼んだスタンダールだとか、シューベルトの大交響曲を「天国的長さ」と呼んだシューマンだとかがその典型的な例で、後世にとっては、そういう言葉をはなれて、その対象を考えるのがむずかしくなってしまったくらいである。ベートーヴェンのソナタに勝手に《月光ソナタ》という名をつけた人物もその一人かもしれない。

しかし、これはまた、対象に一つの枠をはめてしまい、作品を傷つけることにもなる。そのために、たとえば凡庸な演奏家はますますそのレッテルにふさわしい演奏を心がけ、凡庸な批評家はその角度からしか作品を評価できなくなる。ということは逆に、すぐれた演奏家なら既成概念をぶちこわし、作品を再び生まれたこの無垢《むく》の姿に戻そうとするだろう。こうして、批評は新しい行動を呼びさますきっかけにもなりうるわけである。

しかし、いずれにしろ元来が鑑定し評価し分類する仕事から離れるわけにいかない批評にとっては、音を言葉でおきかえる過程で、「レッテルをはるやり方」からまぬがれるのは至難の業《わざ》となる。音楽批評、音楽評論とは、音楽家や音楽作品を含む「音楽的事物」「音楽的現象」に言葉をつける仕事、名前を与える作業にほかならない。別の言い方をすれば、ある作品を「美しい」とか、ある演奏を「上手だ」とかいう無性格な中性的な言葉で呼ぶのは、(2)批評の降伏の印にほかならない。

だが音楽批評に限らず、およそ美術、演劇、文学等の批評一般にまつわる誤解の中でも、批評を読めば作家なり作品なりがわかりやすくなるだろうという考えほど広く流布しているものはなかろう。しかし批評は解説ではない。私は前に対象の核心を端的にいいあてる力と書いたが、作品そのものはけっして核心だけでできているのではない。核心だけできこうとすると『月光ソナタ』や『運命交響曲』になってしまうのであり、その時、作品は別のものでしかなくなる。

批評は作品を、作家を理解するうえで、役に立つと同じだけ、邪魔をするだろう。それは批評がそれ自身、一つの作品だからである。では批評は何の役に立つのか？　批評は、言葉によるほかの芸術と同じように、読まれ、刺激し、反発され、否定され、ときに共感され、説得に成功し等々のために、そこにある何かにすぎない。そうして、(3)批評のほうが、その対象よりわかりやすいと考えるのは、真実に反する。

（吉田秀和「音を言葉でおきかえること」より）

問一　傍線部(1)について、良い批評家はどうして手間をかけるのか、説明せよ。

問二　傍線部（2）はどういうことか、説明せよ。

問三　傍線部（3）のように筆者が考えるのはなぜか、説明せよ。

（解答枠は問一〜三＝ヨコ10ミリ×タテ140ミリ×3行）

二〇一八年

（文理共通）

一

次の文を読んで、後の問に答えよ。（文系五〇点・理系四〇点）

皆人の「からだ」ばかりの寺参り　「こころ」は宿にかせぎをぞする　（為愚痴物語巻六ノ一二）

生きた人間を「からだ」と「こころ」で対立させる二元論的把握は、視野を転じて、言語記号の成り立ちという問題に対しても、*アナロジカルに適用することができる。

言語記号は、一定の音声形式と意味とから成り立っている。人間の「からだ」が「こころ」の器であるなら、音声形式も、また、意味の器にほかならない。「からだ」に「こころ」の宿っているものが生きた「身」であるなら、音声形式に意味の宿っているものが、すなわち「語」にほかならない。

語の成り立ちを「身」との対比において把握する観点から、とりわけ注目される問題は、「語」の意味に対応する概念として、「身」の方に、「こころ」という言葉が見出されることである。わが国で、「意味」という言葉が、いつごろから使用されるようになったのかは判然としない。*ヘボンの辞書には収められているが、*日葡辞書など中世の辞書には見当らないようである。しかし、「意味」という漢語を知らない時代にも、「意味」を含意する言葉は存在した。それが、「こころ」という和語であったことは、あらためて紹介するまでもない。のみならず、この事実は、たとえ偶然であるかもしれないにせよ、語を人間とのアナロジーで捉える観点から導かれた、「意味」と「こころ」の対応関係にいみじくも合致している。

一般に、意味論は、意味を客観的認識の対象として、当の言語主体から切り離しすぎたうらみがある。いま、語の意味を、「こころ」という和語によって認識しなおしてみるとき、(1)語の意味と言語主体の心的活動は、確実に一本のキイ・ワードで架橋されることになるであろう。意味論にとって、これは、すこぶる重要な示唆だとはいえないであろうか。

＊

共鳴、親愛、納得、熱狂、うれしさ、驚嘆、ありがたさ、勇気、救ひ、融和、同類、不思議などと、いろいろの言葉を案じてみましたけれど、どれも皆、気にいりません。重ねて、語彙の貧弱を、くるしく思ひます。（太宰治『風の便り』）

事物は、それを名づける言葉が見出されない限り、存在しないに等しい。言語主体は、なにか明晰《めいせき》なかたちで認識したいものがあるとき、現在の自分の「こころ」に過不足なく適合する「こころ」を具有した言葉をさがし求める。そうして、該当する言葉がつかまえられないとき、自分の「語彙の貧弱を、くるしく思」う。だが、語彙の多寡など、所詮は程度の差である。いくら語彙の豊富な人間でも、自分の「こころ」をぴたりと表現できない苦しみから完全に自由であることはできない。人間の世界は、言葉によって縦横に細分されてはいるものの、語の配分は、決してわれわれの経験世界に密着した精密度で行われているわけではない。(2)もっとも客観的に見える自然界ですら、実際は、なんら客観的に分割されていないというのが、言葉の世界である。以前、「語彙の構造と思考の形態」と題する小論の中で、次のように述べたことがある。「スペクトルにかけられた色彩を、現代日本語は七色で表わす。しかし英語では六色であり、＊ロデシヤの一言語では三色、リベリアの一言語では二色にしか分けない。言語によって、色彩の目盛りの切り方が相違しているのである。これが直ちに言語の構造の問題と結びついていることは、言語構造の概念を説明するための雛型《ひながた》として、スペクトルの例が好んで採りあげられることを想起すれば十分である。言語が構造であること、構造とは分節的統一にほかならないことを、ここからわれわれは容易に認めることができる。思考活動は、この目盛りの切り方、言語の構造性に応じて営まれる。同じ虹に対しても、人はその属する言語の構造という既成の論拠の上においてのみ、色合を認知しうるのである。スペクトル中の色帯の数を、ミクロン単位で数えるならば、三七五種の多くにのぼると言われる。それを何色かに分割するということは、無限の連続である外界を、いくつかの類概念に区切り、そこにおける固定した中心、思想の焦点としての名称をもって配置することである。曖昧で不確かで変動しやすい人間の知覚は、名称によって新しい形をとり始める。客観的世界ははじめて整理せられ、一定の秩序と形態を与えられる。朦朧《もうろう》として不分明な個人の感情、捉えがたい心理の内面も、すべて名称による以外には、自己を客観化し明確化するすべを持たない。スタンダールの『赤と黒』に、ジュリアンとの媾曳《あいびき》のあとで、幸福の陶酔に耽《ふけ》っていたその夜のド・レーナル夫人が、突然、自分の行為の「姦通《アデュルテール》」という怖ろしい言葉に宛てはまるのに気づいて愕然《がくぜん》とする場面がある。言語以前の無意識の状態における個人的感情が、判然たる姿をとってその性格を客観的に現示するものは名称であることを、これは端的に物語っている」。考えてみれば、これほど危険千万なことはない。言葉によって、カオスがコスモスに転化することは事実だとしても、そのとき、名づけられたものは、他のあらゆる属性を切り捨てられ、(3)無垢の純潔性を失ってしまう。

ベンジャミン・リー・ウォーフも言うように、言語とは、それ自体、話者の知覚に指向を与える一つの様式であり、言語は、話者にとって、経験を意味のある範疇《はんちゅう》に分析するための習慣的な様式を準備するものである。言語が押しつける恣意的な分類法、その上に立つ一定数の限られた言葉で、無限の連続性を帯びている内的外的世界を名づけること、それは、言語主体に指示して彼を特定のチャンネルへと追いこむこと、外部から一つの決定を強制することではないか。もしあなたが、或る人の行為や心理を一つの言葉で名づけるならば、あなたは、その人に、その人の行為や心理を啓示することになる。その人は、名づけられた言葉を手がかりに、あらためて自分をかえりみるだろう。

「泣きぬれた天使」という往年のフランス映画にも、そうした場面があった。ジュヌヴィエーヴは、盲目の彫刻家に対する友情とも憐愍《れんびん》ともつかない漠然たる心情を、他人から「愛《アムール》」という言葉で啓示されたとき、自分のすべてが決定されたことを知った。今度は、「愛」という言葉が、彼女の「こころ」を鍛えあげてゆく。或いは、人間の「こころ」が、言葉につかみとられて、否応なしに連行されてゆくのだといってもいい。「愛」とか「嫉妬」とか「憎悪」とかいう言葉が現れると、(4)その言葉とともに、愛や嫉妬や憎悪が結晶してくる。もやもやした感情を、「愛」でとらえるか、「嫉妬」でとらえるか、「憎悪」でとらえるか、結びつき次第で、彼の運命は大きく違ってくるであろう。彼は「愛」をそだてることに成功するかもしれない。「嫉妬」に懊悩《おうのう》する男になるかもしれない。「憎悪」のあまり、女を殺す大罪を犯すに至るかもしれない。

＊

人間の「こころ」と言葉の「こころ」との間には、相互にはたらきかける二つの力がある。一つは、言葉の「こころ」が人間の「こころ」に作用する力であったが、もう一つは、人間の「こころ」が、言葉の「こころ」に作用して、それを変えてゆく力である。言葉が、人間世界の細目に対してごく大まかにしか配置されていないものである以上、われわれは、自分の「こころ」を、適切な言葉によって表現できないという不幸を宿命的に負わされている。どうしても、「こころ」を託すべき言葉がなければ、穴埋めに、新語を創造し、古語を復活し、外国語を借用するという方法も講ぜられる。

人間は、絶えず、その人、その時代に固有の「こころ」を持った言葉をさがし求めているものだ。新しい「こころ」は、それを関連づけることのできそうな「こころ」を持った言葉を見つけて、その中に押しこまれる。あとから押しこまれた方の「こころ」が、人々から強力に支持されつづければ、新しい「こころ」は、古い「こころ」を押しのけて、新規にその主人ともなりうる。言葉の「こころ」を変える力は、すなわち、人間の「こころ」であって、言葉の「こころ」が、人間から独立して、勝手に変わるのではない。言葉の意味変化が、人間の「こころ」の変化を前提とする以上、人間の「こころ」の側から、言葉の「こころ」が追究されなければならないのは当然であろう。(5)意味論は、人間の「こころ」と言葉の「こころ」の相互関係を究明する「こころ」の学とならない限り、人間の学としての「意味」を持ちえないといっても過言ではない。

（佐竹昭広「意味変化について」より。一部省略）

注（＊）

アナロジカル＝analogical「類推による、類推的な」の意。

ヘボンの辞書＝ジェームス・カーティス・ヘボンによって幕末に編纂された、英語による日本語の辞書。

日葡辞書＝ポルトガル語による日本語の辞書。一六〇三年から一六〇四年にかけてイエズス会によって長崎で出版された。

ロデシヤ＝アフリカ大陸南部の地域名称。現在のザンビアとジンバブエを合わせた地域にあたり、二〇以上の言語が話されている。同じく西アフリカのリベリア共和国も三〇近い言語が話されている多言語国家。

問一　傍線部(1)はどういうことか、説明せよ。

問二　傍線部(2)はどういうことか、説明せよ。

問三　傍線部(3)はどういうことか、説明せよ。

問四　傍線部(4)はどういうことか、説明せよ。

問五　傍線部(5)のように筆者が考えるのはなぜか、説明せよ。

※問三は文系のみ。

(解答枠は問一・四＝ヨコ10ミリ×タテ140ミリ×3行、問二＝同4行、問三＝同2行、問五＝同5行)

（文系）

二　次の文を読んで、後の問に答えよ。（五〇点）

私の咳《せき》は風邪の咳と違って、気管の奥まで届かない。気管の奥まで届いて、そこにたまっている痰《たん》をゼイゼイと震わせる咳には、一種独特な快感があるものだ。熱っぽい躰《からだ》の内部に力ずくで風穴をあけようとしているような、もうひと息で風が通って躰じゅうが爽やかになりそうな、*カタルシスの予感がつきまとう。私の咳ははじめのひと声ふた声はともかく、三声目からはもう空咳なのだ。内のものが外へ押し出るとか、外のものが中へ流れこむだとか、そういった感じはなくて、通路そのものがいたずらにケイレンを起こす。気管が身勝手に神経的な苛立《いらだ》ちをぶちまけ、こちこちになるまで力んで、われとわが身をいためつける。私はこらえられるだけこらえて、それから《俺はいつかこれで死ぬぞ、これで死ぬぞ》とやくざな喉と気管をなじりながら、手ばなしで咳きこみはじめる。咳の音がコンコンなどというしおらしさを通り越して、キィーンキィーンとどこか金属的な響きを帯び出すと、左の胸の奥がふと異な感じになりかかることがあるけれど、私の気持はかえって平静になって、《心臓が止まるとは、こういう感じか》などと思ったりする。どうかすると、私は身も世もあらず咳きこみながら、咳きこんでいる自分の姿を冷やかに眺めたりする。肩に力をこめ、背を丸め、胸板を震わせている姿が、どうにも子供っぽいのだ……。

ベランダに出ると咳が出るのは、躰が急に冷やされるせいだろうが、それよりも先に、(1)夜気の中に立った不節制な躰の、いわば戸惑いといったものが働いているようだ。いくら都会とはいえ夜半をまわればいくらか清浄になる空気に触れて、タバコの煙と坐業《ざぎょう》にふやけた躰が自分の内側の腐敗の気を嗅ぎ取り、うしろめたく感じるのだ。あるいは、それは出つけぬ人前に出て話をしようとする人間の神経質な咳ばらいに似てるかもしれない。曖昧に喉から洩《も》れた咳が静まりかえった夜半の棟と棟の間で意外に高く響き、耳障りな音で人の眠りを乱してしまったような恥しさが、また咳を誘い出す。はじめは照れかくしの咳ばらい程度でも、ちょっと切羽つまった響きがその中に入り混ると、たちまち自己暗示にかかって、ほんとうに身も世もあらず咳きこみ出す。

ある夜、私はベランダの手すりにもたれて、誰もいない中庭の遊園地にむかって手ばなしで咳きこんでいた。昼間は子供たちの声に賑《にぎ》わうブランコや滑り台や砂場が街燈の光の中で静まりかえって、私の咳を無表情に受け止めていた。そのうちに、私が咳くたびに、向かいの棟の壁いっぱいに洞《うつ》ろな音が走るのに、私は気づきはじめた。内側から胸を揺さぶられながら耳を澄ますと、たしかに私の気管が子供じみた悲鳴を上げるたびに、百何世帯かの暮しをおさめて夜の中に白々と立つ大きなコンクリートの箱が、ちょうど屋上から地階にかけて水しぶきを勢いよく叩きつけられるみたいに、ピシャッピシャッと無機的な音を立てている。私の声が向かいの壁にひろがって谺《こだま》しているらしかった。私は急に空恐ろしくなって手を口に押し当てた。掌《てのひら》に抑えこまれて、咳は私の胸の奥にゴボゴボとこもった。その音はもちろん向かいの壁で繰り返されたりはしなかった。

向かいの棟の壁に大きく、頭が屋上に届きそうに映った人影を、私は一度ベランダから見たことがある。夢でも錯覚でもない。光の加減でそんな事があるのだ。その影はレインコートを着て歩いていた。足が四階ぐらいにあって、頭が十階あたりにかかっていた。そして黄色い光の中に濃く浮き出て、気ままな感じで歩きながら、壁を斜めに滑って消えた。ものの二、三秒だった。建物の近くを歩いていた男の姿が、車のライトに照らされて壁に投じられたとしか考えられない。横断歩道か車道を横切っていた男の背後に車が迫って、その姿をライトの中心に捉えたのだろうか。あるいは普段そんな影が映らないところを見ると、車がふいに妙なところで妙な風に向きを変えて、その近くを歩いていた男から影をさらっていったのだろうか。しかし建物の脇を走る道路をベランダから見渡してみても、歩いている人影はなく、車のライトはどれも地を低く掃いて走っている。

とにかく壁に映った男はレインコートを無造作に着流して、じつに気ままそうに歩いていた。酔っぱらって一人で夜道を帰るところだなと私は想像した。祝い酒だか、ヤケ酒だか、うまくもない仕事の酒だか知らないけれど、ここまで来れば、(3)酔いはもう自分一人の酔いであり、誰に気がねをする必要もなく、酒を呑《の》んだ理由さえもう遠くなってしまって、一歩ごとにあらためてほのぼのとまわってくる。何もかも俺の知ったことじゃない。いま家に向かっているのも、明日の勤めのためにこの躰をとにかく家まで運びこんでおくためだ。毎日の暮しには、いまはそれだけの義理立てをしておけば沢山だ……。

発散しない酔いにつつまれてベランダに立っている我身に引き比べて、私は男の今の状態をうらやましく思った。どちらかからどちらへ歩いて行ったのかは知らないが、その後姿を見送るような気持で、私は影の消えた壁を眺めていた。

しかしあんな風に一人気ままに歩いている時でも、自分の姿がどこかに大きく映し出されて、見も知らぬ誰かに見つめられているということがあるものだ。本人は何も知らずに通り過ぎてしまう。影が一人勝手に歩き出して、どこかの誰かと交渉をもつというのはまさにこの事だ。そんな事を私は考えた。

というのも、ほんの一瞬ではあるが、私は壁に投じられた影を自分自身の影と思ったのだ。そして影が投げやりな足どりで壁を斜めに滑り出した時、自分が歩み去っていくような、(4)奇妙な解放感さえかすかに覚えたものだった。夜道を一人気ままに歩く男の、その影が本人の知らぬ間に壁に大映しになって、赤の他人の私の目を惹《ひ》きつけて歩み去る。私はその影につかのま自分自身の姿を認めて、自分自身が気ままに歩み去っていくのを見送る。われわれには(5)影の部分の暮しがあるのかもしれない。あるいは、われわれの中には、影に感応する部分があるのかもしれない。

（古井由吉「影」より。一部省略）

注（＊）
カタルシス＝感情が解放され浄化されること。

問一　傍線部（1）における「戸惑い」とはどういうことか、説明せよ。

問二　傍線部（2）はどういうことか、説明せよ。

問三　傍線部(3)はどういうことか、説明せよ。

問四　傍線部(4)の「奇妙な解放感」を「私」が感じたのはなぜか、説明せよ。

問五　傍線部(5)はどういうことか、説明せよ。

(解答枠は問一・二＝ヨコ10ミリ×タテ140ミリ×2行、問三〜五＝同4行)

（理系）

二　次の文を読んで、後の問に答えよ。（三〇点）

「科学には限界があるかどうか」という質問をしばしば受ける。科学が自分自身の方法にしたがって確実なそして有用な知識を絶え間なく増加し、人類のために厖大《ぼうだい》かつ永続的な共有財産を蓄積しつつあるのを見ると、科学によってすべての問題が解決される可能性を、将来に期待してもよさそうに思われる。しかしまたその反面において人間のさまざまな活動の中のある部分が、ある方向に発展していった結果として、今日科学といわれるものができ上がったこと、したがってつねに科学と多かれ少なかれ独立する他の種類の他の方向に向っての人間活動が存在し、それらと科学とがある場合には提携し、ある場合には背《はい》馳《ち》しつつ発展するものであること、現在の科学者にとってまだ多くの未知の領域が残っていることなどを考慮すると、素朴な科学万能論を信ずることはできないのである。

大多数の人は、恐らく何等かの意味において漠然とした科学の限界を予想しているに違いないのであるが、この問題に多少なりとも具体的な解答を与えようとすると、まず科学に対するはっきりした定義を与えることが必要になってくる。ところがそれは決して容易でなく、どんな定義に対してもいろいろな異論が起り得るのである。しかし科学の本質的な部分が事実の確認と、諸事実の間の関連を表す法則の定立にあることだけは何人《なんぴと》も認めるであろう。事実とは何か、法則とは何かという段になると、また意見の違いを生ずるであろう。しかしいずれにしても、とにかく事実という以上は一人の人の個人的体験であるに止まらず、同時に他の人々の感覚によっても捕え得るという意味における客観性を持たねばならぬ。したがって自分だけにしか見えない夢や幻覚などは、一応「事実」でないとして除外されるであろう。もっとも心理学などにとっては、夢や幻覚でも研究対象となり得るが、その場合にもやはり、体験内容が言葉その他の方法で表現ないし記録されることによって、広い意味での事実にまで客観化されることが必要であろう。この辺までくると、（1）科学と文学との境目は、もはやはっきりとはきめられない。自己の体験の忠実な表現は、むしろ文学の本領だともいえるであろう。

それが科学の対象として価値を持ち得るためには、体験の中から引出され客観化された多くの事実を相互に比較することによって、共通性ないし差違が見出され、法則の定立にまで発展する可能性がなければならぬ。赤とか青とかいう私の感じは、そのままでは他の人の感じと比較のしようがない。物理学の発達に伴って、色の感じの違いが、光の波長の違いにまで抽象化され客観化されることによって、はじめて色や光に関する一般的な法則が把握されることになるのである。その反面において、しかし、私自身にとって最も生き生きした体験の内容であった赤とか青とかいう色の感じそのものは、この抽象化の過程の途中で脱落してしまうことを免れないのである。科学的知識がますます豊富となり、正確となってゆく代償として、私どもにとって別の意味で極めて貴重なものが、随分たくさん科学の網目からもれてゆくのを如何《いかん》ともできないのである。科学が進歩するにしたがって、芸術の種類や形態にも著しい変化が起るであろう。しかし(2)芸術的価値の本質は、つねに科学の網によって捕えられないところにしか見出されないであろう。

一言にしていえば、私どもの体験には必ず他と比較したり、客観化したりすることのできないある絶対的なものが含まれている。人間の自覚ということ自体がその最も著しい例である。哲学や宗教の根がここにある以上、上記のごとき意味における科学が完全にそれらに取って代ることは不可能であろう。科学の適用される領域はいくらでも広がってゆくであろう。このいわば遠心的な方面には恐らく限界を見出し得ないかも知れない。それは哲学や宗教にも著しい影響を及ぼすであろう。しかし、科学が自己発展を続けてゆくためには、その出発点において、またその途中において、故意に、もしくは気がつかずに、多くの大切なものを見のがすほかなかったのである。このような(3)科学の宿命をその限界と呼ぶべきであるならば、それは科学の弱点であるよりもむしろ長所でもあるかも知れない。なぜかといえば、この点を反省することによって、科学は人間の他の諸活動と相補いつつ、人類の全面的な進歩向上に、より一層大きな貢献をなし得ることになるからである。

（湯川秀樹「科学と哲学のつながり」より）

問一　傍線部（1）のように筆者が考えるのはなぜか、説明せよ。

問二　傍線部（2）のように筆者が考えるのはなぜか、説明せよ。

問三　傍線部（3）「科学の宿命」とは何か、筆者の考える「科学」の本質を明らかにしつつ説明せよ。

（解答枠は問一＝ヨコ10ミリ×タテ140ミリ×3行、問二＝同2行、問三＝同4行）

二〇一七年

（文理共通）

一

次の文を読んで、後の問に答えよ。（文系五〇点・理系四〇点）

今日思いがけなく、古い友だちから葉書を受け取った。山の奥の村に移り住んでもう三年になり、再び都会の生活に戻ることもあるまいから住所を知らせておくという、それだけが書いてある葉書だった。その数行の文句を、一字一字見ているうちに、何という贅沢《ぜいたく》な奴なのだろうと思った。(1)まさか何というずるい奴だとまでは思うわけには行かなかった。

上州の、そこへ行く途中の街道を辿《たど》って行けば、末は道が山へ消えるようにせばまりながら越後へ入ってしまうそのあたりを、私も詳しくはないが知っていた。そして彼の住んでいるという村も、彼とは全く無関係に、もうずいぶん前に訪れたことがある。

私のその友人と、その村とがどういう関係にあるのかは葉書にもひと言も書いてはないし、これまでにそんな話を聞いたこともついぞない。何しろ二十年は会っていないし、その一枚の葉書をいくら睨《にら》んでいたところでそこに書いてある極《ご》く簡単な文句からは何も考えられない。だから彼にしてみれば山村に移り住んでもう都会には出ないだろうということが、私がついそう思ってしまったように決して贅沢なことなどではないのかも知れない。ただこの葉書は、もう忘れかけていたその山村の秋を私の記憶の中からいやに鮮やかに想い出させる役目はしたことになる。

＊

そういえばあの時、私は何でも栃木県の山ぞいの、丘をほんの一日二日歩くつもりで出かけたのだった。稲刈ももう殆《ほと》んど終わって、束ねた稲が干してあるころだった。景色を眺めるというより秋の空気の匂いを嗅いで歩くのが嬉しかった。二日歩いて夕暮れ時に、そろそろ帰ることも考えなければと思いながら、空の色とそこを並んでゆっくりと通る雲があまり穏やかで、そのまま上州の山麓へと足を向けたのだった。

古いことで泊った場所や宿のことなどは何も想い出せない。まるで放心の状態で歩いていたとしか思えないように、その辺のところは記憶にない。

秋が安らかに草に住む虫たちを鳴かせ、羊のような雲を空に遊ばせておく限り(2)私はこういう旅を続けていたい気持にさせられてしまった。だからこの村に私がやって来て、水車の音をきいたり、農家の納屋に出入りしている鶏たちを見たのは旅に出て幾日目だったのかさっぱり想い出せない。

＊

こうした山麓の旅のあいだには幾つもの集落を通って来た筈《はず》なのに、どうしてこの村だけが、たった一枚の、その村の容子《ようす》などは何一つ書いてない葉書によってこんな工合《ぐあい》に鮮やかに甦《よみがえ》るものなのか。

私は、牛を牽《ひ》いてちょうど自分の家に戻って来た農夫に、多分この村の奥の道がどうなっているかを訊《たず》ねながらほかの話もしているうちに、その家に熟したままかなり残っている柿が急に食べたくなって、三つ四つ売ってもらえないものかと頼んだ。

農夫は、竿《さお》をにぎって柿を少し乱暴にはたき落した。私は黙って見ていることも出来ずに、柿の木の下に走りよって、落ちて来る柿をうけ止めて、もうこれだけで充分だと言った。

柿は枝についている時には、どこにも傷一つなく、一つ一つが大きな酸漿《ほおずき》のように見えていたが、受け取ってみると、あっちこっちに黒いしみだの傷もあった。ところがそれを持って行って食べなさいと言われた時は、(3)なんにも邪気のない、正直で素朴な農夫の心を手のひらに渡されたような気持だった。

＊

点々とある農家のあいだの、まっすぐにはなっていない道の両側には、幅は一尺ほどではあるが流れがあり、豊かな水が方々で音を立てていた。道も坂だったのだろうが、流れにも勢いがあり、ところどころに野菜や農夫たちの道具を洗うための場所が出来ていて、そういうところでは水は小さい渦をまいていた。

その頃私は、物そのものよりも、色や光の組み合わせによって風景を見て、またそういう印象を強く残そうとしていたためなのか、西に廻《まわ》った太陽からのやわらかな橙《だいだい》色の陽光による、あたり一面の、かすかにほてるような、あるいは恥《はず》かしさのための赤らみのような、その色合が私に何か物語をきかせているようだった。

それは改めて私から人に語れるような筋を持ったものではなく、私をその場所で深く包み込んで行くような物語だった。

＊

上へ登って行けば僅かばかり畑があって山道になると言われたその道を、もちろんいい加減のところで引き返すつもりで登って行くと、誰がそこに据えたものとも思えない、また自然に大昔からそこにあったとも思えない岩を見つけ、それに腰をかけて私は貰《もら》った柿を食べた。

そうしてこの高みから村を見渡して、もしも私がここへ移り住もうという気持を起こしたとしたら、どこへどんな小屋を建てて生活することが許されるのだろうかと考えてみた。

この村はどこに特徴があるというのでもないし、東側から左手で抱き込むように出ている尾根にしても、ところどころに私が腰を下ろしているのと同じような岩が露出しているだけで平凡なものである。だが太陽は秋になると暫くのあいだ、この村が好きで好きでたまらなくなると言った、優しさがこぼれたような光をそそいでいる。

(4)ここは恐らく太陽にとっては秘密の土地であるに違いない。そこに昔ながら住んで土を耕している者たちは、そんなことに気もつかずにいるかも知れない。それを、たまたまここを通り過ぎて行く私が、僅かの憩いの時間だけ、優しく高貴な光を浴びるのを許してもらえたのだろう。

＊

だが、それに有頂天になって、私自身がこの秋の太陽に愛されている土地に移住を企てることは、ここがそうしためぐみを受けているところだけに、その値打を然程《さほど》に知らずに頸《くび》に飾っている宝石をちょっとした簡単な言葉でどこかの島の住人から奪いとるのと似ているような気がした。

この村は秋の、そこに秘かに憩う太陽の愛撫をうけて、貧しさの故に落ちた壁も、古さの故に倒れかけた納屋も、労働のために褐色にやけた人々の顔も、過不足のない調和の中で静かな息づかいをしていて、(5)私が住む場所は勿論《もちろん》のこと、休息の場所さえ見当りにくいところだった。

葉書をくれた友人はこういう村に今住んでいる。

（一九六二年九月）

（串田孫一「山村の秋」より）

問一　傍線部(1)はどういうことか、説明せよ。

問二　傍線部(2)はどのような「旅」か、説明せよ。

問三　傍線部(3)のように筆者が感じたのはなぜか、説明せよ。

問四　傍線部(4)のように筆者が思ったのはなぜか、説明せよ。

問五　傍線部(5)のように筆者が思ったのはなぜか、説明せよ。

※問五は文系のみ。

（解答枠は問一・三＝ヨコ10ミリ×タテ140ミリ×3行、問二＝同2行、問四・五＝同4行）

（文系）

二　次の文を読んで、後の問に答えよ。（五〇点）

（1）「古事記伝」は不壊《ふえ》の書だが、それに追随すればすむというのではない。私たちはもはや、宣長が古事記を読んだようにはそれを読まぬ。「古事記伝」一之巻には「直毘霊《なおびのみたま》」と題する古道論が載せられている。「皇大御国《スメラオホミクニ》は、掛《カケ》まくも可畏《カシコ》き神御祖天照《カムミオヤアマテラス》大御神《オホミカミ》の、御生坐《ミアレマセ》る大御国《オホミクニ》にして」に始まる文章なのだが、それと「古事記伝」の本文とを読みあわせてみると、もっぱら儒教相手にたたかった宣長において、経験主義と独断論とが奇妙な形で結合しており、古事記を読む視点が私たちといかに距《へだた》っているかを知ることができる。宣長には、天皇を中心とする国家というのが、一つの動かしがたい規範的観念であった。私たちには、私たちの文脈において古事記を読み直すことができるし、またそれが必要である。そこでもう一度、〈読む〉とは何かという問題にたちもどって考えてみよう。

ある作品の読みが、四十歳になっても二十歳のときのままだ、というような人はおそらくいないだろう。二十歳のときにはうっかり読みすごしていた側面や、気づかなかった層が、後になって急にあらわれたり、興味の向けかた、作品への眼なざしともいうべきものが、おのずと変ってきたりする。ひどい場合には、かつて愛読していた作品が後ではもうまるで読めなくなることだって珍しくない。おのれの閲歴をふり返ってみれば、誰しも思いあたる節があるはずである。

まず、はっきりしておきたいのは、作品を読むとは作品と出会うこと(encounter)であり、出会いとしてそれは、深い意味での一つの歴史的経験に他ならないという点である。経験はたえず期待を裏切り、あらかじめ用意された方法や理論をのりこえたり、それからこぼれ落ちたりする。経験は弁証法の母であり、そこには否定的創造性ともいうべきはたらきがある。作品をくり返し経験することによって、以前の読みが訂正され読みが深まるのも、かくしてそこで何ものかが否定されつつ創造されてくるからである。専門家が或る作品を研究する時も、事情は同じである。というより、（2）出会いであるところのものをもっぱら知識や観察の問題であるかのように思いなす点に、専門家の陥りがちなワナがあり、学問の硬直化が起ってくるのも、このことに端を発すると見ていい。研究とはむしろ間断なき出会いのことではなかろうか。初恋でも語るように想い出話としてこの出会いの件は持ち出されることが多いが、しかし真に大事なのは、いま何といかに出会っているかという自覚であると思う。

時代とともに、あるいは世代とともに作品が解釈し直され、読みや評価が変ってくるのは当然である。しかしその変化を、無媒介に超個人的なものとするわけにゆかない。時代による読みの変化と個人における読みの変化とは、たがいに包みあっている。個人における、前にいったような縦の変化を横断面として眺めてみると、他人との共時的な関係があらわれてくる。すなわち、(3)過去から今日にかけての私の、あるいはあなたの読みの変化は、共時における私と、あるいはあなたと他人との読みの違いの通時態でありうる。ある意味で自己はつねに他人のはじまりである。赤い糸のごときものが何ほどか貫いているにしても、今の私にとって二十歳のときの私が私でありながら他者であるのは、共時における私と他者との関係に、図形としてはほぼ等しいといえるだろう。この二つの次元は、たがいに交叉《こうさ》する。しかもそれは固定的でなく、たえず時間的に動いており、各個人はこの弁証法的な運動の支点である。

こうした過程が曖昧に入りくみ、微妙にからまりあいながら、読みの時代的変化を生み出してゆく。それは時代に挿入されて生きる個人間の諸関係の網の目が織りあげる模様でもある。そういう模様として、例えば古事記について私たちはもはやそれを、儒教の向うを張って神典視した本居宣長のようには読まない。また、神話を幼稚な「思想」のあらわれと見た津田左右吉《そうきち》にならってそれを読むことにもやはり甘んじない。それらは伝統ではあっても、それらとはおのずと違った読みかたを、私たちは探し出そうとしている。古典の永遠性といった概念は、軽々しく持ち出さぬ方がよかろう。かりに或る作品がずっと読みつがれてきているにせよ、その読まれかたは決して一様ではない。つまり永遠と見まがうばかり、それは歴史的に生成発展しているわけだ。それというのも、作品を読むということが、一つの歴史的経験であるからに他ならない。私たちはたんに自分の外側に歴史をもつと考えがちだが、しかし自分の経験そのものが歴史的でないならば、歴史をもつということも不可能なはずである。

＊

これはむろん、作品を勝手放題に読んでもいいという意ではない。深読みと呼ばれるものがある。これは本文に書いてないことを主観的に読みこむやりかたをいう。しかし一般に、本文で何がいわれており何がいわれてないかのけじめは、必ずしも顕在的でなく、微妙にもつれあっている。おそらくこの深読みは、絵画や音楽の場合より、文学の場合の方が起きやすい。色や音が純粋に規定されているのと違って文学の媒体であることばは、人間の生活にまみれているからだ。逆にいえば、ことばは色や音よりいっそう多義的である。行間を読むという諺があるが、それの暗示するように、何かを「読む」とはたんに字面を目で追うことではなく、行間に放射されているものを読みとろうとすることであるはずで、その点、(4)読むことには深読みの危険が常に待ち伏せしているといえる。だがにもかかわらず、いわれていることは、いわれていないことの条件においてのみ理解されることに変りはない。

（西郷信綱『古事記注釈』より）

問一　傍線部(1)について、「それに追随すればすむというのではない」と筆者が言うのはなぜか、説明せよ。

問二　傍線部(2)はどういうことか、説明せよ。

問三　傍線部(3)はどういうことか、説明せよ。

問四　傍線部(4)のように筆者が言うのはなぜか、説明せよ。

問五　波線部について、本文全体を踏まえて説明せよ。

（解答枠は問一・二＝ヨコ10ミリ×タテ140ミリ×3行、問三・四＝同4行、問五＝同5行）

（理系）

二　次の文を読んで、後の問に答えよ。（三〇点）

今日ごくあたり前に使われている「言文一致体」は、明治二〇年頃から明治四〇年近くまで、およそ二〇年かけてようやく一般化していった。たとえば『吾輩は猫である』（明治三八〜三九年）なども、この文体が一気に広まっていく渦中に世に問われた小説だったのである。猫に「〜である」という演説調で語らせるなど、それまで思いもよらなかった実験が可能になったわけで、小説の表現領域や発想はこれを機に急速に広がっていくことになる。漱石が齢《よわい》四十近くなって初めて小説の筆を執ったのも、また森鷗外が長い中断を経て現代小説の執筆を開始するのも、この新しい文体に触発された側面が大きい。文体をめぐるそれまでの伝統を見切ったことを代償に、近代小説は一気にその全盛時代を迎えることになったわけである。

言文一致の利点は、なんと言ってもその平明な「わかりやすさ」にあったのだが、これと並び、当時しばしばその長所とされたのが、記述の「正確さ」であった。物事を正確に写し取っていく写実主義の浸透にともない、「言文一致体」は日常のできごとを〝ありのまま〟に描写していくのにもっともふさわしい手立てであると考えられたのである。

だが、考えてみると、(1)これはそもそもおかしなことなのではないだろうか。

口語（会話）は、本来きわめて主観的なものであるはずだ。表情やみぶりで内容を補うこともできるし、あらかじめ共有されている話題であれば、自由に内容を省略することもできる。当時の描写論議、あるいは言文一致論議を見ていて奇妙に思われるのは、主観的な口語を模したこの文体がもっとも「客観的」で「細密」である、とまじめに信じられていた形跡のあることだ。急速に広まっていく写実主義の風潮の中で、過度に客観性が期待されてしまった点にこそ、おそらくはこの文体のもっとも大きな不幸と矛盾、同時にまた、それゆえの面白さがあったのではないだろうか。

田山花袋の「平面描写」論（『生』に於ける試み』明治四一年）は、「客観の事象に対しても少しもその内部に立ち入らず、又人物の内部精神にも立ち入らず、ただ見たまま聴いたまま触れたままの現象をさながらに描く」ことをめざしたもので、言文一致体にいかに客観的なよそおいを凝らしていくか、という課題から生み出された、当時を代表する描写論である。言い換えるなら、「客観」への信仰があったからこそこうしたよそおいもまた可能になったわけで、ここから話者である「私」を隠していくためのさまざまな技術が発達していくことにもなったのだった。結果的に叙述に空白――目隠し――が生み出され、読者の想像の自由が膨らんでいくことになったのは(2)大変興味深いパラドックスであったと言わなければならない。

一方で、こうした「話者の顔の見えない話し言葉」の持つ〝欺瞞《ぎまん》〟に対する疑問も、同時にわき起こってくることになる。特に次にあげる岩野泡鳴《ほうめい》の「一元描写論」は、花袋の「平面描写論」とは正反対の立場に立つ考え方なのだった。

作者が自分の独存として自分の実人生に臨む如く、創作に於いては作者の主観を移入した人物を若《も》しくは主観に直接共通の人物一人に定めなければならぬ。これをしないではどんな作者もその描写を概念と説明とから免れしめることができぬのだ。その一人（甲なら甲）の気ぶんになつてその甲が見た通りの人生を描写しなければならぬ。斯《か》うなれば、作者は初めてその取り扱ふ人物の感覚的姿態で停止せずに、その心理にまでも而《しか》も具体的に立ち入れるのである。そして若し作者が乙なり丙なりになりたかつたら、さう定めてもいいが、定めた以上は、その筆の間にたとへ時々でも自分の概念的都合上乙若しくは丙以外のものになつて見てはならぬ。

（『現代将来の小説的発想を一新すべき僕の描写論』大正七年）

「話者の顔の見えない話し言葉」に対して、はっきりと一人の人物の視点に立ち、その判断で統一を図れ、という主張である。(3)この主張をさらにおしつめれば、明確に「顔」の見える「私」を表に出すのが一番明快である、という考えに行き着くことになるだろう。それを極端な形で実践したのが明治の末から大正初頭にかけ、反自然主義として鮮烈なデビューをかざった白樺《しらかば》派《は》の若者たちなのだった。彼らは一人称の「自分」を大胆に打ち出し、作中世界のすべてをその「自分」の判断として統括しようと企てることになる。

（安藤宏『「私」をつくる　近代小説の試み』より）

問一　傍線部（1）について、筆者がこのように考えるのはなぜか、説明せよ。

問二　傍線部（2）について、このように言えるのはなぜか、説明せよ。

問三　傍線部（3）について、このように言えるのはなぜか、説明せよ。

（解答枠は問一・二＝ヨコ10ミリ×タテ140ミリ×3行、問三＝同4行）

二〇一六年

（文理共通）

一

次の文を読んで、後の問に答えよ。（文系五〇点・理系四〇点）

P・G・K・カーンとS・M・ポンピアは一九七八年に発表した論文の中で、現存種のオウムガイの殻の外面に見える細かい成長線の数を数え、二枚の隔壁の間に挟まれた小室一つ一つに平均約三十本の細線が含まれること、その数はどの殻を見てもまた同じ殻のどの小室を見てもほとんど変わらないことを報告している。深海に棲《す》むオウムガイは夜になると海面に浮かび上がってくる。太陽の周期に合わせて浮沈するオウムガイの殻の細線は、一日ごとの成長の記録だと考えられるだろう。隔壁は月の周期に同調して作られるのだと仮定すれば、毎月三十本ということで数はぴったりと合うわけだ。カーンとポンピアは、年代にして四億二千万年前から二千五百万年前にわたる二十五個のオウムガイ類の化石について同じ調査を行った結果、一小室あたりの細線数が、現存のものでは三十本、もっとも新しい化石で約二十五本、最古の化石ではわずか九本と、年代の古いものほど規則的に少なくなることを明らかにした。すなわち、四億二千万年前の地球では、ひと月はたった九日間しか持っていなかったのである。これは当然のことであり、その理由を説明するのは簡単だ。すでに天文学と地球物理学が明らかにしているように、潮汐《ちょうせき》摩擦*によって自転に制動のかかる地球は減速するにつれて角運動量を失ってゆくが、月は、その地球が失った分の運動量を受け取ることによって、地球からの距離をだんだん大きくしながらその周囲を公転してゆくことになるからである。言い換えれば、月は少しずつ地球から遠ざかりつつある。地球の自転が今よりもっと速く一日が二十一時間しかなかった四億二千万年前に、月は今よりずっと地球に近いところにあり、わずか九太陽日で地球の周囲を公転していたのだ。カーンとポンピアは幾つかの方程式を解いた結果、当時の月は、地球からの現在の距離のたった五分の二強という近いところを回っていたはずだと結論しているという。古生代のオウムガイはすでに原始的な眼球を備えていた。彼らはその眼で、夜ごと深海から浮かび上がってきては、今われわれが見ている月とは比べものにならないほど巨大な月を眺めていたのである。

オウムガイの殻に残った細線の数が意味するものに関して、*グールド自身はカーンとポンピアの仮説にいくぶんかの(ア)けねんを呈しており、それはまことにもっともな点を衝《つ》いているのだが、九本が正確に九日間に対応していると断言するのは行き過ぎであるにせよ、少なくとも(A)彼らの推論の大まかな方向づけはそのまま諾《うべな》ってよいもののように思われる。いや正直に言えば、太古の海で巨大な月を見つめているオウムガイに思いを致すのはあまりにも魅力的なので、グールドの懐疑論には(B)耳を貸したくないという気持が強いのだ。

われわれもまた、時として、明るく輝いている黄色い月が思いもかけぬ大きさで地平線近くにかかっているのにふと気づいて驚くことがある。だが、四億二千万年前の月の大きさはそんなものではなかっただろう。それは、中天まで昇ってきてもなお巨大な姿で(イ)しいを圧し、その堂々たる輝きで満天に鏤《ちりば》められた星々の煌《きら》めきもかすんでしまうほどだったことだろう。昔の光とは、ここで、今の光とはまったく違うもののことである。それは、今の光からの類推によってイメージを作ることができるようなものではないはずだ。わたしは今、それを想像してみようとは思わない。想像などという行為がいったい何になるだろう。*あの風鈴やあの蠟燭《ろうそく》の炎もまた、わたしは想像したわけではなかった。わたしはそれを見たのであり、現に見ているの

参考　オウムガイと殻の切断図

である。他方、四億二千万年前の月光の場合、それはわたし自身の肉体の延長をはるかに越えた昔の光であり、わたしはそれを一度も見たことがないしこれからも見られようはずはない。もちろん何とかそれを想像してみよう、脳裡《り》に思い描いてみようと試みることはできる。たとえば世界の終末の光景を憑《つ》かれたように詩に詠《うた》った前世紀のフランス詩人ルコント・ド・リー*ルにとっての文学創造とはそうしたことだった。だが想像力が豊富であると貧弱であるとを問わず、(C)想像するとはそれ自体、精神の営為として基本的に貧しいものでしかありえない営みだと思う。しばしば詩人の富として語られることもある想像力というものの徳について、わたしはかなり懐疑的である。(ウ)えそらごととしか見えぬ弱々しい想像もあろうし(エ)はくしんの力強さを帯びた想像もあるだろうが、いずれにせよ想像されたものは、結局想像されたものでしかないからである。いかなる場合でも想像は現実には及びようがない。

　四億二千万年前の月はたしかに地球の海を照らし出していた。オウムガイたちは波間に揺られながらその光を見つめていた。これはたしかにあったことである。今われわれが豊かだったり貧しかったりする想像力を(オ)こうして構成しようと努める独創的だったり凡庸だったりするイメージとは無関係に存在している、確固とした事実である。昔の光は、昔、たしかにあった。この「あった」の重さにはいかなる想像力も追いつきようがない。この光を古生代のオウムガイの眼が見つめていたという過去の現実は、化石の殻の小室ごとに刻まれた九本の成長線がはっきり証し立てている。これら九本の微細な線の前ではいかなる人工的なイメージも無力である。われわれが今見ているのとはまったく違う月、中天を圧して輝きわたっている巨大な月を、オウムガイたちはたしかに見つめていた。夜ごと日ごと浮沈を続けながらそれを見つめていた生物が現実に生きていたのだ。わたしはそれを見ることができないが、このオウムガイたちはそれをたしかに見ていたのであり、のみならず自分がその光を見ていたという事実を自分自身の軀《からだ》に刻印し、四億二千万年後の今日に残しているのである。彼らがみずからの肉体に残った痕跡の形でいわばわれわれに遺贈してくれたこの証言、これ以上物質的ならざるはないこの証言を通じて、われわれはそうした光が存在したことを知ることができる。(D)わたしが感動するのはここのところだ。それを見ることはできないが、かつて在りし日にそれを見ていた者を見ることができる、――彼がたしかにそれを見ていたという現実を証明する物質的な証拠を見ることができ、つまりはそれによってその光を知ることができるということ。四億二千万年前の波間にそうした月光がそそいでいたことを、今わたしは知っているということ。知ることとは、ここで、想像することをはるかに越えて豊かで本質的な営みとしてあると言うべきである。見ようとしても見られないものを想像するというのはしばしば安っぽい文学的感傷でしかない。だが、いかなる想像も追いつきようのないものを知ることができるというのは、これはまた何と人を興奮させる出来事であることか。

（松浦寿輝『青天有月』より。参考図は出題者による）

注（＊）

P・G・K・カーンとS・M・ポンピア＝ともにアメリカの科学者。二人の論文「オウムガイ類の成長周期と地球－月系の力学的時間発展」は、『ネイチャー』二七五号（一九七八年一〇月一九日号）に掲載された。

角運動量＝回転運動の特徴を表す基本量。地球－月系の角運動量は常に一定に保たれている。

グールド＝スティーヴン・ジェイ・グールド（一九四一―二〇〇二）。アメリカの古生物学者、科学史家。筆者は、グールドの著書『パンダの親指』（原著は一九八〇年刊）に拠りながら、この文を書いている。

あの風鈴やあの蠟燭の炎＝少年の頃に筆者が見たり聞いたりした風鈴や蠟燭の炎を指している。

ルコント・ド・リール＝十九世紀のフランスの高踏派の詩人、劇作家。

問一　傍線部（ア）〜（オ）のひらがなを漢字に改めよ。

問二　傍線部（A）の内容を説明せよ。

問三　傍線部（B）には、筆者のどのような心情が込められているか、わかりやすく説明せよ。

問四　傍線部(C)について、筆者はなぜこのように思うのか、説明せよ。

問五　傍線部(D)はどういうことか、説明せよ。

※問三は文系のみ。

(解答枠は問二＝ヨコ10ミリ×タテ140ミリ×5行、問三・五＝同4行、問四＝同3行)

（文系）

二　怠惰で仕事に対して冷笑的な態度をとってきた会社員田口運平は、ある日から突然仕事に猛烈な情熱を示すようになり、周囲の同僚を驚かす。次の文はその心境の変化の経緯を記した田口の手記の一部であり、冒頭の段落はその心境の変化のきっかけとなった田口の息子の行動を記している。これを読んで、後の問に答えよ。（五〇点）

その時、四歳になる我が子は、隣家の庭で同じ年頃の子供達と戯れて居た。何をして居たのか、声高い歌声と、跳びまわる頭とが低いブロック塀のむこうに見え隠れしていた。歌声が止んだ時、子供達は一対一の組になって取組合いを始めていた。中でただ一人の女児はやや離れ、甲高い声で隣家の男児に声援を送っていた。それと組み合っているのは我が子だった。取組合いは、明らかにゲームの雰囲気を持っていた。私は、我が子がゲームに勝つ事を念じつつ、それを見守っていた。小柄ではあるが敏捷な隣家の男児に、しかし、我が子は押し倒され、組み敷かれたのかその姿は塀の陰に見えなくなった。大柄だが動きの鈍い我が子は、勝負に負けていた。それだけならば私は単純に無念がりはしても、此処まで来る事は無かったであろう。次に見えた時、我が子の顔は、半面がべったりと黒い砂で覆われていた。遠目にも、それは不気味な顔であった。何か囃《はや》したてる声が起った。怪獣だと叫ぶ声が聞こえた。我が子は、明らかに半ば泣いていた。それは、組み敷かれ、砂に顔摩《す》り付けられたことに対する口惜しさの反応だったろう。我が子が隣家の男児を追いかけ始めるのと、周囲が声を揃《そろ》えて我が子を怪獣だと囃したてるのとは、殆《ほとん》ど同時であった。しかし、我が子が負けた口惜しさから、泣きながら隣家の男児を追おうとしたのは事実だった。怒れ、追え、倒せ、組み敷け、と私は身体の中に熱い声をこもらせて我が子を見守った。砂に半面を覆われた我が子の顔には、しかし同時に曖昧で気弱な表情が見られた。怒り狂って追うものか、ただぐるぐると隣家の男児の後を駆けるものか、と。怒れ、怒れ、怒れ、と私は声を口の中に漲《みなぎ》らせた。お前は負けたではないか。武者振り付いて仇《かたき》を打て。しかし、怪獣だと囃す周囲の声が、我が子の迷いを一層混乱させた。迷いつつも、我が子は三周は曖昧な表情のまま隣家の男児を追い続けた。その表情から、急激に屈辱の色が失せていくのが見られた。怒りの力が退き、周囲の声に身をまかせ、自らを強い怪獣として隣家の男児を追う誇らしさの中に堕して行く様が私にはありありと見てとれたのである。私には、それが許し難かった。取組合いに敗れたのは許せる。砂に顔摩り付けられたのも許せる。泣くのも許せる。しかし、その怒りに熱中することなく、自らの全能力を振り絞ってその怒りに賭けることなく、その怒りを曖昧に他のものにすり替えたことが許せないのだ。誤魔化したことが許せないのだ。

――しかし、我が子に対する私の怒りは、そのままの熱さをもって、突如、私自身に対する怒りに転化していた。

思えば、私は常に、最もそう在りたいものの傍らに立ち続けていたような気がするのである。その生の瞬間における、方向感覚すらも定かではない何事かへの熱中に身を投ずることなく、(1)常に瞬間を相対化し、時間を手段とすることによって生きて来たように思われるのである。子供の時は少年になる為に、少年の時にはより上級の学校に進む為に、そしてささやかな政治運動に参加した時には学問と運動の両者の中間にいずれとも決め難く。そして結局大学の後半は就職のために存在し、今は？その為に今が準備の段階であり、待機の時であるという重い目的は既に存在しない。今こそ、今こそ私は最もそう在りたいものの真只中に在らねばならぬのではないか。それは、良くも悪しくも、今のこの仕事にしかないのではないか。賭けることを避け、熱中を逃げているのは、私自身ではなかったか。仕事に対する自らの取組方への些《いささ》かの後ろめたさを、単に冷やかなる傍観的態度を取ることによって誤魔化していたに過ぎぬのではなかろうか。私の中には、今にして思えば、絶ゆる事もない熱中への〈飢え〉があった。〈飢え〉は、今も私の身体の中に熱く息づいている。誤魔化しに誤魔化しを重ねながら、潜在する〈飢え〉をあやしあやし、遂《つい》に私は今日まで生きて来たといえる。(2)手すりは切れた。最早、自らの身体を、自らの力で支えて進む他はない。意識のどこかで、私は常にそれを感じ続けて来たといえる。

――私の中に、遠い潮騒《しおさい》の響きのように響いて来る一つのイメイジがある。口に出すのも恥ずかしい程、単純で素朴なイメイジが。定かではないが、そのイメイジが誕生したのは、私が今の生活に身を投じ、無意識のうちにでも、最早、この先、現在というものを充たす外に、先に招いている重い目的等というものは存在しないと感じ始めてからではなかろうか。それは、人間の意識がまだ草のように健やかで、石のように強固であった時代における労働のイメイジである。全ての筋肉の力を振り絞り、扱いにくい農具をあやつり、土を起し、種子を振り蒔《ま》き、草を刈り、羊を殖やし、旱魃《かんばつ》には天を仰いで雨を乞い、嵐には地に伏して神を求め――それ等の中にあるほとんど物のように確実な労働のイメイジ。人間が自らの生存と繁殖のために汗することが労働であるとするならば、今日の私の仕事の中にも、どこか一点、そのように単純豪快な労働のイメイジに繋《つな》がるものがあって良いのではなかろうか。それなくしては、私の単調なる毎日は、通勤と消費のうちに拡散してしまうのではなかろうか。デスクワークと限定されている私達の仕事において、個々の作業の手応えは、作られた資料の評価とか、それの有効性とか、きわめて抽象的なものに限定されてしまう。しかし、結果はどうであれ、それを製作していく過程そのものに、〈私はここで生きる〉という(3)樹液の様にみずみずしいかつての労働のイメイジが、一点、光って良い筈《はず》ではなかろうか。

斯《か》くして、私は、突然の不幸に見舞われたのである。何故ならば、自らの退路を断ち、自らの猶予を捨て、熱中によって（ああ、それが私に訪れるならば！）凝結して行く自己を通して此処に今在ることの意味を確かめんとする行為は、あまりに危険と犠牲の多い賭けであるから。第一に、もしこの重い賭けにおいて熱中が私を捉えることに失敗するならば、私は遂に何事も確かめ得ることなく、(4)決定的に自己の傍らに立って生き続けねばならぬから。第二に、もし私が熱中に突入し得たとしても、その結果、私の労働の過程そのものが、あの遠い潮騒の響きのような遥かなる労働のイメイジにただの一点ですら繋がり得ぬものであるとするならば、私の熱中そのものは何処へ彷徨《さまよ》って行けば良いというのか。そして第三に、もしも私が熱中し、その結果、私の労働が辛うじて曾《かつ》ての単純豪快な労働の中に繋がっていくものであることが確認され得たとして、その後に来る、重い確認の上に立つ日々は、現在までの中心はないがどこかゆるやかで安寧な日々に比して、輝やかしくはあってもあまりに厳しく困難な日々であることは明らかであるから。更に第四に、この賭けそのものが、安寧なる我が環境においてどのような風波を呼び、どのように高価なものにつくか、ほぼ見通しがついているからである。

これは矛盾であろう。賭けぬ自分に苛《いら》立ち、賭ける自分に恐れるとは。

しかし、賭けは為されたのだ。(5)半面砂に覆われた我が子の顔の気弱な変貌が、私の怒りに火を放ったのだ。ここまで来てしまった以上、私はこれを為し遂げぬ訳にはいかぬであろう。今、私は何者であり、私は何によって生きるのか、を自らに明らかにする為に。

この賭け、又は熱中のみを唯一の方法とする実験を名付けて、私は、〈聖産業週間〉と呼ぼう。

（黒井千次「聖産業週間」より。一部省略）

問一　傍線部(1)はどういうことか、説明せよ。

問二　傍線部(2)はどういうことか、説明せよ。

問三　傍線部(3)はどういうことか、説明せよ。

問四　傍線部(4)はどういうことか、説明せよ。

問五　傍線部(5)について、どうして「我が子の顔の気弱な変貌」が田口を怒らせたのか、説明せよ。

（解答枠は問一・四＝ヨコ10ミリ×タテ140ミリ×2行、問二＝同4行、問三＝同3行、問五＝同5行）

（理系）

二　次は、主として中世のヨーロッパ社会でさまざまな情報がいかに伝達され、共有されたかを考察した文の一部である。これを読んで、後の問に答えよ。（三〇点）

マイクロフォンとスピーカーとによって、人声を同時に多人数に伝達ができるようになるまえ、ひとはいったいどうやって意思をつうじあっていたのだろうか。軍隊のように、訓練された伝令が、部隊別に命令を下知できる場合は、まだよい。けれども、直接、肉声をもって語りかける演説やら説教となるとどうだろう。はたして、発言の趣旨は正確につたえられたのか。ましで、*バスティーユ牢獄を襲撃する烏合《うごう》の衆となっては、暴動への意思確認が、正確におこなわれたとはかんがえにくい。

適切な文書による伝達が存在しなかった中世の時代となれば、ますます絶望的だ。人びとは、不正確な理解にもとづき、むやみと感動したり、侮蔑を発したりしていたことになろうか。職業的な通信役はたしかにいたから、組織にのっとって行動する集団の場合はまだ事態は容易だとしても、中世に独特の群衆の場合には……。

だが、記録が証言しているところによれば、肉声による音声通信は、かなり効果的におこなわれたらしい。たとえば、皇帝が市民にむかって重大な決断を告知するときには、どうも、仲介スピーカーがいたらしい。つまり、もとの声を復唱し、さらにつぎのスピーカーがひろめてゆく。いわば、扇形に声の通信が拡大してゆくわけだ。

けれども、直接の肉声告知のケースも多い。街頭に立って、禁令を触れまわる役人がおり、かれらは大声で、市民たちに重大事項をのべてまわった。いやそればかりか、キリスト教聖職者たちは、教会の内であれ野外であれ、さだめし低く思慮ぶかい声で、魂の内面を語りはじめたであろう。数百人もの信徒たちは、ほとんど涙せんばかりに、聴きいっている。

想像するところ、かれら中世人たちは、いまのわたしたちとは段違いの耳をもっていたようだ。そのころ、人間社会は音にみちた世界をいとなんでいた。中世都市の路上には、家畜の鳴声も子供たちのはしゃぎ声も、乞食《こつじき》する訴え声も、そして、時をつげる鐘の音も。どれもが、雑然と空間をつたわっていった。けれども、人びとは、その音と声のすべてを子細に聞きわける能力をとぎすませていた。どんなに多数の音源があっても、(1)雑音・騒音というべきものはありえなかった。

私語する大衆、泣きむずかる赤児などまるで関知せぬがごとくに、かれらは説教師のことばを択《えら》びわけていた。音声ひとつひとつに意味がみちあふれていた時代、そのときこそ、音声の通信は機械的方法の援《たす》けをうけずに、数百、数千人の耳をとらえたのであろう。

むろん、そのころ、情報を正確に蓄蔵し、空間と時間とをこえて伝達する手段は、ないわけではなかった。たとえば、書物。西アジアやエジプトで発明された羊皮紙*やパピルス紙は、しっかりとした文字を盛られて、重用された。活版印刷術が登場するまえとはいえ、専門の筆写生たちは、丁寧なペン使いで、写本を複製していった。軽量化されたこれらの「紙」は、運搬され、もしくは愛蔵されて、遠い場所、遠い時間のかなたに送達される。写本は通信手段として、かなり洗練された利器となった。

もっとも、写本はただの通信手段ではない。中世写本には、しばしば、みごとな細密挿画がくわえられた。イニシャル文字*には、凝った装飾がつけられた。写本はそれ自体、ひとつの芸術品である。備忘録のように走り書きされた紙片とはちがって、写本はモノとしての重みを兼備した財宝である。(2)美しさと便利さとは、分離できぬ一体となっていたのである。

そのころ、特別な知的能力をもつものは、みずからも著作を書いた。その著作は、さらに写本として複製されて、流通していった。けれども、このような顕著な思想伝達のほかに、もっと多くの通信が中世社会をとびかったはずだ。おそらく、文字が使用される場合のほとんどは、著作ではなく、書簡であっただろう。

自分では満足に文字をつかいかねる王侯貴族たちは、祐筆*をはべらせて、手紙をつづらせた。かつての時代の手紙を、いま目前にすると、場と時とを異にする相手にたいして、意を正確につたえようとする、つよい通信欲求が、うかびあがってくる。

写本と書簡のように、文字ばかりが通信用の記号ではなかった。絵がある。ときに羊皮紙のうえに、またときには、教会堂の壁のうえに、絵は物語を表現した。近代の絵画のように、絵そのものが対象を描写するということはまれだった。絵には、明瞭な語りが秘められていた。絵画は鑑賞されるのではなく、解読されるものだった。

あまりに稚拙な表現もあるが、しかしそれは画家の能力不足のゆえではない。(3)画家にとっての関心は、忠実な対象写影にはなく、記号としての物語表現に集中されていた。

（樺山紘一『情報の文化史』より）

注（＊）

バスティーユ牢獄＝パリにあった監獄。民衆がこの監獄を襲ったことがフランス革命のきっかけとなったとされる。

羊皮紙＝ヒツジなどの皮を薄くなめして文字や絵が描けるようにしたもの。

イニシャル文字＝段落の最初にある文字。中世の写本ではきわめて華麗な装飾を加えられる。

祐筆＝貴人に仕え、文書を書くことをつかさどった人。

問一　傍線部(1)はどのようなことを言っているのか、説明せよ。

問二　傍線部(2)はどのようなことを言っているのか、説明せよ。

問三　傍線部(3)について、筆者はなぜこのように述べているのか、説明せよ。

（解答枠は問一・二＝ヨコ10ミリ×タテ140ミリ×3行、問三＝同5行）

二〇一五年

（文理共通）

一

次の文を読んで、後の問に答えよ。（文系五〇点・理系四〇点）

英語には"To cut a long story short"（かいつまんで話すと）とか、"Please make your story short."（手短かに言って下さい）とかいう言い回しがあるらしい。日本語の感覚からすると身も蓋もないような言い方であるが、それだけ明快でもある。

しかし、(1)ただ長い物語を短くしたものが短編ではない。*サローヤン式に言うならば、鯨をいくら細かく切り刻んでも鰯《いわし》にはならない、それは鯨の切り身である。短いというのは、話の長短よりもむしろ文章の性質から来る。書き出しの一行が、あるいは一節がその作品のスタイルを決定するとよく言われるが、十枚で完結すべき物語はすでにその分量に相応した文章の調子を持っている。調子というところを呼吸、リズム、間合い、密度等々、いろいろ好きなように言い換えてもいい。「汝のストーリーを短くせよ」と言われなくても、それ以上長くも短くもなりようがないのが作品の正しい寸法である。

短編では、「この物語を始める前に」だの、「先刻もちょっと触れておいたが」だの、「これは余談であるが」だのと悠長なことはやっていられない。長編の読者は途中で少しぐらい注意力が眠り込んでも、作者がそのつど揺り起こしてくれるから安心であるが、短編はそれができない。説明や注釈にも頼れない。となると、残るはイメージしかない。具体的な物の形や印象を、手早く読者の脳裏に焼きつけなくてはならない。

*チェーホフが、彼に恋した作家志望の人妻アヴィーロワに語ったという「生きた形象から思想が生まれるので、思想から形象が生まれるのではない」という言葉は有名である。長編と短編を器用に書き分けている(2)現代イタリアの作家モラヴィアが、短編を抒情詩に近いとし、長編を評論や哲学論文になぞらえているのもその辺を衝《つ》いたものであろう。

もっとも、私のこういう言い方は実は本末転倒で、短編の作者はもともとイメージで語るのが得意なのだ、その反対は苦手なのだ、と言うほうが本当かもしれない。彼の書くものが短いのは、イメージというものはそうそう引き伸ばせないからである。ルナールなどは、「十語を超える描写はもうはっきり目に見えない」と極端なことを言っている。

イメージという言葉を言い替えようとすると、どうもぴったり行かなくて不便である。影像、映像、形象、物の姿、心象などと並べてみるが落ち着かない。とにかく網膜にうつるものも、心に浮かぶものも、ともにイメージであろう。絵や写真やテレビの画面もイメージであり、フランス語で「イメージの狩人」といえば報道カメラマンや映画監督のことでもある。

一八九〇年代、青年国木田独歩が行く先々で自然の美にひたっていたちょうどその頃、フランスではルナールが故郷の田園を再発見しつつあった。彼の文章の極致を示す『博物誌』のプロローグが「イメージの狩人」と題されている。「彼」は朝早く起きて、一日野づらや川辺や林の中を歩き回り、いたるところでイメージを採集する。そして、日が落ちると家に帰って、明かりを消し、眠る前に長いことかかってそれらを反芻《はんすう》する。

「イメージは、思い出すままに、素直によみがえる。一つが別の一つを呼び覚まし、そうして燐光《りんこう》を発するイメージの群がりが、新しくどんどん増え広がって行く。ちょうど、一日じゅう追い散らされていた鷓鴣《しゃこ》*のむれが、危険も去って夕べの歌をうたい、畑のくぼみでお互いに呼び交わしているようなものだ。」

田園風景にことよせた一つの喩えであるが、自分の文章はこんなふうにして生まれるのだと言っているのであろう。作家の目はレンズであると同時に対象を捕らえる網である。(3)文章でも写生ということがよく言われるが、その喩えはむしろ誤解を生みやすい。書くためには記憶というフィルターと、回想できるようになるまでの十分な時間が必要である。

ルナールで最も知られている『にんじん』*は、それ自体がごく短い短編である章を五十近く並べたもので、筋といってはあまりない。初め小学生程度だったにんじんが、最後には高校生ぐらいになっているのが見届けられる。子供は放って置いても大きくなるのだから、これくらい変哲もない話はない。ルナールは二十四歳で十七歳のパリジェンヌと結婚し、奥さんは翌年彼の郷里で長男を生む。その際、実家の母親が愛妻につらく当たるのを見ているうちに、自分の子供時代のことを少しずつ思い出して行ったらしい。早くも次の年には、いずれ『にんじん』に収まる話をいくつか雑誌に発表している。

その第一話『めんどり』は、この本を一度でも読んだ人、読みかけた人なら、あの風変わりなヴァロットン*の版画の挿絵とともにすぐに思い出されるであろう。にんじんが母親に鶏小屋の戸を閉めにやらされ、寒いのと怖いのとで震えながら闇を突っ切って行き、無事任務を果たして凱旋の気分で戻るが、誰にも褒めてもらえない。どころか、母親に「これから毎晩、お前が閉めに行くんだよ」と言われる。

この章は長編小説ならば満を持して書き起こすところであろう。だが、『にんじん』という作品は今も言ったように、あちこちに書いた小品の寄せ集めである。『めんどり』以前に書いたものすら入っていて、全然執筆順ではない。作者が巻頭には次の『しゃこ』でも、その次の『犬のやつ』でもなく、是非ともこの『めんどり』を配したいと考えたのは、(4)彼一流の計算があってにちがいない。

ルナール自身は『にんじん』を「不完全で、構成のまずい本」と言っているが、それでも『にんじん』一巻が『めんどり』で始まるのはいかにも適切で、作者のアレンジの妙であり、かつまた読者への親切である。それは一編の挿話でありながら、要領のいい人物紹介を兼ねている。そればかりか、各人物のこの物語における位置や役割や相互の関係といったものを一挙に示す、わかり易い見取り図にもなっている。しかも、抜け目のない作者は只《ただ》の一語も紹介や説明の労をとるわけではない。人物一人一人に、いわば順番に自己紹介をさせるだけである。何によってかといえば、会話によってである。いきなりもう戯曲のような書き方である。

小説の描写というと、われわれはとかく風景描写とか心理描写とかを考えて、会話も描写であることを忘れがちである。しかも、会話ぐらい直接的、具体的、即効的にその人物を表現してのけるものはない。初対面で予備知識がなくても、口のきき方ひとつで相手のことがわかるようなものである。ルナールがこういう書き方を選んだのは、会話こそ自分の最強の武器であることをよく心得ていたからであろう。

（阿部　昭『短編小説礼讃』より）

注（＊）
サローヤン＝二十世紀アメリカの小説家、劇作家。
チェーホフ＝十九世紀ロシアの小説家、劇作家。短編の名手として知られる。
鶉鴣＝キジ目キジ科の鳥のうち、ウズラとキジの中間の体形をもつ一群の総称。
『にんじん』＝ルナールの代表作。「にんじん」とは赤毛の主人公につけられたあだ名である。
ヴァロットン＝スイス生まれの画家。十九世紀末から二十世紀初めにかけてパリで活躍した。

問一　傍線部(1)について、筆者はなぜこのように述べているのか、説明せよ。

問二　傍線部(2)は短編と長編のどのような相違を述べたものか、説明せよ。

問三　傍線部(3)について、筆者はなぜこのように考えるのか、説明せよ。

問四　傍線部(4)について、筆者はなぜこのように考えるのか、後の二つの段落を踏まえて説明せよ。

問五　筆者の考えでは、優れた短編はどのように生み出されるのか、本文全体を受けて説明せよ。

※問五は文系のみ。

（解答枠は問一・二＝ヨコ10ミリ×タテ140ミリ×3行、問三・四＝同4行、問五＝同5行）

（文系）

二　次の文を読んで、後の問に答えよ。（五〇点）

親しくした人たちがどんどん死んで行く。年々歳々それが頻繁になるのは、こちらが人並よりいくぶん永く生き残つてゐる報ひとして甘受しなければならぬ自然の理《ことわり》ゆゑ、ウンもスンもないわけ。とはいへ、「死」といふ、この上なく厳粛な事実でも、永年に亘り、夥《おびただ》しい数に直面するうちには、馴れッこになる、といふか、麻痺してしまふ、といふか、あのズシンと重い胸への響きにいくらかづつの緩みがついて来る……。ましてや、他家《よそ》のはもとより、わが家の子孫であらうと、誕生を知らされての喜びなどは、正直なところ、もはやゼロにちかい。かういふ、老耄《らうもう》と同義語の不感症を、さも、生死の一大事を超越したかのやうに勘違ひはしないにしても、しかし時折、われながら「非人情」になつたものだ、と思ふことはある。生を祝《ことほ》ぎ、死を悼《いた》むのは、古今東西を通じての「人情」なのだから。……「非」か「不」か。(1)「不」は感心しないが、「非」なら仕方なからう、といつた風な、一種怠慢な考へ方だけれど……。

そんなつまらぬ詮索はさて措《お》き、実際問題として、ここ数年来の、親しくした人たちの死に方と来たら、「ちつと遠慮したらどうだ」とボヤキたくなるくらゐだ。「それは、お前が、あんまり大勢の人たちと仲よくした報ひで、自業自得ぢやないか」といはれて、「ああなるほどさうか」……まさかそれほどでもないし、(2)第一、相手は死神だ、遠慮などさせてくれるものか。

概して云つて、親しい者の死に際会する場合も稀な筈《はず》の、少・青年時代、まともに、すなほに、胸いつぱいに受け止める「死」の痛撃、……「死」の周囲には、不思議にすなほな空気が立ちこめるものだが、……あの、再び起ちなほれまい、と思ふほどの、あの、文字どほりのデッド・ボールをこの年齢《とし》になるまで、満身に浴びとほしに、生きて来られるものかどうか。(3)万が一にもさうであつたとしたら、私は超人だ。万年でも横綱が張りとほせる。

さうかといつて、死んだ人の死によつて、こちらの心身に受ける傷害で寿命を縮められてたまるか、といふやうな、打算的な顧慮から、なるべく控へ目に悲しんで置かうなどと、そんな器用なまねは、いかに世智《せち》辛くなつた今の世の中でも、ちよつとやり手があるまい。どだい意識にのぼらず、なほさら、さういふ思議は用ゐないでも、あらゆる生物に共通の、みづから衛《まも》る本能の然らしむる所で、是非の範囲外だ。誰でもが大威張りで「別に工夫なし」と断言できる場合だ。

ついこの数日来、*広津和郎君、*野田高梧君と続けさまに急逝の報を受けた。時間に縛られることのない、たまにあればなんとかかんとかそれをひッぱづしてしまふ、早くいへば「怠け者」で「閑人《ひまじん》」の私、ズシンと重い胸への響きも、まるで名鐘の余韻の如く、清らかに、静けく、遠く、遥けく薄れて行くに任せて、いつまでも黙つてゐられる。

親しくした歳月の長い短いなどには関係なく、あの日のこと、あの時のこと、……私の性分のせゐか、必ず具象的に、……その場その場の光景で眼前に髣髴《はうふつ》として来る。しかもどれ一つとして楽しく愉快な想ひ出でないものはない。告別式の祭壇の前で読まれる弔詞の多くがさうであるやうな、故人の業績とか、人と成りの美点とか、さういふ抽象的な面《めん》は少しも浮んで来ない。そのうち、「ズシンと重い胸への響き」など、あとかたもなく消え失せてしまひ、例へば、広津君の、まぬけな自分の失敗を、まるでひとごとのやうにくッくと可笑しがる、あの酸ッぱいやうな笑ひ顔とか、野田君の、自己流踊りで、ここぞとばかり片足で立つて見せるつもりが、ひよろけかかつたりする様子とか、その他等々が、瞑《まじろ》がない目の前の絵となつて現れたとすれば、(4)ニヤニヤと、私の頬の肉はうごめきだすだらう。そこを糞真面目な男が見たら、「なんだ、友達の死を楽しんでゐやアがる。怪《け》しからん奴だ」と怒号するかも知れず、歯に衣《きぬ》をきせぬ女だつたら、「いやアねえ、いい年齢《とし》をして、思ひ出し笑ひなんかして。みつともないわよ」と冷笑を浴びせることだらう。

こんな風に、死んで行つた人たちとのつきあひで、楽しかつたこと、嬉しかつたことなど、特に選ぶのでもなんでもなく、おのづとさういふのばかりが思ひ出されるといふのも、前にいつた自衛本能の作用に違ひない。若い頃だつたら、厳粛な「死」を冒瀆するものだ、とか、友情を裏切る軽佻《けいてう》だ、とか、そんな反省、自責に苛《さいな》まれたかも知れないが、(5)いつかさういふものとは、きれいさつぱりと手が切れてゐた。

この安らぎ、……ありがたいことである。

（里見　弴『私の一日』より）

注（＊）
広津和郎＝小説家、文芸評論家。代表作に『神経病時代』『松川裁判』など。一九六八年九月二十一日没。
野田高梧＝脚本家。『東京物語』をはじめ小津安二郎の映画のシナリオを数多く手がける。一九六八年九月二十三日没。

問一　傍線部(1)はどのようなことを言っているのか、説明せよ。

問二　傍線部(2)はどのようなことを言っているのか、説明せよ。

問三　傍線部(3)はどのようなことを言っているのか、説明せよ。

問四　傍線部(4)のように筆者が思うのはなぜか、説明せよ。

問五　傍線部(5)を踏まえて、筆者が親しい人の死をどのように受け止めるようになったか、説明せよ。

（解答枠は問一・三＝ヨコ10ミリ×タテ140ミリ×4行、問二・四＝同3行、問五＝同5行）

（理系）

二　次の文を読んで、後の問に答えよ。（三〇点）

報道は人間の生理的な必要である。しかもこの必要は近代になってから日をおってその強度を増している。それには色々な理由が考えられる。第一に経済的にも政治的にも文化的にも世界の諸国が緊密に結び合され、そのために世界の片隅に起こった事件がやがて各個人の生活に影響を及ぼすようになって来たからであろう。吾々から遠く離れたところで勃発した戦争が、いつ吾々自身を戦場に立たせるか判らない。外国の穀物の産額が吾々の生活に深刻な変化を惹《ひ》き起こすことも決して稀ではない。第二に社会の事情が甚だしく複雑性を加え来っていることが考えられる。或《あ》る国の状態が他の国の民衆の生活に影響を与えると言っても、それはいつも直接的なものばかりではない。両者の間には他の幾つかの国の状態と利害とが立っていて、そこを通過する影響に常に新しい方向を与えようとしている。穀物の産額の増大が必ず価格の低落を結果すると言うことは出来ない。一国内部にして見ても、そこには神の如き眼を以てしなければ到底その全貌を捕えることが出来ないような複雑な関係が横たわっている。第三に社会の変化と運動とがその激しさを加えて来たことを指摘しよう。昔の学者は動く社会と動かぬ社会とを区別した。前者はヨーロッパの社会のことであり、後者はアジアの社会のことである。これはヨーロッパが夙《つと》に資本主義を確立していた時に、アジアが未だ封建主義に立っていたからである。資本主義社会は本質的に動く社会であり不断の変化を伴う社会である。アジアも今は動く社会になっている。もしも環境が動き変ずるものでないとしたら、吾々は報道を生理的必要と見ることは出来ない。父祖の代から行われている習慣に頼って生きて行くことが出来るはずだからである。動く社会は報道を必要とする社会である。第四に近代社会においては各個人が自分で生きて行かねばならぬということが注意されねばならぬ。昔は誰かが多くの人々に代って環境を知り適応の道を学び、他の人々はその後について歩んで行けばよかった。しかし今は個人主義がいかに非難されようとも、各人が自己の運命の主人にならねばならぬ。自分の幸福は自分で喜び、自分の不幸は自分で嘆かねばならぬ。自ら生きようとするものは、自ら環境に適応せねばならず、自ら環境について知らねばならぬ。(1)現代の人間が報道を欲するのは、その当然の権利に基づいていることである。

現在の報道、交通、通信の機関は高度に発達した技術を基礎として立っている。外界の出来事を知り且つ知らせるためには、眼や耳が吾々の身体に具《そなわ》っている。単純な社会生活にあってはこの眼や耳で十分に事が足りたのである。人間の生活を動かすものは主として眼や耳の届く場所から生じていたからである。封建社会においても日常の会話で問題となる人物は、通常これを語る人々が既にその容貌を知り、その言葉と動作とに接したことのある人間であった。ところが現代においては人間の生活に作用を及ぼすものが、およそ眼や耳の届かぬ遠隔の地に住んでいる。現在では眼や耳、総じて人間の感覚器官は自然のままの形態では最早《もはや》環境への適応に役立つことが出来ない。感覚器官は補足されねばならぬ。延長されねばならぬ。発達した技術的装置はあたかも新しい眼であり耳である。技術の進歩は何人も知るように極めて迅速である。だがこの迅速に進歩してやまぬ技術がまず第一に摂取され応用されるのは、軍事的領域を除いたら、恐らくこの報道や通信の領域であろう。電信、電話、ラジオ、新聞、そういうものは吾々の感覚器官の延長であり補足である。というよりも既に今日では吾々の感覚器官そのものになっていると言えるかも知れない。健全な眼や耳を持っているものは、自分が眼や耳を持っているという特別の意識を欠くのが普通である。それ等のものがはっきりと意識に上って来るのは、かえって何か故障の生じた場合である。それと同様に、新聞が毎朝配達され、ラジオが朝から晩まで喋《しゃべ》っているという状態は、今日の吾々にとって特にはっきりと意識する必要のない当り前の生活である。吾々はそれで安心して生きて行くことが出来るのである。

ところで吾々の感覚器官の延長であるようなものが突然その機能を停止するか、またはその機能を甚だ不十分にしか発揮せぬか、或《あるい》は——畢竟《ひっきょう》同じことであろうが——十分に機能を発揮していても吾々がそれから遮断されるというような場合を考えて見よう。吾々が急にこういう状態の中に移されたとすると、その時吾々の心は何事でも自由に書き記すことの出来る白紙になってしまう。しかし白紙という表現は余り適切なものでないであろう。蓋《けだ》しこの白紙は暗い底知れぬ不安によって一色に塗られているからである。それは眼や耳が急にその機能を果さなくなったのと同じであろう。(2)そうではない。それよりももっと不安なものである。眼や耳に故障が起こった時、その原因は一般に自分の身体の中にある。医者へ駈《か》けつければ癒るであろう。ところが感覚器官の補足乃至《ないし》は延長がその機能を営まなくなった時、その原因は勿論自分の身体の内部などにあるのではない。自分の外に、しかも今となっては容易に知ることの出来ないところにあるのである。自分でどうすることも出来ないような強力なものが、その原因となっているのであろう。吾々が眼隠しをして往来を歩かせられた場合、「水溜りがある！」と言われると、もう一ヶ月も好天気が続いているということを考える暇もなく、いやたとえ考えたとしても思わず足をとどめるであろう。これと同じように報道、通信、交通がその機能を果さなくなった時、社会の大衆は後になっては荒唐無稽として容易に片づけることの出来るような言葉もそのまま受け容れるのであって、(3)どんな暗示にも容易にひっかかってしまうものである。

（清水幾太郎『流言蜚語』より。一部省略）

問一　傍線部(1)のように筆者が考えるのはなぜか、説明せよ。

問二　傍線部(2)はどういうことを言っているのか、説明せよ。

問三　傍線部(3)のような事態が起こるのはなぜか、本文に即して答えよ。

（解答枠は問一＝ヨコ10ミリ×タテ140ミリ×4行、問二＝同3行、問三＝同5行）

二〇一四年

（文理共通）

一　次の文は、著者が一九四一年に満州（現在の中国東北部）へ派遣され、四五年の日本の降伏後にソビエト連邦軍に抑留されてのち、四九年に重労働の判決を受けた前後を回想したものである。これを読んで、後の問に答えよ。（文系五〇点・理系四〇点）

起訴と判決をはさむほぼふた月を、私は独房へ放置された。とだえては昂《たか》ぶる思郷の想いが、すがりつくような望郷の願いに変ったのはこの期間である。朝夕の食事によってかろうじて区切られた一日のくり返しのなかで、私の追憶は一挙に遡行した。望郷の、その初めの段階に私はあった。この時期には、故国から私が「恋われている」という感覚がたえまなく私にあった。事実そのようにして、私たちは多くの人に別れを告げて来たのである。そのとき以来、別離の姿勢のままで、その人たちは私たちのなかにあざやかに立ちつづけた。化石した姿のままで。

弦《つる》にかえる矢があってはならぬ。おそらく私たちはそのようにして断ち切られ、放たれたはずであった。私をそのときまでささえて来た、遠心と求心とのこのバランスをうたがいはじめたとき、いわば錯誤としての望郷が、私にはじまったといっていい。弦こそ矢筈《やはず》*へかえるべきだという想いが、聞きわけのない怒りのように私にあった。

この錯誤には、いわば故国とのあいだの〈取り引き〉がつねにともなった。私は自分の罪状がとるにたらぬものであることをしいて前提し、やがては無力で平穏な一市民として生活することを、くりかえし心に誓った。事実私が一般捕虜とともにそれまですごして来た三年の歳月は（それは私にとって、事実上の未決期間であった）、市井の片隅でひっそりといとなまれる、名もないぼんような生活がいかにかけがえのないものであるかを、私に思いしらせた。しかもこの〈取り引き〉の相手は、当面の身柄の管理者であるソビエト国家ではなく、あくまで日本——おそらくそれは、すでに存在しない、きのうまでの日本であったのであろうが——でなければならなかったのである。

　私たちは故国と、どのようにしても結ばれていなくてはならなかった。しかもそれは、私たちの側からの希求であるとともに、〈向う側〉からの希求でなければならないと、かたく私は考えた。望郷が招く錯誤のみなもとは、そこにあった。そして私が、そのように考えた時期は、海は二つの陸地のあいだで、ただ焦燥をたたえたままの、(イ)かと的な空間として私にあった。その空間をこえて「手繰られ」つつある自分を、なんとしてでも信じなければならなかったのである。

　告訴された以上、判決が行なわれるはずであった。だが、いつそれが行なわれるかについては、一切知らされなかった。独房で判決を待つあいだの不安といらだちから、かろうじて私を救ったものは(ウ)きが状態に近い空腹であった。私の空想は、ただ食事によって区切られていた。食事を終った瞬間に、一切の関心はすでにつぎの食事へ移っていた。そしてこの、〈つぎの食事〉への期待があるかぎり、私たちは現実に絶望することもできないのである。私はよく、食事の直前に釈放するといわれたら、なんの未練もなく独房をとび出すだろうかと、大まじめで考えたことがある。

　なん日かに一度、あたりがにわかにさわがしくなる。監視兵がいそがしく廊下を走りまわり、つぎつぎに独房のドアが開かれ、だれかの名前が呼ばれる。足おとは私のドアをそのまま通りすぎる。「このつぎだ。」私は寝台にねころがる。連れ去られた足音は、二度と同じ部屋に還ってはこない。そして、ふたたび終りのない倦怠と不安のなかで、きのうと寸分たがわぬ一日が始まる。どこかの独房で手拍子をうつ音が聞こえる。三・三・七拍子。日本人だという合図であり、それ以上の意味はなにもない。

　望郷とはついに(1)植物の感情であろう。地におろされたのち、みずからの自由において、一歩を移ることをゆるされぬもの。海をわたることのない想念。私が陸へ近づきえぬとき、陸が、私に近づかなければならないはずであった。それが、棄民されたものへの責任である。このとき以来、私にとって、外部とはすべて移動するものであり、私はただ私へ固定されるだけのものとなった。

四月二十九日午後、私は独房から呼び出された。それぞれドアの前に立ったのは、いずれもおなじトラックで送られ、おなじ日に起訴された顔ぶれであった。員数に達したとき、私たちは手をうしろに組まされ、私語を禁じられた。

私たちが誘導されたのは、窓ぎわに机がひとつ、その前に三列に椅子をならべただけの、およそ法廷のユーモアにふさわしい一室であった。椅子にすわり、それが生涯の姿勢であるごとく、私たちは待った。ドアが開き、裁判長が入廷した。若い朝鮮人の通訳が一人(彼もまた起訴直前にあった)。私たちは起立した。

初老の、実直そうなその保安大佐は、席に着くやすでに判決文を読みはじめていた。私が立った位置は最前列の中央、判決文は私の鼻先にあった。ながながと読みあげられる、すでにおなじみの罪状に、私の関心はなかった。全身を耳にして私が待ったのは、刑期である。早口に読み進む判決文がようやく終りに近づき、「罪状明白」という言葉に、重労働そして二十五年という言葉がつづいたとき、私は耳をうたがった。ロシヤ語を知らぬ背後の同僚が、私の背をつついた。「何年か」という意味である。私は首を振った。聞きちがいと思ったからである。

それから奇妙なことが起った。読み終った判決文を、おしつけるように通訳にわたした大佐は、椅子の上に置いてあった網のようなものをわしづかみにすると、あたふたとドアを押しあけて出て行った。大佐がそのときつかんだものを、私は最初から知っていた。買物袋である。おそらくその時刻に、必需品の配給が行なわれていたのであろう。この実直そうな大佐にとって、私たち十数人に言いわたした二十五年という刑期よりも、その日の配給におくれることの方がはるかに痛切であった。ソビエト国家の官僚機構の圧倒的な部分は、自己の言動の意味をほとんど理解する力のない、このような実直で、善良な人びとでささえられているのである。

つづいて日本語で判決が読みあげられたとき、私たちのあいだに起った混乱ときょうこう状態は、予想もしない異様なものであった。判決を終って〈溜《たま》り〉*へ移されたとき、期せずして私たちのあいだから、悲鳴とも怒号ともつかぬ喚声がわきあがった。私は頭から汗でびっしょりになっていた。監視兵が走り寄る音が聞こえ、怒気を含んだ顔がのぞいたが、「二十五年だ」というと、(2)だまってドアを閉めた。

故国へ手繰られつつあると信じた一条のものが、この瞬間にはっきり断ちきられたと私は感じた。それは、あきらかに肉体的な感覚であった。このときから私は、およそいかなる精神的危機も、まず肉体的な苦痛によって始まることを信ずるようになった。「それは実感だ」というとき、そのもっとも重要な部分は、この肉体的な感覚に根ざしている。「手繰られている」ことを、なんとしてでも信じようとしたとき、その一条のものは観念であった。断ち切られた瞬間にそれは、ありありと感覚できる物質に変貌し、たちまち消えた。(3)観念が喪失するときに限って起るこの感覚への変貌を、そののちもう一度私は経験した。観念や思想が〈肉体〉を獲得するのは、ただそれが喪失するときでしかないことの意味を、いまも私はたずねずにいる。意味が与えられるとき、その実感がうしなわれることを、いまもおそれるからである。あっというまに遠のいて行くものを、私は手招いて追う思いであった。

四月三十日朝、私たちはカラガンダ*郊外の第二刑務所に徒歩で送られた。刑務所は、私たちがいた捕虜収容所と十三分所のほぼ中間の位置にあった。ふた月まえ、私が目撃したとおなじ状態で、ひとりずつ衛兵所を通って構外へ出た。白く凍てついていたはずの草原《ステップ》は、かがやくばかりの緑に変っていた。五月をあすに待ちかねた乾いた風が、吹きつつかつ匂った。そのときまで私は、ただ比喩としてしか、風を知らなかった。だがこのとき、(オ)風はかんぺきに私を比喩とした。このとき風は実体であり、私はただ、風がなにごとかを語るための手段にすぎなかったのである。

（石原吉郎「望郷と海」より）

注（＊）

矢筈＝矢の端の、弓の弦を受ける部分。

〈溜り〉＝捕虜を収容している空間のことをさす。

カラガンダ＝中央アジア北部、カザフスタンの地名。当時はソビエト連邦に属していた。

問一　傍線部（ア）～（オ）のひらがなを漢字に改めよ。

問二　傍線部（1）はどういう意味か、説明せよ。

問三　傍線部（2）で、監視兵はなぜそのような態度をとったのか、説明せよ。

問四　傍線部（3）はどのようなことを言っているのか、説明せよ。

問五　二重傍線部はどのようなことを言っているのか、説明せよ。

※問四は文系のみ。

（解答枠は問二＝ヨコ10ミリ×タテ140ミリ×2行、問三・四＝同3行、問五＝同6行）

（文系）

二

次の文は、西郷隆盛を論じたものである。これを読んで、後の問に答えよ。（五〇点）

西郷はいまや日本に樹立されようとしている近代に対して、本質的に古い世代のひとりであった。いうなればその最後のひとりであった。西郷には「文明とは道の普《あまね》く行はるるを賛称せる言にして、宮室の荘厳、衣服の美麗、外観の浮華を言ふには非ず」という有名な言葉がある。これは彼の西欧批判でもあり明治政府の文明開化主義への批判でもある。だがそういう言葉より、私をほんとうにおどろかすのは次のような言葉である。「己れを愛するは善からぬことの第一也。決して己れを愛せぬもの也」。こういうマクシム*は今日のわれわれにとってたんに実行がむずかしいというばかりのものではない。これはわれわれにとって、それを本気に実行しようと思い立つ心のバネがまったく失われてしまっているようなマクシムなのである。われわれはこういうマクシムを自分に課す本気のでどころを見失ってしまっている。だが、それはわれわれにとっても美しい、もしそれを実現することができたら何ものにもかえがたい至福であるようなマクシムである。西郷は本気でこのマクシムに近づこうとした人であったらしい。そしてわが身をその戒律と至近の距離におくことができた人であったらしい。

もちろんこういう格率*はわが国の士族の伝統的教養である儒学の道徳観に由来するものといえるだろう。西郷が佐藤一斎*の『言志四録《げんししろく》』の信奉者だったことは周知のとおりである。だがこの言葉の深部にはそういう儒学的リゴリズム*とは異質な、たゆたうようなゆたかな生命のリズムが感じられる。私はこういうマクシムの背景には、人と人とのあいだのコミューン*的な交わりに対する(1)肉感的な幻覚が存在するものと信じる。もし西郷が南島に流刑されて島人と交わることがなかったら、西郷にはこの言葉はなかったと信じる。このような人と人との交わりにおいてなりたつコミューン的な感覚は、わが国の生活民たちがその悠久の歴史を通じて保持して来た伝統的感性の核心であった。そしてまたそれは、大久保、木戸、伊藤、山県らの維新革命の勝利者がおそらく生涯ただの一度も感じとったことのない感覚であった。

己を愛さずともすむ心、それは己を羞じるぶこつな魂であるにちがいない。内村鑑三はその感動的な西郷論のなかに次のような挿話を録している。「実に彼は他人の平和を擾《みだ》すことを非常に嫌つた。他人の家を訪ねても、進んで案内を乞はず、玄関に立つたまま折よく誰かが出てみつけてくれるまで、そこに待つてゐることがよくあつた程である」。彼の数ある逸話のなかで、私はこの挿話にだけほんとうにおどろく。しかし(2)こういう人格は、古い日本人にとってはある意味ではなじみ深いものであった。私がおどろくのは私が現代の日本人だからである。古い日本人にとってこのような人格はしたわしくはあっても、ことさらおどろくべきものではなかった。なぜならそれは伝統的な*範型のひとつであって、そのような人格の形象はこの国の歴史において、少数ではあってもしばしば現れることがあったからである。

明治の初期、わが国の重大な社会現象としてうかびあがった世代的分裂について、中江兆民は『三酔人経綸問答《さんすいじんけいりんもんどう》』で興味ある指摘を行っている。彼は同時代の日本人をすべて恋旧家と好新家とに分類することができるとし、その基準を年齢と出身藩においた。「好新元素に富むの徒は、理論を貴び、腕力を賤《いやし》み、産業を先にし、武備を後にし、道徳法律の説を鑽研《さんけん》し、経済の理を窮究し、*平居文人学士を自ら任じて、武夫豪傑の流、叱咤慷慨《しったこうがい》の態は、其《その》痛く*擯斥《ひんせき》する所なり。若夫《もしそ》れ恋旧元素に富むの徒は然《しか》らず。彼れ其《そ》れ自由を認めて*豪縦不羈《ごうしょうふき》の行と為し、平等を認めて*鏟刈《さんがい》破滅の業と為し、悲壮慷慨して自ら喜び、法律学の*佶屈《きっくつ》なる、経済学の*縝密《しんみつ》なるが如きは、其深く喜ばざる所なり」というのが、その世代の特質の要約である。私がこの世代論において注目するのは、(3)恋旧家の肖像が次のように描かれていることである。

(あ)「恋旧元素は……平生無事の日に在《あり》ては、*高拱緘黙《こうきょうかんもく》して自ら喜び、一切緻密なる思考を須《もち》ひ円滑なる実行を要する事項は、瑣砕《ささい》なりとして、之が措置を施すことを、屑《いさぎよし》とせずして、曰く、我れ素《もと》より迂拙《うせつ》にして、此《この》事に当るに足らず。誰某、慧巧《けいこう》にして*幹錬なり。能く勉励して事に従ふ。彼れ自《おのずか》ら当に之を弁ず可きのみ、と。蓋し平生*大関係無き事条に於ては、専ら愚を以て自《みずか》ら智とし、拙を以て自ら巧とし、其或《あるい》は知る所を枉《ま》げて知らずとし、其或は能くする所を故《ことさ》らに能くせずとして、他人に*推諉《すいい》して肯て与《あずか》らず。其意に以為《おも》へらく、是れ小事のみ、何ぞ心を用ふるに足らん、と。一旦*利害の関する所有るに及《およん》では、頭《こうべ》を昂《あ》げて一言し、衆議洶々《きょうきょう》*たるも略《ほ》ぼ恤《うれ》ふること無く、可と無く否《いな》と無く、必ず其言ふ所を行ふことを以て目的と為して、中道*にして遽《にわか》に他人の議に従ふが如きは、其極《きわめ》て恥辱とする所なり」。

おそらく板垣*をモデルにしたのであろうが、この性格は活写されている。私はこういう性格の人物を知っているし、こういう性格がかならず実務社会の不適応者ないしそれへの反抗者であることも知っている。西郷は広い意味でこのような性格の人格であった。『遺訓』の一節で彼は小人の害について言及し、「能く小人の情を察し、其長所を取り之を小職に用ひ、其材芸を尽さしむる也」と小人を使う要領を教えている。「小人」とはまさしく好新元素に富む新世代の実務家であり、西郷の態度は兆民描くところの恋旧家の態度と符合する。このような心性を一語で要約するのは困難であるが、反功利主義という規定はそれほど的はずれのものではあるまい。西郷は「道に志す者は偉業を貴ばぬもの也」という一句を『遺訓』のなかに残しているが、むろんこれは反功利的信条の告白である。

「草創の始に立ちながら、家屋を飾り、衣服を文《かざ》り、美妾を抱へ、蓄財を謀りなば、維新の功業は遂げられ間敷《まじき》也。今と成りては、戊辰*の義戦も偏《ひと》へに私《わたくし》を営みたる姿に成り行き、天下に対し戦死者に対して面目無きぞ」、有名な話だが、西郷はこういってしばしば涙を流すことがあったそうである。清廉であっても無能な為政者より、たとえ個人的には悪徳が認められても有能な為政者のほうが、結果として国民に福利をもたらすものだ、というのはわれわれの近代人的な常識の一部である。西郷にはこういう結果優先、業績至上の考えかたがどうしても理解できなかっただろう。ドストエフスキイ流にいえば、(4)そのような考えかたには「何かいまわしいもの、世道人心をまっぷたつにたち割るようなもの」があるからである。明治十年戦争*はあるレベルでいえば、実務官僚と現実的な権力執行者に対する夢想家の反功利主義的反乱であった。

（渡辺京二「逆説としての明治十年戦争」より）

注（＊）

マクシム＝行為の個人的規準。

格率＝マクシムに同じ。

佐藤一斎＝江戸後期の儒者。

リゴリズム＝厳粛主義、厳格主義。

コミューン＝共同体。

範型＝類型、タイプ。

平居＝平生。

擯斥＝しりぞけること。

豪縦不羈＝勝手気ままで横暴なこと。

鏖刈破滅＝大なたをふるってなぎ倒すこと。

佶屈＝文字・文章がかたくるしくて難解なこと。

縝密＝綿密。

高拱緘黙＝泰然と手をこまねき口をつぐんでいること。

幹錬＝物事に熟練していること。

大関係無き事条＝たいして重大でない事柄。

推諉＝自分は遠慮し、他人に付託すること。

利害の関する所有る＝重大な結果をひき起こす。

洶々＝騒ぎどよめくさま。

中道＝中途。

板垣＝板垣退助。

戊辰の義戦＝戊辰戦争。一八六八年から翌年まで行われた新政府軍と旧幕府側との戦いの総称。

明治十年戦争＝西南戦争。一八七七年の西郷隆盛らの反乱。

問一　傍線部(1)の意味するところをわかりやすく述べよ。

問二　傍線部(2)について説明せよ。

問三　傍線部(3)について、「恋旧家」が事柄に対処する時の態度を、引用文(あ)の内容に基づいて簡潔に述べよ。

問四　傍線部(4)はどのようなことを言っているのか、説明せよ。

問五　波線部について、その理由を本文の内容に基づいて説明せよ。

(解答枠は問一・二＝ヨコ10ミリ×タテ140ミリ×2行、問三＝同3行、問四・五＝同4行)

（理系）

二　次の文を読んで、後の問に答えよ。（三〇点）

嵐にゆれ動いている木や、波立っている海を見て、あの木のゆれ方はあまり良くないとか、波の形がなっていないとか批評する人はいない。同様に優れた作品は、作家の手つきが見えないままに、読者をのめり込ませる。傑作はつらなり合うものが動いて、吹く風に似た音をたてる。

創作という言い方があるが、作家は何もないところから何かを創り出すわけではない。自分の力で創り出すというよりは、思わず知らず、えたいの知れない力に押されてそうなってしまう時、その作品は比較的まともなものである。

また、べつの言い方をすれば、創作とは、何かを創り出すというよりは、そこにもともと埋まっているものを掘り出す作業なのだ。もともとそこにないものは、いくら一生懸命掘っても突き当たらないし、下手な掘り方をすれば、像の形が欠けたり壊れたりすることもある。

つまり、自分の掘り当てたい像はどこに埋まっているか、また、どのような掘り方をすればよいのか、というようなことが、作家の作業なのだろう。

わたしはいつのころからか、文学は、生活の中にしか埋まっていないと思うようになった。(1)生活の中にかかる虹の橋づめに埋まっている金の壺がわたしの文学である。

恋人たちが輝く目とバラ色の頬でほほ笑むとき、彼らは虹の橋づめに立っているのだし、うずくまってすすり泣く幼児の足の下にも金の壺は埋まっている。怒る人、闘う人、不可思議な衝動にかられて立ちすくんでいる人、そうした人の背後には必ず虹の橋がかかっている。

この人間社会で、言いたいことを言えずに、口ごもって生きている人びとが、何かのときにふと洩《も》らしてしまう言葉は無数の水滴になり、太陽の光が当たると虹の橋になるのだ。

わたしは、生きているうちにめぐり会った人びとの呟《つぶや》いた言葉を拾い上げて、小説を書いているから、めぐり会った人びとはわたしの文学世界を築いてくれた恩人である。作品は自分の力で創り出すわけではないとは、そういうことだ。

自分を文学の専門家だと思い込んでいる人たちの言葉は、ほとんど、わたしの心を打たない。文学に限らず、どんな道でも同じだと思うが、その道で一級の人たちは、自分をその道の専門家だとは思っていない。一級の人は、自分のやっていることを、自分の人生だと思い、話をするときは、自分の人生の話をする。

彼は、彼のまわりにうごめいているものをじっと見つめ、「自然」の中にひそんでいるものを自分自身の中に見つけようとする。

芸術家は独創的であらねばならない、といった言い方があるが、これは浅薄に使われやすい言葉である。たとえば、昼間は眠って、夜目ざめて仕事するのを独創的だと思ったりする。それはただ、珍しい習性が、なんらかの理由でつけられてしまっただけの話である。この習性をこっけいで悲劇的だと思うのは芸術家の感性だが、独創的だと思う人は、芸術家の素材となるに適した人である。

(2)芸術家にはこの種の独創性は必要ではない。必要なのは「自然」が内包する生命である。そこにある生命を掘り出すのが芸術家で、芸術家は生命を無から創り出すわけではない。

わたしがまだ世間に作品を発表していないころ、そして、わたしが文学についてひと言も語らないころ、わたしを「自然」から何かを掘り出すことのできる人間として扱ってくれた二、三の友人がいたが、そういう人たちは真正の芸術家だった。つまり、彼らは、独自の作品世界ともいうべきものを持っていた。「自然」を映した彼らの生活そのものが芸術品だった。

彼らの人生にまつわる独特の表現の中には、それをそのままテープにとっておけば、立派な文学作品になるものがあった。そして、わたしは今でもそれらの話を思い出して、つづり合わせて小説を書いているに過ぎない。

作家として暮らし始めると、人びとの何げない言葉を聞く機会が少なくなったような気もしている。

小説に書いてもらいたくてする人の話や、書かれまいとして用心している人の話は、あまり面白くないのが普通である。

そういう話には、吹く風の音がない。また見上げても、決して虹はかかっていない。もちろん、金の壺も埋まっていない。

（大庭みな子「創作」）

問一　傍線部(1)はどのようなことを言っているのか、説明せよ。

問二　傍線部(2)はどのようなことを言っているのか、説明せよ。

問三　作者が本文中で用いる「自然」はどういうものか、芸術家との関係を踏まえ、説明せよ。

（解答枠は問一〜三＝ヨコ10ミリ×タテ140ミリ×3行）

二〇一三年

（文理共通）

一　次の文を読んで、後の問に答えよ。（文系五〇点・理系四〇点）

*当時のそんな精神状態を思い浮かべていると、それにたいし「もの」によって屹然《きつぜん》と対峙《たいじ》しているような一枚の絵が現われてくる。ニューヨーク、メトロポリタン美術館にある絵である。十年前これを見たとき、わたしはほぼ一年の西欧滞在の終りにあり、現実の西欧市民階級というものをいやというほど知らされて、少年期以来続いた「西洋」というイリュージョンに最後のとどめをさされて帰るところであった。絵はまるでわたしの四十年の生に冷水を浴びせるように作用した。

なんの(ア)へんてつもない麦刈りの絵である。

画面中央を黄褐色の熟麦の巨大な*マッスが見る者を圧するようにひろがり、右手にいま労働の中休みの一団が大きな梨の木の下に憩い、麦畑の色調と均斉を保っている。麦畑の黄は牧草地や林や道路の線を越えて向うの丘のそれに受け継がれ、さらに先には教会の尖塔を聳《そび》えさせた町、海へと流れる。右手は盛上った斜面を木々が限り、青屋根の教会が木々のあいだにのぞく。ここにいるのも、あの特徴ある*ブリューゲルの農民たち、逞《たくま》しくて無様で愛嬌のある、まるまっこいからだつきの連中だ。それが食べ飲み休んでいる。

樹の真下に両足をだらんとのばして眠りこけている男の姿態は、「怠け者の天国」の農民を思い出させるし、画面にみなぎる労働のはげしさと休息の一途さの対比は、晩年のあの比類ない版画「夏」の気分に通じる。

はげしい絵である。大地はその豊饒な生産力に見合うだけの(イ)だいしょうを農民の労働に要求し、労働のはげしさはその逞しい肉体や疲労やむさぼるような飲食や、無知と愚かしさと(ウ)そやとを必然的につくり出したように見える。しかしここには人間が自然の一部として生き、自然のゆたかな恩寵とその反面であるあらあらしい生命力とに真向から取組んで、結びつき、充足しきっている姿がある。画家の目はたしかに何ものをも見逃していない、農民の放埓も貪りくらう食欲も、ぐったりと疲れ切ってあがってくるさまも、かれらの肉体が示すすべての特色も、だがそれをもふくめて、この地上にあるがままの姿において、人間はなんと大地と深く結びつき、生命をともにし、そして全体の生命を形作っていることだろう。人間は愚かなまま、無様なまま、あるがままにその全存在を肯定されて、大自然の中にいるのだった。

絵は、わたしに一九四四年六月、農村地帯へ一週間の勤労動員が行われたときのことを思い出させた。われわれは農家に分宿し、その家の麦刈りを手伝った。麦刈りがこれほどきついはげしい労働だとは、だれひとり予想もしていなかった。年寄りの農民が熟練したたしかな速度ですっすっと進んでいくのに、若い学生たちはだれもそれについていけなかった。腰が耐えがたく痛む。麦の穂が陽に灼《や》かれ汗にぬれた皮膚を刺す。われわれは三日目には、朝、足腰が立たぬくらい疲労しつくしていた。だが、あのとき陽に灼かれながら成熟した麦というものをこの肉体の労苦を通して相手にした経験は、いまもわたしのなかに、まちがいのない生命の充実の感じをともなって残っているような気がする。その感覚が、あの「麦刈り」の、何も彼も放りだしてでんと休んでいる男や女に共感をよせる。(A)あれは十九歳の自分たちの姿でもあった。

マディソン・スクウェアガーデンのわたしの宿のまん前には、道路を距《へだ》てて、建物を取壊した跡地が駐車場になっていた。取壊しであらわになった壁いっぱいに、黄と緑と赤とでサイケデリック*な模様が描いてあり、駐車場には車が前後三十センチくらいの間隔でびっしり詰めこまれていた。若い男が一人、次から次へ前の車を出しては別の列につめかえ、あのなんとかゲームのように、大きな車を順繰りに巧みに扱って、とうとう奥の一台を道路に引き出し、お客にわたしたとき、わたしは思わず四階の窓で感嘆の声をあげずにいられなかった。男の運転技術は神業のようだった。しかし、それと同時に、それにもかかわらず(B)彼の神技的労働を、おそろしくむだな、ばかばかしいものに感じないわけにいかなかった。これが一体労働と言えるだろうか、と。

すると、とわたしの連想はまたあの黄褐色の絵に帰っていく、あすこにはなにか労働以上のものがあったわけだ、と。労働とそのほうしゅう、所有関係を越えるなにか――むろんそれは自然のなかの人間の生に関わるもの――があって、だから画家はああいう自足しきった姿を描いたのだろうか、と。画家はほとんどこう言っているように見える、絵画芸術は現実のあるがままの人間の生を正しく描けさえすればそれでいいのだ、絵の価値をきめるのはそこに描かれたものの真実性だ、それは描かれたものが決めるだろう、愚かな者も、醜い者も、ずるい者も、存在はすべてあるがままに全肯定されているではないか、それを正しく描き出す以外に芸術の用はない、と。事実ブリューゲルは、いわゆる美のための美を追求する絵など一枚も描かなかった。

(C)この考えはわたしを慄然とさせた。それはほとんど「言語と精神」の世界の自律性そのものを否認するように聞えたからである。「微笑しつつ無意識な無言の人生に君臨している、精神と言語の力」などめいもうだったというのだろうか。絵の世界と同じく、言葉の世界も、書かれた現実自体のがわの批評によって初めてその規律と価値を得ることができるのであって、決してその逆、つまり作品の自律的価値のためにではないのではないか。すると、とわたしはまた始まった駐車場のゲームめいた空しい入替え作業に目をやりながら思う、言葉や形象や色彩や音の世界が第二の現実となることはありえないのか、それらはつねに一義的に生の現実のなかからだけその生命と存在理由を獲得することができるものであって、言葉の伝統だけで成立つ世界、絵画作品の歴史だけで成立つ世界などありえないのか、と。すると作品とは一体現実にたいしてどういうものとしてあるのだろう。

ぎりぎりの最後に現われる現実とはExistenzだけかもしれんな、とわたしは思った。鉄の手でひっ摑《つか》まえるようにして投込まれた兵営での生存の感じが思い出された。「麦刈り」の絵はしかし現実の模写ではない。いかにもリアルであるが、これは写生的リアリズムではなくて、彼が民衆の肉体と精神においてこれぞ真実の姿と見極めた精髄の形象化、従って様式化されたリアリズム、いわば彼の見た生の実相の表現といったものだろう。彼の絵のなかには民衆の生存の実相が表現されきっているが、それを表現しえたのはブリューゲルという画家だ。あれは、ちょうどシェイクスピアの世界が民衆の生の実相にたいし完全に開かれていながら、彼自身の精神によって統一されているように、ブリューゲルという思想によってだけ統一されている。あそこに描かれた人物たちは、個体でありながら個を超えたもの、いわば個体の、個体の普遍的な表現となっている、ちょうど彼の自然が写生そのものでなく、普遍的な世界風景であるように。するとあの絵は現実にたいしてどういう関わりで存在しているのだろうか。

抽象的な世界に逃れなければ生きてこられなかったのだろうか、という反省が初めて浮かんだのはそのときである。この画家は現実そのものをしっかりとその手で摑んでいた。彼の天才的な形象把持能力のなかで、岩塊や樹木や丘々と同じように、生きるすべての人間はおどろくべき鮮やかさでつねに彼のなかにひしめき、動き、生き、表現を求め、そして画家にとってはそれを画面の上に再創造することが彼自身の生となったことであろう。しかし抽象的な観念世界の生は、*「暗い花ざかりの森」はうんでも、(D)<u>そういう現実との幸福な関係</u>はうみえなかった。

（中野孝次『ブリューゲルへの旅』より。一部省略）

注（＊）

当時のそんな精神状態＝一九四四年、十九歳の筆者は、戦時下の現実から目をそむけるために、西洋的教養主義を志向し、抽象的観念性を養っていた。

マッス＝絵画において、画面の中の相当量の色や光や影などのまとまりのこと。

ブリューゲル＝十六世紀フランドル派最大の画家。農民を多く描いたため「農民ブリューゲル」の異名がある。「麦刈り」、「怠け者の天国」、「夏」などはその作品である。

サイケデリック＝幻覚状態を想起させる極彩色の絵やデザインや音楽を形容することば。

「微笑しつつ……」＝十九歳の筆者が絶望的な熱い思い入れで読んだトーマス・マンの小説『トニオ・クレーゲル』からの引用。

Existenz＝ドイツ語で、生存、生活、現実的・個別的存在の意。
「暗い花ざかりの森」＝野間宏の小説『暗い絵』による。この表現は、一九三七年、左翼運動弾圧下にあった青年たちの非現実的で観念的な生き方を表している。

問一　傍線部(ア)〜(オ)のひらがなを漢字に改めよ。

問二　傍線部(A)はどのようなことを言っているのか、説明せよ。

問三　傍線部(B)のように筆者が感じたのはなぜか、説明せよ。

問四　傍線部(C)について、「この考えはわたしを慄然とさせた」のはなぜか、説明せよ。

問五　傍線部(D)について、ブリューゲルにおける「現実との幸福な関係」とはどのようなものか、説明せよ。

※問四は文系のみ。

(解答枠は問二＝ヨコ10ミリ×タテ140ミリ×3行、問三・四＝同4行、問五＝同5行)

（文系）

二 次の文を読んで、後の問に答えよ。（五〇点）

箱根熱海は二時間の電車だし、宿には手拭《てぬぐひ》も歯みがきもポマードさへも揃へてあるのだから、何でもなくふらつと出かけて、また何でもなくふらつと帰つて来る。旅といふ気など少しもしない。

それでも、そのふらつと行つてふらつと帰るあるときには、これはやはりただの途《みち》ではなくて旅の途なのだなあ、といふ感傷が出ることもある。むかしは旅といふことばには哀感のやうなものが漂つてゐた、そして熱海箱根はたとへ一二泊であつてもはつきり旅であつた。むかしと云ふけれどそれはごく近いむかしのことなので、その頃すでに熱海へ二時間あるいは二時間半は別に驚く速さといふのではなかつたにもかかはらず、熱海湯河原は旅であつた。うちの閾《しきゐ》を跨《また》いで出るまでのざわめき、乗りもののなかでは先へ向ふ心と何がな後《あと》へ残る気とが入りまじる。そして帰りは宿の女中衆に送られて出ると少し残り惜しくて、大部分の気もちはなんだか元気で家へ向いてゐる。そのために途中はもどかしく、また遊んだあとの巻きあげきれない怠《おこた》りもある。(1)気もちといふ持物の目方が軽くなつたり重くなつたり変動がはげしく、変動の都度ももやもやと哀感がこめてくる、といつたものが旅だつた。いまは外国かなにかへ行くのでない限り、そんなことを云つてゐる人はない。第一たびだなんて云ふ人はないのである、旅行だ。そして旅行は気軽身軽にできるやうになつてきて、女たちは旅がへりの人の迎へかたにそんなに気をつかはなくても済むやうになつたとおもふ。「おまへは毎日の家事はまあとにかく間に合せて行くやうだが、旅がへりの受けかたはなつてゐない」といやな顔をされたことなど、それこそ大昔の物語になつたのだが、快適二時間の温泉電車でふと旅だなあなどと感じるとき、きまつてこのことを想ひだして、自分も年をとつたと歎かれる。旅がへりをよく迎へてもらひたい気はしきりである。

かつて私は苦い顔をしてゐる父親に、「文子は旅なんて遊んだことないんですもの、旅がへりの感なんてわかりはしないわ。わからないことをしろつて云つても無理よ」とやりかへした。その後父親と旅をした。旅がへりを迎へ出る家人のやりかたなどまるで忘れてゐて、自分の感傷いつぱいに浸つて帰つて来、横浜を出て車窓に大森駅を見たら云ひやうのない懐しさになつてしまひ、品川新橋と来てもう往きの途より興奮して、うちの玄関へはひつたのだが、うちはなんとびしよつと不景気で不愉快なものに見えたか。意気込んで帰つて来ても、さてすわる場処のないやうな手持ち無沙汰な、しよげたものだつた。はじめて行つた宿屋の部屋はつんとしてゐたが、来た人のすわり場処はおのづからきまつてゐる感じだつたのに、住みなれたわが家にわが座蒲団は敷いてあつても、上機嫌にどさつと膝をつく気には遠い座蒲団だつた。しかもそれは行くまへまでは親しいすわり場処であり、(2)帰つたいまも行くまへと寸分ちがはぬ部屋のなか、ものの位置なのに！　旅がへりのものははじかれてゐるやうな気がさせられたのだつた。思はず父の顔を窺つた。(3)待つてゐた眼で父親はにやりとした、もう平然としてその自分の座蒲団の自分の位置にすわつて煙草をのんでゐる父だつた。心に改まるものを抱いて私は畳へすわり、旅の礼を云ひ、母には留守の手間をかけたことを挨拶した。寂しかつた。旅がへりの受けかたがなつてゐないと苦い顔をした父の心中は、わかり過ぎるほどわかつた。出て行つたときのままにただ掃除しただ整頓したといふのでは、旅がへりを迎へるにははなはだしく不足であつた。宿とうちとを較べ、特別な金をかけず、何に特別な気をつかつたら、宿の上を行くもてなしができるか捜すことが眼目だつた。負けない気で捜した。捜せばあるものだつた。

　座蒲団とお茶だつた。宿はいい座蒲団をつかつてゐるのが普通だ。古びてゐないのをつかつてゐる。でも留守のあひだに洗濯してこしらへ直しておいて、帰つて来る今そこへ出して敷いておいたといふ座蒲団ではない。宿は、客を見れば相当なお茶をいれかへて出す。が、例外なく緑茶である。緑茶は高価でもありうまみも結構だが、それにばかり気をつかつて、食後の番茶への関心は至つてかいなでの一ト通りだつた。部屋の火鉢でさらさらと焙《はう》じてしゆつと湯をさして、匂ひのたつたのを汲んで出すことはしない。番茶の手際といふもののないのが宿であると思ふ。(4)私はそれで安心した。

　そのつぎの父の旅のとき、私はもちろん留守を守つて待つてゐた。父はなんとも云はず座蒲団へあぐらになつた。私はていねいに番茶を焙じてしゆつといはせた。黙つて飲んでからにした。それでも私は父が承知してゐるなと思つた。

褒《ほ》めてくれないから、まだこれでは足りないのだらうと思つたが、ずつとのちに、座蒲団と番茶を捜すにはちよつと考へたと云つたら、(5)「そんなのバカだあな。しよつちゆう住んでるうちのなかのことだもの、よくするのはあたりまへだ。考へたなんて口幅つたいこと云へるもんぢやないぞ」とけなされた。

このごろ私は出かけて帰つて来るとき、きつと玄関へはひらないさきから、娘やお手伝ひさんのしておく迎へじたくを、一ツも残さず見つけて犒《ねぎら》はうとして、捜しまなこになるのである。

（幸田文「旅がへり」〈昭和三十二年〉より）

問一　傍線部(1)はどのようなことを言っているのか、説明せよ。

問二　傍線部(2)はどのようなことを言っているのか、説明せよ。

問三　傍線部(3)について、「父親」はなぜ「にやりとした」のか、説明せよ。

問四　傍線部(4)について、「私」はなぜ「安心」したのか、説明せよ。

問五　「私」は、傍線部(5)の「父」の発言をどのように受け止めているか、波線部「私は父が承知してゐるなと思つた」を踏まえて説明せよ。

（解答枠は問一＝ヨコ10ミリ×タテ140ミリ×3行、問二～四＝同4行、問五＝同5行）

（理系）

二　次の文を読んで、後の問に答えよ。（三〇点）

たとえば、夜道を歩いていると前方に巨大な影が動いていたとする。よく見ると柳が風に揺れているのである。しかしそれは単なる柳というより、何か生き物のような不気味さを感じさせる。私はその物の辞典上の名前が「柳」であることを知っている。しかしそれを「柳がある」と述べるだけでは自分の今の「感じ」にてらして何やら不正確に思う。植物を分類するためなら、私はためらいなく「柳」と言うだろう。しかしいま私に不気味な感じを与えているこのもののありようは、それでは伝えられない。そこで適切な言葉を探したあげく、（あまり適切ではないが）「お化けのような柳がある」とか「そこにお化けがいる」とか言うことになる。つまり「柳」を「お化け」に見立てるわけである。この例から何が見てとれるだろうか。

第一に、「見立て」は言葉になって初めて生じたものであって、私にもともとあったのは言葉以前のある不気味な存在だ、ということである。「見立て」は言語化のための苦しまぎれの方便なのである。ということは、「見立て」の言葉が語られているとき、私は〈柳〉を〈お化け〉と間違えているわけではなく、むしろ違うことを承知で〈柳〉を〈お化け〉として見るふりをしているのである。というのも、「お化け」という言葉が、私の見ているものを言い表すのに最も正確だと思えたからである。だから（1）見立ては、私の経験の中身ではなく、言語表現のための演技なのである。

第二に、（2）このような「見立て」としての言表は、既成の言語規則に対する不信、少なくともその不便の証拠である。そしてこの場合言語規則とは、ある物についていかなる名称を与えるかという規則のことであるから、認識の規則と言って差し支えない。規則に従えば、私は〈それ〉を「柳」と種《しゅ》の名称で呼ぶことができる。その上位クラス（類）である「木」と呼ぶこともできる。もちろん「植物」と呼ぶこともできる。これは博物学的な分類基準によるものである。（その他、様態や用途に応じて「植木」とか「並木」とかいろいろあるだろう。）ただし「猫」とか「動物」と言えば、これは「カテゴリー間違い」とされる。つまり物の分類が規則に外れているというわけである。確かに通常の会話でこの規則に従わなければ、私たちは大いに不便をきたすだろう。私たちは、認識のための分類規則を共有しているからこそ、何事かの認識を言葉によって伝えうるのであって、これが混乱すれば「今朝猫が芽吹いてね」といったわけのわからない話になる。しかし、私がただ「柳がある」と言うことをためらったのは、この分類によって得られる認識は今私が「言いたいこと」と関わりがないと思えたからである。私の語ろうとした〈私の経験〉は、ある異様なものが目の前に立ち現れたということであり、そのモノが博物学上いかなる分類をうけているかは、とりあえずはどうでもよいことなのである。この時「言いたいこと」は一種の認識であると言っても差し支えないであろうが、それは〈柳であって松ではない〉といった種類の認識ではないのである。

従って問題は分類の基準に関わるだろう。博物学的分類の基準は、物の客観的特徴である。厳密には遺伝子ということになろうが、一応物の外形上ないし機能上の特徴による分類であると言ってよい。この分類に従って語ることは、「何」について語っているかを容易に相手に了解させるので通常は便利である。しかし私が今語りたい〈それ〉は、どのような客観的特徴をもつかが問題なのではない。問題なのはそれが私に与えている主観的な印象であり、必要なのはそのような印象を持つものとしての〈それ〉を表す言葉である。「柳」という命名は〈それ〉に博物学的な意味を与える。しかし私は〈それ〉に別の分類基準による意味を与えたいと思う。私は〈それ〉に対し命名をやり直さなければならない。つまり、世の中の〈もの〉たちを不気味なものとそうでないものに分類しなおし、さまざまの〈不気味なもの〉〈種〉を集めたグループ〈不気味なもの一般〉〈類〉に名前を与えなければならないのである。この新しい〈類〉についてはもちろん既成の名前はない。しかし、この〈類〉に含まれる他の〈種〉の中には既に名前のある場合がある。その一つが「お化け」である。そこでわたしは「お化け」という名前を借りてくる。つまり〈それ〉を、新しい〈類〉の名前で呼ぶかわりに、「お化け」と呼ぶのである。

（尼ヶ崎彬『日本のレトリック』より）

問一　傍線部(1)において、「演技」とはどういうことか、説明せよ。

問二　傍線部(2)はどういうことか、説明せよ。

問三　最後の段落の「〈それ〉」とはどのようなものか、「分類の基準」と関わらせて説明せよ。

(解答枠は問一〜三＝ヨコ10ミリ×タテ140ミリ×3行)

二〇一二年

（文理共通）

一

次の文は尾崎一雄の私小説の一部である。これを読んで、後の問に答えよ。（文系五〇点・理系四〇点）

「圭ちゃん来年の夏休み、お父ちゃんと二人で、国府津《こうづ》の海へ行くんだ」

「ああ、いくとも。大磯へも、小田原へもいくよ、圭ちゃんと二人で」

「うれしいな」二女は、眠っているときにしばしば見せる、あの夢のような笑顔をする。父親と二人で国府津の海岸へ行く、という何の変哲もない空想が、どうしてこの幼女をこんなに仕合せにするのだろう。あるいは、幼女の、病む父親にかけるあらゆる夢と希望とが、こんな変哲もないことに凝結されている、とでもいうのだろうか。
(1)ああ、これは、がんじがらめだ、死ぬにも死ねないというが、ほんとだな、と緒方は肚《はら》で溜息《ためいき》をつく。一方彼は、自分の例の雄雞《おんどり》気分が多分にくすぐられることを意識する。彼は、まんざらでもなくなり、よろしい治ってやる、治ってやらないまでも、むやみと死んだりはしないから安心したまえ、と、多分隣りの雄雞に似ているだろう気負った目つきになるのだった。
実は、緒方が、以前よりもどこかものやわらかな男になったことには、もう一つ大きな原因がある。それは、彼が、自分の中に、(2)誰にものぞかせない小さな部屋のようなものをつくっている、という自覚にある。

毎日顔をつき合わせ、話をし、顔つきだけでも相手の気持が大体判《わか》る、という家族の者も、緒方がそんな秘密の部屋を持っているとは知らない。恐らく彼らには、緒方がそれを隠そうとしなくても、その存在に気がつくことはないだろう。何故なら、それは彼らに何のかかわりもなく、見たことも聞いたこともなく、考えたこともないだろうものだからだ。

とはいっても、それは別にこみ入った話ではない。緒方のような境遇にある者なら、誰でも直ぐに了解するだろうことがらである。つまり、自分というものは何で生れて来たのか、何故生き、そうして何故死ぬのか、ということ、また、それを考えることによってあとからあとからと湧き出す種々雑多な疑問に何かの答を得ようとあせること、大体それに尽きるのである。そのことについて積み重ねられた多くの考えは、大昔から現在まで、その重みに堪えぬほどで、人間の全努力はそこに向って集中されているかに見える。宗教、哲学、科学、芸術の巨大な集積は、すべてそこへの登路《のぼりみち》と思われる。緒方もいつとなくそういうふうに教えられ、そういうものなんだろう、と思ってはいた。しかし、今の緒方から見ると、それは他人事《ひとごと》であった。

凡人のつねとして、緒方は、つねられて見なければ、痛さは判らぬのである。その上、自分でつねるのは余り好まない。文字や言葉の上では一応判り、時には自分でもそんな文字や言葉を吐き散らすこともないのではなかったが、ただそれだけのことに過ぎなかった。ちっとも身にしみてはいなかった。

自分が病気になり、どう考えても余り長い命でない、という事実にぶち当ったとき、緒方は始めて、痛い、と感じた。(3)彼には、判り切ったことが判り切ったことでなくなった。素通りして来たものを、改めて見直すと、ひどく新鮮であった。ありふれたあたりのものも、心をとめて見ると、みんなただものではなくなった。彼は自分の中の部屋に引きこもって、それらを丹念に嚙《か》みくだき始めたのである。そういう時の彼は、自分だけであり、目先にちらつく家族は、心につながる何物でもなかった。

自分のこんな状態を、家族たちの誰に話そうと、まるで無益なことを彼は知っている。これら天真らんまんな、若い、生命《いのち》に充ち溢《あふ》れた人間たちに、それが通じようはずはない。通じないのが当然だし、通じるのは間違いなのだ。彼らは、その生命の溢れるままに、泣き、笑い、歌っていなければいけない。緒方のような衰頽者《すいたいしゃ》の、夕暮れの思考は、彼らにとっては毒汁でしかないだろう。やがて彼らにも、避けがたい薄暮がおとずれるだろうが、それはその時のことでいいのである。

だから緒方は、何気ない顔で、彼らとのつき合いをつづけている。顔をつき合せ、話のやりとりもそつがないのに、頭はまるで相手とかかわりない思考にとらわれている自分を、緒方は、惨酷な、冷たい奴と思う。しかし、自分のいのちについて、自分が考えずに、いったい誰が考えてくれるだろう。これは、病気を看護し、献身的努力で自分の生命を救ってくれ、あるいは生きのびさせてくれる、というようなこととは、(それは感謝すべきことであり、好ましいことでもあるが、しかし)全く別の話なのだ、――そう思う。緒方は、いのち、あるいは生というものについて、納得したいのだ、ただそれだけの、至極簡単なことなのだ。そしてそれは、自分で納得するより外《ほか》、仕方がない。そのこととは、ただ一人でしか向き合うことが出来ず、その作業はただ一人でしか出来ない。

せんだって、ある若い文学批評家から私信が来て、その端《はし》に、「赤ん坊ギャアギャア、女房プリプリ、雑事は山積で、このところ出家遁世《とんせい》を思うや切なるものがあります」とあった。緒方は「出家遁世ぐらい、家の中にいても出来ますから、試しにやってごらんなさい」と返事の中に書いた。何の気なしに書いたのだが、あとで、これは、と思ったのである。(4)どうも緒方の状態には、そういえなくもない節がある。勿論《もちろん》、緒方は東洋流の、無常感、諦観の上にあぐらをかいているのではない。若《も》しそうなら、彼は、文章など一行も書きはしないだろう。書く必要がないだろう。彼には、未だ野心と色気が残っている。ただ、こっそりと自分だけの部屋を用意し、閑《ひま》さえあれば(彼は、大体、普通の意味では閑人である)家族と離れてそこへもぐり込もうとする、どうやらこれは、一種の出家遁世かも知れない。

「寝ていて出家遁世出来る法、か。(5)俺の雄雞精神も、影がうすくなった」

隣の雞小屋では、また卵を生んだらしい。あの雄雞の元気には、とても及ばない。いささかも遅疑逡巡《しゅんじゅん》するところない、あの気負い方はどうだ。あれは立派で、堂々としている。あれを、したり顔に、滑稽だ、などと見るのは、引かれ者の小唄かも知れない。俺も、いや俺は、疳癪《かんしゃく》を起さず、凝《じ》っと持ちこたえて行こう。堪え、忍び、時が早かろうと遅かろうと、そこまで静かに持ちこたえてゆく、――それが俺のやるべきことらしい、などと緒方は考えつづけた。

(尾崎一雄「痩せた雄雞」より)

問一　傍線部（1）のように緒方が感じるのはなぜか、説明せよ。

問二　傍線部（2）はどのようなものか、説明せよ。

問三　傍線部（3）はどのような事態を意味するのか、説明せよ。

問四　傍線部（4）のように緒方が考えるのはなぜか、説明せよ。

問五　傍線部（5）はどのようなものか、本文全体を踏まえて説明せよ。

※問四は文系のみ。

（解答枠は問一・二＝ヨコ10ミリ×タテ140ミリ×3行、問三・四＝同5行、問五＝同4行）

（文系）

二　次の文を読んで、後の問に答えよ。（五〇点）

小説の文章を他の文章から区別する特徴は、小説のもつ独特の文章ではない。なぜなら小説に独特な文章というものは存在しないからである。

「雨が降った」ことを「雨が降った」と表わすことは我々の日常の言葉も小説も同じことで、「悲しい雨が降った」なぞということが小説の文章ではない。

勿論《もちろん》雨が「激しく」降ったとか「ポツポツ」降ったとか言わなければならない時もある。併《しか》し小説の場合には、雨の降ったことが独立して意味を持つことはまず絶対にないのであって、何よりも大切なことは、小説全体の効果から考えて雨の降ったことを書く必要があったか、なかったか、ということである。

小説の文章は必要以外のことを書いてはならない。それは無用を通りこして小説を殺してしまうからである。そして、必要の事柄のみを選定するところに小説の文章の第一の鍵がある。

即《すなわ》ち小説の文章は、表現された文章よりもその文章をあやつる作者の意欲《いよく》により以上重大な秘密がある。作家の意欲は表面の文章に働く前に、その取捨選択に働くことが更に重大なのだ。小説の文章は創作にも批判にも先《ま》ず第一に此《こ》の(1)隠れた意欲に目を据えなければならない。

愚劣な小説ほど浅薄な根柢《こんてい》から取捨選択され一のことに十の紙数を費《ついや》すに拘《かかわ》らず、なお一の核心を言い得ないものである。それにひきかえ傑作の文章は高い精神によって深い根柢から言い当てられたもので、常にそれなくしてはありえなかったものである。

前述のように、まず意欲が働いてのち、つづいて表現が問題となる。

一般の文章ならば、最も適切に分り易く表わすことが表現の要諦である。この点小説の文章も変りはない。併しながら(2)小説には更に別の重大な要求があるために、必ずしも適切に分り易くのみ書くわけにいかない。

即ち、作家はAなる一文章を表現するに当って、Aを表現する意欲と同時に、小説全体の表現に就《つい》ての意欲に動かされている。Aに働く意欲は当面の意欲には違いないが、実は小説全体に働く意欲の支流のようなものである。従而《したがって》、Aなる文章はAとして存在すると同時に、小説全体のための効果からAとして存在する必要にせまられる。つまりAとして直接の効果をねらうと共に、Aとして間接の効果をねらっている。のみならず、単に間接の効果のためにのみ書かれる文章もあるのである。

そのために、文章を故意に歪《ゆが》めること、重複すること、略すこと、誇張すること、さらには、ある意図のもとに故意に無駄をすることさえ必要となってくる。ことに近代文学に於《おい》て、文学が知性的になり、探求の精神が働くに順《したが》い、こういう歪められた文章も時には絶対に必要とされる場合も起るのである。

併し文章を故意に晦渋《かいじゅう》にするのも、畢竟《ひっきょう》するに、文章を晦渋にしたために小説の効果をあげ、ひいては小説全体として逆に明快簡潔ならしめうるからに他ならない。単に晦渋のために晦渋を選ぶことではないのである。

要するに小説は明快適切でなければならないものであるが、小説の主体を明快適切ならしめるためには、時として各個の文章は晦渋化を必要とされることもありうるのだ。そして描写に故意の歪みを要するところに——換言すれば、ある角度を通して眺め、表わすところに——小説の文章の特殊性もあるのである。

なぜなら、小説は事体をありのままに説明することではない。小説は描かれた作品のほかに別の実体があるわけのものではない。小説はそれ自体が創造された実体だからである。そこから小説の文章の特殊性も生まれてくる。次にそのことを詳述しよう。

(3)我々の平素の言葉は「代用」の具に供されるものである。かりに我々が一つの風景を人に伝えようとする。本来ならその風景を目のあたり見せるに越したことはないが、その便利がないために言葉をかりて説明するものである。従而、言葉を代用して説明するよりも、一葉の写真を示す方が一層適切であろうし、出来うべくんば実際の風景を観賞せしめるに越したことはない。

だが、このような説明がいかほど真にせまり、かつ美辞麗句をもって綴《つづ》られるにせよ、これを芸術と呼ぶことはできない。なぜなら実物を見せる方がより本物だからである。

芸術は、描かれたものの他に別の実物があってはならない。芸術は創造だから。

単に現実をありのまま描くことなら、風景の描写には一葉の写真をはさみ、音の描写には音譜をはさむことが適切であろうが、それにせよ現実そのものの前では全く意味をなさない死物と化すの他はない。芸術の上では、写実といえども決して現実をありのままに写すことではないのである。

偉大な写実家は偉大な幻想家でなければならないとモオパッサンはその小説論に言っている。一見奇矯《ききょう》なこの言葉も、実は極めて当然な次の理由によるのである。

作家が全てを語ることは不可能である。我々の生活を満《みた》している無数のつまらぬ出来事を一々列挙するとせば、毎日少くも一巻を要すであろう。

そこで選択が必要となる。そして、これだけの理由でも「全き真実」「全き写真」ということは意味をなさなくなるのである。それゆえ最も完全な写実主義者ですら彼が芸術家である限り、人生の写真を我々に示そうとはしないで、現実そのものよりももっと完全な、もっと迫るような、もっと納得の出来るような人生の幻影を我々に与えるように努めるであろう。つまり完全な幻影を与えることこそ勝《すぐ》れた写実家の仕事なのだ。

のみならず、世に現実が実在すると信ずることは間違いである。なぜなら各人の感覚も理性も同一のものを同一に受《う》け納《い》れはしないから。Ａにとって美であるものがＢにとって醜であることは常にありうることだ。その意味では各人にめいめいの真実があるわけだが、不変の現実というものはない。即ち我々はめいめい自分の幻像を持っているのである。

　そして芸術家とは、彼が学んだそして自由に駆使することのできる芸術上のあらゆる手法をもって、この幻影を再現する人である。けれども、Aの幻影がBに納得されるには甚《はなは》だしい困難がある。単なる説明や一人合点の誇張では不可能である。そこに芸術の甚だ困難な技術がいる。つまり(4)芸術家とは自己の幻影を他人に強うることのできる人である。かように最も写実的な作家ですら、単なる説明家、写実家でないことを了解されたであろう。のみならず芸術家をして創作にからしめる彼の幻影といえども幻影として実在するものではなくて、描かれてのち、描かれたものとしてはじめて実在することができるのである。

（坂口安吾「意欲的創作文章の形式と方法」より）

問一　傍線部(1)「隠れた意欲」とはどういう意欲か、説明せよ。

問二　傍線部(2)はどういうことか、簡潔に説明せよ。

問三　傍線部(3)はどういうことか、説明せよ。

問四　傍線部(4)について、筆者は芸術家をどのような人であると考えているか、わかりやすく説明せよ。

問五　波線部について、「小説はそれ自体が創造された実体だからである」とはどういうことか、わかりやすく説明せよ。

（解答枠は問一＝ヨコ10ミリ×タテ140ミリ×2行、問二・三＝同3行、問四・五＝同5行）

（理系）

二　次の文は、ロシア語の通訳、米原万里のエッセイの一部である。これを読んで、後の問に答えよ。（三〇点）

通訳の使命は究極のところ、異なる文化圏の人たちを仲介し、意思疎通を成立させることに尽きる以上、両方がいかなる文脈を背景にしているかを事前に、そして通訳の最中も可能な限り把握し、必要ならば字句の上では表現されていない、その目に見えない文脈を補ってあげねばならない。

しかしながら、それは極度に狭められた時間的制約の中で行われることを常とする。

「この人タヌキで、あなたはキツネ、わたしはウナギ」

という文章が仮にあったとして、翻訳ならば、タヌキ、キツネ、ウナギを字句通り訳したうえで、これだけでは、せいぜい、

「人形劇の配役でも決めている場面だろう」

と解釈されてしまう危険があるので、それぞれに注をつけて、日本の店屋物料理に関するウンチクを傾けた説明訳をくどくどとやってもかまわない。通訳も、時間的余裕の許す限り、それをやる。

だが、大方の通訳現場で、それは絵に描いた餅である。最近のロシアの改革に関する会議で、日本側の著名な学者が、

「今のロシアの改革の到達レベルは、大政奉還は済んだけれど、廃藩置県はまだ終わってないというところですかな、ハハハハ」

と発言して、(1)同時通訳ブースにいた私は往生した経験がある。

同時通訳ならば、原発言者がしゃべっている時間がすなわち通訳に与えられた時間であるし、逐次通訳の場合は、理想的な通訳時間は原発言が使った時間の八〇％といわれているのだ。原発言に要した時間を一〇〇％としたとき、通訳は、その中で伝えたいと思っている情報を余すところなく伝えながら、時間的には八〇％が理想的。ぎりぎり許されるとしても同じ

一〇〇％。通訳が一五〇％、二〇〇％も、つまり原発言の二倍もしゃべることは、許されない。といっても、現実には、原発言の三倍も四倍もしゃべる通訳はいる。ただし、次回から声がかからなくなるだけである。

しかも、そもそも「ん」以外には、子音が母音なしで存在し得ない日本語は、外国語をそのまま訳すと、むやみやたらと時間がかかる。翻訳書を黙読する限りは、あまり意識しないことだが、欧米の戯曲を翻訳したものを、そのまま舞台にのせると、二倍から三倍オリジナルより時間を喰《く》うというではないか。

漢字の音読み言葉にすると、情報量の多い割に、時間的嵩《かさ》がコンパクトになる利点があるが、耳から聞いたとき、音読み言葉は伝わりにくい。通訳にとっては、聞き手に伝わり理解されてこそ使命は完遂するのだから、どうしても耳から聞いて分かりやすい大和ことば系の表現を多用しがちになる。

というわけで、(2)まさに前門の虎、後門の狼。虎は、

「異文化間の溝を埋めよ、文脈を添付せよ」

と眼を光らせているし、狼は、

「極力、訳出時間を短縮せよ」

と容赦なく迫ってくる。虎の要求にそおうとすると、時間を喰い、狼のいうとおりにすると、文脈を添える余裕がなくなる。

十三年前、初めて同時通訳の仕事を引き受けたときのこと。いざ本番に入ると、どうしても発言者のスピードに訳がついていけない。

「こんなことは不可能だ」

と思い、気がつくと、私はヘッドフォンをはずして、同時通訳ブースを飛び出してしまっていた。

師匠の徳永氏が追いかけてきて、ポンと肩をたたくと、

「万里ちゃん、全部訳そうと思うから大変なんだ。分かるところだけ訳していけばいいんだよ」

と言ってくれた。

「そうか、全部訳さなくてもいいのだ。それに、そもそも分かるところしか訳せないのは、アッタリマエではないか」とすっかり肝っ玉が据わってしまった私は、その日、経験豊かな二人の先輩に支えられながら、なんとか無事に通訳を終えることができた。

徳永師匠には、今まで私の角膜あたりに張りついた鱗《うろこ》をずいぶん取り払っていただいたが、(3)この時の戒めには、とくに感謝している。というのも、私はかなり語り口がスローモーで、つまり時間単位あたりの言葉の量がもともと少ない、その意味では通訳に向かないタイプなのである。大は小を兼ねるという。スピードの速い人は、ペースを落とすこともできるが、私のように遅い者が、ペースをあげるのは不可能なのだ。

要するに、残る手段は、省略。余分な言葉を極力排除する以外にない。しかも言葉の量は少なくとも、情報量は減らさないこと。では、一体何が省略可能で、何を省略してはいけないか。どうでもいい枝葉末節にこだわって、大事な情報を落としてしまうような省略では困る。

（米原万里「前門の虎、後門の狼」より。一部省略）

問一　傍線部(1)について、「日本側の著名な学者」の発言によって、なぜそのような状態になったのか、説明せよ。

問二　傍線部(2)について、筆者はこの状況に対処するにはどうしたらよいと言っているのか、説明せよ。

問三　傍線部(3)について、その理由を説明せよ。

（解答枠は問一・二＝ヨコ10ミリ×タテ140ミリ×4行、問三＝同5行）

二〇一一年

（文理共通）

一　次の文を読んで、後の問に答えよ。（文系五〇点・理系四〇点）

「おまえはじぶんが生きなければならないように生きるがいい」という言葉が、好きだ。ロシア革命直前のモスクワの貧民街に生きる人びとの真実を生き生きとえがきだしたロシアの作家レオニード・レオーノフの最初の長篇『穴熊』の第一部にでてくる、名もない老帽子屋がポツンと呟《つぶや》く印象的な言葉だ。

この帽子屋は、生涯一日に一個の帽子をつくりつづけてきた。「おれはもう老いぼれだ、どこへゆくところがあろう？　慈恵院へも入れちゃくれねえ……おら血も流さなきゃ、祖国を救いもしなかったからなあ。しかも目の奴あ——畜生め——針を手にとりあげてみても、針もみえねえ……糸もみえねえ。だからさ、な、若えの、おら役にもたたぬところをいつも無駄に縫ってるんだ……(1)ただこの手、手だけがおれを欺《だま》さねえんだ……」

そして帽子屋は、レーニンの軍隊がクレムリン砲撃をはじめる前日のきびしく冷めたい真夜中に「ふるくなった帽子のように」誰にも知られず、石造の粗末なアパートの隅でひっそりと死んでゆく。

ポーランドの小さな町オシフィエンツムからはじめた、失われた時代の、失われた人びとの、失われた言葉へのひとりの旅をつづけるあいだ、いつもわたしの胸の底にあったのは、若いレオーノフが感傷をまじえずに書きこんだ、その無名のロシアの帽子屋の生きかたの肖像だった。この帽子屋の生死には、(2)生きることをじぶんに引きうけた人間に特有の自恃《じじ》と孤独が、分かちがたくまざっていた。その「じぶんが生きなければならないように生きる」一個の生きかたこそ、わたしたちがいま、ここに荷担すべき「生きる」という行為の母型なのだと、わたしにはおもえる。

生きることをじぶんにとっての〈生きるという手仕事〉として引きうけること——帽子屋の手は、かれがどんなに老いぼれて目がみえなくなってしまっていても、その仕事をいっしんに果たしつづけた。それは、かれの仕事が、ほんとうは日に一個ずつ帽子を完成することそれ自体にではなく、日に一個ずつ帽子をつくるというしかたで、その手をとおしておのれの〈生きるという手仕事〉をしとげてゆく、ということにあったからだった。生きるとは、そのようにして、日々のいとなみのうちにみずからの〈生きるという手仕事〉の意味を開いてゆくという、わたしの行為なのだ。

それがどんなにいかなる政治体制のもとに圧されて果たされる生であるようにみえ、また「血も流さなきゃ、祖国を救いもしない」生にみえようと、ひとがみずからの生を〈生きるという手仕事〉として引きうけ、果たしてゆくかぎり、そこにはけっして支配の論理によって組織され、正統化され、補完されえないわたしたちの〈生きるという手仕事〉の自由の根拠がある、というかんがえにわたしはたちたい。〈生きるという手仕事〉は、それがどんなにひっそりと実現されるものであろうと、権力の支配のしたにじっとかがむようにみえ、しかもどんな瞬間にもどこまでも権力の支配のうえをゆこうとするのだ。

一九三〇年代の日本をもっともよく生きた詩人のひとりだった伊東静雄は、敗戦後、復員してすぐ軍服のままたずねてきた若い作家が、戦争中右翼的なことを強く主張し指導者面をしていた連中が早くもアメリカ仕込みの民主主義の指導者面をしていることにたいする不快感を述べると、人間はそれでいいのですよ、共産主義がさかんな時は共産主義化し、右翼がさかんな時は右翼化し、民主主義が栄えてくれば民主主義になるのが本当の庶民というもので、それだからいいのですと、その軍服姿を戦争中のいやな軍部の亡霊をみたように不快がって、若い作家をおどろかせた、といわれる。

その挿話はわたしにはとても印象的な記憶としてのこっているが、しかしこの伊東静雄のような「庶民」のとらえかたは、わたしにはまさに「本当の庶民」像の倒錯にすぎないようにおもわれた。わたしのかんがえは、ちがう。「本当の庶民」ということをいうならば、共産主義の時代がこようと右翼がさかんな時世がこようと民主主義の世の中がこようと、人びとはけっして「共産主義化」も「右翼化」も「民主主義化」もせず、みずからの人生を、いま、ここに〈生きるという手仕事〉として果たしてゆくにほかならないだろうからだ。

〈生きるという手仕事〉を果たすという生きかたは、だから、(3)そのときそのときの支配の言葉を販《ひさ》いで生きのびてゆく生きかたを、みずから阻んで生きるわたしの生きかたなのだ。

生きることをみずからの〈生きるという手仕事〉としてとらえかえすということは、ひとりのわたしを他の人びとのあいだで自律的につかみなおすこと、そうしてみずからの生きかたを、日々の布地に刺し子として、不断に刺縫いしてゆくということだ。『穴熊』の帽子屋のように一日一個ずつ帽子をつくってゆく行為でさえ、それが〈生きるという手仕事〉のいとなみを手離さなかったかぎりにおいて、その行為は意識的にせよ無意識にせよ、(4)社会の支配をささえるようにみえながら同時に社会の支配をみかえす無名の行為のひとつとして、社会の支配のついにおよばない自由を生きる本質をふかくそなえていたはずだ。

ある詩人が正確に書いたように、人の生は I was born という受け身にはじまる。すなわち、ひとは偶然に生まれて、ほんとうに死ぬ存在である。こうした生のありようを、わたしたちは正しくうけいれるべきだ。なぜなら、それがわたしたちの歴史だからだ。

そうでなければ、なぜ一所懸命に、ひとは生きて、死ぬのか。いま、ここにじぶんが生きているという事実をまっすぐに引きうけることができないかぎり、わたしたちは、ほんとうに死ぬものとしてのじぶんをもみうしなってしまうだろう。「おまえはじぶんが生きなければならないように生きるがいい」という言葉が、好きだ。生きてゆくというのは、生のもつあいまいさ、貧しさ、複雑さを、つまりわたしたちの世界にはなにかしら欠けたものがあるという酸っぱいおもいを切りかえし、切りかえして生きてゆくことであり、それは、一見どんな怯懦《きょうだ》に、また迂遠《うえん》にみえようと、支配することをせずに、しかも支配の思想をこえる途《みち》をつつみもつひとりのわたしの生きかたをみずからの〈生きるという手仕事〉のうちにつらぬいてゆくことだ。

失われた時代の、失われた人びとの、失われた言葉への旅をとおして、わたしがじぶんの目とじぶんの足で確かめたかったのは、〈生きるという手仕事〉を自覚してじぶんに引きうけた人たちの生きかたが、わたしたちのいま、ここに遺《のこ》した未来だ。遺されたその未来にむけて、わたしは、「おまえはじぶんが生きなければならないように生きるがいい」というロシアの老帽子屋の言葉を、「おまえは希望としての倫理によってではなく、事実を倫理として生きるすべをわがものとして、生きるようにせよ」というふうに、あらためていま、ここに読みかえることで、その言葉を、さらに今後に記憶しつづけてゆきたいのである。

（長田弘『失われた時代』より）

問一　傍線部(1)はどういうことをいっているのか、わかりやすく説明せよ。

問二　傍線部(2)を、帽子屋のいとなみに即してわかりやすく説明せよ。

問三　傍線部(3)をわかりやすく説明せよ。

問四　傍線部(4)のように帽子屋のいとなみをとらえることができるのはなぜか、その理由を述べよ。

問五　傍線部(5)の「希望としての倫理によって」生きることと「事実を倫理として生きる」ことの違いをわかりやすく説明せよ。

※問四は文系のみ。

（解答枠は問一～三＝ヨコ10ミリ×タテ140ミリ×3行、問四＝同5行、問五＝同6行）

（文系）

二　次の文を読んで、後の問に答えよ。（五〇点）

怪談を語る会を銀座能楽堂で開く。能と新劇、そして能の笛である能管による共演だ。能管は、死者の霊を招く笛である縄文の石笛を模したといわれるから怪談にはぴったりだ。

能も新劇も演劇と言われているが、新劇の俳優さんと一緒にやっていると、その類似点よりも相違点の多さに驚く。たとえば新劇の人は舞台が始まる数時間前から柔軟体操をしたり、気持ちを集中させたりと準備に余念がない。それに対して能楽師は舞台前に発声練習すらしない。(1)新劇の人は作品の解釈をしっかりするが能の方はあまりしない。一緒にやっていると自分がいい加減のようで心苦しいのだが、しかしこれは入門時の稽古自体から違っているのだから仕方がない。

謡を習ってみたいと稽古に通う。謡の声はかなり特殊だ。それなのに発声方法などは全く教えず、ただ真似して謡えという。ひどい話だ。

マネをする、これが能の稽古の基本で、稽古メソッドなどというものは特にない。それに対して近代演劇はさまざまなメソッドを生み出した。たとえばメソッド演技というものがある。悲しい場面の演技では、自分の体験の中から悲しい出来事を思い出す。これがうまくいくと本当に涙が流れたりする。すごい。

ただし、このメソッドには欠点が二つある。ひとつはその役者の人生経験が演技の質を左右してしまうということ。そしてもうひとつは、自分の人生経験以上の演技はできないということだ。

じゃあ能の稽古はどうかというと、過去の経験がどうのこうの以前に解釈すらほとんどしない。ただ型や謡を教わる。そしてやってみろと言われ、手が高いといってはピシッと打たれ、声が小さいといっては怒鳴られる。そんな稽古だ。稽古だけではない。本番の舞台で演じるときにも、解釈をしたり気持ちを入れたりはせずに、ただ稽古された通りの型を稽古された通りに忠実になぞる。

が、師伝の通りちゃんとできると、演者はともかくお客さんはそこに立ち上がってくる何ともいえない感情に心動かされる。「何ともいえない感情」というのは、そこに立ち上がってくるのが、(2)いわゆる演劇的な感情表現ではないからだ。

よく能は「ココロの芸能だ」なんて言われるが、そんなことはない。「ココロ」の特徴をひとことでいえば「変化する」ことだ。昨日はあの人が好きだったというココロが、今日はもう違う人に移っている。「ココロ変わり」なんていう言葉もある。しかし、能で立ち上がってくる感情はそのようなころころ変化するココロ、すなわち情動なんかではない。

能『隅田川』は、人買いに拐《かどわ》かされたわが子を求めて旅する母親がシテだ。隅田川のほとりに佇《たたず》む彼女の胸に『伊勢物語』の故事が浮かぶ。この隅田川で、業平は都に残して来た妻を偲《しの》び、母は子を尋ねる。対象は違う。が、「思ひは同じ恋路なれば」と彼女は謡う。恋い慕う対象は違うのだが、ココロの深層にある「思ひ」は同じなのだ。「思ひ」とはココロを生み出す心的作用だ。

対象がある「ココロ」は変化するが、(3)そのココロを生み出す「思ひ」は変化しない。「思ひ」は何歳になってもなくならない。いくら年を取っても、何ともいえない寂しさはふと立ち現れる。能で立ち上がってくるのは、この「思ひ」だ。

「思ひ」は演者の個人的な体験などは優に超越している。それは能の主人公であるシテの多くが幽霊や神様という非人間的存在であることにも起因しているだろう。個人の浅い経験などではとても太刀打ちできない存在だ。それが型によって、ここに実現される。あらためて「型」やそして舞の凄さを感じる。あるいは雨を降らせ、あるいは晋侯を死の病に追い込んだという*「桑林の舞」の故事(『左伝』)なども思い出され、そら恐ろしささえ感じる。舞とはただの踊りではない。

数百年前、いや数千年前に(4)古人は舞や謡の「型」の中に、言葉にはできないある「思ひ」を封じ込めて冷凍保存した。「思ひ」のさらに深層に世阿弥は「心(シン)」という神秘的精神作用を想定するが、古人は「思ひ」だけでなく、その「心(シン)」すらをも型の中に封じ込めた。「心(シン)」や「思ひ」は私たちの身体に眠る神話そのものだ。『古事記』などの中に現れる文字化された神話は、いわばアイコンだ。それは身体によるクリックを待つ。舞歌とは文字化された神話をクリックする身体技法であり、私たちの身体の深奥に眠っている神話を目覚めさせ、解凍する作業である。

それが立ち現れてくるときは、舞歌は人々や天地を動かす。この神話の解凍に必要なのが私たちの身体だということは重要だ。身体性も神話性も非常に希薄になってしまった現代に、(5)身体を使って神話を読み直してみるというのはどうだろうか。

（安田登「神話する身体」）

注（＊）

「桑林の舞」の故事＝紀元前五六三年、宋の平公が晋侯（晋の悼公）の前で、天子の舞である「桑林」を舞わせたところ、桑林の神のたたりで、晋侯が病気になったという故事。『春秋』の注釈書『左伝』に見える。

問一　傍線部(1)について、新劇と能における稽古の違いを説明せよ。

問二　傍線部(2)はどういう意味か、説明せよ。

問三　傍線部(3)はどういうことか、『隅田川』を例にして説明せよ。

問四　傍線部(4)はどういうことか、説明せよ。

問五　傍線部(5)はどういうことか、筆者の能の理解に基づいて説明せよ。

（解答枠は問一・三・五＝ヨコ10ミリ×タテ140ミリ×5行、問二＝同2行、問四＝同4行）

（理系）

二　次の文を読んで、後の問に答えよ。（三〇点）

　書かれる言葉は、話される言葉と違って、実は時代や社会によってその使命や性格を非常に異にしている。昔のことは今は言わない。現代においては、それはたいていの場合目で黙読されるために印刷される運命にある言葉であり、少なくともそれを理想的境地として目差している。このように印刷されるということは、書かれる言葉にとって決して軽視されることのできない意義をもっている。アランはそこに近代散文の主要特徴をさえ見ているくらいだ。彼は言う。「散文の特性は、先ず第一に印刷された紙の上に、その純粋な抽象の形態において現われ、何ら作家の身体の動きのあとかたをとどめぬことにある。」彼に言わせると、肉筆で書かれたものは、続け字や略字のためにその行間になお何か身振り的なものや舞踏的なものを残しているが、印刷はそれを払拭して、抽象的に均一化するのである。

　しかし書くということには、彼が指摘しているようなかかる表面的な身体性ばかりでなく、(1)もっと深いところに根差している身体的なものも現われており、そのものの払拭も印刷の役目の一つになっていないであろうか。というのは、作家の表現の努力そのもののあとかたであるところの、消し、直し、書き足し等が、書く行為には多少とも必ず随伴しているからである。しかしかかる書く工作のあとをありありと示している大作家の「原稿」を写真版にして忠実に示したからと言って、彼の傑作の一頁がより美しいものに見えることになるであろうか。(2)必ずやその効果は逆であろう。

　ここに話される言葉と書かれる言葉との第一の相違点がある。話される言葉は本来即興的にほとんど猶予なしに産出され、産出されるままに多少の訂正と彫琢とを受けながら、しかも多くは未完成にとどまったままその使命を終えてしまうものであるのにひきかえ、書かれる言葉は一定の時間をかけられて構成され、再構成され、とにかく仕上げを完うされたものとして、しかる後にその使命を果たさんがためにおもむろに提出されるのが普通である。前者はその場限りの試作、後者は多少とも持続に運命づけられた完成品。前者には関係者は現場のごたごたの中で立ち会い、後者には関心者は工場を離れた出来上がった品物だけとして見参する。

　これらは極めて卑近な観察にすぎないが、しかしそれからだけでもありのままの話される言葉と一定の目標と境地とを目差さねば用をなさぬ書かれる言葉とが、いかに違って来なければならぬかは明らかであろう。かくて話される日常の言葉とその組立てとがたとい文章の前提ではあっても、文章はどんな初歩的なものでも例外なく何らかの思想の絆によって全体が貫かれ、引き締められ、この全体的連関の見通しにおいて、絶えず後ろを振りかえり、且つ前を見してそこから余計なもの、冗漫なもの、重複的なものを取り除くという心構えと作業を欠かすわけに行かないのである。ヴァレリーの次の言葉は、この原始的な基礎工作が、文章の第一歩であることを言おうとしているのであろう。

『いやあ。』――『つまり。』――『ネ・ス・パ？』*等々。こういったような模索の言葉はすべて書かれた言葉から消されてしまうのだが、これが文章の最初の行為である。」

(3)かかる何でもないような浄化の仕事が、既に書かれる言葉を話される言葉から区別させているのであるが、そのような工作はやがて曖昧な言い廻しや陳腐な月並句等々を除去してゆき、ついには耳にうったえるようなものさえも慎重に回避するに至るのである。というのは、アランの言ったように、「眼のためにつくられたこの芸術（散文）においては、すべて耳にうったえるものは下品になる」から。演説口調の、調子づいた、それに反復句の多い文章が、洗練された散文読者にとって我慢のならぬ悪趣味として不快感を催さしめる事実を我々はしばしば見てきているのである。

（林達夫「文章について」より）

注（＊）

ネ・ス・パ？＝フランス語の付加疑問文。「～ですよね」という念押しの際に用いる。

問一　傍線部(1)はどういうことか、わかりやすく説明せよ。

問二　傍線部(2)のように筆者が考えるのはなぜか、説明せよ。

問三　傍線部(3)はどういうことか、「書かれる言葉」の特質をふまえて説明せよ。

(解答枠は問一＝ヨコ10ミリ×タテ140ミリ×3行、問二＝同4行、問三＝同5行)

二〇一〇年

（文理共通）

一

次の文を読んで、後の問に答えよ。（文系五〇点・理系四〇点）

口承で伝えられた物語の世界はなぜ、私を魅了するのだろう。

自分にとってあまりに当然のことを改めて言葉で説明しようとすると、急になんだかむずかしいことになってしまう。子どものころ、お小遣いを親からもらえなかったから、こっそりただ見をするしかなかった紙芝居の、わくわくするあの楽しさから、それははじまっているのだろうか。

それとも近所のお祭りのとき、見せ物小屋の前で呼び込みの人が「うたって」いた、あのいかにもまがまがしい口上を聞いて、子どもの私が感じていたこわいもの見たさの興奮からはじまっているのだろうか。

試しにこうして、子どものころを思い出すと、そこには口承の物語がふんだんに生きていたんだな、と改めて気がつき、驚かされる。ただ、そのころはそんな言葉を知らなかっただけの話だ。

子どものころの世界は、音とにおいと手触りとでできあがっているということなのだろうか。

母親の気分次第だったと思うけれど、夜、寝る前に、私も母親に話をしてもらっていた。レパートリーの少ない人だったから、桃太郎の話と、ヤマンバの話ぐらいしか記憶に残っていない。一体、いくつぐらいまで、母親はそうした話を聞かせてくれていたのだろう。幼稚園に通いはじめると、キンダーブックをもらえたので、絵本にもなじみはじめていた。けれども、そこにどんなおもしろい話が書いてあっても、母親の口から聞く話ほどには、(1)どきどきするような現実感がなかった。

ヤマンバの話では、母親の声から誘い出されて、どこだかわからない山の風景が浮かび上がり、そこを歩く馬子と馬の姿、そしてそれを追いかけるヤマンバの姿がシルエットとして現れる。そして馬子が逃げ出し、ヤマンバが髪を振り乱し、追いかける。馬子やあ、待てえ、馬子やあ、待てえ。このヤマンバの声が私の頭と体に反響して、私はやがて眠気に誘われていく。山の稜線《りょうせん》を走りつづけるヤマンバと馬子のシルエットは、その声の反響と共に、私の日常の一部になっていた。それは家のどこか、庭のどこかをひたすら走りつづけているのだ。

そのように、子どもは物語の世界を直接、体に受け入れて生きてしまう。だから、どんなことよりも興奮するし、その経験が子どもの人生を形づくってしまうから、こわいといえばこわい。

子どものころの経験を文学で表現するという例は、珍しいものではない。むしろ、詩でも、小説でも、ありふれたテーマだと言えるだろう。けれどもそこで表現される子どもの世界は、「無垢《むく》」、あるいは「無知」の象徴として描かれている場合が多い。日本の近代文学も例外ではなく、それはドイツ・ロマンティシズムの影響だったにちがいない。小学生のころ、学校の優等生たちが読んでいた「赤い鳥」*系の話のなんと、私にはつまらなかったことか。子どもの本能で、(2)そこを支配している「近代性」をかぎ分けていたのかもしれない。言葉が近代の論理できれいに整理され、描かれている人物たちも「近代的」論理性のなかでしか生きていない。

子ども向けの本は嫌いだった。そうは言っても、すでに母親は「お話」をしてくれなくなっていたし、「お話ごっこ」はあんまり子どもっぽいと自分で思うようにはなっていた。それで本を読まざるを得なくなる。学校の図書館で私は仕方なく、民話の本を読みつづけていた。小泉八雲のお化けの話が気に入っていた。高学年になると、外地からの引き揚げ者や空襲、原爆の被害者たちの経験談を集めた本を片っ端から読みあさった。当時は、そんな本がつぎつぎ出版され、一種の流行になっていたのだ。これも今、思えば、私は物語の声を求めつづけていた、ということになるのだろうか。

口承の物語は決して、現代の私たちと切り離された、異質な世界ではない。そのことを忘れてはいけないのだと思う。今の時代は確かに、紙芝居や見せ物小屋など消えてしまい、町に響く物売りの声も少なくなってしまった。子ども同士が誘い合うのも、以前は「××ちゃん、遊びましょ」という声が歌のように響いていた。子守歌、遊び歌、仕事歌、そんな歌も消えてしまった。

けれども親たちは自分の子どもに物語を相変わらず、語り聞かせているると思うし、子守歌も歌っているにちがいない。お店の呼び込みの声はまだ、消えていない。子どもたちは今でも歌が好きだし、大人たちは落語を聞いたり、小説の朗読にわざわざ耳を傾けたりする。地方では、河内音頭もまださかんだし、大衆芝居の世界も生きつづけている。こうした芸能はみな、書き言葉とは縁のない、あくまでも即興の物語の世界なのだ。

近代の文学と口承の物語とは、(3)ジャーナリズムの言葉と個人の言葉のちがいだと言えるのかもしれない。個人の言葉の場合は、ひとりひとりの顔が見える言葉なのだ。家族や地縁に支えられている言葉でもある。だからこそ、地方の風土、習慣、伝統がそこでは生きつづけ、それを確認するための道具にもなっていく。

一方の近代の文学は、印刷術と共に発達した新しい分野で、血縁、地縁を超えて、自分の意見を発表できるという魅力から、活版印刷の普及は急速に新聞、そして文学というジャンルを作り出していった。けれどもそのためには、幅広い人たちに理解できる言葉が必要になり、共通語が作られていく。つまり、人工の言葉を使うという約束事を守ることが前提となり、それは言うまでもなく、近代国家という新しい枠組みとも、歩みを共にしている。

こうした近代の発想に私自身も育まれている。今さら、過去の地縁、血縁の世界に戻ることはできそうにない。もし、現在の小説が充分に力強く、魅力にあふれた作品に恵まれつづけているのなら、今までの近代的文学観を守って書きつづければいいようなものなのだが、実情がそうではなくなっているので、さて、どうしたらいいものか、と私たちは考え込まざるを得なくなっている。

かなり前から、ラテン・アメリカの世界で「マジック・リアリズム」と呼ばれる、その風土に昔から生きつづけた神話的想像力と近代の小説とを結び合わせた不思議な小説が出現しはじめて、日本の読者をも魅了した。つづけて、カリブ海の島々から、土地の言葉と植民宗主国のフランス語がごたまぜになった、今まではいかにも教養のない、出来損ないの言葉だとされてきた言葉を小説に活かして、その風土の想像力を描く「クレオール文学」と呼ばれる小説も現れはじめた。ほかにも、それぞれの風土の時間を近代の時計からはずして、神話的な時間に読み替えていこうとする試みは、世界中ではじまっている。

こうした流れを一言で言えば、近代が見失ってきたものをなんとか取り戻したいという人間たちの欲求なのにちがいない。そこにはもう一つ、近代の学問がとんでもない古代の口承文学の世界を見事に読み解いてくれたという「大発見」も手伝っているのかもしれない。その成果を考えると、私はいやでも(4)複雑な思いにならずにいられなくなる。

（津島佑子「物語る声を求めて」より）

注（＊）

「赤い鳥」＝理想的な子どもを育む童話や童謡を創作し、普及させるため、鈴木三重吉により創刊された雑誌。

問一　傍線部（1）の「どきどきするような現実感」とは、どのようにして生じるのか、説明せよ。

問二　傍線部（2）の「近代性」とはどのような意味か、わかりやすく説明せよ。

問三　傍線部（3）の「ちがい」を説明せよ。

問四　傍線部（4）を、わかりやすく説明せよ。

問五　波線部は、どのような試みをいうのか、「近代の文学」と「口承の物語」との関係をふまえ、わかりやすく説明せよ。

※問五は文系のみ。

（解答枠は問一～四＝ヨコ10ミリ×タテ140ミリ×3行、問五＝同5行）

（文系）

二　次の文を読んで、後の問に答えよ。（五〇点）

私たちは確かに人間です。私たちは人間として生きています。しかし、(1)「本当に生きているか」と尋ねられると、あるいは、自分で自分に問う場合、「はい」とはっきり答えられるでしょうか。むしろ、「これでいいのか」と思うことがしばしばではないでしょうか。あるいは、「どこかおかしい、なにか間違っている」という感じがして、「人間であるとは一体どういうことか」、「本当に生きるとはどういうことか」という問が起こってくるのではないでしょうか。人間については限りない言葉が言われてきました。また、「真の人間」とはどういう人間か、「本当に生きる」とはどういうことか、についても限りない言葉が言われてきました。或る言葉が或る人に或るとき、深い感銘を与え、生涯の導きになるということは少なくありません。私は十年ほど前に、たまたま新聞で俳句のような短い子供の詩を読んで、深く感銘し、本当に生きるとはこういうことだと思われ、その句が心から離れなくなりました。それは、こういう句です。「秋深し　柿も熟した　おじいちゃん　死ぬな」。死に面して、死を通して、深い自然のなかで、共に生きる。私は、ここに「原宗教」とでも言うべきものを感じます。なにかあると、この句がくりかえし心に出てきて、私の存在を或る境地に誘います。あるいはまた、これが本当の人間だと感銘を受ける人間に実際に出会い、その人を模範にして生きるということもあります。私自身も長い人生のなかで男性女性少なくとも数名の名前をはっきり挙げることができます。完全無欠な人間ということではありません。それは理想的というより空想的です。そうではなくて、長い間一緒になにかをしてきて、或る具体的な問題にぶつかって、現実に現れるその人のあり方、仕方に感銘を受けて、実際に模範になったという意味です。

私たち人間は、人間であれば「人間である」のではありません。人間はしばしば人間でなくなります。非人間的になり、悪魔的にすらなります。日々報道され見聞する考えられないほどの恐ろしいことも、なさけないことも、しているのはすべて人間です。そのようなことをなしうる可能性が「人間であること」のうちに初めから備わっていると見なければなりません。「人間である」とは、人間でなくなるか、真の人間になるか、不安定な両義的可能性のなかにあって、どういう人間になるかが問われているということです。悪魔的にすらなりうる可能性まで見ますと、この両義性は不気味な謎とも言えます。「人間とは恐ろしいものだ」という言葉が説得性をもつほどです。人非人という言葉もあります。しかし一方、真人間という言葉があります。「真人《しんじん》」という言葉もあります。また人間の実存面においては価値概念も善悪、真偽、迷悟というようにプラス／マイナスの一対になっています。人間に関して「真の」ということが言われなければならない所以があるわけです。「人間である」ことには、本来「真の人間」になるべき課題が含まれています。「真の人間」という特別な人間があるわけではありません。「人間である」ことの真実にかかわる問題です。

私たち人間はおかしくなったり、でたらめになったり、迷ったり、間違ったりするだけでなく、悪質になったり悪辣《あくらつ》になったりします。それに気がついて、あらためて人間になる道、「人となる道」を歩む全プロセスが「人間であること」の実質になります。その際「それに気がつく」のは、人間について経験する経験にもよりますが、なによりも根本的には、自覚の働きです。自覚は自己理解や自己認識とは質的に異なり、当の人間が自分において二重に現れてきます。「(現に)ある自分」と「あるべき自分」と。そしてそこに自己実現ないし自己転換の要求が含まれています。しかし自覚に関しても、人間であれば人間としての自覚があるのではありません。人間は往々にして無自覚のままです。自分についての意識はあらざるをえませんが、多くの場合自意識になってしまいます。自意識はすべてのものを自己関心によって歪《ゆが》めて写します。自意識は意識の癌《がん》と言わなければなりません。自意識は根本的に自閉的です。それに対して自覚は目覚めです。ほとんどの場合、人間に出会って人間に目覚めます。これが本当の人間だと感じられ思われる人間に出会って、その人に接して、その人から人間であることを学びつつ、人間として養われてゆきます。昔から「或る人に親炙《しんしゃ》する」という言葉がある所以です。「人間とは何か」は、当の人間にとっては、定義の問題ではなく、「どのような人間になるか」という実存問題に対してどのような人間が模範として出会われるかにかかっています。その出会いは、出会いであるかぎり、あくまで与えられるものであって、こちらから差配することはできません。しかし単に偶然にではなく、こちらに求めるところがなければ、与えられません。(2)それも単に外に求めるのではなくて、「これでいいのか」、自分自身に行き詰まって「どうしたらいいのか」という問に自分がなっているという窮地が、真に求めていることのリアリティです。

そのような出会いと交わりにおいて人間は、人間から、人間であることを学びつつ、人間として養われてゆきます。人間は、人間に、人間であることを教えつつ、人間を育ててゆきます。この全プロセスが「人間であること」に属しています。教育ということ、狭い意味の学校教育だけではなく(3)「教える」／「学ぶ」というそのことが「人間であること」に本質的である所以がここにあります。人間であるかぎり、生涯、教育ということが課題になります。この「教える」／「学ぶ」には訓練ということが欠かせません。訓練は単なる学習でもなく、練習でもありません。きちんと坐る、きちんとお辞儀をするというようなごく単純な訓練であっても、その要は人間形成ということ、あるいは「行《ぎょう》」とすら言えることです。この最も単純にして基礎的なことがゆるがせにされ、無視されると、その結果は簡単には直せないような人間の状態を惹《ひ》き起こすことになります。それにもう一つ特に注目したいのは、歴史的に特別な事態として現代の生活文明には本質的に人間を非人間化する傾向があるということです。それだけに、「人間であること」を単純素朴な基礎からたどり直して考察し反省し考慮し実践することが大切だと思います。根本問題は「人間である」ということ、それはどういうことかに尽きます。

（上田閑照「宗教とは何か」より）

問一　傍線部(1)のように筆者が考えるのはなぜか、説明せよ。

問二　「自意識」と「自覚」について、筆者の考えを説明せよ。

問三　傍線部(2)はどういうことか、説明せよ。

問四　傍線部(3)のように筆者が考えるのはなぜか、わかりやすく説明せよ。

(解答枠は問一＝ヨコ10ミリ×タテ140ミリ×3行、問二・三＝同5行、問四＝同4行)

（理系）

二　次の文を読んで、後の問に答えよ。（三〇点）

ひとに事実をつたえ、あるいは自分の考えをつたえるときには、その前に、言おうとすることを自分の頭のなかでおもてから見、裏から見して、もっとも本質的なことだけを洗いだし、それだけを書き、あるいは話すことが時代の要求である。しかし――と私は考えこむことがある。要約された情報は、なるほど目や耳を通過するのは速いけれども、頭のなかにはいってから、血肉にするのに時間がかかるのではないか。著者が論文を圧縮するのに要した手間と時間に近いぐらいのものが、それを解読する読者の側にも要求されるのではないか。そればかりでなく、要約ではつたえることのできない大切なものがあるのではないか。

この疑問に対する答えはかなり複雑である。いくらかでも話を簡単にするために、以下では話題を自然科学的情報の伝達にかぎることにしよう。

世の中には、結果だけ、あるいは知識だけを必要とする読者がある。たとえば非常な高温に耐える合金が発見されたとしよう。ロケット技術者にとっては、その合金が何度までもつか、ほかの機械的性質はどうか、どうすればつくれるか（あるいは入手できるか）だけが関心事であるかもしれない。そういう読者にとっては、速やかに目や耳を通過できるかたちでできるだけたくさんの情報が供給されることが必要であり、しばしば十分である。つまり、各国の主要な研究報告の抄録を集めた国際抄録誌の類がもっとも有用な情報源として役立つ。そこで、（1）抄録誌をいちばん重宝がるのは産業界や政府機関であろうという観測が生まれてくる。これは、かつて私の出席した、国際抄録誌の編集者を集めた会議での多数意見であった。じつは、物理や化学の研究者のあいだでは抄録誌の利用率は、一部の化学者を除いて、それほど高くないのである。

その一つの理由として、研究者にとっては論文は要約だけでは役に立たないことがあげられる。もっとも要約されたかたちの抄録は有用であり、必要である。しかし、彼自身の研究に直接に関連のある研究であれば、抄録を読んだだけで用がすむということはあり得ない。本文を読もうと決心した途端に、彼にとっては著者抄録は意味を失う。著者抄録は著者の目で見た内容抄録であり、彼は自分の目でその論文を読むのだからである。論文のなかで、著者は彼の代わりに実験や計算をやってくれている。彼は、著者とともに考えを進め、しばしば著者のやり方に不満をおぼえ、時として著者と反対の結論に到達する！それは一種の創造の過程と言っていいかもしれない。こういう読者にとっては、要約は単にきっかけを与えてくれるにすぎず、その集録である抄録誌に目をさらす時間はどちらかというと空しいものと感じられる。

結果だけを必要とする読者は要約集で用が足りる。その先をめざす読者にとっては、第一線の結果の羅列よりも一つ一つの結果が得られた過程のほうが大切なことが多い。本論文を通じて著者とともに創造の過程に参画してはじめて、将来の展望がひらけるからである。

最良の要約は、あるいは、発展の機縁を生むだけのものを内蔵しているかもしれない。しかし、それを読み解くには、鉛筆を片手に本論文のなかの計算を追跡する以上の努力がいるだろう。

要約精神の権化は教科書である。高校の物理の教科書は、アルキメデス以来の物理学者がつみ上げてきたものの要約だ。学問は日に日に進むから、要約すべき素材は年々ふえる。教育にあてるべき若年の期間はかぎられているから、教科書の厚さはふやせない。何を捨て、何をえらぶか――二千年の物理学をいかに要約・抄録して読者を今日の視点に近づけるか――は教科書の筆者の最大の問題である。

そういう目で見ると、今日の教科書は、どれをとってみてもかなりよくできている。よくまあこんなにつめこめたと思うくらいだ。しかしそれは抄録であるがゆえに「つまらない」という宿命をもっている。抄録の集積をよみつづけることができるのは、はっきりした目的をもって何かを探し求めている人――ロケット技術者――か、(2)たちまち眼光紙背に徹してその抄録の秘めているものを見ぬくことのできるえらい人だけだ。高校生はどちらでもないから、彼らにとって教科書がつまらないのは、石を投げれば下に落ちると同じぐらい自然な話である。私の知っているある大学生の話では、彼女の高校の物理の時間は、生徒が輪番に教科書を音読する、P先生が「質問はありませんか」と言う、だまっていると「じゃ、次……」という調子だったそうだ。彼女が文系に進んだのは当然である。「P先生よ、地獄に落ちろ！」だ。

教科書が要約集であることは、まあ、仕方がなかろう。しかし、講義までが要約でいいという法はない。教科書の一ページの背後には厖大《ぼうだい》な研究があり、それらすべては自然そのものとのつき合いから生まれている。その創造の過程を解き明かし——歴史の話をするという意味ではない——生徒をその過程に招待するのが教育というものであろう。そんなことをしたら教科書全部はとてもやれない——そのとおり。教科書あるいは抄録集というものは元来そういうふうに使うべきものなのだ。

（木下是雄『日本語の思考法』より）

問一　傍線部(1)のように筆者が考えるのはなぜか、説明せよ。

問二　傍線部(2)はどういうことか、筆者の考えに即して説明せよ。

問三　「教科書」はどのように使うべきものであると筆者は考えているのか、説明せよ。

（解答枠は問一・三＝ヨコ10ミリ×タテ140ミリ×4行、問二＝同3行）

二〇〇九年

（文理共通）

一

次の文を読んで、後の問に答えよ。（文系五〇点・理系四〇点）

若いころ私は、偉い先生の下請けをして、いくつかの百科事典の執筆をやった。申し訳ないが、あれは今から思えば(1)ありがたい勉強になった。百科事典の執筆はたいてい、項目ごとに「何行」と指定されるが、一般に、何行とか何字とか何枚とかいう、きびしく制限された(ア)わくの中で、意味のある、そして分かる文を書くには、的確なことを的確に言わなければならなくて、あの執筆は私にそういう勉強を強いてくれたからである。どの項目についても、まずはじめに、何を書くかを決めるわけだが、これは何を書かずにおくかということと裏腹の課題で、実際には、どんなに手短に言うにしても、これだけはぜひ言わなければならないことは何かを決めることになる。そして次に、それについて手短に、しかし分かりやすい文で書くのだが、この「手短に」と「分かりやすく」というのは、ほとんどつねにたがいに矛盾する要求である。分かりやすさを心がけると口数が多くなりがちであり、「手短」ばかりを努力すると、書いた本人は分かるつもりでも、他人が見るとさっぱり分からない文章になりがちだからである。

これだけ苦労しても、書いた文章に言葉のむだはまだあるもので、それを削る。とはいっても、多くの場合、書いた本人はそのむだに気がつきにくい。とくに多いのは重複、つまり、Aの文とBの文では、言い回しこそ違っているが、言われている意味はそれほど違わないという場合だが、これは(イ)がいして、書いた本人はいい気分で、我ながらよく書けたと思っている箇所に多いものである。単語に関していえば、むだになりがちな語の筆頭は形容詞と副詞、とくに副詞で、中でも「たいへん」とか「非常に」とかいうのは、ほとんどの場合捨てることができる。

こうして言葉を削って、このことについてこれだけの字数で言うには、こう書くほかは書きようがない、というところまでもっていく、つまり抜き差しならぬ文章を仕上げる（ただし、抜き差しならぬ文章はすばらしい文章だが、別の見方をすると、遊びのない文章でもあるので、読者を疲れさせてしまうことがある。そこで小説やエッセイ、学校の講義などでは、わざとむだな言葉やむだな文章をちりばめたり、言葉を変えて同じことを繰り返し述べたりすることがある）。

音読に耐える文章を書くというのも大事なことである。「音読に耐える文章」とは、声を出して読むとすらすらと気持ちよく読める文章、あるいは、それを人に読んで聞かせるだけですんなり分かってもらえる文章のことだが、そういう文章の要素として大事なのはリズムだと思う。西洋のレトリックの伝統において重要と考えられていることのひとつに、「散文といえどもリズムがなければならない」というのがあって、アリストテレスにすでにその発言がある。もちろん、「リズムがなければならない」といっても、定型詩のように一定の韻律をもてということではない。他の点では詩になっていない文章をあえて定型の韻律、日本でなら例えば七五調にのせると、詩でも散文でもなく、(2)阿呆陀羅経になる。そうではなくて、ある文章を気持ちよく読めたとき、この文章にはリズムがあったなと気がつく、そういうようにリズムがあるべきだということである。こういうリズム感を身につけるには、古来名文のほまれ高い文章を音読する、というのが私が若いころよく薦められたことで、例えば『平家物語』や『太平記』、漢文なら『春秋左氏伝』、英語ならGibbonの*Decline and Fall of the Roman Empire*だった。これ以外にも(ウ)はんたるべき文章はあるにちがいないが、何を(ウ)はんとするにせよ、大事なのは「音読する」ということである。今の日本語は音声面を無視しすぎていて、そのために文章に生気が乏しいのだと私は思っている。

しかし、言葉のリズムに関してさらに重大なのは、木下順二「古典を訳す」が提出した疑問である。——『平家物語』巻四「橋合戦」の一節、

大音声をあげて名乗りけるは、「日ごろは音にも聞きつらん、今は眼にも見給え。三井寺にはその隠れなし。堂衆の中に筒井の浄妙明秀という一人当千の兵ぞや。われと思わん人々は寄り合えや、見参せん」。

というのを、近ごろはやりの「現代語訳」をして、

大声をあげて名前を告げていうには、「ふだんは評判ででも聞いていたろう、今は眼でよく見なさい。三井寺では私を知らぬ者はない。寺僧の中の、筒井の浄妙明秀という、一人で千人をも相手にするという強い男だぞ。われこそと思うような人は集まってこい、対面しよう」。

と訳したら、これは訳したことになるかという問題である。なるほどわれわれ現代人には「現代語訳」の方が分かりやすいかもしれない。しかし原文がもっている(エ)ろうろうとした響きとリズム、そしてその響きとリズムによって、文が力強く読者にせまってくる(オ)きんぱく感、そういうものはこの「現代語訳」では完全に消えている。そういうものを消してしまった文章で『平家物語』を読んで、そこに何が言われているか分かったとしても、それで『平家物語』を読んだ、あるいは理解したことになるかということである。(3)むろん、なるわけはない。文というものは分かりやすくなければならないが、さりとて、分かりやすければそれでいいというものではないということの、みごとな例だと言える。分かりやすいだけの文には言葉の生命がない。言葉というものは、意味を伝えるだけに終わるものではないからである。だからそんな文章を聞かされると、ああそうですかとしか言いようがない。よく「文学的表現」というけなし言葉が使われている。これはどうやら、簡単なことを飾り立てて言い、まっすぐなことをねじったり曲げたりして言うことを意味するらしいが、そんなことを言うのは、(4)文学についての無知の表白であるばかりでなく、言葉で本気になって苦労したことがない証拠でもある。言葉を言葉として十分に使いきる、つまり、言葉がもっているあらゆる能力を発揮させることこそ文学の最も重要な仕事なので、たとえ学術論文でも、少なくとも人文系の論文の文章は「文学的」であるべきだというのが私の意見である。

（柳沼重剛「書き言葉について」より）

問一　傍線部(ア)～(オ)のひらがなを漢字に改めよ。

問二　傍線部(1)「ありがたい勉強になった」とはどういうことか、説明せよ。

問三　傍線部(2)「阿呆陀羅経になる」とはどういうことか、文脈に即して説明せよ。

問四　傍線部(3)「むろん、なるわけはない」と筆者が考える理由は何か、説明せよ。

問五　傍線部(4)のように筆者が考える理由は何か、説明せよ。

※問三は文系のみ。

(解答枠は問二・三＝ヨコ10ミリ×タテ140ミリ×4行、問四＝同5行、問五＝同7行)

（文系）

二　次の文を読んで、後の問に答えよ。（五〇点）

著書にサインを求められ、なにか一言書いてくれと頼まれると、下手な字で天地有情と記す。意味を問う方には、すでに何度もくりかえし口にしたのでほとんど暗記してしまっている名文の大意を伝える。これは哲学者の大森荘蔵が死の数ヵ月前に遺書のようなかたちで新聞に発表したエッセイだが、当時、うつ病の奈落の底に落ちていたわたしにとっては最良の薬になったもので、命の恩人ともいえる文章である。特に、次に引用する部分はいまでもわたしの大事な座右の銘になっている。

自分の心の中の感情だと思い込んでいるものは、実はこの世界全体の感情のほんの一つの小さな前景に過ぎない。此のことは、お天気と気分について考えてみればわかるだろう。雲の低く垂れ込めた暗鬱《あんうつ》な梅雨の世界は、それ自体として陰鬱なのであり、その一点景としての私も又陰鬱な気分になる。天高く晴れ渡った秋の世界はそれ自身晴れがましいのであり、その一前景としての私も又晴れがましくなる。簡単に云えば、世界は感情的なのであり、天地有情なのである。その天地に地続きの我々人間も又、其の微小な前景として、其の有情に参加する。それが我々が「心の中」にしまい込まれていると思いこんでいる感情に他ならない。

わたしが感動を胸にこの文章を教えたとき、

「梅雨の日でも気分のいいときってありますけど、そういうのはどうするんですかねえ」

と、穏やかに質問してくれた七歳年下の働き盛りの内科医が、先日の朝、逝《い》った。

定刻どおりに外来診療を開始したのだが、その日は(1)わたしの異様を察するのか、患者さんたちの訴えも少なく、常よりも早くカルテの山が低くなっていった。

十二時四十五分、病院の裏の霊安室から葬儀社の車に遺体を移すとき、初めて雨が降っているのに気づいた。冷えて粒の小さな晩秋の雨だった。

彼とは共に肺癌《がん》の診断と治療の仕事をしたが、もう十年も前に癌診療の最前線から脱落したわたしにとっては、外来で見つけた肺癌患者さんの治療を託すのに最も頼りになる医者だった。それは、彼が親身になって患者さんの訴えを聞き、置かれた状況を引き受けるというタイプの診療をする医者だからだった。

死にゆく人たちを前にしての医者の真の決断とは、単なる状況判断などではなく、過酷な状況そのものを受け止めるきわめて危険な自傷行為のようなものなのだ。わたしは戦場にも似た末期癌医療現場のストレスに疲弊し、彼は懸命に第一線にとどまり続けた。

自身が進行癌に侵されていると知った彼は抗癌剤の治療を受けるのをためらわなかった。

「ぼくは患者さんにつらい治療をしてきましたから、勝手に逃げるわけにはいきません」

彼はそう言い切って入院していった。

見舞いに行ったときは本当の言葉で話したかった。(2)未来は現在の想いに過ぎないんだから、互いの未来の不確かさは平等ではないか、と問いかけると、彼は、それは単純に確率の問題ですよ、と寂しげに笑った。その笑顔が「本当の言葉」などというものは実は存在しないのだ、と訴えているようだった。

彼の自宅での通夜に向かう夕方、浅間山は不気味な夕焼けの赤に染まっていた。出来事の前でうろたえるばかりのわたしの心情そのままの定まらぬ色だった。

葬儀の日、A浅間山は澄んだ秋空を背景に、荒い山肌を剝《む》き出しにしていた。不安な赤に翻弄されるよりは、荒涼たる静けさの方がまだましだ、と思うことにした。灰寄せで、明日はわたし自身が誰かに言われるかも知れない別れの言葉を彼の遺影に向かって述べた。声が震え、立っているのが精一杯だった。

読み上げる直前まで手を入れたその弔文を、翌日清書して遺族に届けるとき、B浅間山は穏やかな秋の陽に包まれ、静謐《せいひつ》そのもののの火口のあたりから、純白の煙を濃く青い空に昇らせていた。

（南木佳士「天地有情」より）

問一　筆者の「座右の銘」とする「天地有情」とはどのようなことか、その要点を簡潔に述べよ。

問二　傍線部（1）はどのような状況を表しているか、説明せよ。

問三　傍線部（2）はどのようなことをいっているのか、わかりやすく説明せよ。

問四　波線部Ａ・Ｂにおいて異なる浅間山の情景が描かれている。そこにどのような筆者の心情が現れているか、それぞれについて説明せよ。

（解答枠は問一・二＝ヨコ10ミリ×タテ140ミリ×４行、問三＝同５行、問四Ａ＝ヨコ10ミリ×タテ130ミリ×３行、Ｂ＝同４行）

（理系）

二　次の文を読んで、後の問に答えよ。（三〇点）

しかし人間というのは気まぐれなもので、人間の遊びは、決して玩具《がんぐ》によって百パーセント規定されるものではないのである。これは大事なことだと思うので、とくに強調しておきたいが、玩具のきまりきった使い方を、むしろ裏切るような遊びを人間は好んで発明する。そもそも遊びとは、そういうことではないかと私は思うのである。たとえば、汽車や自動車の玩具があったからといって、私たちはそれを必ずしも汽車や自動車として用いるとはかぎらない。もし戦争ごっこをやりたいと思えば、その汽車や自動車を敵の陣地として利用するかもしれないし、お医者さんごっこをやりたいと思えば、それを医療器具として利用するかもしれないのである。玩具がいかに巧妙に現実を模倣して、子供たちに(1)阿諛《あゆ》追従しようとも、子供たちはそんなことを屁《へ》とも思わず、平然としてこれを無視するのだ。

すべり台は、必ずしもすべり台として利用されはしない。私の家にも、かつて屋内用の折りたたみ式の小さなすべり台があったものであるが、私はこれをすべり台として用いた記憶がほとんどない。あんなことは、子供でもすぐ飽きてしまうのである。私の気に入りの遊び方は、すべり台のすべる部分と梯子《はしご》の部分とをばらばらに分解して、すべる部分を椅子の腕木の下に通し、それとT字形に交わるように梯子を設置して、飛行機をつくることだった。飛行機ごっこをすることだった。つまり、すべる部分が翼であり、梯子の部分が胴体なのである。梯子には横木がいくつもあるから、そこに腰かければ数人の子供が飛行機に乗れるのである。このアイディアは大いに気に入って、私はすべり台を私の飛行機と呼んでいたほどだった。ボードレールにならっていえば、(2)「座敷の中の飛行機はびくとも動かない。にもかかわらず、飛行機は架空の空間を矢のように速く疾駆する」というわけだ。

子供たちはしばしば、玩具の現実模倣性によって最初から予定されている玩具の使い方とは、まるで違う玩具の使い方をする。もう一つ、私自身の経験を語ることをお許しいただきたい。私は三輪車をひっくりかえして、ペダルをぐるぐる手でまわして、氷屋ごっこをやって遊んだことを覚えている。いまは電気で回転するらしいが、かつては氷屋では、車を手でまわして氷を掻《か》いたのである。

ここで、この私のエッセーの基本的な主題というべきものを、ずばりといっておこう。すなわち、玩具にとって大事なのは、その玩具の現実模倣性ではなく、むしろそのシンボル価値なのである。この点については、いくら強調しても強調しすぎることにはなるまい。玩具は、その名目上の使い方とは別に、無限の使い方を暗示するものでなければならぬだろう。一つの遊び方を決定するものではなく、さまざまな遊び方をそそのかすものでなければならぬだろう。すべり台にも、三輪車にも、その名目上の使い方とは別に、はからずも私が発見したような、新しい使い方の可能性が隠されていたのだった。つまり、これらの玩具には、それなりのシンボル価値があったということになるだろう。

私の思うのに、玩具の現実模倣性とシンボル価値とは、ともすると反比例するのではあるまいか。玩具が複雑巧緻《こうち》に現実を模倣するようになればなるほど、そのシンボル価値はどんどん下落するのではあるまいか。あまりにも現実をそっくりそのままに模倣した玩具は、その模倣された現実以外の現実を想像させることが不可能になるだろうからだ。その名目上の使い方以外の使い方を、私たちにそそのかすことがないだろうからだ。そういう玩具は、私にはつまらない玩具のように思われる。

（澁澤龍彦「玩具のシンボル価値」より）

問一　傍線部（1）「阿諛追従」とはどういう意味か、文脈に即して説明せよ。

問二　傍線部（2）の内容をわかりやすく説明せよ。

問三　筆者は「玩具のシンボル価値」について、どのように考えているか、説明せよ。

（解答枠は問一＝ヨコ10ミリ×タテ140ミリ×3行、問二・三＝同4行）

二〇〇八年

（文理共通）

一　次の文を読んで、後の問に答えよ。（文系五〇点・理系四〇点）

教養というものが持つ魅力の一つに、私たちを自由にしてくれる働きがあると思う。もつれている思考を整理してくれる快感もあるだろう。《演劇的知》という、耳慣れない教養にもそれがある。《演劇的知》とは広く演劇にまつわる教養ととらえてもらってかまわない。(ア)たんてきにいえばそれは「私たちを無意識に縛っているものに気づいていく教養」である。きわめて実践的であるところに特徴がある。

私は舞台の演出家として、(イ)はいゆうの身体や古今のテキストを通して、人間のたたずまいや現代社会の様相をとらえる試みを日々の仕事としている。また年間の相当な日数を、学生や一般の市民に向けた演劇のワークショップにあてている。演劇におけるワークショップとは、この場合、体験型の講義のことである。私は、そうしたフィールドワークを通じて現代日本人の身体や社会を見つめている、といえるかもしれない。

私たちを縛っているもの。それはまず、自分の身体である。私たちは好むと好まざるとにかかわらず、自分の性別や容姿、さまざまな欲望も含めた生理状態と一生付き合わなければならない。身体はまた、生まれた地域や時代、家庭環境を誕生の段階で選ぶことができない。言語や習慣も身体を縛っている大きな要素である。

私たちは自分の身体をどれくらい知っているだろうか。《演劇的知》の初歩的な問いかけは以下のようなものだ。「ごはんを食べるとき、一体何回噛むのか」、「横断歩道を渡るとき、どちらの脚から歩き始めるのか」、「面白いと思ったとき、どのような反応をするのか」、「そもそもどういうものを面白いと思うのか」……。すなわち身近なしぐさ・行動や思考を把握することである。

ためしに「靴下の着脱」を題材にした、次のようなトレーニングを紹介したい。まず靴下を履いたり脱いだりする。いつも通りの一連の動作である。次に靴下なしでそのしぐさをおこなう。あらためて膝と胴体の位置、指や腕の動きが認識されるのではないかと思う。その上で、昨晩靴下を脱いだ状況、今朝靴下を履いた状況を、靴下なしで再現してみる。わからなくなったら実際に靴下を使って確認する。十分な自己観察ののち、数人の人が見ている前でそれを再現してもらう。私の経験では、ほとんどの人が忠実に再現できない。

着脱のしぐさそのものが違うこともあるが、多くの場合忠実でないのは、視線である。大抵の人は、靴下を凝視してしまう。日ごろ着脱の際、自分がどこに目をやっているのか意識している人は少ない。実際はそれほど熱心に靴下を見ているわけではないのである。他の人に見られることで、視線の置き場所が普段と違ってくる。(1)人前で再現できないものは、観察が不足していると考えられる。

意味合いを広げるために、もう少し踏み込んでみよう。靴下の着脱といった日常的なしぐさは、ほぼ無意識に繰り返されている。またそうでなければ私たちの生活は(ウ)煩瑣でしょうがない。であるからこそ、視線に無頓着なのだ。しかし、あらためて注目してみると、(2)私たちはそこに、身体に埋め込まれた歴史とでもいえるものを発見する。初めて自力で靴下を履いた日のことをおぼえているだろうか。それまでは親に履かせてもらっていたのが、ある日自分でできるようになる。周囲の喜びを通じて、大きな感動があったはずだ。が、私たちはそれをすでに忘れている。

私たちの身体は、そうした無数の動作と、感動の記憶の堆積である。《演劇的知》の一つは自分の身体の歴史を掘り返し、埋もれている感覚を再確認し、それらにかかわる心の動きを思い起こすことにある。いわば発掘を通じた、身体との対話である。(3)身体への感動は実在感の基礎であって、そこから尊厳も発生する。その感動を忘却することは、自己の喪失感に、ひいては他者への思いやりのなさや周囲への無配慮につながると考えられる。

ホスピタリティに満ち、物質的に豊かなわが国にあって、自殺やリストカットなど自傷行為の報告は(エ)まいきょにいとまがない。他の国と比べて驚くほど多いという話も聞く。近年問題になっているうつ病やひきこもりも無関係ではないだろう。議論の際、往々にして他者とのコミュニケーション障害が問題になるが、私は他者との対話以前に、自己との、つまり、身体との対話が多くの現代日本人には決定的に欠けているのではないかと感じている。演劇のトレーニングの中には、それを(オ)補塡する多くの方法や教養があふれている。

（安田雅弘「《演劇的知》について」より）

問一　傍線部(ア)〜(オ)のひらがなを漢字に、漢字をひらがなに改めよ。

問二　傍線部(1)について、「観察が不足している」ものを「人前で再現できない」のはなぜか、簡潔に説明せよ。

問三　傍線部(2)において、筆者は日常的な動作が習得されるプロセスとの関わりで「身体に埋め込まれた歴史」について述べているが、その意味するところを説明せよ。

問四　傍線部(3)について、「身体への感動」から「実在感」と「尊厳」とがどのような仕方で生み出されてくるのか、説明せよ。

問五　本文冒頭の波線部分で、筆者は「私たちを自由にしてくれる」という「教養」の働きについて述べている。筆者の考えを簡潔に説明せよ。

※問四は文系のみ。

（解答枠は問二＝ヨコ10ミリ×タテ140ミリ×5行、問三＝同6行、問四・五＝同7行）

（文系）

二　次の文を読んで、後の問に答えよ。（五〇点）

文字の霊などといふものが、一体、あるものか、どうか。アシュル・バニ・アパル大王は巨眼縮髪《きよがんしゆくはつ》の老博士ナブ・アヘ・エリバを召して、此の未知の精霊に就いての研究を命じ給うた。

その日以来、ナブ・アヘ・エリバ博士は、日毎《ごと》図書館に通つて万巻の書に目をさらしつつ研鑽に耽つた。両河地方《メソポタミヤ》では埃及《エジプト》と違つて紙草《パピルス》を産しない。人々は、粘土の板に硬筆を以て複雑な楔形の符号を彫りつけてをつた。書物は瓦であり、図書館は瀬戸物屋の倉庫に似てゐた。老博士の卓子《テーブル》の上には、毎日、累々たる瓦の山がうづたかく積まれた。其等《それら》重量ある古知識の中から、彼は、文字の霊に就いての説を見出さうとしたが、無駄であつた。文字はボルシッパなるナブウの神の司り給ふ所とより外には何事も記されてゐないのである。文字に霊ありや無しやを、彼は自力で解決せねばならぬ。博士は書物を離れ、唯一つの文字を前に、終日それと睨《にら》めつこをして過した。その中《うち》に、をかしな事が起つた。一つの文字を長く見詰めてゐる中に、何時しか其の文字が解体して、意味の無い一つ一つの線の交錯としか見えなくなつて来る。単なる線の集りが、何故、さういふ音とさういふ意味とを有《も》つことが出来るのか、どうしても解らなくなつて来る。老儒《らうじゆ》ナブ・アヘ・エリバは、生れて初めて此の不思議な事実を発見して、驚いた。今迄七十年の間当然と思つて看過してゐたことが、決して当然でも必然でもない。彼は眼から鱗《こけら》の落ちた思ひがした。単なるバラバラの線に、一定の音と一定の意味とを有たせるものは、何か。(1)ここ迄思ひ到つた時、老博士は躊躇《ちうちよ》なく、文字の霊の存在を認めた。魂によつて統べられない手・脚・頭・爪・腹等が、人間ではないやうに、一つの霊が之《これ》を統べるのでなくて、どうして単なる線の集合が、音と意味とを有つことが出来ようか。

この発見を手初めに、今迄知られなかつた文字の霊の性質が次第に少しづつ判つて来た。文字の精霊の数は、地上の事物の数程多い、(2)文字の精は野鼠のやうに仔《こ》を産んで殖《ふ》える。

ナブ・アヘ・エリバはニネヴェの街中を歩き廻つて、最近に文字を覚えた人々をつかまへては、根気よく一々尋ねた。文字を知る以前に比べて、何か変つたやうなところはないかと。之によつて文字の霊の人間に対する作用《はたらき》を明らかにしようといふのである。さて、斯《か》うして、をかしな統計が出来上つた。それに依れば、文字を覚えてから急に蝨《しらみ》を捕るのが下手になつた者、眼に埃《ほこり》が余計はひるやうになつた者、今迄良く見えた空の鷲の姿が見えなくなつた者、空の色が以前程碧《あを》くなくなつたといふ者などが、圧倒的に多い。(3)「文字ノ精ガ人間ノ眼ヲ喰ヒアラスコト、猶、蛆虫《うじむし》ガ胡桃《くるみ》ノ固キ殻ヲ穿《うが》チテ、中ノ実ヲ巧ミニ喰ヒツクスガ如シ」と、ナブ・アヘ・エリバは、新しい粘土の備忘録に誌した。文字を覚えて以来、咳が出始めたといふ者、くしやみが出るやうになつて困るといふ者、しやつくりが度々出るやうになつた者、下痢するやうになつた者なども、かなりの数に上る。「文字ノ精ハ人間ノ鼻・咽喉・腹等ヲモ犯スモノノ如シ」と、老博士はまた誌した。文字を覚えてから、俄《には》かに頭髪の薄くなつた者もゐる。脚の弱くなつた者、手足の顫《ふる》へるやうになつた者、顎がはづれ易くなつた者もゐる。しかし、ナブ・アヘ・エリバは最後に斯う書かねばならなかつた。「文字ノ害タル、人間ノ頭脳ヲ犯シ、精神ヲ痲痺《まひ》セシムルニ至ツテ、スナハチ極マル。」文字を覚える以前に比べて、職人は腕が鈍り、戦士は臆病になり、猟師は獅子を射損ふことが多くなつた。之は統計の明らかに示す所である。ナブ・アヘ・エリバは斯う考へた。埃及人は、ある物の影を、其の物の魂の一部と見做してゐるやうだが、(4)文字は、その影のやうなものではないのか。

獅子といふ字は、本物の獅子の影ではないのか。それで、獅子といふ字を覚えた猟師は、本物の獅子の代りに獅子の影を狙ふやうになるのではないか。文字の無かつた昔、ピル・ナピシュチムの洪水以前には、歓びも智慧もみんな直接に人間の中にはひつて来た。今は、文字の薄被《ヴェイル》をかぶつた歓びの影と智慧の影としか、我々は知らない。近頃人々は物憶えが悪くなつた。之も文字の精の悪戯《いたづら》である。人々は、最早、書きとめて置かなければ、何一つ憶えることが出来ない。着物を着るやうになつて、人間の皮膚が弱く醜くなつた。乗物が発明されて、人間の脚が弱く醜くなつた。(5)文字が普及して、人々の頭は、最早、働かなくなつたのである。

（中島敦『文字禍』より。一部省略）

問一　傍線部(1)について、老博士はどのように考えて文字の霊の存在を認めることになったのか、説明せよ。

問二　傍線部(2)のように言われるのはなぜか、その理由を説明せよ。

問三　傍線部(3)について、その内容をわかりやすく述べよ。

問四　傍線部(4)は文字がどのようなものだといっているのか、説明せよ。

問五　傍線部(5)はここではどのようなことをいっているのか、説明せよ。

(解答枠は問一～三・五＝ヨコ10ミリ×タテ140ミリ×5行、問四＝同4行)

（理系）

二　次の文を読んで、後の問に答えよ。（三〇点）

書画骨董の真偽ということは、むずかしい。おそらく、どんな目きき、どんな鑑定家だって、年に何回かの誤りを犯しているに相違ない。目がきき、視野がひろければ、それだけ、初心の時とはまた違った、念入りの誤りを犯しやすいのも是非ないこと、いつも石橋を渡るつもりでいたら、常識的な、まちがいないものは拾うだろうが、その代り、その作者の異色ある作品が犠牲にされる虞《おそ》れ、なきにしもあらずである。そして、作者の傑作というのは、案外、こういった作品に多いものである。大胆だと偽物を摑《つか》み、小心だと本物を逃す。どっちみち、誤りは仕方ないとしても、本物が偽物にされるよりは、偽物が本物にされる方がまだしも明るい感じだ。よし、いったん偽物が本物にされても、いつかは見破られる時も来ようが、偽物にされた本物は、おそらく一生うかびあがれまい。

もともと、本物・偽物は、同格として同じ比重であるべき筈《はず》なのに、どうしたわけか、偽物という言葉の方が、重くて、圧迫的で、決定的な何ものかを持っているような気がしてならない。たとえば、私が自分の蒐《しゅう》集《しゅう》品で、やや疑問に思っているようなものを、ひとから本物だと言われても、(ア)これは私に軽くしかふれない。それに反し、私がかなり自信を持っているようなものでも、ひとから偽物だと言われると、その一言は、決定的な、破壊的な力を持っているようだ。否定の方が強くて、権威的であるというのは合点いかないが、これはどうも現実だから仕方ない。大声の方が耳に入りやすいようなものだろうか。

小林古径《こけい》画伯がまだ存命中のとき、私の友人で美術研究家のS君が、浜松の蒐集家のところで、古径の作品を見せられた。古径好きのS君にはそれがどうしても納得ゆかない。正直な人だから、自分の思うままを披瀝《ひれき》したところ、蒐集家は、画伯から直接に求めたわけではないが、信用ある人を通したのだから、絶対に間違いない筈だと主張した。そこで、場面がやや険悪になり、とうとう、作者自身に見てもらうことになった。友人がその使者として、問題の作品をうやうやしく差出したところ、古径先生は、(イ)「まことにおはずかしいが、わたくしのかいたものです」と、一言いわれたそうである。

だから、この作品は正真正銘の本物であるが、鑑定家はこれを偽と思い、作者自身は、不出来の真作だと告白したわけで、要するに、出来の悪い本物と、出来のいい偽物は入りみだれているので、せまい目で見られると、出来の悪い本物は、偽物にされてしまう。そんなもの、本物でも偽物と同じだ、という考え方も成り立つ。あの古径さんの謙虚な言葉は、それをやや肯定しているともいえよう。しかし、本物はあくまで本物だとしなければ筋がとおらない。

偽物は書画骨董の世界ばかりでなく、私たちの日常生活の中にも、ゴロゴロころがっている。たとえば、果物にしたところで。――私は白桃など果物のなかで一ばん尊重し、日に、一個、二個を購《あがな》い、食うのを楽しみにしてきたのに、この一、二年というもの、味も香も劣って、すっかり別物になりさがったのは残念でならない。ひとり白桃にかぎらず、このことは、ナシやリンゴやブドウについても言えそうだ。形態だけは本物そっくりでも、中身、つまり、味と香は偽物なのである。これは筆法だけが似ていて、精神のない書画と同じであろう。

だから、私は以上のような一流品でなく、この頃は、二流品を買うことにしている。白桃よりか、名前は落ちるだろうけれど、ほんの短期間しか姿を見せない、あの巴旦杏《はたんきょう》や、杏子《あんず》など、安ものの方が、どんなに生きのいい、正直な味をもっているか知れない。これは私が子供の頃に食べたのと全く同じ風味だ。かの有名なマツタケにしても、人目につかないシメジなどの方がよっぽどキノコそのものなのである。(ウ)総じて、一流品は堕落してしまったのに、二流品、三流品は、その本来の矜恃《きょうじ》を保っている。私は偽物の一流品よりは、二流品、三流品でも、本物の方が好きだ。そして、書画骨董でも、食物でも、ひょっとしたら、人間様でも、ここに掘出しのコツがあると思っている。

（青柳瑞穂「真偽のむずかしさ」）

問一　傍線部（ア）は、どういうことをいっているのか、説明せよ。

問二　傍線部（イ）は、どのような気持ちから発せられたと筆者は考えているのか、説明せよ。

問三　傍線部（ウ）は、どういうことをいっているのか、説明せよ。

（解答枠は問一～三＝ヨコ10ミリ×タテ140ミリ×5行）

二〇〇七年

（文理共通）

一

次の文を読んで、後の問に答えよ。（文系五〇点・理系四〇点）

「患者が最後まで希望を持つことができるためにはどうしたらよいか」ということは、ことに重篤な疾患にかかわる医療現場において切実な問いである。病気であることが知らされる――だんだん状態が悪くなることを知り、有効な対処法はないことも知る――自分の身体がだんだん悪くなり、できることがどんどん減って行く――死を間近に感じるようになる。

このような状況で、「希望」とはしばしば、「治るかもしれない」という望みのことだと思われている。あるいは「自分の場合は通常よりもずっと進行が遅いかもしれない」ということもあろう。いずれにしてもまさに「希望的」観測である。だが、希望とはこうした内容の予測のことなのだろうか。

もしそうだとすると、それこそ確率からいって、そうした患者の多数においては、はじめに立てた希望的観測が次々と覆《くつがえ》されるという結果にならざるを得ない。それでは「最後まで望みをもって生きる」ということにはならないだろう。そもそも、「癌《がん》」と総称される疾患群をモデルとして、「告知」の正当性がキャンペーンされてきたのは、患者が自分の置かれた状況を適切に把握することが今後の生き方を主体的に選択するために必須の前提であったからではなかったか。(1)右に述べたような望みの見出し方は、非常に悪い情報であっても真実を把握することが人間にとってよいことだという考えとは調和しない。

では「死は終わりではない、その先がある」といった考え方を採用して、希望を時間的な未来における幸福な生に託すというのはどうだろうか。だが、医療自らが、そのような(2)公共的には根拠なき希望的観測に過ぎない信念を採用して、患者の希望を保とうとするわけにはいかない。

ところで、死は私たち全ての生がそこに向かっているところである。遅かれ早かれ私の生もまた死によって終わりとなることは必至である。その私にとって希望とは何か――考えてみればこの問いは、重篤な疾患に罹《かか》った患者にとっての希望の可能性という問題と何らか連続的であろう。そして、多くの宗教は死後の私の存在の持続を教えとして含み、そこに希望を見出そうとしてきた。それは(3)人間の生来の価値観を肯定しつつ、提示される希望である。だが他方宗教的な思想には、死後の生に望みをおく考え方を拒否する流れもある。その場合は、人間はもっとラディカルに自己の望みについて突き詰めるのである――「死後も生き続けたいという思いがそもそも我欲なのである」とか、「自己の幸福を追求するところに問題がある」というように。それは生来の価値観を覆しつつ提示される考えである。では、死が私の存在の終わりであることには何の不都合もないではないかとして、これを肯定した場合に、希望はどこにあるか――どのような仕方であれ、「死へと向かう目下の生それ自体に」と応えるしかないであろう。

終わりのある道行きを歩むこと、今私は歩んでいるのだということ――そのことを積極的に引き受ける時に、終わりに向かって歩んでいるという自覚が希望の根拠となる。そうであれば「希望を最後まで持つ」とは、実は(4)「現実への肯定的な姿勢を最後まで保つ」ということに他ならない。つまり、自己の生の肯定、「これでいいのだ」という肯定である。「自己の生」といっても、生きてしまっている生(完了形)としてみることと、生きつつある生(進行形)としてみることとの二重の視線がある。完了したものという生のアスペクト*における肯定は「これでよし」との満足である。他方、生きつつある生、つまり一瞬先へと一歩踏み出す活動のアスペクトにおける、前方に向かっての肯定、前方に向かって自ら踏み出す姿勢が、希望に他ならない。

そうであれば、死を肯定するとしても、それが一歩踏み出した先が死であろうともよいのだという肯定的な前向きの姿勢におけるものか、あるいは一歩踏み出すことから退く方向、生を否定する方向におけるものか、が差異化する。つまり、それは希望ある死への傾斜と絶望からの死への傾斜との区別である。前向きであり得るかどうかは、完了形の生(これまで歩んできた生)を肯定できるかどうかにかかる。絶望は、現状の否定の上での、一歩踏み出すことの拒否である。

では、どこにそうした肯定的な姿勢の源を求めることができるだろうか――人間の生のそもそものあり方に、だと思う。生は独りで歩むものではない。共同で生きるように生まれついている人間は、皆と一緒に、あるいは、少なくとも誰かと一緒に、歩むのでなければ、肯定的姿勢を取れないようにできているらしい。そうであればこそ、希望は「自分は独りではない」ことの確認と連動する。死に直面している人と、また厳しい予後が必至の病が発見された人と、医療者が、家族が、友人が、どこまで共にあるかが鍵となる。「先行きはなかなか厳しいところがあります。でも私たちはあなたと一緒に歩んで行きますから」——私が敬愛する医療関係者たちが「希望のもてる説明を！」というリクエストに対して見出した応答は、まさしくこのことに言及するものであった。——もちろん、悲しみが解消されるわけではない。悲しみは希望と共にあり続ける。(5)それが死すべき者としての人間にとっての希望のあり方なのであろう。

（清水哲郎「死に直面した状況において希望はどこにあるのか」より。一部省略）

注(＊)　アスペクト＝局面、様相。

問一　傍線部(1)について、なぜ「調和しない」のか、説明せよ。

問二　傍線部(2)の「公共的には根拠なき希望的観測」とは、ここではどのような意味で使われているのか、説明せよ。

問三　傍線部(3)の「人間の生来の価値観」とは、この文脈の中ではどのような意味か、説明せよ。

問四　傍線部(4)の「現実への肯定的な姿勢を最後まで保つ」とはどのようなことか、説明せよ。

問五　傍線部(5)の「希望のあり方」について、筆者は文中でどのように考えているか、説明せよ。

※問二は文系のみ。

（解答枠は問一・二・四＝ヨコ10ミリ×タテ140ミリ×5行、問三＝同3行、問五＝同6行）

（文系）

二　次の文を読んで、後の問に答えよ。（五〇点）

つい十間ばかり前を歩いていた男が外套のはしを車にひっかけられて、ころりと地面に転がった。私のそばを通っていた二人づれの娘さんが、アッとも、キヤッともつかぬ声をあげて、一瞬手で顔を蔽《おお》った。が、そのときであった。通りの向う側に立っていた一人の男が、しごくひょうきんに、これはまた、ヘッ！ころびやァがった、というような言葉をかすかに発するのを私は聞いた。

どうも日本では、他人の危険を目の前にして、やはり、キャッとか、アレッのほうが、はるかに評判がいいようである。他人の危険をそのまま己れの危険と感じ、胸のとどろきが直ちに同情の叫びとなり、ジェスチュアとなってあらわれるからであろう。それに反して、ヘッ！ころびやァがったのほうは、どうも点数が落ちる。心が冷たいといわれる。(ア)ひじょうと批評される。だが、果たして簡単にそんなものなのであろうか。私は妙に、ヘッ！ころびやァがった、に心惹《ひ》かれるのである。

もちろん、腕一つのばせば、助け起こしてもやれる目の前の出来事だとか、目に見えて瀕死の重傷でも負ったというならば論外だが、いずれは十間も遠いさきの、どうあせ(イ)ったところで手の貸しようもないこうした小椿事《ちんじ》、果たしてころびやァがったが冷たくて、アレッ！と顔を蔽うだけが温かい心なのだろうか。ヘッ！ころびやァがったは、いわば出来事と見る人との間の心の距離感の余裕から生まれる。アレッ！は、いってみれば(1)対象への自己没入である。日本人の欠点として、よくユーモアの不足ということがいわれる。いう意味は、日本人にはあまりにも自己没入型が多すぎるということなのではなかろうか。自己没入からはユーモアは生じない。

アメリカの心理学者ウィリアム・ジェームズは、たしか心の型を二大別して、「硬い心(タフ・マインド)」と「軟らかい心(テンダー・マインド)」とに分けていたように思う。「軟らかい心」は自己没入型である。主観的で、感傷的、センチメンタルで、悲観的だとたしか規定していたように思う。それに対して「硬い心」は、客観的で、理性的で、楽観的である。(2)ヘッ！　ころびやァがったにもなるゆえん。

国民性的に見ても「軟らかい心」のせいか、すべて悲壮である。勝っても泣き、負けても泣く。雨と涙の感傷的歌謡曲ばかりやたらに流行《はや》る。ヒットするメロディーは、由来まず短調にきまっている。いまの言葉でいえば、さしずめウェットなのだ。がそうした湿りがちな気質の中で、私は川柳文学というものの「硬い心」を(ウ)ちんちょうしたい。

伊丹の俳人鬼貫《おにつら》は「行水のすてどころなし虫の声」と、日本流ウェットを(エ)はっきしている。だが、川柳子はもじっていう。「鬼貫は夜中タライを持ちまわり」と。そうだ、いかに秋の虫の音をいとおしむからといって、まさか夜通しタライを持ちまわっていたわけでもあるまい。捨てどころはあったにちがいないのである。(3)そのいわば感傷的誇張が、川柳子のカンにピンと来たものにちがいない。

「起きてみつ寝てみつかやの広さかな」は、いうまでもなく加賀の千代女の句として伝わるものである。が、これまた川柳子はいう、「お千代さんかやが広けりゃ入ろうか」と。註解までもあるまい。

ギリシャの古詩人ホメロスに「オデュッセイア」と題する長篇叙事詩がある。主人公の武将オデュッセウスは、凱旋の帰途、海上に難船し、おまけに部下数名を怪物の餌食にされ、やっと海岸に(オ)ただよいつく。そこで作者ホメロスは歌う。彼等はたらふく食った。そして満腹を感じたとき、はじめて不幸な仲間たちの運命を悲しんで泣いた、と。(4)空腹も忘れて悲しんだ、などとは書いていないのである。

（中野好夫「多すぎる自己没入型」）

問一　傍線部(ア)〜(オ)を漢字に改めよ。

問二　傍線部(1)はここではどのようなことをいっているのか、説明せよ。

問三　傍線部(2)について、筆者は「ヘッ！ ころびやァがった」という言葉は、どのような態度から発せられたと考えているのか、説明せよ。

問四　傍線部(3)はどのようなことをいっているのか、前に引かれた俳句と川柳に即して説明せよ。

問五　傍線部(4)について、筆者はホメロスの表現をどのようなものとして受け止めているのか、文章全体の趣旨をふまえて、説明せよ。

(解答枠は問二＝ヨコ10ミリ×タテ140ミリ×2行、問三＝同3行、問四・五＝同6行)

（理系）

二　次の文を読んで、後の問に答えよ。（三〇点）

かつて、「若者の活字離れ」と言われた。しかしこれだとてあまりにも不正確だ。これは、「かつて本を読んでいた若者の活字離れ」で、「大学生の活字離れ」というものでしかない。その昔、世の中には大学生以外の若者だとて大勢いた。初めから本なんか読まないでいた〝若者〟だとてゴマンといたのだ。「今の若者は難解な思想書など読まない」とこの二十年ばかり言われ続けて、しかしその一方で、平気で難解な思想書を読む若者だとて増え続けてはいるのだ。もっと物事を正確に言ってほしかった――「今の若者は、私達が読んだような思想書は読まずに、別の思想書を読んでいる」と、それだけのことだった。本を読むやつはいつだって読む。本を読まない人間は、いつの時代にもいる。そしてこの近代という期間の日本は、その両者に対して、「本を読むべきだ。本を読むということが自身の思考力を身につけることなのだ。人は言葉で思考し、その思考を言葉によって整理する。人にとって思考と認識とは、人である限り続く義務であり権利であるはずのもので、そのことの結果によって得るものが〝自由〟と呼ばれるものだ」と、知性なるものが言い続けてきた時代だ。その、強制力にも似た声があればこそ、ともすれば怠惰になりがちな若者達は、かろうじて本を読み続け、思考というか細い力を持続させて来たのだ。その努力を捨てて、(1)活字の側が「活字離れ」などという安易なレッテル貼りで、啓蒙という義務を怠ってよい訳がない。にもかかわらず、活字はそれを怠ったのだ。

世の中には、大学なるものと無縁のままの人間がいくらでもいる。がしかし、それらの人間が知性と無縁である訳ではない。がしかし、大学に代表されるような知性は、そうした〝異質な知性〟の存在を拾い上げられなかった。

世の中には、文章以外の表現はいくらでもある。絵という視覚表現は、文字以上に古い人間の表現手段だ。がしかし、「これをこう読め」と活字なるものに命令されることに馴《な》れてしまった活字人間は、その「どう読み取ってもいいよ」と言っている視覚表現の読み取りが下手だった。まるで「役所の書式に合致していないのでこれは受け付けることができません」と言う(ア)頑なな役人のように、自分達とは系統の違う文化の読み取りを、活字文化は拒絶し続けて来た。すべての文化には、それが文化であるような構造が隠されている――だから、読み取りという作業が必須になる。その構造を自身の頭で読むということが、そんなに難しいことだろうか？　(イ)へんけんのない人間は、未知の人間であっても、「この自分の目の前にいる人間もやはり人間なのだから、必ずコミュニケーションを成り立たせる道はあるはずだ」と考えるものだ。人は、現実生活の中で、無意識の内に自分とは異質な異文化――即ち〝他者〟との接点を見出そうとしているものなのに。

(2)活字離れというのは、活字文化という閉鎖的なムラ社会に起こった過疎化現象だ。「ここにいても自分達の生活は成り立たない、ここにいても自分のあり方というものは理解されない」と思った若者達は、トカイという(ウ)雑駁な泥沼に消えて、もう山間《やまあい》のムラには帰って来ない。次代の後継者はムラを去って、ムラはさびれる。さびれてしまったことを理解しない閉鎖的なムラの住人達は、ただ「寂しくなった」という愚痴ばかりを繰り返して、そんな愚痴が、人をそのムラから追い払う元凶の一つでもあることに気づかない。ムラはさびれ、そのムラを発展させてムラ社会という閉鎖性を解き放つはずだった後継者達は、(エ)しょうてんを欠いたトカイの中で無意味な(オ)ろうひを繰り返す。退廃の元凶はどこにあるのかと言われたら、私には、「ムラにある」としか言えない。活字の責任というものは、想像を絶して重いのだ。

（橋本治『浮上せよと活字は言う』より）

問一　傍線部(ア)～(オ)のうち漢字には読みがなを記し、ひらがなは漢字に改めよ。

問二　傍線部(1)の意味をわかりやすく説明せよ。

問三　傍線部(2)について、次の問に答えよ。

(A)　活字文化はなぜ「閉鎖的なムラ社会」にたとえられるのか。

(B)　筆者が考える「過疎化現象」とはどのようなものか。

(解答枠は問二＝ヨコ10ミリ×タテ140ミリ×3行、問三＝各同2行)

二〇〇六年

一 （文理共通）

編集の都合により、省略します。

二 （文理共通）

次の文は、母と祖母の手に育てられた高見順が自分の少年時代を回想した自伝的小説の一節である。これを読んで後の問に答えよ。（五〇点）

大正八年四月、東京府立第一中学校に私は入学した。入学できたと言ふのが至当かもしれぬ。私は十三歳であつた。

私は神田の古本屋街の店を次々にのぞいて行つた。

「箇野道明、新編漢文読本の巻一、ありませんか」

私と同じやうな中学生の客の殺到にそなへて、多くの古本屋はその店の前に臨時の台を出し、それにあらゆる種類の古本の教科書を堆高《うづたか》く積んで、番頭や小僧たちが立ち並び、

「はい、いらつしやい。箇野さんの漢文？　へい」

と年に一度の活況に、浮きうきとうかれたやうな応待振りであつた。

私はこのやうに教科書に古本のあることを知らず、はじめは普通に、三省堂で新しい教科書を購入しようと神田へ行つたのだが、行つて見て、さういふ古本屋の存在を知り、新本を買ひ揃《そろ》へられる金は母親から貰《もら》つて持つてゐたけれど、少しでも安い古本を買つて母親の負担を軽くしようと思ひ立つたのだつた。まことにいぢらしい心根といふべきだが、それは古本屋の存在を知らされたためといふより実際は、古本屋の前に群を成して詰めかけてゐる中学生の存在が私にさういふ勇気を与へたのである。(1)さういふ群が私を刺激し私を支へるといふことがなかつたら、私はさういふ「親孝行」を行ふことはできなかつたに違ひない。さういふ群のなかには、府立の生徒は、殆《ほと》んどといつていい位見かけなかつた。府立はその頃、五中までしかなかつた。

私は古本を買つたことによつて何か大変いいことをしたやうな喜びを味はつたものであつたが、いざ授業となると、前後左右、いづれも真新しい、丁度《ちやうど》仕立おろしの着物のやうなぱりッとした本を開いてゐるなかで、私のだけが丁度よれよれの着物のやうな汚ならしい、持つとぐにやりとなる本なのに、――さあ、何んともいへない屈辱の想ひに襲はれた。ちよつとの金の違ひで、やつぱり軽率だつたと後悔され、自分のしみつたれた貧乏人根性がいまいましかつた。

「兄貴のお古なんだよ。いやになつちやう。……」

さういふいつはりの弁解を逸早《いちはや》く狡猾《かうくわつ》にも用意したが、(2)心は穏かでなかつた。裏表紙に、どこの誰とも分らない前の持主の名前が書いてあるのを、墨で丹念に黒々と消したけれど、その黒い跡はまるで犯罪の痕跡《こんせき》のやうに私をおびやかしてやまなかつた。

まことに、羞恥といふより虚栄心であつた。ひとたび、古本を買はうといふ勇気を持ち、買つたことによつて、(3)吝嗇《りんしよく》の喜びでない一種美しい喜びを持つた以上、何故その勇気と喜びとを貫き通さうとしなかつたのか。貫き通すことができなかつたのか。――この弱さ、この種の怯懦《けふだ》は、思へば、私のいままでの生涯に常に色々な場合と色々な現はれに於て、つきまとつてゐた。

「角間。教科書に書き入れをしてはいかん」

ある日、私たちの机の間を見廻《みまは》つてゐた教師が、私の漢文教科書にふと目をとめて、(4)言葉鋭く私を咎《とが》めた。

それは、私のでなく、古本の前の持ち主の書き入れであつたが、前の持ち主はよほど熱心な劣等生と見え、下らない書き入れがびつしりとしてあるのは、汚ならしいとともに腹立たしく、私自身「いかんぢやないか」と私の知らない前の持ち主に毎度、怒つてゐたところだつた。

桃李不レ言下自成レ蹊——この桃李に「トウリ」とインキで仮名が振つてある。いかにも私が劣等生で桃李が読めないかのやうで情けなかつた。責レ善朋友之道也、——責ムルに「ススムル」と仮名がつけてあり、それで、その仮名が眼に入つて、「責」をさう読ますのだと覚えるのに邪魔であつた。

「これ、僕ぢやないんです」

私は顔から火の出る想ひだつた。

「お前が書いたんぢやない？」

「ええ」

「なんだと」

教師は荒々しく本を取り上げ、ぱらぱらと頁《ページ》を繰り、そして古本とさとると、険《けは》しい表情を変な困惑のそれに変へて、

「ふん。消さんといかんな。消さんと……」

インキで書いたのをどう消したらいいか。勿論《もちろん》私は聞きはしなかつたが、教師もその点、何も言はず、そそくさと去つて行つた。(5)叱責《しつせき》を悔いてゐるやうなその後姿は、叱責よりも強く私を悲しませた。


（高見順「わが胸の底のここには」より。一部省略）

問一　傍線部(1)はどのようなことを言っているのか、説明せよ。

問二　傍線部(2)について、「犯罪の痕跡」のように思えたのはどうしてか、説明せよ。

問三　傍線部(3)「吝嗇の喜びでない一種美しい喜び」とはどのような喜びか、説明せよ。

問四　傍線部(4)の「熱心な劣等生」とはどのような意味か、説明せよ。

問五　傍線部(5)はどのようなことを言っているのか、説明せよ。

(解答枠は問一・二・四＝ヨコ10ミリ×タテ140ミリ×4行、問三＝同3行、問五＝同8行)

二〇〇五年

（文理共通）

一　次の文を読んで、後の問に答えよ。（五〇点）

(1)我々の知性は何よりもまず植物的性格である。我々は自然に対する極めて敏感繊細な感覚と感情と叡智とをもっている。これは我々の先天的な素質というよりも、風土的環境との交渉において生成した性質である。我々の知性の風土的性格はたんに季節風地帯という一般的制約のみからは理解されない。我々の環境はたんに季節の循環性を特色とする温帯に位置するだけでなく、大陸に対する位置、地質的構造、水陸の分布等々の極めて個性的な独自な条件が我々の風土の具体的な個性的性格を決定する。そこに存するものはすべて複雑多様・動揺可動を性格とする如き自然である。植物の多様性、したがってまた農作物の多様性もそれに関する。動物の種類の多様性はまたこれに依存する。海岸線の長大、寒流暖流の錯綜《さくそう》が多種豊富な魚類をもたらす。しかし我々の多様はたんに異種の並存というだけではない。正反対のものが対立している。例えば温暖な花咲き風薫る田園もたちまちにして台風洪水の修羅場となる。しかしその対立は持続的でなく暫時的である。暴風の猛威は旬日以上にはわたらない。たちまち一過し去り、その後には何らその痕跡《こんせき》を止めない明朗な依然たる天地が存するのみである。「風光明媚《めいび》」も地震地帯の性格である。通常、「不動」の象徴とされる「大地」も我々にとっては不断に動いている。近代科学の基礎観念である自然の一様性も我々の感性にとってはたんに言葉にすぎない。可能なる限り多様であり複雑である。(2)自然は恒常性法則性においてよりもむしろ逆に無常として理解される。

　これらの風土的性格は同時に我々の知性の性格である。自然の支配というような観念は想到されることもすべてなかったであろう。ただいかに随順すべきかの智恵のみが問題である。かかる多様可動な自然に対処して生きるために、我々は自然に対する精緻《せいち》な観察と敏速な行動とを訓練されてきた。確かに我々の衣食住の生活様式には我々の精緻な自然認識に基づく智恵が看取される。しかしそれはあくまで受動的な経験的知識である。積極的に自然に働きかけ、自己の意志に順応せしめようとする行動的構成的知識ではない。我々の自然の如き複雑多様な自然に対してはこれが最も賢明なる智恵であったかもしれない。複雑多様な我々の自然は分析抽象に堪えず、予測し難い天変地異に対してはその因果性の追究を拒むものがあったであろう。かかる自然に対してはもっぱら自然に随順する受動的態度が最も賢明であったでもあろう。自然の活動力は支配し利用さるべき動力ではなく回避さるべき暴威であり、せいぜいで受容されるべき恩恵に外ならぬ。我々の精神の植物的性格はかくして成立したのであり、そしてそれはまた我々の境位においては最もよき智恵であった。

　そこでは自然への随順、むしろ自然と合体することが理念的な在り方である。自然との対立も自然からの独立も意志されない。(3)したがってそこには空想力や想像力が微弱である。空想や想像は自然からの意識的なあるいは意識における可能的な独立、超越に外ならぬからである。これは realism* でもなく idealism* でもない。汎《はん》自然論である。植物的精神の性格に外ならぬ。我々の文学の伝統には喜劇も悲劇もない。人間の愚昧《ぐまい》を高所から冷笑する知性の文学も強靭《きょうじん》な性格の受苦を摘出した意志の文学もない。もっぱら情趣的な気分の文学である。このことは結局は自然と区別された、自然に対立する「精神」の意識の欠如に外ならぬ。逆に言えば精神に対立する客観としての自然の意識の欠如である。我々の伝統には「魂の発展」を内容とする文学がない。それは内的にして発展を本性とする魂の観念そのものの欠如による。日本の文学で端的に日本的であり、したがってまた最も古くかつ最も洗練された短歌並びにそれの変容としての俳句においてこの性格は端的に現われている。ここでは精神は有機的に自然と一体となり、自然は精神と融合している。そこでは人間の心即自然の声である。自然の晴曇は直ちに心の明暗である。日本人がほとんど誰でも歌人俳人であり得るのは、その詩型が単純平易であるからではなく、(4)日本人自身の存在の仕方が詩的文学的であるからである。

　しかしこの文学的性格は哲学的・科学的・道徳的ないし宗教的から区別されたそれではない。それらすべてに通じるものであり、それ故歌道や俳諧の道が同時に悟道であったり、道徳であったり、学問であったりするのである。これは今日の日本の知識人においても何らかの仕方で認められる性格である。我々の知識人の知識は文学であって哲学でもなく科学でもない。日本の知識人は思想や知識に対して必ずしも潔癖ではない。論理の整合性とそれの堅持に対する情熱は必ずしも強烈ではない。種々なる思想の送迎に当って人々はいかに処するかを顧みれば明らかである。ある思想を受容しこれを愛してもさらに新しき思想を迎える場合にはまず気分的に移易《いえき》し、必ずしもこれに対する思想的清算の過程があるわけではない。極端に言って(5)純粋な思惟《しい》が独立していないのではないかとさえ言える。

（下村寅太郎「知性改善論」より）

注（＊）
realism＝実在論。
idealism＝観念論。

問一　傍線部(1)において、筆者は「我々の知性」の性格が「植物的」であると主張しているが、それはどういう意味か、わかりやすく説明せよ。

問二　傍線部(2)はどのような意味か、わかりやすく述べよ。

問三　傍線部(3)について、筆者はなぜ「空想力や想像力が微弱である」と考えているのか、説明せよ。

問四　傍線部(4)について、日本人の存在の仕方が「詩的文学的」であるというのはどのような意味か、わかりやすく述べよ。

問五　傍線部(5)はどのような意味か、わかりやすく述べよ。

（解答枠は問一＝ヨコ10ミリ×タテ140ミリ×6行、問二〜四＝同4行、問五＝同3行）

（文理共通）

二　次の文は横光利一の小説「天城」（昭和十六年）の一節である。新入社員の宇津は、社員旅行で皆と一緒に天城山に登り始めたが、思いのほか険しい坂路で次第に遅れ始める。同じく新入社員の畑中は、従来の社の不文律に反して社員同士で結婚する予定だったため、水を入れた薬罐《やかん》を一人で持たされている。これを読んで、後の問に答えよ。（五〇点）

「薬罐少し持ちませうか。僕は弁当を持つだけでも重いんですが、たいへんでせう。」

宇津はかういひながら弁当だけではなく、片方のポケットに入れてゐた湯呑《ゆのみ》の重さもまた感じた。これも山上で水を飲むときの用意に各自が一つづつ持つて来てゐたものだつた。

「よろしいよ。どうです、いつぱい水飲みませんか。」

畑中は返事も待たず自分の茶碗に水を入れかけた。生唾《なまつば》も咽喉《のど》から切れかかつてゐるほどのときだつたから、一ぱいの水も実にこの坂路では欲しかつたが、やはり誰も飲まずに登るのに、自分ひとり飲むのは宇津も気がさした。

「いや、僕はもう結構ですから、どうぞ。」と彼は急いで押しとめたがもうそのとき畑中は茶碗に入れた水を彼の方へ出してゐた。

「これはどうもすみません。」

宇津は茶碗へ唇を附けかけてみたものの、ふと考へてみれば、一杯の水と雖《いへど》も共同のものであることに間違ひはなかつた。またそれを飲んだとて事立てて怒るもののないことも分つてゐた。が、この度の登山に限り人生行路の競争を模擬してゐることは、暗黙のうちに誰も感じてゐることだつた。してみれば、(1)ここにも自ら犯してはならぬ不文律がひそかに生じてゐる筈だつた。山麓《さんろく》を出発する時の条件を共通にして、罰則として畑中ひとりが水を持たされてゐるのも、つまりは彼の罰だつた。それにそのとき、またこつそりと彼から一杯だけ貰《もら》ふことは、宇津も同様に罪を持たされた結果となつて、(2)不意に襲つて来たこの愛情の重みの処置には多少のうるささも附きまとつた。宇津は茶碗の水を持つたまま、これを零《こぼ》してもならず、飲み干してもならずといふ細かい辛苦でまた坂路をつづけていつた。

そのうちに時間がたつて自然に水も零れてしまふにちがひない。しかし、それまでは自分だけに特に降りかかつてきた災厄として、宇津も適当に心を用ひて責任を果したいと思ふのだつた。ときどきひと思ひに水を飲んでやらうか、とも思ふこともあつたが、(3)何か厳として飲まさぬものが、自分の外の山中の青さの中に潜んでゐた。

「天城は山だと思つてゐなかつたのに、随分こりや嶮《けは》しいですね、どうしてこれは。」

と宇津は、まだ茶碗を返さぬ彼に不審を抱いたらしい畑中から視線を反らして云つた。誰も苦しいときとて物も云はなかつた。つづら折りの山路は今度は折れもせず、一層急な坂になつて来た。平坦な道でも小さな茶碗の水を零さずに歩くことは難しいのに、それに急な坂路を水も流さず登ることは至難だつた。また自然に流れ出る水を待つてゐたとて喜ぶものは誰もなかつた。模擬としてみても、これはあまりばかばかしい実験だと宇津は思ふと、(4)つい気が弛《ゆる》んで彼は茶碗の水を飲んでしまつた。

「ああ、美味《うま》い。どうも有難う。」

宇津が畑中に茶碗を返してゐるとき、後から来たものがそれを見つけてどつと集まつて来た。そして、「一寸《ちよつと》、一寸。」と呼びとめてこつそりとまた水を飲んだ。飲んでから一人が唇を拭きながら、

「みんなの水を飲んで、こりやすまんね。」とにやにや笑つて云つた。

「少しでも飲んで貰ふ方が軽くなつていいですよ。」と畑中は笑つた。彼は水を持たされる番であるから、飲むものの辛さの方が分らぬのだと宇津は思つた。

飲み終つた共犯者だけまた軀《からだ》を左右に振つて坂路を登り出したが、宇津は登る気力の中から薄黒く曇つた気持ちの降りて来るのを感じた。人に後で分つたとて恐れることはないとはいへ、何となく霽《は》れぬ気分は爽爽《すがすが》しい山気と反対に、だんだん重く心に溜《たま》り込んで来て取れさうもなかつた。同じ山を登るなら、爽快に山上の空気を吸ひたいと思つてゐる一行の登山であつて

みれば、裡《うち》に心の曇りを抱いてゐては、何のための山登りだつたのか、これは無益なことになつたと、(5)宇津の後悔はさらにまたこのときから別なものに変つて来るのだつた。

急坂はまだつづいてゐた。勢ひ立つて先に登つていつた者らも宇津たちに追ひ抜かれて来た。熊笹の中に腰を落してゐるものらも多くなつたが、宇津はそれらを抜くたびに、もう鷹揚《おうやう》な挨拶も出来ない心の渣滓《さし》*を感じた。

注(*)　渣滓＝沈殿物。おり。

問一　傍線部(1)はどのようなことを言っているのか、説明せよ。

問二　傍線部(2)はどのようなことを言っているのか、「愛情の重み」の意味するところを明らかにして説明せよ。

問三　傍線部(3)はどのようなことを言っているのか、説明せよ。

問四　傍線部(4)について、その理由を説明せよ。

問五　傍線部(5)について、「別なもの」とはどのようなものか、説明せよ。

（解答枠は問一・四＝ヨコ10ミリ×タテ140ミリ×5行、問二＝同6行、問三・五＝同3行）

二〇〇四年

（文理共通）

一　次の文は、昭和十一年に作者が、イタリアに留学する息子に送った書簡文からの抜粋である。よく読んで、後の問に答えよ。（五〇点）

若い溌剌《はつらつ》とした感受性と疲れを知らない理解力であらゆることを知り、探求し、学び取ることは、まことにあなた方に課せられた、またそれ故にこそ意義ある愉《たの》しい征服ではないでしょうか。それとともに忘れてはならないのはあなた方の吸収した専攻学科の知識をただそれだけの孤立したものとしないで、人格的な纏《まと》まりのある一つの立派な教養にまで押しひろげるように心掛くべきことだと信じます。

それではなにが教養かということについてはいろいろ複雑な規定を必要とするでしょう。しかし最も素朴な考え方をすれば、知識が単に知識として遊離しないで総合的な調和ある形で人間と生活の中に結びつくことだといってよいだろうと思います。(1)普通それとともに対句のように並べられる趣味と非常に似通っているようで内容的に遠い距離がその間にあるのも、それはただ生活と事物のほどよい味わい方を知ることであり、これはもっと根の深い積極性をもっているためであります。同時にまた趣味のある暮らし方をするということが、有閑的な無駄な消費生活と見做《みな》されるように、教養も尊敬の代りに軽蔑と反抗で否定されかねない場合があります。遠くはフランス革命のあとに見出された、近くはまたロシア革命の直後にもっとも過激に生じた現象によって、また一層手近い昭和五、六年を頂点として日本の社会にも氾濫《はんらん》したマルキシズムの洪水の中に見た例で、私たちはそれをはっきり知ることが出来ます。パンの問題がただ一つの社会的なむしろ人生的な関心であった当時の若い人々にとっては、教養などという言葉は虫の喰《く》った古代語に過ぎない上に、寒暑を凌《しの》げば足りる着物に余計なひだ飾りをつけたり、儀容を張ろうとして芝居の衣裳めいた陣羽織や外袍を着たりすると同じくらいに異様に贅沢で滑稽にさえ感じられたのです。そうして錦繡や宝石がブルジョアに専有された剰余価値を形象化したものであるように、教養もまた他の優雅な趣味とか高い徳操とかと等しく、不当所得の拵《こし》らえあげたものに外ならないと考えようとしたのでした。この気早い断定も若い一図《いちず》な憤激の迸《ほとばし》りとして十分同情的に見得た人々も、彼らの否定が教養から知識にまで喰い込みそうな形勢を示した時には厳しく反対しないではいられませんでした。あなた方の高等学校からの友達が未練なく大学をやめたり、またやめさせられたりするのを見るたびに母さんもひそかに重い溜息をついた一人でした。逆巻く濁流に飛びこんで抜き手を切ろうとするには、泳ぐことに飽くまで熟練していることとともに、それを基礎づける強い体力と、より強い不撓《ふとう》な意志を必要とするのではないでしょうか。単なる興奮や勝利感だけでは決してドーヴァーを乗り切ることは出来ないのですから。しかし高みの見物ということがこうした場合いかに良心的に苦しいものであるかは十分察しられます。またそれを思い悩まないほど主我的に若いこころが圧《お》し歪《ゆが》められているとすればかえって怖ろしいことです。それにもかかわらず彼らの学業の拋棄《ほうき》に賛成することが出来なかったのは、人がそのおかれた位置を各自に守ることはいろいろな意味で非常に大切だと信じていたからでした。

(2)これらの考え方はあまりに知識の偏重に陥ったものだと攻撃されそうな気がします。しかし現代の日本の高等学校ないし大学の教育で彼らが多すぎたことを怖れるほど豊富な知識が果たして与えられているでしょうか。豊富に見えながら単に雑多な、きれぎれの、基礎的なものから遊離した知的断片が押しこまれていないと誰が証明し得るでしょう。あなたの専攻した古典語に例を取ってみても、原語で『イリアス』や『オデュセイア』の読める人が果たして日本に幾人いるかと思われるくらいです。他の学問のことは多くをいう資格がないのですが、私は外国語を媒質として摂取されていた明治時代からの欧州文化の享受法について或る漠然とした疑惑をもっていた一人でした。一言にしていえば(3)逆コースを駆っているような気がしてならなかったのです。ヨーロッパの学者たちは彼らの種々な学問に対して源泉からいとも自然に流れにそうて下るような便利な研究方法が取れるに反し、私たちはその末端《まったん》の渦のあいだで押し揉《も》まれたり、溺れかけたり、さんざ無駄をした後にどうかして上流に溯《さかのぼ》ってみなければならないと心づく時には、もうその時間も体力も残されていない状態になっています。むしろその水流がどこに発してどう集まり、どう迂曲しているかを知ることなしにその流域について論じたり、水勢や水色の変化を考えたりしている場合が多いのだと思います。それらは外国の文化の移植に際してその伝統の根元をなすものを全き繋《つな》がりのまま輸入する代りに、急場の必要に応じて枝を折ったり、樹皮を剝《む》いたり、葉だけ摘んで持ち込んだりした結果に外ならないのであり、私たちの日本に於ける明治初期のなんでも手っ取り早いことを第一条件とした享受の仕方は、(4)その形態を特殊にしたとともに弊害と不備をも内在させたことは否定されないと信じます。なにか魔法じみた迅速さで手際よく拵らえあげた仮屋にそれがいつとなしに生じさせた雨洩《も》りは、教育者たちをして古来の淳風美俗に汚点を印するものとして嘆かせ、為政者らはまた政治的ならびに社会的機構のすべてに亙《わた》って建てつけが狂いだしたのを見つけてあわてています。結句人々は取り入れ方の如何を考えるまえに取り入れたものが間違っていた、もしくはこれ以上に取り入れる必要はないほど十分取り入れたとして今度はかえってそれを排除することに努めようとしているのです。これに対して私はまえに高等学校や大学に於ける知識の偏重の問題に触れた時に提出した疑問をここでも再び繰り返したいと思います。

はじめ私は教養を素朴に規定して知識が単に知識として遊離しないで人間と生活の中に総合的な調和ある形で結びつくことだ、といったと思いますが、ここでもう少しくわしくいい直して、人々がよい教養をもつということはその専攻した知識を、もしくはさまざまな人生経験を基礎としてひろい世界についても周りの社会に対しても正しい認識をもつとともに、つねに新鮮で進歩的な文化意識に生きることだというところまでその円周を押しひろげたく思います。またそうすることによって教養が人間性の完成にいかに深い意義をもつかを証明することが出来るのですから。働いても働いても食べられないというような人間をなくするばかりでなく、耕地で土塗《ま》みれになったり、工場で綿埃《わたぼこり》をあびたりしている男たちや女たちが、仕事着を脱いで一服吸いつける時にはどんな高い知識や文化についても語り合えるような教養人になってこそはじめて立派な進歩した社会といえるのではないでしょうか。

（野上弥生子「ローマへ旅立つ息子に」より）

問一　傍線部(1)について、類似点と相違点がわかるように作者の考えを述べよ。

問二　傍線部(2)で、知識の偏重だとして攻撃する考えとはどのようなものか、説明せよ。

問三　傍線部(3)について、どの点が「逆コース」であるのか、説明せよ。

問四　傍線部(4)をわかりやすく説明せよ。

問五　作者は「教養」とはどのようなものであるべきだというのか、簡潔にまとめよ。

(解答枠は問一＝ヨコ10ミリ×タテ140ミリ×6行、問二＝同3行、問三〜五＝同7行)

（文理共通）

二　次の文を読んで、後の問に答えよ。（五〇点）

偉大な思想家の思想といふものは、自分の考へが進むに従つて異なつて現れて来る。そして新たに教へられるのである。例へば、古代のプラトンとか近代のヘーゲルとかいふ人々はさうと思ふ。私はヘーゲルをはじめて読んだのは二十頃であらう、併《しか》し今日でもヘーゲルは私の座右にあるのである。はじめてアリストテレスの『形而上学』を読んだのは、三十過ぎの時であつたかと思ふ。それはとても分からぬものであつた。然るに五十近くになつて、俄《にはか》にアリストテレスが自分に生きて来た様に思はれ、アリストテレスから多大の影響を受けた。私は思ふ、書物を読むと云ふことは、(1)自分の思想がそこまで行かねばならない。一脈通ずるに至れば、暗夜に火を打つが如く、一時に全体が明らかとなる。偉大な思想家の思想が自分のものとなる。私は屢《しばしば》若い人々に云ふのであるが、偉大な思想家の書を読むには、その人の骨《こつ》といふ様なものを掴まねばならない。そして多少とも自分がそれを使用し得る様にならなければならない。偉大な思想家には必ず骨といふ様なものがある。大なる彫刻家に鑿《のみ》の骨、大なる画家には筆の骨があると同様である。骨のない様な思想家の書は読むに足らない。顔真卿《がんしんけい》の書を学ぶと云つても、字を形を真似するのではない。

例へば、アリストテレスならアリストテレスに、物の見方考へ方といふものがある。そして彼自身の刀の使ひ方といふものがある。それを多少とも手に入れれば、さう何処までも委《くは》しく読まなくとも、かういふ問題は彼からは斯《か》くも考へるであらうといふ如きことが予想せられる様になると思ふ。私は大体さういふ様な所を見当にして居る。(2)それで私は全集といふものを有《も》つてゐない。カントやヘーゲルの全集といふものを有たない。無論私はそれで満足といふのでもなく、又決してさういふ方法を人に勧めもせない。さういふ読み方は真にその思想家の骨髄に達することができればよいが、然らざれば主観的な独断的な解釈に陥るを免れない。読書は何処までも言語のさきざきまでも正確に綿密でなければならない。それは云ふまでもなく万人の則るべき読書法に違ひない。それかと云つてあまりにさういふ方向にのみ走つて、徒《いたづ》らに字句によつて解釈し、その根柢に動いて居る生きものを摑まないといふのも、膚浅《ふせん》な読書法といはなければならない。精密な様で却《かへ》つて粗笨《そほん》といふこともできるであらう。

　何人も云ふことであり、云ふまでもないことと思ふが、(3)私は一時代を画した様な偉大な思想家、大きな思想の流れの淵源となつた様な人の書いたものを読むべきだと思ふ。かかる思想家の思想が摑まれば、その流派といふ様なものは、恰《あたか》も蔓《つる》をたぐる様に理解せられて行くのである。無論困難な思想家には多少の手引きといふものを要するが、単に概論的なものや末書的なものばかり多く読むのはよくないと思ふ。人は往々何々の本はむつかしいと云ふ。唯むつかしいのみで、無内容なものならば、読む必要もないが、自分の思想が及ばないのでむつかしいのなら、何処までもぶつかつて行くべきでないか。併し偉大な思想の淵源となつた人の書を読むと云つても、例へばプラトンさへ読めばそれでよいと云ふ如き考へには同意することはできない。(4)唯一つの思想を知ると云ふことは、思想といふものを知らないと云ふに同じい。特にさういふ思想がどういふ歴史的地盤に於て生じ、如何なる意義を有するかを知り置く必要があると思ふ。況《ま》して今日の如く、在来の思想が行き詰つたかに考へられ、我々が何か新たに踏み出さねばならぬと思ふ時代には尚更と思ふのである。如何に偉大な思想家でも、一派の考へが定まると云ふことは、色々の可能の中の一つに定まることである。それが行き詰つた時、それを越えることは、この方に進むことによつてでなく、元に還つて考へて見ることによらなければならない。如何にしてかういふ方向に来たかといふことを。而《しか》してさういふ意味に於ても、亦思想の淵源をなした人の書いたものを読むべきだと云ひ得る。多くの可能の中から或る一つの方向を定めた人の書物から、他にかういふ行き方もあつたと云ふことが示唆せられることがあるのでもあらう。

（西田幾多郎「読書」より）

問一　傍線部(1)について、「自分の思想がそこまで行く」とは、具体的にはどういうことを指すと考えられるか、わかりやすく述べよ。

問二　傍線部(2)で筆者は「全集を有つてゐない」と記しているが、それはなぜか、またそのことを筆者はどのように考えているか、わかりやすく述べよ。

問三　傍線部(3)について、なぜ筆者はこのような人の本を読むことを勧めるのか、わかりやすく述べよ。

問四　傍線部(4)について、なぜ「唯一つの思想を知る」ということが、「思想といふものを知らない」ということと同じなのか、わかりやすく述べよ。

問五　筆者はどういう読書法を勧めているか、簡潔に述べよ。

（解答枠は問一・四＝ヨコ10ミリ×タテ140ミリ×4行、問二＝同6行、問三・五＝同5行）

二〇〇三年

（文理共通）

一　次の文を読んで、後の問に答えよ。（五〇点）

書籍と申すものは、世の中の人々の言うように、まことに便利で有難いものではあるが、どうも気味の悪いものでもある。このような告白は畢竟《ひっきょう》するに、僕自身の精神力の弱さと才能の薄さとの告白になるだけである。しかし、お恥かしい話だが、僕は未だかつて一冊の本を読了した時に、「己は完全にこの本を読み終えたぞ」という感慨を抱いたことがないから仕方がないのである。いくらアンダーラインをしたりノートを取って丹念に読んでみても、あるいは、そんなことをするから著者の精神がわからぬのだろうから、ノートなど取らずに絶えず呑《の》んだ気になってやれ、と思いながら読み通しても、いずれにしても何か読み残してはいまいかという不安に必ずつきまとわれるのである。そして、読み返してみると、必ず新しいことを読み取るのを普通とする以上、事実僕は常に何かを読み残していることになるのである。昔から〔A〕「眼光紙背に徹する」人々がいるようだが、まことに羨《うらや》ましい限りだと思う。僕などは、結局〔B〕「眼光紙面に彷徨《ほうこう》する」族であろうと思ってつくづく悲観している。

しかし、半分慰めになるような、あるいは、さらに僕を悲観させかねないような、(1)一つの人間的事実が読書には介在するもののようである。これはわかりきった常識的事実ではあろうが、本来我々の持っている問題の量や質が我々の認識の量や質とを決定するものであり、我々が少し反省してみると、「我々にわかることしか、あるいはわかろうと望んでいるものだけしか、我々にはわからない」というはなはだ寒々とした真実に突き当たるもののようである。そして、我々の持つ問題とは我々の生活や生理や年齢やその他色々なものの変化につれて変身化態して行くものである以上、一つの書物を読むに当たっても、必然的に読み残しがあることも当然だと言うことになる。つまり、読書に際して僕の持っていた問題に応ずるだけの理解しか得られないのが当たり前になり、読み残しが必然的に存在し、完全に読んだという感情を持てないのも当然であって、それを慨《なげ》くのは神経衰弱の徴候だとも考えられるのである。しかしまた、そうしてみれば、一冊の書物というものがいよいよ気味が悪くもなり、一体書物というものは何物だろうと考え、その*プロテウス的変貌《へんぼう》可能性にますます畏怖《いふ》の念を覚え、モンテーニュという人のひそみにならって、人間も書物もまことに「浮動常なく多様な《オンドワヤン・エ・ディヴェール》」ものであるわいなどと、あきらめかねたような吐息を洩《も》らすしだいである。昔読んだ本などを、何かの用で調べるために繙《ひもと》く場合など、仰々しく引かれた傍線の箇所がのっぺらぼうな顔になり、かえって傍線も何も施してない行文の間に、鮮明なまた親しみのある表情が浮び上がって来ることが僕にはしばしばある。そして、現在読んでいる書物を「不可解な愛人」を眺めるように打ち眺めながら、何とも言えない心細さを感ずるのが常である。これは、僕一個人の告白的似而非《えせ》理論であるが、僕以外の人間にも当然同じ現象があってもかまわぬはずだと考えると、これまた同類・同罪意識によって一時僕は卑怯《ひきょう》にも慰められるけれども、たちまちさらに深い気味悪さを書物に対して抱かざるをえなくもなるのである。つまり、読者の複数性のために、書物は、いよいよもって「浮動常なく多様な」読まれ方をすることにもなりうるからである。僕はかつてある外国の小説を翻訳したが、その小説の中に、作中の人物(作者が愚弄《ぐろう》しきっている人物)が表面は如何《いか》にももっともらしく、しかし実際は出鱈目《でたらめ》な文学論をする場面があった。ところが、僕の翻訳を読んで下さった方が、ある新聞にブック・レヴューをされるに際して、その出鱈目な文学論を作者の文学観として非常に推賞しておられたのである。僕は、一時、大いに悲観もし憤慨もしたけれども、他人《ひと》のふり見て我がふり直せと思い返し、いよいよますます書籍というものの気味悪さに撃たれてしまったのである。結局のところ、マラルメという詩人が考えたように、作品(書籍)は出来上がったら最後、作者のものではなくなり、万人の所有に属し、しかも誰の所有にも属さぬ独自な生存を獲得するもののようである。譬《たと》えて言ってみれば、書籍と申すものは、(2)不可思議な現像液のようなものであって、読者各自の精神の*種板にあらかじめ写しおかれた影像を現像してくれるものなのだろう。作者がその作品に善意をいくら籠《こ》めても、作品は独自の営みを続け、案外不善意な結果をある読者に及ぼすこともありうるかもしれぬのである。

　モンテーニュは、その『エッセー』の第一巻第二十四章で、次のようなことを言っている。「有能な読者は、他人の書いたものの中に、作者がこれに記しとどめ、且つこれに具わっていると思ったものとは別個の醍醐味《だいごみ》をしばしば見出して、これに遥《はる》かに豊かな意義と相貌とを与えるものだ」と。つまり、眼光紙背に徹して作者の面目を隈《くま》なく理解するのみならず、それ以外のことをわかるという意味なのであろう。つまり、作者が現像液に予定しなかったような作用を(3)有能な読者はその現像液をして行なわしめるという意味であろう。もちろんこれは、一冊の本を全く見当違いをして読んで作者の意図を故意だと思われるくらい誤解するとか、倫理の書籍の中から盗賊の自己防御の具を読みとるとかいうことが有能だと言っているのでないことは明らかである。一冊の書籍を読むに当たっても、その人の当面の問題のみならず、心中に潜んでいたあらゆる間道が濃淡さまざまあろうが一様に浮かび上がって来て、みな大鳥籠《かご》内の小鳥の群のように囀《さえず》り出すというような心境ではないかと思う。そして、現在の新聞紙のように模範的な希薄さを持った現像液でも、有能な読者は各自の強力剤を用意してなかなか深い読み方も出来るというわけになる。こういう具眼の読者になることはなかなか容易な業ではなく、畢竟するに、我々がなるべく多くの問題を常に生き生きと用意しておけるようになることが必要となるのであり、そのためには、「遂《つい》に己は本を読み能《あた》わぬのだ」などと泣き言は吐かずに、読めば読むほど新しくなる気味の悪い書物をいよいよ愛しますます読まねばならぬものなのだろう。

（渡辺一夫「書籍について」より）

注（＊）
プロテウス＝ギリシャ神話で、海に住む老人。ポセイドンの従者。予言と変身の術に長じた。
種板＝写真の原板。乾板。

問一　筆者は自らを〔B〕といっているが、その意味を〔A〕と対比しながら説明せよ。

問二　傍線部（1）は何をさすのか、本文に即して述べよ。

問三　傍線部(2)について、筆者はなぜ書籍を不可思議な現像液のようなものというのか、説明せよ。

問四　傍線部(3)の「有能な読者」と「現像液」との関係はどのようなものであるといっているのか、わかりやすく説明せよ。

問五　書籍が「気味の悪い」ものであるという筆者の考えを、簡潔に要約せよ。

(解答枠は問一＝ヨコ60ミリ×タテ140ミリ、問二～四＝ヨコ50ミリ×タテ140ミリ、問五＝ヨコ80ミリ×タテ140ミリ)

（文理共通）

二

次の文は、作者が自分の小学校時代を回想した小説の一節である。これを読んで後の問に答えよ。（五〇点）

学校へあがつた私にぼやぼやつとした幾日がたつた。そこへ最初の大事件が起つた。ある日最後の時間をすませ鞄《かばん》をかけて門まで出たら、ぱらぱらと雨がおちてきた。雨といふほどではなし、大抵家が近いので仲間の者どもは平気で帰つてゆく。なかには雨だ、雨だ、と仰山《ぎやうさん》に騒ぎたてて韋駄天《ゐだてん》走りをしてゆく奴もある。ところがかねがね、急に雨がふつてきたら濡れて帰らずに学校で待つてるやうに、おばさんがきつと迎ひにゆくから、と懇々《こんこん》いひきかされてた私は――伯母さんはこの弱い子を一粒の雨にもあてまいとしたらしい――足どめにかかつたみたいに立ち竦《すく》んでしまつた。お友達はみんな帰つた。上級の生徒も私なぞには目もくれずぞろぞろ帰つていつた。姉たちのはうは先にひけたとみえて姿が見えない。一足遅れて先生も平気で帰つてゆく。平気でないのは私だけだ。学校がしんかんとしてきた。だのに伯母さんは待てどくらせど迎ひにきてくれない。で、もうかもうかと坂の上のはうを見ながら途方にくれてるところを、小使のおかみさんが見つけた。門でもしめにきたのだつたか。家の近いことは知つてるから、早く帰るやうにすすめたにちがひない。が、私は伯母さんのいひつけを守つていつかな動かない。かまはず帰ればとうの昔家にゐるじぶんだのに、表に立つてるもので、いくらばらばら雨でも濡れてくる。それよりも（1）私のはうがやがて大雨になりさうな模様だ。

おかみさんが手こずつてるところへ、（2）運悪くひとり遅れて出てきたのが二、三年上級の女の子だつた。おかみさんは私たちの帰り路が同じだといふことを知つてたのだらう。幸ひその子が傘をさしてたもので、私を入れていつてくれるやうに頼んだ。見たところからも、いやといへるやうな子ではなかつたらしい。高等二年――今の六年――までは席は左右に分かれながら男女共学だつたけれども、さうした危急存亡の場合でさへ相合傘なぞはもつてのほかなので、仲間に見つかつたが最後いい物笑ひになる時代だつた。その子は迷惑至極だつたらうが、おかみさんに押されてはひる私を黙つて傘に入れて歩きだした。どちらも息をころして足もとを見つめたまま、我にもあらず足をはこぶ。旧幕時代引廻《ひきまは》しにあつた咎人《とがにん》の気もちは、たぶんこんなだつたらう。やつとの思ひで家の近所まできたときに、妹の乳母が迎ひにくるのに逢つた。私はありがたうとお礼をいはされたらう。いはされなければいへなかつたにきまつてゐる。乳母はあいそよく礼をいつたが、先《さき》もろくに返事ができなかつたらしい。(3)その時の様子はいつまでも乳母の愉快な思ひ出話になつた。帰つて私は伯母さんに苦情をいつたにちがひない。(4)伯母さんが忙しかつたからばあやに代りにいつてもらつたといふのを、兄がはたから、父が迎ひにやらなかつたのだ、とすつぱぬいた。それは、私といふ意気地なしが自分でどう分別するかを試みるために、わざとさうしたのだとわかつた。それはわかつたとしても、よし善意からにせよ約束が守られないことがあるといふ、家の者に対する不信用のこれが最初のものとなつたであらう。

中学の三年頃だつたか、英語の教科書に誰か名のある詩人の短い詩がのつてゐた。こちらは中学生でも、むかうでは小学校の教科書だらう。帽子をまぶかに被つたうつむき加減の男の子に寄りそつて、その顔をうかがふやうに可愛い女の子が歩いてゐる。舞台はぬるでの木のある学校の前庭かなにかで、長年生徒の靴にすりへらされた床とか框《かまち》とかいふ文句があり、学期のはじめでもあらうか、彼女が彼に、自分の席次が彼より上になつたことをすまなく思ふ、と詫びてるところだつた。私の記憶も歳月にすりへらされてしまつたが、そののち彼らは結婚しめでたく天寿をへて冷たい墓石になつた、といふやうな話だつた。とかく無味乾燥な教科書のなかのこの話は、特にそれが詩であるためにひどく私を喜ばした。そして私どものそれにひきくらべて、(5)自由で幸福な彼らの少年時代の生活が深く印象に残つた。

（中勘助「こまの歌」より）

問一　傍線部(1)について、このときの「私」の気持ちを説明せよ。

問二　傍線部(2)について、なぜ「運悪く」と言っているのか、説明せよ。

問三　傍線部(3)で、乳母はなぜ「愉快」と感じたのか、説明せよ。

問四　傍線部（4）について、このときの伯母さんの気持ちはどのようなものか、説明せよ。

問五　傍線部（5）について、「自由で幸福な」とはどのようなことを言っているのか、具体的に説明せよ。

（解答枠は問一＝ヨコ20ミリ×タテ140ミリ、問二・三＝ヨコ30ミリ×タテ140ミリ、問四・五＝ヨコ50ミリ×タテ140ミリ）

二〇〇二年

（文理共通）

一

次の文は、長く住んだ自分の家が取り壊される前日の「私」の姿を描いた小説の一節である。主人公の「私」は、戦後間もない時期にこの家を建て、会社を定年退職した現在も妻と二人でここに暮らしている。これを読んで、あとの問に答えよ。（五〇点）

　毅夫《たけお》が初め私に提案したのは、今の家の建替えではなかった。彼は土地も家も売って、郊外へ移ろうと言ったのである。二番目の子供が生まれて、いかにも手狭になった社宅住まいを切上げたくなったのであろう。それには借金をして独力で建てるよりも、行くゆくはどのみち自分の物になる親の財産を活用した方が利口だと計算したのであろう。そうした考え方を私は咎《とが》めはしない。私だっていつかは彼の一家と同居する心積りはしていたのだから。(1)しかし、何事にも周到な彼が郊外分譲地のパンフレットを持ってやって来たとき、自分でも予期しない反撥心《はんぱつしん》が湧いた。恐しく吹きっ曝《さら》しの所だな、と丘陵を開拓した造成地の写真を見て、私は言った。それに夢見ヶ丘とはよく恥かし気もなく付けたものだ。まあ今は殺風景だけども、と毅夫は逆らわなかった。家を建てて木を植えればすっかり変りますよ、木を育てるのは、お父さん、楽しみじゃないですか。木が育つまで俺が生きてるわけがない、とは流石《さすが》に私は言わなかった。毅夫は用意したメモを見ながら、その夢見ヶ丘なる土地に住む利点を次つぎに挙げた。取り分け彼が強調したのは陽当りであった。きっと冬でも陽灼《ひや》けするよ、お父さん。

　ものの百米とは離れていない荒川の堤防の上に高速道路が構築されて以来、私の家の環境は変ってしまった。騒音こそさほどではないが、日照が失われたのが、私には応《こた》えた。冬場は二時を過ぎると、高速道路の影が家を覆うのである。そうなってからしばらく、私は、陽の翳《かげ》る時刻が近づくと庭へ出て、高速道路の向うへ意外な早さで陽が隠れて行くのを、いまいましくみつめていたものだ。陽の色が消えると、俄《にわ》かに周りに寒さが立ちこめるような気がする。(2)私はわざと大きな嚔《くしゃみ》をして妻に笑われたりした。私がそんな風だったのを、毅夫も当然知っていたであろう。

毅夫の説明は、そのほかすべてについてそつがなかった。陽の当らぬ下町の低湿地から陽光あふれる郊外の高台へ。自分たち一家の利害が基本にあるとは言え、彼が精一杯に誠意を尽そうとしている事は疑いようがなかった。いい息子だな、と私は皮肉でなく言った。お前は息子で苦労しないで済んでるから羨《うらやま》しい、と同僚に言われた事が思い出された。確かに毅夫は出来がいいとは言えぬまでも、手間のかからぬ息子である。小学校から大学まで際立った成績は示さなかった代りに、中位以下に下りもしなかった。高校、大学の受験と就職試験に一度も失敗しなかったのは、彼が常に自分の能力で手の届く範囲を慎重に計量した結果である。お前みたいなのは一流にはなれんぞ、と酔ったまぎれに私が言ったとき、一流とか二流とかそんなこだわり方は時代遅れだ、と彼は答えた。私の自分の性格への秘かなこだわりを、彼は見抜いていたかも知れない。

なるべく急いで検討してみて下さい、と毅夫はパンフレットや契約説明書を私の方へ押して寄越した。その必要はないよ、と私は押返した。この家を売る気はないからね。ここで曖昧《あいまい》な態度を示してはいけない、と私は思った。毅夫の指図は受けないという私の意志が、語気を通して伝わるように喋《しゃべ》ったつもりであった。

それからは紆余《うよ》曲折《きよくせつ》があった。妻が間に立った。妻は毅夫の話を私より先に聞いて、内心私の賛成を期待していたらしい。どうせあたしの方が後に遺《のこ》ってあの子の世話になって暮すのだから、あの子の気に入らない事はさせたくない、と言った。私は黙っていた。妻は毅夫の社宅へ泊りがけで出掛け、今の家を壊して、跡地に二世帯が階上階下に分れて住める家を建てる案を、大凡《おおよそ》の費用分担まで含めて決めて来た。いいだろう、俺だって何もお前と二人きりでいたいわけじゃない、と私は言って、(3)これでまた人に羨まれる種が増えた、と思った。気の優しい息子の家族と暮す安定した老後。まさにその通りには違いない。

世間の眼から見れば、最初の毅夫の主張は筋の通った常識的なものだったろう。しかしそれに反対した私の言い分も、あながち無法だったとは思わない。そしてその中間を取って、現実的な案が立てられ、実行に移された。私も、これより良い解決策はなかったと思っている。私と息子と双方に対する妻の気遣いには、感謝している。(4)それなのに、自分の持ち物を無体に取上げられたような虚しさに加えて、憤りまで湧くのは何故だろう。

今日、朝の間は出掛けるつもりはなかった。残る一日を古い家の中で落着いて過したい気持もあった。だがいつもと同じに朝食を済まし、二階の座敷に座って、知人の好意で定期的に廻してもらっている翻訳の仕事をぽつぽつやっているうちに、居たたまれなくなって来たのである。黒ずんで所どころが反り返った杉板の天井や、把手《とって》の廻りに手脂の染みが付いた北窓の硝子障子《ガラスしょうじ》、簞笥《たんす》を退けた痕《あと》がくっきりと青白く遺っている畳。今日限りで消えてしまうものが、私に向って群がり寄って来るような気がした。私がもう少し昔者であったなら、家霊に責められていると感じたであろう。私は追われるように階下へ降り、台所で片付物をしている妻に、飯を食いに銀座へ出ないか、と声をかけた。あたしは用があってそれ所じゃない、と素気ない返事が返って来た。(5)それにこんな日は、あなた一人の方がいいんじゃないの、その代り、帰りにデパートで晩の物を見繕って買って来て下さい。こんな日、と妻は微かに笑いを含んで言った。私が一人で感傷に耽《ふけ》りたいのだとでも思ったのだろうか。まあ、それだって構わない。

（高井有一「半日の放浪」より）

問一　傍線部(1)について、「私」はなぜ、「自分でも予期しない反撥心」を感じたのか、説明せよ。

問二　傍線部(2)の、「私」と「妻」の気持ちについて、それぞれ説明せよ。

問三　傍線部(3)には、「私」のどのような気持ちがこめられているか、説明せよ。

問四　傍線部(4)について、「私」の気持ちはどのようなものか、説明せよ。

問五　「私」は、傍線部(5)の妻の言葉についてどのように感じているのか。妻の気持ちと合わせて説明せよ。

（解答枠は問一・二＝ヨコ40ミリ×タテ140ミリ、問三〜五＝ヨコ50ミリ×タテ140ミリ）

（文理共通）

二　次の文を読んで、あとの問に答えよ。（五〇点）

浮世絵はその木板摺《ずり》の紙質と顔料との結果によりて得たる特殊の色調と、その極めて狭少なる規模とによりて、まことに顕著なる特徴を有する美術たり。浮世絵は概して＊奉書《ほうしよ》または西之内《にしのうち》に印刷せられ、その色彩はみな褪《さ》めたる如く淡くして光沢なし。試みにこれを活気ある油絵の色と比較せば、一つは赫々《かくかく》たる烈日の光を望むが如く、一つは暗澹《あんたん》たる行灯《あんどん》の火影《ほかげ》を見るの思ひあり。油絵の色には強き意味あり主張ありて能《よ》く制作者の精神を示せり。これに反して、もし木板摺の眠気《ねむけ》なる色彩中に制作者の精神ありとせば、そは全く専制時代の萎微《ゐび》したる人心の反映のみ。余はかかる暗黒時代の恐怖と悲哀と疲労とを暗示せらるる点において、あたかも娼婦が啜《すす》り泣きする忍び音《ね》を聞く如き、この裏悲《うらがな》しく頼りなき色調を忘るる事能《あた》はざるなり。

余は現代の社会に接触して、常に強者の横暴を極むる事を見て義憤する時、翻《ひるがへ》つてこの頼りなき色彩の美を思ひ、その中《うち》に潜める哀訴の旋律《メロディ》によりて、暗黒なる過去を再現せしむれば、たちまち東洋固有の専制的精神の何たるかを知るとともに、深く正義を云々するの愚なることを悟らずんばあらず。希臘《ギリシヤ》の美術はアポロンを神となしたる国土に発生し、浮世絵は虫けら同然なる町人の手によりて、日当たり悪《あ》しき横町の借家に制作せられぬ。今や時代は全く変革せられたりと称すれども、要するにそは外観のみ。一度《ひとたび》合理の眼《まなこ》を以てその外皮を看破せば、武断政治の精神は毫《がう》も百年以前と異なることなし。江戸木板画の悲しき色彩が、全く時間の懸隔なく深くわが胸底に浸《し》み入りて常に親密なる囁《ささや》きを伝ふる所以《ゆゑん》、Aけだし偶然にあらざるべし。

余は何が故か近来、主張を有する強き西洋の芸術に対しては、Bさながら山岳を望むが如く、ただ茫然としてこれを仰ぎ見るの傾きあるに反し、一度その眼を転じて、個性に乏しく単調にして疲労せる江戸の文学美術に対すれば、たちまち精神的ならびに肉体的に麻痺《まひ》の慰安を感ぜざるを得ず。されば余の浮世絵に関する鑑賞といひ研究といふが如き、もとより厳密なる審美の学理に因るものならず。もし問ふものあらば、余はただ特別なる事情の下に、特別なる一種の芸術を喜ぶと答へんのみ。いはんや泰西人の浮世絵に関する審美的工芸的研究は、既に遠く十年以前全く細微に渉《わた》りて完了せられたるにおいてをや。

余は既に幾度か木にて造り紙にて張りたる日本伝来の家屋に住し、春風秋雨四季の気候に対する郷土的感覚の如何《いかん》を叙述したり。此《かく》の如く脆弱《ぜいじやく》にして清楚なる家屋と此の如く湿気に満ち変化に富める気候の中に棲息すれば、かつて広大堅固なる西洋の居室に直立闊歩したりし時とは、百般の事おのづから嗜好を異にするは、けだし当然の事たるべし。余にしてもしマロック皮の大椅子に横たはりて図書室に食後の葉巻を吹かすの富を有せしめば、おのづからピアノと油絵と大理石の彫刻を欲すべし。然れども幸か不幸か、余は今なほ畳の上に両脚を折り曲げ、乏しき火鉢の炭火によりて寒を凌《しの》ぎ、簾《すだれ》を動かす朝《あした》の風、廂《ひさし》を打つ夜半の雨を聴く人たり。清貧と安逸と無聊《ぶれう》の生涯を喜び、(イ)酔生夢死に満足せんと力《つと》むるものたり。曇りし空の光は軒先に遮られ、障子の紙を透《す》かしてここに特殊の陰影をなす。かかる居室に適応すべき美術は、先づその形小ならざるべからず、その質は軽からざるべからず。然るに現代の新しき制作品中、余は不幸にしていまだ西洋の*miniatureまたは銅版画に類すべきものあるを見ず。浮世絵木板摺はよくこの欠陥を補ふものにあらずや。都門の劇場に拙劣なる翻訳劇出《い》づるや、朋党相結んで直《ただ》ちにこれを以て新しき芸術の出現と叫び、官営の美術展覧場に賤《いや》しき画工ら(ロ)虚名の鎬《しのぎ》を削れば、猜疑嫉妬の俗論轟々《がうがう》として沸くが如き時、秋の雨しとしとと降りそそぎて、虫の音次第に消え行く郊外の侘住居《わびずまひ》に、倦《う》みつかれたる昼下がり、尋ね来《き》たる友もなきまま、独りひそかに浮世絵取り出して眺むれば、ああ、春章、写楽、豊国は江戸盛時の演劇を眼前に髣髴《はうふつ》たらしめ、歌麿、栄之は不夜城の歓楽に人を誘《いざな》ひ、北斎、広重は閑雅なる市中の風景に遊ばしむ。余はこれに依つてみづから慰むる処《ところ》なしとせざるなり。

(永井荷風「浮世絵の鑑賞」〈大正二年〉より)

注(*)

奉書、西之内＝紙の名称

miniature＝細密画

問一　傍線部(イ)(ロ)を分かりやすく説明せよ。

問二　第一段落で述べられた油絵と浮世絵の特徴について、対比的に説明せよ。

問三　筆者が傍線部Aのような判断を下す理由を述べよ。

問四　西洋の芸術に対する筆者の受け止め方はどのようなものか。傍線部Bの譬《たと》えを踏まえながら述べよ。

問五　筆者が今の生活の中で浮世絵を愛好する理由を簡潔にまとめよ。

(解答枠は問一＝各ヨコ25ミリ×タテ130ミリ、問二・三・五＝ヨコ50ミリ×タテ140ミリ、問四＝ヨコ40ミリ×タテ140ミリ)

二〇〇一年

(文理共通)

一

次の文を読んで、あとの問に答えよ。(五〇点)

「画家は窓を通して自然を見るのではない。先輩や師匠の作品を通して見るのだ」といったのは、美術史家として、また批評家として有名なイタリアの故リオネルロ・ヴェントゥーリである。美術の全歴史は、おそらくヴェントゥーリのこの一句のなかに、集約的に表現されている。むろん、この場合、「見る」ということは、絵画の表現様式の比喩であるばかりでなく、文字通り視覚的映像世界をも意味する。(1)人は「見る」ことすらも学ぶものである。逆にいえば、人は「先輩や師匠」がそう見たようにしか見ることはできない。われわれは、自分の家の窓から遠く広がる自然の景観を眼《ま》のあたりにする時、いわば嬰児《えいじ》のような捉われない眼で、ありのままに見ていると信じている。だがもしほんとうに嬰児の眼に写る世界をそのまま白日のもとにさらけ出すことができたとしたら、そこにはおそらくただ混沌しかないであろう。その混沌に秩序をあたえ、対象を明確に認識させるのは、ほかならぬ「先輩や師匠」たちの「眼」なのである。

絵画の世界において、ある表現様式がつねに固定して継続する傾向があるのは、そのためである。古代エジプト人たちは、ほとんど三千年ものあいだ、顔と下半身は横向きで上半身は正面向きという、われわれから見れば不自然な人間像を描き続けた。しかもその横顔には、ご丁寧に正面から見た眼が描かれているのである。エジプト人たちのこのような「不自然な」人間表現を、彼らの技術的未熟さのせいにするのはかならずしもあたらない。動物たちを描き出す時の彼らの写実的表現力は、その後の美術史上のどのような作品とくらべてもひけをとらないくらい見事なものだからである。とすれば、彼らが表面視と側面視とをごちゃまぜにしたような人間像を描いたのは、技術が拙劣だったからではなくて、事実そのように人間を「見て」いたからである。そして三千年もの長いあいだそのように「見て」いたのは、彼らがいずれも「先輩や師匠」たちの作品を通して人間を見ることを学んだからである。エジプト人たちのあの様式化された人間像は、(2)実はそれなりにきわめて写実的なものだったといってもよいのである。

このように先輩から後輩へ、師匠から弟子へと伝えられていった固定した様式は、伝統を形成する重要な要素である。しかし、実はそれだけでは伝統は生まれてこない。(3)伝統に歴史は必要であるとしても、歴史はそのまま伝統ではない。桑原武夫氏がかつて正当に指摘された通り、単に無意識のまま受け伝えられてきたものは、伝承と呼ばれるにふさわしいものであって、まだ伝統ではない。伝統は、それと意識されることによってはじめて伝統となる。古くから伝えられてきたものが一つのモデル、ないしは手本として意識された時に伝統というものになるのである。

したがって(4)伝統ということばにはつねに幾分か理想主義的な憧れとノスタルジーがこめられている。人は自分が現在とっぷりとそのなかにひたって少しも不自然と感じないものをあらためて意識することはない。古くから伝えられてきてほとんど生活の一部となっているものがあらためて強く意識されるのは、それが失われた時か、あるいは少なくとも失われようという危険にさらされている時である。つまり伝統は、ある意味では危機の時代の産物だといってもよいのである。

わが国において、美術における伝統が強く意識されるようになったのは、いうまでもなく、明治の変革期においてである。御一新は、美術のみならず、政治、経済、社会のあらゆる分野に新しい西欧的近代の輸入をもたらし、急激な変化を招いたが、美術の分野では、明治十年代の後半頃から、この極端な西欧化に対する反動が目立つようになり、やがて明治二十二年の東京美術学校創立に集約的に示されるような「復古主義」の時代を迎える。周知のように、創立当初の東京美術学校は絵画科は日本画しか認めず、当時ようやく少数の人びとのあいだに定着しかけていた洋画（油彩画）は完全に締め出されていた。そして教室も、日本画や木彫、工芸を教える必要上そうであったのであろうが、普通の学校教室とはがらりと変わって、畳敷きか板の間、あるいは平土間で、寒い時や膠《にかわ》を熔《と》かす必要がある時は、そこに焼物の大火鉢を持ち込むという具合であった。

明治二十年代に伝統の意識が急速に強まってきたのは、いうまでもなくそれ以前に伝統が失われそうな危機の時代があったからである。いやその時にはおそらく「伝統」という意識はなかったであろう。古いものが失われるかもしれないという事態が「伝統」という意識を生み出したのである。事実、明治九年に工部美術学校が設置されてから十五年（彫刻部は十六年）に廃止されるまでは、文字通り洋画家たちは我が世の春を謳歌《おうか》しており、逆に日本画家の方が食うや食わずの悲惨な生活を送っていた。絵が売れないので橋本雅邦が一つ一銭で三味線の駒をつくったり、狩野芳崖が安物の陶器の絵付けをしたりしてやっと糊口をしのいでいたというのは、この頃の話である。

（高階秀爾「近代美術における伝統と創造」より）

問一　傍線部（1）「人は「見る」ことすらも学ぶものである」というのはどのような意味か、説明せよ。

問二　傍線部（2）「実はそれなりにきわめて写実的なものだったといってもよいのである」というのはなぜか、その理由を説明せよ。

問三　傍線部（3）「伝統に歴史は必要であるとしても、歴史はそのまま伝統ではない」というのはどのような意味か、説明せよ。

問四　傍線部（4）「伝統ということばにはつねに幾分か理想主義的な憧れとノスタルジーがこめられている」というのはなぜか、その理由を説明せよ。

問五　日本美術史における明治二十年代について、筆者はどのように捉えているか、「伝統」ということばの解釈に基づきながら説明せよ。

（解答枠は問一～五＝ヨコ50ミリ×タテ140ミリ）

（文理共通）

二　次の文を読んで、あとの問に答えよ。（五〇点）

いま在官の人物少なしとせず、私《わたくし》にその言を聞きその行ひを見れば、おほむね皆闊達大度《くわったつたいど》の士君子にて、その言行或は慕ふべきものあり。しかるにいまこの士君子、政府に会して政《まつりごと》をなすに当り、その為政の事跡を見れば、我輩の悦《よろこ》ばざるもの甚だ多く、あたかも一身両頭あるが如し。私にありては智なり、官にありては愚なり。これを散ずれば明なり、これを集むれば暗なり。(1)政府は衆智者の集まるところにして、一愚人の事を行ふものと云ふべし。維新以来、政府にて学術、法律、商売等の道を興《おこ》さんとして効験なきも、その病の原因は、けだしここにあるなり。

我国の文明を進むるには、まづ彼《か》の気風を一掃せざるべからず。その任に当る者は、ただ一種の洋学者流あるのみ。しかるにその所業につき我輩の疑ひを存するもの少なからず。その疑ひを存するとは、この学者士君子、皆官あるを知りて私あるを知らず、政府の上に立つの術を知りて、政府の下に居るの道を知らざるの一事なり。

方今、世の洋学者流はおほむね皆官途に就き、私に事をなす者はわづかに指を屈するに足らず。けだしその官にあるは、ただ利これ貪るのためのみにあらず、生来の教育に先入して、ひたすら政府に眼《まなこ》を着し、政府にあらざれば決して事をなすべからざるものと思ひ、これに依頼して宿昔《しゅくせき》青雲の志を遂げんと欲するのみ。その所業、或は賤《いや》しむべきに似たるも、その意は深く咎《とが》むるに足らず。けだし意の悪しきにあらず、ただ世間の気風に酔ひて、自ら知らざるなり。

およそ民間の事業、十に七、八は官の関せざるものなし。これを以て、世の人心ますますその風に靡《なび》き、官を慕ひ官を頼み、官を恐れ官に諂《へつら》ひ、毫《がう》も独立の丹心《たんしん》を発露する者なくして、その醜体、見るに忍びざることなり。たとへば方今出版の新聞紙および諸方の上書《じゃうしょ》・建白の類もその一例なり。出版の条例、甚しく厳なるにあらざれども、新聞紙の面《おもて》を見れば、政府の忌諱《きき》に触るることは絶えて載せざるのみならず、官に一毫の美事あれば、慢《みだり》にこれを称誉してその実に過ぐ。かくの如きの甚しきに至る所以は、未だ世間に民権を首唱する実例なきを以て、ただ彼の卑屈の気風に制せられ、その気風に雷同して、国民の本色を見《あら》はし得ざるなり。これを概《がい》すれば、(2)日本にはただ政府ありて未だ国民あらずと云ふも可なり。

政府はただ命ずるの権あるのみ。これを諭《さと》して実の例を示すは私の事なれば、我輩まづ私立の地位を占め、或は学術を講じ、或は商売に従事し、或は法律を議し、或は書を著し、或は新聞紙を出版するなど、およそ国民たるの分限を越えざる事は、忌諱を憚《はばか》らずしてこれを行ひ、固く法を守りて正しく事を処し、或は政令信ならずして曲を被《かうむ》ることあらば、わが地位を屈せずしてこれを論じ、あたかも政府の頂門に一針を加へ、旧弊を除きて民権を恢復《くわいふく》せんこと、方今至急の要務なるべし。固《もと》より私立の事業は多端、かつこれを行ふ人にもおのおの長ずる所あるものなれば、わづかに数輩の学者にて悉皆《しつかい》その事をなすべきにあらざれども、(3)わが目的とする所は、事を行ふの巧みなるを示すにあらず、ただ天下の人に私立の方向を知らしめんとするのみ。今、我より私立の実例を示し、人間《じんかん》の事業はひとり政府の任にあらず、学者は学者にて私に事を行ふべし、町人は町人にて私に事をなすべし、政府も日本の政府なり、人民も日本の人民なり、政府は恐るべからず近づくべし、疑ふべからず親しむべしとの趣を知らしめなば、人民漸《やうや》く向ふ所を明らかにし、上下固有の気風も次第に消滅して、はじめて真の日本国民を生じ、政府の玩具たらずして政府の刺衝《ししよう》となり、学術以下三者も、自らその所有に帰して、国民の力と政府の力と互ひに相平均し、以て全国の独立を維持すべきなり。

（福沢諭吉「学者の職分を論ず」より）

注　刺衝＝刺激。

問一　傍線部（1）はどういう意味か、わかりやすく説明せよ。

問二　筆者は当時の「洋学者流」の生き方をどのように評価しているか、具体的に述べよ。

問三　傍線部（2）の「日本にはただ政府ありて未だ国民あらず」という言葉で筆者はどういうことを言おうとしているのか、具体的に述べよ。

問四　筆者は「私立」の役割をどういう点に見ているか、具体的に述べよ。

問五　傍線部（3）の「わが目的とする所」とは具体的にどういうことか、わかりやすく述べよ。

（解答枠は問一・三・四＝ヨコ40ミリ×タテ140ミリ、問二・五＝ヨコ50ミリ×タテ140ミリ）

二〇〇〇年

(文理共通)

一

次の文を読んで、あとの問に答えよ。(五〇点)

現代社会において、芸術という観念がすでに変化したとは断定できないが、変化の兆候はかなり顕著にあらわれている。芸術に固有と考えられる若干の属性が、疑問の対象とされていることは否定できない。

芸術は永遠につらなるものとされた。果してそうであろうか。芸術を創作し、これを享受するのは人間である。今日では全人類が地上から絶滅する可能性がたしかにあるが、もしそうなれば、芸術も当然消滅してしまう。しかし、そのような芸術の全般的消滅という想定も、日本では、あまり強い衝撃をあたえないかも知れない。よきも悪しきも、あらゆるものは必ず滅びるという思想が、ここでは根強いからである。全的消滅の問題ははずすとしても、芸術の価値は永遠不変だという観念はどうであろうか。『ミロのヴィナス』の美しさや『万葉集』の真実性は、いかなる時代にも評価されるという命題は、安全に成り立つであろうか。疑わしい。未来は予測できないにしても、過去の考察から想定をこころみることはできよう。新井白石は全裸のギリシア女神像を見て、おそらく喜ばなかったであろう。ラシーヌが『万葉集』の東歌《あずまうた》を愛唱したかどうかは疑わしい。たしかなことは、『赤と黒』が文化・文政期に邦訳されたとしたならば、きっと訳者は手錠をはめられただろうことである。現にこの傑作は、制作当時、著者の親友で、頭脳明敏をもって知られたメリメの評価をすら得ることができなかったのである。

芸術の時間・空間に制約されない普遍妥当性という観念は、観念的美学者にとっては好都合であろうが、簡単には容認しがたい。もちろん、地球の各地域が孤立していた時代と、科学技術の発達によって地球が日々に小さくなっていく現代とでは、事情はもちろん同じではない。アフリカ黒人の彫刻が日本で鑑賞され、宋代の文人画がアメリカで賛美されるという事態も生まれつつある。しかし、外的破壊によるのみでなく、好尚の変遷によって消滅した（ギリシア劇）あるいは消滅しつつある芸術もあるのである。一中《いっちゅう》、薗八《そのはち》といった江戸音曲は、いつまで日本青年の心をつかみうるのであろうか。世界中の文化が均一化される方向が生じつつあることは疑いえないが、均一化のさいに主流となるものと傍流となるものとは避けられず、置きざりにされて亡《ほろ》びるものも生じるはずである。主流として生き残ったものを永遠不変というのであろうか。

社会条件がどのように変わろうとも、すぐれた芸術の価値の不動であることは親子の情と同じであるなどという議論を今もときどき聞くが、それは自然の永遠不変性をふまえての感情論にすぎない。ところで（1）自然そのものが漸次歴史化されつつある。そして自然のなかへ人為が乱入して、これに改変を強制するのが工業ということではないか。自然は上等、ホンモノ、人造は安物、ニセモノという考え方は、工業発達の初期の感じ方にすぎない。今日、人造ゴムがあらゆる点において天然ゴムにまさることは証明されている。外界自然にしても、人間が管理しなければ、破壊しつくされるところまできている。永遠不変ということばを使うのは、慎重でありたい。

従来の芸術という観念には、つねに個我という観念が強く含まれていた。芸術とは、卓越した個我が、その主観的生命を客体化することと考えられていた。しかし、芸術家の天才的個我に力点をかけるのは、ヨーロッパ近代に独特な考え方ではなかろうか。人類の長い歴史において、いわばそれは、短い幸福な時期に栄えた一つの芸術観にすぎぬのではなかろうか。すぐれた芸術品がここにある。しかし、作者はわからない。だが、美しければ、それでよいではないか、という志賀直哉の夢殿の観音についてのことばが、ここで想起される。（2）芸術は、社会と自己とのあいだにさけ目を自覚する孤独の天才のいとなみであるよりも、天才をも含みつつ、多くの協力者によって成就された共同制作であった時代のほうが、長いのではなかろうか。もちろん、ダンテや杜甫は、代作者や協力者をもってはいなかった。しかし、彼の属する社会集団の共通意識から、とくに自己を切り離そうと思ってはいなかったであろう。共通的なものを美しく磨こうという気持はもちろんあっただろうが。また、文学をもって芸術全般の代表ジャンルとは考えてはなるまい。

科学技術の発達に伴って生まれた新しい芸術のジャンルは、共同制作的性格をその誕生のときからもっていた――映画、ラジオ、テレビ。これらのものを芸術と認めない人もまだあるが、それは少数化した。嫌いな芸術とは言えても非芸術とは言いがたい。

「オリジナル」ということばは、「独創的」と同時に、「もとのもの」（コピーでなくホンモノ）という二つの意味をもっていた。古い芸術の観念においては、芸術品とは、世のなかにたった一つのもの、ユニークなもの、かけ替えがなくて貴いもの、という語感を含んでいた。これも、今日、もはやそのままでは、私たちの現実感覚に適合しないのではなかろうか。芸術は、その本性上、独創的であるべきことは当然として、その独創が必ず個我の独創性でなければならぬという状況は、逓減《ていげん》しつつあるように見うけられる。個我の人格がはっきりするのは、それが社会との対抗関係にあるときであるが、社会に対立する個我という観念は、悲壮ではあるが、いまや少し古風な印象をあたえないであろうか。

「オリジナル」のもう一つのほうの意味は、さらに激しくゆすぶられている。オリジナルに対立するものは複製だが、複製という観念なしに、現代芸術は考えられないところまできている。今日、最も成功した芸術家とは、おのれの作品の複製を最大多数に頒布した人というべきであろう。一つの小説の芸術的価値を、その発行部数の多少をもってはかることはできないにしても、『暗夜行路』は、志賀直哉の原稿か初版本で読まなければならぬという人は、もはや一人もない。映画、レコード、ラジオ、テレビ、写真における芸術作品のオリジナルは、どこにあるか、それをせんさくするのは、好事家ですらない。オリジナルをもたない、全部が複製の芸術が生まれたのだ。絵画、彫刻においても、複製技術の進歩は、オリジナルとの区別をほとんど不可能にするところまできている。西洋画において、油絵具の色彩はもとより厚みまで出す技術が生まれた。そのようにして程よく時代のサビをつけられたルノアールを見て、芸術的陶酔にふけっている人の背中を叩《たた》いて、（3）それは複製ですよ、と言う鑑定職人は、むしろ芸術の敵ではなかろうか。

芸術における稀少性の喪失は、芸術にたいする神秘的、礼拝的基盤を喪失させつつある。新聞や週刊誌に載る小説は、芸術品でないと断定することはできないが、それを満載した週刊誌が文字どおり読み捨てられ、汽車のなかや街路で、泥靴に踏まれているのを見るとき、人は、芸術の永遠性というようなことばを口にするのをちゅうちょするのである。「無用になったら、捨てても燃やしてもいいような芸術、次々と取りかえ可能な芸術、非芸術の芸術、そういうものが生まれてきている」（川添登）。

永遠ということばの感覚化であろうが、従来の意識では、芸術品とは、大理石像が象徴するように、なにか固いものという感じを含んでいた。しばらくほっておけば、形が変わり、くずれるようなものは、芸術ではない。すぐれた文学作品は、一字一句ゆるがすことはできない。つまり芸術品には持続耐久性があり、それが固いと意識されたのだ。ところが、たとえば一ショット、一ショットが感動をよぶ『真昼の決闘』（ジンネマン）が終わって、場内に灯がつけば、この傑作は私の手のとどくどこにもない。そのフィルムは、倉庫にねむっているだけである。すばらしい歌ごえを聞くテレビの合唱とても、同じことであろう。芸術品は私たちにとって柔らかいものとなった。芸術を創作する個我が現代社会の空気に浸透されて、その輪郭がぼやけてきたということもあるだろうが、オリジナルがもはや存在しない、あるいはこれを尊重する人がないという感覚が、芸術品を柔らかく感覚させることになっているのではないか。

芸術の複製をつくるということは、芸術を規格生産することとつらなる。レコードの長さ、複製写真の大きさの型、そうした規格化が、芸術を制作あるいは享受する人間の心の敏感な部分に、影響を及ぼさぬということは考えられない。それはしだいに芸術の享受者をなんらかの形において規格化して、従順な心的態度を知らずしらずのうちに養成しているにちがいない。芸術品にたいする感覚が、固いものから柔らかいものへと移りつつあるということは、複製芸術があらわれたということと相即して芸術を考える場合に、問題をいわゆる純粋芸術の考察のみですますことができなくなってきたという状況と密接な関係がある。

（桑原武夫「現代社会における芸術」より、一九六九年初出。傍点は原文のまま）

問一　傍線部（1）はどのようなことをいうのか、わかりやすく説明せよ。

問二　傍線部（2）はどのような意味か、わかりやすく説明せよ。

問三　傍線部（3）について、「鑑定職人」が「むしろ芸術の敵」であるのは何故か、わかりやすく説明せよ。

問四（イ）著者は、従来の芸術観をどのようなものととらえているか、述べよ。
（ロ）それに対して、著者はどのような立場から「現代社会における芸術」を考えようとしているか、述べよ。

（解答枠は問一～三＝ヨコ50ミリ×タテ140ミリ、問四＝各ヨコ60ミリ×タテ140ミリ）

（文理共通）

二

次の文を読んで、あとの問に答えよ。（五〇点）

人は喜ばしきをのみ悦ばず、悲しきをも悦ぶと云はば、一見事理に反したることとの様なれども、少しく思へば、こは却《かへつ》て常に我らの耳目に触れ、常に我らの経験し居る事実なり。何故小説家はあはれなる話を書き綴つて、読む者に袖ぬらさしめんとする乎《か》。何故婦女子は泣きに芝居の愁嘆場観《み》に行く乎。悲しきこと、わざと語り出でてただ落涙するをば、一つの愉快とする者さへなきにあらず。これ皆畢竟《ひつきやう》悲哀に幾分の、また特別の快感の添へばなり。世間もし生者必滅、会者定離《ゑしやぢやうり》の嘆きなくんば「あはれ」てふ感情は絶えてなからん。秋の夕をあはれと思ひ、散りゆく花をあはれと見るは、これひとり悲哀の情のみにあらず、その悲哀の情につきまとふ一種の快感の存するあり。世は不如意なることのあるにこそ、また一つの面白味の加はるなれ。(1)「花は盛りに月は隈なきをのみ見るものかは」と兼好法師の云ひしはこれが故なり。

余は思ふ。小説もしくは戯曲を読んで可憐なる少女の悲哀に泣くを見て、我もともに泣くときの心の中に言ひ難きの快味を覚ゆるは、これわが社会的の性情を満足せしむるによるならんと。我れ他のために泣くときは、わが狭隘なる窮屈なる利己の圧束を脱して、わが心は人類の大なるが如くに大に、社会の広きが如くに広きを覚ゆ。これわが心の一時の救ひにはあらざる乎。狭隘なる利己の心はこれわが本真の性にあらず。他人のために涙を流して他と我との差別を忘るるのときは、これわが本性の光明を放つの瞬間なり。吾れ人はその本性に復《かへ》らんことを求む。これ、これによりて(2)仮我を去つて実我を得ればなり。これ真に我に復るなり。かのいはゆる社会的の性情は、すなはちこの復我の一片のみ。詩歌と云ひ、美術と云ひ、皆この大目的に向つて進むものにはあらざる乎。

吾れ人の感覚する悲哀の情がもし道徳的の観念また感情と相団結するとき、もしくはその悲哀の情のあるがためになほ一層道徳的の観念また感情の活力光輝を表はすときは、その悲哀の情は多少(3)道徳的の愉快を来たすの縁由《えんゆ》となるべし。例へば高節廉潔の士が堪へ難き艱苦《かんく》の中にありながら、なほよくその節操を守るの様を観れば、一方には固《もと》より悲痛辛酸の状あれども、しかし却てそれあるがためにまた一方には道徳的心識の満足を発揮せしむ。故に悲壮なる戯曲の主人公が正義公道を守つて終《つひ》にそれがために非命の死を遂ぐるの様を観るときは、悲痛惨憺《さんたん》の状は固よりこれに過ぐるものはあらざれども、しかれどもその惨憺たるが中にもなほ一種高等なる快感の存するを覚ゆるなり。

人は悲哀に訓練されて真正の楽境《らくきやう》に至るの途《みち》を知る。こは固より(4)人生の悲しき事実に相違なし。しかれどもその事実なるを如何せんや。

（大西祝《はじめ》「悲哀の快感」より）

注　吾れ人＝自分と他人、われわれ。

問一　傍線部（1）の兼好法師の言葉を著者は何を言うために引用しているのか、説明せよ。

問二　傍線部（2）について、「仮我を去つて実我を得る」とはどういう事態を指すのか、分かりやすく説明せよ。

問三　傍線部（3）の「道徳的の愉快」とはどういうことか、説明せよ。

問四　傍線部（4）について、著者はこの事実をなぜ「悲しい」と言うのか、分かりやすく説明せよ。

問五　この文章全体の論旨を二四〇字以内（句読点を含む）にまとめよ。

（解答枠は問一～四＝ヨコ40ミリ×タテ140ミリ）

一九九九年

(文理共通)

一

次の文を読んで、あとの問に答えよ。(五〇点)

私が上野村で新年を迎えるようになったのは、二十歳を過ぎた頃からであったように思う。それ以来大晦日《おおみそか》には必ず私はこの村を訪れた。

その日は村人は最後の掃除と正月のお飾りづくりに忙しい。この村では門松に赤松をつかう家と栂《つが》と檜《ひのき》の家があって、一応先祖が村で暮らすようになった由来が違うことになっている。といっても、古くは平将門の落人《おちうど》伝説からはじまるこの村の物語は、すべてが曖昧《あいまい》である。

大晦日には村人は山に入って、松や栂、檜の枝を山のように切ってくる。門松といっても玄関だけではなく、裏口にも、物置の入口にも、風呂《ふろ》にも、ようするにすべての入口につけなければならないのだから、ちょっとやそっとの量ではない。

そんなとき、私の姿をみかけると、村人は念入りにすすめていた正月の飾りつけの手をゆるめて、

「今年もこの村でお歳取りですか」

と挨拶《あいさつ》した。そして大抵はこうつづけた。

(1)「どこで歳を取っても同じことだから、よいお歳取りを迎えて下さいよ」

この村に行くようになってしばらくの間は、私にはこの言葉の意味がよくわからなかった。もちろんここで「お歳取り」といっているのは、私が一歳年齢が大きくなることで、その場合の計算の仕方は数え歳である。かつての日本には誕生日を祝うという習慣はなかったから、新年を迎えると誰もが一歳、歳を取ることになる。

私がよくわからなかったのは、「どこで歳を取っても同じことだから」と言いながら、村人の口調には、「もっと歳取りにふさわしいところがあるだろうに」という雰囲気がこめられていたことだった。それは新年を迎える場所ではなく、歳を取る場所である。もっとも十年もすると村人の口調も、「今年も村にお歳取りに来てくれましたか」と変わった。「お歳取りはこの村でと決めている人だから」とも言う。

そう言われてみると私はおかしかった。私は自分が歳を取る場所を求めてこの村に来ているのではなく、ただ単に静かな山里の正月が好きだったにすぎないのだから。

歳を取るにふさわしい場所がある、という感覚はいまでも私にはよくわからない。だがそこに、今日ではこわれてきているとはいえ、共同体に暮らしてきた人々の感覚があるのであろう。自分一人が新しい年＝歳を迎えるのではない。この世界を共有してきた者たちは、誰もが一緒に新しい年＝歳を迎える。村人も、村の神々も、森の樹々も、そして動物たちも。だから新しい年＝歳は共同の世界で迎えるものなのである。

だからこの村で正月を過ごすようになった頃は、村の老人たちには、私が歳を取るにふさわしい私の場所をないがしろにしているのではないか、という気持ちがあり、しかし、それなら、この村で一緒にうまく歳を取って下さいよという願いがこめられていたのである。ここには、新しい年＝歳の迎え方、年＝歳のとり方を誤まると、私の身にさしさわりがでてくるかもしれない、という古代から受け継がれた感覚もあるのだけれど、そんな時期を過ぎて、いつしか村人も、私の歳取りの場所はこの村がふさわしいと考えるようになっていった。

「今年もお歳取りに来るのを待っていますよ」

晩秋が近づくと、村人はそんなふうに声をかけるようになった。(2)おそらくその理由は、私がこの村でわずかとはいえ畑仕事をしていることと関係している。四月には山里の春が還ってくる。それは春の仕事が戻ってきたことを意味し、そのとき私も村人も、自然と人間の共同の世界を共有する。

そしてこの時間世界とともに、村人の仕事の世界が成立する。畑仕事、山仕事、この村ではオテンマと呼ぶ村人共同の仕事、正月を迎える準備も、村祭りも、村の寄合いも、すべてが村人の仕事のなかにある。村人がつかい分ける「仕事」と「稼ぎ」の関係については、私はこれまでも何度か書いてきたけれど、時間論の立場からみれば、村人が「仕事」と呼んでいるものは、この山里の時間世界と結ばれるように成立する。(3)それは自然と人間の関係をとおしてつくられる時間世界とともにあり、村人同士の、すなわち(4)人間と人間の関係のなかにある時間世界とともにつくりだされた労働である。

春になれば春の畑仕事がはじまり、それは晩秋の収穫とともに終わる。山菜採りや茸《きのこ》狩りの季節が訪れると村人は山に入り、夏にはシノブや岩茸《いわたけ》を求めて山を歩く。そこには自然とともに毎年循環してくる仕事の世界がある。もちろん釣りも森の樹々の手入れもこの世界のできごとである。ここでは自然と人間はひとつの世界を共有していて、その両者の関係のなかに時間世界がつくられ、仕事の世界が生まれるのである。

それは寄合いや共同労働としての仕事のなかでも変わることはない。自然と人間の共同の世界がつくりだす仕事は、ときに村祭りやオテンマのかたちをとって、村人の人間と人間の関係をもこの時間世界のなかにつつみこむ。

ところが村人が「稼ぎ」と呼ぶものは、この山里の時間世界から離脱した労働時間として成立している。稼ぎとは文字どおり、稼ぐための労働を意味し、その多くの形態は賃労働である。いうまでもなく、ここでは時計の時間を基準にした時間労働がおこなわれている。もっとも稼ぎには賃労働以外のかたちもあって、農業でも林業でも、それが経営的合理性にもとづいておこなわれるかぎり、この村では稼ぎに分類される。

村には農業で高い反当たり収益をあげている村人がいる。もちろん仕事としての畑仕事も、作物を収穫して出荷すれば収入になるのだから、それが結果として高い収益をもたらしても問題はない。だがそれは山里の時間世界のなかの畑仕事の結果でなければならないのである。それは春が還ってくれば春の畑仕事がはじまるという世界での畑仕事であり、ここでは経営の合理性は意識されていない。

ところが経営としての農業は、そのために投じた労働時間にふさわしい収益があがることを予定しているのだから、ここでは農業のかたちをとった時間労働がおこなわれていることになる。経営の合理性をつくりだすとは、時間の合理性を確立することであり、時計の時間を基準にした労働が成立することである。

（内山節『時間についての十二章』より）

問一　傍線部（1）「どこで歳を取っても同じことだから、よいお歳取りを迎えてくださいよ」という言葉には、村人のどのような気持ちが含まれているか、説明せよ。

問二　傍線部（2）「おそらくその理由は、私がこの村でわずかとはいえ畑仕事をしていることと関係している」というのはなぜか、説明せよ。

問三　傍線部（3）「自然と人間の関係をとおしてつくられる時間世界」とはどのような意味か、説明せよ。

問四　傍線部（4）「人間と人間の関係のなかにある時間世界」とはどのような意味か、説明せよ。

問五　村人にとって「仕事」と「稼ぎ」はどのように違うのか、説明せよ。

（解答枠は問一・二・五＝ヨコ50ミリ×タテ140ミリ、問三・四＝ヨコ35ミリ×タテ140ミリ）

（文理共通）

二　次の文を読んで、あとの問に答えよ。（五〇点）

われは今、わが体質とわが境遇とわが感情とに最も親密なるべき芸術を求めんとしつつあり。現代日本の政治並びに社会一般の事象を度外視したる世界に遊ばん事を欲せり。社会の表面に活動せざる無業《むげふ》の人、または公人としての義務を終へて隠退せる老人等の生活に興味を移さんとす。墻壁《しやうへき》によりて車馬往来の街路と隔離したる庭園の花鳥《くわてう》を見て憂苦の情を忘れんとす。人生は常に二面を有すること、天に日月あり時に昼夜あるが如し。活動と進歩の外に静安と休息もまた人生の一面ならずや。われは（1）主張の芸術を捨てて（2）趣味の芸術に赴《おもむ》かんとす。われは現時文壇の趨勢を顧慮せず、国の東西を問はず、時の古今《ここん》を論ぜず、唯《ただ》最もわれに近きものを求めてここに安んぜんと欲するものなり。伊太利亜《イタリア》未来派の詩人マリネッチが著述は、両三年前《ぜん》われも既にその声名を伝へ聞きて一読したる事ありき。然れどもその説く所の人生驀進《ばくしん》の意気、余りに豪壮に過ぐるを以て、われは忽《たちま》ちこれを捨てて顧みざりき。われは戦場に功名の死をなす勇者の覚悟よりも、家に残りて孤児を養育する老母と、淋しき暖炉の火を焚く老爺《らうや》の心をば、更に哀れと思へばなり。世を罵《ののし》りて憤死するものよりも、（3）心ならず世に従ひ行くものの胸中に一層の同情なくんばあらず。

　　世に立つは苦しかりけり腰屏風《こしびやうぶ》
　　　まがりなりには折りかがめども

われ、京伝《きやうでん》が描ける『狂歌五十人一首』の中《うち》に掲げられしこの一首を見しより、始めて狂歌捨てがたしと思へり。されどわれは人に向つて狂歌を吟ぜよ、浮世絵を描け、三味線を聴けと主張するものに非《あら》ず。われは唯西洋の文芸美術にあらざるも、なほ時としてわが情懐《じやうくわい》を託するに足るものあるべきを思ひ、故国の文芸中よりわが現在の詩情を動かし得るものを発見せんと勉むるのみ。文学者の事業は、強《し》ひて文壇一般の風潮と一致する事を要せず。元《もと》これ営利の商業に非ざればなり。一代の流行西洋を迎ふるの時に当たり、文学美術もまた師範を西洋に則《のつと》れば、世人に喜ばるる事火を見るより明かなり。

然れども余は、さほどに自由を欲せざるになほ革命を称《とな》へ、さほどに幽玄の空想なきに頻《しき》りに泰西《たいせい》の音楽を説き、さほどに知識の要求を感ぜざるに漫《みだ》りに西洋哲学の新論を主張し、あるいはまたさほどに生命の活力なきに徒《いたづ》らに未来派の美術を迎ふるが如き軽挙を恥づ。（4）いはんや無用なる新用語を作り、文芸の批評を以て、宛《さなが》ら新聞紙の言論が殊更《ことさら》問題を提出して人気を博するが如き機敏をのみ事とするにおいてをや。

われは今自《みづか》ら退きて（5）進取の気運に遠ざからんとす。（6）幸ひにわが戯作者気質《げさくしゃかたぎ》をしていはゆる現代文壇の急進者より排斥嫌悪せらるる事を得ば、本懐の至りなり。因《よ》つて茲《ここ》にこの一文を草す。

（永井荷風「矢立のちび筆」より）

注　腰屏風＝腰の高さぐらいしかない、背の低い屏風。まくらびょうぶ。

問一　傍線部（1）と傍線部（2）の違いを説明せよ。

問二　傍線部（3）を分かりやすく説明せよ。

問三　傍線部（4）を分かりやすく説明せよ。

問四　傍線部（5）に筆者はどのようなニュアンスをこめているか。本文中の語句を用いて説明せよ。

問五　筆者が傍線部（6）のように考える理由を説明せよ。

（解答枠は問一～四＝ヨコ35ミリ×タテ140ミリ、問五＝ヨコ45ミリ×タテ140ミリ）

一九九八年

（文理共通）

一

編集の都合により、省略します。

（文理共通）

二

次の文を読んで、あとの問に答えよ。（五〇点）

社会従来の状態に安んぜずして、或いは改良と呼び或いは革命と叫ぶ者は、惟《おも》ふにかの所謂《いはゆる》良民の部類に属する者にはあらず。彼《か》の輩は概ねその社会に於けるの不平家なり。彼の輩の言行は当時の社会より見て危険と思惟せらるる者也。然れども若《も》し彼の輩なくば社会は変動の分子を欠かん。又それと共に進歩の分子を欠かん。社会の一隅に常にこれら少数の不平家の潜伏するなくんば、社会はひたすらに旧時の状態を維持するに傾かん。社会の健全なる生活は保守と進取との傾向がその宜《よろ》しき均合を得るにありとせば、固《もと》よりその一をのみ取りて他を棄つ可からず。而してかの所謂良民なる者は孰《いづ》れの傾向を代表する者なるぞと云はば、概ね社会当時の状態に満足して、その各自の範囲に於ける在り来たりの義務を尽すことの外にその理想を有せざる者共ならん。ただ何気なく当時の社会の慣例を守りて、敢へて之に違背するの必要を感ぜざる者共ならん。即ち彼等は保守の傾向の由りてその重きを有する所なり。物理上の比喩を用ふれば、彼等は(1)社会の惰性を代表する者と云はるべし。之に反して進歩主義の率先者となる者は社会の不平家なり、(A)無事に苦しむ底《てい》の者なり。

一国の風儀習慣にして将《まさ》に旧時の状態を維持す可からざらんとするや、一時の安寧を偸《ぬす》むの策は之を弥縫《びほう》するにあり。然れども(2)国家永久の計は之を破壊するにあり。之を破壊する者は当時にありては危険と呼ばれん。危険と呼ばれて社会の責罰を受くることは、その甘んずる所ならざる可からず。ただ何気なく従来の風儀習慣を墨守せずしてその風儀習慣の拠りて立つ所を穿鑿《せんさく》せんとする時勢に当りて、なほ無闇にこの考究心を、この批評心を抑圧するは決して策の得たる者にあらず。(3)之を抑圧するの極は、遂に曾《かつ》て恐るべしと思ひしよりもなほ恐るべき結果を誘ひ来たるに至らん。火炎の害を恐れば、宜しく之を漏らすの途《みち》を与ふべし。権勢の長久ならんことを希《ねが》はば、宜しく之を殺《そ》ぐべし。旧来の観念を批評するは之に伴ふ多少の危険なくんばあらず。然れどもその多少の危険を懼《おそ》れて批評を抑へんとするは具眼の士の為すべきことにあらず。批評心の一たびその萌芽を発してよりは、如何《いか》に之を撲滅せんとするも豈《あ》に長くそが生長を妨ぐるを得んや。(B)権勢の神聖なる、習慣の固定なるも豈に能く批評心の襲撃を免れんや。批評心一たび起らば何物か之に抗するを得ん。

（大西祝《はじめ》「批評心」より）

問一　傍線部（A）、（B）はそれぞれどのような意味か、説明せよ。

問二　傍線部（1）「社会の惰性を代表する者」とはどういう人のことか、比喩の意味を明らかにしつつ説明せよ。

問三　傍線部（2）「国家永久の計は之を破壊するにあり」とはどういうことか、説明せよ。

問四　傍線部（3）について、なぜ批評心を抑圧すると「恐るべき結果を誘ひ来たる」ことになるのか、説明せよ。

問五　「批評心」という言葉の意味を説明しながら、文章全体の主旨を簡潔に述べよ。

（解答枠は問一（A）＝ヨコ25ミリ×タテ130ミリ、（B）＝ヨコ30ミリ×タテ130ミリ、問二・三＝ヨコ55ミリ×タテ140ミリ、問四＝ヨコ50ミリ×タテ140ミリ、問五＝ヨコ65ミリ×タテ140ミリ）

◈ 解答欄の例 ◈

○ヨコ10ミリ×タテ140ミリ　3～5行の例

京大入試詳解

第2版①20221101

京大入試詳解 25年 現代文 第2版

2022~1998

解答・解説編

松本 孝子・川戸 昌　共著

駿台文庫

はじめに

京都大学は建学以来「自由の学風」を標榜しており、中央の喧噪から離れて研究に没頭できる風土が醸成されている。卒業式での仮装が風物詩になるなど、京大生は一風変わっていると評されることも多々あるが、その自由闊達で独創的な発想による研究は次々と実を結び、湯川秀樹を嚆矢として数多くのノーベル賞受賞者を輩出している。

さて、京都大学では、「入学者受け入れの方針」（アドミッション・ポリシー）の中で、教育に関する基本理念として「対話を根幹とした自学自習」を、また、優れた研究が「確固たる基礎的学識」の上に成り立つことを挙げている。京都大学が求めるのは、自由な学風の中で、そこに集う多くの人々との交流を通じて主体的意欲的に課題に取り組み成長していくことができ、そしてそのための基礎的な学力――高校の教育課程で学んだことを分析・俯瞰し活用する力――を備えている人物である。

この、基礎学力をもとに意欲をもって主体的に学ぶ人に入学してほしいという大学のメッセージは、入試問題によく表れている。本書に掲載された過去の入試問題とその解答・解説をよく研究すれば、京都大学が求める人物像を読み取ることができ、入試対策の指針が見えてくるだろう。

本書が、自由な学問を究めるための第一歩を歩み出す一助となれば幸いである。

駿台文庫 編集部

◇目次◇

◈ 目次

◆出題分析と入試対策◆

まず、二五年間の京大国語の出題を見てみよう。

一九九八〜二〇〇二年　現代文1・近代文語文1・古文1
　＊文系は3題、理系は3題中2題を選択
二〇〇三〜二〇〇六年　現代文2・古文1
　＊文系は3題、理系は3題中2題を選択
二〇〇七〜二〇二二年　文系　共通問題[一]＋文系[二]＋文系古文
　理系　共通問題[一]＋理系[二]＋理系古文

近代以降の文章は「現代文」に属するので、この『京大入試詳解25年』でも一九九八年から二〇〇二年までに出題された5題の近代文語文を収め、各問題解説で字数や内容に関する説明をしている。近代文語文は二〇〇三年以降は出題されておらず、今後も出題されることはないであろう。ここでは現代文に限定して、出題分析と入試対策をしていく。

《出　典》

二五年で出題された現代文は61題。全体では、随想が32題と圧倒的に多く、50％以上を占めている。次いで評論が18題で約30％、小説が9題で約15％、その他（書簡・対談）が2題である。

二〇〇二年度までは、京大現代文の特色といえば「近代文語文」であった。二〇〇三年度以降、前期入試から近代文語文の出題はなくなり、二〇〇五年度・二〇〇六年度は後期入試からも近代文語文が消え、そして後期入試がなくなり、前期入試のみとなった二〇〇七年度は、文系理系共通問題[一]（以下、共通[一]とする）・文系[二]・理系[二]の3題とも現代文からの出題となった。

近代文語文が出題されなくなったあとも歴史的仮名遣いで書かれた文章は二〇〇三年[二]、二〇〇四年[二]、二〇〇五年[二]、二〇〇六年[二]、二〇〇八年文系[二]、二〇一三年文系[二]、二〇一五年文系[二]、二〇二〇年文系[二]、二〇二一年文系[二]で出題されている。

従来、京大現代文では明治から昭和までの、故人となった著名な著者による出題が多かった。論旨の把握が求められる評論の場合でも随想と同様、表現された言語ですべてが論理的に表現され尽くされていない部分に著者の肝心な主張があり、それを読み取ることが要請されることもある。いわゆる含蓄に富み味わいのある文章からの出題が最近でも維持されている。

《本文内容》

随想・評論・その他(対談)の内容を大まかに分類しておこう。

(1) 人生論：生死を含めて人生についての感懐・考察

池澤夏樹『読書癖』(一九九八年)　高田宏『木に会う』を素材とする自然と人との関わり
内山節『時間についての十二章』(一九九九年)　時間意識と人間の生き方
清水哲郎「死に直面した状況において希望はどこにあるのか」(二〇〇七年)　死に直面した状況における希望
安田雅弘「《演劇的知》について」(二〇〇八年)　演劇的な知による自由
上田閑照「宗教とは何か」(二〇一〇年)　人間として生きるということ
長田弘『失われた時代』(二〇一一年)　生きるという手仕事
石原吉郎「望郷と海」(二〇一四年)　シベリア抑留の経験
里見弴『私の一日』(二〇一五年)　死をめぐる思惟
西谷啓治「忘れ得ぬ言葉」(二〇二一年)　忘れ得ぬ言葉と人間関係の不思議
石川淳「すだれ越し」(二〇二一年)　人生の「廻合せ」

(2) 身辺雑記：筆者の身のまわりで起きたことにまつわる所感

南木佳士「天地有情」(二〇〇九年)　同僚医師の死をめぐる感懐
幸田文「旅がへり」(二〇一三年)　旅の意味と旅帰りの者の迎え方
串田孫一「山村の秋」(二〇一七年)　かつて通りかかった山村の思い出
小山清「井伏鱒二の生活と意見」(二〇二〇年)　井伏鱒二との交流

(3)　芸術論：芸術の本質、絵画・演劇論など

桑原武夫「現代社会における芸術」(二〇〇〇年)　純粋芸術・複製芸術

高階秀爾「近代美術における伝統と創造」(二〇〇一年)　美術鑑賞と伝統

青柳瑞穂「真偽のむずかしさ」(二〇〇八年)　芸術における本物・偽物論から一般論へ

安田登「神話する身体」(二〇一一年)　能における身体表現

中野孝次『ブリューゲルへの旅』(二〇一三年)　芸術作品の意味

岡本太郎『日本の伝統』(二〇二二年)　芸術の力、伝統の本質

(4)　文学論

津島佑子「物語る声を求めて」(二〇一〇年)　物語の世界と近代文学

大庭みな子「創作」(二〇一四年)　文学と人々の生活

阿部昭『短編小説礼讃』(二〇一五年)　短編小説の特徴

安藤宏『「私」をつくる　近代小説の試み』　小説における話者

大岡信・谷川俊太郎『詩の誕生』(二〇一九年)　詩の誕生と死滅

吉田秀和「音を言葉でおきかえること」(二〇一九年)　音楽批評の意味

小川国夫「体験と告白」(二〇二〇年)　小説のリアリズム

岡井隆「韻と律」(二〇二一年)　短歌論(定型の意味)

(5)　文章論・言語論：文章および言語表現に関する考察

・文章論

柳沼重剛「書き言葉について」(二〇〇九年)　書き言葉に求められるもの

林達夫「文章について」(二〇一一年)　話される言葉と書かれる言葉の違い

坂口安吾「意慾的創作文章の形式と方法」(二〇一二年)　小説の文章の特殊性

尼ヶ崎彬『日本のレトリック』(二〇一三年)　「見立て」(レトリック)

・言語・情報論
米原万里「前門の虎、後門の狼」（二〇一二年）　ロシア語の同時通訳者である著者の所感
清水幾太郎『流言蜚語』（二〇一五年）　現代人にとっての報道の意味
樺山紘一『情報の文化史』（二〇一六年）　中世ヨーロッパにおける情報伝達
佐竹昭広「意味変化について」（二〇一八年）　言語表現と意味論

(6)　文化論：日本文化および現代文化への考察
野上弥生子「ローマへ旅立つ息子に」（二〇〇四年）　教養や日本文化への考察
下村寅太郎「知性改善論」（二〇〇五年）　日本人の知性に関する考察
中野好夫「多すぎる自己没入型」（二〇〇七年）　自己没入とユーモア
橋本治『浮上せよと活字は言う』（二〇〇七年）　若者の活字離れと活字文化論
渡辺京二「逆説としての明治十年戦争」（二〇一四年）　西郷隆盛論
小松和彦『妖怪学新考　妖怪からみる日本人の心』（二〇二〇年）　近代日本の文化変容

(7)　読書論：書籍の魅力や読書の意味・勧め
渡辺一夫「書籍について」（二〇〇三年）　書籍の魅力と読書の勧め
西田幾多郎「読書」（二〇〇四年）　偉大な思想家の書物を読むことの勧め
西郷信綱『古事記注釈』（二〇一七年）　作品を読むことの意味
高橋和巳「〈邪読〉について」（二〇二二年）　〈邪読〉の魅力

(8)　学問論・科学論
茂木健一郎「「曖昧さ」の芸術」（二〇〇六年）　人文科学と自然科学
湯川秀樹「科学と哲学のつながり」（二〇一八年）　芸術と科学の違い、科学の限界
金森修『科学思想史の哲学』（二〇一九年）　近代科学と寺田寅彦

(9)　その他

澁澤龍彦「玩具のシンボル価値」（二〇〇九年）　玩具のシンボル価値
木下是雄『日本語の思考法』（二〇一〇年）　理科系の文章と教科書
松浦寿輝『青天有月』（二〇一六年）　人間の「知る」と「想像」

小説は一人称で書かれ、一読すると随想か小説かわからない作品も多い。内容を見ておこう。

高井有一「半日の放浪」（二〇〇二年）　家の建て替えを巡る主人公の感慨、父と息子の関係（主人公　私）
中勘助「こまの歌」（二〇〇三年）　父、伯母さん、男女関係をめぐる少年時代の思い出（主人公　私）
横光利一「天城」（二〇〇五年）　新入社員の天城山登山中の心理（主人公　宇津）
高見順「わが胸の底のここには」（二〇〇六年）　中学に入学した主人公の心理（主人公　私）
中島敦『文字禍』（二〇〇八年）　文字の不思議と弊害（主人公　エリバ博士）
尾崎一雄「痩せた雄雞」（二〇一二年）　作家である主人公の自己言及（主人公　緒方）
黒井千次「聖産業週間」（二〇一六年）　息子への思いから自身の生きかたを顧みる（主人公　私）
古井由吉「影」（二〇一八年）　作家である「私」の影をめぐる思惟（主人公　私）
多和田葉子「雲をつかむ話」（二〇二二年）　ある青年の言葉をめぐる「私」の思惟（主人公　私）

《分　量》

第1期　一九九八〜二〇〇二年　　現代文1・近代文語文1・古文1

年度	一
一九九八	四〇〇〇字程度
一九九九	二七〇〇字程度
二〇〇〇	三七〇〇字程度

年度	
二〇〇一	二三〇〇字程度
二〇〇二	二三〇〇字程度

第2期　二〇〇三～二〇〇六年　現代文2・古文1

年度	一	二
二〇〇三	一六〇〇字程度	一六〇〇字程度
二〇〇四	二七〇〇字程度	一七〇〇字程度
二〇〇五	二〇〇〇字程度	二〇〇〇字程度
二〇〇六	一八〇〇字程度	一六〇〇字程度

第3期　二〇〇七～二〇二二年

文系　共通問題一＋文系二＋文系古文

理系　共通問題一＋理系二＋理系古文

年度	共通一	文系二	理系二
二〇〇七	二一〇〇字程度	一五〇〇字程度	一五〇〇字程度
二〇〇八	一八〇〇字程度	一八〇〇字程度	一七〇〇字程度
二〇〇九	二三〇〇字程度	一四〇〇字程度	一三〇〇字程度
二〇一〇	二八〇〇字程度	二六〇〇字程度	二一〇〇字程度
二〇一一	二八〇〇字程度	二〇〇〇字程度	一五〇〇字程度
二〇一二	二五〇〇字程度	二六〇〇字程度	一八〇〇字程度
二〇一三	三一〇〇字程度	二一〇〇字程度	一七五〇字程度
二〇一四	三二〇〇字程度	二七〇〇字程度	一七〇〇字程度
二〇一五	二七〇〇字程度	二〇〇〇字程度	二四〇〇字程度
二〇一六	二九〇〇字程度	三二〇〇字程度	一九〇〇字程度

二〇一七	二五〇〇字程度	二三〇〇字程度	一九〇〇字程度
二〇一八	三四〇〇字程度	二五〇〇字程度	一八〇〇字程度
二〇一九	二三〇〇字程度	三〇〇〇字程度	一六〇〇字程度
二〇二〇	三〇〇〇字程度	二七〇〇字程度	二〇〇〇字程度
二〇二一	二九〇〇字程度	二四〇〇字程度	二二〇〇字程度
二〇二二	二七〇〇字程度	三〇〇〇字程度	二一〇〇字程度

この二五年間で最も本文量が多かったのは一九九八年度で四〇〇〇字程度。全体の平均は二三〇〇字程度。第3期の全体の平均も二三〇〇字程度である。共通[一]は二七〇〇字程度、文系[二]は二四〇〇字程度、理系[二]は一八〇〇字程度である。共通[一]と文系[二]については全体の平均より長めで、理系[二]はかなり短めとなっている。

《解答記述量》

現在のような解答欄の形式になったのは、二〇〇四年度からで、それ以前は、縦は十四センチと現在と同じであるが、一センチ幅の点線がなく、四センチ幅、五センチ幅という大きな解答欄が用意されているだけだった。その当時はだいたい一センチ程度で一行と考え、一行あたり二〇字程度書けるだろうというおおらかな姿勢で解答を作っていた。その後、行数が示されたこともあり、一行あたりの字数のめどを示してきたが、その字数は二〇字程度→二三文字程度→二五字程度→二五字～三〇字と変化してきた。点線で行数が示されているので1文字の横幅が決まってくるため、このあたりが限界であり、極度に小さい字で書き込むのは設問意図に背くだろう。的確な内容を的確な字数で書くことが求められるし、そうしたルールを守ることを前提にフェアな戦いがある。

解答記述量の確認をしておこう。なお、二〇〇三年以前については、一センチ一行で行数を示している。横幅三・五センチというケースがあったが、このときは八ミリ～九ミリで一行と考え、四行としている。

第1期

年度	一
一九九八	二二行
一九九九	二三行
二〇〇〇	二七行
二〇〇一	二五行
二〇〇二	二三行

第2期

年度	一	二
二〇〇三	二九行	十八行
二〇〇四	三〇行	二四行
二〇〇五	二一行	二二行
二〇〇六	十九行	二三行

設問数は原則5問。解答記述量は最小で十八行、最大三〇行。この当時、京大現代文の特徴は解答記述量が多いことだった。
ここまでの九年間の平均解答量は1題あたり二四行程度、1問あたり五行弱である。

第3期

文系・理系別に見ていこう。設問数も入れておく。

◎文系

年度	一 設問数	一 行数	二 設問数	二 行数
二〇〇七	5	二四行	5	十七行
二〇〇八	5	二五行	5	二四行
二〇〇九	5	二〇行	5	二〇行
二〇一〇	5	十七行	4	十七行
二〇一一	5	二〇行	5	二一行
二〇一二	5	二〇行	5	十八行
二〇一三	5	十六行	5	二〇行
二〇一四	5	十四行	5	十五行
二〇一五	5	十九行	5	十九行
二〇一六	5	十六行	5	十六行
二〇一七	5	十六行	5	十九行
二〇一八	5	十七行	5	十六行
二〇一九	5	十九行	5	十五行
二〇二〇	5	十八行	5	十七行
二〇二一	5	十七行	5	十八行
二〇二二	5	十九行	5	十七行

◎理系

年度	一 設問数	一 行数	二 設問数	二 行数
二〇〇七	4	十九行	4	七行
二〇〇八	4	十八行	3	十五行
二〇〇九	4	十六行	3	十一行
二〇一〇	4	十二行	3	十一行
二〇一一	4	十五行	3	十二行
二〇一二	4	十五行	3	十三行
二〇一三	4	十二行	3	九行
二〇一四	4	十一行	3	九行
二〇一五	4	十四行	3	十二行
二〇一六	4	十二行	3	十一行
二〇一七	4	十二行	3	一〇行
二〇一八	4	十五行	3	九行
二〇一九	4	十四行	3	九行
二〇二〇	4	十三行	3	九行
二〇二一	4	十三行	3	九行
二〇二二	4	十五行	3	一〇行

文系の1題あたりの平均解答量は一・二とも約十八行であり、1問あたりの平均解答量は四行を切っている。理系の1題あたりの平均解答量は一が約十四行、二が約一〇行弱であり、1問あたりの平均解答量は一が三行を少し超える程度である。第1期・第2期と比べるとかなり解答量が減少している。二行・三行という短い記述説明対策も必要となる。

《設問内容》

一般的なものを説明しておこう。

(1) 漢字問題

漢字問題が過去に六回出題されている。

(2) 内容説明

「傍線部はどういうことか、説明せよ。」「傍線部はどういう意味か、説明せよ。」「傍線部はどのようなものか、説明せよ」「傍線部はどのようなことを言っているのか、説明せよ。」など、設問文は、傍線部に応じて、また年度によって異なるが、傍線部の内容を説明する問題である。

比喩表現（「誰にものぞかせない小さな部屋のようなもの」二〇一二年・共通［一］問二、「手すりは切れた」二〇一六年・文系［二］問二、「批評の降伏」二〇一九年・理系［二］問二など）、慣用表現（「たちまち眼光紙背に徹して」二〇一〇年・理系［二］問二など）、多義的な表現（「お話」二〇〇六年・［一］問一など）をふまえてその内容を説明する問題、助詞に着目する問題（「人は『見る』ことすらも学ぶものである」二〇〇一年・［一］問一など）の他、表現上の特色をふまえて、わかりやすい表現、明確な表現に換言する問題が多い。「総じて、一流品は堕落してしまったのに、二流品、三流品はその本来の矜持を保っている」（二〇〇八年・理系［二］問三）のように、「総じて」（副詞）、「堕落してしまった」（擬人法）、「矜持を保って」（慣用表現）と複数のポイントを意識して換言する必要がある問題もある。「ジャーナリズムの言葉と個人の言葉のちがい」（二〇一〇年・共通［一］問三）のように違いを説明する問題もある。二〇二二年度の共通［一］問五（理系は問四）では、「本文全体を踏まえて」という条件が付された問題も出されている。

(3) 理由説明

「傍線部のように筆者が考えるのはなぜか、説明せよ。」「傍線部について、このように言えるのはなぜか、説明せよ。」「傍線部のように言われるのはなぜか、説明せよ。」など、設問文は、傍線部に応じて、また年度によって異なるが、傍線部の理由を説明する問題である。「事態は遥かに複雑なのだ」（二〇一九年・共通［一］問一）などのように比較を前提としたもの、「彼の神技的労働を、おそろしくむだな、ばかばかしいものに感じないわけにいかなかった」（二〇一三年・共通［一］問三）「だまってドアを閉めた」（二〇一四年・共通［一］問三）などのように筆者や登場人物の心情や動作の理由を説明するもの、「科学と文学の境目は、もはやはっきりとはきめられない」（二〇一八年・理系[二]問一）などのように副詞や助詞が用いられていることに着目する必要があるものなど、様々なパターンがある。

(4)　要旨

傍線部がなく、最後の設問で全体要旨（二〇一五年・共通[一]問五（文系のみ）など）、もしくは部分要旨（二〇〇九年・理系[二]問三など）を問う場合と、傍線（二〇一二年・共通[一]問五（理系は問四））・波線（二〇一七年・文系[二]問五）を付して設問文で全体をふまえて説明することを指示する場合（「本文全体をふまえて説明せよ」）、本文の前半部分に二重傍線を付して設問自体は最後に置く（二〇一四年・共通[一]問五（理系は問四））ものがある。

客観的速読や辞書レベルの語義理解、評論であれば論理構造の把握、小説であればシチュエーションをふまえた心情把握がきちんとできることは当然要求される。それに加えて、京大現代文ではより高度な読解力が要求され、さらに、その読解内容を的確に表現する言語表現力が要求されると考えればよいだろう。

設問パターンとパターンに応じた解答作成については、後述の《対策》で述べるが、本文内容、傍線部内容、設問文で解答は決まってくる。設問意図を意識して、何をどう説明するのか、どういう構文で書き、本文のどこを使うのか、どの表現を換言するのか、どの表現を具体化するのか、などを考えて、解答を作成することが必要である。過去問演習を通して、設問パターンを把握していることが必要である。

《対　策》

新旧・硬軟問わず、随想対策を重点的に行い、京大特有の説明パターンに慣れておくことが必要である。論理的な随想は評論の読解に通じる読解力が要求される。また、心情叙述に重点をおいた随想は私小説に近い。そうした意味では、評論・小説対策を十全にしておくことが望ましい。

問題本文対策としては、二〇〇〇字〜三〇〇〇字程度の文章で、芸術論、文学論、哲学などの人文系の随想・評論を中心に読んでおくとよいだろう。設問対策としては、過去問で記述説明（内容、理由、意図など）問題にあたり、実際に解答を作成してみることが大切である。

マーク式の問題を解く際に、選択肢を消去法で選ぶのではなく、自力で解答のポイントを設定して解くというポイント法で取り組んでおけば、マーク式で高得点を狙えるだけでなく、京大現代文対策にもなる。随想問題で筆者の心情が問われることもあるので、マーク式の小説問題の正解選択肢を参考に心情説明のカタチを確認しておきたい。

記述説明問題で解答を作成する際に注意したいのは、漠然と解答を書かないということである。本文を通読し、傍線部と設問文を検討し、設問意図を考える。そして、設問を解く作業を通して、本文をより正確に、より深く理解する。この深化した本文読解をもとに、解答を作成するという手順で練習をするとよい。

▼各論

① 硬質な随想・評論など論理的な文章については、まず、本文全体を通読し、テーマと全体の構成を把握した上で、傍線部の関連領域を確認する。心情叙述に重点を置いた随想・小説については、まず、本文全体を通読し、シチュエーション（場面・状況）と人物像を把握した上で、傍線部が誰に関連する内容で、どの場面に関わるのかを確認する。

② 設問意図がわからないまま、傍線部周辺を書くという漫然とした解答作成はやめる。「この設問は傍線部のこの表現の説明を求めている」「この設問は、傍線部と同じ内容のことを述べた部分が次の段落にあることに気がついたかどうかを見ようとしている」「この傍線部は比喩表現だから、これを一般表現に直せばよい」などと考えることが重要である。

③ 内容説明。いくつかの基本パターンがあるので、過去問演習を通して、説明パターンを把握していることが必要である。以下、その一部を紹介しておこう。

1 傍線部を本文で確認し、傍線部を含む一文の構文、本文の文脈におけるその傍線部の役割を確認して解答に反映する。

a 論理構造

b 話題の限定

c 同義関係、対比関係、理由・結論関係、並列関係　など

2 作業例

a 主語・目的語などの省略→主語・目的語などを補う

b　傍線部内・傍線部直前の指示語→指示内容をおさえる
c　比喩表現→比喩を用いない一般表現に換言
d　慣用表現→辞書の意味をおさえて換言
e　多義的な表現→文脈に即して限定する
f　曖昧な表現→明快な表現にする
g　助詞・副詞→助詞・副詞のニュアンスの理解を示す　　など

④ 理由説明。これもいくつかの基本的なパターンがあるので、過去問演習を通して説明パターンを把握していることが必要である。以下、その一部を紹介しておこう。

1　論理の欠落を埋める。簡単なパターンは、主語を維持しておいて、述語までの欠落を補う。
2　筆者・登場人物の心理・心情、表情・動作・様子、台詞の場合は、シチュエーションをふまえて、原因・きっかけ＋筆者・登場人物の主観的要素で作成する。　　など

⑤ 部分要旨。ポイントを丁寧に拾い、コンパクトにまとめる。
⑥ 本文の表現の発見→抜き出し→合成だけでは、解答としては不十分である。設問意図を考え、構文を決め、加点ポイントを意識する。字数との関連で圧縮が必要となる場合もある。語彙力や表現力が問われる。
⑦ 近年は二行や三行の解答欄が増え、具体例や具体的説明を抽象化して短くまとめることが必要な設問も出題されている。
⑧ 心情説明問題については、シチュエーションをおさえた上で、表情・台詞・動作などを根拠に心情を確定していく作業が必要である。

以上、やみくもに設問を解くのではなく、設問要求は何か、どのような構文で書くか、どのような表現がよいのか、などを意識して、解答を作成していくことが必要である。

漢字については、特別な対策は必要ない。共通テストの漢字問題を解いたあとで、自分で書けるかどうかを確認していくことと、文章を読んでいて読めない漢字、書けない漢字が出て来たら、書き出して覚えていくように心がけておこう。

松本　孝子

解答・解説（二〇二二〜一九九八年）

二〇二二年

一 (文理共通)

出典

岡本太郎(おかもと　たろう)『日本の伝統』

　岡本太郎(一九一一〜一九六六年)は一九七〇年大阪万博の《太陽の塔》を記憶している世代であれば、誰もが知っていると言っていいほどの洋画家・芸術家。渋谷駅で巨大壁画「明日の神話」を見ることができる。

　東京美術学校(現・東京藝術大学)退学後、父(漫画家の岡本一平)と母(歌人・小説家の岡本かの子)とともにフランスに行き、その後十年間をパリで過ごした。美術活動ではピカソの影響を受け、「アブストラクシオン・クレアシオン協会」のメンバーとして作品を発表する。その後、エルンスト、ジャコメッティなどのシュールレアリストとの親交を深めた。一方、パリ大学で哲学・民族学などを専攻し、レヴィ＝ストロースとともにマルセル・モースに学ぶ。戦後は、前衛芸術家として多くの作品を制作する一方で、縄文土器に美を見出し、民族学的視点から沖縄文化を評価し、文筆家としても活躍した。一九五〇年代以降は表現活動を広げ、国内外で多様なパフォーマンスを行った。けたはずれの天才芸術家であり、没後も人気のある芸術家である。

　岡本太郎の自宅兼アトリエは岡本太郎記念館(東京・青山)として公開され、川崎市岡本太郎美術館では岡本太郎が寄贈した作品を見ることができる。

　問題本文は、伝統を既成の価値観や見方にとらわれることなく純粋な目で直視すべきことを主張した芸術論であり、この文章だけからも独特の人柄がうかがわれる。

解説 (問四は文系のみ)

〈本文解説〉

　本文は、「竜安寺」のエピソードと、小林秀雄のエピソードに着目すると、二つのエピソードとそれに先行する部分の三つに分けられるので、全体は大きく三つの部分からなるとして、順に見ていこう。

I　現状の指摘と伝統主義への批判と提言

　二段落冒頭の「さらに一例」という表現に着目し、二つの例とその例に関連する考察を見ていこう。

(1)日本の古典芸術への無関心→現実は残酷です

例1　今日の若い世代と古典芸術

(i)コーリン、タンニュー、トーハク　新薬の名前かなんかと勘

ちがいすること、うけあい

← 注を利用して理解

尾形光琳、狩野探幽、長谷川等伯　桃山時代～江戸時代中期に活躍した画家

日本の今日の若い世代が日本の著名な古典芸術家を知らないのは確実である

(ii) ダ・ヴィンチやミケランジェロ　ご存じ

← 注なし・一般教養で理解

西洋ルネッサンス期の著名な芸術家

日本の今日の若い世代が西洋の著名な古い芸術家であれば知っている

← 筆者の指摘

傍線部(1)　どっちがこれからの世代に受けつがれる伝統だか分からなくなってきます

[解説]

ダ・ヴィンチやミケランジェロは外国の人なので、カタカナで表記されるのは普通だが、コーリン＝尾形光琳、タンニュー＝狩野探幽、トーハク＝長谷川等伯がカタカナで表記がされているのは、今日の若い世代には〈音はわかるが意味はわからない〉単語であるということを示している。

今日の若い世代は日本の古典芸術家の名前を知らない。一方、西洋の古い芸術家の名前を知っている。このような状況だとすれば、どちらが将来継承される伝統であるかわからない。つまり、日本の古典芸術は将来継承される伝統ではなくなるのではないか、という指摘をしているのである。今日の状況からすれば、将来継承されていくのは、日本の古典ではなく、西洋の古い芸術の方かもしれない。そうした皮肉な状況も起こりうるのではないかと筆者は傍線部(1)で示唆しているのである。

(2) 古典芸術の喪失と新たな創造

例2　法隆寺の壁画焼失への無関心

法隆寺の壁画焼失

昭和二十四年の十大ニュースの第九位

日本の貴重な古典芸術が日本の今日の人々にそれほどポピュラーでなかった

(「法隆寺は火災によってかえってポピュラーになりました」の反対解釈)

考察

伝統主義者たちの口ぶり　時代を呪い、教養の低下を慨嘆する

↔

筆者の主張

(1) 法隆寺の壁画焼失を嘆いたり、それをみんなが嘆かな

いってことをまた嘆いたりするよりも、もっと緊急で、
本質的な問題があるはずです

←

傍線部（2）　自分が法隆寺（のようなものを作る存在）
　　　になればよいのです

i　失われたものが大きいなら、十分に穴埋めする

ii　悔いと空虚を逆の力に作用させて、
　それ（失われたもの）よりもっとすぐれたものを
　作る／決意

iii　それを伝統におしあげる

←

〈そのような〉不逞な気魄にこそ、伝統継承の直流がある

(2) 嘆かない・このほうがいい
今までの登録商標つきの伝統　もうたくさん
　　　　　　　　　　　　　　だれだって面倒くさく
　　　　　　　　　　　　　　て、そっぽを向く

←

いい気な伝統主義に終止符が打たれる
これから盛り上がってくる世代に、とらわれない新し
い目で伝統を直視するチャンスをあたえる
ペダンティックなヴェールをひっぱがし、直視させ、

それを現代人全体の問題にしようと考える

［解説］

法隆寺の壁画焼失については、新聞の十大ニュースの話なので、若い世代に限らない。例1からの流れでいけば、若い世代を含めて、現代（筆者が文章を書いている時点での現在）日本では、人々は古典芸術に余り関心がないということだ。そして、それを嘆くのではなく、伝統というものに問題意識をもち、また、（主語があいまいだが、伝統主義者に限らず）自分が優れた作品を創造し、「伝統の直流」となるべきだと述べている。これが傍線部（2）で問われている部分である。

II　竜安寺の石庭をめぐる考察

(1) エピソード
「イシダ、イシダ」

i　そのとっぴょうしのなさ、むきつけな口ぶり
　筆者：あっけにとられる

←

ii　石がころがしてあるだけ　単純素朴な価値判断
　筆者：ほがらかな笑い

(2) 自己省察
かつて　がっかりした

観念的なポーズが鼻について、期待した芸術のきびしさが見られなかった

↓

日本のまちがった伝統意識をくつがえすために、いろいろの古典を見あるく

神妙に石を凝視しすぎるくせがついたらしい

用心していながら、逆に、うっかり敵の手にのりかかっていたんじゃないか。

傍線部　どうもアブナイ

(3) 石はただの石である

即物的な再発見　権威やものものしい伝統的価値をたたきわった

近代という空前の人間文化の伝統がはじまった

(4) 芸術の力・伝統の本質

平気で、むぞうさな気分でぶつかって、

しかもなお、

打ってくるものがある・ビリビリつたわってくる＝本もの

傍線部　芸術の力・伝統の本質

〔解説〕

Ⅰの内容を合わせて、筆者の主張を把握すると、現在、日本の古典芸術への関心は薄く、また、法隆寺も壁画が焼失したことがニュースになり、見物人が増えたわけだが、そもそも、それほど人気でない状況にある。そこでとりあげられるのが、竜安寺の石庭である。竜安寺の石庭は枯山水の代表として有名で、日本文化論でもしばしば登場する。しかし、それも実は、石があるだけといえばそうで、見ても感動しない人もいる。この場合も、教養がないとか、知識がないと、そうした人をけなすのではなく、むしろ、ペダンティックなヴェールを剝がして、いや、単純素朴に見ればただの石かもしれないということを認め、その上で、そういう人が見ても、その人を強く刺激し、大きな感動を与えるような芸術作品が本当の芸術作品であり、それが伝統の本質であると述べているのである。たしかに、岡本太郎の作品は見る人に強烈なインパクトを与えた。（それが新たな伝統を作ったかどうかはともかく）岡本太郎の作品は、教養や知識がなくとも、見る人を圧倒し、度肝を抜き、得体の知れない感動を与えたりする。筆者は持論を実践していた芸術家なのである。

とはいえ、その岡本太郎でさえ、「日本のまちがった伝統意識をくつがえすために、いろいろの古典を見あるき、中世の庭園をしばしばおとずれているうちに、どうも、神妙に石を凝視しすぎるくせ」がついてしまう。「（伝統意識に染まるまいと）用心していながら、逆に、うっかり敵の手にのりかかっていた（＝伝統主義者のように作品を見始めていた）」か

もしれないことに、「どうもアブナイ」と筆者は危機感を覚えている。それほど、実は「権威やものものしい伝統的価値」にとらわれず、「子どもの透明な目」で、単純素朴に作品を見ることは難しいということだ。この部分を問うているのが傍線部(3)である。

Ⅲ　小林秀雄とのエピソード

小林秀雄　古美術収集家　（伝統的価値観・教養側の代表）

↔

筆者　骨董に興味なし・無知　価値を直観的に見ぬく

傍線部　美に絶望し退屈している者こそほんとうの芸術家なんだけれど

＊筆者は、小林が評価する骨董品の価値を直観的に見ぬき、指摘できるが、小林が評価しているそうした日本の伝統的な作品には興味もなく退屈している

［解説］

小林秀雄について知らなくても、このエピソードを見ると、自分の自慢の収集品を岡本太郎に見せて、岡本太郎が骨董に関心もなく、知識もないのに、直観的にその価値を見ぬき、そのことに小林秀雄が大いに驚嘆・感動し、一方で、岡本太郎が骨董に退屈し絶望していることから、小林秀雄に驚嘆・感動されても、別段どうということもないらしいことはわかるだろう。ここが最後の傍線部であり、「本文全体を踏まえて説明」する設問となっている。最後のエピソードは、岡本太郎が芸術家であるから卓越した鑑識眼をもっているという話ではなく、Ⅰとの関連でいけば、岡本太郎も現代の日本の人々と同様に、伝統主義者や小林秀雄のようには古典芸術に興味がなく、Ⅱとの関連でいけば、芸術作品と接するには知識ではなく、単純素朴な「子どもの透明な目」があればよいということになる。

小林秀雄は自身が、随想「骨董」で「近代的な鑑賞」を批判し、「美に対して素直な子供らしい態度」で接することを主張している。自分で触れ、自分で使う中で美は経験されると述べる小林秀雄も、岡本太郎にとっては、知識や伝統的な価値に縛られた人間であり、見ていて「なにか、気の毒なような、もの悲しい気分になる」知識人だったということである。

岡本太郎のことを知らない人は、インターネットで検索をかけるなり、実際に作品を見に行くなりしてみよう。好き嫌いはともかく、並外れた天才芸術家である。

さて、それでは設問を見ていこう。

〈設問解説〉

解答欄は一行あたり、25～30字をめどに作成しよう。行数をめどに各設問、適度な字数で的確な表現で解答を作成することが求められている。解答例はおおむね一行27字で作成している。

問一　内容説明

◎設問意図

本文を通読し、本文全体の趣旨をふまえたうえ、傍線部が日本の伝統芸術に関するアイロニカルな表現であることを理解し、その内容を的確に表現することを求める。

◎解答へのアプローチ

(1)傍線部の「どっち」が指す内容を確認する

どっちが

↓

「コーリン、タンニュー、トーハク」と「ダ・ヴィンチやミケランジェロ」のどちらが

(2)具体例の一般化

本文では、「古典芸術についてたずねてみてごらんなさい」とあって、「コーリン、タンニュー、トーハク」とあるから、これは古典芸術の具体例であり、注を確認すれば、「コーリン、タンニュー、トーハク」は日本の古典芸術の具体例であることがわかる。「ダ・ヴィンチやミケランジェロ」については西洋の著名な芸術家であるから、こちらも西洋の(古典)芸術の具体例である。したがって、以下のようになる。

どっちが

↓

「コーリン、タンニュー、トーハク」と「ダ・ヴィンチやミケランジェロ」のどちらが

↓

日本の古典芸術と西洋の古典芸術のどちらが

(3)傍線部を確認する

傍線部

＝

日本の古典芸術と西洋の古典芸術のどちらが将来の世代に受けつがれる伝統だか分からなくなってきます

(4)前提状況を含めて、傍線部を整える

日本の今日の若い世代が日本の著名な古典芸術を知らず、

西洋の著名な古典芸術であれば知っているとすれば、

日本の古典芸術と西洋の古典芸術のどちらが、

日本の伝統として、将来の世代に継承されていくか分からなくなってくる

(5)傍線部の内容説明

〈分からなくなってくる〉ということは、〈どちらかはっき

りしない、もしかすると、将来継承されていくのは日本の古典芸術ではなく、西洋の古典芸術になる（というような皮肉な状況になる）かもしれない〉ということだろう。

(6) 解答の作成

◎説明パターン1　日本の古典芸術と西洋の古い芸術の比較
　　　　　　　　↓日本の伝統芸術の衰退

［解答例1ⅰ］
今日の日本の若者が
日本の古典芸術に無関心で、西洋の古い芸術に知識があるという状況であれば、
将来、日本の伝統芸術として継承されるのは前者ではないかもしれないということ。（79文字／83字）

［解答例1ⅱ］
今日の日本の若者が
日本の古典芸術に無関心で、西洋の古い芸術に知識があるという状況であれば、
日本の古典芸術が伝統として将来にわたって継承されるかどうか危ういということ。（80文字／83字）

［解答例1ⅲ］
今日の日本の若者が
日本の古典芸術に無関心で、西洋の古い芸術に知識があるという状況であれば、
将来の日本では、日本の伝統芸術が廃れてしまうこともあるということ。（74文字／78字）

◎説明パターン2　日本の古典芸術と西洋の古典芸術の比較
　　　　　　　　↓前者の劣勢・後者の優勢

［解答例2ⅰ］
今日の日本の若者が
日本の古典芸術より西洋の古い芸術の方がまだ知っているという状況なら、
将来、西洋の芸術が支持され、日本の伝統芸術は廃れてしまう可能性もあるということ。（79文字／83字）

［解答例2ⅱ］
今日の日本の若者が
日本の古典芸術より西洋の古い芸術の方がまだ知っているという状況なら、
将来、西洋の芸術が日本の伝統芸術にとって代わる可能性もあるということ。（75文字／78字）

どの解答でも許容だと思うが、日本の伝統芸術について書かれた文章であるから、解答では、日本の伝統（古典）芸術には触れておきたい。解答例1ⅱを後掲の解答例では示しておく。

◎加点ポイント

1　前提となる状況の指摘

a　「今日の(日本の)若い世代(若者)」への言及

b　具体例の一般化　「日本の古典芸術を知らず、西洋の古い芸術は知っている」旨の指摘

2　メイン要素：アイロニカルな内容

c　将来の日本について

d　日本の伝統として

日本の古典芸術の継承を危ぶむ　or　廃れる可能性がある　旨の指摘

もしくは

日本の古典芸術が継承されず、西洋の芸術が優勢になる可能性がある　旨の指摘

問二　内容説明

◎設問意図

傍線部の比喩表現を傍線部前後の文脈をふまえて、的確な表現で明快に説明することを求める。

◎解答へのアプローチ

(1)傍線部の表現の確認　比喩表現

傍線部「自分が法隆寺になればよいのです」は、自分が人間である以上、現実に・物理的に「法隆寺になる」ことを提案しているのではない。したがって、比喩表現であり、考えられる内容は以下二つ。

α　自分が法隆寺のような存在になればよい

β　自分が法隆寺のようなものを作る存在になればよい

傍線部に引き続く部分を踏まえれば、βである。

↓

解答のメイン要素　自分自身が、優れた芸術作品を創造する存在となるべきである

(2)本文関連箇所の確認

傍線部の「法隆寺」、傍線部のあとの「失われたもの」、「伝統継承の直流」から、法隆寺の壁画焼失＝古典芸術(伝統芸術)作品が失われたことに対して、また、現代の人々が日本の古典芸術(伝統芸術)作品に無関心であることに対して、「嘆いたり」、失われたことを「くよくよする」よりも、筆者は、「もっと緊急で、本質的な問題」として、傍線部の提案をしている。

文脈(状況の確認)

i　古典芸術作品が失われたこと・みんなが失われたことを嘆かないこと(＝無関心)を嘆く

＞よりも

ii　もっと緊急で、本質的な問題があるはずです

iii　自分が法隆寺になればよいのです

＝

失われたものが大きいなら、穴埋めするだけでなく、
悔いと空虚を逆の力に作用させて、
自分が、それ(失われたもの)よりもっとすぐれたもの
を作る・決意→それを伝統におしあげる
↓
そのような不逞な気魄にこそ、伝統継承の直流がある
↓
i　むかしの夢によりかかったり、くよくよすることは、現
在を侮蔑し、おのれを貧困化することにしかならない

《整理》
法隆寺の壁画の焼失
古典芸術作品の喪失(とそれへの無関心)
×嘆く　×くよくよする
↓
緊急で、本質的な問題
＝
損失を補塡する
悔いと空虚を逆の力に作用させる
もっとすぐれた作品を創造する　決意・不逞の気魄
伝統におしあげる　＝伝統継承の直流

(3)解答の作成
(2)で整理した内容をすべて含めると、以下となる。

［すべての要素を入れた説明］
優れた古典芸術作品が失われたことと人々の損失への無関
心を嘆くより、
損失が大きいのなら、
その悔いと空虚を逆に創造の原動力として、
自分自身が、伝統継承の直接の担い手として、
強い気概をもって、緊急に、
損失を補って余りあるほどの、失われたものよりも優れ、
人々を魅了する芸術作品を創造し、
それを伝統にまで高める存在になるべきだということ。
(164字)
＊失われたことを「みんなが嘆かないってことをまた嘆い
たりする」という内容を一行目に入れた場合は、それと
対応する表現を入れる。→人々が関心をもつ作品・人々
を魅了する作品
＊「本質的な問題」は、本文冒頭から指摘されている「古
典芸術」への無関心さをふまえれば、日本の伝統の継承
に関わる問題であるから、これを含める。→伝統継承を
担う
［参考解答例］
優れた古典芸術作品が失われたこととそのことへの無関心
を嘆くより、

喪失への悔いと空虚を創造の原動力に反転して、
伝統継承の直接の担い手として、強い気概で、
自分自身が芸術的損失を補って余りある、
失われたものよりさらに優れた芸術作品を創造し、
それを伝統にまで高める存在になるべきだということ。
(135文字／142字)
＊解答欄は四行であるから、素朴に比喩表現の問題と考え、傍線部の直後の部分(2)のⅲ)をまとめればいいだろう。
＊「新たな作品の創造・伝統の創出」の指摘なので、作品の喪失に限定して解答を作成すればよい。

[解答例1]
優れた古典芸術作品が失われたことへの
悔いと空虚を創造の原動力に反転させ、
伝統継承の直接の担い手として強い気概をもち、
自分自身が
失われたものより優れた芸術作品を創造し、
それを伝統にまで高める存在になるべきだということ。
(105文字／108字)

[解答例2]
継承すべき優れた古典芸術作品が失われたことへの
悔いと空虚を創造の原動力とし、
自分自身が伝統継承を直接担うべく、強い気概で、
失われたものより優れた芸術作品を創造し、
それを伝統にまで高める存在になるべきだということ。
(101文字／106字)
内容は同じだが、「直接担うべく」という表現はなかなか思いつかないだろうから、解答例1を後掲の解答例では示しておく。

◎加点ポイント
1　「法隆寺になればよい」の換言
　a　自分が失われたものよりも優れた芸術作品を創造する
　b　自分の創造した芸術作品を伝統にまで高める
　c　伝統継承の直流＋決意・不逞な気魄
2　状況の確認から1への流れ
　d　優れた古典芸術作品が失われたことへの悔いと空虚を逆の力に作用させる

問三　理由説明
◎設問意図
経緯をふまえ、筆者が「どうもアブナイ」と言う理由として、筆者の気持ちを的確な表現で説明することを求める。
◎解答へのアプローチ
(1)本文で経緯をチェックし、「どうもアブナイ」に直結する主観的要素を入れる
竜安寺の石庭で、単純素朴な価値判断をする人々に遭遇

← 自己省察

このあいだから、日本のまちがった伝統意識をくつがえすために、いろいろの古典を見あるき、中世の庭園をもしばしばおとずれているうちに、どうも、神妙に石を凝視しすぎるくせがついたらしい。

←（日本のまちがった伝統意識にとらわれまいと）用心していながら、

逆に、うっかり敵の手にのりかかっていた（とらわれかかっていた）んじゃないか

♡ 漠然と危機感を覚えたから

← 傍線部　どうもアブナイ

(2) 解答の作成

《注意点》

i　ここは「彼ら」と「私（自身）」とあり、傍線部の主体、つまり、「どうもアブナイ」と思ったのは「私」なので、きちんと主語「私」＝筆者を入れて説明する。

ii　「どうもアブナイ」という表現は、論理的思考の結果の表現というよりは、明確に認識されたわけではないが、なんとなく危ないなあと感じたということであろうから、「どうもアブナイ」に直結する理由は「漠然とした危機感」などでよいだろう。

反伝統意識

← 作品鑑賞経験の蓄積

← 知らず知らず伝統意識の内面化・単純素朴な態度の喪失

← 危機感

［解答例1］

筆者は、日本の誤った伝統意識を正すために、伝統的な諸作品を見る過程で、単純素朴な態度を忘れ、知らず知らず伝統意識を内面化しかけていたことに気づき、漠然と危機感を覚えたから。（80文字／86字）

［解答例2］

筆者は、日本の誤った伝統意識を正そうと努める過程で、単純素朴な態度を忘れ、用心していたのに、誤った伝統意識を内面化しかけていたことに気づき、漠然と危機感を覚えたから。（77文字／83字）

これもどちらでもいいが、過程をある程度具体化し、「本人も気づかないうちに」という内容を含めた解答例1を後掲

の解答例では示しておく。

◎加点ポイント

1　初期の意図

a　日本のまちがった伝統意識を覆そうとしていた

2　経験の蓄積・時間の経過

b　過程の指摘

3　アブナイと感じる状態

c　単純素朴な態度を忘れた

d　（用心していたのに）（知らず知らず）日本のまちがった伝統意識にとらわれかかっていた

4　「どうもアブナイ」に直結する心情

e　漠然とした危惧・危機感

《参考》

経緯からすべてを含めると以下のような説明になる。

［解答の素案］

竜安寺の石庭に対して単純素朴な態度を示す人々を見て、筆者は日本のまちがった伝統意識を正すために、伝統的な作品を見る経験を蓄積しているうちに、伝統意識にとらわれまいと用心していたのに、自身が単純素朴な態度を忘れ、気づかぬうちに、まちがった伝統意識を内面化しかけていたことに気づき、漠然と危機感を覚えたから。（152字）

＊解答欄は三行なので、長い説明をコンパクトにするよりも、解答に必須と思われるポイントで骨格をつくり、それを的確に表現する方がよい。

問四　内容説明（文系専用問題）

◎設問意図

竜安寺の石庭に関するエピソードを踏まえ、傍線部の主語を確認し、指示語の指示内容を順に追い、筆者の考える「芸術の力」について的確に説明することを求める。

◎解答へのアプローチ

(1)傍線部の主語をおさえる→指示語の指示内容を順に追う

関連する箇所を見ていこう。

石はただの石であるという即物的な再発見によって、権威やものものしい伝統的価値をたたきわったところに近代という空前の人間文化の伝統がはじまった

・文化的に根こぎにされてしまった人間の空しさと、みじめさを露呈しているかもしれない

→　指示語　3rd

・そのくらい

平気で、むぞうさな気分でぶつかって、しかもなお打ってくる・ビリビリつたわってくる

→　指示語　2nd

・これは本ものだ

→ 指示語　1st

・それこそ芸術の力であり、伝統の本質である　傍線部

(2)右記波線部は比喩的表現・慣用句であるから一般表現に変える

たたきわる＝破壊する

根こぎにする＝根本から否定し、排除する・全否定する

ぶつかる＝対する

打つ・ビリビリつたわる＝強い感動を与える・強い刺激を感じる

「平気」「むぞうさ」はそのままでもよいが、「子どもの透明な目」を踏まえれば、「無邪気に」、知識・観念などにまどわされずという意味で、本文の表現を使って「単純素朴に」くらいに言い換えたい。

(3)解答の作成

必須要素で作ると解答は以下。

無邪気で素朴な気分で作品に接してもなお、
接した者の心に強く訴え、大きな感動を与えるのが、
本物で伝統の本質となる芸術の力であるということ。
(68字)

逆に全要素を入れると、以下。

古典芸術に対する即物的な再発見により、権威や大仰な
伝統的価値を破壊した近代において、
既成の文化を全否定された人間の空しさとみじめさを表
すほどの
無邪気で素朴な気分で接してもなお、
接した者の心に強く訴え、大きな感動を与えるのが、
本物の芸術がそなえ、伝統の本質となる力であるという
こと。(140字)

四行でまとめると、以下。

［解答例1］

権威や大仰な伝統的価値を破壊した近代において、
既成の伝統意識にとらわれない無邪気で素朴な気分で即物
的に作品に接してもなお、
接した者の心に訴え、大きな感動を与えるのが、
本物の芸術がそなえ、伝統の本質となる力であるというこ
と。(105文字／111字)

［解答例2］

権威や大仰な伝統的価値を破壊した近代において、
新たな伝統の本質となる本物の芸術作品は、
既成の伝統意識にとらわれない無邪気で素朴な気分で即物
的にその作品に
接した者の心にも強く訴え、大きな感動を与えることがで
きるということ。(106文字／110字)

傍線部のままの構文で説明するか、〈それこそが芸術の力である＝本物の芸術作品にはそれができるということ〉という構文で説明するかの違いだが、解答例2を後掲の解答例では示している。

◎加点ポイント

1　メイン要素　本物の芸術の力の説明

a　平気でむぞうさな気分で作品に接する場合

b　強い感動や刺戟を与える

c　新たな伝統となる

2　サブ要素　状況の説明

d　近代における・今後

e　権威やものものしい伝統的価値の破壊

問五　内容説明

◎設問意図

小林秀雄とのエピソードを含めて、本文全体の論旨の把握をして筆者の芸術論を理解し、筆者の考える「ほんとうの芸術家」について、過不足なく的確に説明することを求める。

◎解答へのアプローチ

(1)設問要求を踏まえる

・本文全体を踏まえて、「ほんとうの芸術家」について説明する

・久しぶりに、昔の京大現代文で頻出だったタイプの最後の設問である。問一から順に各設問で踏まえた部分要旨をおさえ、拾い残している重要な主張があれば拾って、全体要旨としてまとめる。（今回は「現代人全体の問題とする」の部分に言及する）

・全体の趣旨を踏まえれば、教養や知識ではなく、「子ども透明な目」で単純素朴に作品を見ることと、権威とは関係なく、そういう目で見た人に「すごいなあ」と感動される作品を作る(創造)こと、さらに、現状に問題意識をもち、自身が新たな伝統の担い手(伝統継承の主体)となる気概をもつことを指摘している。これをまとめる。

・最後の小林とのエピソードでは、岡本太郎が〈知的な理解では満足しない〉のは確かだが、〈知識がなくても本質を言い当てられるのが芸術家だ〉というように芸術家を特別な鑑賞眼のある人間として特権化しようとしているのではないだろう。本文の趣旨をふまえれば、だれでも無邪気に見ることが大事であるという主張であろう。

(2)本文全体の要点を確認する

「ほんとうの芸術」と傍線部の「ほんとうの芸術家」を中心に、各設問で確認した部分要旨に加えて、拾い残しを拾う。確認していこう。

Ⅰ　日本の現状　日本の古典芸術（作品）に対する無関心
　　伝統継承への危惧　　　　　　　　　　　　　（問一）
　　　日本の古典芸術（作品）の不人気
　　　　　↓
　自分自身　優れた芸術作品を創造する　　　　（問二）
　　伝統継承の直接の担い手となる強い気魄をもつ
嘆くのではなく、
　　　　　↓
とらわれない新しい目で伝統を直視する
現代人全体の問題にする

Ⅱ　権威・伝統的価値にとらわれない　　　　　（問三）
単純素朴な態度
現代の人々の心に訴え、感動を与える
ほんとうの芸術・伝統の本質　　　　　　　　　（問四）

Ⅲ（関心や教養がなくとも、直観的に価値を見ぬく）
美に絶望し退屈している
権威や伝統的価値に依拠した芸術作品に満足しない
ほんとうの芸術家　　　　　　　　　　　　　（問五）

(3)解答の作成

解答欄は五行と字数が多いので、本文のどの箇所をどういう順番でまとめるかを先に考え、おおよその字数を出し、微調整して仕上げよう。

［解答例］

現代の人々が古典芸術に無関心で、魅力を感じていないという現状を嘆かず、伝統を新たな視点で直視し、現代人全体の問題として捉え、権威や伝統的価値に依拠した芸術のあり方に満足せず、単純素朴に作品と向き合い、自らが過去の芸術作品を超える優れた作品を創造し、伝統継承の担い手となる気魄をもつ存在。

（135文字／143字）

◎加点ポイント

1　現状：現代の人々
　a　古典芸術に無関心で、魅力を感じない
2　現状に対する態度
　b　嘆くのではなく、直視する
　c　現代人全体の問題としてとらえる
3　芸術作品への態度
　d　権威や伝統的価値に依拠しない
　e　単純素朴に向き合う
4　芸術家としてのあり方
　f　伝統的価値に依拠した芸術（作品）に満足しない
　g　過去の芸術作品を超える優れた作品を自らが創造する
　h　自らが伝統継承の担い手となる気魄をもつ

解答

問一　今日の日本の若者が日本の古典芸術に無関心で、西洋の古い芸術に知識があるという状況であれば、日本の古典芸術が伝統として将来にわたって継承されるかどうか危ういということ。

問二　優れた古典芸術作品が失われたことへの悔いと空虚を創造の原動力に反転させ、伝統継承の直接の担い手として強い気概をもち、自分自身が失われたものより優れた芸術作品を創造し、それを伝統にまで高める存在になるべきだということ。

問三　筆者は、日本の誤った伝統意識を正すために、伝統的な諸作品を見る過程で、単純素朴な態度を忘れ、知らず知らず伝統意識を内面化しかけていたことに気づき、漠然と危機感を覚えたから。

問四　権威や大仰な伝統的価値を破壊した近代において、新たな伝統の本質となる本物の芸術作品は、既成の伝統意識にとらわれない無邪気で素朴な気分で即物的にその作品に接した者の心にも強く訴え、大きな感動を与えることができるということ。

問五　現代の人々が古典芸術に無関心で、魅力を感じていないという現状を嘆かず、伝統を新たな視点で直視し、現代人全体の問題として捉え、権威や伝統的価値に依拠した芸術のあり方に満足せず、単純素朴に作品と向き合い、自らが過去の芸術作品を超える優れた作品を創造し、伝統継承の担い手となる気魄をもつ存在。

二（文系）

出典

高橋和巳「〈邪読〉について」

高橋和巳（たかはし　かずみ）（一九三一～一九七一年）は大阪生まれの小説家・評論家。高校時代から埴谷雄高や野間宏などに惹かれ、特に埴谷雄高には終生師事した。吉川幸次郎門下の中国文学者でもあり、一九六七年には京大文学部助教授となった。大学紛争当時、学生側を支持し、やがて辞職した。全共闘世代に多大な支持を受け、また、多大な影響を与えたが、三九歳で亡くなった。代表作に『悲の器』『憂鬱なる党派』『邪宗門』『我が心は石にあらず』『日本の悪霊』『わが解体』などがある。

問題本文は、筆者の経験を踏まえた読書論である。無限に多様な読書の態度がありえていいし、各人がその人の個性にあった読書のかたちを造り出せばいいとも述べつつ、筆者にとっては、青春の一時期、筆者が経験した『千夜一夜物語』の発想に近い読書の態度について、思念や想像が刺戟されるに任せて、読書に耽溺する読書は、〈邪読〉ではあるが、豊饒な時間をもたらしたと述べている。

解説

〈本文解説〉

○数字は段落番号を示す。

Ⅰ 『千一夜物語』の発想法（①・②）

ここでは、『千一夜物語』の発想法について述べられている。シャハラザードなる姉娘の話については、比喩と具体例を用いた説明もなされている。発想法の背景については、仏教と仏教文学の関連性との類似性も指摘されている。

(1) 千一夜物語の紹介

大臣の娘姉妹が「夜ごと興味尽きぬ話を王にきかせてゆくという発想」

からなる

↓

シャハラザードなる姉娘の話

・いわば萌芽増殖とでもいうべき形態をとり　…比喩

（具体例）

・物語が物語を生み、登場人物が語り出した物語の中の人物がまた一つの物語を語り出す

・土地に接触した茎から根がはえ、そこからまた茎を出し、その茎の一部からまた根がはえて独立する、ある種の植物の繁殖にそれは似ている　…比喩

(2) 千一夜物語の発想法に関する考察

こうした発想法（『千一夜物語』の発想法）　傍線部(1)

背景

・アラビア文化圏特有の存在論が秘められている

・彼らの生命観や歴史意識ともおそらくは無縁ではない

＝

仏教の思念：地獄の中に極楽がふくまれていて、その極楽の中にまた地獄がある

・仏教文学の発想や存在論とかかわりがある

Ⅱ 読書について（③～⑫）

ここでは、筆者が『千一夜物語』の発想に近い読書の仕方をしていたことが述べられている。それをめぐる友人との思い出について述べられ、さらに自身の読書の態度について、〈邪読〉であるが魅力があり、〈忘却〉を契機とする「創造的読書」でもあるという説明がされている。

(1) 青春の一時期の読書（③・④）

かつて青春の一時期、私はこの物語（『千一夜物語』）の発想に近い読書の仕方をしていた

『千一夜物語』の発想に近い読書の仕方

＝

・手当りしだいに書物を読んだ

・何か確実な、具体的認識をうるためというよりは、〈悲惨なる気晴し〉に近かった
・一冊の書物を読んでいる過程での思念の動きは、あたかも『千一夜物語』のように、一つの瘤の上にまた一つ瘤が出来るといった気ままな膨張をした

(2)　友人の読書法との比較　⑤
当時の友人の一人
・一冊の書物を読みきれば、その理解したところを見事に要約してみせねばやまない〈要約魔〉
・的確精密な要約
↔
自分の読書
・読んだ記憶があって、「ああ」と答える
・想念を刺戟された部分や、小説ならば作中人物のある造形に共感を伴うイメージはある
・友人がしてみせるようには、内容を整然と紹介したり説明したりできない
←
しばしば自分の読書の仕方に対するある後ろめたさの念におそわれた　　傍線部(2)

(3)　自身の読書の態度の特色　⑤
ここでは、(2)の読書の態度を「妄想的読書」「病」などと表現しつつ、筆者がそうした読書にのめり込んでいき、さらには、「想像の世界」に重きを置くようになった次第が述べられる。
妄想的読書
＝
一つの思念や想像が刺戟された時には、その思念や想像のがわに身を委ねて、あえて一つの書物を早急に読み切ることに執着しなくなっていった
←
人が死ぬのは、疾病や過労によって肉体的生命が涸渇するからではなく、想像の世界が縮小し消失した時、なにものかに殺されるのであるという私かな確信すら懐く

(4)　正しく健全な読書と邪読　⑥
筆者の読み方を〈邪読〉とした上で、その邪読の魅力を述べていく。
筆者の読書の態度＝〈邪読〉　　傍線部(3)
↔
正しく健全な読書
i　自己を一たん無にして、他者の精神に接する
ii　あるいは確実な、あるいは体系的な知識を身につけるために読むべきものである
←

iii　客観的精神の形成
iv　認識と実践の統一という美しい神話の成立

(5)　〈邪読〉の魅力（⑦）
ここでは、筆者の読書の態度である〈邪読〉の魅力について述べる。

邪なるもの　悪魔的魅力
↔
常に正しく健全であり続けること　索漠として淋しいもの

(6)　邪読の効用（⑧〜⑪）
ここでは〈邪読〉が〈忘却〉を契機とする「創造的読書」でもあると説明される。

1　ある領域に関して長ずるための唯一の方法は、半ば無自覚にそれに耽溺することである
←
読書に関してもまた同じ
・耽溺がなければ、なんらかの認識の受肉はありえない
・耽溺は客観的精神がある時期に芽ばえ育つこととは必ずしも矛盾しない

2　耽溺のあとには必ず〈忘却〉がやってくる
忘却＝何を読んだのだったか、題名の記憶はありながらもその内容の痕迹がほとんど残らず、あたかもその時間が無駄であったように印象される

3　〈忘却〉にも意味がある
ここでは、忘却が創造的読書につながり、精神の自立につながることが説明される

・学問的読書や実務型の読書
　読んだ内容を可能な限り記憶にとどめているべき
・行動型の読書
　次の実践や宣伝の武器としても、章句を記憶にとじこめておくべき
↔
〈忘却〉　はなはだしく迂遠である

↔
〈忘却〉にも、意味がある　　傍線部(4)
←　筆者の経験的な確信
創造的読書(あるとすれば)はこの忘却を一つの契機とする
←
忘却(顕在的な意識の上からの消失)がなければ、精神に自立というものはない
(ショーペンハウエルが思考なき多読の弊害を説いた)
(ニイチェが文献学者から哲学者への転身に、その〈忘却〉の契機を積極的に生かした)
読書は各自の精神の濾過器を経て、その大部分が少くとも顕在的な意識の上からは、一たん消失するということ

がなければ、精神に自立というものはなくなるかもしれない

※⑪段落の「精神の濾過器」は比喩表現である。濾過器は液体をこして混じっている物を取り除く装置である。この場合は、本の内容を、自分の精神で濾過する、つまり、自分の精神で選別して不要なものを取り除くという意味になる。通例、比喩的に用いられる「濾過する」は「選別する」と一般化しておくとよい。

(7)　筆者の現状と〈邪読〉への思い（⑫）

筆者が〈邪読〉についてしるすのも、〈邪読〉の条件を大はばに失ってしまっている状況にあるからだと述べたうえで、「私にかつてあった豊饒な時間を無限に愛惜させるのであろう」と述べている。

現在の筆者

・〈邪読〉の条件を大はばに失ってしまっている

・もっとも書物と縁が深いようで、少し心を許せば読書の本質から遠くなる危険をもった生活　　　傍線部(5)

↓

私にかつてあった豊饒な時間を無限に愛惜させるのであろう

「豊饒」は「豊かで実りある」、「愛惜」はここでは「失われたものを名残惜しく思う」と解しておけばよいだろう。筆者は、今は若い頃のように読書に耽溺することができなくなっている。だからこそ、自分がかつて、妄想的読書＝邪読ではあるが、読書に耽溺し、豊かな時間をもったことを名残惜しく思っているのである。したがって、筆者の考える「読書の本質」は若い頃の妄想的読書がそなえていた特質を指し、想像の世界に筆者を遊ばせ、筆者を耽溺させ、筆者に豊かな時間をもたらす読書の特質である。

Ⅲ　読書論（⑬〜⑮）

ここでは、読書一般について述べている。

・〈邪読〉は〈邪読〉であり、一つの読書のあり方ではあり得ても、他の読書のあり方を排除すべき権利も理由もない

・無限に多様な読書の態度がありえていい

（具体例）

・各人がその人の個性にあった読書のかたちを造り出せばいい

・誰しもあれもこれもと欲し、理想はさまざまの読書の型をそれぞれの人生の時期に経過することにある

・人は一つの読書のあり方に比重をかけたまま、その生を終らざるをえない

それでは、設問を見ていこう。

〈設問解説〉

解答欄は一行あたり、25～30字をめどに作成しよう。行数をめどに各設問、適度な字数で的確な表現で解答を作成することが求められている。解答例はおおむね一行27文字で作成している。

◎問一　内容説明

◎設問意図

傍線部の指示語の指示内容をおさえたうえで、①段落に述べられている「発想法」を比喩的な表現を用いず、コンパクトにまとめることを求める。

◎解答へのアプローチ

(1)　指示語の確認

傍線部に「こうした」という指示語があるので、その指示内容を確認する。

(2)　①段落に示されている「発想法」の説明をチェックする

i　夜ごと興味尽きぬ話を王にきかせてゆくという発想

ii　いわば萌芽増殖とでもいうべき形態をとり

iii　旅をする一人の商人が道中不思議な三人の老人に会うと、その三人の老人がめいめいに自己の境遇を話し出して独立の物語となり、あるいは一人の登場人物がある状況に出くわして、「これは嘗ってあったある大臣と医者の話そっくりじゃ」と歎息すると、その大臣と医者の物語が不意に膨脹して独立の一篇をなすといった具合

iv　物語が物語を生み、登場人物が語り出した物語の中の人物がまた一つの物語を語り出す

v　土地に接触した茎から根がはえ、そこからまた茎を出し、その茎の一部からまた根がはえて独立する、ある種の植物の繁殖にそれは似ている

(3)　比喩表現は用いず、また、二行（50字～60字程度）にまとめる必要があるので、本文表現を検討する

一般的な表現を優先する　ivの表現

比喩表現や具体例から使える表現を探す

＊植物に即した説明は比喩表現なので使用できない

ii　増殖　OK

iii・v　独立　OK

(4)　①段落全体をふまえて的確な表現を工夫する

一つの話から、次々に話がうまれるということが繰り返され、話がどこまでも際限なく「増殖」していく

これをベースにして、そこに、各話が「独立」しているという内容を盛り込めばよい。最後は「発想法」で結んでおく。

［解答例］

一つの物語が契機となり、

それとは独立した物語を生みだすことを繰り返し、
物語全体が際限なく増殖していくという発想法。
（54文字／57字）

◎加点ポイント

a　一つの物語から別の物語が生まれて、増殖していく旨の指摘

＊比喩表現のままで書かれている場合は加点しない

b　一つの物語が「はじまり」「きっかけ」「契機」となることの指摘

c　物語の独立性の指摘

d　物語が「繰り返し」「際限なく」増えていく旨の指摘

《注記1》

字数にゆとりがあれば、傍線部の後の叙述も取り込んで、説明する。つまり、「こうした発想法」の内容に加えて、その背景等との関係を説明する。

［参考解答例］

アラビア文化圏特有の存在論を背景にし、
彼らの生命観や歴史意識と無縁ではない、
一つの物語が契機となり、
それとは独立した物語を生みだすことを繰り返し、
物語全体が際限なく増殖していくという発想法。（90文字／95字）

今回は「こうした発想法」の内容の説明のみでよい。

《注記2》

比喩表現には注意したい。いわば「萌芽増殖」なのであり、「植物の繁殖」に似ているのであって、発想や物語は萌芽でも植物でもない。

萌芽→物語が増殖するはじまり

植物の繁殖＝植物が増えること→物語が増殖すること

問二　理由説明

◎設問意図

筆者が「ある後ろめたさ」を感じた理由を説明する。傍線部の話題である「自分の読書の仕方」を具体的に説明し、友人の読書の仕方と比較し、筆者が「内容を整然と紹介したり説明したりできない」ことを意識した点をきちんと説明することを求める。

◎解答へのアプローチ

(1)　傍線部を本文で確認する

傍線部を本文で確認すれば、傍線部直前から「当時友人の一人に一冊の書物を読みきれば、その理解したところを見事に要約してみせねばやまない〈要約魔〉がいて、電車の中や街頭で彼の的確精密な要約を聞きながら」という状況は明白なので、この状況をふまえる。

一冊の書物を読みきった後、

その理解したところを見事に要約する友人の的確精密な要約
↓
筆者はそれを聞く

(2)　「後ろめたさ」を感じた理由

「自分の読書の仕方」に対して「後ろめたさ」を感じたのは、当然、筆者が「自分の読書の仕方」に〈何かを感じた〉からだろう。本文を確認しよう。

自分の読書の仕方については、以下のように述べられている。

・「あの本を読んだか」と聞かれ、嘘ではなく読んだ記憶があって、「ああ」と答えるのだが、想念を刺戟された部分や、小説ならば作中人物のある造形に共感を伴うイメージはあるのだが、どうしてもその友人がしてみせるようには、内容を整然と紹介したり説明したりできないのだった。

端的に言えば、自分が読書後、本の「内容を整然と紹介したり説明したりできない」ことを、それができる友人と比較し、心苦しさ、やましさなどの思いを抱き、「後ろめたさ」を感じたということだ。⑤段落の後半の記述も含めて、整理しておこう。

友人の読書

・読書後、理解した内容を的確精密に要約する

↔

筆者の読書

・本を読んで思念や想像が刺戟される（と、思念や想像に身を委ねる）

・読書後、内容を整然と紹介したり説明したりできない

↓

友人のように要約・説明できないのがなんだか情けない自分の読書の仕方は劣っているのではないかとなんとなく思う

↓

後ろめたさを感じる

(3)　解答の作成

解答要素は友人の読書、筆者の読書、筆者の読書の劣っている点、後ろめたさにつながる主観的要素の四点だ。これをコンパクトに表現しよう。

［解答例］

読書後、本の内容を理解し、それを的確精密に要約する友人と違い、思念や想像が刺戟されるに任せる筆者の読書法では、本の内容を整然と紹介し説明することもできず、引け目を感じたから。（81文字／87字）

◎加点ポイント

1　友人の読書

a　理解した内容を的確精密に要約する

2　筆者の読書

b　思念・想念・想像を大事にする

c　内容を整然と紹介し説明することができない

3　後ろめたさを感じる理由

d　cをやましくおもった・cに引け目を感じた　など

［注意点］

理由説明の場合の主観的要素の必要性について、以下の表を見てほしい。

友人が要約するのを聞く	友人が要約するのを聞く
自分は要約できない	自分は要約できない
♡自分は友人に劣っていると思う	♥要約なんかできなくてもいい

↓（♡）自分の読書法に後ろめたさを感じる

↓（♥）自分の読書法に後ろめたさは感じない

友人と自分が違うという事実があるだけでは、そして、その事実を認識するだけでは「後ろめたさ」は感じない。♡と♥の違いは大きい。必ず、主観的要素を解答に含めよう。

問三　理由説明

◎設問意図

傍線部の「これ」が指示する内容を示した上で、筆者が「〈邪読〉」であると言う理由を説明することを求める。「正しく健全な」読書の内容も含めて、具体的に説明することを求める。

◎解答へのアプローチ

(1)　傍線部の指示語の指示内容の確認

傍線部の指示語「これ」の指示内容を確認する。

「これはむろん読書の態度としては」とあるので、「これ」は「読書の態度」であり、この場合は、⑤段落で示されている筆者の読書態度を指している。

妄想的読書

＝

・一つの思念や想像が刺戟された時には、その思念や想像のがわに身を委ねて、あえて一つの書物を早急に読み切ることに執着しない

・人が死ぬのは、想像の世界が縮小し消失した時、なにものかに殺されるのであるという私かな確信すら懐くようになってしまった

この⑤段落の記述から、筆者の読書法が「想像の世界」を重視するものであったことに注意したい。人が死ぬのは「想像の世界が縮小し消失した時」だという確信すら懐くようになっている。この点も含めて、コンパクトにまとめると以下のようになる。

想像の世界への強い思い入れをもたらした、

(2)　思念や想像が刺戟されるままに読書に耽る態度

〈邪読〉であると筆者が言う理由

単純に「正しい読書ではないから」と説明すればよい。本文中にそうした表現を探せば、「正しく健全」が見つかる。

正しく健全な読書(態度)ではないから

(3)　「正しく健全な読書」の内容説明

では、そもそも、〈邪読〉だという判断の基準となる「正しく健全な読書」とはどのような読書なのか。それは、⑥段落に書かれているので、〈本文解説〉でも見たが、再度確認しておこう。

i　読書はまず即自有としての自己を一たん無にして、他者の精神に接するべきものである

ii　あるいは確実な、あるいは体系的な知識を身につけるために読むべきものである

iii　客観的精神というものは、そうした過程を経なければ形成されない

iv　認識と実践の統一という美しい神話も成り立たない

このi～ivをコンパクトにまとめるのがかなり難しい。〈本文解説〉の部分に記しておいたが、短くまとめると考えるよりも、キーワードを拾っていくといい。

(4)　解答の作成

[解答例]

想像の世界への強い思い入れをもたらした、思念や想像が刺戟されるままに読書に耽る態度は、自己を無にして他者の精神に接し、確実な、あるいは体系的な知識を身につけ、客観的精神の形成と認識と実践の統一を得る正しく健全な読書ではないから。(108文字／114字)

◎加点ポイント

1　「これ」の指示内容＝筆者の読書態度の説明

a　思念や想像が刺戟されるままに読書に耽る態度

b　想像の世界への強い思い入れをもたらした

2　〈邪読〉だと筆者が言う理由

c　正しく健全な読書(態度)でない

3　正しく健全な読書の内容説明

d　自己を一たん無にして、他者の精神に接する

e　確実な、あるいは体系的な知識を身につける

f　客観的精神の形成

g　認識と実践の統一

問四　理由説明

◎設問意図

傍線部の「その」が指示する内容を示した上で、筆者が「意味がある」と言う理由を説明することを求める。傍線部の次の文に理由が示されているので、それを踏まえ、「〈忘却〉

が「創造的読書」と精神の自立の契機になることと、それに引き続く部分の内容も含めて明快に表現することを求める。

◎解答へのアプローチ

(1) 傍線部の「その〈忘却〉」の指示する内容を明らかにする

まず、⑨段落の最初の文の「こうした耽溺のあとには必ず〈忘却〉がやってくる」に着目し、「こうした耽溺」と〈忘却〉の具体的な内容を確認しよう。

耽溺(⑧段落)

・書物を読んで、「半ば無自覚にそれに耽溺する」

忘却(⑨段落)

・「何を読んだのだったか、題名の記憶はありながらもその内容の痕迹がほとんど残らず」

・「せっかく読んで忘れてしまう」

(2) 筆者が「意味がある」という理由

傍線部の次の文に理由が示されている。⑩段落の内容を確認しよう。

確認しよう。

経験的に確かなこと

・創造的読書というものがあるとすれば、それは必ずこの忘却を一つの契機とするからである

これを踏まえると、以下となる。

創造的読書は必ずこの忘却を一つの契機とすることは、筆者にとっては経験的に確かなことだから、

「その〈忘却〉にも意味がある」と言える。

(3) (1)と(2)をもとに解答を作成してみよう。

(2)の「この忘却」に(1)の「耽溺→忘却」の流れを入れる。

[解答の素案]

書物に耽溺した後に

その内容がほとんど記憶として残らないことを

一つの契機として、

創造的読書が可能になると

筆者は経験的に確信しているから。(67字)

(4) ⑪段落の内容を解答に反映させる

⑪段落に「〈忘却〉の契機」という表現があり、また、「顕在的な意識の上からは、一たん消失する」と忘却について言及されているので、⑪段落の内容を確認する。

読書＝本を読む

↓

本の内容が各自の精神の濾過器を経て、その大部分が顕在的な意識の上からは、一たん消失する(＝忘却)

↓

精神に自立というものがある

ここでは、「忘却」を経ることで、精神に自立がもたらされるのであるから、これも忘却に意味がある理由の一つである。この内容も解答に入れる。

(5) 解答の作成

⑪段落の内容も含めて、解答を作成する

［解答例］

書物に耽溺した後にその内容がほとんど記憶として残らなくても、書物の内容は読者の精神による選別を経て、顕在的な意識からはいったん消失することを契機に、読者の精神が自立し、創造的読書につながると、筆者は経験的に確信しているから。（106文字／112字）

◎加点ポイント

1 忘却の説明
　a 書物に耽溺した後にやってくる
　b 書物の内容がほとんど記憶として残らない

2 忘却の意味
　c 創造的読書につながる
　d 精神の自立につながる

3 忘却がc・dに至る経緯の説明
　e 書物の内容は読者の精神による選別を経る
　f 顕在的な意識からはいったん消失する

4 2は筆者の経験的な確信であることの指摘
　g 筆者は経験的に確信している

問五　内容説明

◎設問意図

「読書の本質」について本文全体を踏まえて説明することを求める。傍線部を含む⑫段落の内容を正確に理解し、⑬段落以降の内容を含めて説明することを求める。

◎解答へのアプローチ

(1) 傍線部を含む一文を確認する

もっとも書物と縁が深いようで、少し心を許せば読書の本質から遠くなる危険をもった生活が、おそらく私にかつてあった豊饒な時間を無限に愛惜させるのであろう。

⑫段落の内容を確認していこう。

〈本文〉

私自身がすでにその〈邪読〉の条件を大はばに失ってしまっているからである。職業上の読書、下調べのための走り読み……。

↓

i 現在の筆者は職業上の読書などをしなければならない状態で、〈邪読〉の条件を大はばに失っている

〈本文〉

もっとも書物と縁が深いようで、少し心を許せば読書の本質から遠くなる危険をもった生活

↓

ii　書物と関係が深いようだが、
少し油断すると、読書の本質から遠くなる危険をもった生活
〈本文〉
私にかつてあった豊饒な時間を無限に愛惜させる
↓
iii　かつては、読書により、豊饒な時間を得た
i・ii・iiiは以下のように整理できる。
現在の私は〈邪読〉の条件を大はばに失っている
現在の私は読書の本質から遠くなる危険をもった生活をしている
現在の私はかつてあった豊饒の時間を愛惜している
ここから、読書の本質は、③段落～⑪段落で説明されていた〈邪読〉がそなえていた特質であるとわかる。
ただ、「豊饒の時間」という表現に着目すれば、忘却を契機とする創造的読書である点や精神の自立につながるというある種のメリットよりは、むしろ、思念や想像に身を委ね、耽溺し、豊饒な時間をもたらすものだということに重点を置く解答になるだろう。

(2)　本文全体を踏まえる
本文では、いくつかの読書のあり方が紹介されていた。最初から順に確認していこう。

・筆者の邪読＝妄想的読書
・パスカルの言う〈悲惨なる気晴し〉
・筆者の友人の読書　理解したところを見事に要約する
・正しく健全な読書　知識の習得・客観的精神の形成
・学問的読書や実務型の読書　内容を記憶する
・行動型の読書　実践や宣伝の武器として章句を記憶する
（・ショーペンハウエルの読書）
（・ニイチェの読書）
・筆者が職業上する読書
・下調べのための走り読み
・求道型の読書　救いを求める
・生活上の知識や知恵を得るための読書
・無目標だが存在の根底からの渇望から発する読書
筆者はこうした様々な読書について、⑬段落～⑮段落で、以下のように述べている。〈本文解説〉で見たが、再度確認しておこう。
i　〈邪読〉は〈邪読〉であり、一つの読書のあり方ではあり得ても、他の読書のあり方を排除すべき権利も理由もない
ii　無限に多様な読書の態度がありえていい
iii　各人がその人の個性にあった読書のかたちを造り出せばいい

ⅳ　誰しもあれもこれもと欲し、理想はさまざまの読書の型をそれぞれの人生の時期に経過することにある

ⅴ　人は一つの読書のあり方に比重をかけたまま、その生を終らざるをえない

これも、問四と同じく、解答をコンパクトにまとめることが求められる。

(3)　解答の作成

設問文の「筆者にとっての『読書の本質』」という指示に注意して、(1)で見た「読書の本質」を述べ、これに、(2)で見た読書一般論を加えていく。書く順としては、一般論を先に書き、解答例のように〈とはいえ〉などで結論につなぐとよい。

［解答例］

人はある読書のあり方に比重をかけたまま人生を終えるが、各人の個性や人生の時期による読書の型があり、無限に多様な読書の態度がある。

とはいえ、

筆者にとって読書の本質とは、

思念や想像に身を委ね、書物に耽溺し、

豊饒な時間を得るものである。（107文字／115字）

◎加点ポイント

1　筆者にとって読書の本質

a　思念や想像に身を委ねる＝書物への耽溺

b　豊饒な時間を得る

2　読書一般論

c　無限に多様な読書の態度がある

d　各人の個性にあった読書のかたちがある

e　さまざまな読書の型をそれぞれの人生の時期に経過する

f　人は一つの読書のあり方に比重をかけたまま、一生を終える

《注記》

筆者は③段落で、「かつて青春の一時期、私はこの物語の発想に近い読書の仕方をしていたことのあったのを想起した」と述べている。また、⑫段落で、「私にかつてあった豊饒な時間を無限に愛惜させる」と述べているが、著者紹介に記したように、高橋和巳氏は一九七一年五月三日にがんで亡くなっている。わずか三九歳である。今なら、青年とは言えないまでも、十分に若い。三〇代の筆者が学生時代を懐かしんでいるわけだが、戦前生まれの世代ならではの発想かもしれない。

解答

問一　一つの物語が契機となり、それとは独立した物語を生

みだすことを繰り返し、物語全体が際限なく増殖していくという発想法。

問二　読書後、本の内容を理解し、それを的確精密に要約する友人と違い、思念や想像が刺戟されるに任せる筆者の読書法では、本の内容を整然と紹介し説明することもできず、引け目を感じたから。

問三　想像の世界への強い思い入れをもたらした、思念や想像が刺戟されるままに読書に耽る態度は、自己を無にして他者の精神に接し、確実な、あるいは体系的な知識を身につけ、客観的精神の形成と認識と実践の統一を得る正しく健全な読書ではないから。

問四　書物に耽溺した後にその内容がほとんど記憶として残らなくても、書物の内容は読者の精神による選別を経て、顕在的な意識からはいったん消失することを契機に、読者の精神が自立し、創造的読書につながると、筆者は経験的に確信しているから。

問五　人はある読書のあり方に比重をかけたまま人生を終えるが、各人の個性や人生の時期による読書の型があり、無限に多様な読書の態度がある。とはいえ、筆者にとって読書の本質とは、思念や想像に身を委ね、書物に耽溺し、豊饒な時間を得るものである。

二（理系）

出典

多和田葉子（たわだ　ようこ）「雲をつかむ話」

多和田葉子（一九六〇〜）は、東京生まれの小説家、詩人。早稲田大学第一文学部ロシア文学科卒業。ハンブルク大学大学院（ドイツ文学）修士課程、チューリッヒ大学大学院（ドイツ文学）博士課程修了。一九八二年よりドイツに居を移し、二〇〇六年よりベルリン在住。一九九一年「かかとを失くして」で群像新人文学賞、一九九三年「犬婿入り」で芥川賞を受賞し、その後も日本語とドイツ語での旺盛な執筆活動に取り組んでおり、日本だけでなく海外でも多くの賞を受賞しており、一九九六年ドイツ語での作家活動によりシャミッソー文学賞を受賞。二〇一八年には『献灯使』で全米図書賞（翻訳文学部門）を受賞し、世界的に高い評価を得ている。その他の作品として、『ヒナギクのお茶の場合』『球形時間』『容疑者の夜行列車』『雪の練習生』『雲をつかむ話』などがある。

問題本文は、「私」が手紙を書きあぐねて空を見る→雲→ひらがなの「いわし」→ドイツ語の「ふぉれれ」が浮かぶ→フォレレ＝鱒→鱒男と呼んでいたブレーメン出身の青年を思い出す、という思考の流れがあり、そこから、鱒男が発した言葉をめぐる「私」の思索が比喩や言葉遊びを多用して描かれている。この文章だけでも、多和田葉子の独特の文体の「手触り」が感じられる。

《注記》

理系二は本文内容としては、尼ヶ崎彬『日本のレトリック』（一三年度）、大庭みな子「創作」（一四年度）、安藤宏『「私」をつくる　近代小説の試み』（一七年度）など、言語表現・文学論・文体論などが出題されてはいるが、岡井隆「韻と律」（二一年度）の短歌論にしても、ここ数年は表現よりはむしろ論理展開を把握するタイプが出題されていたので、今年度の多和田は異色の本文・設問であった。理系受験生も今回のような小説・随想からの出題、そして、論理展開だけでなく比喩などの修辞の理解を問う設問が出ることも考慮し、京大以外では余り出題されない現代文問題を過去問題で練習しておこう。

解説

〈本文解説〉

○数字は段落番号を示す。

本文は導入部分に手紙に関する内容があるが、そのあとは、鱒男と「私」が呼んでいた青年が言った「出たい」「春が来ると、出たいです」という言葉について、「私」が巡らした思索について書かれている。設問三問は、それぞれ、手紙の部分で問一、「出たい」の部分で問二、「春が来ると、出たいです」の部分で問三と、基本、部分要旨を問う設問となっている。

Ⅰ　手紙（①）

ここでは、日記と比較して、手紙について説明されている。

> 手紙の返事を書こうとしてもなかなか書けない時、つい日記をひろげてしまう。
>
> ↓　理由について考える
>
> 手紙
>
> ・一人の人間に向かって真っ直ぐ飛ばさなければならない紙飛行機のようなもの
>
> ・紙とは言え、尖った先がもし眼球に刺さってしまったら大変
>
> ↓
>
> ・責任を持って書かなければならない　傍線部(1)
>
> ↓
>
> ・責任を気にかけすぎると、書きたいことが書けない
>
> ↓　〈それで〉
>
> 責任のない日記をひろげてしまうのかもしれない。

少し内容を補って、対比関係を整理しておこう。

日記　自分だけが書き、読むものなので、相手がいない
　相手への気づかいが不要なので、責任がない
　→気楽に書ける

↕

手紙　相手（一人の人間）がいる

自分の言葉が相手の心を傷つけると大変なので、傷つけないように気づかいが必要になる
責任をもって書かなければならない
書きたいことが書けない

Ⅱ　鱒男の言葉を思い出す

(1)　連想(②)
鰯雲の「いわし」から「ふぉれれ」へ、「鱒」から「鱒男」へという連想

(2)　鱒男の言葉1　「出たい」(③・④)
ハンブルグ市の成人教育センターの日本語集中講座の教え子の一人である鱒男(「私」が心の中でひそかにそう呼んでいたブレーメン出身の青年。今手紙を書こうとしている相手と似ている)のことを思い出す。

1　出来事
ふだんの鱒男
・「口が重く、実直で無骨な印象を与えた」
・「例文を作って文法を稽古するにあたって」、「最低限の守りの真実」しか言わない
・そんなことでさえ言うのがばかばかしい、といういらだちが声にも目元の表情にも出てしまう

↓
鱒男が急に(前も後ろもなし)顔をあげて「出たい」と言った
↓
傍線部(2)　わたしはどきっとした
とにかく出たいのだ、という切実な気持ちだけが伝わった

2　例　書く

例　i	書きます		ですます形
ii	書きます － ます ＝ 書き		
iii	書き	＋ たい ＝ 書きたい	欲望を表現する

←「書きます」という形は「書く」という形よりも、
直接的に欲望につながっていく
＝
鱒《ます》を取り除いて鯛《たい》を入れれば欲望が現れる
←〈そういうわけで〉
鱒男も「出ます」の「ます」を取って「たい」を付けた
3　鱒男の「出たい」は突飛で、どこから出たいのか見当がつかない⑤

(3)　鱒男の言葉2「春が来ると、出たいです」⑤〜⑧
1　「私」「もう少し言ってくれないと意味が分からない」
←鱒男　眉間に皺を寄せてしばらく考えてから恥じらいもためらいも見せずに、
「春が来ると、出たいです」
←「私」どこから出たいのかだけでなく、誰があるいは何が出たいのかまで分からなくなる
2　日本語の教科書
「と」を使ってある状況を仮定してから話者の希望を述べるのはまちがいだ

←「私」鱒男の文章が間違っているのかどうか、確信が持てなくなった
←鱒男「春が来ると、出たい」
必死でこちらを見ていた
3　「春が来ると、出たいです」について、「私」が思ったこと
「春が来ると」という文節を他人の庭の木から折ってきて接ぎ木した
↔何か本当に言ってみたい時の文章の手触り
傍線部(3)
4　「春が来ると、出たいです」に関する考察
i　「春が来たら」と「春が来ると」との違い
春が来たら
・春が来ることを確信している
・確かな未来を今の続きとして感じている
・その春を自分が体験できると単純に信じ切っている(自分が明日死ぬかも知れないということをうっかり忘れている)
↔

春が来ると
・どこでもない場所から一般論を述べている
・話し手の存在は薄い
・自分はどこにもいない

ii 「春が来ると」と「出たいです」の接続

春が来ると
・どこでもない場所から一般論を述べている
・話し手の存在は薄い
・自分はどこにもいない（話し手の主観がない）

＋　　　矛盾

「出たい」
・急に濃い欲望、出たい気持ちを述べていた
（話し手の主観が強い）

4のi・iiで、3の内容が説明されている。

鱒男の「春が来ると、出たいです」は日本語の文法から言えば誤りかもしれないし、主観のない前半と強い主観のこもった後半が連結されていて矛盾し、意味も明瞭ではないかもしれない。しかし、だからこそ、その文章は、鱒男が「本当に言ってみたい」ことを表現していると、「私」に感じさせる。鱒男の切実な気持ちが伝わる表現になっているということである。

それでは設問を見ていこう。

〈設問解説〉

解答欄は一行あたり、25～30字をめどに作成しよう。行数をめどに各設問、適度な字数で的確な表現で解答を作成することが求められている。解答例はおおむね一行27文字で作成している。

問一　内容説明

◎設問意図

本文の対比関係を踏まえたうえで、傍線部の比喩表現を的確な表現で説明することを求める。

◎解答へのアプローチ

(1)関連本文箇所の確認

〈本文解説〉Iを参照。

日記　責任がない（書きたいことが書ける）

↔

手紙（の返事）

i　一人の人間に向かって真っ直ぐ飛ばさなければならない紙飛行機のようなもの

ii　紙とは言え、尖った先がもし眼球に刺さってしまったら大変。　傍線部

iii　責任を持って書かなければならない。　傍線部

iv　責任を気にかけすぎると、書きたいことが書けない

(2)比喩表現の一般化

紙飛行機について書かれた表現を、手紙に即して換言する

紙飛行機を飛ばす　：真っ直ぐ飛ばさなければならない

≒

手紙を出す　：一人の人間に宛てて、直接、言葉を届ける

紙とは言え　：危険な物質ではないが

≒

手紙とは言え　：危険性は大きくないが

（言葉とは言え）

紙飛行機　尖った先が眼球に刺さる

≒

手紙　きつい言葉が相手の心を傷つける

i　一人の人間に宛てて、手紙を直接届ける

ii　（言葉とはいえ、）受け取った相手の心を傷つけると大変である

(3)解答の作成

(1)のivをふまえて、「書きたいことを書く＝伝えるべき内容を書く」を加えたい。要するに、手紙は日記と違って読む相手がいるので、伝えるべき内容を、相手の気持ちを考慮して書かなければならない責任がある（覚悟が必要だ）ということを述べればよい。

［解答例］

手紙は、受け手であるただ一人に宛てて、伝えるべき内容を直接届けるものなので、受け取った相手の心を傷つけることがないよう、書き手には相応の覚悟が求められるということ。（78文字／82字）

◎加点条件

手紙について説明されていること

◎加点ポイント

1　解答の骨格

a　手紙は伝えるべき内容を、責任をもって書く

2　「一人の人間に向かって真っ直ぐ飛ばさなければならない紙飛行機のようなもの」の言い換え

b　一人の人間に宛てて、直接届ける

3　「紙とは言え、尖った先がもし眼球に刺さってしまったら大変。」の言い換え

c　受け取った相手の心を傷つけると大変である

受け取った相手の心を傷つけないようにする　など

《注意点》

・「眼球に刺さる→眼球を傷つける」なので、「手紙が心に刺さる→相手の心を傷つける」でよいだろう。「相手を傷つける」だと、相手の体を傷つける場合も相手の心を傷つける場合もある。ここは相手の心・気持ちを傷つけるとしたい。

・「誤解されないように」「相手を不快にしないように」は「眼球に刺さる」という比喩の説明として適切とはいえない。

問二　理由説明(心情説明)

◎設問意図

シチュエーションをふまえて、「私」が「どきっとした」理由を的確な表現で明快に説明することを求める。

《注意点》

1　心情説明問題なので、シチュエーションをふまえて、「どきっとした」という「私」の心情のきっかけである鱒男の言動を、平常の彼の様子と比較したうえでまとめる。

2　「どきっとした」という「私」の心情の理由として、それに対応する「驚き」などの主観的要素をきちんと入れる。

◎解答へのアプローチ

(1)シチュエーション・きっかけをおさえる

その鱒男が急に顔をあげて「出たい」と言った時、わたしはどきっとした。

(2)「その鱒男」を踏まえて、経緯をおさえる

単純に「その鱒男」の「その」の指示内容をおさえると考えてもよい。

鱒男

・口が重く、実直で無骨な印象を与えた

・例文を作って文法を稽古する

最低限の守りの真実しか言わず

・そんなことでさえ言うのがばかばかしい、といういらだち

↓

その鱒男

・前も後ろもなし、ただ「出たい」と言った

↓

・突飛で、どこから出たいのか見当がつかない

・どきっとした

・とにかく出たいのだ、という切実な気持ちだけが伝わった

(3)解答の作成

・鱒男が日頃、「口が重く」、「最低限の守りの真実しか言わず」、しかも、「そんなことでさえ言うのがばかばかしい」という様子であったから、鱒男の「出たい」という言葉に「私」は「どきっとした」のである。それをきちんと入れる。また、「どきっとした」に直結する主観的

要素を入れる。
・「口が重い」は慣用句なので、「寡黙である」「あまり言葉を発しない」などとする。
［解答例1］
日頃の例文では、事実に即したことを極めて消極的に言うだけだった寡黙な青年が、脈絡もなく文意も不明で切実な気持ちだけは伝わる願望の言葉を突然発したことが突飛で、驚いたから。（81文字／85字）
［解答例2］
日頃の例文作りでは、事実に即した例文さえ言いたがらない様子の寡黙な鱒男が、突然、文意も不明で切実な気持ちだけを伝える「出たい」という願望の言葉を発したことが意外で、驚いたから。（81文字／88字）
＊「鱒男」の「出たい」という言葉に即して説明してもよい。
◎加点ポイント
1　きっかけ
　a　鱒男が急に「出たい」と言ったことの指摘＝願望の言葉
　b　前も後ろもなし＝前後の脈絡がない＝突然
　c　意味がわからない＝文意が不明
2　鱒男の説明
　d　例文では事実しか言わない
　e　言うことがばかばかしい・いらだち＝言いたがらない＝言うことへの消極性
　f　口が重い＝寡黙
3　主観的要素
　g　切実な気持ちが伝わった
　h　突飛で驚いた
問三　内容説明
◎設問意図
傍線部が何に対する「私」のどのような受け止め方なのかを、本文後半の内容を踏まえて把握し、それを適切に表現することを求める。

《注意点》
1　鱒男の発した具体的な言葉に対する「私」の受け止め方を確認する。
2　「他人の庭の木から折ってきて接ぎ木した」という比喩については、その具体的説明は本文最後の段落にあるので、それをチェックする。
3　傍線部直前の「何か本当に言ってみたい時の文章という

の（もの）」についての「手触り（感触）」というつながりを意識してまとめる。

◎解答へのアプローチ

(1)傍線部が何について述べているのかを確認する

ここで話題となっているのは、鱒男の言った「春が来ると、出たいです」である。では、この「春が来ると、出たい」について、「私」はどのように受け止めたのか。本文最後の段落を確認していこう。

(2)最後の段落の確認

〈本文解説〉で触れたが、もう一度確認していこう。

春が来たら　言語主体の主観が出ている
・春が来ることを確信している
・べったりと確かな未来を今の続きとして感じている
・その春を自分が体験できると単純に信じ切っている
（自分が明日死ぬかも知れないということをうっかり忘れている）

↔〈それに対して〉

春が来ると　言語主体の存在が薄い・主観がない（i）
・どこでもない場所から一般論を述べている
・話し手の存在は薄い
・自分はどこにもいない

「春が来ると」を「春が来たら」と比較して、「私」は以上のように i を指摘している。これに対して、

出たいです　言語主体の強い欲望・主観的（ii）
・とにかく出たいのだ、という切実な気持ち
・直接的に欲望につながっていく
・濃い欲望、出たい気持ち

とあり、「出たいです」の方は ii となる。

(3)鱒男の「春が来ると、出たいです」という言葉の特徴を確認する

言語主体の存在が薄い・主観がない（i）
＋
言語主体の強い欲望・主観的（ii）
……矛盾

(4)筆者の受け止め方

1　こうなってくるとどこから出たいのかだけでなく、誰があるいは何が出たいのかまで分からなくなってくる
←　いっそう意味不明・呆れる

2　「と」を使ってある状況を仮定して話者の希望を述べるのはまちがいだと日本語の教科書には書いてある
←　文法的には誤り

3　他人の庭の木から折ってきて接ぎ木した
←　ii に i をつないでいる　不自然

4　i と ii に矛盾があるのかもしれない

←　矛盾

5　何か本当に言ってみたい時の文章の手触り

←　何か本当に言ってみたい時の文章がもつ独特な感触

切実さ・強い気持ち

解答欄の四行はたっぷりあるように思えるが、全要素を盛り込んで解答を作ろうとするとなかなかすべてを入れることは難しい。表現を工夫し、コンパクトにまとめることが必要となる。

［解答例］

主観と無関係な一般論を述べる仮定と、主観の強い欲望を述べる述部を連結した青年の言葉は、矛盾があり、不自然で違和を覚えるが、意味の不分明さや文法的誤りを超えて、何か本当に言ってみたい時の文章の切実さが感じられるという手触り。（106文字／111字）

＊これも問二同様、鱒男に即して説明してもよい。

◎加点ポイント

1　鱒男の言葉の説明　本文最後の段落

a　主観と無関係な一般論を述べる部分＋主観の強い欲望を述べる部分

（主観と無関係な一般論を述べる「春が来ると」＋主観の強い欲望を述べる「出たいです（出たい）」）

2　「私」の評価1

b　矛盾・不自然・違和感

c　意味がわからない

d　文法的に誤っている

3　「私」の評価2

e　何か本当に言ってみたい時の文章の独特な感触＝切実さ・強い気持ち

解答

問一　手紙は、受け手であるただ一人に宛てて、伝えるべき内容を直接届けるものなので、受け取った相手の心を傷つけることがないよう、書き手には相応の覚悟が求められるということ。

問二　日頃の例文では、事実に即したことを極めて消極的に言うだけだった寡黙な青年が、脈絡もなく文意も不明で切実な気持ちだけは伝わる願望の言葉を突然発したことが突飛で、驚いたから。

問三　主観と無関係な一般論を述べる仮定と、主観の強い欲望を述べる述部を連結した青年の言葉は、矛盾があり、不自然で違和を覚えるが、意味の不分明さや文法的誤りを超えて、何か本当に言ってみたい時の文章の切実さが感じられるという手触り。

二〇二一年

一（文理共通）

出典

西谷啓治（にしたに　けいじ）「忘れ得ぬ言葉」

西谷啓治（一九〇〇～一九九〇年）は石川県生まれ。西田幾多郎に師事した京都学派の哲学者。京都帝国大学文学部哲学科を卒業後、一九四三年京都帝大教授。「近代の超克」に参加した。京都学派の主要メンバーの一人で、戦後に公職追放を受けたが、一九五二年京大教授に復職した。著書に『根源的主体性の哲学』『宗教とは何か』『神と絶対無』『アリストテレス論攷』『ニヒリズム』などがある。

本文は、学生時代の友人の一言が「忘れ得ぬ言葉」となったことを語り、そこから筆者が考えるに至った人間関係の不思議な「縁」という性質について述べている。

解説（問五は文系のみ）

〈本文解説〉

○数字は形式段落番号を示す。なお、説明にあたっては本文表記を変更した部分がある。

Ⅰ　山崎をめぐるエピソード（①～④）

第①段落　山崎の人物像

筆者が京都大学の学生だった頃に、東京から来た何人かと親しいグループを作っていて、その中に兄貴株の山崎深造がいたとあり、山崎について、その人物像が紹介されている。

・（いずれも気儘な者ばかりだったが）山崎深造だけは別であった

・彼はおだやかな、思いやりの深い、そして晴れやかな落着きを感じさせるような人間

・彼だけは既におとなであった

二度の「だけ」という表現に着目しておこう。

第②段落・第③段落　筆者の病気と山崎の言葉

筆者が入院した際に、山崎が万事世話をしてくれたのだが、退院の直後、山崎に言われた言葉が、筆者にとって「忘れ得ぬ言葉」となった経緯が記されている。第③段落の内容を整理しておこう。

私　・（郷里の景色や郷里での生活に関連して）はずんだ気持で、調子づいて話していた
↓
山崎　・散々厄介をかけながら好い気持でしゃべっていたわたしが、罪のない無邪気なおぼっちゃんと映ったに違いない

私

・からかい半分の軽い気持

↓

「君も随分おぼっちゃんだなア」　…傍線部(1)

↓

・それが私には「忘れ得ぬ言葉」になってしまった

・その一言は何かハッとさせるものをもっていた

・その時の自分の心が自分自身のことで一杯になっていて、彼の友情、彼が私のために払ってくれた犠牲、についての思いが、そこ(自分の心)に少しも影を落していないことに気づかされた

・その時のそういう心持というばかりでなく、自分というもの、それまでの自分の心の持ち方というものが、鏡にうつし出されたかのような感じであった

・いわば生れてこのかたの自分に突然サイド・ライトが当てられて、それまで気が付かなかった自分の姿に気が付いたというような気持であった

・その一言によって、私の眼には、その自分の「罪のない」ことがそれ自身罪あることと映って来た　…傍線部(2)

↓

・眼が開かれたような衝撃であった

私

・それ以来自分がおとなの段階、乃至はおとなに近い段階に押し上げられた

二重傍線と波線をつけた表現に着目しよう。

山崎の「おぼっちゃんだなア」という言葉が、筆者にとって「忘れ得ぬ言葉」となるのは、まず、その言葉により、筆者が「自分というもの」「それまでの自分の心の持ち方」「生れてからこのかたの自分」「それまで気が付かなかった自分」に気付かされ、衝撃を受けたことが大きな意味を持っているからである。「忘れ得ぬ言葉」は筆者にとっての「忘れ得ぬ言葉」であるから、山崎自身がどう思っていたかは関係がない。筆者の捉え方、感じ方が問題となる。

筆者は、山崎が筆者に「おぼっちゃんだなア」と言ったとき、「彼の眼には、散々厄介をかけながら好い気持でしゃべっていたわたしが、罪のない無邪気なおぼっちゃんと映ったに違いない」と思ったのである。「違いない」という文末表現にも注目したい。

第①段落の山崎に関する「彼だけは既におとなであった」という記述と第③段落最後の「自分がおとなの段階、乃至はおとなに近い段階に押し上げられたと思っている」に着目すれば、既に「おとな」であった山崎の「おぼっちゃんだなア」という言葉は、筆者に、《自分が自分のことしか考えていない「こども」である》ことを自覚させ、筆者を「おとな」の段階へ押し上げる言葉となったのである。筆者は「無邪気なおぼっちゃん」だったわけであり、山崎の言葉はそれをその

まま指摘しただけなのだが、筆者自身がその自分に無自覚であったために、衝撃的な言葉となったのである。

山崎の言葉は、無自覚であった自分の未熟なあり方を照らしだし、その未熟さを初めて自覚させ、筆者を成長させる一言になったのである。その結果、この言葉はその場ですぐ忘れてしまう言葉ではなく、聞いたその時に衝撃を与え、さらに、後々まで忘れ得ぬ言葉となったのである。（問一）

「罪のない」という表現は罪のないことを意味するから、基本的に肯定的な評価である。また、無邪気というのも邪気のないことであるから、これも、基本的に肯定的な評価である。しかし、この場合の罪のなさや無邪気さは無知な能天気さに近い。筆者は、大学生である自分が未熟で大人になりきれていないことを自覚し、そういう自分のあり方を好ましくない、非難されるべきことのように思えてきた。「その一言によって、私の眼には、その自分の『罪のない』ことがそれ自身罪あることと映って来た」のである。（問二）

第④段落　二つの「世間知らず」

筆者は山崎に「おぼっちゃんだなア」と言われる以前にも、友人達から「世間知らず」とか「お坊ちゃん」とか言われたことはある。しかし、その場合、「世間知らず」と言われても、殆んど痛痒を感じなかったのに、山崎に「おぼっちゃん」と言われた際には衝撃を受けている。「今度は、自分が、以前に言われたとは全く別の意味において「世間知らず」であったことを知った」とある（問三）。第④段落では、以前言われた「世間知らず」と今回山崎の言葉を通して知った「世間知らず」の意味がどのように異なるかを説明している。整理しておこう。

以前に言われた「世間知らず」について

- 父親の死→物質的にも精神的にもいろいろな種類の苦痛を嘗めて
- 人生絶望の稜線上を歩いているような状態
- 「世間」の何たるかを知っているという気持
- 「世間」的なものを、十把一からげにして自分の後にして来たような気持

↔

全く別の意味においての「世間知らず」に関連して

- 彼という「人間」の存在に本当の意味で実在的に触れる＝彼という「人間」の実在に触れる

　←

- 本当の意味での「世間」に実在的に触れる

- 他の「人間」に触れ、彼とのつながりのなかで自分というものを見る

　←

虚妄でない実在の「世間」に触れた

第③段落で見たように、筆者は山崎の言葉で未熟な自分を知り、それと同時に世間というものを知った。逆にいえば、それまで、自分を知らず、世間を知らなかったことになる。この点も整理しておこう。

それまで
「世間知らず」
｜
「自分知らず」

山崎の言葉
・自分というものにサイド・ライトが当てられた
｜同時
・世間というものを知った

「絶望的な気持のなかにいた当時の」筆者は、山崎の言葉によって自分を知り、山崎という「人間」の実在に触れることで「世間」に実在的に触れることができ、そのことが筆者には「生きる力を与えてくれるかのよう」に感じられたのである。

筆者は、《人生経験が少なく、世間の事情をよく知らない》という意味では、父親の死以降、苦痛や絶望の経験があるため、「世間知らず」ではないと思っていた。しかし、山崎と関わり、他人の存在に実在的に触れ、その人間とのつながりのなかで自分を捉え、さらに世間に実在的に触れるという経験がなかったという意味では、それまで「世間知らず」であったと自覚したのである。整理しておこう。

それまで
「世間知らず」「自分知らず」
↓山崎の言葉

自分を知る
⇄人間とのつながり
他の人間を知る＝世間を知る

Ⅱ　「忘れ得ぬ言葉」の分類から「本当の人間関係」へ　（⑤・⑥）

第⑤段落・第⑥段落

第⑤段落では「忘れ得ぬ言葉」を定義した上で、「書物から来た言葉の場合」と「言葉が生き身の人間の口から自分に語られた場合」が異なる（問四）という内容が説明され、第⑥段落では山崎の言葉がまさに後者であったと指摘されている。整理しておこう。

「忘れ得ぬ言葉」の定義

他人が自分のうちへ入って来て定着し、自分の一部になる

←

なり方はいろいろである

←

A　書物から来た言葉の場合 ・自分を深く動かす ← ・繰返し想起され反芻される ← ・筆者のマークがだんだん薄れてくる ← ・言葉の抽象的な意味内容だけが自分のうちに定着する ← ・血肉に同化したかのように自分のうちへ紛れ込んでしまう	
B　生き身の人間の口から自分に語られた場合 ・言葉を発した人間と一体となって自分のうちへ入ってくる ← ・独立した他の人間がその人間として実在性をもって自分のうちに定着し、自分とつながりながら自分の一部になる ← ・自分のうちで血肉の域を越えて骨身に響くものになってくる ← ・想起されるたびに、言葉は語った人間の「顔」、肉身の彼自身、を伴って現われてくる ・言葉を反芻するたびに、我々は我々の内部でその彼の内部へ探り入り、彼を解読する ・彼はますます実在性をもってくるし、同時にまたますます我々自身の一部にもなってくる ・言葉は人間関係の隠れた不可思議さを現わしてくる	山崎の場合 ・彼と彼の言葉を思い出す毎に、彼はますます私に近付いてくるようでもあるし、私がますます彼のなかへ、もはや何も答えない彼という「人間」の奥へ、入って行って、彼を解読しているようでもある ・生きているとか死んでいるとかという区別を越えた、そういう人間関係(問五)

このように説明した上で、山崎との間の関係性のような人間関係が、筆者にとっては現実よりも一層実在的に感ぜられると述べる。現実であっても、それが明日には忘れられる「現実」であるならば、むしろ、何十年たってもますます実感を増すものの方が一層実在的ではないだろうかと述べている。「現実」と「実在」という語の違いに注意しよう。「実感」が「実在」性を支えている。

筆者は第④段落でも仏教の「縁」について言及しているが、この第⑥段落でも、「本当の人間関係」には、山崎と筆者の人間関係のように、不思議な「縁」という性質があり、「人間とはそういうものではないだろうか」と結んでいる。

〈設問解説〉

問一　理由説明

第③段落の内容をもとに作成した［解答例］に加えて、《注記》で第⑤段落以降の内容も含めた［別解］を示している。両者について解説しているが、結論としては、問一は第③段落の内容をふまえた［解答例］でよいと考えている。

◎設問意図

・シチュエーション（状況・経緯）をふまえて、山崎の言葉が「忘れ得ぬ言葉（＝自分の中に定着し、その後も繰り返し想起され反芻される／他人の言葉）」となった理由を問う。

・第①段落に明記された山崎の人物像をふまえ、「鏡にうつし出された」「サイド・ライトが当てられて」という比喩表現の理解も含めて、〈見えていなかったものの現前化〉による「衝撃」について的確に説明できているかどうかを評価する。

◎解答へのアプローチ

(1)「それ」の指示内容の確定

「それ」は、直前の「君も随分おぼっちゃんだなア」を指しているが、その言葉がどういう状況で、どのような経緯を経て発せられたのかを確認する。

筆者が病気になり、その際、山崎に世話をしてもらった

↓

・郷里で保養することになり、郷里の海や景色の美しさ～楽しさなどのことを、はずんだ気持で、調子づいて話していた

（筆者が退院後、「自分の心が自分自身のことで一杯になっていて、彼の友情、彼が私のために払ってくれた犠牲、についての思いが、そこに少しも影を落していない」発言をした）

↓

山崎が「からかい半分の軽い気持で」「突然軽く笑いながら、一言、『君も随分おぼっちゃんだなア』と言った」

⑵山崎の言葉の意味

第①段落の「彼だけは既におとなであった」、第②段落の「罪のない無邪気なおぼっちゃん」、さらに、第②段落最後の「私はそれ以来自分がおとなの段階、乃至はおとなに近い段階に押し上げられた」という表現に着目する。

「おぼっちゃん」　こども＝幼稚・未熟

↔

「おとな」　成熟

何でもない表現であるが、きちんと言葉の意味をおさえておこう。

⑶「忘れ得ぬ言葉」となった理由

⑴・⑵をふまえ、さらに、本文解説で記した第③段落の表現をふまえて確認しよう。「その時の自分のそういう心持というばかりでなく、自分というもの、それまでの自分の心の持ち方というものが」の「ばかりでなく」を解答に反映しよう。簡単に流れを示せば、以下となる。

筆者が一人いい気になって、自分の関心事を語る

←

山崎の言葉

←

筆者が、「その時の自分のそういう心持」というばかりでなく、「自分というもの、それまでの自分の心の持ち方」（＝自分の幼稚さ・未熟さ）を気づかされてショックを受ける

←

山崎の言葉は忘れ得ぬ言葉となる

⑷解答の作成

「自分の心が自分自身のことで一杯になっていて、彼の友情、彼が私のために払ってくれた犠牲、についての思いが、そこに少しも影を落していない」というその時の自分の心持を「身勝手」「自己中心的」などとコンパクトにまとめ、山崎の言葉に関する説明も加えよう。

解答枠はタテ一四センチ。一行は二五字程度で作成しよう。三〇字程度までは許容だと思うが、過度に小さい字で書くのはやめよう。なお、解答例の字数は「〇文字／〇字」と表記している。それぞれ句読点を含めない文字数と、句読点を含めた字数を示している。解答記述量とその表記については以下の設問でも同様である。

［解答例］

いい気分で自分の関心事を語る筆者をからかうような山崎の言葉で、その時の身勝手さに加えて、それまでの無自覚だった自分の未熟なあり方に初めて気づき、衝撃を受けたから。（77文字／81字）

◎加点ポイント

1　「それ」の指示内容

a「からかい半分の軽い気持で言った」山崎の言葉

b「はずんだ気持」「調子づいて話していた」「好い気持でしゃべっていた」筆者に対する言葉であること

2　理由

c無自覚部分を自覚させたという旨

＊「気づいていなかった部分を明らかにした」という内容も可

dその時点での身勝手さ・自己中心的なあり方

eそれまでの自分の心の持ち方＝未熟・幼稚なあり方

f衝撃

《注記》

「忘れ得ぬ言葉」については、第⑤段落以降を踏まえて説明することも考えられる。

忘れ得ぬ言葉＝他人が自分のうちに入って定着し、自分の一部になること

＝

忘れ得ぬ言葉ⅰ　書物から入ってきた場合

忘れ得ぬ言葉ⅱ　生き身の人間の口から自分に語られた場合

←

山崎の言葉はⅱの例

ここから、以下のような解答も考えられる。

[参考1]

山崎の言葉は、まさに、たえざる相互作用により、他者が自己の内部に実在性をもって定着するとともに自己の一部となるという人間関係の不可思議さを実感させるものだったから。（78文字／82字）

山崎の言葉を聞いたときに筆者が受けた衝撃があって、はじめて、山崎の言葉は忘れ得ぬ言葉になるのであるから、最初の衝撃についての説明はしたい。したがって、[参考1]のままでは解答として好ましくない。そこで、第③段落の内容を含めて解答を作成すると、以下となる。

[参考2]

いい気分で自分の関心事を語る筆者をからかうような山崎の言葉は、

その時の身勝手さに加えて、

それまでの無自覚だった自分の未熟なあり方に初めて気づかせ、衝撃を与え、

その後も繰り返し想起され反芻され、

たえざる相互作用により、

他者が自己の内部に実在性をもって定着するとともに自己

の一部となるという
人間関係の不可思議さを実感させる他人の言葉だったから。

当然、これでは字数をオーバーするので、核となる部分を残してカタチを作ると以下のようになる。

［参考3］
山崎の言葉は、
無自覚だった自己の未熟さを自覚させた点で衝撃的な言葉であり、
その結果、
自己の内部に定着し、一部となる言葉のうち、ⅱの場合の「忘れ得ぬ言葉」となったから。

ⅱの説明を入れて、解答例を作成すると以下となる。

［別解］
山崎の言葉は、無自覚だった自己の未熟さを衝撃的に自覚させ、
自己内で、自他の相互作用により、
他者が定着し、自己の一部となるという
人間関係を実在的に感じさせる言葉だったから。（79文字／85字）

◎加点ポイント

1　「それ」の指示内容
　a山崎の言葉

2　理由1
　b無自覚な自己の未熟さを自覚させたという旨
　c衝撃性

3　理由2
　d「忘れ得ぬ言葉」の定義＝自己の内部で、他者が定着し、自己の一部となる

4　理由3　生き身の人間の言葉に限定される理由
　e自己の内部での相互作用の存在
　f人間関係を実在的に感じさせる

［解答例］とするか、［別解］とするかについては、結論を言えば［解答例］でよいと思う。

二〇一一年度共通一（長田弘『失われた時代』）の問一の場合は、問二が「帽子屋のいとなみに即して」という設問条件から帽子屋に即して説明することが確定するので、逆に問一は一般論で「生きるという手仕事」を説明すると判断したが、今回は問四・問五で後半の一般論部分を設問化しているので、逆に問一は前半の具体例に即した解答でよいと判断した。もちろん、二重傍線や波線ではない通常の傍線部問題であるこ

と、解答量が三行分であることも判断に影響を与えているが、何より、第①段落・第③段落の「おとな」、山崎の「おぼっちゃんだなア」という言葉を重視した判断である。

［別解］のように第⑤段落以降の内容を含めて解答化するのはかなり難しいのではないか。また、［別解］のように説明した場合、山崎の言葉を聞いたときの筆者の衝撃を十分に説明しきれない。いずれにしても、［参考1］のように第③段落の内容を含まない解答は好ましくないと思われる。

問二　内容説明

◎設問意図

・一見矛盾する表現を的確な表現にすることで、内容の矛盾がないことを明確に示すことができるかどうかを問う。

・「罪のない」ことが「罪ある」ことであるという一見矛盾するかにみえる表現が実際には矛盾しないことを説明できているかどうかを評価する。

過去問題から類題を紹介しておこう。

二〇〇九年度理系二（澁澤龍彥「玩具のシンボル価値」）問二

傍線部　座敷の中の飛行機はびくとも動かない。にもかかわらず、飛行機は架空の空間を矢のように速く疾駆する

＊「動かない」のに「速く疾駆する」となっている。

二〇〇四年度二（西田幾多郎「読書」）問四

傍線部　唯一つの思想を知ると云ふことは、思想といふものを知らないと云ふに同じい

＊「知る」ことが「知らない」ことだとなっている。

◎解答へのアプローチ

(1)傍線部を含む一文を確認し、指示語の指示内容を具体化する

傍線部の直前に「その一言によって」とあるので、これも含めて換言する。

傍線部　私の眼には、その自分の「罪のない」ことがそれ自身罪あることと映って来た

←　傍線部を含む一文を確認する

その一言によって、私の眼には、その自分の「罪のない」ことがそれ自身罪あることと映って来た

←　具体化

1　その一言＝山崎の言葉

2　私の眼には、～映って来た＝私に自覚されてきた・認識され始めてきた

3　自分の「罪のない」こと

＝病気で山崎に散々迷惑をかけながら、山崎への謝意を抱くこともなく、無邪気に自分自身のことしか考えられない自分のあり方

＝自他関係を前提とした他者への配慮を欠き、自分自身

のことしか考えていない無邪気さ

(2)「罪のない」と「罪ある」を違いがはっきりわかるように説明する

4　罪のあること

=自分のあり方は罪悪である

=大学生になりながらもなお自他関係に思いをはせることのできない浅はかさが罪悪であると意識し始めた

(3)解答の作成

(1)・(2)のポイントを意識して、解答を作成しよう。

[解答の素案]

山崎の言葉により、

病気で散々世話になった山崎へ感謝することもなく、自分自身のことしか考えられない自分の無邪気さは、大学生になりながらもなお自他関係を配慮できない浅はかさであり、罪悪であると認識し始めたということ。(106字)

←　字数調整

[解答例]

筆者は、山崎の言葉により、

病で世話になった山崎を一顧だにせず、

自他関係に無配慮で、自分のことだけ考えていた自分の無邪気さが、浅はかで罪悪であると認識し始めたということ。

(78文字／84字)

◎加点ポイント

1　「その一言によって」

a　山崎の言葉によって

2　構文

b　筆者が認識し始めた

3　自分の「罪のない」こと

c　病気で山崎に散々迷惑をかけながら、山崎への謝意を抱くこともなく、自分自身のことしか考えられない自分のあり方

d　自他関係を前提とした他者への配慮の欠如

＊自他関係、人間関係、他者への配慮のいずれかの欠如が示されていれば可

4　「罪のない」「罪ある」の的確な換言

e　「罪のない」=無邪気

f　「罪ある」=浅はか、愚か、罪悪など

参考までだが、ナイーヴ(naïve)というフランス語がある。日本ではナイーヴは感じやすい・純真などのニュアンスが強いが、この言葉は第一に、「単純な」「だまされやすい」「愚鈍な」という意味である。もちろん、ほめる言葉で用いられる場合は「無邪気な」「純粋な」となるが、「無邪気だ」とい

うのは、ある意味、ものを知らない愚かさでもあることは知っておいた方がいい。私見だが、無邪気でいられることは、無防備なまま、無知なまま、傷つくことなく暮らせているということにもなるので、ある意味、幸せなことでもある。

問三　内容説明

◎設問意図

・傍線部中の「全く別の意味」という表現に着目し、「以前に言われた」「『世間知らず』」の内容と対比しつつ、「今度」の「『世間知らず』」の意味を説明することができるかどうかを問う。

◎解答へのアプローチ

(1)「以前に言われた」「世間知らず」

・独り子として育ったので、そういう(「世間知らず」「おぼっちゃん」)ところが実際あったのかも知れない

・少年の時に父親を失って以来、物質的にも精神的にもいろいろな種類の苦痛を嘗めて、いわば人生絶望の稜線上を歩いているような状態

こうした表現から、以前に言われた「世間知らず」は独り子で何不自由なく甘やかされて育って、人生経験も乏しく、生活の苦労や世の中の事情を知らないという意味だろう。筆者は実際には父親を失って苦痛を味わい、絶望もしてきたので、友人たちから「世間知らず」とか「おぼっちゃん」とか言われても、殆ど痛痒を感じなかった(痛くも痒くもない=何の影響もうけない)のである。

(2)「今度」の「世間知らず」

傍線部の後の内容をまとめる。虚妄に対して、実在という言葉が用いられているので、これを中心にまとめる。

・彼という「人間」の存在に本当の意味で実在的に触れる=彼という「人間」の実在に触れる

↓

・本当の意味で「世間」に実在的に触れる

・他の「人間」に触れ、彼とのつながりのなかで自分というものを見る

↓

虚妄でない実在の「世間」に触れた

(3)解答の作成

「今度は」をふまえて、以下の対比関係を意識して説明しておこう。

それまで　友人達から言われた
　A「世間知らず」

↓

今度は　山崎に「おぼっちゃんだなア」と言われた
　B「世間知らず」

［解答の素案］
山崎から「おぼっちゃんだなア」と言われて、以前友人達から言われた、人生経験が乏しく苦労知らずだという意味とは異なり、他の「人間」に実在的に触れ、他者との関係のなかで自分というものを知り、「世間」に実在的に触れる経験を欠いていたことに気づいたということ。（126字）
↓　字数調整
［解答例］
苦労知らずで世情に疎いのではなく、他の人間に実在的に触れ、人間関係のなかで自分を捉え、世間に実在的に触れる経験を欠いていたことを、筆者が山崎の言葉で認識したということ。（79文字／84字）
◎加点ポイント
1　以前に言われた「世間知らず」
a苦痛・絶望の経験をふまえた説明＝〈苦労を知らない〉など
b〈人生経験が乏しい〉〈世間の事情をよく知らない〉など
2　今度、筆者が自覚した「世間知らず」
c山崎の言葉がきっかけであること
d他の人間の実在→人間関係のなかでの自己認識→実在としての世間認識

《注記》
加点ポイント2の「世間」は、漠然とした人々の集合や広がりを示すのではなく、第⑤段落・第⑥段落をふまえれば、相互に影響し、規定し合う自他関係・人間関係の総体としてある世間ということだろう。より正確に言えば、その自他関係・人間関係は現実の関係だけでなく、自身の思惟の中で展開する自他関係・人間関係をも含んでいる。
「人間」は〈人と人の間柄〉であり、〈人間＝人と人の関係＝世間〉ということだろう。人は他人にしろ自分にしろ、単独で存在するのではなく、関係性の中で存在する。実体としてある個が関係を結ぶのではなく、関係がまずあって、その関係が自他を規定する。そういう関係性が実在の世間なのではないか。
そういう意味で、筆者はこれまで、他の「人間」に実在的に触れておらず、自分を人間関係のなかで捉えることもできず、人間関係からなる本当の意味での「世間」に触れる経験をも欠いていたのである。
以上のような理解を解答に反映すると、以下のようになる。
［参考解答例］
苦労知らずで世情に疎いのではなく、人間関係のなかで自他の存在を感じ、

人と人との関係性を実在的に感じる経験を欠いていたことを、筆者は山崎の言葉で認識したということ。（77文字／81字）

問四　理由説明

◎設問意図

・傍線部中の「全く別」という表現に着目し、「書物から来た言葉の場合」と、「生き身の人間」の言葉の場合を対比して、「忘れ得ぬ言葉」について説明することができるかどうかを問う。

・本文解説のⅡの表A・Bの違いをコンパクトに表現できているかどうかを評価する。

◎解答へのアプローチ

(1)「全く別である」という部分を傍線部の直前部分を含めて、より正確に表現する。

傍線部　言葉が生き身の人間の口から自分に語られた場合
　　　は、全く別である。

＝

言葉が生き身の人間の口から自分に語られた場合は、
言葉の抽象的な意味内容だけが自分のうちに定着し、
血肉に同化したかのように自分のうちへ紛れ込んでしまう
のとは、
全く別である。

↓

言葉が生き身の人間の口から自分に語られた場合は、
書物から来た言葉の場合に、言葉の抽象的な意味内容だけ
が自分のうちに定着し、
血肉に同化したかのように自分のうちへ紛れ込んでしまう
のとは、
全く別である。

↓

忘れ得ぬ言葉については、
言葉が生き身の人間の口から自分に語られた場合は、
書物から来た言葉の場合に、言葉の抽象的な意味内容だけ
が自分のうちに定着し、
血肉に同化したかのように自分のうちへ紛れ込んでしまう
のとは、
全く別である。

(2)解答のカタチを考える

忘れ得ぬ言葉に関する傍線部であることをふまえ、その言葉が「書物から来た言葉の場合」と「生き身の人間の口から自分に語られた場合」が「全く別である」理由を述べればいいわけだから、以下のような構文で説明すればよい。

1　忘れ得ぬ言葉は、
　書物から来た言葉の場合は〜であるが、

言葉が生き身の人間の口から語られた場合は～であるから。

2　忘れ得ぬ言葉が生き身の人間の口から自分に語られた場合は、

～点で、

書物から来た言葉の場合とは異なるから。

(3)部分要旨

「言葉が生き身の人間の口から自分に語られた場合」の特徴については傍線部の後に書かれているので、これをコンパクトにまとめる。本文解説Ⅱの表を確認してほしい。

(4)解答の作成

[解答例1]

忘れ得ない言葉は、

書物の言葉の場合は抽象的意味内容だけが自己内部に定着するが、

現実の生きた人間からの言葉の場合は、他人が実在性をもって自分に定着し、自分の一部となり、人間関係の隠れた不可思議さを現わすに至るから。（100文字／106字）

[解答例2]

現実の生きた人間からの言葉が忘れ得ぬ場合は、

他人が実在性をもって自分に定着し、自分の一部となり、

人間関係の隠れた不可思議さを現わすに至る点で、書物の言葉の抽象的意味内容だけを忘れ得ない場合とは異なるから。

（97文字／102字）

◎加点条件

1　「忘れ得ぬ言葉」〈ある言葉が忘れ得ない場合〉について書かれていること

2　書物から来た言葉の場合と生き身の人間の口から自分に語られた場合の違いが書かれていること

◎加点ポイント

1　書物から来た言葉の場合

a抽象的な意味内容だけが定着する

2　生き身の人間の口から自分に語られた場合

b他人が実在性をもって定着する

c他人が自分の一部となる

d人間関係の不可思議さを現わす

問五　理由説明（文系専用問題）

◎設問意図

・筆者の主張の根拠を説明することができるかどうかを評価する。

・「忘れ得ぬ言葉」に関する第⑤段落の内容も踏まえ、第⑥段落の対比関係が把握できているかを問う。「現実」よりも「夢のような話」の方が実在的であるという内容の理解を問う。

◎解答へのアプローチ

(1)傍線部を含む一文の確認

生きているとか死んでいるとかという区別を越えた、そういう人間関係は、夢のような話と思われるかもしれないが、私にはいわゆる現実よりも一層実在的に感ぜられるのである。

(2)設問文の指示と関連箇所のチェック

そういう人間関係

↓

本当の人間関係はそういう不思議な「縁」という性質があり、人間とはそういうものではないか。

↓

明日には忘れられる「現実」よりも、何十年たってもますます実感を増すものの方が一層実在的ではないだろうか。

(3)二つの人間関係

二つの人間関係の違いを整理する。

i「生きているとか死んでいるとかという区別」のある人間関係

・人間が生きていれば可能で、死んでしまったら不可能になる生き身の人間の間の関係

・現実の人間関係

・明日には忘れられてしまう

↕

ii本当の人間関係(と筆者が呼ぶもの)

・彼と彼の言葉を思い出す毎に、彼はますます私に近付いてくるようでもあるし、私がますます彼のなかへ、もはや何も答えない彼という「人間」の奥へ、入って行って、彼を解読しているようでもある。

・不思議な「縁」という性質

↓

・生きているとか死んでいるとかいう区別を越えた人間関係

(4)第⑤段落との関係

第⑤段落の生き身の人間の口から自分に語られた場合の「忘れ得ぬ言葉」に関する説明

・ある人とその忘れ得ない言葉を思い出す毎に、その人が一層実在性をもち、自分の一部になるという人間関係＝(3)のiiの人間関係

・言葉は人間関係の隠れた不可思議さを現わしてくる

(5)解答の作成

〈山崎との人間関係のような人間関係は、現実の人間関係とは違い、「何十年たってもますます実感を増す」「一層実在的である」から〉という内容を核に、第⑤段落の内容を含め

てまとめればよい。

［解答の素案］

本当の人間関係とは、

ある人間の忘れ得ぬ言葉を思い出す毎に、その人間が自己の内部で一層の実在性をもち、自分の一部になるという不可思議なつながりをもつもので、

生き身の人間との現実の人間関係と異なり、

人間の生死の影響を受けることなく、時の経過によって一層の実在性をもつから。（134字）

端的に言えば、生死を越えるのは、現実の人間関係ではなく、忘れ得ぬ言葉を思い出す毎に繰り広げられる自己の内部での人間関係だからである。この点を明示する。後者の人間関係は時を経ても実感を増すことから、筆者は、後者の方が一層実在的に感じ、不思議な縁のある本当の人間関係だとしているのである。

［解答例］

ある人間の忘れ得ない言葉を思い出す毎に、その人間が一層の実在性をもち、自分の一部になってくるという人間関係には不思議な関係性があり、現実の人間関係と異なり、人間の生死にかかわらず、時を経ても実感を増し、一層実在的となるから。（105文字／112字）

◎加点ポイント

1　本当の人間関係の説明

a 忘れ得ぬ言葉がもたらす人間関係である

ある人間の忘れ得ない言葉を思い出す毎に、その人間が一層の実在性をもち、自分の一部になってくる

b 不思議な「縁」という性質がある

＊解答例は「関係性」としているが「縁」のままでも可。

c 現実の人間関係とは異なる

2　「生きているとか死んでいるとかという区別を越えた」のように言われる理由

d 人間の生死に関わらない

e 何十年たってもますます実感を増す→一層実在的

解答

問一　いい気分で自分の関心事を語る筆者をからかうような山崎の言葉で、その時の身勝手さに加えて、それまでの無自覚だった自分の未熟なあり方に初めて気づき、衝撃を受けたから。

問二　筆者は、山崎の言葉により、病で世話になった山崎を一顧だにせず、自他関係に無配慮で、自分のことだけ考えていた自分の無邪気さが、浅はかで罪悪であると認識し始めたということ。

問三　苦労知らずで世情に疎いのではなく、他の人間に実在的に触れ、人間関係のなかで自分を捉え、世間に実在的に触れる経験を欠いていたことを、筆者が山崎の言葉で認識したということ。

問四　忘れ得ない言葉は、書物の言葉の場合は抽象的意味内容だけが自己内部に定着するが、現実の生きた人間からの言葉の場合は、他人が実在性をもって自分に定着し、自分の一部となり、人間関係の隠れた不可思議さを現わすに至るから。

問五　ある人間の忘れ得ない言葉を思い出す毎に、その人間が一層の実在性をもち、自分の一部になってくるという人間関係には不思議な関係性があり、現実の人間関係と異なり、人間の生死にかかわらず、時を経ても実感を増し、一層実在的となるから。

二（文系）

出典

石川淳（いしかわ　じゅん）「すだれ越し」

石川淳（一八九九〜一九八七年）は東京生まれの小説家、文芸評論家、翻訳家。東京外国語学校（現・東京外国語大学）フランス語科を卒業後、慶應義塾大学などでフランス語の教師をしつつ、創作・翻訳活動を行う。太宰治、坂口安吾、織田作之助らとともに「無頼派」と呼ばれた。「普賢」で芥川賞、『紫苑物語』で芸術選奨文部大臣賞、『江戸文學掌記』で読売文学賞〔評論・伝記賞〕を受賞している。その他の作品としては、『鷹』『修羅』『至福千年』『狂風記』（小説）、『森鷗外』（評論）、『焼け跡のイエス』（エッセイ）、『渡辺崋山』（伝記）などがある。

問題本文は、筆者が昭和二十年の頃を回顧して記した隣室の少女の死に関するエピソードと、その後の旅先での藤の花を見たエピソードから、自身の「廻合せ」に思いを馳せた随想である。比喩表現が多く、味わいのある文学的な文章であった。

なお、石川淳は京大では既出で、二〇〇五年度・後期二で「椿」が、古くは一九八九年度に「文章の形式と内容」（『文学大概』所収）が出題されている。

解説

〈本文解説〉

○数字は段落番号を示す。本文は歴史的仮名遣いで書かれているが、本文の引用箇所を除き、解説は概ね現代仮名遣いで記し、適宜本文の表現を変え、もしくは補って説明する。

筆者は昭和二十年、窓にすだれがぶらさがっている室に住んでいた。その室は昭和二十年の五月、空襲で焼失した。そのときから十年を経た今日にいたるまで、筆者は窓にすだれのぶらさがっているような室に住んだことがない。当時も毎日すだれを意識しながら生活したわけでもない。それに気がついたのは戦争がおわってから年を越したつぎの春であった。昭和二十年の出来事について述べた第⑤段落までが前半（Ⅰ）であり、戦後の旅先での経験を述べた第⑦段落からが後半（Ⅱ）となる。第⑥段落が両者をつなぐ役割をしている。

Ⅰ　昭和二十年の「すだれ越しの交渉」（①〜⑤）

(1)隣室の少女の存在（①・②）

筆者の隣室に少女が住んでいた。筆者はその少女と口をきくどころか、顔すらろくに見たことがなかったが、壁を隔てて、少女がシャンソンを歌う声を聞いた。筆者は、毎朝、サイレンの音で起こされないときには、その少女の歌う声で目をさますというたのしい習慣を与えられた。

・それはいつ炎に燃えるとも知れぬ古い軒さきに、たまたまわたしの束の間の安息のために、カナリヤの籠が一つさげられたといふに似てゐた。

(2)隣室の少女の死（①・②）

昭和二十年四月某日、直撃弾にうたれて隣室の少女が路上に死んだ。

・さういふ死体は、いや、はなしのたねは、いくさのあひだ、空襲のサイレンが巷に鳴りわたつたあとには、おそらく至るところにころがつてゐたのだから、～後日の語りぐさになるやうなことではない。　…傍線部(1)

←少女の倒れたところは、筆者の室の窓からすだれ越しに見える鋪道の上であった。しかし、その日筆者はアパートを留守にしていたので、夜になって筆者が帰宅して窓の外を見たときには、少女の死体はすでにどこかに運ばれていて、路上にはなかった。

・あはれなカナリヤもまた雷にうたれた。　…傍線部(2)

(3)隣室の少女の死後（③）

少女の死後当分、少女のうわさが尾を曳き、うわさにはさまざまな解釈が附せられた。しかし、筆者にとっては解釈はもとより、うわさも不要であった。

・ただ朝の軒さきにカナリヤのうしなはれたことが不吉の前兆のやうにちよつと気になつたが、それもぢきにわすれた。

・おもへば、わたしは当時すべての見るもの聞くものとすだれ越しの交渉しかもたないやうであつた。　…傍線部(3)

・実際に、わたしの室の窓には一枚の朽ちたすだれがぶらさがつてゐて、それがやぶれながらに、四季を通じて、晴曇にも風雨にも、ともかく時間に堪へつづけてゐた。

(4)五月の山の手大空襲（④・⑤）

五月二十五日の夕方、筆者は自室で友だちのAと饗宴をひらいた。二人は上機嫌で、まだ焼けていない現在をはかなく恃んで、すだれからすかして見た外の世界の悪口を言って笑った。その夜、空襲により、窓のすだれが焼け、すだれだけでなく、筆者のアパートも含めて東京の町のすべてが一夜に焼け落ちた。筆者は路上の死体になることは免れた。

猛火の夜のあくる日、Aが焼跡に行き、焼跡に焦げた紙きれ一枚を見つけた。筆者のもっていた古本はすべて灰になっていたのに、古今集の一ひらだけが焼けのこっていた。

←

・合理主義繁昌の常識からいへば、これははなしができすぎてゐて、ウソのやうにしかおもはれないだらう。

…傍線部(4)

⇩

第⑥段落　＊本文解説の冒頭の説明を参照

⇩

Ⅱ　すだれ越しの藤（⑦・⑧）と筆者の廻合せ

旅先の座敷にすだれがさがっていたのをうっとうしく思っていたが、窓のそばに寄って巻き上げようとしたとき、あたかも筆者の室の焼けたすだれがすっかり移されてきたように感じた。そのとき、すだれの向うに、花の色のただようのが目にしみた。

・藤であつた。窓の外に藤棚があり、花はさかりであつた。

・藤棚はおもつたよりも高く、手をのばすと、指さきは垂れさがつた花の房を掠めようとして、それまでにはとどかなかつた。

←

・わたしが花を垣間見るのはいつもすだれ越しであり、そしていつもそこには手がとどかないやうな廻合せになつてゐるらしい。

…傍線部(5)

最後の一文は「いつも」という表現に着目すれば、単に、この時の藤の花について述べているのではない。また、第⑥段落の内容からも戦争中に住んでいたアパートでの経験と関連があることがわかる。これが問五で設問化されているが、この「花」は、現実の花＝藤の花のような存在を指している。藤の花を前に、この藤の花と同じように、惹かれつつも手が届かない（＝直接関わることができない）まま、死によって直接関わることはかなわなくなった隣室の少女のことを思い出し、自分の廻合せを切なく思った一文である。

〈設問解説〉

設問解説においても、原則的に引用部分を除き、現代仮名遣いで記し、適宜本文の表現を変え、もしくは補って説明している。

問一　理由説明

◎設問意図

・慣用句の意味をふまえて、筆者が傍線部のように言う理由を的確に説明できるかどうかを問う。

◎解答へのアプローチ

このあと詳しく説明していくが、端的に言えば、「至るところにころがつてゐた」のは死体(複数)であり、「後日の語りぐさになるやうなことではない」と述べられているのは、少女の死体についてである。したがって、解答はその両者に言及するのが好ましい。

(1)傍線部を含む一文の確認

「はなしのたね」は〈話の素材、うわさの材料〉、「語りぐさ」は〈人々の話題になる事柄〉という意味である。「さういふ死体」「はなしのたね」は至るところにころがっていたとあるので、少女の死体も含めて〈直撃弾にうたれて死んだ死体〉〈うわさの材料〉が戦争中、空襲後には至るところにころがっていたということになる。

さういふ死体は、いや、はなしのたねは、いくさのあひだ、空襲のサイレンが巷に鳴りわたつたあとには、おそらく至るところにころがつてゐたのだから、その場所が山の手の某アパートのまへであらうと、他のどこであらうと、後日の語りぐさになるやうなことではない。

＝

直撃弾にうたれて死んだ死体は、いや、うわさの材料は、戦争中、空襲後には至る所にころがっていたのだから、場所がどこであれ、後日、人々の話題となるような出来事ではない。

(2)理由明示

傍線部直前にある「～から」は、傍線部の理由の要素として必要ではあるが、それだけで十分ではないので、本文には書かれていない要素を加える。

いくさのあひだ、空襲のサイレンが巷に鳴りわたつたあとには、

おそらく至るところにころがつてゐたのだから

＝

戦争中、空襲後には至る所にころがっていたので、

特別なことではなく、ありふれたことだったから

↓

後日の語りぐさになるようなことではない

(3)傍線部の直後の文の確認

さて、通例はこれで解答作成に入ることができるのだが、傍線部の直後の文を見てみよう。傍線部直後の文の「この小

さい事件」はこの一文に続く「といふのは」で導かれる理由の部分で隣室の少女の話をしていることからもわかるように、〈ひとりの少女が直撃弾にうたれて路上に死に、死体になったという事件〉を指す。

・しかし、わたしはこの小さい事件をおぼえてゐる。

＝

しかし、わたしは、
少女が直撃弾にうたれて路上で死に、死体になったという事件をおぼえている。

(4) (3)をふまえて、傍線部の理由を考える

(1)から、「さういふ死体」は少女の死体を含めた〈直撃弾にうたれた死体〉であるが、(3)をふまえれば、「後日の語りぐさになるやうなことではない」と言う筆者が念頭に置いているのは、隣室の少女の死であり、少女の死体である。

表現はぎこちなくくどいが、〈空襲による人の死やその死体〉と、〈空襲による少女の死とその死体〉の関係について、一般論と筆者の思いを明確に示すと以下のようになるだろう。〈転がっていた〉についても、この場合は〈丸いものが回転しながら移動する〉という意味ではなく、〈からだを横たえる〉と〈たくさんあり、ありふれていてどこにでもある〉という意味を含めて用いられていると考えられるので、それをふまえて示しておく。

直撃弾にうたれて死んだ死体は、いや、うわさの材料は、
戦争中、空襲後には至るところにたくさんあったので、
場所がどこであれ、
特別な出来事ではなく、ありふれた出来事にすぎない。
ひとりの少女が直撃弾にうたれて路上に死んだ事件も、
そうした出来事の一つに過ぎず、
特別な出来事ではなく、ありふれた出来事にすぎないから、
後日、人々の話題となるような出来事ではない。…傍線部(1)
↔〈しかし〉、
その少女は筆者のとなりの室に住んでいた少女で、
筆者にとっては口をきくどころか、顔すらろくに見たことはないが、
筆者に楽しい習慣をあたえた少女なので、
ひとりの少女が直撃弾にうたれて路上に死んだ事件を覚えている

少女の死や少女の死体は、他の人からみれば(もしくは客観的に言えば)空襲による多くの死の一つであり、ありふれた出来事だから、後々も記憶されて話題となるようなことでない(傍線部(1))が、筆者にとっては(主観的には)違ったということになる。整理しておこう。

少女の死

i少女が直撃弾にうたれて、筆者の室の窓からすだれ越しに見える鋪道の上で死んだ

戦争中の状況

ⅱ空襲による死が至るところで生じ、空襲後はそうした死体（話の材料）が至るところでみられた

←〈だから〉

ⅲそうした死体や話の材料はありふれていた

少女の死

ⅳ多くの死の一つにすぎず、ありふれた出来事の一つである

←〈だから〉

後日まで記憶されて話題となることはない（傍線部(1)）

↔

少女の死

筆者にとっては特別な死であり、後日まで記憶されたありふれた出来事ではない↓後日まで記憶される

(5)解答の作成

(4)のⅰ～ⅳをふまえれば、以下の解答となる。

［解答の素案］

直撃弾にうたれて死んだ死体やそういう話題は、戦争中、空襲の後には至る所にころがっており（たくさんあり）、

少女が直撃弾に打たれて死に死体となったということも、そうしたありふれた出来事の一つにすぎないだろうから。

解答欄は二行であるから、コンパクトにまとめると以下となる。

［解答例］

少女が直撃弾にうたれて死んだことは、戦争中、空襲後に至る所で生じたありふれた出来事の一つにすぎないだろうから。（52文字／55字）

◎加点ポイント

1　理由

a人が死ぬことは戦争中、空襲後には至る所で生じていた

bありふれている、平凡である、日常茶飯事である（肯定形）

2　主部

c少女の死はaもしくはbの一つである

《注記》

受験生が試験時間内に(3)・(4)に気付き、右に記した解答例に到達するのは難しいだろう。とりあえず、アプローチBに気づき、解答例Bのような解答を作成できれば十分だと思われる。

◎アプローチA

右の(1)と(2)までで解答を作成する。「さういふ死体」・「はなしのたね」を一般的にとらえる。

［解答の素案A］

直撃弾にうたれた死体が路上にころがっているという話

は、戦争中、空襲後に至る所で生じていたので、場所がどこであれ、特別なことではなく、ありふれたことであったから。（80字）

← 字数調整

［解答例A］

直撃弾に打たれて人が死ぬという出来事は空襲後に至る所で生じていたので、ありふれたことであったから。（49字）

◎アプローチB

右の(3)を意識して、解答の素案Aに、少女の死を加えて説明する。

［解答の素案B］

戦争中、空襲後には至る所で死者がでていたので、少女が直撃弾にうたれて死んだという出来事は、場所がどこであれ、特別なことではなく、ありふれたことであったから。（78字）

←字数調整

［解答例B］

戦争中、空襲後には至る所に死体がころがっていたので、少女が死んだこともありふれた出来事であったから。（50字）

解答例Bは「も」とすることで、先に示した解答例のニュアンスを、つまり、少女の死が多くの死の一つに過ぎないことを表現している。

問二　内容説明

◎設問意図

・傍線部の表現が隠喩であることに気づき、それを的確に説明できているかどうかを問う。

◎解答へのアプローチ

(1)まず、傍線部が隠喩であることに気づこう。

本文関連箇所を確認しておこう。

隣室に住んでいた少女がシャンソンを歌うことで目をさます　↓わたしのたのしい習慣

≒似てゐた

軒さきの籠のカナリヤが鳴く　↓わたしの束の間の安息

ここから、傍線部のカナリヤは隣の室に住んでいた少女をたとえていることがわかる。少女は「直撃弾にうたれて路上に死んだ」とあるので、「雷にうたれた」というのは少女が直撃弾にうたれた（そして死んだ）ことをたとえている。

カナリヤもまた雷にうたれた

＝

筆者にとってカナリヤのようだった少女もまた雷にうたれるように直撃弾にうたれて死んだ

＝

（多くの人と同様に）少女もまた直撃弾にうたれて死んだ

(2)比喩表現の一般化

「あはれな」も含めて傍線部を換言する。

あはれなカナリヤもまた雷にうたれた

＝

可憐な少女も直撃弾にうたれた・空襲で犠牲になった

(3)カナリヤに関する説明を、少女に即して確認する

いつ炎に燃えるとも知れぬ古い軒さきに、

たまたまわたしの束の間の安息のために、

カナリヤの籠が一つさげられた

←

・戦火にさらされる日常

・束の間の安息

・偶然隣室となった少女

(4)カナリヤと少女の類似性を指摘する

少女がカナリヤと似ていた部分を説明する。

知識　カナリヤ　姿がよく、鳴き声が美しい

←

本文　少女の歌う声　・たのしい習慣

・歌の音色が青春を告げていた

(5)解答の作成

［解答例1］

筆者は、隣室の少女が歌う若い声で目覚めるという楽しい習慣を持っていたが、戦火にさらされる日常に偶然束の間の安息をもたらした可憐な少女も、空襲で犠牲になったということ。

(79文字／83字)

［解答例2］

筆者は、隣室の少女が歌う若い声で目覚める楽しい習慣を持っていたが、戦時下の生活に偶然束の間の安息をもたらした可憐な少女も多くの人と同様、空襲で犠牲になったということ。(79文字／83字)

「カナリヤも」の「も」を正確に説明すると［解答例2］のようになるが、［解答例1］で十分だと思われる。逆に、傍線部のカナリヤが比喩であることに気づかず、〈少女とともに軒さきにさげられた籠のカナリヤも死んだ〉というような誤読を反映した解答は失格になるのではないだろうか。

◎加点ポイント

1　傍線部自体の換言

a可憐な少女も空襲で犠牲になった

2　少女の説明

b隣室に住んでいた

c若い声で目覚める楽しい習慣があたえられた

d少女の存在が、戦火にさらされる日常に束の間の安息を

あたえた

問三　内容説明

◎設問意図

・「すだれ越しの交渉」が比喩表現であることを理解し、それを的確に説明できているかどうかとともに、「すべての見るもの聞くもの」を具体的に説明できているかどうかを問う。

・「おもへば〜やうであつた」という傍線部を含む一文の表現から、現在から当時を回想した表現であることを理解し、それを解答に反映できているかどうかを問う。

◎解答へのアプローチ

(1)比喩表現の確認と換言

問二と同様、まず、「すだれ越しの交渉」が比喩表現であることに気づき、的確に換言することが必要である。

傍線部　わたしは当時すべての見るもの聞くものとすだれ越しの交渉しかもたないやうであつた

直後の一文　実際に、わたしの室の窓には一枚の朽ちたすだれがぶらさがつてゐて、〜

実際に、筆者の室の窓にすだれが下がっていて、筆者は外の景色をすだれ越しに見ていたのだが、傍線部は、私のあり方も、すべてに対してすだれ越しの交渉しかもたないようだった（＝直接ではなく、間接的にしか関わらない）と比喩を用いて説明した部分である。

(2)「当時すべての見るもの聞くもの」の具体化

解答欄四行分であるので、比喩表現の換言だけでなく、当時の状況を具体的に説明することが求められている。第③段落の「すだれ越し」と第④段落「すだれからすかして見た」に着目する。

第③段落　・わたしにとっては、解釈はもとより、うわさ（アパートでは当分少女のうわさが尾を曳いた）も不要であった。

・ただ、朝の軒さきにカナリヤのうしなわれたことが不吉の前兆のようにちょっと気になったが、それもじきにわすれた。

第④段落　・われわれは上機嫌で、いずれ焼けるかも知れないがなんぞと、まだ焼けていない現在をはかなくも恃んで、すだれからすかして見た外の世界の悪口をいって笑った。

(3)時制を意識する（現在から当時を回想）

現在の筆者が「おもへば」

→戦時中の筆者は〜であったと、現在の筆者は〈思う〉ということ。

(4)解答の作成

(1)・(2)・(3)をまとめる。本文の表現をそのまま用いてつないでいくと［解答の素案］のようになってしまうので、全体をコンパクトにまとめて字数内におさめよう。

［解答の素案］

戦時中の筆者は、

世間のうわさに関心がないだけでなく、少女の死が不吉な前兆のように気になったこともすぐ忘れ、戦火を免れている現状はいつ失われるかわからず、実際にその後焼け跡になったのに、

現状を頼りにして外の世界を批評するだけで、見聞する世間のすべての事象と直接的な交渉をもたず、間接的にしか関わらない傾向にあったと、

現在の筆者には思われるということ。（174字）

↓　字数調整

［解答例］

戦時中の筆者は、

うわさにも無関心で、不吉な前兆への不安もすぐ忘れ、戦火を免れている現状をはかなくも頼りにして外界を評するだけで、

見聞する世間のすべての事象と直接関わらない傾向にあったと、

現在の筆者には思われるということ。（104文字／110字）

◎加点ポイント

1　比喩表現の一般化

a すだれ越しの交渉＝〈直接的に関わらない〉または〈間接的な関わりしかもたない〉

2　時制

b 当時そうであったことを、現在〈思う〉という指摘

3　第③段落の内容

c うわさへの無関心

d 不吉な前兆への不安を忘れる＝いつか焼け跡になることなど気にしない

4　第④段落の内容

e 焼けてない現状を頼りにする

f 外の世界の悪口を言う

問四　理由説明

◎設問意図

・傍線部にある指示語の指示内容をふまえて、筆者が傍線部のように言う理由を的確に説明できるかどうかを問う。

◎解答へのアプローチ

(1) 指示語の指示内容の確認

これ

↓

・東京の町のすべてが一夜に焼けおちた

・わたしの室のあったところに、焦げた紙きれが一枚落ちていた
・わたしのもっていた古本の山がぞっくり灰になったあと
・焼け跡に古今集の一ひらだけが焼け残った
←
すべて焼けてしまったのに、古今集の一ひらだけが焼け残っていたこと

(2) 条件の維持
合理主義繁昌の常識から言えば
←
合理主義に立ち、非合理なことを認めない風潮が支配的な時代の人々の常識から言えば
＊単純に「合理的に考えれば」「合理的な常識で考えれば」くらいでよいだろう。

(3) 理由
「ウソのやうにしかおもはれないだらう」と筆者が言うのは「はなしができすぎて」いて、〈真実だと思ってもらえないだろう〉〈本当にあったことだと信じてもらえないだろう〉から。
はなしができすぎている
＝
物語としての完成度が高い
＝
・話の展開が都合良すぎて、作り事めいている
・事実だと思ってもらえないだろう・本当のことだと信じてもらえないだろう
・あまりに不思議だ
←
傍線部　ウソのやうにしかおもはれない

(4) 解答作成
[解答例]
東京の町のすべてが焼け落ちた空襲の後、筆者の室の焼跡に、不思議にも古本の古今集の紙片が一枚だけ焼け残っていたことは合理的に考えれば都合がよすぎて作り事めいており、人々にはにわかに信じてもらえないと思われるから。
（101文字／105字）

◎加点ポイント
1　指示語の指示内容
a 古今集の一ひらだけが焼け残っていたこと
b 時　東京の町のすべてが焼け落ちた空襲の後
c 所　筆者の室の焼け跡
2　条件
d 「合理的主義者繁昌の常識」への言及

3　ウソのようにしかおもわれない理由
e不思議
f都合がよすぎる
g作り事めいている
h本当だと信じてもらえない

問五　内容説明

◎設問意図

・傍線部が単に藤の花について述べているのではなく、「いつも」筆者が「花」に対して「すだれ越し」の関わりしかもてず、そうした「廻合せ」になっているのではないかと述べていると理解できるかどうかを問う。設問文に解答のヒントを入れることで、解答の方向性を示し、前年のエピソードを含めて解答を作成できるようにしている。

◎解答へのアプローチ

傍線部は「花」について書かれており、戦争が終わって年を越した「つぎの春」の出来事、つまり、藤の花の一件に関する所感のように見えるが、傍線部自体に「いつも」という語が入っており、傍線部は藤の花の一件だけでなく、筆者がいつもそうであるという自分の「廻合せ」に思いを馳せていることがわかる。

したがって、「傍線部はどういうことか、説明せよ」とだけあっても、ここは示された具体的エピソード二つから、筆者がいつもそういう廻合せにあることを説明することになる。今回は、設問文に条件が付与されているので、かなり易しくなっている。

◎解答へのアプローチ

(1)傍線部と設問条件に基づく考察

傍線部の「いつも」に着目し、藤の花を見る経験だけでないことをまず確認する。次に、設問条件から、同じような「すだれ越しの交渉」経験が前年（昭和二十年）にもあることを確認する。藤の花を見る経験と同様の経験は何かと考える。「花」と表現される具体的な経験は少女との関わり以外にない。

藤の花
・すだれの向うに、花の色のただようのが目にしみた
・窓の外に藤棚があり、花はさかりであった
・手をのばすと、～とどかなかった

少女
・ひとりの少女が直撃弾にうたれて路上に死んだ
・少女の倒れたところは、わたしの室の窓からすだれ越しに見える鋪道の上であった
・少女と口をきくどころか、顔すらろくに見たことがなかった
・関係といえば、ただ壁を隔てて声を聞いただけであった
・少女の歌う声に依って目をさますというたのしい習慣を

あたえられた
・その歌の音色が青春を告げていた
・束の間の安息
←
藤の花
花盛りの花の色の美しさに惹かれたが、藤棚には手が届かなかった
少女
少女の歌う若い声の音色に惹かれていたが、話もせず、顔も見ないまま亡くなってしまった

(2) 傍線部の換言とそこにこめられた筆者の心情
・わたしが花を垣間見るのはいつもすだれ越しである
→筆者が心惹かれるものと関わるのは、いつも間接的である
・いつもそこには手がとどかない
→いつも心惹かれるものと直接的に関わることができない
・廻合せになっているらしい
→運命になっているようであると切なく思う

(3) 解答の作成
[解答の素案]
旅先で藤の花をすだれ越しに見て、花盛りの花の色の美しさに惹かれたが、藤棚には手が届かなかった。思えば、前年に、歌声の若々しい音色に惹かれていた少女も、話もせず顔もみないまま空襲で亡くなってしまった。そうしてみると、筆者は常に、心惹かれるものとは間接的にしか関われず、直接的な関係をもちえない運命になっているようであり、そのことを切なく感じるということ。(176字)
←　字数調整
[解答例]
旅先で花の色に惹かれた藤の花には手を伸ばしても届かず、前年には若々しい歌声の音色に惹かれた少女も顔も見ないまま亡くなった。
そうしてみると、
自分は常に心惹かれるものとは間接的にしか関われず、
直接的な関係をもちえない運命にあるようであり、
それを筆者は切なく思うということ。(128文字／134字)

◎加点ポイント
1　前半の説明
a 花＝心惹かれるもの
b 見るのはすだれ越し＝間接的にしか関われない
2　後半の説明
c 手が届かないような廻合せ＝直接的には関われない運命にある

d筆者の思い＝切ない

3　藤の花と少女に関する説明

e藤の花　旅先　花の色の肯定的な評価と手が届かなかったことの具体的な指摘

f少女　　前年　少女の歌声の肯定的な評価と手が届かなかったことの具体的な指摘

《注記》

前年の「すだれ越しの交渉」を傍線部（3）「すだれ越しの交渉」だと考えて、戦時の状況に対する筆者の態度とする答案もありえるが、傍線部は「花」とあるので、筆者が藤の花と同種の評価をする対象に限定する必要がある。傍線部は、素朴に言えば、藤の花に惹かれながらも触れることができない自身の状況から、前年、惹かれていたのに何もアクションを起こさず、結局、隣室の少女とも直接的に関わることができなかった自身のありようを思っての嘆きと捉えるべきだろう。

逆にいうと、解答を少女以外の内容に広げるべきではないだろう。

解答

問一　少女が直撃弾にうたれて死んだことは、戦争中、空襲後に至る所で生じたありふれた出来事の一つにすぎないだろうから。

問二　筆者は、隣室の少女が歌う若い声で目覚めるという楽しい習慣を持っていたが、戦火にさらされる日常に偶然束の間の安息をもたらした可憐な少女も、空襲で犠牲になったということ。

問三　戦時中の筆者は、うわさにも無関心で、不吉な前兆への不安もすぐ忘れ、戦火を免れている現状をはかなくも頼りにして外界を評するだけで、見聞する世間のすべての事象と直接関わらない傾向にあったと、現在の筆者には思われるということ。

問四　東京の町のすべてが焼け落ちた空襲の後、筆者の室の焼跡に、不思議にも古本の古今集の紙片が一枚だけ焼け残っていたことは合理的に考えれば都合がよすぎて作り事めいており、人々にはにわかに信じてもらえないと思われるから。

問五　旅先で花の色に惹かれた藤の花には手を伸ばしても届かず、前年には若々しい歌声の音色に惹かれた少女も顔も見ないまま亡くなった。そうしてみると、自分は常に心惹かれるものとは間接的にしか関われず、直接的な関係をもちえない運命にあるようであり、それを筆者は切なく思うということ。

二（理系）

出典

岡井隆（おかい　たかし）「韻と律」

岡井隆（一九二八～二〇二〇年）は愛知県名古屋市出身の歌人。慶應義塾大学医学部卒の内科医師。岡井隆の父も「アララギ」の歌人であり、一九四六年に「アララギ」に参加、大学在学中に歌誌「未来」を創刊し、内科医として病院に勤務しながら、塚本邦雄・寺山修司と並ぶ前衛短歌運動の旗手の一人として活躍した。思想的・社会的な主題を短歌で表現し、運動の理論的基礎を作ったが、一時期一線を離れ、一九八五年以降はライト・ヴァース(light verse=「日常詠的な詩」と岡井は説明している)を主張した。

歌集『禁忌と好色』で迢空賞、『親和力』で斎藤茂吉短歌文学賞、『ウランと白鳥』で詩歌文学館賞を受賞している。『岡井隆コレクション』(評論集成)全8巻で現代短歌大賞。詩集では『注解する者』で高見順賞も受けた。宮中歌会始選者をつとめ、文化功労者に選ばれている。

代表的な短歌として、思想的・社会的主題を表現した「海こえてかなしき婚をあせりたる権力のやわらかき部分見ゆ」、医師の日常を主題とした「肺尖にひとつ昼顔の花燃ゆと告げんとしつつたわむ言葉は」、復帰後に発表された「薔薇抱いて湯に沈むときあふれたるかなしき音を人知るなゆめ」など。

問題本文は定型詩型とは日常的な口語や散文のリズムから自然に抽出することのできない人工の約束であり、うたうべき思想内容を定型律に還元・集約して詠むことで非日常世界に昇華させるものが短歌であると述べた文章である。そして、そのような実践を古今東西の語を用いて自覚的に行った歌人として斎藤茂吉を紹介している。

解説

〈本文解説〉

○数字は段落番号を示す。

◎本文読解のポイント

・定型詩の一つとして短歌があることは予めわかっているか、本文から読み取る必要がある。

・斎藤茂吉が自覚的な歌人の例であることに気付けるかどうかも読解のポイントとなる。

Ⅰ　短歌の音数律の不自然さ（①～⑤）

第①段落でまず、「定型とは、つねに、超日常的な不自然な規約に」ほかならず、短歌の音数律が「不自然に」存在するという結論を述べ、第②段落で「五と七の特殊な連結法――組み合わせは、必然でしょうか」と問題を提起した上で、第③・④段落で短歌の五、七、五、七、七という特殊なかたち、組み合わせは、「日常語あるいは散文」からは到底、抽出しがたく、「不自然と呼ぶよりほかない」と述べ、第⑤段落で、「定型詩の概念は、もともと、その詩型が、以上の意味で自然に反し、人工の約束という側面を持つことによってのみ成立する」と結んでいる。

簡単に整理しておこう。一部表現を変更している箇所がある。以下の整理でも同様。

定型　1　超日常的な規約にほかならない
　　　2　自然に反し、人工の約束という側面を持つことによってのみ成立する

←

短歌の特徴
1　五七五七七の音数律
2　五と七の特殊な連結法――組み合わせ
3　五拍七拍の特殊な組み合わせ方

↔

日常語あるいは散文
乱雑で即興的で無方向な、またそれだけに生き生きと多彩で変化するリズム

←

短歌の音数律
・日本語――とくに日常語から自然に、するすると引き出され、定着したなどというものではない　…傍線部(1)
・「自然に」どころか、「不自然に」存在します

短歌の特殊なかたち、組み合わせ
・日常語あるいは散文の持っている乱雑で即興的で無方向な、またそれだけに生き生きと多彩で変化するリズムからは、到底、抽出しがたい
・不自然と呼ぶよりほかない

Ⅱ　古代日本語との比較（⑥～⑨）

さて、Ⅰで定型詩・短歌が日常語あるいは散文と異なる性質をもつことが示されたが、それでは、古代日本語の場合とそれ以後の日本語を比較した場合、古代日本語の方が作歌は容易だったのだろうか。これに対して筆者は、第⑧段落で「古代においても、中世にあっても、短歌は、現代と変わらぬ、むつかしさを抱えていたとみるべき」であり、「日常語の世界から、一つ飛躍したところに短歌の世界」があり、第⑨段落で、「どの時代にあっても、一定の音数律上の約束を持ち、この短さを持った詩型なら、その時代の口語や散文文章語とそうたやすく交流しうる」わけがないと主張している。

では、整理しておこう。

二つの主張の紹介（⑥）

1　古代日本語を背景にした時には、短歌詩型は、今よりもはるかに自然で、作りやすかったろう…傍線部(2)

2　古代日本語から抽出された詩型が、近代に通用するわけがないから、近代短歌の貧困さは、この時代錯誤によるものだ

↓

筆者の見解

第⑦段落

・定型詩型は、つねに、その型へとあらゆる内容を還元せねばならぬ、集約せねばならぬという意味では、日常語の自然なリズムと闘い、それを断ち切り、また強引に接続するというエネルギッシュな作業を、詩人に要求する

・定型は、かたちの上から、外から、非日常的な詩の世界を支えるバネ仕掛のワクとも言える

第⑧段落

・古代においても、中世にあっても、短歌は、現代と変わらぬ、むつかしさを抱えていたとみるべきである

・短歌は日常語の世界に単に反してあるのではない

・短歌は日常語の世界に基礎を置いて、そこから非日常の世界へと昇華する

第⑨段落

・どの時代にあっても、一定の音数律上の約束を持ち、この短さを持った詩型なら、その時代の口語や散文文章語とそうたやすく交流しうるわけがない

Ⅲ　自覚的な歌人　斎藤茂吉（⑩）

ここで筆者は、Ⅰ・Ⅱで述べた定型の規約（約束）に自覚的な歌人は一部であり、「ある表現内容を、この厳密な定型の約束のもとに表明するために、古今東西に語を求める態度」を持っていた歌人として、斎藤茂吉を紹介している。斎藤茂吉は「彼の全教養をあげて、うたうべき思想内容と短歌定型律とに忠実たらん」と努め、この態度の前には、通俗の口語文語の区別が消えていると述べている。では、整理しておこう。

一般の歌人

・古語に不必要に執着　↔

・現代口語の世界にのみ安住　↔

一部の自覚した人たち
・ある表現内容を、この厳密な定型の約束のもとに表明するために、古今東西に語を求める態度

斎藤茂吉の短歌に使われた言葉
「民族」　漢語
　現代口語における頻繁な使用例
「エミグラチオ」　ラテン語
　日本語と同じく母音で終わらせて、一首への音韻上の親和性をたかめる
「いにしへも…」以下　文語的な表現
　概念を短歌の言葉に翻訳
　沈痛なひびきをこもらせている
　↓
この歌における斎藤茂吉
・彼の全教養をあげて、うたうべき思想内容と短歌定型律とに忠実たらんと努めている　…傍線部(3)
・この態度の前には、すでに通俗の口語文語の区別は消えている

これで本文解説を終わるが、設問との対応を見ておこう。

◎設問との対応
問一　Ⅰの部分要旨
問二　Ⅱの部分要旨
問三　Ⅲの部分要旨
三問とも、主題と部分要旨を把握し、その理解を解答に反映する問題で、京大特有の表現(比喩説明など)を問う設問はなかった。基本的な読解と表現力を問う設問であり、平易だが良問であった。

〈設問解説〉

問一　理由説明

◎設問意図

・第①段落〜第⑤段落の部分要旨が把握できているかどうかを問う。

・同じ内容が何度も繰り返されているので、それを確認して解答を作成することができるかどうかを問う。

・傍線部について、筆者の考える根拠を、対比関係をふまえて的確に説明する表現力を評価する。

◎解答へのアプローチ

(1)傍線部の主語の確認　話題を追う

この音数律

←指示語　主題　＝　同義内容

短歌・五七五七七　・第②段落　・五と七の特殊な連結法

・第④段落　・この特殊なかたち、組み合せ

・短歌の五拍七拍のこの特殊な組み合わせ方

(2)述部の理由となる箇所の確認

第④段落とほぼ同じ内容が第⑦段落にもあるので、これもふまえて確認しよう。

傍線部

・この音数律は、日常語から自然に、するすると引き出され、定着したなどというものではない

第①段落

・それは(この音数律)は、「自然に」どころか、「不自然に」存在します。

(・定型とは、つねに、超日常的な不自然な規約にほかなりません。)

第④段落

・この特殊なかたち、組み合わせは、〜日常語あるいは散文の持っている乱雑で即興的で無方向な、またそれだけに生き生きと多彩で変化するリズムからは、〜抽出しがたい。

＊関連箇所

第⑦段落　・日常語の自然なリズムと闘い、それを断ちきり、また強引に接続する

・非日常的な詩の世界

・短歌の五拍七拍のこの特殊な組み合わせ方は、不自然と呼ぶよりほかないのではないでしょうか。

第⑤段落

(・定型詩の概念は、その詩型が、以上の意味で自然に反し、人工の約束という側面を持つことによってのみ成立するものではあるまいか、とわたしは思います。)

(3) (2)の内容を分類し、整理しよう。
i　自然ではない・人工の約束である
ii　日常語からは抽出されない・超日常(非日常)である

(4) 解答の作成
文末表現については、《注記》で説明する。とりあえず、設問文「筆者が考える根拠はなにか」に合わせて「〜こと」とする。「日常語から自然に〜ではない」理由なので、「人工」であることと、「非日常」であることは明快に示しておきたい。ざっくりと解答のカタチをつくり、その後で表現を整えていこう。

理由
短歌の五拍七拍の特殊な連結法は、
日常語(あるいは散文)の持っている
乱雑で即興的で無方向な、またそれだけに生き生きと多彩で変化する自然なリズムからは、抽出しがたい、超日常的な、人工の規約にほかならないということ。

↑

傍線部
この音数律が、
日常語から自然に、するすると引き出され、定着したなどというものではない

[解答の素案]
短歌の五拍七拍の特殊な連結法は、日常語の持っている乱雑で即興的で無方向な、またそれだけに生き生きと多彩で変化する自然なリズムからは抽出しがたい、超日常的な人工の規約にほかならないということ。(95字)

↓　字数調整

[解答例]
短歌の五拍七拍の特殊な連結法は、日常語の乱雑で即興的で無方向な、それだけに生き生きと多彩で変化する自然なリズムからは抽出しがたい、人工の規約であるということ。(75文字/79字)

◎加点ポイント
1　主部　主題・話題
a　短歌/五拍七拍/連結法・組み合わせ
＊傍点が振ってある「組み合わせ」よりも「連結法」がよいだろう。
2　不自然である理由
b　人工の規約(約束)である
3　非日常・超日常である理由
c　日常語の(自然の)リズムからは抽出しがたい
4　日常語のリズムの具体的説明
d　乱雑で即興的で無方向である

e　生き生きと多彩で変化する

《注記　問一・問二の文末表現について》

根拠・理由を説明する場合の文末表現については、大学の出題意図を見てみよう。

二〇年度の大学発表の出題意図

（理系二　問題全体）

～論述の流れを的確に把握する力、およびそれを簡潔な文章で表現する力を問う

（問三　個別問題）

傍線部　大人たちの心情に訴えかける

設問文　傍線部について、「大人たちの心情に訴えかける」ことができたのはなぜか、説明せよ。

文章の、とりわけ後半の内容に目配りして、筆者の述べるところ、ならびにその主張の根拠を正確かつ過不足のない形で表現することを求める。

一九年度の大学発表の出題意図

（理系二　問題全体）

論説文における表現と議論の展開を適切に理解する力を問う。また論じられている内容や、主張と根拠の関係について、明解で誤解を引き起こさない適切な表現によって述べられることを評価する。

（問三　個別問題）

傍線部　批評のほうが、その対象よりわかりやすいと考えるのは、真実に反する

設問文　傍線部のように筆者が考えるのはなぜか、説明せよ。

批評についての筆者の考えと広く流布している考えの違いを理解し、傍線部に示された筆者の主張の根拠を適切な表現で明確に述べる力を問う。

これらを読むと、設問文で「なぜか」と問うている場合には、「根拠」の説明を求めていることがわかる。

今年度の理系二の問一・問二の設問文と対応する解答は、

問一　根拠はなにか　「～こと。」「～もの。」もしくは名詞で結ぶ。

問二　なぜか　「～から。」

となるが、二〇年度・一九年度の設問が「なぜ」と問われて、「～から。」と根拠を答えていることからすれば、問一が「から。」で結ばれていても許容ではないかと思われる。

以下、理由（出題意図からすると根拠）の説明を求める設問文を紹介しておく。

多　数　なぜか、説明せよ。　～から。

○九年度　共通一　問四　筆者が考える理由は何か、説明せよ。　～こと。

一二年度　共通一　問四　なぜか、その理由を述べよ。　～から。
　　　　　理系二　問三　傍線部について、その理由を説明せよ。　～から。
二一年度　理系二　問一　根拠はなにか、説明せよ。　～こと。
　　　　　　　　　問二　なぜか、説明せよ。　～から。

問二　理由説明

◎設問意図

・傍線部の「考えに筆者が反対するのはなぜか」という設問文をふまえて、その理由を的確に説明できているかどうかを問う。

・第⑦～⑨段落の部分要旨を把握し、Ⅰで確認した定型詩型・短歌の特徴が時代によって変わるものではないことの明快な説明を評価する。

◎解答へのアプローチ

(1)設問要求を踏まえる

〈古代日本語を背景にした場合と今を比較し、前者の方が、短歌詩型がはるかに自然で、作りやすかった〉という考えに筆者が反対する理由だから、考えられるのは、以下の二つである。

1　古代日本語でも、事情は今と同じだから

2　古代日本語の方が今より難しいから

(2)本文を確認する

第⑧段落

・古代においても、中世にあっても、現代と変わらぬ、むつかしさを抱えていたとみるべきではないでしょうか。

・日常語の世界から、一つ飛躍したところに短歌の世界はある。

第⑨段落

・どの時代にあっても、一定の音数律上の約束を持ち、この短さを持った詩型なら、その時代の口語や散文文章語とそうたやすく交流しうるわけがありません。

以上から　(1)1が理由となる

↓

[シンプルな解答]

短歌詩型は古代も現代と変わらぬ難しさを抱えていたから。

(3)短歌詩型（定型詩形）の特徴の具体的説明

第⑦段落

・定型詩型は、つねに、その型へと、あらゆる内容を還元せねばならぬ、集約せねばならぬという意味では、日常語の自然なリズムと闘い、それを断ち切り、また

強引に接続するというエネルギッシュな作業を、詩人に要求するものではありませんか。

・定型は、その意味では、かたちの上から、外から、非日常的な詩の世界を支えるバネ仕掛のワクとも言えましょう。

第⑧段落

・日常語の世界から、一つ飛躍したところに短歌の世界はある。

・それは、日常語の世界に単に反してあるのではなく、そこに基礎を置いて、そこの世界のささやきがおのずから叫びにまで高まり煮つまるかたちをとって、非日常的世界へと昇華するのではないでしょうか。

ポイントを整理しよう。

i　非日常の世界

ii　還元・集約＝煮つまる

iii　日常語の自然なリズムと闘い、断ち切り、強引に接続＋日常語に基礎を置く

iv　高まる・飛躍・昇華

(4)　解答の作成

「短歌詩型は古代も現代と変わらぬ難しさを抱えていたから。」という骨格に、(3)の各ポイントを入れていく。

[解答例]

日常語の自然なリズムに抗いながらもそこに基礎を置き、表現内容を型に還元・集約し、非日常的な世界に飛躍・昇華させるという短歌詩型の困難さは古代も現代も変わらないから。（77文字／82字）

[参考解答例]

短歌詩型は表現内容を型へと還元・集約する必要があり、日常語の自然なリズムを止揚し、非日常的な世界に飛躍させる困難さを抱えているのは、古代も現代も変わらないから。（75文字／80字）

◎加点ポイント

1　古代＝現代

a　古代も現代も困難さは同じである（どの時代も同じである）

2　「同じ」の具体化

b　日常語の止揚　基礎・抗争・昇華

c　非日常

d　表現内容を型へと還元・集約する

問三　内容説明

◎設問意図

・第⑩段落の要旨が把握できているかを問う。

・自覚的な歌人の具体例として斎藤茂吉が紹介されていることに気付き、傍線部の内容を一般論をふまえて的確に

説明できているかどうかを評価する。

◎解答へのアプローチ

傍線部の直前の「この歌における茂吉」、傍線部直後の「この態度」の二つの指示語に着目して、茂吉の特徴をおさえ、さらに、この茂吉の態度が自覚的な歌人の態度の具体例であることをふまえて、解答を作成する。

(1)傍線部を含む一文を確認する

この歌における茂吉は

彼の全教養をあげて、うたうべき思想内容と短歌定型律とに忠実たらんと努めている

傍線部は、「この歌における茂吉」の説明である。

(2)一般論と具体例の対応を確認する

「この歌における茂吉」が具体的にどのようであったかを確認するとともに、傍線部直後の「この態度」に着目し、茂吉が自覚的な歌人の具体例であることをふまえる。

論　一部の自覚した歌人
・ある表現内容を、この厳密な定型の約束のもとに表明するために、古今東西に語を求める[態度]

↑

例　斎藤茂吉
i漢語・ラテン語・音韻上の親和性
ii文語的な表現・概念・たくみに短歌の言葉に翻訳＋
沈痛なひびき

↑

この歌における茂吉
・彼の全教養をあげて、うたうべき思想内容と短歌定型律とに忠実たらんと努めている

＝

この態度
・すでに通俗の口語文語の区別は消えている

(3)対比関係・論と例の対応をふまえて整理しておこう。

一般の歌人	一部の自覚した人たち
・古語に不必要に執着 or ・現代口語の世界にのみ安住して来た	・ある表現内容を、 ・この厳密な定型の約束のもとに表明するために、 ・古今東西に語を求める態度

茂吉
・漢語
ラテン語　→音韻上の親和性を高める
・文語的な表現

> 概念を短歌の言葉に翻訳し、沈痛なひびきをこもらせている
> ・すでに通俗の口語文語の区別は消えている

(4)解答ポイントの確認

　斎藤茂吉の態度が、自覚的な歌人の態度であることをふまえ、自覚的な歌人を説明する表現を用いて換言していく。傍線部の前後に並べるカタチでポイントを示しておく。

自覚的
(斎藤)茂吉

傍線部　彼の全教養をあげて、うたうべき思想内容と短歌定型律とに忠実たらんと努めている

- 全教養をあげて
  - ・古今東西に語を求める
  - ・通俗の口語文語の区別は消える
  - ・その時代の口語や散文文章語を超える
  - ・日常語の世界を超える
- うたうべき思想内容 → 表現すべき
- 短歌定型律 → 音韻・音数律
  - ・厳密な短歌詩型の約束のもとに表明する
- 努めている → 尽力

1　「彼」は斎藤茂吉を指し、Ⅰ・Ⅱで説明された定型詩型・短歌の本質に自覚的な歌人である。

2　「全教養をあげて」は「古今東西に語を求める」もので、通俗の口語文語の区別は消えている。より、一般的に言えば、「その時代の口語や散文文章語を超える」「日常語の世界を超える」くらいだろうか。

3　「うたうべき思想内容」は「表現内容」という表現をふまえて、「表現すべき思想内容」とする。

4　「短歌定型律」は厳密な短歌定型の約束。音数律、もしくは、茂吉の歌の具体的な説明から、音韻上の効果も含めておきたい。

5　「努めている」は辞書の意味で換言しておけばよい。

(5)解答の作成

(4)で示したポイントを取り込んでうまく表現する。厳密には「この歌における」とあるので、「民族のエミグラチオはいにしへも国のさかひをつひに越えにき、という短歌で、茂吉は」と始めるべきであろうから、[解答例2]では「前掲の短歌において」としておいたが省略してもかまわないと思われる。

[解答例1]
茂吉は、
通俗の口語文語の区別を超えて古今東西に語を求め、
自覚的に、音韻上の効果も含めて厳密な短歌定型の約束のもとに、

表現すべき思想内容の表明に尽力しているということ。
（78文字／83字）
［解答例2］
茂吉は、前掲の短歌において、
日常語の世界を超えて古今東西に語を求め、
自覚的に、音数律を含めて厳密な短歌定型の約束に則り、
表現すべき思想内容の表明に尽力しているということ。
（78文字／85字）
◎加点ポイント
1 「彼」の説明
a （斎藤）茂吉
b 自覚的であった
2 「全教養をあげて」の説明
c 通俗の口語文語の区別を超える・日常語を超えるなど
d 古今東西に語を求める
3 「うたうべき思想内容と短歌定型律とに忠実たらん」の説明
e 厳密な短歌定型の約束をもとにする
f 表現すべき思想内容を表明する
g 音数律を含める・音韻に配慮する
4 努める
h 尽力する

解答

問一　短歌の五拍七拍の特殊な連結法は、日常語の乱雑で即興的で無方向な、それだけに生き生きと多彩で変化する自然なリズムからは抽出しがたい、人工の規約であるということ。

問二　日常語の自然なリズムとの抗いながらもそこに基礎を置き、表現内容を型に還元・集約し、非日常的な世界に飛躍・昇華させるという短歌詩型の困難さは古代も現代も変わらないから。

問三　茂吉は、通俗の口語文語の区別を超えて古今東西に語を求め、自覚的に、音韻上の効果も含めて厳密な短歌定型の約束のもとに、表現すべき思想内容の表明に尽力しているということ。

二〇二〇年

一 （文理共通）

出典

小川国夫（おがわ　くにお）「体験と告白」

小川国夫（一九二七～二〇〇八年）は静岡県生まれの小説家。古井由吉、日野啓三、黒井千次、高井有一、阿部昭らとともに、内向の世代を代表する作家。生来病弱で、学校に満足に通えず、文学や絵画に親しんでいた。一九五〇年東京大学国文科に入学したが、一九五三年にフランスに私費留学し、パリ大学、グルノーブル大学で学ぶ。その間、オートバイでスペイン、北アフリカ、イタリア、ギリシアを旅行した。一九五六年帰国。小説は高校の頃から書き始めていたが、一九五七年同人誌「青銅時代」を創刊し、ヨーロッパ経験を素材にした『アポロンの島』を自費出版した。この作品が一九六五年に島尾敏雄に認められ、作家活動を軌道に乗せる。一九八七年「逸民」で川端康成文学賞、一九九四年『悲しみの港』で伊藤整文学賞、二〇〇〇年『ハシッシ・ギャング』で読売文学賞を受賞している。一九九〇年四月～二〇〇〇年三月まで大阪芸術大学文芸学科教授。

聖書の世界に取材した小説（『或る聖書』『王歌』など）、キリスト教と関連する随想（『イエスの風景』『聖書と終末論』など）の他に、私小説的な作品として『彼の故郷』『逸民』などがある。

問題本文は小説のリアリズムとその限界について述べた文学論である。一九七二年雑誌「潮」に掲載された文章だが、出だし部分の一部が改訂されている。

解説（問五は文系のみ）

〈本文解説〉

○数字は形式段落番号を示す。なお、説明にあたっては本文表記を変更した部分がある。

Ⅰ　体験談一般の特徴（①・②段落）

戦争体験を例に挙げつつ、体験談一般がフィクションになりがちであることを述べている。①段落冒頭の接続語「例えば」、②段落冒頭の一文「このことは戦争に限らず、すべての体験談にあてはまる」に着目しよう。

戦争体験

・戦争体験は自然に武勇談になってしまうことが多い。

武勇談につきもののフィクションの例：自分は臆病ではなかった、むしろ勇敢だった

↓

体験談一般
・体験をそれがあったままに語り得る人はまれだ。
・そういう場合（或ることを証明するためにフィクションが必要）が多い。
・自分に都合のいい事実だけを語り、都合が悪いことは黙っている＝一種のフィクション
・言葉で事実を美化する

Ⅱ「リアリズムの感覚」と「高度のリアリズム精神」（②・③段落）

ここでは、二つのリアリズムが紹介される。「リアリズムの感覚」「リアリズム（の衣）」と「高度のリアリズム精神」をきちんと区別しよう。

⑴リアリズムの感覚
・語る人が他人の納得を得ようとして、話の客観化に心を砕く＝リアリズムの感覚
（リアリズムの衣の下で本当にいわんとしていることは、自分が勇敢だったということだとすれば、多くの場合、それは真実に反する）
・非真実をいかに本当らしく語るか、ということが彼の本能的な性向だ

↓
言葉の否定的な働き
・言葉は体験の真実を隠してしまう
・本人に対してさえ、真実のありかを判らなくしてしまう

自分が本当は臆病であるのに、臆病ではなく勇敢だったと他人に納得してもらおうとして、話の客観化に心を砕く。語り手は真実を本当らしく語ろうとしている。しかし、臆病ではなく、勇敢だったということが非真実なので、言葉は真実を隠してしまう。霧がかかってそこにある景色を隠してしまうように、言葉は真実を隠してしまう。語り手はリアリズムの感覚をもっているのだが、本能的に自分にとって好ましくない真実を知られまいとするために、実際に語られる体験談はフィクションになってしまう。

真実［自分：勇敢×　臆病○］
↓言語化　＝　リアリズム
体験談［自分：勇敢×　臆病○］

これがリアリズムだが、実際には以下になってしまう。

真実［自分：勇敢×　臆病○］
↓言語化　＝　リアリズムの感覚

体験談［自分：勇敢○　臆病×］　…フィクション

＝ 非真実

真実にリアリズムの衣がついて非真実になってしまうのである。

(2)高度のリアリズム精神

体験談は(1)に述べたように、言葉によって真実が隠されているので、真実を知ろうとすれば、言葉を剝ぎ取る必要がある。

・真実を知ろうとする人は、言葉の分厚い層の奥を見きわめようとする

・その人の意は言葉を次々と剝ぎ取って行くことに注がれる

言葉の霧を透明化することに注がれる

＝

高度のリアリズム精神

体験談　　リアリズムの小説

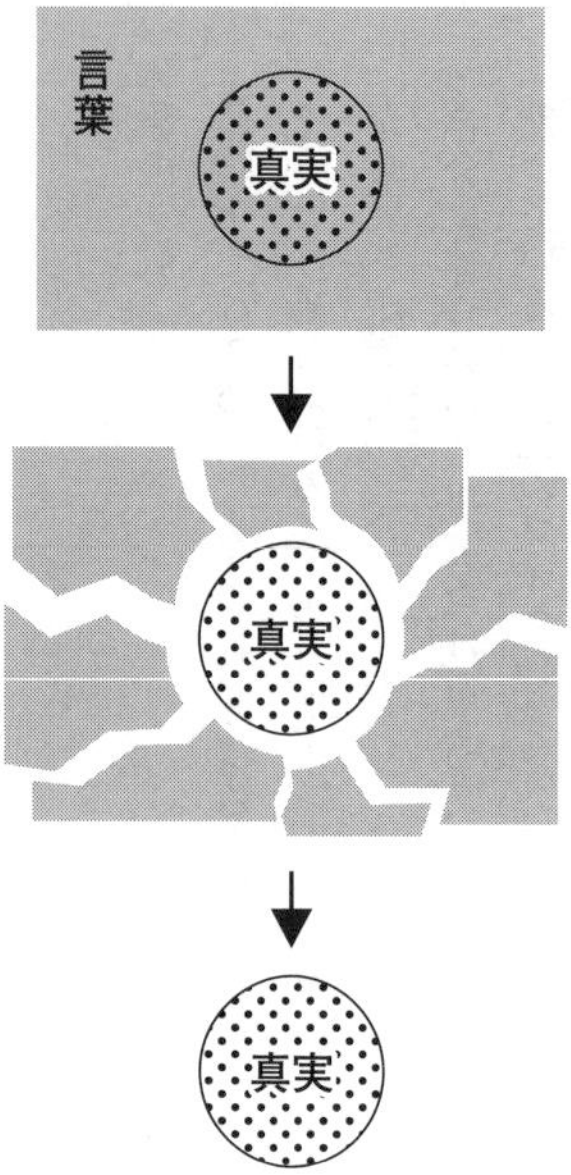

Ⅲ　リアリズム小説の第一の着眼点（④～⑦段落）

ここでは井原西鶴の作品に言及しつつ、井原西鶴の作品のキーワードは〈真実よりつらきことはなし〉という一句だという。人間は自分の弱点のつらさを知っているから、相手の弱点を識別できる。こうした人間の弱点がリアリズム小説の第一の着眼点なのだと述べていく。

(1)人間に共有の過敏な粘膜

自分は勇敢だと証明しようとする人

勇敢だと思う、思わせようと努める心の奥に、臆病なのではないかという危惧を抱いている

←

臆病であることは隠さねばならない

それと今一つ、それにこだわっている自分も見抜かれたくない

≒

・好ましく写真に撮られたいという望み

・自分の好ましい姿を、写真の〈真〉によって保証されたい

＝

人間に共有の過敏な粘膜を、それぞれに包み隠したい意思

(2)リアリズム小説の第一の着眼点

人間の弱点〈人間に共有の過敏な粘膜を、それぞれに包み隠したい意思〉がリアリズム小説の第一の着眼点であり、筆がこの部分に相わたらなければ、小説の迫力は湧かない。

井原西鶴の作品のキー・ワード　真実よりつらきことはなし

＝

自分は勇敢だと証明しようとする人に、君は実は勇敢ではない、と気付かせる

＝

リアリズム小説　人間の弱点に気付かせる＝〈あばく〉

この〈あばく〉は③段落の「言葉を剝ぎ取って行く」「言葉の霧を透明化する」ことと重なる。

Ⅳ　人間が人間に対して抱く興味（⑦〜⑨段落）

「人間はなぜ自分たちの弱点について書き、また、それを読むのだろうか。」と問題提起をした上で、「せいぜい、小説を書いたり読んだりするのが面白いからだ、としかいえない。」と述べる。そして、こうした「人間が人間に対して抱くこの種の興味」の矛盾について述べる。

---

(1)小説は興味本位のものである

問題提起　人間はなぜ自分たちの弱点について書き、また、それを読むのだろうか

↓

答え　小説を書いたり読んだりするのが面白いからだ

↓

小説とは興味本位のものである

(2)(1)の興味の矛盾

アウグスチヌスの洞察を紹介したうえで、人間の弱点の認識に関する矛盾について述べている。

アウグスチヌス

・劇を見る人は他者をあわれむことを欲しているが、

↓

自分があわれであることは欲しない

筆者

人間は本来あわれであるのに、その事実を自認しようとはしないで、

↓

他人の運命をあわれむことなどを望んでいる

アウグスチヌス

・劇が多くの人の心をとらえるのは、酔うためであって、あわれな自己を直視するのを避けるためだ
・劇が存在するのは、観客の自己認識の甘さによりかかっている

人間は、他人の弱点については、それを認識し、他人をあわれむことを欲するのに、人間が本来弱点をもち、あわれである事実を認めず、弱点をもつあわれな自分を直視するのを避けている。端的に言えば、あわれな他人を見たがるのに、あわれな自己は見たがらないという矛盾があるということである。そして、アウグスチヌスはこうした認識に至っており、それを筆者は「鋭敏な洞察」「冷厳な見方」だと評価し、反論の余地はないと言う。

(3)トルストイの思想
筆者はトルストイの思想がアウグスチヌスの認識に似ていると述べる。

トルストイは大部の傑作を成す
↓
トルストイの思想
・新しい世界に踏み込んでいった
・自分の小説を含め、往時読まれていた大部分の小説を否定せざるを得なくなった
トルストイが築き上げた近代小説＝小説という山脈
＋併存　↔矛盾
トルストイの思想＝山脈の中心は空洞で、暗闇に寒々と風が吹き抜けている

アウグスチヌスの劇に関する考察とトルストイの近代小説に関する考察の類似点はこのあとの部分で説明されるが、劇にしろ、小説にしろ、人間の真実である弱点を知ろう、それを描こうとする試みには欠落した部分があるということである。

劇　自分の弱点を直視しないですむように、弱点のある他人をあわれむ
人間本来の弱点を十分には認識できない
≒
小説　人間の弱点を描こうとするが、描けていない
人間本来の弱点を十分には描けていない

V　全体のまとめ（⑩～⑬段落）
⑩段落・⑪段落の「しかし」に着目しよう。

(1)体験談・リアリズムの小説（⑩・⑪段落）

体験談
実態を知らせてくれる
↔〈しかし〉
体験談の限界
真実をあきらかに示すというよりも、しばしば真実を覆ってしまう(①・②段落)

リアリズムの小説
体験の語り直し＝体験談からは現れてこない人間の真実に気付いて、これをあらわにする方法を考えた(③段落)
――真実は小説でなければ語り得ないという信念さえあった
・人生の分厚い雑多な層を透視するレントゲン光線のような役割を果たした
↔〈しかし〉
リアリズムの小説の限界
決定論＝人生はひとつの崩壊の過程に過ぎない＝リアリズムが行き着いた場所
←
新しい世界＝更にその先に果て知れない地域が拡がっていた

この部分は⑨段落と対応し、リアリズムの小説が一定の成果をあげたものの、実りある充実した内実をもたず、空虚であったこと、また、リアリズムの小説が及び得ない領域があるというリアリズムの小説の限界について述べている。

(2)リアリズムの小説の今後（⑫・⑬段落）

体験談に対するリアリズム小説の意義を認めつつ、しかし、「生の言葉の原野」に較べれば、「庭園」のようなものであったと筆者は述べる。

人の口から出る言葉・言葉＝生の言葉の原野‖
体験談　雑草‖のようにはびこって、地球を覆っている
↔
リアリズムの小説＝体験談への優れた考察・解釈＝庭園‖

これからも、或る種の人々は言葉・言葉にいどみ続けるであろう
←
鍵になるのは、体験談と告白という二つの観念の識別、把握のし方である

この部分の比喩「原野」「雑草」「庭園」の解釈と、「体験談」「告白」の違いの把握が難しい。

原野＝人間の手が加えられていない自然のままの野原
雑草＝人間が栽培する草花や作物以外の様々な草
庭園＝鑑賞や憩いを目的として、人工的に樹木を植えたり、手を加えたりした場所
体験談＝人が自分の体験を語った話
告白＝心のなかに秘めていたことをありのままに打ち明ける

こうした辞書の意味と本文での体験談とリアリズムの小説に関する記述をもとに整理すると、以下のようになるのではないだろうか。

人は自分の人生の体験について様々に語る。人は弱点を隠そうとするので、その生の言葉は体験の真実を隠してしまう。生の言葉が原野で、その原野に生えて、真実を覆い隠す体験談（の言葉）が「雑草」である。その言葉を剝ぎ取る＝雑草を抜くことで、隠された真実を明らかにしようとするのがリアリズムの小説である。リアリズムの小説は、原野に人の手が加わった人工的な庭園なのである。しかし、庭園の先には、果て知れない地域（原野）が拡がっている。トルストイは「開拓者」であり、原野を開拓し、すばらしい庭園をつくった。しかし、その先に際限なく原野は拡がる。小説を書いても書いても、人々が語る膨大な言葉には及ばないということだろう。或る種の人々＝リアリズムの小説家は真実を知ろうとして、永遠に増え続ける人の口からでる生の言葉にいどみつづける。その際には、体験談と告白をどう区別し、把握するかが鍵となる。本文の記述内容でいけば、体験談は自分の弱点を隠そうとする言葉で、告白は、これと異なり、自分の弱点をさらけ出す言葉だろうか。

〈設問解説〉

問一　内容説明

◎設問意図

・主語確認→補充
　傍線部の「見抜かれたくない」という述語に対応する主語を確定する
・指示語の指示内容の指摘
　傍線部の指示語「それと今一つ」「それに」の「それ」の内容を正確に示す
・構文：二要素
　「今一つ」「（自分）も」に着目して、A＋Bという構文を確定する

◎解答へのアプローチ

(1)傍線部を本文で確認する
傍線部の少し前から見てみよう。

自分は勇敢だと証明しようとする人に、君は実は勇敢ではない、と気付かせることだ。

↓

勇敢だと思う、思わせようと努める心の奥に、臆病なのではないかと危惧を抱いている。

臆病であることは隠さなければならない。

それと今一つ、それにこだわっている自分も見抜かれたくない。

ここから、「見抜かれたくない」の主語は、以下。

自分を勇敢だと証明しようとする人

＝

自分は勇敢だと思う、思わせようと努める心の奥に、臆病なのではないかという危惧を抱き、

臆病であることは隠さなければならないと思っている人

(2) 指示語の指示内容の指摘

「見抜かれたくない」ことは「隠したい」こと、「隠さなければならない」ことだから、以下。

1それ

・自分が臆病であること

・自分の臆病さ

＋

2それにこだわっている自分

・自分が臆病であることにこだわっている自分

・自分の臆病さを過剰に気にしている自分

2を傍線部の前の表現をふまえて表すと、

心の奥で、自分が臆病なのではないかと危惧を抱いていて、臆病であることは隠さなければならないと固執している自分

となる。

(3) 解答作成

解答欄は3行分。一行25字程度をめどに解答を作成しよう。以下の設問でも同様。

構文は以下。

1　主語＝「見抜かれたくない」という心情の主体

2　見抜かれたくない＝隠さねばならないこと　その1　それ

＋

3　見抜かれたくない＝隠さねばならないこと　その2　今一つ

4　見抜かれたくない。

［解答の素案］

自分が勇敢であることを証明しようとする人は、

自分が臆病であることを隠したいだけでなく、

心の奥で、自分が臆病なのではないかと危惧を抱いていて、臆病であることは隠さなければならないと固執していることも他人に知られたくないと思っているということ。（120字）

字数調整をする。

［解答例1　具体例に則した解答例］

自分の勇敢さを証明しようとする人は、

自分の臆病さを隠したいと思うだけでなく、

自分の臆病さを危惧し、それを隠したいと固執している自分も、隠したいと思うということ。（75文字／80字）

［解答例2　一般化した解答例］

自分の弱点を隠し、美化しようとする人は、

自分の弱点だけでなく、

自分の弱点を隠すことに自身がとらわれていること自体も、他人に知られたくないと思っているということ。（75文字／80字）

※80字は句読点を含む字数、75文字は文字だけを数えた文字数である。以下の設問でも同様。

※「こだわっている」「見抜かれたくない」は言い換えておこう。

こだわる＝とらわれる、固執する、執着する、拘泥するなど

見抜かれたくない＝他人に知られたくない、隠したい

◎加点ポイント

1　主語＝「見抜かれたくない」主体

a　「自分の勇敢さを証明しようとする人」「自分の弱点を隠そうとする人」「自分は勇敢だと思う、思わせようとする人」など

2　「それ」の指示内容

b　「自分の臆病さ」「自分の弱点」

3　それにこだわる自分

c　「自分の臆病さを隠そうと固執する自分」「自分の弱点を隠すことにとらわれている自分」など

4　「見抜かれたくない」の換言

d　「他人に知られたくない」「隠したい」

(4)参考解答例

自分の弱点の隠蔽・美化を志向する人は、

自分の弱点だけでなく、

自分の弱点を内心危惧し、弱点の隠蔽に固執している自分をも、他人に知られたくないと思うということ。（72文字／78字）

問二　内容説明

◎設問意図

・論理展開の把握

傍線部が「この間の事情をユーモアをもって語った」ツルゲーネフの言葉であることと、傍線部直後の「つま

り」をふまえて、傍線部の内容を説明する。

◎解答へのアプローチ

(1)傍線部と関連する部分の読解

その人間(他人の弱点を見透かした人間)も、自分の弱点のつらさを知っているからこそ、相手の弱点を識別できる

＝

この間の事情

＝

傍線部　他人を有効に罵りたければ、自分の欠点を相手のこととして並べ立てればいい

＝〈つまり〉

人間にはこうした共有の過敏な粘膜がある

(2)傍線部の換言になるように説明する

他人を有効に罵る

・他人の欠点を痛烈に非難することが効果的にできる

自分の欠点を相手のこととして並べ立てる

・人間は誰しも弱点をもち、それをつらく思い、隠そうとするものなので、

自分がつらく思っている自分の弱点を相手に投影し、相手の弱点として列挙する

(3)構文

「有効に罵りたければ、～並べ立てればいい」は「罵りたい場合、～並べ立てるのが効果的である」「～並べ立てるのが、罵るのに効果的である」などとすると書きやすい。

サンプル

有効に体重を減らしたければ、食事時間と食べるものを工夫すればいい。

←

体重を減らしたい場合、食事時間と食べるものを工夫するのが、効果的である。

食事時間と食べるものを工夫するのは、体重を減らすには効果的である。

(4)解答作成

解答欄は3行分。

[解答の素案]

他人の欠点を痛烈に非難したい場合、人間は誰しも弱点をもち、それをつらく思い、隠そうとするものなので、自分が隠そうとしている弱点を相手に投影し、相点の弱点として列挙するのが効果的であるということ。(97字)

字数調整をする。

［解答例］
弱点をつらく思い、隠したがるのは人間に共通なので、他人に隠したい自分の弱点を他人に投影して列挙するのが、他人の欠点を痛烈に非難するのに効果的であるということ。
（75文字／79字）

◎加点ポイント
1　前提
a　人間に共有の＝「人間に共通の」「人間はみな～である」など
b　過敏な粘膜＝「弱点が辛い」「弱点を隠したい」など
2　他人を有効に罵りたければ～いい
c　「罵る」の換言
d　構文　他人を罵りたければ、～が効果的である
3　自分の欠点を相手のこととして並べ立てる
e　自分の欠点を相手のこととする＝自分の知られたくない欠点を相手に投影する
f　「並べ立てる」の換言

問三　内容説明
◎設問意図
・指示語の指示内容の指摘
　傍線部の指示語「この種の興味」の指示内容
・条件付き内容説明
　設問要求「アウグスチヌスの議論を参考に説明せよ」を踏まえる。

◎解答へのアプローチ
(1)指示語の指示内容の指摘
　この種の興味＝人間が自分たちの弱点について書いたり読んだりするのを面白いと思うこと
　⑦段落は小説について書かれているが、⑧段落のアウグスチヌスの議論は劇についてなので、劇について説明するか、小説と劇に限定しないで一般論として説明してもいい。
(2)アウグスチヌスの議論を含めて、「矛盾」を説明する。
〈本文解説〉Ⅳ(2)を参照してほしい。
(3)解答作成
　解答欄は4行分。

［解答の素案］
人間が人間の弱点を表現し、享受するのを面白がる心理には、
他人の弱点については、
それを認識し、他人をあわれむことを欲する一方で、
自分の弱点については、
人間が本来弱点をもち、あわれである事実を自認せず、
弱点をもつあわれな自分を直視するのを避けるという
一貫性のなさがあるということ。（138字）
字数調整をする。

［解答例］
人間が人間の弱点を表現し鑑賞するのを面白がるのには、他人の弱点は認識し、あわれむことを欲する反面、人間が本来弱点をもち、あわれである事実は自認せず、自分の弱点を直視するのを避ける心理があり、一貫性を欠くということ。（100文字／107字）

◎加点ポイント
1　人間が人間に対して抱くこの種の興味
　a　人間が人間の弱点を（劇や小説に）表現したり、それを鑑賞したりするのを面白く思う
2　矛盾の説明
　b　他人の弱点　認識する・あわれむことを欲する
　c　自分の弱点　認識せず・あわれであることを欲しない・直視しない
3　弱点・あわれさについて
　d　人間の本来性であることの指摘
4　矛盾を説明する構文
　e　「～である反面、～である」「～である一方で、～である」など

問四　理由説明
◎設問意図
・論理展開の把握

傍線部は「かつて」の「信念さえあった」状況が述べられており、設問文には「このような信念が失われたのはなぜか」とある。ここには変化があるので、変化をもたらしたものが変化の理由となる。

かつて　真実は小説でなければ語りえないという信念さえあった
↓　理由
信念が失われた

◎解答へのアプローチ
(1)関連箇所の確認
〈本文解説〉Ⅳ・Ⅴを参照してほしい。
まず、⑨段落を見てみよう。
トルストイ　大部の傑作を成した
↓
・小説を否定せざるを得なくなった
・小説という山脈の中心は空洞で、暗闇に寒々と吹き抜けている観がある

これと対応する⑪段落を見てみよう。
成果はあった
↓
・リアリズムがもたらしたこのような決定論
・リアリズムの行き着いた場所があきたらなかった

・更にその先に、果て知れない地域が拡がっていた

次に、⑫段落を見てみよう。

リアリズムの小説は、それへの優れた考察であり、解釈であったが、

この生の言葉の原野に較べれば、庭園のようなものであったことはいうまでもない。

(2) 関連箇所の整理

リアリズムの小説　成果はあった

↓

i　リアリズムの小説の行き着いた場所

空洞・暗闇・寒々とした風＝空虚

人生は一つの崩壊の過程に過ぎない＝決定論

ii　果て知れない地域＝人の口から出る言葉・言葉＝生の言葉の原野

↔

リアリズムの小説＝庭園

⇐

リアリズム小説が真実を語り得るという信念の喪失

(3) 理由の把握

iはリアリズムの小説の到達点が充実を欠いた虚しいものであったこと、iiはリアリズムの小説が人々の生の言葉に比べると限界があることを指摘している。

(4) 解答作成

解答欄は3行分。

［解答例］

リアリズムの小説は一定の成果は上げたものの、その到達点は空虚であり、人々が人生について語る膨大な言葉に較べれば、卑小な営為に過ぎないことが明らかになったから。

(75文字／79字)

◎加点条件

リアリズムの小説について書いてあること

◎加点ポイント

1　リアリズムの小説の成果について

a　一定の成果を上げたことの指摘

＊「体験談への優れた考察・解釈であった」など具体的に説明してもよい

2　理由i

b　到達点が空虚であったことの指摘

3　理由ii

c　人の口から出る言葉・言葉には及ばないことの指摘

d　営為の限界、卑小さの指摘

問五　理由説明（文系専用問題）

◎設問意図

・部分要旨
⑫・⑬段落の内容の把握
・指示語変形
傍線部の「或る種の人々」を特定する

◎解答へのアプローチ
(1)傍線部の表現に着目する
「これからも～続ける」とあるので、「これからも」に着目すれば、〈或る種の人々はこれまで言葉・言葉にいどんできた〉ことになる。

人の口から出る言葉・言葉
↓
或る種の人々はこれまで言葉・言葉にいどんできた

本文では、体験談など人の言葉・言葉にいどんできたのは、真実を明らかにしようとしてきたリアリズムの小説家たちなので、以下。

傍線部
＝
これからも、
真実を明らかにしようとするリアリズムの小説家たちは、
人の口から出る言葉・言葉にいどみ続けるであろう

(2)理由を考えていこう
i　小説家たちが真実を明らかにしようとするのは真実を知ろうとするからだ　…③段落
ii　iがこれからも続くのは、人の口から出る言葉は膨大であり、体験談も永遠に雑草のようにはびこり、地球を覆っているからだ　…⑫段落
iii　大勢の人間が人生に意味があると思い込んでおり、それを明らかにしたいという意思は捨てきれない
iiの比喩表現は、「永遠」「地球を覆って」に着目して、「永遠に満ちあふれている」としておこう。

(3)解答作成
解答欄は5行分。「これからも～続けるであろう」と筆者が言う理由であるから、解答に継続性を明示しよう。

［解答例］
人生に内包された意味を知りたいという意思を捨てきれないのに加えて、
人々が人生について日々語る言葉は永遠にあふれ続け、真実を覆い隠すため、
リアリズムの精神をもった小説家が
人々の膨大な言葉に覆われた真実をあらわにしようとする試みにも
終わりがないと考えられるから。（125文字／129字）

◎加点ポイント
1　前提となる心性

a　人生が隠しもっている意味を明らかにしたいという意思を大勢の人間は捨てきれない

2　前提となる状況

b　人生の外観を形作っている大きな要素は、人の口から出る言葉・言葉である

＝

・人々が人生について語る言葉は膨大で、永遠にあふれ続ける

3　リアリズムの小説家の願い

c　言葉に覆われた真実を明らかにしたい

4　継続性

d　a・b・cから、リアリズムの小説家の試みは完結しない

※問四との関係でいけば、真実を語り得るという信念は失いつつも、それでも真実を明らかにしたいという思いは消えず、リアリズムの小説家は挑戦を続けるということだろう。

解答

問一　自分の勇敢さを証明しようとする人は、自分の臆病さを隠したいと思うだけでなく、自分の臆病さを危惧し、それを隠したいと固執している自分も、隠したいと思うということ。

問二　弱点をつらく思い、隠したがるのは人間に共通なので、他人に隠したい自分の弱点を他人に投影して列挙するのが、他人の欠点を痛烈に非難するのに効果的であるということ。

問三　人間が人間の弱点を表現し鑑賞するのを面白がるのには、他人の弱点は認識し、あわれむことを欲する反面、人間が本来弱点をもち、あわれである事実は自認せず、自分の弱点を直視するのを避ける心理があり、一貫性を欠くということ。

問四　リアリズムの小説は一定の成果は上げたものの、その到達点は空虚であり、人々が人生について語る膨大な言葉に較べれば、卑小な営為に過ぎないことが明らかになったから。

問五　人生に内包された意味を知りたいという意思を捨てきれないのに加えて、人々が人生について日々語る言葉は永遠にあふれ続け、真実を覆い隠すため、リアリズムの精神をもった小説家が人々の膨大な言葉に覆われた真実をあらわにしようとする試みにも終わりがないと考えられるから。

二（文系）

出典

小山清（こやま　きよし）「井伏鱒二の生活と意見」（『風貌―太宰治のこと』所収）

小山清（一九一一～一九六五年）は東京出身の小説家。太宰治に師事した。自身の日常生活を題材とした私小説的な作品を残している。一九五八年には病から失語症になり、生活は困窮し、一九六二年には妻に先立たれ、一九六五年に自身も亡くなった。「安い頭」（一九五一年下期）、「小さな町」（一九五二年上期）、「をぢさんの話」（一九五三年下期）で芥川賞候補になっている。師と仰いだ太宰治は芥川賞に固執したことで知られているが、太宰も芥川賞の候補になったものの結局受賞できなかった。

『風貌―太宰治のこと』は、太宰治の回想・追悼文など、太宰治とその作品に関する文章と、それに関連して井伏鱒二に関する文章を集めた書籍である。

問題本文は、太宰に傾倒していた小山が太宰の師匠であった井伏鱒二を訪問して綴った随想である。太宰に伴われていた初対面の頃から、太宰の死後も親交が深まっていった井伏に対する思いを、いくつかのエピソードを連ねて書き綴っている。

解説

〈本文解説〉

本文の前書きに本文に関するいくつかの情報が記されているのでまず確認しよう。

本文＝小山清による井伏鱒二訪問記の一節

小山清＝太宰治に傾倒していた作家

井伏鱒二＝太宰の師匠

整理しておこう。

　　師事　　　　傾倒
井伏 ← 太宰 ← 小山

本文は、井伏とこうした関係にある筆者が井伏にまつわるエピソードを連ねた文章であり、各エピソードを一読し、それぞれの傍線部の表現を意識して、解答を作成していこう。

○数字は段落番号を示す。

Ⅰ　初対面（①段落）

ここでは筆者が初めて井伏に会ったときのエピソードが記されている。三人で酒を飲み、井伏と太宰の関係を目の当たりにし、「私は自分が傾倒してゐる人に対して、こんな口をきける人がゐようとは思つてゐなかつた」と述べている。

Ⅱ　太宰の死後

(1)　太宰⇔井伏(②段落)

太宰の死後、井伏の家にときどき行くようになり、井伏に「親炙する」につれて、太宰が井伏から大きな影響を受けていたことを実感し、「井伏さんと対坐してゐるときほど、逝くなつた太宰さんの身近にゐる気のされることは、私にはないのである」と述べている。……問一

(2)　井伏の書斎・庭（③・④段落）

井伏は庭に面した書斎で人に会う。井伏は、郷里で眺めた「故郷の山々の姿になぞらへて」庭を見ている。

(3)　井伏の話しぶりとその訪問記の執筆（⑤・⑥段落）

筆者は、井伏の話には「目だたない吸引力」があり、そのままで「滋味ゆたかな随筆や小品になる感じ」がすると述べ、自分が訪問記を書くと「井伏さんといふ芳醇な酒を、私といふ水で、いたづらに味ないものにしてしまふのではないかと思ふ」と述べている。……問二・問三

(4)　井伏の印象(⑦段落)

ここでは井伏の風貌や恰幅、若さなどについて述べられている。……問四

(5)　井伏の日常(⑧〜⑪段落)

井伏が住居に凝る人ではなく、日常も簡素を旨としていたことや机、部屋のカレンダーなどについて述べ、机の抽斗に入れてあるメンコを井伏が心がすさむときの慰めとしていたことが述べられている。……問五

〈設問解説〉

本文は歴史的仮名遣いで書かれているが、解答は現代仮名遣いで記せばよい。また、筆者は「井伏さん」「太宰さん」と書いているが、解答は「井伏」「太宰」でよい。エッセイなので、「私」は「筆者」とする。

問一　理由説明

◎設問意図

筆者に感じられる理由であるから、筆者の主観を記せばよい。

・構文

「Aするときほど、Bはない」とあるので、「Aするときに最もBする」とし、「Aする」ときに、「最もBする」理由を説明する

・経緯をふまえる

・傍線部直前の「また」に着目し、並列されている二文の内容をまとめる

◎解答へのアプローチ

(1)　傍線部と設問文の確認

傍線部は「気のされる」とあるが、設問文は「感じられる」とある。また、「の」の用法にも注意しよう。

逝くなつた太宰の身近にゐる気のされる

＝

「逝くなつた太宰の身近にゐる」気のされる

＝

「逝くなつた太宰が身近にゐる」気がされる

＝

逝くなった太宰が自分の身近にいるように、筆者にはなんとなく感じられる

←

逝くなった太宰が実際に筆者の身近にいるわけではないが、逝くなった太宰が筆者の身近にいるようになんとなく筆者には感じられる

(2) 傍線部の構文の確認

(1)をふまえて、傍線部の構文を確認しよう。

筆者が井伏と対座しているときほど、
今は亡き太宰が筆者の身近にいるように、
なんとなく感じられることは筆者にはない

←

筆者が井伏と対座しているときに、最も、
今は亡き太宰が筆者の身近にいるように、
筆者にはなんとなく感じられる

(3) 解答のカタチの確定

筆者が井伏と対座しているとき
［　　　　　　　　］から

⇐

最も、今は亡き太宰が筆者の身近にいるように、
筆者にはなんとなく感じられる

この［　］の部分を②段落に記されている経緯、筆者の二つの感懐を踏まえて説明する。

(4) 解答関連箇所の確認

経緯　井伏に親炙するにつれ

1　太宰の身につけている雰囲気の幾分かは、井伏から伝わったものであることを感じた

〈また〉

2　太宰が井伏に様々に山ほど教えてもらったということが、よく合点がいった

親炙＝ある人と親しくなって、感化を受ける（＝影響を受けて、考え方や感じ方などが変化する）こと。

筆者は井伏との親交が深まり、その影響を受けるにつれ、筆者の師匠である太宰がいかに井伏の影響を受けていたかを実感した。井伏は太宰を髣髴《ほうふつ》とさせたのだろう。〈髣髴〉はありありと思い浮かぶ。たとえば、父親も息子も俳優で、父親が死んだあとで、息子の演技を見た人が、「父親を髣髴とさ

せる」などと表現したりする。井伏の方が年配で、太宰が年少なのだが、太宰の方が先に死んでしまったことと、そもそも筆者が太宰の方と親しかったために、太宰の師匠である井伏を見て、「ああ、太宰さんのあの雰囲気は井伏さんから影響されたものなのか」「ああ、太宰さんのあの考え方は井伏さんから学んだものなのか」などと、井伏の雰囲気やあり方、考え方に接して、太宰を思いだしたということである。

(5)　解答の作成

解答欄は4行分。1行25字程度で解答を作成しよう。以下の設問も同様である。

［解答の素案］

井伏との親交が深まるにつれ、

太宰のもつ雰囲気には井伏から伝わった部分もあることを感じ、

また、

太宰が井伏から様々な多くのことを教わっていたことが納得され、

井伏と向かい合っていると、

井伏の様子は筆者に今は亡き太宰をありありと思い起こさせたから。（120字）

「髣髴とさせた」という表現が一番ぴったりと来るのだが、とてもこの漢字は書けないだろうから、「ありありと思い浮かぶ」「ありありと思い起こさせる」くらいで説明しておこう。

また、「筆者に」は省略してもよいだろう。

字数を調整する。

［解答例］

井伏との親交が深まるにつれ、

太宰の雰囲気には井伏から伝わった部分があることを感じ、

また、

太宰が井伏から様々なことを多く教わっていたことも理解され、

向かい合っている井伏に今は亡き太宰をありありと思い浮かべたから。（100文字／105字）

◎加点ポイント

1　井伏が太宰を髣髴とさせたことの指摘

a　「井伏の様子に太宰を思い出した」など

2　井伏の存在と太宰の不在の指摘

b　井伏の説明として　「向かい合っている井伏」「目の前にいる井伏」など

c　太宰の説明として　「逝くなった太宰」「今は亡き太宰」など

3　きっかけ

d　井伏との親交が深まるにつれ

4　筆者が感じたこと

e　太宰の雰囲気は井伏から来ている
f　太宰は井伏に様々な多くのことを教わった

問二　理由説明

◎設問意図

・同義内容の発見
「吸ひ込まれてゆくやうな感じ」と「吸引力」

◎解答へのアプローチ

(1)　傍線部を本文で確認し、設問文を意識する
井伏さんの話しぶりは静かで、
こちらの気持が吸ひ込まれてゆくやうな感じがする
＝
井伏さんの話しぶりは静かで、
こちらの気持が吸ひ込まれてゆくやうに感じられる

(2)　解答のカタチの確認
井伏の話しぶりは、
静かで、
［　　］から。
⇐
筆者の気持ちが吸い込まれていくように感じられる

(3)　本文関連箇所の確認
井伏の話しぶり
1　静か
井伏の話
2　目だたない吸引力がある
3　自分が井伏に近づいていくような感じがする
4　いつか自然に井伏の身についた雰囲気にこちらが同化されていく
5　頭で話すのではなく、気持ちで話す
6　そのままで滋味豊かな随筆や小品になる感じがする
「吸引力」が「吸ひ込まれてゆく」と対応する。滋味は物事に感じられる深い味わい。

(4)　解答の作成
解答欄は2行分。コンパクトにまとめよう。

［解答の素案］
井伏の静かな話しぶりと、気持ちで話された味わい深い話に魅了され、知らず知らず井伏の身についた雰囲気に同化されてしまうから。(61字)
字数を調整する。

［解答例］
井伏の静かな口調の、情感のある味わい深い話に魅了され、知らず知らず井伏固有の雰囲気に同化されてしまうから。
(50文字／53字)

◎加点ポイント
1　井伏の口調
a　静か
b　気持ちで話されている
c　味わい深い
2　井伏の話
d　井伏の話に引き込まれる＝魅了される
e　井伏の身についた雰囲気に同化される
f　自然に＝知らず知らずのうちに
3　主観的要素

問三　内容説明
◎設問意図
・比喩表現の換言
「芳醇な酒」「水」「味ないものにしてしまふ」という比喩を換言する
・多義的な表現の限定
「思ふ(＝思う)」は「心配する」「期待する」「疑う」「不思議に思う」など多義的なので、文脈に即して限定する。
◎解答へのアプローチ
(1)　傍線部を確認し、主語を補充する
井伏さんといふ芳醇な酒を、
私といふ水で、
いたづらに味ないものにしてしまふのではないかと
(筆者は)思ふ
傍線部の換言であるから、比喩だけでなく、「いたづらに～しまふと思ふ」の部分もきちんと換言する。「芳醇な酒」は香りが高く味がよい酒。「いたづらに」の「いたづら」は無駄で価値のない様子。「味ない」は味気ないと同じで、つまらない。
(2)　井伏と筆者に関する説明をおさえる
井伏
・井伏の話は、そのまま滋味ゆたかな随筆や小品になる感じがする
筆者
・筆を執つてみたら、なんだか難しい気がしてきた
(3)　比喩の換言
芳醇な酒＋水
→美味しいお酒を、水で薄めると、元の美味しさが損なわれる
そのままで深い味わいのある井伏の話＋筆者が文章化する
→そのままで深い味わいのある井伏の話を、筆者が文章にすると、元の魅力が減り、無駄につまらないものになる
(4)　解答の作成
解答欄は3行分。この場合の「思ふ」は「案じる」「不安

に思う」「恐れる」などとすればよい。

［解答例］

そのままで豊かな味わいのある作品になると感じられる井伏の話は、

筆者が文章にすることで、

元々の魅力を減じ、無駄でつまらないものになるのを、

筆者が案じるということ。（75文字／80字）

ここでは、筆者が、いざ書こうとすると難しいと感じている箇所なので、「筆者が文章にしようとすると」「筆者が井伏の話を書こうとすると」など、文章化の主体は明示したい。感じがしたり、心配に思うのはこの文章では当然筆者の主観なのでいちいち断らなくてもよいが、ここでの動作についてはだれがその動作をするのか明示したい。

◎加点ポイント

1 「井伏さんといふ芳醇な酒」の換言

a 「井伏さんの話は」「そのままで滋味ゆたかな随筆や小品になる感じがする」を踏まえた説明

2 「私といふ水で、いたづらに味ないものにしてしまふのではないか」の換言

b 筆者が文章にすると

c 元々の魅力を減じる

d 無駄でつまらないものになる

3 「思ふ」の限定

e 「案じる」「心配する」「恐れる」など

問四　内容説明

◎設問意図

・構文

「それほどに井伏さんは、いはばスマートなのである」

・対義語

「野暮ったい」↔「スマート」

◎解答へのアプローチ

(1) 傍線部の構文

傍線部の「それほどに」を先行する部分をふまえて表現すると以下のようになる。

殊更に自分を人に野暮ったく印象づけようとしているのかもしれないと筆者には思われるほど、

井伏は、いわばスマートなのである

↓

井伏はとてもスマートなので、

わざと、野暮ったく印象づけようとしているのかもしれないと筆者には思われたということ。

⟵ 本文に「『立派さ』を持てあましてゐるやうである」とあるので、これを使うと以下。

井伏は自身のスマートさを持てあまして、

わざと、野暮ったく印象づけようとしているのかもしれないと筆者には思われたということ

(2)　関連箇所の確認

⑦段落は井伏の風貌や「衰えぬ若さ」に関する筆者の評価を述べており、「野暮ったい」に対比されるものなので「スマート」は、〈しゃれていてかっこよい〉でいいだろう。

筆者の感じる井伏のスマートさ＝しゃれていてかっこいい

・五十半ばを越しているが、軽快で若々しい
・風貌には一寸男惚れをさせるものがある
・恰幅も立派で、てこでも動かない感じ

↔

野暮ったい＝洗練されていない

(3)　解答の作成

解答欄は四行分。この「スマート」も含めて、傍線はあくまでも筆者の井伏に対する評価なので、解答例ではそれを明示しておく。

[解答例]

五十半ば過ぎで男盛りの井伏は、男である筆者から見ても風貌に魅力があり、恰幅も立派で、衰えぬ若さも備えている自分をもてあまして、他人に対してあえて洗練されていない自分を示そうとしていると筆者には思えるということ。（100文字／105字）

◎加点ポイント

1　井伏のスマートさの説明
　a　五十半ば過ぎだが若い
　b　男惚れをさせる風貌＝男性から見て魅力がある風貌
　c　恰幅が立派
2　野暮ったく印象づける
　d　あえて洗練されていない自分を示す
3　1と2の関係
　e　井伏は1をもてあましている

問五　内容説明

◎設問意図

・比喩表現の意味
　「泉のやうに湧き出てくるもの」の説明
・「も」への注意
　「私の胸の中にも」とあるので、「〜と同様に〜」とする
・慣用表現の意味
　「もう一つ時代がついている」の「時代がつく」
・⑤段落の具体例

◎解答へのアプローチ

(1)　傍線部の確認

井伏のメンコ

・子供の頃に弄んだ品　…時
・郷里に帰ったときに、生家で見つけたもの　…所
・心が荒れているとき、取り出して見ると、気持ちが柔らぐ
・筆者が子供時分に流行ったものよりも、年月を経て古風な趣がある

「時代がつく」は年月を経て、古風な趣があること、経年劣化の反対。

(2)「私の胸の中にも」を踏まえた関連づけ

井伏のメンコ　井伏が感じた
≒
筆者も感じた

(3)　井伏の心情の確認

これまで解答要素になっていない井伏の郷里への思い(④段落)もふまえてまとめる。東京での生活で心がすさんだときに、郷里で過ごした子供時代にメンコで遊んだことを思い出し、井伏が安らぎを得ていたということである。

(4)　筆者の心情の確認

自分が遊んだメンコよりも古びた趣のある井伏のメンコを見ていると、井伏の思いに同調し、筆者も郷里での幼少期が思い出され、安らぎに心が満たされる気がしたのである。井伏の話には吸引力があり、「こちらが同化されてゆく」と⑤段落にあったことをふまえる。

井伏のメンコ　井伏：郷愁→いやし・安らぎ
←同調　＝同化
筆者：郷愁→いやし・安らぎ

(5)　解答作成

解答欄は4行分。

[解答の素案]

筆者の子供の頃に流行ったものよりもさらに古く趣のある井伏のメンコを見ていると、
昔遊んだメンコを見て、郷里で過ごした子供時代を思い、慰められる井伏の安らぎが筆者にも感じられ、
筆者も子供時代への郷愁による安らぎで心が満たされる気がしたということ。(121字)

字数を調整する。

[解答例]

筆者の子供の頃に流行ったものよりもさらに年代ものの井伏のメンコを見ていると、郷里で過ごした子供時代を思って慰められる井伏の安らぎが筆者にも伝播し、自身も子供時代への郷愁に心が満たされる気がしたということ。(99文字／102字)

◎加点ポイント

1　きっかけ
a　井伏のメンコを見ていると
b　メンコの説明として「筆者の子供の頃に流行ったものよりもさらに古く風情のある」

2　比喩の換言
c　心が満たされる
d　子供時代・郷里への思いによる安らぎ、いやし、慰め

3　井伏の心情
e　子供時代・郷里への思いによる安らぎ、いやし、慰め

4　⑤段落をふまえた内容
f　井伏の話に吸い込まれる＝「井伏に同調する」「井伏の気持ちが伝播する」など

解答

問一　井伏との親交が深まるにつれ、太宰の雰囲気には井伏から伝わった部分があることを感じ、また、太宰が井伏から様々なことを多く教わっていたことも理解され、向かい合っている井伏に今は亡き太宰をありありと思い浮かべたから。

問二　井伏の静かな口調の、情感のある味わい深い話に魅了され、知らず知らず井伏固有の雰囲気に同化されてしまうから。

問三　そのままで豊かな味わいのある作品になると感じられる井伏の話は、筆者が文章にすることで、元々の魅力を減じ、無駄でつまらないものになるのを、筆者が案じるということ。

問四　五十半ば過ぎで男盛りの井伏は、男である筆者から見ても風貌に魅力があり、恰幅も立派で、衰えぬ若さも備えている自分をもてあまして、他人に対してあえて洗練されていない自分を示そうとしていると筆者には思えるということ。

問五　筆者の子供の頃に流行ったものよりもさらに年代ものの井伏のメンコを見ていると、郷里で過ごした子供時代を思って慰められる井伏の安らぎが筆者にも伝播し、自身も子供時代への郷愁に心が満たされる気がしたということ。

二（理系）

出典

小松和彦（こまつ　かずひこ）『妖怪学新考　妖怪からみる日本人の心』

小松和彦（一九四七～）は東京生まれの文化人類学者、民俗学者。埼玉大学教養学部教養学科卒業、東京都立大学大学院（社会人類学）博士課程修了。信州大学教養部の講師、同助教授、大阪大学文学部助教授、同教授、国際日本文化研究センター教授、同所長。現在は同名誉教授。憑依、異界、鬼、妖怪など、「闇」にうごめく存在への民俗学的な考察で知られる。一九七九年『神々の精神史』で日本民族学振興会・渋沢賞、二〇一一年『いざなぎ流の研究』で高知出版学術賞を受賞、二〇一三年紫綬褒章を受章。著書は他に『憑依信仰論　妖怪研究への試み』『悪霊論　異界からのメッセージ』『異人論　民俗社会の心性』『神隠しと日本人』『神なき時代の民俗学』『鬼と日本人』『呪いと日本人』『妖怪学の基礎知識』など。

問題本文は、著名な文化人類学者である筆者が、大正から昭和にかけての近代化に伴い、光と闇の調和した陰翳が失われ、さらに高度経済成長期にかけて、謎めいた深い闇の領域が消え、それとともに妖怪たちの姿も消えてしまったことを論じている。途中、谷崎潤一郎『陰翳礼讃』の引用、西条八十の童謡『かなりや』への言及、それに関連する児童文学者の村瀬学の『子ども体験』の引用がなされている。

解説

〈本文解説〉

○数字は段落番号を示す。引用も1段落としている。

①私たちの身の～
②引用　現代の人は～
③谷崎が嘆いて～
④谷崎はそこ～
⑤谷崎の文章～
⑥大正時代に～
⑦引用　子どもたち～
⑧しかし、これは～

本文を読んで行く際に注意したいのは、本文が短い京大現代文の場合は、本文が長い他の入試現代文とは異なり、具体例や引用も解答根拠になることがしばしばあるということである。まず、ざっと本文を読み、設問を解く際に、引用や具体例も含めて再読し、解答要素を探していくとよい。

Ⅰ　「闇」の喪失　谷崎に即して（①～④段落）

問題提起：「闇」がなくなりだしたのは、いつのころからか？

「闇」の喪失の危機を感じ取った谷崎潤一郎…傍線部(1)
『陰翳礼讃』
← (谷崎の引用)
答え：もうこのころ(昭和の初め)には、「闇」の喪失が目立ったものになってきていたのである

妖怪の出現しそうな室内の陰翳のある闇について、こう記している
← (谷崎の引用)
谷崎が嘆いている
○「眼に見える闇」の喪失　：肯定形
×「眼が効かない漆黒の闇」の喪失　：否定形
←
燭台や行灯〜陰翳のある世界が消失しようとしていることを(谷崎は) 憂い悲しんでいるのである　：「のである」は確認・念押し
＝〈すなわち〉
明かりのない闇　…好ましくない　：評価
闇のない白日のような明るさ　…好ましくない
光と闇の織りなす陰翳のある状態　…理想だ　：強意の「こそ」
←
谷崎
そこ(陰翳のある状態)　日本の美の理想的姿
↔〈しかし〉　：逆接

筆者
美＋日本人の精神や日本文化＋人間全体にとっても重要なことだ

Ⅱ　闇の領域の消滅　(⑤〜⑧段落)
急速に闇の領域が消滅していったのは、電線が全国に張りめぐらされていった大正から昭和にかけての時代であった
ⅰ　大正デモクラシー　近代化
ⅱ　資本主義・近代的消費社会のシステム
(具体例)
←
高度成長期　闇の領域が人々の身辺から消え、それとともに多くの妖怪たちの姿も消え去ってしまったのである　…傍線部(2)

大正時代に流行った西条八十の童謡『かなりや』
かなりや…西洋の文明
後ろの山…人間の完全な管理下に置かれる以前の「闇」の領域としての恐怖に満ちた山
＝
前近代が抱えもっていた深い闇の恐怖空間
……

当時（大正時代）
子どもたち＋大人たち
謎めいた闇の空間としてまだしっかりと生きていた
（村瀬学の引用）
↔　〈しかし〉
筆者
子どもたち＋大人たちにとっても同様
←
『かなりや』のような明るさと暗さが漂う大正童謡が流行った理由の一つ
＝
子どもたちに向けての歌であると装いつつ、じつは大人たちの心情に訴えかけるように仕組まれていたからである
…傍線部（3）
⇐　それゆえ
大人たちの心を揺さぶり支持された

◎設問との対応
設問解説で具体的に見ていくので、ここでは簡単に記しておこう。
問一　「闇」の喪失の危機　谷崎について書かれている部分を確認する。
問二　時代と谷崎の引用を確認する。
問三　『かなりや』について書かれている部分を確認する。

〈設問解説〉
問一　内容説明
◎設問意図
・具体的内容の説明
◎解答へのアプローチ
(1)　傍線部を含む箇所を本文で確認しよう
文学者の鋭い感性で「闇」の喪失の危機を感じ取った谷崎潤一郎
(2)　まず、「『闇』の喪失」の「闇」を具体化しよう
「闇」
＝
「眼に見える闇」
＝
そうした陰翳のある世界（燭台や行灯の明かりとその明かりの陰にできる闇とがほどよく調和したところ）
＝
光りと闇の織りなす陰翳のある状態…a
(3)　設問文を確認する
「どのような意味で、『危機』なのか」と問うているので、aの喪失がどのような意味で危機なのかを確認しよう。

ⅰ　谷崎に即した説明

「『闇』の喪失の危機」は、「文学者の鋭い感性で」「谷崎潤一郎」が「感じ取った」ものである。

谷崎の基本認識

・明かりと闇がほどよく調和したところに日本文化の美しさを見いだす

・光りと闇の織りなす陰翳のある状態が日本の美の理想的姿

←

（※本文では「光り」とあるが、以下解答では「光」と表記する）

［解答例1］

光と闇のほどよく調和した陰翳のある状態が日本文化における美の理想だと思う谷崎にとって、そうした「闇」の喪失は日本文化における美の理想の喪失であるという意味で。（75文字／79字）

ⅱ　筆者に即した説明

筆者が考える「『闇』の喪失の危機」を、「文学者の鋭い感性で」「谷崎潤一郎」が「感じ取った」のだが、「『闇』の喪失の危機」は筆者が考えたものである。

筆者の基本認識

・光りと闇の織りなす陰翳の作用は日本の美の理想的姿であるだけでなく、日本人の精神や日本文化全体、さらにいえば人間全体にとって重要なことである。

←

［解答の素案］

光と闇のほどよく調和した陰翳がもたらす作用は日本文化の美の理想だけでなく、日本人の精神や日本文化全体、さらにいえば人間全体にとって重要なことであると筆者は考えるので、そうした「闇」の喪失は、日本文化における美の理想、日本人の精神や日本文化全体、さらにいえば人間全体にとって重要な作用が失われるという意味で。（153字）

字数を調整する。後半だけでまとめる。

［解答例2］

光と闇のほどよく調和した陰翳の喪失は、日本文化における美の理想、日本人の精神や日本文化全体のみならず、人間全体にとって重要な作用の喪失であるという意味で。（73文字／77字）

(4)　考察

解答例2だと〈重要な作用〉が何かわからないので、本文全体を踏まえて具体的に説明すると、たとえば以下のような解答例となる。

［参考解答例］

光と闇のほどよく調和した陰翳の喪失は、美の理想のみならず、日本人の精神や日本文化さらに人間全体にとって畏怖を含む不可思議な世界への感性を損なうという意

味で。（75文字／78字）

世界が理性により、科学により、合理的に理解できるとともに、理性を超える、特に非合理的で不確かで得体の知れない何かに対する畏怖の念を含む感覚をもつことがおそらく、精神にとっても、文化にとっても重要なのではないだろうか。

③段落の「明かりのない闇も好ましいことではないが、闇のない白日のような過度の明るさも好ましいことではなく」という記述、さらに、⑥段落の「深い闇の恐怖空間」「謎めいた闇の空間」などを踏まえて、参考解答例を作成した。

(5)　解答の確定

解答欄は3行分。

設問文　谷崎にとって、どのような意味で「危機」なのか
↓解答例1

設問文　筆者にとって、どのような意味で「危機」なのか
↓解答例2

ここは設問意図としては、④段落を踏まえた解答作成であろうから、解答例2を解答として示しておく。

［解答例］

光と闇のほどよく調和した陰翳の喪失は、日本文化における美の理想、日本人の精神や日本文化全体のみならず、人間全体にとって重要な作用の喪失であるという意味で。（73文字／77字）

◎加点ポイント

1　「闇」の喪失の具体化

a　光と闇のほどよく調和した陰翳の喪失

2　危機である意味

b　重要な作用の喪失である

＊参考解答例のように具体化されていても可

c　日本文化における美の理想

d　日本人の精神、日本文化全体、人間全体への言及

問二　理由説明

◎設問意図

・指示語の指示内容

傍線部に「それとともに」とあるので、それの指示内容をおさえる

・設問要求の理解

「本文に即して」↓解答に関連する本文箇所の発見

⑤段落　時代背景

⑥段落　闇の領域の説明

①段落の記述と②段落の谷崎の引用　妖怪に関連する説明

・比喩表現の一般化

◎解答へのアプローチ

(1)　傍線部を本文で確認する↓指示語の指示内容の確認

傍線部 それ とともに多くの妖怪たちの姿も消え去って

しまった

←
電線が全国に張りめぐらされていった大正から昭和にかけての時代
近代化の一方で、人々は資本主義・近代的消費社会のシステムに編入されていった
（例　ネオン、明るい大都会・明るいイメージ）
高度成長期にかけて
闇の領域が人々の身辺から消え、
闇の領域が人々の身辺から消えるとともに、
妖怪たちの姿も消え去ってしまったのである

(2)　傍線部の前の部分の整理
時代　大正から昭和（～高度経済成長期）
電線が全国に張りめぐらされていく（ネオン）＝電灯の普及
（⑤段落）

＋
近代化の進行＝近代化
人々が資本主義・近代的消費社会のシステム内へ編入
＝近代的な社会システムへの人々の編入

←
闇の領域の消失

(3)　闇の領域と妖怪たちとの関係
①・②段落、⑥段落から、恐怖空間の消失と妖怪の消失を関係づけていく

闇の領域

←
⑥段落　前近代が抱えもっていた深い闇の恐怖空間
謎めいた闇の空間

←
①段落　妖怪の出現しそうな室内の陰翳のある闇
②段落　・屋内の「眼に見える闇」は、幻覚を起し易い
・魑魅とか妖怪変化とかの跳躍するのはこう云う闇であろうか
＊「眼に見える闇」は③段落で「光と闇の織りなす陰翳のある状態」と説明されているが、ここは指示語との関係で、闇に限定して説明しておけばいいだろう。

←
妖怪の存在

(4)　解答作成
解答欄は3行分。
［解答の素案］
電球が普及した大正から昭和にかけて近代化が進み、近代的な社会システムに人々が編入され、

妖怪の存在を想像させる源泉である
謎めき、恐怖を孕む深い闇の空間が消失したから。（82字）
字数を調整する。

［解答例］

大正から昭和の電灯の普及、近代化の進展と近代的社会システムへの人々の編入により、謎めいた深い闇の恐怖空間が消失し、それは妖怪への想像力の源泉の消失だったから。

（75文字／79字）

◎加点ポイント

1　闇＝妖怪を生む土壌・源泉であることの指摘
　a　闇の消失＝恐怖・謎の空間の消失
　b　闇の消失＝妖怪を想像させる土壌・源泉の消失
2　変化の原因
　c　電灯の普及
　d　近代化の進展
　e　近代的社会システムへの人々の編入
3　時代
　f　大正から昭和にかけて
　＊電灯の普及に関連しては、高度経済成長期をカット可能

(5)　発展的理解

電灯による明るさ、社会の近代化、すべてを人間の管理下に置く時代状況により、闇が物理的に消失し、その闇に対して人々が抱く不可解さ、恐怖心なども消失していく。そうした不可解さや恐怖心が人々に妖怪のような存在を想像させたわけだから、闇の物理的な消失が人間の精神に作用して、妖怪も生まれなくなっていくということである。妖怪は、自然や世界に対する不可解さ、恐怖、得体のしれなさ、畏れなどのあらわれである。

［参考解答例］

電灯の普及による明るさの支配、社会の近代化の進展により、不可解さや恐怖を孕む闇が消失し、人間の管理しえない得体の知れない存在が想像される余地が失われたから。

（74文字／78字）

問三　理由説明

◎設問意図

・部分要旨

大正童謡『かなりや』が大人の心情に訴えかけた理由を引用も踏まえて答える。

◎解答へのアプローチ

(1)　傍線部を本文で確認する

「理由の一つは」「～からである」「それゆえ」に注意する

「『かなりや』のような」明るさと暗さが漂う大正童謡

子どもたちに向けての歌＝大人たちの心情に訴えかけるように仕組まれていた

←
『かなりや』のような
明るさと暗さが漂う
大正童謡が流行った

←
大人たちの心を揺さぶり
支持された

(2)　「大人たち」について説明されている部分の確認

⑥段落の「当時の子どもたちにとって、さらには大人たちにとって～」の部分と、⑧段落冒頭の「これは子どもたちだけではなく、大人たちにとっても同様であった」に着目し、引用の内容を確認しよう。

⑥段落
当時の子どもたち　「後ろの山」や「背戸」という言葉で表現される空間
謎めいた闇の空間としてまだしっかり生きていた

≒

大人たち

⑦段落
子どもたちの直面する空間　常に「向う側」「背後」がある
それがよくわからないと不安になる

≒

大人たち

(3)　解答作成

解答欄は3行分。「後ろの山」「背戸」「向う側」「背後」への思いをまとめる。

［解答の素案］

明るさと暗さが漂う大正童謡は、子どもだけでなく、直面する空間の背後に謎めいた闇の空間の存在を近代以降も感じ、依然として不安や恐怖感を抱く大人たちの感性をも刺激したから。（84字）

設問文が「『大人たちの心情に訴えかける』ことができたのはなぜか」とあるので、「子どもだけでなく」はカットしてもいいだろう。

［解答例］

明るさと暗さが漂う大正童謡は、
直面する空間の背後に謎めいた闇の空間の存在を近代以降も感じ、
依然として不安や恐怖感を抱く大人たちの感性をも刺激したから。（72文字／75字）

◎加点ポイント

1　『かなりや』について
a　明るさと暗さが漂う大正童謡
2　大人たちに関する説明
b　直面する空間の背後に謎めいた闇の空間の存在を感じる

c　不安や恐怖感を抱く

d　「前近代のまま」「依然として」「近代になっても」などの指摘

解答

問一　光と闇のほどよく調和した陰翳の喪失は、日本文化における美の理想、日本人の精神や日本文化全体のみならず、人間全体にとって重要な作用の喪失であるという意味で。

問二　大正から昭和の電灯の普及、近代化の進展と近代的社会システムへの人々の編入により、謎めいた深い闇の恐怖空間が消失し、それは妖怪への想像力の源泉の消失だったから。

問三　明るさと暗さが漂う大正童謡は、直面する空間の背後に謎めいた闇の空間の存在を近代以降も感じ、依然として不安や恐怖感を抱く大人たちの感性をも刺激したから。

二〇一九年

一（文理共通）

出典

金森修（かなもり　おさむ）『科学思想史の哲学』岩波書店（二〇一五年一一月一九日）

金森修（一九五四〜二〇一六年）は札幌生まれの哲学者。専門は、フランス科学認識論、医学哲学、医学思想史、生命倫理学。二〇一六年五月に大腸癌で逝去。二〇二二年一〇月時点では、彼のＨＰ（p.u-tokyo.ac.jp/˜waskana/）が残っており、論文要旨、書評、小文集などを見ることができる。

金森修は東京大学教養学部教養学科フランス科卒業後、東京大学大学院人文科学研究科比較文学比較文化専攻修士課程に進み、修士号取得、同博士課程単位取得満期退学。この間に、パリ第一大学に学び、哲学博士号取得。その後、筑波大学講師・助教授、東京水産大学助教授・教授を経て、東京大学大学院教育学研究科助教授・教授を歴任。著作も多く、『フランス科学認識論の系譜』で渋沢・クローデル賞、『サイエンス・ウォーズ』でサントリー学芸賞、哲学奨励山崎賞、『〈生政治〉の哲学』で日本医学哲学・倫理学会学会賞を受賞。他に、『バシュラール――科学と詩――』『負の生命論』『ゴーレムの生命論』『科学の危機』などがある。『人形論』は、生命科学を専門としてきた筆者が逝去する直前に書き上げた稀有の「生命論」である。

『科学思想史の哲学』は自然科学の知識の基盤について批判的に論じた論集であり、問題本文は近代に誕生した経験科学が、日常的な経験を単純化・抽象化することで科学的認識に至ろうとする一方、寺田寅彦の物理学は日常的な経験へと遡行するものであったことを指摘し、寺田物理学が、自然科学が文化全体の中でもちうる別の在り方を示唆していると主張する内容である。

解説（問五は文系のみ）

〈本文解説〉

○数字は形式段落番号を示す。なお、説明にあたっては本文表記を変更した部分がある。

Ⅰ　経験科学に関する確認

（1）常識的な理解とアガンベンの論攷（①〜③）

筆者は、アガンベンの論攷（＝論考）を「われわれの問題意識からしても極めて興味深い指摘がなされている」として、紹介する。まず、常識的な理解を紹介し、それとは「むしろ逆方向を向いている」アガンベンの指摘を紹介している。整理しておこう。

常識的な理解＝観念から経験へ
〈書斎〉であれこれ観念を振り回しては世界を理解していたつもりになっていた
↓
実際に〈外〉に出て、物事をしっかり見るようになった
↓
西欧で近代科学が生まれた＝〈科学の科学性〉を保証する

↕　ほぼ逆転させる・むしろ逆方向を向いている

アガンベンの指摘＝経験への不信感
日常的経験＝ごちゃごちゃとした混乱の集積であるに過ぎず、それをいくら観察しても、科学的知見などに到達できない
↓
・それまで〈経験〉と思われてきたことをあまり信用し過ぎないことが大切だった
＝
・伝統的経験へのこの上ない不信感
近代科学の黎明期に成立した特殊な眼差し
↓
・近代科学がその実定的科学性に向けて一歩を踏み出す

（2）二つの経験――〈経験〉と〈実験〉の違い（④・⑤）

筆者は、第④段落で、「〈実験〉は、〈経験〉の漠然とした延長ではない」「それ（実験）は、経験は経験でも極めて構築的な経験、極めて人工的な経験なのだ」と述べた上で、第⑤段落で、経験科学は「特殊な経験構成を前提とした科学」であり、「日常世界での経験などは、多くの場合、科学にとってはそのままでは使い物にならない〈前・経験〉、あるいは〈亜・経験〉であるに過ぎず、その華やかで賑々しい経験世界からの一種の退却こそが、実定的な科学的認識には必要な前提だと見做される」と、アガンベンの指摘を筆者自身の表現で再確認する。そして、「特に物理学の場合」に言及していく。整理しておこう。

〈経験〉＝日常的な経験
・科学にとってはそのままでは使い物にならない〈前・経験〉あるいは〈亜・経験〉である
・華やかで賑々しい経験世界

↕

〈実験〉　1　〈経験〉の漫然とした延長ではない
　　　　2　華やかで賑々しい経験世界からの退却
・極めて構築的な経験、極めて人工的な経験
↓
実定的な科学的認識
経験科学＝非・経験科学、というより、特殊な経験構成

を前提とした科学
←
学問的な物理世界
物理学の基底概念

・自然の模写から来ている　×
・大幅な単純化と抽象化を経た上で構成された概念　○
・〈日常世界〉の技巧的模写　×

Ⅱ　寺田寅彦の物理学の異色さ（⑥～⑨）

筆者は第⑤段落で、実定的な科学的認識の特徴を説明し、その例として、物理学の特徴を確認した上で、第⑥段落では、「寺田寅彦の物理学」が「いささか変わった物理学だ」ということを強調する。さらに、第⑦段落では、寺田の場合がトレサン伯爵の〈電流一元論〉などの例とは一線を画すことに注意を喚起し、第⑧・⑨段落では、寺田を「貴重な人物」と評価したうえで、寺田の学統が積極的に継承されていない現状を指摘し、寺田物理学は「自然科学が文化全体の中でもちうる一つのオールタナティブな姿を示唆している」と思われると述べている。整理しておこう。

寺田寅彦の物理学
・近代科学の〈経験からの退却〉を惜しむかのような風情
・X線回析の研究では同時代的にみて重要な貢献をなした
・地球物理学の分野で力を発揮した
↔一線を画する
トレサン伯爵の〈電波一元論〉
・荒唐無稽、珍妙奇天烈な議論
・日常的水準での直観が基礎となり、その直観からそのまま連続的な推論がなされている
・〈経験からの退却〉のし損ない＝途中で頓挫した前進運動
↔それに対して
寺田の場合
・同時代の学問的物理学の言説空間の中で或る程度行くところまで行った後での遡行的な運動
・〈日常世界〉と〈物理学世界〉のどこか途中に潜む、恐らくは無数にある中間点、そこをいったん通り過ぎた後で、また戻ろうとする
・興味深い往復運動がもつ可能性に～目を向けた貴重な人物＝寺田寅彦
・自然科学が文化全体の中でもちうる一つのオールタナティブな姿を示唆している＝寺田寅彦

全体を簡単に整理し、設問との対応を確認しよう。

本文解説Ⅰ（1）問一

常識的な理解	アガンベンの指摘
観念 ← 経験 ← 近代科学の誕生	日常的な経験＝ごちゃごちゃとした混乱の集積 伝統的な経験へのこの上ない不信感 ← 近代科学の実定的科学性

本文解説Ⅰ（2）問二

〈経験〉・日常的な経験＝ごちゃごちゃとした混乱の集積
・日常的な経験の漫然とした観察
・科学にとってはそのままでは使いものにならない
〈前・経験〉、〈亜・経験〉
・華やかで賑々しい経験世界
≁漫然とした延長ではない

〈実験〉	〈物理学〉
＝ 一定の目的意識・条件の純化 感覚受容の装置による代替 厳密さの保証 ＝ 原基的構想の妥当性を試す 極めて構築的な経験、極めて人工的な経験	単純化 抽象化 ← 基底概念 ←演繹的に敷衍 正しいかどうかを実験でチェック

〈経験科学〉	
前提　特殊な経験構成 ＝ 経験世界からの退却 ← 実定的な科学的認識	≠ 〈日常世界〉の技巧的模写

本文解説Ⅱ　問四

トレサン伯爵の〈電流一元論〉＝途中で頓挫した前進運動

日常的水準での直観　基盤 ← 連続的な推論 荒唐無稽、珍妙奇天烈な議論	経験 ≁〈経験からの退却〉のし損ない 物理学的学説

↔ 問三・問五

寺田寅彦の物理学＝遡行的な運動・往復運動

〈日常世界〉 ←無数にある中間点、そこをいったん ∴通り過ぎた後で、また戻ろうとする ⇆ 〈物理学世界〉	経験 ← ←〈経験からの退却〉 ←を惜しむ 物理学的言説

← 示唆

自然科学が文化全体の中でもちうる一つのオールタナティブな姿＝往復運動がもつ可能性

〈設問解説〉

本文内容と設問の関係は以下。

近代科学の特徴　経験からの退却

問一　常識的理解とアガンベンの理解

問二　経験と異なる実験

↓

寺田物理学の特徴

〈経験からの退却〉を惜しむかのような風情　問三

トレサン伯爵の理論の特徴

〈経験からの退却〉のし損ない　問四

↓

寺田物理学の特徴　意義　問五（文系専用問題）

みて分かるとおり、問三・問四は問一・問二で確認した近代科学の特徴はそのまま使用できるので、実際には「惜しむかのような風情」の換言と、「し損ない」の理由を述べるだけの表現系の設問である。文系では問五で、本文最後に述べられている寺田物理学の意義を説明する問題が五行問題として設問化されているが、理系にはない。文系と理系が分離されてから、共通[一]は文系五問、理系四問なので、まれにこういうケースがある。理系受験者は今回のように、本文論旨がすべて問われるわけではない場合もあることに注意しておきたい。

問一　理由説明（解答欄　十四センチ×三行）

◎設問意図

・比較によって相違が見いだされる理由を説明する　「遥かに複雑」

・対比関係の把握　「逆転」「逆方向」

◎解答へのアプローチ

問一・問二については、アプローチを二種類示しておく。《本文アプローチ》は、本文を通読したときに〈本文解説〉に示したような十分な理解ができていれば、その本文読解をもとに解答作成に入るという方法であり、《傍線部アプローチ》は本文通読後、設問へ取り組む過程で読みを深め、解答を完成させていく方法である。

《本文アプローチ》

（1）本文読解

近代科学の誕生は観念から経験への転換によってもたらされたというのが常識的な理解だが、単に経験の観察によって近代科学の実定的な科学的認識が可能になったのではない。近代科学では、日常的な経験はそのままでは使いものにならず、それを漫然と観察するだけでは科学的知見には到達できないという〈経験に対する不信感〉を抱き、日常的な経験からの退却ともいうべき、経験の単純化・抽象化を経て、構築的な経験、人工的な経験である実験という特殊な経験構成を前提とした。

（2）本文根拠の確認

事態＝・近代科学が生まれた（第②段落）
・〈科学の科学性〉を保証する（第②段落）
・近代科学がその実定的科学性に向けて一歩を踏み出す（第③段落）
・科学的知見などに到達（第③段落）
・近代科学の黎明期に成立した特殊な眼差し（第③段落）
・実定的な科学的認識（第⑤段落）

常識的な理解	アガンベン
観念 → 経験	観念　経験の構成 → 経験　経験への不信 → 経験からの退却 常識的な理解とは逆方向・逆転

（3）加点ポイントの確認

ほぼ逆転＝むしろ逆方向である	遥かに複雑である理由
常識的な理解 ← 経験へ	常識的な理解 ← のみ
アガンベン → 経験からの退却	アガンベン ⇆ だから

（4）解答作成

［解答例1］
アガンベンによれば、
近代科学の実定的科学性は、
観念から経験への転換によるという常識的な理解とは逆に、
実際には、経験への不信感によってもたらされたものだから。
（73文字／78字）

＊「常識的な理解」と〈アガンベンの指摘〉を単に対比的に説明したもの。
（73文字／78字）は、句読点を含めると78字、句読点を除くと73文字であることを示す。

［解答例2］
アガンベンによれば、近代科学の実定的知見は、
常識的な理解にいう、観念から経験への転換に留まらず、
その経験への不信感が重要で、
特殊な経験構成によって獲得されたから。（75文字／81字）

＊「遥かに複雑」である理由を重視する。

（5）検討

考察からわかるように、解答例1は逆である理由であり、
遥かに複雑である理由としては、解答例2が好ましい。

◎加点ポイント

1　前提としての比較の存在

a　事態＝近代科学の誕生、科学的な認識、実定的な科学など

b　常識的な理解とアガンベンの指摘との比較

＊内容が提示による比較も可

2　「遥かに複雑」である理由

c　常識的な理解の内容　観念から経験へ

d　アガンベンの指摘の内容　経験への不信感↓特殊な経験構成

《傍線部アプローチ》

本文の通読で、常識的見解とアガンベンの指摘が異なるという程度のことは読み取れたが、それ以上ではない場合、素朴に、傍線部からアプローチしていこう。

(1) 傍線部を含む一文の確認

彼にいわせれば、事態は遥かに複雑なのだ

←「彼」が誰かを明らかにする

アガンベンにいわせれば、事態は遥かに複雑なのだ

ここから、「事態は遥かに複雑なのだ」のように言われる理由は、アガンベンの考えにあることがわかる。解答は、「アガンベンの考えでは、～から。」「アガンベンによれば、～から。」などとすればよい。

(2) 比較の説明

「遥かに複雑なのだ」とあるから、何かと何かが比較されて、その結果、一方が「遥かに複雑」だと判断されたわけである。直前に常識的な理解が示され、「アガンベンは、それをほぼ逆転させるのである」とあるから、以下となる。

アガンベンにいわせれば、常識的な理解よりも、(彼の考える)実際の事態は遥かに複雑なのだ

ここから、解答は、「アガンベンによれば、常識的な理解がAであるのに対して、実際の事態はBだから。」となる。

(3)「常識的な理解」を確定する。

常識的な理解は、第②段落から、以下のように把握される。

常識的な理解

＝

観念によって世界を理解していたつもりになっていた人間が、

物事をしっかり見るようになったから、

近代科学が生まれた

＝

観念から

経験へという転換が

近代科学の科学性を保証する

「それこそが～のだ」という強調表現と、よりコンパクトな表現を優先する。とりあえず、この時点での解答は、以下となる。

アガンベンによれば、
常識的な理解が観念から経験へという転換が近代科学の科学性を保証するというのに対して、
実際の事態はBだから。

（4）アガンベンの指摘を確認する。
アガンベンの指摘は第③段落から、以下のように把握される。常識的な理解と形をそろえて、示しておく。
日常的な経験を漫然と観察しても、科学的知見には到達できないから、
近代科学が実定的科学性に向かうには、
それまで〈経験〉と思われてきたことをあまり信用し過ぎないことが大切だった
＝
伝統的な経験への不信感が、
近代科学の黎明期に成立した特殊な眼差しだった
第②段落同様、第③段落でも、「それこそが、～のだ」という強調表現が用いられているので、それに着目し、常識的な理解と順序をそろえて、解答を作成すると以下。
アガンベンによれば、
常識的な理解が観念から経験へという転換が近代科学の科学性を保証するというのに対して、
実際の事態は経験への不信感が近代科学の実定的科学性に向かわせたから。　（86字）
これで86字。解答欄は三行分だから、25字程度×3＝75字程度としたい。少し字数を減らそう。重複している箇所があれば、それを解消し、一回で済ます。〈近代科学の科学性〉と〈近代科学の実定性〉は同じものだから、一回で済ませるように書き直すと以下。

［とりあえずの解答例］
アガンベンによれば、
近代科学の実定的科学性は、
観念から経験へという転換によるという常識的な理解とは違い、
実際には、経験への不信感によってもたらされたものだから。　（75文字／80字）
これで、字数的にも問題ない。

（5）常識的な理解とアガンベンの指摘の関係
第②段落最後の「ほぼ逆転させる」、傍線部直後の「それは、～むしろ逆方向を向いている」を踏まえて、先の解答例を少し手直ししよう。

［解答例1］
アガンベンによれば、
近代科学の実定的科学性は、
観念から経験への転換によるという常識的な理解とは逆に、

実際には、経験への不信感によってもたらされたものだから。

（73文字／78字）

（6）発展的読解　ここからが先に示した本文読解アプローチである。

アガンベンにいわせれば、

事態は遥かに複雑なのだ。それは、今述べたばかりの〈常識〉とは、むしろ逆方向を向いている。

「それ」は「事態」を指すから、「事態」の特徴は二つだ。

1　事態は、常識的な理解よりも、遥かに複雑である

2　事態は、常識的理解とは、むしろ逆方向を向いている

（7）右記の2について考えてみよう。

傍線部の直前にも「それをほぼ逆転させる」という表現がある。常識的な見解の逆であれば以下ということになるだろう。

常識的な見解　　観念から経験へ　⇩　近代科学

↕

アガンベンの指摘　経験から観念へ　⇩　近代科学

アガンベンは、経験から観念へなどという指摘をしているのだろうか。丁寧に見ていこう。

アガンベンは「近代科学～ためには、それまで〈経験〉と思われてきたことをあまり信用し過ぎないことが大切だった」「伝統的経験へのこの上ない不信感、それこそが、近代科学の黎明期に成立した特殊な眼差しだったのだ」と述べている。同趣旨の内容が、第⑤段落では、「経験世界からの一種の退却こそが、実定的な科学的認識には必要な前提だと見做されるのである」と表現している。つまり、常識的な理解が、観念と経験を対比させて、単純に「観念から経験へ」と述べ、まるで、日常経験を「漫然と観察」すれば、「科学的知見などには到達」できるかのように言うのに対して、アガンベンはそれではだめだと言うのである。むしろ、近代科学の知見や実定的科学性は、日常的な経験への不信感や退却、つまり、日常経験と距離をとることによって、獲得されると述べているのである。

常識的な理解　［観念→経験］から近代科学の誕生

アガンベン　［観念→経験＝日常的な経験→日常的な経験への不信感→構築的な経験・人工的な経験］から近代科学の誕生

「遥かに複雑」だと筆者が表現しているのは、単純に「観念から経験へ」という単純な転換で近代科学が可能になったのではなく、観念から経験に転換するだけではたらず、その経験を人工的に構築することが必要だからである。それは、観念的ともいえる営みであるために、「逆方向」ともなるのである。以下のように示すことが可能だろう。

常識的な見解	アガンベンの指摘
観念 ←1st 経験 ⇦ 近代科学	近代科学 ⇨ 観念 ←1st 経験 構築的な経験、人工的な経験、特殊な経験構成 2nd→ 不信感／特殊な眼差し、退却

（8）解答の形と解答要素の確認

以上をふまえて、解答の形と要素を確認しよう。

アガンベン

近代科学

観念から経験へ＝常識的な理解とはむしろ逆に、

経験への不信感＝特殊な眼差し・特殊な経験構成

「アガンベン」と「常識的な理解」は絶対に入れたい。そして、その中身の「観念から経験へ」と「経験へのこの上ない不信感」は欲しい。傍線部は「事態」について述べているのだから、「近代科学」が生まれた事態へは言及したい。

あとは、「遥かに複雑」である理由と、それは常識的な理解とは「逆方向」であることを入れたい。単に経験を重視すればよいのではなく、経験を否定し、観念に戻るような内容を示したい。経験を否定するニュアンスはすでに〈経験への不信感〉でクリアできているので、あとは、「観念」に戻るような内容を含むことを述べたい。そこで、「人工」「構築」「構成」などを入れ込む。

（9）解答作成

［解答例2］

アガンベンによれば、近代科学の実定的知見は、常識的な理解にいう、観念から経験への転換に留まらず、その経験への不信感が重要で、特殊な経験構成によって獲得されたから。（75文字／81字）

※加点ポイントは、《本文アプローチ》と同じ。いずれのアプローチにせよ、解答例1までは到達したい。

問二　理由説明（解答欄　十四センチ×四行）

◎設問意図

対比関係の把握

◎解答へのアプローチ

《本文アプローチ》

（1）本文根拠

〈経験〉・日常的な経験＝ごちゃごちゃとした混乱の集積
・日常的な経験の漫然とした観察
・科学にとってはそのままでは使いものにならない
〈前・経験〉、〈亜・経験〉
・華やかで賑々しい経験世界

↚漫然とした延長ではない

〈実験〉
＝
・一定の目的意識・条件の純化
感覚受容の装置による代替
厳密さの保証
・原基的構想の妥当性を試す
〈道具と数〉の援助を介在
＝
極めて構築的な経験、極めて人工的な経験

〈経験科学〉（非・経験科学）
前提　特殊な経験構成
＝
経験世界からの退却
←
実定的な科学的認識

（物理学）
単純化
抽象化
←
基底概念
←演繹的に敷衍
正しいかどうかを実験でチェック
≠
〈日常世界〉の技巧的模写

（2）構想　解答の形

1　「延長ではない」理由
〈実験〉は～であって、～である〈経験〉とは異なるから。

2　「漫然とした～ない」理由
漫然＝はっきりした目的、意識をもたず、とりとめもなく
〈経験〉　漫然とした観察
≠
〈実験〉　目的意識をもった～

3　1・2から
〈実験〉は目的意識をもった～であって、～である〈経験〉の「漫然とした観察」とは連続しないから。

（3）解答作成上の注意点

1　〈実験〉、〈経験〉はそれぞれ、〈　〉をはずして説明する。

2　〈経験〉は第③段落、〈実験〉は第④段落の説明を利用し、コンパクトにまとめる。

3　「漫然とした延長でない」理由なので、解答に「漫然」は用いない。

［解答例］

経験科学の実験は、一定の目的意識により日常的な経験を単純化、抽象化し、原基的構想の妥当性を、装置や数値を介在させて検証する構築的で人工的な経験であり、雑多な混乱の集積である日常的な経験の単なる観察とは異なるから。（100文字／106字）

◎加点条件

〈実験〉が〈経験〉とは異なる旨が説明されていること

◎加点ポイント

1 〈実験〉＝実験中心の科学の実験、経験科学における実験
a 目的意識
b 単純化・抽象化 ↓ 構築的、人工的な経験
c 妥当性を装置や数値を介在させて検証する

2 〈経験〉＝日常的な経験
d 雑多な混乱の集積である
e なんとなく観察する

《傍線部アプローチ》

（1）理由説明原則1

理由説明では主語を維持するのが原則だから、理由は以下のカタチになる。

〈実験〉は〜　から。

（2）理由説明原則2

理由は原則、述語部分「〈経験〉の漫然とした延長ではない」の理由である。であれば、〈実験〉と〈経験〉が異なることを説明すればよいのだと判断する。

（3）〈実験〉と〈経験〉について書かれている箇所をチェックする。

〈実験〉

・第④段落の「それこそが実験なのであり」にまず着目し、「それ」の指示内容を押さえる。

・「それこそが実験なのであり、それは」に着目し、「それは」は「実験」をさすから、「それは」以下を押さえる。

↓

i 一定の目的意識により条件を純化し、可能な限り感覚受容を装置によって代替させることで、緻密さの保証をする。原基的構想がどの程度妥当かを、〈道具と数〉の援助を介在させながら試してみること

ii 経験は経験でも極めて構築的な経験、極めて人工的な経験

〈経験〉

・第③段落の「経験」に着目する。

↓

iii 日常的な経験

iv ごちゃごちゃとした混乱の集積

（4）解答作成上の注意点

これで、〈実験〉と〈経験〉の違いが明らかになったので、「〜である実験は、〜である経験とは異なるから。」と解答を作成すればよい。

1 〈経験〉を日常的な経験とするのであれば、〈実験〉は近代科学の実験もしくは経験科学の実験としておきたい。

2 iが長いので、キーになる要素を取り出してコンパクトにまとめる。「漫然とした延長ではない理由」だから、「一定の目的意識により」という実験の特徴は必ずいれたい。

3　第⑤段落の物理学の説明の箇所に、「日常的世界での経験」「基底概念」に関連する記述があるのでこれを踏まえたい。

日常的世界での経験

↔

基底概念＝単純化と抽象化を経た上で構成された概念

［解答例］

経験科学の実験は、

一定の目的意識により日常的な経験を単純化、抽象化し、原基的構想の妥当性を、装置や数値を介在させて検証する構築的で人工的な経験であり、

雑多な混乱の集積である日常的な経験の単なる観察とは異なるから。（100文字／106字）

※加点ポイントは前述の解答例と同じ。

問三　内容説明（解答欄　十四センチ×四行）

◎設問意図　表現系

・「惜しむ」「風情」の意味

・指示語の指示内容

◎解答へのアプローチ

（1）傍線部を本文で確認する

それは、あたかも、先に触れた、近代科学の〈経験からの退却〉を惜しむかのような風情なのだ

↓

・「それ」「先に触れた、近代科学の〈経験からの退却〉」を確認する

・「惜しむ」＝残念がる

・「風情」＝それとなく感じられるありさま・おもむき・様子

（2）「それ」の指示内容

第⑥段落で指示内容を確認する。

それ

＝

ⅰ寺田寅彦の物理学

ⅱ割れ目、墨流し、金平糖の研究などの一連の仕事、あるいは、まさに日常世界での経験に〈科学的検討〉を加えたエッセイ

（3）「先に触れた、近代科学の〈経験からの退却〉」の内容

問一・問二の内容の確認。

近代科学が日常経験そのものを扱わなくなったこと。

（4）解答作成

ⅱの「割れ目、墨流し、金平糖など」は具体例なので、コンパクトに一般化し、「日常的な事物」とでもする。

［解答例］

寺田寅彦の物理学には、

日常的な事物を研究し、日常世界での経験に科学的検討を加えるという特徴がある点で、近代科学が日常的な経験そのものを扱わなくなったことに対する残念さが、それとなく感じられるという意味。

（96文字／101字）

◎加点ポイント

a　主語明示→指示語の指示内容の指摘
b　寺田寅彦の物理学の特徴説明（第⑥段落）
c　「近代科学の〈経験からの退却〉」の説明
d　「惜しむ」の換言
e　「風情」の換言

問四　理由説明（解答欄　十四センチ×三行）

◎設問意図

・「し損ない」の具体化
・指示語の指示内容

◎解答へのアプローチ

（1）傍線部を本文で確認する。

それはまさに〈経験からの退却〉のし損ないなのである。

（2）「それ」の指示内容の確認

それ＝トレサン伯爵の〈電流一元論〉

↓

トレサン伯爵の〈電流一元論〉は〈経験からの退却〉のし損ないである

（3）理由説明原則1

理由説明では主語を維持するのが原則だから、理由は以下のカタチになる。

トレサン伯爵の〈電流一元論〉は～　から。

（4）理由説明原則2

理由は原則、述語部分（「〈経験からの退却〉のし損ないなのである」）の理由である。

（5）解答のカタチ

トレサン伯爵の〈電流一元論〉は、

〈経験からの退却〉を試みたが、できなかったから。

（6）傍線部の直前に「〈経験からの退却〉を試みたが、できなかった」という内容が書かれているので、それを使えばよい。

〈経験からの退却〉を試みたが、できなかった

＝

物理学的言説であろうとしながらも、あくまでも日常的水準での直観が基盤となり、その直観からそのまま連続的な推論がなされている

（7）解答のカタチを整える。

傍線部は「し損ない」のように言われる理由であるから、「～推論がなされている」では十分でない。「～推論がなされ

ているだけで、物理的言説になっていない」「～推論がなされているだけで、日常的水準に留まる」などとしておきたい。

［解答例］

トレサン伯爵の議論は、日常経験から離れた物理学的言説であろうとしながら日常的水準での直観から連続的推論を行った点で、日常経験の範囲に留まるものであるから。（74文字／77字）

◎加点ポイント

1　主語明示→指示語の指示内容の指摘

a　トレサン伯爵の議論は、

2　トレサン伯爵の奇論の特徴説明

b　日常経験から離れた物理学的言説であろうとする

c　日常的水準での直観→連続的な推論

3　し損ないである理由

d　日常経験の範囲に留まる、物理学的言説になりきれていない

問五　内容説明（解答欄　十四センチ×五行）

◎設問意図

・結論部の把握

・指示語の指示内容の把握

◎解答へのアプローチ

文系専用の設問である。本文の結論にあたる寺田物理学の意義について説明する。傍線部の指示語の指示内容を正確におさえたうえで、最終段落はもとより、本文全体を視野に入れて解答することが求められる設問である。

（1）傍線部内指示語「その…往復運動」

・同時代の学問的物理学の言説空間の中で或る程度行くと《同時代的にみて》ころまで行った《重要な貢献をなした・力を発揮した（第⑦段落）》後での遡行的な運動

・〈日常世界〉と〈物理学世界〉のどこか途中に潜む、恐らくは無数にある中間点、そこをいったん通り過ぎた後で、また戻ろうとする

←

一度日常経験から脱却し、

同時代の学問的物理学の言説空間の中で一定の成果を挙げたうえで、

忌避した日常経験へ遡り、

日常世界と物理学世界の中間に戻り、以前着目しなかった点に着目する営み

ここは「往復」を本文前半の内容をもふまえて、きちんと示し、さらに「途中に潜む、恐らくは無数にある中間点」という比喩的表現は換言しておきたい。

（2）「興味深い」「可能性」

最後の段落に「寺田物理学」の「可能性」が示され、「思いを馳せてほしい」「思われてならない」など筆者の思い入

れのこもった表現がある。
・私のような部外者ではなく、物理学者自身も目を向けて、その可能性に思いを馳せて欲しい
・自然科学が文化全体の中でもちうる一つのオールタナティブな姿を示唆している。そう思われてならない。

(3)「〜もの」という設問にあわせた解答作成
「〜もの」とつなぐのが難しい。「可能性」は「どのようなものか」と問われているので、「示唆するもの」と結びたいが、おさえるべき本文根拠をおさえていれば、一定レベルの加点が得られるだろう。

寺田寅彦は「その興味深い往復運動がもつ可能性」に目を向けた

≒

自然科学が文化全体の中でもちうる一つのオールタナティブな姿を寺田物理学は示唆している

この関係がおさえられていればよい。最後の段落では、「その後、寺田の学統をあまり積極的に受け継ごうとはしていないらしい」という記述があるので、筆者は寺田寅彦に現代的意義を認めている。解答例にはこれも反映している。

(4) 注の利用
「オールタナティブな姿」はそのまま書くと字数をとるので、注を利用して「代案なるもの」でもよいだろう。

［解答例］
一度日常経験から脱却し、同時代の学問的物理学の言説空間の中で一定の成果を挙げたうえで、忌避した日常経験へ遡り、日常世界と物理学世界の中間に戻り、以前着目しなかった点に着目する営みにより、現代でも意義のある、自然科学が文化全体の中でもちうる別の在り方を示唆するもの。（125文字／132字）

◎加点ポイント
1　問一・問二の内容と往復運動の説明
a　日常経験へのネガティブな評価（忌避）・日常経験からの退却（脱却）
b　同時代の学問的物理学の言説空間の中で一定の成果をあげる
c　日常経験へ遡る
d　日常世界と物理学世界の中間に戻り、以前着目しなかった点に着目する
e　自然科学が文化全体の中でもちうる別の在り方を示唆する
2　「興味深い」「可能性」
f　現代的意義

解答

問一　アガンベンによれば、近代科学の実定的知見は、常識的な理解にいう、観念から経験への転換に留まらず、その経験への不信感が重要で、特殊な経験構成によって獲得されたから。

問二　経験科学の実験は、一定の目的意識により日常的な経験を単純化、抽象化し、原基的構想の妥当性を、装置や数値を介在させて検証する構築的で人工的な経験であり、雑多な混乱の集積である日常的な経験の単なる観察とは異なるから。

問三　寺田寅彦の物理学には、日常的な事物を研究し、日常世界での経験に科学的検討を加えるという特徴がある点で、近代科学が日常的な経験そのものを扱わなくなったことに対する残念さが、それとなく感じられるという意味。

問四　トレサン伯爵の議論は、日常経験から離れた物理学的言説であろうとしながら日常的水準での直観から連続的推論を行った点で、日常経験の範囲に留まるものであるから。

問五　一度日常経験から脱却し、同時代の学問的物理学の言説空間の中で一定の成果を挙げたうえで、忌避した日常経験へ遡り、日常世界と物理学世界の中間に戻り、以前着目しなかった点に着目する営みにより、現代でも意義のある、自然科学が文化全体の中でもちうる別の在り方を示唆するもの。

二（文系）

出典　大岡信・谷川俊太郎『詩の誕生』（岩波文庫）

大岡信（おおおか　まこと）（一九三一～二〇一七年）は静岡県三島市生まれの詩人、評論家。現代を代表する詩人であったが、二〇一七年四月に亡くなった。東京大学文学部国文科卒業後、読売新聞社の記者を経て、明治大学法学部教授、東京芸術大学音楽学部教授などを歴任した。長男の大岡玲は芥川賞受賞作家である。

歌人であった父親の影響で、中学時代から詩を書き始め、東大在学中に日野啓三、佐野洋らと『現代文学』を創刊。卒業後の一九五四年、茨木のり子、川崎洋、谷川俊太郎らが創刊した同人誌『櫂《かい》』に参加し、一九五九年吉岡実、清岡卓行らと《鰐《わに》》を結成。

一九六九年評論『蕩児の家系』で藤村記念歴程賞、一九七一年評論『紀貫之』で読売文学賞受賞。一九八〇年には、朝日新聞連載の「折々のうた」で菊池寛賞を受けた。一九八九年詩集『故郷の水へのメッセージ』で現代詩花椿賞受賞、評論

『詩人・菅原道真―うつしの美学』で芸術選奨文部大臣賞受賞。一九九五年日本芸術院恩賜賞を受賞、一九九七年には文化功労者に選ばれ、二〇〇三年文化勲章受章。二〇〇四年にはフランスのレジオン・ドヌール勲章オフィシエ章を受章。

著書は多数あるが、すでに紹介したものの他に、『記憶と現在』『透視図法―夏のための』『水府　みえないまち』『草府にて』『ぬばたまの夜、天の掃除器せまってくる』（以上、詩集）、『超現実と抒情』『うたげと孤心』『岡倉天心』（以上、評論）など。

谷川俊太郎（たにかわ　しゅんたろう）（一九三一～）は、東京都生まれの詩人。詩集『二十億光年の孤独』で脚光を浴び、以後、現在にいたるまで多くの詩を発表し、評価も高く、人気のある、現代を代表する詩人である。詩集では、『日々の地図』で読売文学賞、『世間知ラズ』で萩原朔太郎賞、『シャガールと木の葉』『谷川俊太郎詩選集1～3』で毎日芸術賞、『トロムソコラージュ』で鮎川信夫賞を受賞している。詩にとどまらず、童話、歌詞、戯曲、エッセー、翻訳など、さまざまな分野で活躍している。訳詩集「マザー・グースのうた」では日本翻訳文化賞を受賞している。

詩集はすでに紹介したものの他に、『愛について』『絵本』『落首九十九』『族』『定義』『メランコリーの川下り』などがある。

大岡信と谷川俊太郎は六〇年に及ぶ親交があり、大岡信が亡くなった際に谷川俊太郎は、

本当はヒトの言葉で君を送りたくない
砂浜に寄せては返す波音で
風にそよぐ木々の葉音で
君を送りたい

で始まる追悼詩を発表している。

問題本文は大岡の生前、現代を代表する詩人の二人が詩の誕生と死、その他詩にまつわる話題について論じあった対談の一部である。「詩が生まれる」ことと「詩が死ぬ」ことについて述べ、とりわけ「詩が死ぬ」ことを「詩の本質」とみて、詩が「死ぬ死に方」に個人的な死と社会的な死との二種を区別したうえで、詩の社会的な死の意義について語っている。

解説

〈本文解説〉

対談形式なので、対談の話題を、話されている順に追っていこう。順に○数字を振り、表現は適宜変えている。

大岡

① 詩の誕生と死滅

詩の誕生　感じとしてわかる

↔

詩の死滅　それぞれの詩がどこかで死んでいるはずなのに、それがわからない

大岡
② 詩の本質と迷信
・詩は現実にいつまでも存在しているものではなく、どこかに向かって消滅していく
・詩が消滅していくところに詩の本質がある
・詩が消えていく瞬間をどうとらえるかが、その次の新たな「詩の誕生」につながる
←
・活字になった詩に関する迷信　傍線部(1)
・活字になった詩は実はとっくの昔に生命を終えているかもしれないことを考えるとき、詩という形で印刷されているものをもう一回生きさせる契機も出てくる

谷川
・これは死んでいるから、おれはもう一回生きさせてやる
③ 詩が死ぬ死に方には、社会のなかでの死と個人のなかでの死と二つある
④ 個人のなかでの詩の死に方
・三年前にすごく感動した詩が、いま読んでみたらどこに感動したのかわからない

また
・微視的に見る：生理的に長続きしない　傍線部(2)

大岡
⑤ 個人のなかでの詩の生き死にと社会化された詩の生き死にとがある
詩の社会化
音声だけで詩がうたわれ、語られていた時代　詩が最も幸福な形で社会化
↔
現在　文字が表現手段の基本
文字になった瞬間：詩が潜在的には社会化されている　傍線部(3)
←
文字をもった瞬間
詩の社会的な生き死にと個人のなかでの生き死にの二つがはっきり存在
←
文字＝本という形で存在する詩の社会的な存在の仕方が無視できない
←
そういうものは簡単に生きたり死んだりするものじゃない　傍線部(4)

←
詩が言語構造体のなかにジワッと浸透したかで詩の価値が測られる

⑥ エリオットの「伝統論」
新しいものが付け加えられると過去に蓄積されたものの全体もジワッと変る＝伝統
←
詩は死ぬことで伝統を変えて行く
詩は個人のなかで生きたり死んだりするけれども、その同じ詩が社会的性格を持っている
←
詩の社会的な死：全体が変った＝新しい事件
死ぬことが新しさをつくっていく
＝
ヨーロッパの文学伝統についての考え方

⑦ 紀貫之
・彼より以前の時代の伝統全体に対して、非常に新しい意味で働きかけている
・貫之の仕事が付け加わったことによって、それ以前の古代の詩歌全体の構造が、わっと変った
←
われわれがいまあらためて紀貫之について考えるということは、新しい一つの構造体をつくるということ

⑧ 詩が死ぬことはいいことである　傍線部(5)
詩が死んでいると認められる時は、甦らす可能性のあるものとして横たわっている

⑨ 詩が一人の人間のなかで生きたり死んだりする動きと、詩が社会的に生きたり死んだりする動きとが、ぜんぜん別であるところにおもしろい要素がある

詩が「死ぬ」という表現自体も比喩であるうえ、対談という形をとっているために、一見簡単そうにみえて、随想などよりも内容把握が難しい。整理しておこう。②〜⑨の太字部分、波線部分に着目してほしい。

詩の誕生
↔
詩の死
　A　個人のなかでの死　a_1　年月の経過による死
　　　　　　　　　　　a_2　生理的な死
　↔
　B　社会のなかでの死→新たな詩の誕生

詩の死について、大岡・谷川はともに、A・Bと二つある(③・⑤・⑥・⑨)と述べている。谷川がa_1・a_2について具体的に述べ(④)、一方、大岡はBが新たな詩の誕生に寄与する

（②・⑥・⑦）と述べ、「詩が死ぬってことはとてもいいことなんじゃないか」（⑧）と述べるのである。

大岡の考えからすれば、詩は「現実にいつまでも存在しているものじゃなくて、どこかに向って消滅していくもの」である（②）から、「活字になった詩は永久に残ってしまう」と思うのは「迷信」である（②）が、「文明が進めば進むほど、文字＝本という形で存在する詩の社会的な存在の仕方」が無視することができなくなり、「そういうものは簡単に生きたり死んだりするものじゃないということになる」（⑤）わけである。

《詳解》

詩の社会的な死

詩の社会的な死については、⑥で具体的に説明されている。

詩の社会的な死＝一遍の詩が社会的にある新しい衝撃力を持った時代から、やがてその詩はみんなが読んでみて、「もうちっともショックじゃない」というものになっていく

詩の社会的な死の意義

②で述べたことを、紀貫之を例にとって説明しているので見ていこう。

詩が「消えていく瞬間」の把握→新たな「詩の誕生」（②）

詩は「実はとっくの昔に生命を終えているのかもしれないということ」への考察→詩をもう一回生きさせる契機（②）

↓

紀貫之の事例

紀貫之のつくったもの
・彼より以前の時代の伝統全体に対して、非常に新しい意味で働きかけている
・それ以前の時代の詩歌全体の構造がわっと変った
（↓時の経過）
（紀貫之の仕事が衝撃力を失う＝社会的死＝甦らす可能性のあるもの）
↓
大岡を含む「われわれ」が紀貫之について考える
↓
もう一回新しい一つの構造体（伝統）をつくる

著者紹介に書いたように、大岡は紀貫之に関する論考を発表している。要するに、詩の死に着目した自身の考察が新しい伝統を作ったという意義をもったと捉えているのだろう。

詩の社会化

⑤では、詩の社会化について述べられている。これを①をふまえて見ていこう。

人間の脳髄に言葉が生まれる　　（なにか言葉がムズムズ生まれてくる）
↓　　↓
音声だけで詩がうたわれ、語られていた時代　　文字にいったん書く（紙に書きつける）
＝　　＝
詩がもっとも幸福な形で社会化　　潜在的には社会化されている

ここから、「社会化」は、他の人に共有されること、社会で共有されることである。

詩が個人の頭の中で誕生する
↓
音声で表現する＝うたう・語る　　↓ 文字で表現する＝書く
↓　　↓
他の人が聞く　　他の人が読む

〈設問解説〉

詩論であったこともあるが、対談とはいえ、むしろ、対談であるために、論理の把握・内容理解も難しく、全体として難度の高い問題となった。

活字となった詩への誤解　　論旨の把握＋「迷信」の語義　問一
詩の個人のなかでの死　　論旨の把握＋（接続語「また」）＋「微視的」の語義　問二
詩の社会化　多義的な表現の限定＋「潜在的」の語義　問三
社会化された詩への誤解　　論旨の把握　問四
詩の社会的死の意義　　論旨の把握　問五

問一　理由説明（解答欄　十四センチ×二行）

◎設問意図
・論旨の把握
・語義「迷信」

◎解答へのアプローチ

（1）関連する本文箇所の確認

《本文根拠》
・詩の死滅については、それぞれの詩がどこかで死んでいるはず
・詩てのは現実にいつまでも存在しているものじゃなくて、どこかに向かって消滅していく
・消滅していくところに詩の本質があり

ここから、詩は本質として消滅していくものであり、活字になったかならないかは関係がない。したがって、「活字になった詩は永久に残ってしまう」のは迷信だと言うことにな

る。活字になった詩がなっていない詩と区別されるわけではない。

詩は本質として消滅していく
詩は現実にいつまでも存在しているものではない
←
活字になった詩も消滅していく
⇐
「活字になった詩は永久に残ってしまう」というのは迷信である

［基本解答例］
詩が活字になっても、詩はその本質として、消滅していくものであり、現実に永遠に存在することはないから。（46文字／50字）

二行問題なので、これでよいのかもしれない。

◎加点ポイント
a　詩の本質＝消滅していくものである
b　現実に永遠に存在することはない
c　詩が活字になった場合もa・bは変わらない旨の指摘

（2）解答の検討
迷信であると言う理由なので、〈正しく理解していない〉〈根拠のない思い込みである〉旨を入れる必要があるかもしれない。先の加点ポイントに加えてみよう。

d　〈正しく理解していない〉〈根拠のない思い込みである〉旨の指摘

［基本解答例］＊a・b・cを含む解答
詩が活字になっても、詩はその本質として、消滅していくものであり、現実に永遠に存在することはないから。（46文字／50字）

［別解1］＊a・c・dを含む解答
詩が活字になっても、詩はその本質として、消滅していくものであるという当然の事実に無理解な思い込みだから。（49文字／52字）

［別解2］＊すべての要素を入れ、表現を工夫
詩が活字になっても、消滅していくのが詩の本質であり、現実に永遠に存在するというのは事実に反するから。（47文字／50字）

すべての要素を入れた別解2を解答としておくが、基本解答例でもよいだろう。

［解答例］
詩が活字になっても、消滅していくのが詩の本質であり、現実に永遠に存在するというのは事実に反するから。（47文字／50字）

◎加点条件
活字になった詩について書いてあること

◎加点ポイント
a　詩の本質＝消滅していくものである
b　現実に永遠に存在することはない
c　詩が活字になった場合もa・bは変わらない旨の指摘
＊「活字になった詩も」「詩が活字になっても」などとしておく
d　〈正しく理解していない〉〈根拠のない思い込みである〉旨の指摘
＊解答例では「事実に反する」としている

問二　内容説明（解答欄　十四センチ×二行）

◎設問意図
・論旨の把握
・接続語「また」
・語義「微視的」

◎解答へのアプローチ
（1）傍線部を本文で確認する
「また、もっと微視的に見ると」とある。「また」は並列であるし、「もっと」は明らかに何かと比較して「もっと」であるから、解答は、原則、以下の形になる。

1とは異なる［2：もっと微視的な］見方。

1よりも、［2：もっと微視的な］見方。

（2）本文関連箇所のチェック
本文解説の④を確認しよう。

> 個人のなかでの詩の死に方
> ・三年前にすごく感動した詩が、いま読んでみたらどこに感動したのかわからない
> また
> ・微視的に見る：生理的に長続きしない　傍線部（2）

《本文根拠》
谷川の発言
1　個人のなかで詩が死ぬというのは、たとえば三年前にすごく感動した詩が、いま読んでみたらどこに感動したのかわからないということがあるでしょう
また、もっと微視的に見ると
2　感動は生理的にどうしても長続きはしない

（3）表現の工夫
1は具体例の「三年前」「いま」を〈年月の経過〉〈歳月の経過〉などと一般化しておこう。

（4）解答の作成
「微視的」の語義を反映して、〈細かく、小さく見る〉というニュアンスを出したい。ここは時間的な短さでよいだろう。

また、本文では、詩が社会のなかで死ぬことと個人のなかで死ぬことを区別している。ここは、個人のなかで死ぬ場合の

区別であるから、きちんと限定しよう。

［解答例］

個人が詩を受取る際、年月の経過による感動の生成消滅より短期的な、生理的な感動の生成消滅を詩の生死とする見方。（51文字／54字）

◎加点ポイント

1　限定

a　個人のなかで詩が死ぬ場合

2　比較

b　年月の経過による感動の生成消滅

c　生理的な感動の生成消滅

3　「微視的」の語義

d　短い・細かい　など

問三　内容説明（解答欄　十四センチ×二行）

◎設問意図

・多義的な表現の限定　「社会化」

・語義　「潜在的」

◎解答へのアプローチ

本文解説《詳解》を参照。

（1）傍線部を本文で確認する。

大岡

文字になった瞬間にその詩が、少なくとも潜在的には社会化されている

←　指示語「その」に着目して、前をチェックする

一人の人間の脳髄から生まれた言葉が文字になった瞬間にその詩が、少なくとも潜在的には社会化されている

（2）「社会化」「潜在的」の換言

「社会化」はこの場合、本文解説《詳解》で示したように、他者・社会に共有されることである。また、「潜在的」とは、実際にはまだ社会化されているとは言えなくても、社会化される可能性をもつという意味である。これを解答に反映する。

（3）解答作成

［解答例］

個人から生まれた詩が文字になった瞬間に、その詩は社会のなかで、他者に詩と受取られる可能性をもつということ。（50文字／53字）

二行設問なので、詩が文字になった瞬間に、他者に共有される可能性が生じることが指摘できていればよい。

◎加点ポイント

1　状況　文字になった瞬間＝人間の脳髄から生まれた言葉が詩になった瞬間

a　個人から生まれた詩が文字なった瞬間

2　「社会化」

b　他者に詩と受取られる

3 「潜在的」

c 可能性をもつ

問四　内容説明（解答欄　十四センチ×四行）

◎設問意図

・指示語の指示内容

・論旨の把握

◎解答へのアプローチ

（1） 傍線部内指示語

「そういうもの」の指示内容をおさえよう。

そういうもの

↓

文字＝本という形で存在する詩の存在の仕方

（2）「簡単に生きたり死んだりするものじゃない」

問一で見たように、詩はその本質として死ぬものであるわけだが、問三で見たように、詩は文字になった瞬間に「潜在的には社会化」される。そして、傍線部の後ろを見ると、「人びとのなかに無意識に蓄えられてきた言語構造体のなかに、いわば雨水が土に浸透するようにジワッと浸透したか」という表現がある。

これを総合すると、以下のように把握できる。

《図示》

個人から詩が生まれる

↓ 文字になる

社会のなかで他者に共有される

↓ 文字＝本

言語構造体に浸透

↓

簡単には生成消滅しない

↕

個人の感動
・歳月による生成消滅
・生理的な生成消滅

↔

詩は消滅していく＝詩の本質

《文章化》

詩は個人の感動については、簡単に生きたり死んだりするが、詩が文字となり、文明が進んで、本という形で社会的に存在する仕方が無視できなくなると、詩が人びとのなかに無意識に蓄えられてきた言語構造体のなかに浸透することもあって、本質的には詩は消滅するものだが、簡単には生成消滅しなくなる＝ある程度の期間、継続するようになる。

（3） 解答作成

ポイントを意識して、解答を作成しよう。

［解答例］

文明が進むにつれ、文字すなわち本という形で存在する詩の社会的な存在の仕方は、個人的な感動の有無とは異なり、詩が人々のなかに無意識に蓄えられてきた言語構造体内に浸透し、ある程度持続性をもつとみなされるということ。

（100文字／105字）

◎加点ポイント

1 「そういうもの」

a 文明が進んで、詩が文字＝本という形で存在する

b 社会的な存在の仕方

2 「簡単に生きたり死んだりするものじゃない」

c 対比関係をふまえる

個人的な感動　簡単に生きたり死んだりする

d 一定期間存在が持続する

e 詩が人々の無意識に蓄えられてきた言語構造体のなかに浸透する

問五　理由説明（解答欄　十四センチ×五行）

◎設問意図

論旨の把握

◎解答へのアプローチ

（1）論旨の把握1

大岡が「詩が死ぬ」ことは「とてもいいこと」だと言う理由を説明する。本文解説《詳解》で示した〈詩の社会的な死の意義〉を説明する。〈死ぬ（＝衝撃力を失う）ことは新しさ（新しい一つの構造体）を作っていく〉ことを述べる。本文解説②・⑥・⑦・⑧、《詳解》を確認しておこう。ヨーロッパの文学伝統について書かれた⑥の内容をふまえて、⑦の内容を敷衍しておく。

・詩が消えていく瞬間をどうとらえるかがその次の新たな「詩の誕生」につながる

・活字になった詩は実はとっくの昔に生命を終えているかもしれないことを考えるとき、詩という形で印刷されているものをもう一回生きさせる契機も出てくる

・これは死んでいるから、おれはもう一回生きさせてやる

←

・詩ての は死ぬことによって実は伝統を変えていくのだ

・詩の社会的な死だけれども、実は全体が変ったからその詩が死んだのであって

←

・死ぬことが新しさをつくっていく

紀貫之

紀貫之のつくったもの
社会的に新しい衝撃力を持つ
＝
・彼より以前の時代の伝統全体に対して、非常に新しい意味で働きかけている
・それ以前の時代の詩歌全体の構造がわっと変った
←時の経過
紀貫之の仕事が衝撃力を失う＝社会的死＝甦らす可能性のあるものとなる
←
大岡を含む「われわれ」が紀貫之について考える＝現代人の詩的営み
←
もう一回新しい一つの構造体（伝統）をつくる

←
傍線部　詩が死ぬってことはとてもいいことなんじゃないか
←
死んでいると認められる詩は、実は甦らす可能性のあるものとして横たわっている

（2）論旨の把握2

整理しよう。

詩の誕生
・詩が社会的な衝撃力をもつ
・それまでの詩歌全体の伝統を揺るがす
←
社会の変化・衝撃力を失う＝詩の死（甦らす可能性のあるもの）
←
詩の死について考える・詩的営み（詩の再生）を行う
←
・もう一回新しい言語構造体を作る
・その次の新たな「詩の誕生」

大岡が「詩が死ぬ」ことがとてもいいことだというのは、詩が死んでいる場合は、それに気づいた者がその詩を再生させ、新しい言語構造体を作る可能性にひらかれるからだ。（ちょうど、大岡自身が、子規に否定され、社会的に死んでいた紀貫之の詩的営為に気づき、考察し、『紀貫之』を書き、新たな紀貫之像を提示して詩歌の世界全体を刷新したように。少なくとも、大岡信はそのように考えていたのだと思う。）

（3）解答作成

1　傍線部の「詩が死ぬ」が詩の社会的な死＝社会的な衝撃力の喪失であることを述べる。

2　「とてもいい」という理由の根幹は「もう一回新しい一つの構造体をつくる」可能性にひらかれているからだとする。

3　字数が十分あるので、詩の誕生→詩の死の経緯を示す。

4　傍線部の内容が本文最初の方の②と対応していることを示す。詩の消滅が詩の本質であることを書く。

［解答例］

社会的に新しい衝撃力をもち、それ以前の詩歌全体の伝統を揺るがした詩が、社会の変化に伴って衝撃力を失う「詩の社会的な死」は、それについて考えて詩的営みをなすことが再度、それまでの詩歌全体の伝統を揺るがし、新しい言語構造体をつくることにつながり、ここに詩の本質があるから。（125文字／134字）

◎加点条件

詩の社会的な死について書いてあること

◎加点ポイント

1　詩の誕生について

a　詩が社会的な衝撃力をもつ

b　それまでの詩歌の伝統全体・詩歌全体の構造を揺るがす

2　経緯

c　社会の変化

3　詩の死

d　衝撃力を失う

e　詩の死について考える

f　詩的営み（詩の再生）を行う

g　それまでの詩歌全体の伝統を揺るがす

h　新たな「詩の誕生」＝言語構造体を作る

4　「いいこと」の理由

解答

問一　詩が活字になっても、消滅していくのが詩の本質であり、現実に永遠に存在するというのは事実に反するから。

問二　個人が詩を受取る際、年月の経過による感動の生成消滅より短期的な、生理的な感動の生成消滅を詩の生死とする見方。

問三　個人から生まれた詩が文字になった瞬間に、その詩は社会のなかで、他者に詩と受取られる可能性をもつということ。

問四　文明が進むにつれ、文字すなわち本という形で存在する詩の社会的な存在の仕方は、個人的な感動の有無とは異なり、詩が人々のなかに無意識に蓄えられてきた言語構造体内に浸透し、ある程度持続性をもつとみなされるということ。

問五 社会的に新しい衝撃力をもち、それ以前の詩歌全体の伝統を揺るがした詩が、社会の変化に伴って衝撃力を失う「詩の社会的な死」は、それについて考えて詩的営みをなすことが再度、それまでの詩歌全体の伝統を揺るがし、新しい言語構造体をつくることにつながり、ここに詩の本質があるから。

二（理系）

出典

吉田秀和（よしだ　ひでかず）「音を言葉でおきかえること」

吉田秀和（一九一三～二〇一二年）は、日本の音楽評論家、随筆家。東京帝国大（現　東京大）文学部仏文科卒。第二次世界大戦後、音楽を中心とした精力的な評論活動によって、日本における西洋クラシック音楽普及に大きな役割を果たした。一九七一年から朝日新聞文化面の「音楽展望」を執筆。途中中断はあったが、四〇年にわたり書き続けた。また、一九七一年から二〇一二年までＮＨＫ―ＦＭ放送「名曲のたのしみ」を担当。一九七五年『吉田秀和全集』で第二回大佛次郎賞受賞。一九八八年水戸芸術館館長に就任。ＮＨＫ放送文化賞受賞。一九九〇年水戸室内管弦楽団を創設。一九九一年には芸術評論を対象とした「吉田秀和賞」も創設された。一九九三年『マネの肖像』で第四十四回読売文学賞受賞。二〇〇六年文化勲章受章。著書に『音楽紀行』『わたしの音楽室—LP300選 1966年版』『モーツァルト』『一本の木』『音楽展望』『セザンヌ物語』『オペラ・ノート』『新・音楽展望 1991-1993』『千年の文化 百年の文明』『僕のオペラ』『言葉のフーガ　自由に、精緻に』など多数ある。

問題本文は音楽評論家である筆者が、「音楽評論家になるにはどうすればよいのか」という高校生からの質問に答えた文章である。批評家がそなえるべき心構えと能力を説明し、批評の特質・功罪を示したうえで、批評も言語芸術であり、批評対象よりわかりやすいと考えるのは誤りであると述べている。

解説

〈本文解説〉

本文では、「音楽評論家」と「音楽批評家」という言葉が区別なく使用されている。解説もどちらかにこだわっていない。また、本文内容を説明している箇所では、本文をそのまま抜き出しているのではなく、表現をあらためたところがある。

Ⅰ　すぐれた音楽評論家（＝音楽批評家）の条件（第①～③段落）　…問一

第①段落で音楽評論家になるための条件を述べた上で、第②段落冒頭で「だが、それだけですべてがきまりはしない」と述べ、批評家の良否の別を指摘したうえで、第③段落で批評家に必要な「心構えと能力」について説明している。

（1）論議が正しいこと

・音楽を勉強する＝音楽大学で楽理とか音楽学とかを修める

＋〈だが、それだけですべてがきまりはしない〉

（2）心構えと能力があること

・芸術家や作品を評価するうえで自分の考えをいつも絶対に正しいと思わない

・自分がいつも正しいと限らないことをわきまえている

↓

・自分の好みや主観的傾向を意識して、それを読者が納得できる道具に変える

・他人を説得し、納得させるために、自分の考えを筋道たてて説明したり、正当化につとめたり検討したり訂正したりという手間をかける気になる

Ⅱ　批評（家）の定義とその功罪（第④・⑤・⑥段落）

ここでは、批評家が言葉を使うことに関連し、「すぐれた批評家」の特徴を述べたうえで、モーツァルト、シューベルト、ベートーヴェンと大作曲家の例を挙げつつ、すぐれた批評家が「端的な言葉で的確に特性指摘」をすることの功罪（⊕⊖）について説明し、批評がどのような仕事・作業であるかを説明している。

（1）批評家は言葉を使う　…問二

すぐれた批評家＝対象の核心を簡潔な言葉でいいあてる力がある

名批評家＝端的な言葉で的確に特性指摘ができる

（2）批評の功罪　…問三

・すぐれた批評家　端的な言葉で的確に特性指摘

例1　モーツァルトへのスタンダールの批評

例2　シューベルトへのシューマンの批評

例3　ベートーヴェンへの批評

↓

・対象に一つの枠をはめてしまい、作品を傷つけることにもなる　⊖面

↓

i
凡庸な演奏家
レッテルにふさわしい
演奏
＋
凡庸な批評家

↕

↓

ii
すぐれた演奏家
既成概念をぶちこわし、
作品を再び生まれた無
垢の姿に戻そうとする

その角度からしか作品を評価できなくなる

↓

ⅱの場合は、批評は新しい行動を呼びさますきっかけにもなる　⊕面

（3）批評という仕事　…問二

1　批評＝鑑定し評価し分類する仕事

↓

音を言葉でおきかえる過程で、「レッテルをはるやり方」からまぬがれるのは至難の業

2　音楽批評、音楽評論＝音楽家や音楽作品を含む「音楽的事物」「音楽的現象」に言葉をつける仕事、名前を与える作業

↓

ある作品を無性格な中性的な言葉で呼ぶのは、批評の降伏の印にほかならない

Ⅲ　批評は解説ではなく、作品である（第⑦・⑧段落）…問三

ここでは広く流布している誤解を指摘し、批評が「解説」ではなく、「批評がそれ自身、一つの作品」であると説明する。

（1）世間の誤解と筆者の考え

広く流布している誤解

・批評を読めば作家なり作品なりがわかりやすくなるだろうという考え

↓

筆者の考え

・批評は対象の核心を端的にいいあてる（第④段落の指摘の再述）

↓

・批評は作品を、理解するうえで、役に立つと同じだけ、邪魔をする

（2）批評の作品性の指摘

・批評は解説ではなく、それ自身が一つの作品である

・批評が、言葉によるほかの芸術と同じように、そこにある何かにすぎない

↓

・批評のほうが、その対象よりわかりやすいと考えるのは、真実に反する

〈設問解説〉

問一　理由説明（解答欄　十四センチ×三行）

◎設問意図

・部分要旨

傍線部の理由説明の形で第①～③段落（本文解説Ⅰ）の要旨を説明させる。

第①段落の「楽理とか音楽学とか」をふまえた自分の考えについて、それを絶対視せず、「自分の好みや主観的傾向を意識し」、「自分の考えを筋道たてて説明したり～訂正したり」することで、「他人を説得し、納得させるため」に「手間をかける」ことをコンパクトに説明する。

◎解答へのアプローチ

「良い批評家はどうして手間をかけるのか」という設問文に答える形で解答を作成する。「良い批評家」は省略できる。

（1）傍線部直前を確認しよう

・自分の考えを筋道たてて説明したり、
・正当化につとめたり
・検討したり
・訂正したり

＝という

手間をかける

「たり」で、複数の動作を列挙し、それらをまとめて「手間をかける」としている。

（2）傍線部を含む一文の確認

・論議が正しくなければ困るのだが、　…i
自分がいつも正しいと限らないことをわきまえた人でないと、　…ii
他人を説得し、納得させるために、　…iii
（自分の考えを筋道たてて説明したり、正当化につとめたり検討したり訂正したりという）
手間をかける気にならないのではないか。

「人」「ため」に着目し、

「良い批評家」＝i＋ii

手間をかける理由（目的）＝iii

［基本解答例］

良い批評家は、
論議が正しいのが前提だが、
自分がいつも正しいとは限らないことをわきまえ、
手間をかける（論理的説明、正当化、検討、訂正）ことで、
他人を説得し、納得させようとするから。

（3）表現の検討

1　「良い批評家はどうして手間をかけるのか」が設問文だから、「良い批評家」は省略できる。

2　「論議が正しい」というのは、第①段落を踏まえれば、「楽理とか音楽学」など音楽の勉強をして、それに基づいた批評をしているということだから、そのまま「論議」でもいいし、「理論」「学識」としてもよい。

3　第③段落の同義（類似）表現をおさえ、表現を精選する

同義内容、類似内容がある場合は、比較し、より的確な表現を選ぶ。的確さは内容面だけでなく、字数を短くおさえられるかという観点からも検討する。

「自分がいつも正しいと限らないことをわきまえ」
　＝自分の考えをいつも絶対的に正しいと思わず、むしろ自分の好みや主観的傾向を意識して
↓自分の批評を絶対視しない
↓自分の主観的傾向を自覚する（好みも主観なので、主観的傾向に含める）

「他人を説得し、納得させる」
　＝読者が「そういえばそうだな」と納得できる
↓読者（他人）を説得し、納得させようとする

（4）解答の作成
　理由説明は解答の形が大事だ。きちんと「手間をかける」理由を最後にもってくる。どうして手間をかけるのか？　良い批評家が手間をかけるのは、良い批評家に何か思うところがあるからだ。最後は〈～と思うから〉〈～したいから〉〈～しようとするから〉など主観的な意図で結ぶこと。

［解答例］
　理論に基づく自身の批評を絶対視せず、好みや主観的傾向が反映されていると意識し、それを論理的に説明、正当化、検討、訂正することで、読者を説得し納得させようとするから。（75文字／82字）

◎加点ポイント
a　自分の考えを絶対に正しいと思わない
b　自分の好みや主観的傾向を意識する
c　自分の考えを筋道立てて説明・正当化・検討・訂正する
d　読者（他人）を説得し、納得させるため
e　論議が正しい

問二　内容説明（解答欄　十四センチ×三行）

◎設問意図
・比喩表現の一般化　「降伏」（「無性格」「中性的」）
・部分要旨（第④～⑥段落）

◎解答へのアプローチ
（1）傍線部を含む一文の確認
　別の言い方をすれば、ある作品を「美しい」とか、ある演奏を「上手だ」とかいう無性格な中性的な言葉で呼ぶのは、批評の降伏の印にほかならない。
「とか」とあるので、「美しい」「上手だ」は「無性格な中性的な言葉」の具体例であることを確認する。
　作品や演奏を無性格な中性的な言葉で呼ぶ＝批評の降伏

（2）「降伏」の説明
「降伏」は戦いに負けて、敵に服従すること。もちろん、戦いなど実際にはないから何かを喩えた表現だ。では、どう

いう事態を「降伏」と述べているのだろうか。「別の言い方をすれば」に着目し、批評の仕事・作業を確認しよう。また、批評に関する第④段落の記述も確認しよう。

批評が元来果たすべき役割

・「鑑定し評価し分類する」（第⑥段落）

・「言葉をつける」「名前を与える」（第⑥段落）

・「対象の核心を簡潔な言葉でいいあてる」（第④段落）

・「端的な言葉で的確に特性指摘」する（第④段落）

↕

批評の降伏

・無性格な中性的な言葉で呼ぶ

（「美しい」「上手だ」）

このように比較してみると、「批評の降伏」の内容が明らかになる。

批評は元来「鑑定し評価し分類する」のが仕事であり、音楽作品や演奏を「端的な言葉で的確に特性指摘」をしなくてはならないのに、それをせず、具体的に特性を指摘しない概括的で、あいまいで、内容のない言葉で批評するのは、もはや批評とはいえないということになる。

（3）解答作成

「降伏」は〈（本来の役割の）放棄〉〈（本来の役割をはたすことへの）あきらめ〉などと換言できる。「無性格」も「中性的」も文字通りの意味ではないから、文脈に即してきちんと言い換えておきたい。

［解答例］

元来、音楽全般における対象を鑑定、評価、分類し、端的な言葉で的確に特性指摘すべき音楽批評が、対象を空疎で概括的な言葉で評するだけなのは批評の放棄であるということ。（75文字／81字）

◎加点ポイント

1　批評＝「無性格な中性的な言葉で呼ぶ」ことの指摘

a　空疎（内容がない）で概括的な（具体性がない）言葉で批評する

2　あるべき批評

b　対象を鑑定し評価し分類する

c　端的な言葉で的確に特性指摘する

3　批評の降伏

d　批評の放棄、あきらめなど

問三　理由説明（解答欄　十四センチ×三行）

◎設問意図

・比較の構文

・要旨の把握（第⑦・⑧段落→第⑤段落）

◎解答へのアプローチ

（1）傍線部の確認

傍線部が比較の構文になっているので、それを意識する

批評のほうが、その対象よりわかりやすいと考えるのは、真実に反する

↓

批評のほうが、批評の対象よりわかりやすいと考えるのは、真実に反する

「批評」と「批評の対象」について説明すればよい。

(2)端的な理由の把握

第⑧段落に、「批評がそれ自身、一つの作品だからである」「批評は、言葉によるほかの芸術と同じように」とある。

批評の対象：作品　読まれ、刺激し、反発され、否定され、ときに共感され、説得に成功し等々のために、そこにある何か

＝

批評　：作品　読まれ、刺激し、反発され、否定され、ときに共感され、説得に成功し等々のために、そこにある何か

言葉による他の芸術

要するに、「批評も芸術であり、批評の対象と同じ作品であるから」、批評のほうが、批評の対象よりわかりやすいと考えるのは、真実に反するのである。

(3)解答の作成

傍線部直前の「読まれ、刺激し、〜成功し等々」という具体例をコンパクトにまとめるのが難しい。とりあえず、そのまま書いてみよう。

［基本解答例］

批評は、読まれ、刺激し、反発され、否定され、ときに共感され、説得に成功し等々のために存在する、言葉による芸術であり、批評対象と同じ作品であるから。

(64文字／73字)

(4)部分要旨を丁寧に反映する。

段落冒頭に「批評は作品を、作家を理解するうえで、役に立つと同じだけ、邪魔をするだろう」とあり、これが「批評がそれ自身、一つの作品だからである」ことの帰結とされている。傍線部(3)は、第⑦段落に「私は前に対象の核心を端的にいいあてる力と書いたが」と記されているように、批評の本質、そしてその功罪と関連して、批評が作品であることが説明されている。

理系[二]の問題は設問が三問で完結であり、問一・問二で問われていない部分を問三で拾うことで、全体の内容の要旨となるという観点から、これを解答に入れたい。逆にいえば、「読まれ、刺激し、〜成功し等々」という具体例部分はコンパクトにまとめる必要があるということだ。

（5）具体例一般化

読まれ、刺激し、反発され、否定され、ときに共感され、説得に成功し等々

↓

（読者に）読まれ、（読者を）刺激し、（読者に）反発され、（読者に）否定され、ときに（読者に）共感され、（読者の）説得に成功し等々

ここから、「読者に働きかける」「読者に影響を与える」とコンパクトにまとめよう。

（6）批評の功罪への言及

功罪について説明した本文箇所をチェックし、コンパクトな表現になおす。

批評の⊕面

・作品を理解するうえで、役に立つ

＝

読まれ、刺激し、反発され、否定され、ときに共感され、説得に成功し等々

＝

読者に働きかける・影響を与える

＋

・新しい行動を呼びさますきっかけにもなる

↓新しい行動の契機となる

批評の⊖面

・作品を理解するうえで、邪魔をする

＝

・対象に一つの枠をはめてしまい、作品を傷つけることにもなる　↓固定観念を生む

（7）解答の修正

基本解答例の具体例部分をコンパクトな表現にし、批評の本質、功罪をいれる。

［解答例］

対象の核心を端的に指摘した批評は、固定観念を生む危険もあり、それ自体が読者に働きかけ、新しい行動の契機ともなる言語芸術であり、批評対象同様の芸術作品であるから。（75文字／80字）

◎加点ポイント

1　端的な理由

a　批評は、批評の対象と同じ作品である

b　批評は、言語による芸術である

2　批評の説明

c　読者に作用する・働きかける・影響する　など

d　新しい行動の契機となる

e　固定観念を生む

解答

問一　理論に基づく自身の批評を絶対視せず、好みや主観的傾向が反映されていると意識し、それを論理的に説明、正当化、検討、訂正することで、読者を説得し納得させようとするから。

問二　元来、音楽全般における対象を鑑定、評価、分類し、端的な言葉で的確に特性指摘すべき音楽批評が、対象を空疎で概括的な言葉で評するだけなのは批評の放棄であるということ。

問三　対象の核心を端的に指摘した批評は、固定観念を生む危険もあり、それ自体が読者に働きかけ、新しい行動の契機ともなる言語芸術であり、批評対象同様の芸術作品であるから。

二〇一八年

一（文理共通）

出典

佐竹昭広（さたけ　あきひろ）「意味変化について―「ことば」と「こころ」」

佐竹昭広（一九二七～二〇〇八年）は国文学・国語学者。京都大学文学部卒。京都大学教授、成城大学教授、国文学研究資料館長をつとめる。古代や中世の国文学研究を専門とし、特に「万葉集」の研究で知られる。一九五六年「万葉集抜書」で角川源義賞を受賞、一九九四年に紫綬褒章を受章した。著書は他に、「酒呑童子異聞」「下剋上の文学」「古語雑談」など。

問題本文は、一九六八年に発行された雑誌「言語生活」（筑摩書房）の特集「意味の変化」に収録された評論である。

なお、本文に引用されている「為愚痴物語巻六ノ一二」（『仮名草子集成第2巻』収録）は「大福長者、弟子にをしゆる事」の戒めの段で、「長者と成りても、仏道を知らざれば、鬼畜に等し」という一文の後に並べられている和歌の一首である。「世の中の人はみな身体だけはお寺参りをしているが、心は家の中にあって金儲けのことを考えるのだ」というような意味であろう。

また、引用されている太宰治は日本の小説家、スタンダールはフランスの小説家、ベンジャミン・リー・ウォーフはアメリカ合衆国の言語学者である。

解説（問三は文系のみ）

〈本文解説〉

本文は「＊」で三つの部分に分かれている。それぞれⅠ・Ⅱ・Ⅲとして、本文の内容を見ていこう。

Ⅰ　意味論の検討

（引用　為愚痴物語巻六ノ一二）

ここでは、「からだ」と「こころ」という二元論のアナロジカルな適用と、「こころ」という和語に着目することによって、意味論への示唆を得ることができることが説明されている。

（1）二元論的把握のアナロジカルな適用（語と人間とのアナロジーで捉える観点）

人間＝「からだ」は「こころ」の器

「からだ」に「こころ」が宿っているものが生きた「身」

↓　類推　「意味」と「こころ」の対応関係1

語・言語記号＝音声形式も意味の器

音声形式に意味の宿っているものが、「語」

（2）「意味」と「こころ」の対応関係2

「意味」という漢語を知らない時代
「意味」を含意する言葉＝「こころ」という和語
←「意味」という言葉が使用されるようになる

（3）意味論の検討と示唆
一般に意味論
意味を客観的認識の対象として、当の言語主体から切り離しすぎたうらみがある
←
語の意味を、「こころ」という和語によって認識しなおしてみる
←
語の意味と言語主体の心的活動は、確実に一本のキイ・ワード（「こころ」）で架橋される
←
意味論にとって、すこぶる重要な示唆

Ⅱ　世界と言語・言語主体の関係性
（引用　太宰治『風の便り』）
ここでは、筆者が以前に書いた「語彙の構造と思考の形態」を紹介しつつ、内的外的世界と言語の関係について説明している。ベンジャミン・リー・ウォーフを引きつつ説明している「内的外的世界を名づけること」の部分に着目し、また、スペクトルにかけられた色彩、スタンダールの『赤と黒』のド・レーナル夫人の経験、「泣きぬれた天使」のジュヌヴィエーヴの心情が具体例として示されているので、筆者の主張はわかりやすくなっている。

（1）事物と言葉の関係
・言語主体　事物を明晰なかたちで認識したい
←　言葉をさがし求める
該当する言葉がつかまえられない
・人間の世界は、言葉によって縦横に細分されてはいるものの、語の配分は、決してわれわれの経験世界に密着した精密度で行われているわけではない。

（2）外的世界（自然界）と言葉
・もっとも客観的に見える自然界ですら、実際は、なんら客観的に分割されていないというのが、言葉の世界である。
（例　色彩）
・無限の連続である外界
・曖昧で不確かで変動しやすい人間の知覚
・客観的世界
←――人が属する言語の構造（＝分節的統一）という既成の論拠・名称

・いくつかの類概念に区切り、そこにおける固定した中心、思想の焦点としての名称をもって配置する
・思考活動・認知
・整理せられ、一定の秩序と形態を与えられる
（3）内的世界（個人の感情、心理の内面）と言葉
i　朦朧として不分明な個人の感情、捉えがたい心理の内面
　←　名称
　自己を客観化し明確化
　例　ド・レーナル夫人
　　自分の行為
　　←　言葉
　愕然
ii　言語以前の無意識の状態における個人的感情
　←　名称
　判然たる姿をとってその性格を客観的に現示する
iii　カオス　　あらゆる属性
　←　言葉・名づけ
　コスモス　　他のあらゆる属性を切り捨て
　　　　　　　無垢の純潔性の喪失
（4）言葉と話者（言語主体）
・言語とは、それ自体、話者の知覚に指向を与える一つの様式である。
・言語は、話者にとって、経験を意味のある範疇に分析するための習慣的な様式を準備するものである。
・言語が押しつける恣意的な分類法、その上に立つ一定数の限られた言葉で、無限の連続性を帯びている内的外的世界を名づけること、それは、言語主体に指示して彼を特定のチャンネルへと追いこむこと、外部から一つの決定を強制することではないか。
・その人は、名づけられた言葉を手がかりに、あらためて自分をかえりみるだろう。
　例　フランス映画「泣きぬれた天使」
　・友情とも憐愍ともつかない漠然たる心情
　・もやもやした感情
　　←　「愛」「嫉妬」「憎悪」といった言葉
　・その言葉とともに、愛や嫉妬や憎悪が結晶してくる

Ⅲ　意味論への提言
　ここでは、言葉の意味変化が、人間の「こころ」を前提とすることを指摘し、人間の「こころ」と言葉の「こころ」の相互関係を究明する「こころ」の学となるべきであるという意味論への提言をしている。
（1）人間の「こころ」と言葉の「こころ」との関係

・人間の「こころ」と言葉の「こころ」との間には、相互にはたらきかける二つの力がある。

言葉の「こころ」　⇄（作用する力1／作用する力2）　人間の「こころ」

作用する力1（Ⅱの（4）で説明）

・言葉の「こころ」が人間の「こころ」に作用する力

作用する力2

・人間の「こころ」が、言葉の「こころ」に作用して、それを変えてゆく力

＝

・言葉の「こころ」を変える力は、すなわち、人間の「こころ」であって、言葉の「こころ」が、人間から独立して、勝手に変わるのではない。

（2）「こころ」の学としての意味論へ

・言葉の意味変化が、人間の「こころ」の変化を前提とする以上、人間の「こころ」の側から、言葉の「こころ」が追究されなければならない。

・意味論は、人間の「こころ」と言葉の「こころ」の相互関係を究明する「こころ」の学とならない限り、人間の学としての「意味」を持ちえない。

《本文の概略》

Ⅰ　言葉の「こころ」と人間の「こころ」

・人間に関する二元論的把握をアナロジカルに適用

・「意味」を含意する言葉として「こころ」という和語

← 意味論の問題点の指摘

Ⅱ　言葉 → 人間の「こころ」（作用する力1）

・経験世界と言葉の世界

← ・外的世界の変容

・内的世界の変容

Ⅲ　言葉の「こころ」と人間の「こころ」の相互性

言葉の「こころ」　⇄（作用する力1／作用する力2）　人間の「こころ」

← 意味論への提言

〈設問解説〉

問一　内容説明

◎設問意図

・指示語変形　「一本のキイ・ワード」が示すものを明示する
・比喩表現の意味　「架橋される」を換言する
・部分要旨

◎解答へのアプローチ

（1）「一本のキイ・ワード」を明示する。
「一本のキイ・ワード」＝「こころ」という和語

（2）「架橋される」を換言する。
「架橋」は橋を架けることだから、「語の意味」と「言語主体」を関係づける。

（3）部分要旨
字数にゆとりがあるので、〈本文解説〉Ⅰの展開を踏まえて説明しておこう。
二元論的把握の類推　言葉の意味＝人間の「こころ」
＋
「こころ」という和語　言葉の意味＝「こころ」
←
語の意味　―「こころ」―　言語主体
架橋

（4）細部の表現の確認
「確実に」の意味を解答でも反映しよう。

（5）解答作成
解答欄は三行分。一行二五文字（句読点、記号を除いた文字数）程度で解答を作成しよう。

［解答例］
人間に関する二元論的把握を語へ類推適用し、語の意味を「こころ」という和語で再認識すると、その和語が、語の意味と人間の心的活動との関係性を強く示唆するということ。
（74文字／80字）

＊80字は句読点、記号を含む字数を示し、74文字は、句読点、記号を除く文字数を示す。以下同様。

◎加点ポイント

1　メイン要素　a・bを加点条件とする
a　指示語変形
「キイ・ワード」＝「こころ」という和語
b　比喩
架橋（＝橋を架ける）＝二つを繋ぐ・関連づける　など
c　語の「こころ」＝語の意味
d　人間の「こころ」＝人間の心的活動
e　確実に＝強く

2　サブ要素　部分要旨
f　人間の「からだ」と「こころ」の二元論への言及

問二　内容説明

◎設問意図

・「すら」という助詞の役割
・Ⅱの論理展開の把握

◎解答へのアプローチ

(1)「すら」という表現に着目する。

極端な事柄を上げ、他を類推させる。解答は類推される内容を含めて、説明しよう。

この場合は、「もっとも客観的に見える自然界ですら」とあるので、〈本文解説〉Ⅱ(2)(3)の読解から、「主観的な人間の内面(感情、心理)」をあげて、「自然界」の説明につなげておく。

(2) 本文関連箇所のチェック

すでに〈本文解説〉Ⅱでも見たが、ここでもう一度確認しておこう。

・人間の世界は、言葉によって縦横に細分されてはいるものの、語の配分は、決してわれわれの経験世界に密着した精密度で行われているわけではない。

↓

自然界・外部

・もっとも客観的に見える自然界ですら、実際は、なんら客観的に分割されていないというのが、言葉の世界である

(例　色彩)

・無限の連続である外界

・曖昧で不確かで変動しやすい人間の知覚

・客観的世界
　← 人が属する言語の構造(=分節的統一)という既成の論拠・名称

・いくつかの類概念に区切り、そこにおける固定した中心、思想の焦点としての名称をもって配置する

・思考活動・認知

・整理せられ、一定の秩序と形態を与えられる

内面・内部

(例　ド・レーナル夫人)

・朦朧として不分明な個人の感情、捉えがたい心理の内面

・言語以前の無意識の状態における個人的感情

・カオス
　← 名称

・客観化し明確化する

・判然たる姿をとってその性格を現示する

・コスモス　無垢の純潔性の喪失

ベンジャミン・リー・ウォーフから

・無限の連続性を帯びている内的外的世界

・話者(言語主体)の知覚

・経験
　← 言語=経験的、習慣的様式　名づけること

恣意的な分類法、その上に立つ一定数の限られた

言葉

⟵

・話者の知覚に指向を与える

・話者にとって、経験を意味のある範疇に分析するための習慣的な様式を準備するもの

・言語主体に指示して彼を特定のチャンネルへと追いこむこと、外部から一つの決定を強制すること

以下を確認する。

言葉の世界

言葉によって縦横に細分されている人間の世界

＝

言語化された内的世界（人間の内面・心理）

＋

言語化された外的世界（人間の外部・自然など）

（3）（2）で確認した箇所から、「もっとも客観的に見える」を換言する。

「もっとも客観的に見える」

＝最も明確な秩序と形態を与えられた

（4）「なんら客観的に分割されていない」の換言

一般論部分だけでなく、具体例部分の表現を活用する。傍線部が否定形の場合は、否定形で換言するとともに、より明快に肯定形で説明しておきたい。

・語の配分は、人間の経験世界に密着した精密度で行われているわけではない（否定形）

・人はその属する言語の構造（分節的統一）という既成の論拠の上においてのみ、色合を認知しうる（肯定形）

・言語が押しつける恣意的な分類法（肯定形）

（5）解答作成

解答欄は四行分。

［解答例］

言葉の世界は、人間の内的世界だけでなく、最も明確な秩序と形態を与えられているように見える外的自然さえ、実際は、人間の経験世界に密着した精密度ではなく、各言語固有の構造に応じて恣意的に、語が配分されているということ。

（100文字／107字）

◎加点条件

言葉の世界（言語化）について書いてあること

◎加点ポイント

1　「すら」のニュアンスと対比関係

a　（人間の）内的世界と外的自然

2　「もっとも客観的に見える」の換言

b　最も明確な秩序と形態を与えられているように見える

3　言語の世界の特徴として「客観的に分割されていない」

c　人間の経験世界に密着した精密度で、語が配分されて

いるのではない
d　各言語固有の構造に応じて恣意的に、語が配分されている

問三　内容説明

◎設問意図
比喩表現の意味

◎解答へのアプローチ
（1）傍線部を含む一文を確認する。
〈本文解説〉で見たが、もう一度確認しよう。「切り捨てられ」「失ってしまう」ということは、それ以前には存在したということだから、それを補って記しておこう。

カオス　他の属性をもつ
　無垢の純潔性がある
↓　言葉・名づけ
コスモス　他のあらゆる属性を切り捨てられ、
　無垢の純潔性を失ってしまう。

（2）本文関連箇所を含めて、傍線部の内容を確認しよう。
カオス　（他の属性）
　無限の連続性　無垢の純潔性
↓　名称・言語
コスモス　他のあらゆる属性の切り捨て
　秩序と形態　無垢の純潔性の喪失

（3）解答作成
解答欄は二行分。「存在→喪失」をコンパクトに説明する。この場合の純潔さとは、言語化以前にそなえていた特徴（原初の特徴）を指している。

事物は
言語化以前は、無限の連続性を帯びたカオスであるが、
言語化される際に、
他のあらゆる属性を切り捨てられ、
一定の秩序と形態をそなえたコスモスとなると、
言語化以前の無限の連続性を失ってしまうということ。
↓　圧縮する

［解答例］
事物は、言語化により一定の秩序と形態を与えられると、無限の連続性を帯びた原初の状態を失うということ。
（47文字／50字）

◎注意点
1　問四との棲み分けに注意したい。問四は心情に即した説明が要求されているので、こちらは、内的外的世界を含めた事物一般について説明する。
2　「無垢の純潔性」を純粋さなどとしないこと。

◎加点ポイント
a　名称・言葉・名づけにより生じる喪失であることの明示

b　コスモスへの転化＝一定の秩序と形態を与えられる
c　無垢の純潔性の具体化　＝「無限の連続性」の指摘
d　「原初性」の指摘
＊内的世界、心情に限定して書いてある場合も加点する。

問四　内容説明

◎設問意図

・一般論と具体例の関係

傍線部は、「泣きぬれた天使」の「『愛』とか『嫉妬』とか『憎悪』とかいう言葉」に関連して、「その言葉とともに、愛や嫉妬や憎悪が結晶してくる」に引かれている。「愛」という言葉、「嫉妬」という言葉、「憎悪」という言葉は、「とか」という表現でわかるように、列挙されている具体例である。

・比喩表現の意味

◎解答へのアプローチ

（1）指示語「その言葉」の指示内容を確認する。

「愛」とか「嫉妬」とか「憎悪」という言葉とともに、愛や嫉妬や憎悪が結晶してくる

（2）関連箇所のチェック

「泣きぬれた天使」の部分で関連箇所を確認し、さらに先行する部分を確認する。「愛」「嫉妬」「憎悪」は感情・心理などの内面なので、ド・レーナル夫人の例の部分、その前後の一般論部分を確認する。

友情とも憐愍ともつかない漠然たる心情

・朦朧として不分明な個人の感情、捉えがたい心理の内面

・言語以前の無意識の状態における個人的感情

↓　言葉・名づけ・名称

愛や嫉妬や憎悪が結晶してくる

・客観化し明確化する

・気づいて（愕然とする）

・判然たる姿をとってその性格を客観的に現示する

（3）「結晶してくる」が比喩表現であることを意識して、換言する。

「結晶してくる」は「形のなかったものが、はっきりした形をとって現れる」ことである。この場合は、『赤と黒』であればド・レーナル夫人に、「泣きぬれた天使」であればジュヌヴィエーヴに、はっきりと意識されるということである。

心情　漠然

↓　言葉

言語主体に明快に意識される

この変化を（2）をふまえて明示していこう。

（4）解答作成

解答欄は三行分。

［解答例］

言語以前の無意識状態では個人の感情は漠然としているが、一定の言葉で名づけられると、判然とした性格をもつ感情として言語主体に意識されるようになるということ。

（74文字／77字）

◎加点ポイント

1　言語以前の個人の感情について

a　無意識

b　漠然

2　言語以後の個人の感情について

c　意識化

d　判然＝客観化・明確化

3　個人について

e　「言語主体」であることの指摘

問五　理由説明

◎設問意図

・Ⅲの部分要旨把握

・全体の論理展開の把握

〈本文解説〉Ⅰ（3）と傍線部との対応

〈本文解説〉Ⅱの位置づけ

◎解答へのアプローチ

（1）理由説明の要件を満たすこと

・傍線部の話題の維持

「意味論」について述べる

・傍線部の条件の維持

人間の「こころ」と言葉の「こころ」の相互関係を究明する「こころ」の学とならない限り

・述語部分の直結する理由

述語部分「人間の学としての『意味』を持ちえない」理由をきちんと述べる

（2）記述説明の基本ルール

「こころ」は複数の意味をもつから、それぞれの「こころ」の意味を明示する。

言葉の「こころ」＝言葉の意味

人間の「こころ」＝思考、思考活動、認知、知覚、感情、心理、内面＝心的活動

（3）解答のカタチを意識する。

「〜しない限り、〜持ちえないといっても過言ではない」の理由であるから、「〜してはじめて〜できる」などとしておく。

（4）関連箇所をチェックし、解答要素を確定していく。

最後の設問であり、〈本文解説〉Ⅲの前半はⅡと対応し、意味論はⅠ（3）と対応していることをふまえて、解答を作成する。

Ⅰより

一般に、意味論は、意味を客観的認識の対象として、当の言語主体から切り離し過ぎたうらみがある

Ⅱより

・思考活動は、言語の構造性に応じて営まれる
・人間の知覚は、名称によって新しい形をとり始める
・言語主体の行為や心理を一つの言葉で名づけるならば、あなたは、その人に、その人の行為や心理を啓示することになる
・その人は、名づけられた言葉を手がかりに、あらためて自分をかえりみるだろう

Ⅲより

・言葉の意味変化は、人間の「こころ」の変化を前提とする
・人間が自分の「こころ」を託す言葉を求める営みが言葉に影響する

↓

・人間の「こころ」と言葉の「こころ」の相互作用・相互関係
・人間の「こころ」の側から、言葉の「こころ」が追究されなければならない

(5)　解答作成

解答欄は五行分。

1　(4)を整理し、(3)のカタチに入れていく。

人間の「こころ」　←　言葉の「こころ」

人間の思考行為が言葉の構造に応じて営まれ、人間の心理が言葉に規定される

(人間の心的活動が言葉に規定される)

人間の「こころ」　→　言葉の「こころ」

(人間の心的活動が言葉に影響を与える)

人間の思考や心情を適切に表現する言葉を求める営為が言葉に影響し、意味変化をもたらす

↓

意味論

人間の心的活動と言葉の意味の相互関係を究明する

↓

意味を客観的対象として言語主体から切り離すに止まらず、言語主体である人間の心的活動の側から、言葉の意味を追究する

↓

人間の学として価値をもつ

＊細かなことだが、〈本文解説〉Ⅰ(3)で「切り離しすぎたうらみがある」の「すぎた」に着目すれば、意味を客観的認識の対象として考察すること、つまり、言語主体と切り離して考察すること自体を否定しているの

ではなく、それに偏りすぎていることを批判しているのであるから、解答は、「～ではなく」ではなく、「～に止まらず」などという表現の方が好ましいだろう。

2　字数を意識して、相互作用、傍線部の話題、条件を満たし、傍線部の述語部分に繋がるようにまとめていく。

［参考解答例］

人間の思考や心理が言葉に規定されるとともに、人間の思考や心理を適切な言葉で表現しようとする営為が言葉に影響し、意味変化をもたらす以上、意味論は、人間の心的活動と言葉の意味の相互関係を究明することではじめて、言語主体から切り離した意味を客観的認識の対象とするのではなく、言語主体である人間の心的活動の側から、言葉の意味を追究する学問としての価値をもち得るから。（180字程度）

［解答例］

人間の心的活動が言葉に規定されるとともに、言葉に影響を与える以上、意味論は、人間の心的活動と言葉の意味の相互関係を究明することではじめて、言葉の意味を、言語主体から切り離された客観的対象とするに止まらず、人間の心的活動の側からも追究する学問として、価値をもつから。（124文字／132字）

◎加点ポイント

＊構文は不問とする。「～限りは～から。」と書かれていても可。

1　相互性＝双方向性の指摘

a　人間の心的活動が言葉に規定される

b　人間の心的活動が言葉に影響を与える

2　傍線部の限定条件の維持と「こころ」の換言

c　人間の心的活動と言葉の意味の相互関係を究明する

3　「人間の学」となる理由

d　「言語主体から切り離して、言葉の意味だけを客観的対象として追究する」に止まらない。

＊「～でなく」も可

e　言語主体の心的なものの側から、言葉の意味を追究する

4　「意味」をもつ理由

f　価値が生じるから

解答

問一　人間に関する二元論的把握を語へ類推適用し、語の意味を「こころ」という和語で再認識すると、その和語が、語の意味と人間の心的活動との関係性を強く示唆するということ。

問二　言葉の世界は、人間の内的世界だけでなく、最も明確な秩序と形態を与えられているように見える外的自然さえ、実際は、人間の経験世界に密着した精密度ではなく、各言語固有の構造に応じて恣意的に、語が配分されているということ。

問三　事物は、言語化により一定の秩序と形態を与えられると、無限の連続性を帯びた原初の状態を失うということ。

問四　言語以前の無意識状態では個人の感情は漠然としているが、一定の言葉で名づけられると、判然とした性格をもつ感情として言語主体に意識されるようになるということ。

問五　人間の心的活動が言葉に規定されるとともに、言葉に影響を与える以上、意味論は、人間の心的活動と言葉の意味の相互関係を究明することではじめて、言葉の意味を、言語主体から切り離された客観的対象とするに止まらず、人間の心的活動の側からも追究する学問として、価値をもつから。

二（文系）

出典

古井由吉（ふるい　よしきち）「影」（『水』（講談社文芸文庫）所収）

古井由吉（一九三七～二〇二〇）は小説家。東京大学文学部独文科卒、同大学大学院文学研究科独文学専攻修士課程修了。金沢大学講師を経て、立教大学助教授。ドイツ文学者として研究、ドイツ語の教授、翻訳などをしつつ創作活動をしていた。一九七〇年三月に立教大学を辞職し、以降、執筆活動に専念する。黒井千次、日野啓三、小川国夫、高井有一、阿部昭などと共に「内向の世代」の小説家である。一九七〇年「杳子」で芥川賞受賞、一九八三年「槿」で谷崎潤一郎賞受賞など、受賞多数。代表作は他に、『聖』『栖』『親』『仮往生伝試文』など。

問題本文は、「影」「水」「狐」「衣」「弟」「谷」の六作からなる初期連作短編集の一つである「影」の一部。作家である「私」（作家であることは明示されておらず、「坐業」と記されているのみである）が「咳」「影」についての思いや考察を述べた部分である。

解説

〈本文解説〉

本文は筆者が所感を述べた随想のようにも見えるが、問四の設問文（「私」が感じたのはなぜか）から、本文中の「私」は筆者ではなく、小説の主人公である。「咳」と「影」をめぐって「私」が感じたこと、考えたことが書かれている「私小説」である。特段複雑な事件が起こるわけでも、登場人物の複雑な人間関係や心理があるわけでもない。
丸数字は形式段落を示す。

Ⅰ「私の咳」について（①〜③）

①　私の咳に関する説明

②　ベランダに出ると咳が出ることについて考察

A　躰が急に冷やされる

B　i　夜気の中に立った不節制な躰の、いわば戸惑いといったものが働いているようだ。　…問一

〈あるいは〉

ii　出つけぬ人前に出て話をしようとする人間の神経質な咳ばらいに似てるかもしれない。

③　ある夜の咳の様子

Ⅱ「影」について（④〜⑧）

（1）向かいの棟の壁に大きく映った人影について、どうしてそんな影が見えたのかを考える。（④）

・建物の近くを歩いていた男の姿が、車のライトに照らされて壁に投じられたとしか考えられない。

i　横断歩道か車道を〜その姿をライトの中心に捉えたのだろうか。

〈あるいは〉

ii　車がふいに妙なところで妙な風に向きを変えて、その近くを歩いていた男から影をさらっていったのだろうか。　…問二

（2）「壁に映った男」への思い（⑤・⑥・⑧）

「男」への羨望

「男」について

・じつに気ままそうに歩いていた

・酔っぱらって一人で夜道を帰るところだなと私は想像した

・ここまで来れば、酔いはもう自分一人の酔いであり、〜　…問三

↔　引き比べ

「我身」について

・発散しない酔いにつつまれてベランダに立っている

・私は男の今の状態をうらやましく思った

・その後姿を見送るような気持

（3）「男」への自己投影（⑧）

・私は壁に投じられた影を自分自身の影と思ったのだ

・影が投げやりな足どりで壁を斜めに滑り出した
≒
自分が歩み去っていく　↓　奇妙な解放感　…問四

（4）「影」に関する考察（⑦・⑧）
（1）～（3）をふまえて、「私」が影について考察している。
i　われわれには影の部分の暮しがあるのかもしれない
…問五
〈あるいは〉
ii　われわれの中には、影に感応する部分があるのかもしれない

「男」について（i）
・一人気ままに歩いている時でも、自分の姿がどこかに大きく映し出されて、見も知らぬ誰かに見つめられている
・本人は何も知らずに通り過ぎてしまう
・影が一人勝手に歩き出して、どこかの誰かと交渉をもつ

「男」の知らぬところで、「私」に「男」の影が捉えられることで生じる「男」の「影の部分の暮し（i）」である。この具体的体験から、一般的に、人間には「影の部分の暮しがあるのかもしれない」と「私」は思う。

「私」について（ii）
・（1）～（3）で男の影についてあれこれ感じたり、考えたりしている。
・夜道を一人気ままに歩く男の、その影が本人の知らぬ間に壁に大映しになって、赤の他人の私の目を惹きつけて歩み去る。

つまり、「私」は「影に感応（ii）」している。この具体的体験から、一般的に、人間の中には、「影に感応する部分があるのかもしれない」と「私」は思う。

〈設問解説〉
設問は、本文の論理的な関係の正確な把握と、表現（比喩表現）に関する理解を問うだけの問題で、評論の現代文読解ができ、京大特有の比喩表現の一般化ができれば、難度は高くない。問一、問二、問五は接続語の「あるいは」を正確に意識できるかどうかが解答作成の鍵になっている。

問一　内容説明
◎設問意図
・比喩表現の意味　「いわば戸惑いといったもの」
・論理展開の把握　主語「それは」、接続語「あるいは」
◎解答へのアプローチ

（1）傍線部を含む一文を確認する。

ベランダに出ると咳が出るのは、（躰が急に冷やされるせいだろうが、それよりも先に、）夜気の中に立った不節制な躰の、いわば戸惑いといったものが働いているようだ。

咳が出るのは身体反応であり、心理的な反応ではないから、「戸惑い」は〈戸惑いのようなもの〉を意味する隠喩である。また、「いわば」という副詞に着目しても、「いわば戸惑い」は〈たとえていえば戸惑い〉である。「戸惑い」は元来、心理的反応を意味するが、ここでは夜気に躰が反応して咳が出るという身体的反応を喩えている。例で説明しておこう。

えーっという声が出たのは、戸惑いが働いている。

予想外のことに、どう対処していいかわからなくて、えーっという声が出た

≒

咳が出るのは、躰の、いわば戸惑い（みたいなもの）が働いている。

予想外のことに、躰がどう反応していいのかわからなくて、咳が出た

（2）論理展開に注意しよう。

〈本文解説〉でも述べたが、接続語「あるいは」に注意して、解答領域を絞る。「～ようだ。」「あるいは、～かもしれない。」という二つの不確かな「私」の考えが示され、その前者に傍線が引かれている。

・ベランダに出ると咳が出るのは、

夜気の中に立った不節制な躰の、いわば戸惑いといったものが働いているようだ。

・いくら都会とはいえ夜半をまわればいくらか清浄になる空気に触れて、タバコの煙と坐業にふやけた躰が自分の内側の腐敗の気を嗅ぎ取り、うしろめたく感じるのだ。

〈あるいは〉

・それは

出つけぬ人前に出て話をしようとする人間の神経質な咳ばらいに似てるかもしれない。

曖昧に喉から洩れた咳が～咳きこみ出す。

整理しておこう。

ベランダに出ると咳が出る理由について

i　いわば戸惑いといったものが働いているようだ。

夜気　清浄な空気
↔
不節制な躰・ふやけた躰・自分の内側の腐敗の気
戸惑い・うしろめたく感じる

ii　咳ばらいに似てるかもしれない

> 出つけぬ人前で話をする
> 　神経質な咳ばらい・洩れた咳→恥しさ
> 咳：照れかくしの咳ばらい

傍線部はⅰであるから、ⅱの要素を書いたりしないように注意しよう。また、「うしろめたく感じる」も比喩表現であり、解答には使えない。

（3）比喩表現の一般化

本文中の表現は使えないから、自分で表現を工夫する。

夜気の中に立った不節制な躰の、いわば戸惑いといったものが働いていているようだ

ベランダに出ると咳が出るのは、

←

夜気の中に立った不節制な躰の戸惑いのようなものが働いて、咳が出る

・比喩の意味（予想外のことへの反応）を反映する

・傍線部の直後に記載されている要素を取り込む

←

夜気の清浄さに、不節制な躰が過敏に反応して、咳が出る

（4）「不節制な躰」を換言しておく。

「不節制」は節制できていないこと。

節制＝食欲・喫煙などの欲望を抑えて度を超さないようにひかえること。

規則正しく、行動に節度があること。

←

不節制な躰＝タバコの煙と坐業にふやけた躰・内側の腐敗

「（タバコの煙と坐業に）ふやけた」「腐敗した」も比喩表現であるから、〈喫煙と座りっぱなしの仕事でだらけた〉などの表現にしておこう。

（5）解答作成

解答欄は二行分。一行二五文字（句読点、記号を除いた文字数）程度で解答を作成しよう。以下の設問も同様。二行しかないのでコンパクトにまとめよう。なお、こういう問題は、本文に書いてあることを漫然と書き写すだけでは解答にならないことに注意しよう。

［解答例1］

喫煙と座りっぱなしの仕事でだらけた躰が、夜半過ぎの清浄な空気に触れ、過敏に反応して咳が出るということ。

（48文字／51字）

［解答例2］

喫煙と座りっぱなしの仕事でだらけた躰の、夜半過ぎの清浄な空気への過敏な身体反応として、咳が出るということ。

（50文字／53字）

＊51字、53字は句読点、記号を含む字数を示し、48文字、50文字は句読点、記号を除く文字数を示す。以下同様。

解答例2は傍線部での「戸惑い」が身体反応であることを明示したものだが、解答例1でも「躰が〜反応して」とあるので、こちらでも十分である。

◎加点ポイント

1 「戸惑い」の的確な換言

a 咳が出るのは過剰な「身体の反応」であることの指摘

2 「戸惑い」の内容

b 躰の説明　喫煙と座りっぱなしの仕事でだらけた躰

c 夜気の説明　夜半過ぎの清浄な空気

問二　内容説明

◎設問意図

比喩表現の意味　「男から影をさらっていった」

◎解答へのアプローチ

実際には、歩行者の影が、車のライトで建物の壁に映じているわけであるが、それを「さらっていった」と表現しているのだから、この「さらう」のニュアンスをふまえて、的確に換言する。

（1）実際の状況を本文から確認する。

ここでも、問一と同様、「あるいは」に注意しよう。ここでは、「〜のだろうか。あるいは普段〜のだろうか。」という「あるいは」の前後の二つの推量のうちの、後者に傍線が引かれているので、後者で説明すること。

［本文関連箇所］

・建物の近くを歩いていた男の姿が、車のライトに照らされて壁に投じられたとしか考えられない。

・普段そんな影が映らないところを見ると、車がふいに妙なところで妙な風に向きを変えて、その近くを歩いていた男から影をさらっていったのだろうか。

たまたま、車が変な向きになり、その車のライトが歩いている男にあたって、壁に影が映ったということだ。

（2）「さらっていった」の換言

ここでの「さらう」は〈奪いさる〉。影が男から引き離されて、壁に映っているように見えたということだろう。

（3）解答作成

解答欄は二行分。コンパクトにまとめよう。

［解答例］

歩いていた男を車のライトが偶然珍しい方向から照らした結果、壁に映った影が男から遊離して見えたということ。

（50文字／52字）

◎加点ポイント

1 状況の説明

a 車のライトが妙な方向から歩いていた男を照らし出したことの指摘

b 男の影が壁に映ったことの指摘

2 「さらう」という比喩の意味

c 男から影が遊離したように見えたことの指摘

問三 内容説明

◎設問意図

・シチュエーションの把握

・副詞「もう」のニュアンス

◎解答へのアプローチ

（1） 傍線部を含む一文を含めて、シチュエーションを確認する。

⑥段落の「我身」との比較も含めて確認しよう。

酒を呑んだ理由

祝い酒だか、ヤケ酒だか、うまくもない仕事の酒だか知らない

← 一人で夜道を帰る

ここまで来れば

・傍線部　酔いはもう自分一人の酔い

・誰に気がねをする必要もなく、酒を呑んだ理由さえもう遠くなってしまって

・一歩ごとにあらためてほのぼのとまわってくる

・何もかも俺の知ったことじゃない

・いま家に向かっているのも、明日の勤めのためにこの躰をとにかく家まで運びこんでおくためだ　…家人への気がねもない

・気ままそうに歩いていた

・発散する酔い（↔「我身　発散しない酔い」の反対解釈）

（2） 解答要素を整理しよう。

「自分一人の酔い」とは、まず、家人も含めて他人への気がねがないこと。気がねがなく、「気まま」で「ほのぼのと」酔いを「発散」している状態である。

（3） 「もう」のニュアンスを解答に反映する。

「もう」＝〈もとどうであれ、今に至ってはもはや〉という状況を説明する。

どんな理由で呑んだにしろ、「酔っぱらって一人で夜道を帰る」に至れば

（4） 解答作成

解答欄は四行分。解答要素を丁寧に盛り込んでいこう。

［解答例］

誰とどんな理由で呑んだ酒であれ、酔っぱらって一人で帰宅する途上にまで至れば、家人も含めて誰に気がねする必要もないので、他人を一切意識せず、歩くにつれてほのぼのとまわる酔いを、気ままに発散していられるということ。

（99文字／105字）

◎加点ポイント

1 「もう」のニュアンス

a　先行状況の説明　呑んだ理由はあれこれあることの指摘

b　aとは関係なく、酔っぱらって一人で帰宅する途上に至っていることの指摘

2　「自分一人の酔い」の説明

c　誰に気がねをする必要もない

d　家人を含めて他人を一切意識しない

e　ほのぼのとまわる酔い

f　気ままに発散

問四　理由説明

◎設問意図

・心情説明

「私」が解放感を覚えた理由であるから、「私」の内面に即して説明する。

・「奇妙な解放感」の説明

単なる「解放感」ではなく、「奇妙な解放感」であるから、「奇妙」だと「私」が感じる理由も含めて説明する。

◎解答へのアプローチ

(1)「解放感」を覚えた理由

シチュエーション、きっかけ、「私」の主観的要素を確認しよう。

「私」　発散しない酔いにつつまれてベランダに立っている

きっかけ　←・壁に投じられた影を自分自身の影と思った
・私はその影につかのま自分自身の姿を認めて

←発散する酔い・気ままに歩み去る男＝「私」

「私」　←自分が気ままに歩み去っていくような錯覚

「私」　←解放感　傍線部

(2)「奇妙な」という理由

本文の以下の記述に着目しよう。

「私」はその影につかのま自分自身の姿を認めて、自分自身が気ままに歩み去って行くのを見送る

「私」が「私」を見送る、つまり、影を見る自分と影として見られる自分とが感じられるところが「奇妙」につながる。

(3)解答作成

解答欄は四行分。「解放」は、先行する拘束・束縛・不自由な状態があって、はじめてそれからの「解放」があるのだから、先行する状況をきちんと説明しよう。

[解答例]

発散しない酔いにつつまれてベランダに立っている「私」

は、酔って気ままに歩み去る男の影が壁に映じるのを見て一瞬自身の影と思い、日常から逃れて気ままに歩み去って行く自身を自らが見送るかのような錯覚を覚えたから。

（98文字／103字）

◎加点ポイント

1　解放感を「私」が感じた理由
　a　先行状況　発散しない酔いにつつまれてベランダに立っていることの指摘
　b　きっかけ　壁に映じた影を自分の影だと思った
　c　影が気ままであることの指摘
　d　自分が気ままさを獲得したことの指摘

2　奇妙さの理由
　e　自分が自分を見送る
　f　錯覚を覚えた、気がした

問五　内容説明

◎設問意図

・論理展開の把握
・接続語「あるいは」の理解
・「影」という言葉の意味

◎解答へのアプローチ

（1）傍線部を本文で確認して、論理展開を踏まえて説明する。

すでに〈本文解説〉で述べたが、以下を確認しよう。
　i　われわれには影の部分の暮しがあるのかもしれない
〈あるいは〉
　ii　われわれの中には、影に感応する部分があるのかもしれない

傍線部はｉであり、「あるいは」のｉのみの説明が求められている。ⅱの具体的内容については、「私」が「男」の影に感応していることに関する問二〜問四で既に問われている。

（2）⑦段落の内容を踏まえる。
男の影を見た「私」が影に感応して、あれこれ思ったりしたように、「われわれには影の部分の暮しがある」。

自分の影
　1　見も知らぬ誰かに見つめられている
　2　本人は何も知らずに
　3　影が一人勝手に歩き出して、どこかの誰かと交渉をもつ

（3）傍線部直前の「われわれ」に着目する。
影の部分の暮しがあるのは、男だけでなく、「われわれ」である。つまり、「私」だって、どこかで「私」を、もしくは「私」の影を見かけた誰かが、「私」の生活についてあれこれ考えたり、「私」をうらやんだりしているかもしれない

ということだ。男の影から推測して、人間一般における「影の部分の暮し」について説明する。

男　影の部分の暮しがある
↓　推測・敷衍
人間一般　影の部分の暮しがある

(4)「影」という言葉の語義を意識する。

男に関する描写からもわかるように、「男の姿」に対して「影」であるから、〈本人に意識されている暮し〉と〈本人が知らぬ間に、誰かと交渉をもつ無意識の暮し〉というように二つの暮しがあることを明示しよう。

意識している暮し
↔
本人は知らない、無意識の暮し

(5) 解答作成

解答欄は四行分。字数にゆとりがあるから、(3)男の影の例→一般論、(4)姿と影の対応を意識して解答を作成しよう。

[解答例]

男の影が本人の知らぬ間に他人の「私」の目を惹いたことから推して、人間には、自身が意識して送っている人生とは別に、自ら何も知らずに、どこかの誰かに認識され、影響を与えるという、無意識的な生活というものがあるということ。(99文字／108字)

◎加点ポイント

1 「影」の語義
a 意識されている人生とは別に無意識の人生があることの指摘

＊「意識」「無意識」は別の表現も可

2 人間一般論として
b 本人が意識している人生が存在することの指摘
c 本人が知らない、意識していない人生が存在することの指摘
d cの説明として、どこかの誰か(他人)との交渉があることの指摘

3 男の影の人生との関連性の指摘
e 男の影が本人の知らぬ間に他人の「私」の目を惹いたこと
f eとcの関連「推測して」「ように」などの指摘

解答

問一　喫煙と座りっぱなしの仕事でだらけた躰が、夜半過ぎの清浄な空気に触れ、過敏に反応して咳が出るということ。

問二　歩いていた男を車のライトが偶然珍しい方向から照らした結果、壁に映った影が男から遊離して見えたとい

うこと。

問三　誰とどんな理由で呑んだ酒であれ、酔っぱらって一人で帰宅する途上にまで至れば、家人も含めて誰に気がねする必要もないので、他人を一切意識せず、歩くにつれてほのぼのとまわる酔いを、気ままに発散していられるということ。

問四　発散しない酔いにつつまれてベランダに立っている「私」は、酔って気ままに歩み去る男の影が壁に映じるのを見て一瞬自身の影と思い、日常から逃れて気ままに歩み去って行く自身を自らが見送るかのような錯覚を覚えたから。

問五　男の影が本人の知らぬ間に他人の「私」の目を惹いたことから推して、人間には、自身が意識して送っている人生とは別に、自ら何も知らずに、どこかの誰かに認識され、影響を与えるという、無意識的な生活というものがあるということ。

二（理系）

出典

湯川秀樹（ゆかわ　ひでき）「科学と哲学のつながり」（『詩と科学』所収）

湯川秀樹（一九〇七～一九八一年）は理論物理学者。京都帝国大学理学部物理学科卒業。大阪帝国大学講師、京都帝国大学教授、東京帝国大学教授、コロンビア大学教授を歴任。京都大学基礎物理学研究所の初代所長となる。中間子の存在を理論的に予言し、後に実証され、研究が認められ、一九四三年文化勲章を受章し、一九四九年ノーベル物理学賞を受賞している。ラッセル・アインシュタイン宣言、パグウォッシュ会議に参加し、世界平和の達成、核廃絶を目指す科学者の平和運動の中心的メンバーであった。

　問題本文は、科学の限界という問題をとりあげ、素朴な科学万能論を信ずることはできないとしたうえで、科学の本質的な部分との関連で、科学が自己発展を続けてゆくためには多くのものを見のがすほかなかったという科学の宿命について説明する。そして、それを限界と呼ぶべきであるなら、この点を反省することによって、科学は人類の全面的な進歩向上により一層大きな貢献をなし得るから、この科学の宿命ともいうべき限界は科学の長所であるかも知れないと述べている。

解説

〈本文解説〉

　では、本文の内容を見ていこう。丸数字は形式段落を示す。

Ⅰ　科学には限界があるかどうか（①）

科学によってすべての問題が解決される可能性を、将来に期待してもよさそうに思われるが、いくつかの点を考慮すると、素朴な科学万能論を信ずることはできない。

Ⅱ　科学の本質的な部分（②）

（1）科学の本質的な部分

事実の確認と諸事実間の関連を表す法則の定立

（2）事実に求められる客観性

事実という以上は一人の個人的体験であるだけでなく、他の人々の感覚によっても捕え得るという意味における客観性を持たねばならない。

←

自分だけにしか見えない夢や幻覚などは、「事実」ではない。

（3）（2）の例外

「もっとも」は〈前の事柄を受けながらも、それに反することをつけ加えることを表す〉から、「心理学など」は、（2）で述べた科学の例外的なものということになる。

心理学などにとっては、夢や幻覚でも研究対象となる

←

体験内容が言葉その他の方法で表現ないし記録されることによって、広い意味での事実にまで客観化されることが必要

←

科学と文学との境目は、もはやはっきりとはきめられない

自己の体験の忠実な表現はむしろ文学の本領

Ⅲ　科学の網目から脱落するもの（③・④）

（1）科学の対象

体験の中から引出され客観化された多くの事実を相互に比較することによって、共通性ないし差違が見出され、法則の定立にまで発展する可能性が必要である。

（2）例示

ここでは「色の感じ」の例を示して、抽象化・客観化により法則は得られるが、個人固有の感覚は失われるという二面性を指摘している。

赤とか青とかいう私の感じ（色の感じ）

他の人の感じと比較のしようがない

← 抽象化・客観化 ←

一面	反面
光の波長の違い ← 色や光に関する一般的な法則が把握される	私自身にとって最も生き生きした体験の内容であった赤とか青とかいう色の感じそのものは脱落する

（3）科学の網目からもれてゆくもの
・私どもにとって別の意味で極めて重要なもの
・科学の網によって捕えられないところ
・芸術的価値の本質
・私どもの体験の他と比較したり、客観化したりすることのできないある絶対的なもの

Ⅳ　科学の宿命（④）
科学が自己発展を続けてゆくためには、多くの大切なものを見のがすほかなかった
＝
科学の宿命＝科学の限界

Ⅴ　科学の限界に関する考察（④）
科学の限界を反省する
←
科学は人類の全面的な進歩向上に、より一層大きな貢献をなし得ることになる
←
科学の限界は弱点であるよりもむしろ長所でもあるかも知れない

〈設問解説〉
問一　理由説明
◎設問意図
・論の展開の把握
・接続語の意味「もっとも」
・指示語と副詞「この辺までくると」「もはや」
◎解答へのアプローチ
（1）傍線部直前「この辺までくると」と傍線部内「もはや」に着目する。それまではそうでなくても、「この辺までくると」「もはや」はっきりとはきめられないのである。科学と文学との境目はそれ以前ははっきりときめられるが、「この辺までくると」、それ以前とは異なる状況になるということである。
「この辺までくると」は「もっとも」以下の部分〈本文解説〉Ⅱ(3)に対応している。もう一度確認しておこう。

科学における事実
個人的体験であるに止まらず、同時に他の人々の感覚によっても捕え得るという意味における客観性を持たねばならぬ
←
自分だけにしか見えない夢や幻覚などは、一応「事実」でないとして除外される

心理学など
・夢や幻覚でも研究対象となり得る
・個人的体験が言葉その他の方法で表現ないし記録されることによって、広い意味での事実にまで客観化されることが必要である

＝

この辺まで来ると

(2) 科学と文学との境目が「もはやはっきりとはきめられない」理由を指摘する。

1 傍線部直後の文学に関する記述に着目する。
・自己の体験の忠実な表現は、むしろ文学の本領だともいえるであろう。

2 「心理学など」の場合と、「文学」の場合を並べてみよう。

心理学など
個人的体験が言葉その他の方法で表現ないし記録されることによって、広い意味での事実にまで客観化されることが必要である

文学の本領
自己の体験の忠実な表現

並べればわかるように、体験を表現するという点で両者は似通っている。これが、「境目」が「はっきりとはきめられない」理由である。

---

(3) 解答作成
解答欄は三行分。一行二五文字(句読点、記号を除いた文字数)程度で解答を作成しよう。以下の設問も同様。

[解答例]
特定の個人に限定的な体験内容を表現ないし記録して客観化し対象化する際の科学の営みは、自己の体験の忠実な表現を本領とする文学の営みと明瞭に区別できないから。
(75文字／77字)

＊77字は句読点、記号を含む字数を示し、75文字は、句読点、記号を除く文字数を示す。以下同様。

解答例では、③段落の内容をふまえて、「客観化し対象化する」とした。

◎加点ポイント
1 科学の特徴 「この辺まで来ると」「もはや」
a 科学が、特定の個人に限定的な体験内容を表現ないし記録して客観化する段階に至った場合であることの指摘
2 文学の特徴
b 自己の体験の忠実な表現
3 「境目がはっきりとはきめられない」に直結する理由
c 明瞭に区別できないから

問二 理由説明
◎設問意図

・部分要旨
③段落から④段落にかけての科学の特徴の把握
・比喩表現の理解
「科学の網目からもれてゆく」「科学の網によって捕えられない」
・論と例の把握
〈本文解説〉Ⅲ（2）の例をふまえて説明する
◎解答へのアプローチ
（1）「科学の網によって捕えられないところ」の確認
③・④段落の内容を具体例も含めて整理しよう。
科学の網によって捕えられないもの　比喩
＝
科学の抽象化・客観化の過程で脱落するもの
＝
・（「私」の）感じ
・「私自身」にとって最も生き生きした体験の内容
・極めて貴重なもの（③段落）
・他と比較したり、客観化したりできないある絶対的なもの（④段落）
＝
科学の抽象化・客観化の過程で脱落する、個人的体験固有の絶対的で極めて貴重なもの

字数が二行と短いので、要素をコンパクトにまとめていくことが必要である。「私」に関連する部分は「個人固有の」、他との関係・比較で決まるのが相対的であるから、「比較できないのは「絶対的」で代用する。
（2）解答のカタチを確認する。
「芸術的価値の本質」そのものの説明はないから、「科学の本質的な部分」から導き出す。
解答
「芸術的価値の本質は、Aにある」と筆者は考えている
⇐　だから
傍線部
「芸術的価値の本質は、つねに科学の網によって捕えられないところにしか見出されない」と述べている
（3）解答作成
（2）のA部分に（1）を入れ込む。解答欄は二行分。
［解答例1］
芸術的価値は、科学の抽象化・客観化の過程で脱落する、個人的体験固有の絶対的で極めて貴重なものにこそあるから。
（50文字／54字）
［解答例2］
科学の抽象化・客観化の過程で脱落する、個人的体験固有

の絶対的で極めて貴重なものにこそ、芸術的価値はあるから。
（50文字／54字）

解答例2は解答例1の語順を入れ替えたもの。含んでいる解答要素は変わらない。理由説明の解答は原則、傍線部の主語を解答でも維持して解答のカタチ、解答要素を確定し、それから、表現を工夫するとよい。

◎加点ポイント

1 「科学の網によって捕えられないところ」の明示
a 科学の抽象化・客観化の過程で脱落する

2 芸術的価値の説明として
b 個人的体験固有
c 他と比較できない＝絶対的
d 極めて貴重

問三　内容説明

◎設問意図

・主題の把握
「科学」の本質との関連で、「科学の限界」を考えるという本文の主旨が把握できているかどうかを問う設問

・指示語「このような」

◎解答へのアプローチ

（1）「科学の宿命」が何であるかを説明する。

1 傍線部直前の「このような」に着目し、④段落の「しかし」の後をふまえる。

・科学が自己発展を続けてゆくためには、その出発点において、またその途中において、故意に、もしくは気がつかずに、多くの大切なものを見のがすほかなかったのである

2 見のがす「多くの大切なもの」を③段落の内容「極めて貴重なもの」をふまえて、具体化する。これは問二の解答要素と重なる。

多くの大切なもの
＝
個人的体験固有の絶対的で極めて貴重なもの

3 「宿命」の意味を含めてコンパクトにまとめる。

科学の宿命
＝
科学の継続的発展において、個人的体験に固有で客観化し得ない絶対的なものが脱落することは避けがたいこと。

（2）設問条件に従い、「筆者の考える『科学』の本質を明らかに」する。

「科学の本質的部分」について書かれた②段落をふまえる。

科学の本質的部分
＝
事実の確認と、諸事実間の関連を表す法則の定立

（3）③段落から「科学」の特徴を確認し、（2）の事実の内

容を説明する。

個人的体験の抽象化・客観化

↓

事実

(4) (1)～(3)を整理する。

個人的体験の抽象化・客観化

↓

事実の確認

‖

科学の本質

諸事実間の関連を表す法則の定立

↓

科学の継続的発展において、

個人的体験に固有で客観化しえない絶対的なものが

脱落することは避けがたい

＝

科学の宿命

(5) 解答作成

解答欄は四行分。設問文に「何か」とあるので、最後は「宿命」を換言する名詞で結んでおこう。

[解答例]

科学の本質が、個人的体験の抽象化、客観化によって得られる事実の確認と、諸事実間の関連を表す法則の定立にあることから生じる、科学の継続的発展における、個人的体験に固有で客観化し得ない絶対的なものの脱落の不可避性。（99文字／105字）

◎加点ポイント

1 「科学の宿命」の内容

a 科学の継続的発展に伴うものであることの指摘

b 個人的体験に固有で客観化し得ない絶対的なものが見のがされることの指摘

c 宿命の換言＝不可避性

2 「科学」の本質の内容

d 事実の確認と、諸事実間の関連を表す法則の定立

e 事実が個人的体験の抽象化、客観化によって得られることの指摘

◎注意事項

科学の宿命が科学の限界だとしても、それを反省することで長所となりうるという傍線部の後の記述は解答には含まれない。

解答

問一　特定の個人に限定的な体験内容を表現ないし記録して客観化し対象化する際の科学の営みは、自己の体験の忠実な表現を本領とする文学の営みと明瞭に区別できないから。

問二　科学の抽象化・客観化の過程で脱落する、個人的体験固有の絶対的で極めて貴重なものにこそ、芸術的価値はあるから。

問三　科学の本質が、個人的体験の抽象化、客観化によって得られる事実の確認と、諸事実間の関連を表す法則の定立にあることから生じる、科学の継続的発展における、個人的体験に固有で客観化し得ない絶対的なものの脱落の不可避性。

二〇一七年

一（文理共通）

出典

串田孫一（くしだ　まごいち）「山村の秋」

串田孫一（一九一五〜二〇〇五年）は東京生まれの哲学者、詩人、随筆家。東京大学文学部哲学科卒業。山岳部の活動から生まれた短編集『白樺』を出版した後、『冬夏』『歴程』『度時代』などの同人誌に参加した。一九五八年には山の文芸誌『アルプ』を創刊した。上智大学、東京外語大学で教鞭をとっている。

著作は、山や登山を思索の原点においた筆者であるから、山岳文学が代表的であり、かつ著名であるが、それのみならず、自然とのふれあい、人生の機微、フランス思想の紹介など小粋な評論、随想を多数執筆している。小説、哲学書、翻訳など、著作は多岐にわたる。また、登山の際に風景をスケッチしたり、自著の挿絵や装丁を数多く手がけたりしており、画人としての一面も持っていた。串田孫一が文を書き、辻まことが画を描いた『わたしの博物誌』は週刊朝日に一年半連載され、好評を博した。また、串田が番組のパーソナリティをつとめ、音楽とともに自作の詩やエッセイを紹介するＦＭラジオの深夜番組『音楽の絵本』は30年続いた名番組であった。

著作は膨大にあるが、ほんの一部を紹介しておく。『永遠の沈黙　パスカル小論』（評論）、『羊飼いの時計』『山のパンセ』（詩集）、『雲』（画集）、『若き日の山』『博物誌』『鳥と花の贈り物』（エッセイ）、『八ヶ岳（日本の名山）』（編集）。

「山村の秋」は『山のパンセ』に収められたエッセイである。筆者は友人から届いた葉書をきっかけに、過去に訪れた秋の山村の様子に思いをはせる。その村を訪れた当時の筆者の旅の様子、村での純朴な農夫との触れ合い、陽光に彩られた村の美しい風景を書き綴り、村のたたずまいに筆者が魅了された筆者の心情を書き綴る。しかし、そうした魅力を筆者が感じ得るのは、自身がよそ者であるからであり、自身がその村に住む場所はもちろん、休息の場所さえ見当りにくいという内容の文章である。

解説（問五は文系のみ）

〈本文解説〉

本文は「＊」で6つの部分に分かれている。それぞれ第1部〜第6部として、本文の内容を見ていこう。

第1部　古い友人からの葉書と筆者の心情

（1）山の奥の村に移り住んでもう三年になり、再び都会の

生活に戻ることはないという内容

←

筆者の心情

・何という贅沢な奴なのだろうと思った

・まさか何というずるい奴だとまでは思うわけには行かなかった

…傍線部（1）

（2）友人と村の関係は書いていないし、筆者もこれまでにそんな話を聞いたことがない

←

筆者の心情

・私がついそう思ってしまったように決して贅沢なことなどではないかも知れない

・忘れかけていた山村の秋を筆者に鮮やかに想い出させた

第2部　当時の旅の様子

・ほんの一日二日歩くつもりで出かけた

・景色を眺めるというより秋の空気の匂いを嗅いで歩くのが嬉しかった

・（空の色、ゆっくりと通る雲）山麓への足を向けた

・放心の状態で歩いていたとしか思えない

・（秋、草、虫、羊のような雲、空）こういう旅…傍線部（2）

第3部　山村での農夫との出会い

筆者

・農夫の家に熟したままかなり残っている柿が急に食べたくなる

（柿はどこにも傷一つなく、大きな酸漿のように見えていた）

・三つ四つ売ってもらえないものかと頼んだ

←

農夫

・乱暴にはたき落とした

←

筆者

・落ちて来る柿をうけ止めて、もうこれだけで充分だと言った（受け取ってみると、柿はあっちこっちにしみだの傷もあった）

←

農夫

・持って行って食べなさい

←

筆者

・なんにも邪気のない、正直で素朴な農夫の心を手のひらに渡されたような気持だった

…傍線部（3）

第4部　山村の印象1

筆者

・色や光の組み合わせによって風景を見る

・そういう印象を強く残そうとしていた

←

村の景色の色合いから、筆者は「その場所で深く包み込んで行くような物語」を感じる

第5部・第6部　山村の印象2

(1) 村の魅力と村人

・太陽は秋になると暫くのあいだ、この村が好きで好きでたまらなくなると言った、優しさがこぼれたような光をそそいでいる

・ここは恐らく太陽にとっては秘密の土地であるに違いない

…傍線部(4)

・秋の太陽に愛されている土地

・めぐみを受けているところ

・秋の、そこに秘かに憩う太陽の愛撫を受けて

(2) 村と村人、筆者

・この村に昔から住んで土を耕している者たち

この村の特権的な魅力に気がつかない

・値打を然程に知らずにいる

↔

・ここへ移り住もうという気持を起こしたとしたら、どこへどんな小屋を建てて生活することが許されるのだろうかと考えてみた

・たまたま通り過ぎて行く筆者

僅かの憩いの時間だけ、優しく高貴な光を浴びるのを許してもらえた

・有頂天になって、この土地に移住を企てることは、「値打を然程に知らずに頸に飾っている宝石をちょっとした簡単な言葉でどこかの島の住人から奪いとるのと似ているような気がした」

(3) 筆者の自覚

村の自然・建物と村人

・秋の過不足のない調和の中で静かな息づかいをしている

←

筆者

・私が住む場所は勿論のこと、休息の場所さえ見当りにくいところ

…傍線部(5)

筆者はよそ者であるが故に、その村の魅力に気づき(問四)、最終的には、よそ者であるが故に、自身はその村には住むどころか休息する余地もないと思ったのである。

〈設問解説〉

本文を必ず、一読してから、設問に取りかかろう。

今回の問題で重要なのは、時系列だ。一読すると、時系列がわかる。本文最後の一文「葉書をくれた友人はこういう村に今住んでいる」という一文に着目して、小説と同様、出来事の起こった順番に並べよう。

かつての出来事

・筆者は旅をしていて、ある山村を訪れた
↓
・その山村に魅力を感じ、移り住もうという気持になったらどうかと考えた
↓
・土地に移住を企てることは「値打を然程に知らずに頸に飾っている宝石をちょっとした簡単な言葉でどこかの島の住人から奪いとるのと似ているような気がした」
・住む場所は勿論のこと、休息の場所さえ見当りにくいところだと感じた
↓
今日の出来事
↓
・古い友だちから葉書が来た
・葉書を読んで、筆者はかつて訪れた山村を思い出す
友だちはその村に住んでいる
↓
・筆者は友人に対して、「贅沢な奴」だと思ったが、「ずるい奴」だとまでは思わなかった

問一　内容説明

◎設問意図

・シチュエーションの把握と心情の理解
・関連箇所の発見
・比喩表現の一般化

◎解答へのアプローチ

傍線部は筆者の心情を説明した部分だから、小説と同様にシチュエーションときっかけ、主観的要素をおさえていこう。

（1）傍線部を抱いたきっかけをまず、第1部から確認しよう。

第③段落を見ると、筆者は、友人と山村がどういう関係かは知らないことがわかる。つまり、友人がその村とどういう関係なのかはわからないが、筆者は、友人がその山村に移住したことを知ったとき二つの感情を抱いた（抱かなかった）ことが第①段落には書かれている。それが以下の二つだ。

きっかけ

友人の葉書を読んで、詳細な事情はわからないが、友人がかつて筆者が訪れたことのある「山の奥の村」に移住したことを知った

↓

筆者の心情

A　何という贅沢な奴なのだろうと思った

B　まさか何というずるい奴だとまでは思うわけには行かなかった

筆者からすれば「贅沢だ」と思えたのだけど、「ずるい」とまでは思わなかったということだ。

（2）本文全体をふまえて、傍線部のシチュエーションをおさえよう。

〈設問解説〉の最初に記したように、本文を最後まで読んでいれば、友人の今住んでいる村はかつて筆者が訪れて、魅了され、移住の可能性を頭に描き、そして感慨を覚えた山村だったことがわかる。

（3）関連する本文の表現を確認しよう。

友人が住んでいる山村に関する筆者のかつての気持ちを確認しよう。

・もしも私がここへ移り住もうという気持を起こしたとしたら、どこへどんな小屋を建てて生活することが許されるのだろうかと考えてみた

・たまたまここを通り過ぎて行く私が、僅かの憩いの時間だけ、優しく高貴な光を浴びるのを許してもらえたのだろう。

・私自身がこの秋の太陽に愛されている土地に移住を企てることは、～「その値打を然程に知らずに頸に飾っている宝石をちょっとした簡単な言葉でどこかの島の住人から奪いとるのと似ている」ような気がした

・私が住む場所は勿論のこと、休息の場所さえも見当りにくいところだった

（4）「　」部分は比喩表現だから、一般表現に直しておこう。

・その値打を然程に知らずに頸に飾っている宝石をちょっとした簡単な言葉でどこかの島の住人から奪いとるのと似ているような気がした

↓　一般表現になおす

筆者が村に移住を企てるのは、村人が価値を知らないのに乗じて自分が得をすること＝狡いことをするような気がした

（5）整理しよう。筆者が当時感じた気持ちは四つだ。

1　筆者は山村に魅力を感じた

2　その村に移住する可能性を思った

3　許されるのは通り過ぎていく「僅かの憩いの時間だけ」太陽の光を浴びることだけで、住む場所はもちろん休息の場所さえ見当りにくいところだった→自分が住むことはもちろん、休息することすら許されないと感じた

4　筆者が村に移住を企てるのは、村人が価値を知らないのに乗じて自分が得をすること＝ずるいことをするような気がした

（6）かつて筆者が抱いた気持ちと現在筆者が抱いている気持ちを対応させていこう。

1・2・3から

筆者が魅力を感じ、住むことを考えたが、自分は住むことが許されないと思った村に友人が住んでいる

↓

A　友人を何という贅沢な奴なのだろうと思った

＝

自分が住むことはとうてい許されないと思った村に住む友人を贅沢だなあ（＝恵まれていていいなあ）と羨ましく思う

1・2・4から

筆者自身がその村に住むのは、村人が価値を知らないのに乗じて自分だけが得をすること（＝ずるいこと）をするような気がした

↓

B　友人をまさか何というずるい奴だとまでは思うわけには行かなかった

＝

かつて自分が移住を思ったときにはずるいような気がしたが、友人の場合は、友人と村との関係がわからないから、さすがに友人をずるい（卑怯である）とまでは思うわけ（理由）には行かなかった

（7）確認しよう。

Bの気持ちについては、第③段落から、友人がその村とどういう関係にあるのかを筆者は知らないことをおさえよう。筆者と同じ関係なら、それは筆者と同様にずるいことかもしれないが、そこまでは思わなかったということだ。

（8）細部の表現の確認。

「まさかpまでは～行かない」＝「いくらなんでもpまでは～行かない」＝「いくらなんでもpまでは行かず、手前のqに留まった」

（9）解答作成

傍線部の直前の「何という贅沢な奴」と傍線部の「何というずるい奴」との関係をふまえて、直前部分も含めて、傍線部を丁寧に説明すれば、以下のようになるだろう。

傍線部直前の心情

筆者は、思い出のある山村に移住した友人に対して、その移住の事情も知らぬまま、自身が願ってもかなわなかったことを実現した人間として、恵まれていて羨ましいと思った。

傍線部の心情

筆者は、思い出のある山村に移住した友人に対して、その移住の事情を知らぬまま、かつて自身に感じたように、いくらなんでも、友人を、村人が村の価値を知らないのに乗じて得をした卑怯者であると思うところまではいかず、羨ましく思うにとどまったということ。

解答欄は三行分であるから、後半をコンパクトにまとめる。

［解答例］

筆者は、思い出のある山村に移住した友人を、移住の事情が不明のまま、村の価値を知らずにいる村人に付け込む卑怯者だと思うには至らず、羨望するに留まったということ。

（74文字／79字）

◎加点ポイント

1　友人の説明

a　筆者にとって思い出のある山村に移住した

＊「思い出のある」は「かつて魅力を感じた」なども可

b　移住の事情はわからない旨の指摘

2　傍線部の心情

c　構文　～までは行かず、～に留まる

d　卑怯である、不正なことをしている　など

e　村人が価値を知らないのにつけ込む

＊比喩表現「その値打を然程に知らずに頸に飾っている宝石をちょっとした簡単な言葉でどこかの島の住人から奪いとるのと似ている」をふまえた説明に加点

f　恵まれている・羨望する

＊「贅沢な奴なのだろうと思った」をふまえた説明に加点

問二　内容説明

◎設問意図

・まとめの指示語

・具体的記述の一般化・抽象化

◎解答へのアプローチ

（1）本文根拠の発見

「こういう旅」と傍線部の前の説明をまとめているのだから、傍線部の前を見ればいい。

《本文根拠》

・景色を眺めるというより秋の空気の匂いを嗅いで歩くのが嬉しかった　…1

・空の色とそこを並んでゆっくりと通る雲があまり穏やかで、そのまま～足を向けた　…2

・放心の状態で歩いていた　…3

・秋が安らかに草に住む虫たちを鳴かせ、羊のような雲を空に遊ばせておく限り　…4

（2）一般化・抽象化

本文では具体的に書かれているので、これを一般化・抽象

化し、コンパクトにまとめる。

【注意点】

1　本文の記述をそのまま書き写すだけでは字数におさめきれない。具体的に記されている項目をもれなく拾い、それを一般化することが必要だ。

たとえば、干してある稲、空の色、雲、虫などを一言でまとめようとすると、空、雲、虫は自然だけれど、干してある稲は自然ではなく、人が干したものだ。しかし、秋に稲刈りをして、そのあと、稲を干しているのだから、秋という季節には関係している。

そこで、〈季節の特徴を顕している事物＝風物〉と表現できれば、コンパクトにまとめられる。〈四季折々の風物〉などという言い方を知っていると書ける。

2　比較の表現をきちんと意識する。「景色を眺めるというより秋の空気の匂いを嗅いで」とある。視覚よりは嗅覚であり、景色を見るというのではなく、秋の空気を感じながら歩くということだ。

だから、逆に、〈景色を見て〉などと説明しないことが大切だ。

（3）ポイントを整理しよう。

1　意識・目的のない気ままな旅

a　景色を眺めるという明確な意識（景色の対象化）はない

b　どこに行くなどという明確な目的をもたない

c　気分にまかせる

2　秋という季節との関わり

d　季節の風物を体感する

3　心境

e　放心＝こだわりなく、ぼんやり

f　穏やかな心でゆったりした

（4）解答作成

解答欄は二行分なので、コンパクトに項目を入れ込もう。

［解答例］

明確な目的や意識を持たず、季節の風物を体感しつつ、こだわりなく穏やかに、気分にまかせてゆったりと歩む旅。

（48文字／52字）

◎加点ポイント

右記の（3）のa～f

問三　理由説明

◎設問意図

・シチュエーションの把握と心情の理解

・象徴表現

・心情の変化（対比関係）

◎解答へのアプローチ

傍線部は筆者の心情を説明した部分だから、小説と同様にシチュエーションときっかけ、主観的要素をおさえていこう。

（1）まず、傍線部のシチュエーションときっかけと傍線部の関係を確認しよう。

それを持って行って食べなさいと言われた時

←

受け取った柿

＝

農夫の心を手のひらに渡されたような気持

柿が、「なんにも邪気のない、正直で素朴な農夫の心」を現しているように思えたということだ。つまり、柿は農夫の心を象徴するものに思えたということである。

（2）心情の変化をおさえよう。

「ところがそれを持って行って食べなさいと言われた時は」という表現がある。「ところが」「～時は」という表現に注意しよう。傍線部の心情に至る経緯、つまり、この柿をめぐる農夫とのやりとりを確認しよう。〈本文解説〉部分を確認してほしい。酸漿を知らないかもしれないが、橙赤色で丸い果実である。

1　枝になっている柿はどこにも傷一つなく、色つやのよい丸い柿に見えた　柿に対する　⊕評価

2　筆者は柿を売ってもらうつもりだった　農夫　乱暴にはたき落とした　⊖評価

柿　あちこちにしみだの傷もあった　柿に対する失望　⊖評価

3　農夫　持って行って食べなさい

筆者の農夫への印象

なんにも邪気のない、正直で素朴　⊕評価

＝

筆者の柿への印象　⊕評価

遠目に見て美味しそうだった柿を売ってもらうつもりだったとき、農夫は乱暴だし、実際に受け取った柿はしみや傷が気になった。ところが、農夫がただで譲ってくれる気だとわかって、農夫を邪気のない、正直で素朴な人なのだと思い、農夫への心情の変化が、柿にしみや傷があってもそれがいいというように、柿への評価も変化させたということだろう。

（3）解答作成

対比関係、心情の変化をきちんと説明しつつ、農夫の人柄への印象と柿への反映を解答に入れ込もう。「邪気のない」「正直」「素朴」という傍線部の表現をシチュエーションに合わせて説明しておこう。

邪気のない＝高く売りつけようとか、ごまかそうという気持ちがない

正直で素朴＝欲しいなら、とって、ただであげるよという気持ち＝率直な善意

［字数を気にしない解答例］
枝についていた時は見かけもよい柿で欲しくなったが、農夫は乱暴であるし、柿も受けとってみるとしみや傷があり、売ってもらうほどではなかったと思った。ところが、農夫は譲ってくれるつもりだったとわかると、農夫に対する見方が変わり、しみや傷のある柿も、農夫のごまかしのない、率直な善意の現れのように感じられ、好ましく思えたから。

解答欄は三行。柿は〈よいと思ったが、実際はよくなくて、でもよくなった〉という三段階を意識し、一・二段階を〈思っていたよりも悪かった〉という心情を〈意に反した〉とすると短くまとめられる。農夫の方は字数にゆとりがないから、変化の後だけを書けばいいだろう。必須なのは、心情・評価の変化を生じさせたきっかけである。傍線部直前をきちんと書こう。

［解答例1］
柿のしみや傷は買う際には意に反したが、農夫が譲ってくれるとなると、しみや傷のある柿が農夫のごまかしのない、率直な善意の現れのように感じられ、好ましく思えたから。
（75文字／80字）

［解答例2］
柿の見かけの悪さは売買の際には欠点でも、農夫が譲ってくれるとなると、柿が農夫のごまかしのない、率直な善意の現れのように思われ、見かけも含めて好ましく感じたから。
（75文字／80字）

［解答例2］は、柿自体には変化がないのに、筆者のなかで変化が生じたこと、しかも、それは好ましくない見かけだけに留まらず、柿の存在自体への評価の変化を招いたことをきちんと説明した解答である。受験生なら、［解答例1］で十分である。

◎加点ポイント
1　傍線部の心情をもたらしたきっかけ
a　農夫は柿を譲ってくれるつもりだったとわかった
2　農夫に対する評価
b　ごまかしのない、率直な善意の人である
3　売ってもらうつもりだったときの柿への心情
c　柿にしみや傷があるのが、意に反した（思っていたのと違う）
4　農夫と柿の関係
d　柿が農夫の人柄の現れのように感じられる
＊柿が農夫の人柄を象徴しているなど可
e　柿に対する評価の変化（好ましく思えた、など）

問四　理由説明
◎設問意図
・指示語

・比喩（擬人法）の解釈
・関連箇所の発見
◎解答へのアプローチ
（1）傍線部内指示語・傍線部直後の指示語
傍線部内の指示語「ここ」の指示内容を明らかにして、傍線部を完全なカタチにしよう。さらに、傍線部直後に「そこ」とあるから、以下の関係になる。
筆者が今見ている村＝ここ＝そこ
解答根拠は前にも、後ろにもあるということだ。
（2）筆者が「違いない」と判断しているのであるから、筆者が村と太陽の関係について記している部分を確認しよう。
・この村はどこに特徴があるというのでもない
・平凡なものである
↔　〈だが〉
・太陽は秋になると暫くのあいだ、この村が好きで好きでたまらなくなると言った、優しさがこぼれたような光（優しく高貴な光）をそそいでいる
・秋の太陽に愛されている土地
・めぐみを受けているところ
・秋の、そこに秘かに憩う太陽の愛撫をうけて、
（3）太陽にとって特別な場所であることは（2）で明らかだが、「秘密の土地である」と筆者が言うのはなぜか。傍線部直後に着目しよう。
昔ながら住んで土を耕している者
気もつかずにいるかも知れない
↔　たまたまここを通り過ぎて行く私
僅かの憩いの時間だけ、優しく高貴な光を浴びるのを許してもらえたのだろう
この村の特別さは、偶然通りかかった筆者が、短時間知ることができただけで、村人は知らないでいる。こうした筆者の思いが、「秘密の場所」という表現に繋がっている。
（4）関連箇所をチェックする。
第4部も、傍線部箇所と同様、筆者のこの村への印象を述べた箇所なので、これを取り込んで解答を作成しよう。
この村の特徴
（第4部から）
・平凡ではあるが秋の一時期のみ太陽に優しく照らされる色合い（色や光の組み合わせ）が物語を聞かせているようだ
＊実際には色合いは物語を聞かせたりしないが、筆者は物語を感じたとしておけばよいだろう。
（5）解答作成
村の特徴、秘密に対応する理由を意識して、書いていこう。
解答欄は四行分。

［解答例］

一見特徴もなく平凡な山村が、秋の一時期だけ、優しく高貴な陽光を浴びることに村人たちは気づかないが、偶然この村を通り過ぎ、つかのま陽光を浴び、陽光を浴びた村の色合いに物語を感じた筆者だけが、それに気づき得たから。

（98文字／105字）

◎加点ポイント

1　村の説明・太陽との関係

a　一見特徴もなく平凡な山村

b　秋の一時期だけ、優しく高貴な太陽の光を浴びる

2　秘密性の理由

c　bに村人たちは気づかない

d　bに筆者は気づいた

3　筆者の説明

e　偶然この村を通り過ぎた

f　つかのま陽光を浴びた

g　陽光を浴びた村の色合いに物語を感じた

問五　理由説明

◎設問意図

・理由説明

・傍線部の構文を意識して理由を説明する

◎解答へのアプローチ

（1）傍線部の構文を意識し、〈住む場所は見当りにくい〉だけでなく、もっと程度の低い、簡単な「休息の場所さえ見当りにくい」理由を書く。

（2）経緯をふまえて、順におさえていこう。

1　筆者がこの村に魅力を感じている（問四）

2　移住することを思う

3　村が過不足のない調和のなかにあることに気づく

4　過不足なく調和した状態にあるのだから、部外者の筆者がその中に入ることは、**調和を乱すことになる**

5　筆者は移住することはもちろん、休息することすらはばかられるように思えた

↓

傍線部　私が住む場所は勿論のこと、休息の場所さえ見当りにくいところだった

（3）「私が」住み、休息する場所であるから、「私」の特殊事情をおさえる。筆者が村民でないこと、偶然通りかかった旅人であること、簡単に言えば、よそ者であることはきちんと指摘したい。

問四と重なる部分だ。〈本文解説〉の最後にも書いておいたが、よそ者であることの意味（一方では魅力に気づき、一方ではその魅力に日常的に浴すことが難しいこと）を感じた

のである。

（4）解答作成

（2）で確認したポイントをきちんと反映させよう。解答欄は四行分、コンパクトにまとめよう。

［解答例］

秋の一時期、村は優しく高貴な陽光の恵みを秘かに受け、村のすべてが過不足のない調和の中にあり、部外者はそこに移住することはもちろん、休息することですら、その調和を乱すこととしてはばかられるように感じられたから。

（98文字／104字）

◎加点ポイント

1　村の説明

a　秋の一時期

b　村は優しく高貴な陽光の恵みを秘かに受ける

c　村のすべてが過不足のない調和の中にある

2　筆者の位置

d　部外者、よそ者である

e　移住どころか憩うだけでも調和を乱す

解答

問一　筆者は、思い出のある山村に移住した友人を、移住の事情が不明のまま、村の価値を知らずにいる村人に付け込む卑怯者だと思うには至らず、羨望するに留まったということ。

問二　明確な目的や意識を持たず、季節の風物を体感しつつ、こだわりなく穏やかに、気分にまかせてゆったりと歩む旅。

問三　柿のしみや傷は買う際には意に反したが、農夫が譲ってくれるとなると、しみや傷のある柿が農夫のごまかしのない、率直な善意の現れのように感じられ、好ましく思えたから。

問四　一見特徴もなく平凡な山村が、秋の一時期だけ、優しく高貴な陽光を浴びることに村人たちは気づかないが、偶然この村を通り過ぎ、つかのま陽光を浴び、陽光を浴びた村の色合いに物語を感じた筆者だけが、それに気づき得たから。

問五　秋の一時期、村は優しく高貴な陽光の恵みを秘かに受け、村のすべてが過不足のない調和の中にあり、部外者はそこに移住することはもちろん、休息することですら、その調和を乱すこととしてはばかられるように感じられたから。

二（文系）

出典

西郷信綱（さいごう　のぶつな）『古事記注釈』。

西郷信綱（一九一六～二〇〇八年）は国文学者。大分県生まれ。東京大学国文科卒（当時の東京帝国大学）。昭和を代表する国文学者であり、古代文学を中心に、国文学研究の革新を唱えて活動した。一九四九年に横浜市立大学助教授、一九五四年に同大教授となり、一九七一年に辞任。一九九五年からは同大名誉教授となった。一九九〇年に『古事記注釈』で角川源義賞、一九九五年文化功労者に選ばれている。二〇一六年には生誕一〇〇年を記念し、回顧展が開催された。著作は『古事記の世界』『古事記研究』『万葉私記』『日本古代文学史』『古代人と夢』など。

問題本文は『古事記注釈』の一節であり、古事記の読みについての具体例から、文学作品一般の「読み」について論じた評論である。作品を読むことは、歴史的経験であり、読みも自己も、弁証法的に生成発展するものであると論じた文章である。

解説

〈本文解説〉

Ⅰ　導入　（第①段落）　…問一

「古事記」の読みについて、本居宣長の「古事記伝」に触れつつ、本文の主題「〈読む〉とは何かという問題」を導く。「不壊」とは〈壊れないこと、堅固なこと〉。ここでは〈不朽〉と同様、「古事記伝」の価値は失われることがないという意味だろう。古事記の読みについては、第⑤段落でも触れられている。

「古事記伝」

・不壊の書である

↔　が

・私たちはそれに追随すればすむというのではない

・私たちはもはや、宣長が古事記を読んだようにはそれを読まぬ

・（宣長の）古事記を読む視点が私たちといかに距っているかを知ることができる

・私たちには、私たちの文脈において古事記を読み直すことができるし、またそれが必要である

↓　そこで

・〈読む〉とは何かという問題にたちもどって考えてみよう

Ⅱ　「作品を読む」とは　（第②・③段落）

第②段落で、作品の読みが同じ個人でも、年齢によって変化することを具体的に説明したあと、第③段落でなぜそのようなことが起こるのかを、「作品の読み」が「出会い」「歴史

的経験」であるという点から説明している。「弁証法」「否定的創造性」については知識が必要となる。「作品を読む」ということについては、第⑤段落でも言及されている。

第③段落では、専門家の研究にも言及している。

(1)「作品の読み」と「個人における読みの変化」　…問五

作品を読む

・作品と出会うこと＝一つの歴史的経験

↓

経験

・期待を裏切る

・あらかじめ用意された方法や理論をのりこえる

・　　〃　　からこぼれ落ちる

＝

・弁証法の母、否定的創造性ともいうべきはたらき

・経験では、何ものかが否定されつつ創造されてくる

↓

読みの変化

・作品をくり返し経験することによって、以前の読みが訂正され読みが深まる（＝第②段落の内容）

(2)専門家の研究について　…問二

・専門家が作品を研究する場合も一般人が「作品を読む」場合と同様である

・研究とは「間断なき出会い」であり、「いま何といかに出会っているかという自覚」が大事である

↔

専門家の陥りがちなワナ

・出会いであるところのものをもっぱら知識や観察の問題であるかのように思いなす

↓

学問の硬直化

Ⅲ「読みの変化」に関する考察（第④・⑤段落）

「私」「あなた」「他人」という個人と、「私の」「読み」「あなたの読み」という個人の読み、そして、「時代による読み」について説明されている部分である。「共時」「通時」という概念の理解も必要であり、抽象度が高く、難度が高い。

「共時的」とは時の変化を考慮しないで、ある一時点である対象をとらえること。たとえば、現代の島根県の方言と鳥取県の方言を比較するのは共時的な研究である。「通時的」は時間的・歴史的変化において対象をとらえること。たとえば、平安時代に秋田県で話されていた言葉と現代の秋田県で話されている言葉を比較するのは通時的な研究である。簡単な図を付したので、参考にしてほしい。

（1）個人の変化と個人における読みの変化　（図1参照）

・今の私にとって二十歳の私が私でありながら他者である

←

・第②段落で示された読みの変化＝縦の変化

・過去から今日にかけての私の、あるいはあなたの読みの変化

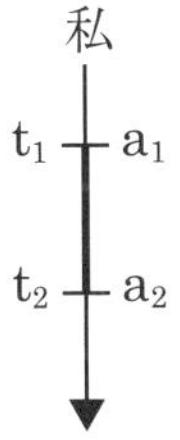

図1

私が変化し、かつての私と今の私は異なり、今の私からすれば、今の私が自己であり、かつての私は他者となる。読みも、かつての私の読みと今の私の読みは異なる。このことはあなたについてもあてはまる。

時の経過 t_1の私 ↓ t_2の私 他者 ≠ 自己	個人の変化
私の読みa_1 ≠ 私の読みa_2	個人の読みの変化

（2）他人との共時的な関係　（図2参照）

・共時における私と他者との関係

←

・共時における私と、あるいはあなたと他人との読みの違い

私	≠ 他人	≠ あなた
私の読み	≠ 他人の読み	≠ あなたの読み
a_1	x	b_1

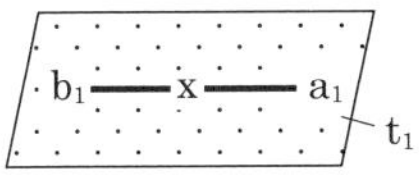

図2

（3）（1）と（2）の関係　…問三

過去の自分と現在の自分の関係も、過去の読みと現在の読みの関係（図1）も垂直方向の距離（変化）である。共時（横断面）における自己と他者の関係も、自己の読みと他者の読みの関係（図2）も、水平方向の距離（違い）である。この両者は図形的には「ほぼ等しい」つまり、一方を90度回転させれば、他方に重なる。

私について

・今の私にとって二十歳のときの私が私でありながら他者であるのは、共時における私と他者との関係に、図形としてはほぼ等しい

←私（あるいはあなた）の読みについて（傍線部（3））
・過去から今日にかけての私の、あるいはあなたの読みの変化は、共時における私と、あるいはあなたと他人との読みの違いの通時態でありうる
＝
a_1・a_2の、あるいはb_1・b_2の変化は、t_1におけるa_1とx、あるいはb_1とxとの違いである水平的な距離を垂直的な距離（変化）として見た状態に図形としてほぼ等しい

（4）読みの時代的変化（図3参照）　…問五

読みの時代的変化（t_1における読みとt_2における読みの変化）は、個人の読みの変化（a_1からa_2、b_1からb_2）と共時における諸個人の読みの違い（t_1におけるa_1・b_1・xの違い、t_2におけるa_2・b_2・yの違い）と関わりながら生じる。

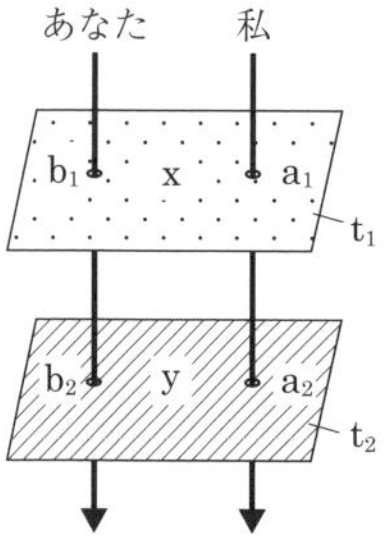

図3

個人について
・今の私にとって、私が私でありながら他者である（通時的な次元）
・共時における私と他者の関係（共時的な次元）
・この二つの次元は互いに交叉し、固定的ではなく、時間的に動いており、各個人はこの弁証法的な運動の支点である
←こうした過程が曖昧に入りくみ、微妙にからまりあう読みの時代的変化
・超個人的なものではない
・時代による読みの変化と個人における読みの変化とは、たがいに包みあっている
・時代に挿入されて生きる個人間の諸関係の網の目が織りあげる模様でもある

（5）「作品を読む」とは　…問一・問五

ここでは、第①段落同様「古事記」にも言及しつつ、作品を読むということが歴史的経験であるという第③段落で言及された内容に言及している。

自分の経験は歴史的である
←
作品を読むということが、一つの歴史的経験である
←
或る作品がずっと読みつがれてきているにせよ、その読まれかたは決して一様ではない
←

古事記についても、私たちは本居宣長のようには読まないし、津田左右吉にならって読むことにも甘んじない

Ⅳ　深読みの危険　第⑥段落　…問四

様々な読みかた・読まれかたがあるが、それは作品を勝手放題に読んでもいいということではないと述べた部分である。

(1)「読む」ことの本来の定義

・何かを「読む」

たんに字面を目で追うことではなく、行間に放射されているものを読みとろうとすることである

(2) いわれていることといわれていないことの関係

・何がいわれており何がいわれていないかのけじめは、必ずしも顕在的ではなく、微妙にもつれあっている

・いわれていることは、いわれていないことの条件においてのみ理解される

(3) 深読みの危険

・深読み

本文に書いていないことを主観的に読みこむやりかた

・深読みは、絵画や音楽の場合より、文学の媒体がことばであるために、文学の場合の方が起きやすい

絵画　色・音楽　音　　純粋に規定

↕

文学　ことば　　人間の生活にまみれている
いっそう多義的である

〈設問解説〉

問一　理由説明

◎設問意図

・理由説明

・部分要旨

第⑤段落の内容も踏まえて、第①段落を中心に説明する。

◎解答へのアプローチ

(1) 解答のカタチ

設問文から、〈私たちが「古事記伝」に追随すればすむというのではない〉理由が求められている。解答は〈私たちは～だから。〉〈私たちには～から。〉など。人称代名詞は普通名詞か固有名詞にする必要がある。必ず、「古事記伝」について書くこと。

私たち＝現代人・現代の読者

(2) 本文根拠

第①段落

・私たちはもはや、宣長が古事記を読んだようにはそれを読まぬ

・古事記を読む[視点]が私たちといかに距っているか

・私たちには、私たちの文脈において古事記を読み直すことが～必要である

第⑤段落

・古事記について私たちはもはやそれを、～本居宣長のようには読まない

・それらは伝統ではあっても、それらとはおのずと違った読みかたを、私たちは探し出そうとしている

（3）解答作成

「不壊」の意味を説明しておこう。解答欄は三行分。要素をもれなくいれて、コンパクトにまとめよう。

［解答例］

「古事記伝」は古事記の伝統的な理解であり、その価値は失われることはないが、現代の読者は宣長とは異なる視点で、現代的な文脈において、古事記を読み直す必要があるから。（74文字／81字）

◎加点ポイント

1　メイン要素　「古事記」の読みかたについて

a　現代人への言及

b　宣長と異なる読みかたが必要であることへの言及

c　視点

d　文脈

e　読み直す

2　サブ要素　「古事記伝」について

f　読みかた、理解の伝統であることの指摘

g　「不壊」の意味

問二　内容説明

◎設問意図

・部分要旨

・対比関係　「出会い」↕「知識や観察」

・比喩

◎解答へのアプローチ

本文解説のⅡ（2）の内容を、Ⅱ（1）をふまえて説明する。作品の読みについて、「出会い」とする筆者の考えと、「知識や観察」と思いなす専門家の誤った態度の違い（対比関係）を、後者を説明する形でまとめる。

（1）主語確定

・傍線部の「思いなす」の主語　専門家

（2）傍線部をパーツにわけて、丁寧に換言する

・出会いであるところのもの

作品を読むことが「出会い」である事を説明する。「経験」「弁証法」「否定的創造性」「以前の読みが訂正され読みが深まる」点を指摘する。

・もっぱら知識や観察の問題である

作品を読むことが出会いである場合、「あらかじめ用意さ

れた方法や理論をのりこえたり…こぼれおちたりする」のであるから、逆に、「知識や観察」の問題とするのは、「あらかじめ用意された方法や理論」で読むこととなる。「出会い」や「弁証法」のもつ相互性との対比と、傍線部の「観察」（主体が対象を観察する）から、傍線部が一方的なあり方であることも指摘したい。

・思いなす

ここはそのままでいいように思うかもしれないが、筆者の立場からすれば、この「思い」は誤解であるから、その旨を示そう。

読み手 ←→ 出会い・相互性 作品

専門家 ← 観察 作品

（3）解答作成

解答欄は三行。「専門家」が「作品を読む」ことについて書くことが加点条件となる。「学問の硬直化」は傍線部に端を発して起こることなので、解答に含めてはならない。

［解答例］

専門家が、作品を読むことを、作品を媒介とする自己の否定的創造を意味する経験と考えず、既知の方法や理論を作品に一方的に当てはめることであると誤認するということ。（75文字／79字）

◎加点ポイント

1 主語補充・意味限定

a 専門家が～錯覚すること・専門家が誤解すること

2 「出会い」の換言

b （歴史的）経験

c 作品をくり返し経験することで・作品を媒介として

d 否定的創造

3 知識や観察の問題

e あらかじめ用意された方法や理論

f （出会いとの対比と、観察から） 一方的に

問三 内容説明

◎設問意図

・部分要旨（本文解説Ⅲ（3）の内容）

・「共時」「通時」という語・概念の理解

◎解答へのアプローチ

「通時」的な関係における変化と「共時」的な関係における違いとの、類似性・相同性を、「私」「あなた」「他人」などの語の用いられ方と、「図形としてはほぼ等しい」という傍線部前後の内容をふまえて説明する。〈本文解説〉で詳細な説明をしたので参照してほしい。

（1）傍線部の各部分の換言
1　過去から今日にかけての私の、あるいはあなたの読みの変化
・自己あるいは他者という同一の個人において、過去と現在とでの作品の読みが変化すること
2　共時における私と、あるいはあなたと他人との読みの違い
・同時代における自己と他者とで作品の読みが異なっているという関係
「共時」の意味を明示すること。〈本文解説〉で示した図2で、私と他人は自己と他者の関係、あなたと他人もあなたを自己とした場合、やはり、自己と他者の関係であるから、自己の読みと他者の読みの違いとする。
3　通時態でありうる
・時代や世代において捉えることとほぼ等しい
「通時態」の意味、さらに、自己と他者について述べた「図形としてはほぼ等しい」をふまえて説明する。
（2）解答作成
解答欄は四行分。
［解答例］
自己あるいは他者において、同一の個人でありながら過去と現在とで作品の読みが変化するのは、同時代における自己と他者とで作品の読みが異なっているという関係を、時代や世代において捉えることとほぼ等しいということ。
（99文字／103字）
◎加点条件
作品の読みについて書かれていること
◎加点ポイント
1　同一個人における過去と現在の変化　縦軸・時間軸
2　同時代における自他の違い　横断面
3　両者の関係
・1は2を時間的に捉えたものであることの指摘
・「ほぼ等しい」という指摘
問四　理由説明
◎設問意図
・部分要旨
1　「読む」ことの特徴と「深読み」との共通性と相違点
2　音楽・絵画と文学の比較
◎解答へのアプローチ
（1）傍線部直前の指示語
その点
・何かを「読む」とはたんに字面を目で追うことではなく、行間に放射されているものを読みとろうとすることである

（2）「読む」ことと「深読み」の違い
・読むこと＝書かれていないことを読みとろうとすること
・深読み＝書かれていないことを主観的に読みこむこと
（3）深読みの危険が常に待ち伏せしている理由
（2）に記したように、読むことと深読みには共通性がある。ともに、字面を目で追うだけでなく、読み手が〈書かれていない〉ことに関わる点だ。しかし、違いがある。読むことは、書かれていないがそこにある（行間に放射されている）ものを「読みとろう」とするのであり、「深読み」は書かれておらず、そこにないものを主観的に「読みこむ」点が異なる。
相違点はあるが、共通点もあり、そのため、読むことは深読みになる危険性を孕んでいるのである。
（4）音楽や絵画との比較
「この深読みは～起きやすい」とあり、文学の媒体であることばの特性が説明されている。ことばが「人間の生活にまみれている」こと、「色や音よりいっそう多義的である」ことを指摘しておこう。
（5）解答作成
読むことは、読むことの本義と、読むことがことばを読むことであるために、常に、書かれていないことを主観的に読み込む可能性が高いことを指摘する。
解答欄は四行分。

［解答例］
読むことは本来、書かれていないことを読みとろうとすることであり、ことばという媒体が人間生活で使われている分、他の媒体より多義的であるため、書かれていないことを主観的に誤って読みこんでしまう可能性が高くなるから。
（100文字／105字）

◎加点ポイント
1　本来の読みの説明
a　書かれていないことを読みとろうとすることである
2　ことばの特性
b　人間の生活にまみれている＝人間生活で使われている
c　多義的である
3　深読みの危険
d　本文に書いてないことを主観的に読みこむ可能性が高い
e　他の芸術との比較、もしくは、他の媒体との比較

問五　内容説明
◎設問意図
・本文全体の把握　波線部関連箇所の発見
・拾い残しを拾う
最後の設問であり、「本文全体を踏まえて」とあるから、問一～問四で触れられていない本文箇所にも着目する。

◎解答へのアプローチ

波線部の「作品を読む」「歴史的経験」を本文全体から説明していく。

（1）本文根拠

1　時代による読みの変化の具体化

・時代とともに、あるいは世代とともに作品が解釈し直され、読みや評価が変ってくる（第④段落）

2　時代による読みの変化と個人における読みとの関係

・その変化を、無媒介に超個人的なものとするわけにゆかない（第④段落）

・時代による読みの変化と個人における読みの変化とは、たがいに包みあっている（第④段落）

3　個人の読みの変化

問二の解答要素＝歴史的経験、作品を媒介とする否定的創造性（第②・③段落）

4　時代による読みの変化

・或る作品がずっと読みつがれてきているにせよ、その読まれかたは決して一様ではない（第⑤段落）

・それは歴史的に生成発展している（第⑤段落）

5　時代による読みの変化と個人の読みの関係

・こうした過程（個人の読み）が微妙にからまりあいながら、読みの時代的変化を生み出してゆく（第⑤段落）

・読みの時代的変化＝歴史的に生成発展も、作品を読むということが、一つの歴史的経験であるからに他ならない（第⑤段落）

・自分の経験そのものが歴史的である（第⑤段落）

（2）解答作成

解答欄は五行分。過不足なくまとめていこう。解答の構文は、波線部をふくむ一文「それというのも、［波線部］からに他ならない」を維持し、解答の骨格とする。「それ」の指示内容を示し、時代の読みの変化の説明、歴史的経験の説明を入れ込んで行く。

［骨格となる文］

ある作品が読み継がれながら、その読まれ方が歴史的に生成発展していくのも、作品を読むことが～歴史的経験であるからである

［解答例］

時代による読みの変化は、無媒介に超個人的なものではなく、個人における読みの変化と包摂しあっており、ある作品が読み継がれながら、その読まれ方が歴史的に生成発展していくのも、個人が作品を読むこと自体が、作品を媒介に自己を否定的に創造していく歴史的経験であるからである。

（125文字／132字）

◎加点ポイント

1　波線部を含む一文の構文

a　それというのも～からである

2　時代による読みの変化

b　超個人的なものではない

c　個人における読みの変化と包摂しあっている

3　時代による読みの変化の具体化（「それ」の指示内容）

d　ある作品が読み継がれながら、その読まれ方が歴史的に生成発展していく

4　個人における読み

e　作品を媒介に自己を否定的に創造していく歴史的経験である

解答

問一　「古事記伝」は古事記の伝統的な理解であり、その価値は失われることはないが、現代の読者は宣長とは異なる視点で、現代的な文脈において、古事記を読み直す必要があるから。

問二　専門家が、作品を読むことを、作品を媒介とする自己の否定的創造を意味する経験と考えず、既知の方法や理論を作品に一方的に当てはめることであると誤認するということ。

問三　自己あるいは他者において、同一の個人でありながら過去と現在とで作品の読みが変化するのは、同時代における自己と他者とで作品の読みが異なっているという関係を、時代や世代において捉えることとほぼ等しいということ。

問四　読むことは本来、書かれていないことを読みとろうとすることであり、ことばという媒体が人間生活で使われている分、他の媒体より多義的であるため、書かれていないことを主観的に誤って読みこんでしまう可能性が高くなるから。

問五　時代による読みの変化は、無媒介に超個人的なものではなく、個人における読みの変化と包摂しあっており、ある作品が読み継がれながら、その読まれ方が歴史的に生成発展していくのも、個人が作品を読むこと自体が、作品を媒介に自己を否定的に創造していく歴史的経験であるからである。

二（理系）

出典

安藤宏（あんどう　ひろし）『「私」をつくる　近代小説の試み』。

安藤宏（一九五八～　）は日本近現代文学の研究者、文学博

士。東京大学文学部卒業、同大学大学院人文科学研究科博士課程中退。同大学文学部助手、上智大学文学部講師、助教授を経て、一九九七年東京大学大学院人文社会系研究科に着任。現在、東京大学大学院教授。太宰治を中心に、小説の文体、表現を歴史的展開に照らして検討している。

主な著書として、『自意識の昭和文学—現象としての「私」—』『太宰治 弱さを演じるということ』『近代小説の表現機構』『日本近代小説史』がある。

『「私」をつくる 近代小説の試み』（岩波新書、二〇一五年）は前書きによれば、近代小説の特色を「世界をある一つの立場から整合的に語ることが可能であると考え、これを実践してみたところにあるのだろう」と考えた筆者が、作者の意図を受け、作中を自由に浮遊しながら小説に独自の奥行きを創り出していく虚構の言表主体である「私」の立ち現れ方、「私」の役割に着目して、近代小説を読み解いた評論である。

問題本文は、「『客観的』な話し言葉」「平面描写と一元描写」という小見出しのある部分からとられており、言文一致体の小説における描写について述べた文体論であり、言文一致体の利点であるとされた記述の「正確さ」に対して口語の主観性から矛盾を指摘したうえで、自然主義から反自然主義の流れの背景に、話者を明確に示すようになるプロセスを確認する文章である。

解説

〈本文解説〉

段落番号を丸数字で表す。岩野泡鳴の引用部分は引用の前後を含めて一段落とする。

今日ごくあたり前〜なったわけである。　第①段落
言文一致の利点は〜考えられたのである。　第②段落
だが、考えてみると〜ないだろうか。　第③段落
口語(会話)は、〜ないだろうか。　第④段落
田山花袋の「平面〜なければならない。　第⑤段落
一方で、こうした〜企てることになる。　第⑥段落

では、順に見ていこう。

Ⅰ　言文一致体の利点・長所と矛盾（①〜④）

（1）言文一致体の二つの利点・長所

1　平明な「わかりやすさ」

2　記述の「正確さ」

・物事を正確に写し取っていく写実主義の浸透にともない、「言文一致体」は日常のできごとを〝ありのまま〟に描写していくのにもっともふさわしい手立てであると考えられたのである。

（2）矛盾の指摘（おかしな点、奇妙な点）

口語（会話）　本来きわめて主観的　…問一

←
言文一致体は主観的な口語を模している
←
（言文一致体は主観的であるはず）
・言文一致体がもっとも「客観的」で「細密」である、とまじめに信じられていた形跡がある
・急速に広まっていく写実主義の風潮の中で、言文一致体に過度に客観性が期待されてしまった

Ⅱ　話者の顔の見えない言文一致体に関する相反する考え（⑤〜⑥）

（1）対比関係の把握

第⑤段落・第⑥段落は、第⑥段落冒頭の「一方で、こうした「話者の顔の見えない話し言葉」の持つ〝欺瞞〟に対する疑問も、同時にわき起こってくることになる。」という一文、また、その次の文「特に次にあげる岩野泡鳴の「一元描写論」は、花袋の「平面描写論」とは正反対の立場に立つ考え方なのだった。」に着目したい。

A　「話者の顔の見えない話し言葉」を目指す
　花袋の「平面描写論」
　話者である「私」を隠していく
↔
B　「話者の顔の見えない話し言葉」の持つ〝欺瞞〟に対する疑問
　岩野泡鳴の「一元描写論」
　明確に「顔」の見える「私」を表に出す

（2）前者（A）について　…問二

第⑤段落の「信仰」は第④段落の「信じられていた」と対応している。

「客観」への信仰＝言文一致体は客観的であると信じられていた
←
言文一致体にいかに客観的なよそおいを凝らすか？
＝
言文一致体において、話者である「私」を隠していくためのさまざまな技術の発達
←結果的に
言文一致体の叙述に空白が生まれる
←
読者の想像の自由が膨らむ
＝
大変興味深いパラドックス

ここは第⑥段落の「こうした「話者の顔の見えない話し言葉」の持つ〝欺瞞〟」に着目して、内容を理解しておきたい。「話

者の顔の見えない話し言葉」は欺瞞＝ごまかしがあるということだ。どこに欺瞞があるのか？　話し言葉である以上、話者が存在するのが前提なのに、話者の顔が見えない文章がよいとされたことである。この欺瞞的なあり方の根底にあるのは、言文一致体の客観性に対する「信仰」である。「信仰」も、実証性などないのに事実であるかのように信じられているという状況を指すときにしばしば用いられる表現である。

つまり、ここは二重の矛盾、ごまかしがある。

1　口語　主観的
↔
言文一致体　客観的

2　口語＝話し言葉＝話者が存在する言葉
↔
言文一致体　話者の存在を隠す

さらに、言文一致体が客観的描写を目指したことで、読者の想像の自由が生じるというパラドックスが生じている。

3　客観的描写の追求
↔　パラドックス
読者の想像の自由の拡大（主観的解釈部分の増大）

こうした経緯について、筆者は「大変興味深い」と述べているのである。

（3）田山花袋→岩野泡鳴→白樺派の若者たち　…問三

ここは（1）の田山花袋から岩野泡鳴へ、さらに、「白樺派の若者たち」へと変化を説明している部分である。

まず、引用の直後の一文に着目しよう。

「話者の顔の見えない話し言葉」に対して、はっきりと一人の人物の視点に立ち、その判断で統一を図れ、という主張である。

ここから、以下を確認する。

田山花袋「平面描写論」
・話者の顔の見えない話し言葉
↔
岩野泡鳴「一元描写論」
・はっきりと一人の人物の視点に立ち、その判断で統一を図れ

次に、「この主張をさらにおしつめれば」「それを極端な形で実践した」という表現に着目する。「さらに」「極端な形で」とある。岩野泡鳴の引用も踏まえて整理してみよう。

小説A　田山花袋の「平面描写論」

・話者である「私」を隠していく
　＝「話者の顔の見えない話し言葉」

↓
小説B1　岩野泡鳴の「一元描写論」
・はっきりと一人の人物の視点に立ち、その判断で統一を図る
・創作に於いては作者の主観を移入した人物若しくは主観に直接共通の人物一人に定めなければならぬ。
・その一人(甲なら甲)の気ぶんになつてその甲が見た通りの人生を描写しなければならぬ

↓
小説B2　この主張をさらにおしつめれば
・明確に「顔」の見える(話者)「私」を表に出す

↓
小説B3　それを極端な形で実践した
・白樺派
・一人称の「自分」を大胆に打ち出し、作中世界のすべてをその「自分」判断として統括しようと企てる

Bグループは「はっきりと一人の人物の視点」に立ち、その判断で統一を図る点では共通だが、「誰の」視点かで違いがある。

B1「作者の主観を移入した人物若しくは主観に直接共通の人物一人(甲なら甲)」
↓
B2　話者である「私」
↓
B3　一人称の「自分」

B1、B2、B3については、出典を全編読めば、その内容も理解できるだろうが、実際にこの問題で受験した受験生には、本文だけでは具体例もなく、実際にはどういう小説なのかはわからなくても仕方がない。ただ、「さらに」という表現や「極端な形」という表現は理解できるはずだ。

本文に書かれていないことをあれこれ考えるよりも、まず、本文に書かれていることを素朴に理解しよう。もちろん、日本文学史の知識が豊富で、文学論にも関心があるのであれば、この部分を読んで、「ああ、あれのことだね」とわかるかもしれない。しかし、それ以前に、素朴に書かれていることを書かれているままに理解できることがまず求められている。

〈設問解説〉
問一　理由説明
◎設問意図
部分要旨

◎解答へのアプローチ

（1）傍線部内指示語

まず、傍線部内の「これ」の指示内容をおさえよう。表現は異なるが同じ内容が傍線部の後にあるから、こちらも確認しよう。

a　写実主義の浸透・広がり
b・言文一致体の長所が、記述の「正確さ」であるとされた
・言文一致体は日常のできごとを〝ありのまま〟に描写していくのに最適であると考えられた
・言文一致体が最も「客観的」で「細密」であるとされた
・過度に客観性が期待された

（2）理由を確認

「おかしなことではないだろうか」は〈おかしなことである〉を強調した表現である。では〈おかしなことである〉と筆者が考えるのはなぜか。
「おかしなこと」＝「奇妙に思われるの」「矛盾」である。したがって、理由は、〈本文解説〉でも示したように、
・主観的な口語を模したこの文体（言文一致体）がもっとも「客観的」で「細密」である、とまじめに信じられていた
を根拠とする。つまり、以下。

c　言文一致体は主観的な口語を模している
←
d　言文一致体は主観的であるはず
↔　矛盾
b　言文一致体が客観的であると信じられた

d部分が本文には書かれていないので、これを補って説明しておこう。

（3）解答作成

写実主義との関連も解答に含めておこう。

［字数を意識しない解答例］
写実主義の風潮の中で、記述の正確さが言文一致体の長所とされたことは、言文一致体が本来主観的な口語を模した以上主観的であるはずなのに、それを客観的であるとみなす点で矛盾しているから。

解答枠は三行分。コンパクトにまとめよう。

［解答例］
写実主義の風潮の中で、記述の正確さが言文一致体の長所とされたのは、本来主観的な口語を模した言文一致体を主観的ではなく客観的であるとみなす点で矛盾があるから。
（75文字／78字）

◎加点条件
言文一致体について書いてあること

◎加点ポイント
a　言文一致体について、主観的なものが客観的とされたこ

との指摘　＊必須ポイント

b　言文一致体と口語との関連性の指摘

c　口語が本来主観的であることとの指摘

d　言文一致体の長所が正確さだとされること

e　写実主義の風潮とaとの関連性の指摘

問二　理由説明

◎設問意図

・部分要旨

・順番

・対比関係

◎解答へのアプローチ

（1）傍線部を完全なカタチにする。

「大変興味深いパラドックスであった」という述語部分の主語がないので、主語をおさえる。

傍線部

↓

［読者の想像の自由が膨らんでいくことになったのは／大変興味深いパラドックスであった］と言わなければならない。

理由説明は傍線部の主語・話題を解答でも維持するのが原則であるから、解答はこの「読者の想像の自由が膨らんでいくことになった」ことについて書く。

（2）文脈の把握

傍線部の前を確認する。「結果的に」とあるから、この部分は何かの結果である。さらに前をチェックする。前の文には「ここから」とあるのでさらに前をチェックする。簡単に示しておこう。

P

↓

ここ（P）からQとなる

↓

結果的にRとなる

まとめれば、P→Q→Rということだ。つまり、

P　「客観」への信仰→客観的描写を目指す

↓

Q　よそおい＝話者である「私」を隠していく

↓

R　空白が生み出され、読者の想像の自由が膨らんでいく

（3）パラドックスの説明

パラドックスは矛盾する事柄が同時に成立すること。この傍線部については〈本文解説〉で詳しく触れたので確認して欲しい。PとRの矛盾、つまり、客観的描写を目指した言文一致体が「読者の想像の自由（＝読者の主観）」を膨らませることである。

（4）「大変興味深い」と筆者が述べる理由の説明

傍線部は第⑥段落への展開や第⑥段落冒頭の表現に着目すれば、話者の存在について述べた箇所である。この点を解答に反映していこう。

口語は話し言葉である。話し言葉である以上、話者の存在は自明である。それなのに、言文一致体は客観的描写を目指して、話者の存在を隠そうとする。その空白が読者の想像の自由の助長に繋がったのであり、それもあって、「大変興味深い」と述べているのであろう。

〈本文解説〉で述べたことを簡単に記しておこう。

言文一致体

1　主観的な口語を模しているのに、客観的であるとされる

2　話し言葉の口語を模している、つまり、一種の話し言葉であるのに、話者の存在を隠す

3　客観的描写を目指しているのに、読者の主観を膨らませる

(5)　解答作成

(1)で述べたように、理由説明原則に従い、「読者の想像の自由が膨らんでいくことになった」ことについて書く。

簡単に図示しておこう。

口語　　　　話者の存在　　　　主観的

　　　　　　↔2　　　　　　　↔1

言文一致体　話者の存在を隠す　客観的

　　　　　　　　　　　　　　　↔3

読者の想像の自由の拡大

1はすでに問一で済んでいるから3を軸に、2を明示しよう。

［解答例］

読者の想像の自由は、言文一致体が、話者が存在する主観的な口語を模しながら、客観的描写を目指し、話者の存在を意識させない工夫をすることで、もたらされたものだから。

（74文字／80字）

◎加点条件

1　言文一致体（の小説）について書かれていること

2　読者の想像の自由に言及していること

◎加点ポイント

1　パラドックス　「客観」→「読者の想像」

a　言文一致体の特徴として客観的描写への志向があり、それが読者の想像の自由を膨らませたことの指摘

2　パラドックス　話者の存在しない話し言葉

b　言文一致体が口語(話し言葉)を模しながら、話者の存在を隠そうとしていることの指摘

3　問一の内容　口語・主観　→　言文一致体・客観

c　主観的である口語を模したのに、言文一致体は客観を志向することの指摘

問三　理由説明

◎設問意図

・部分要旨
・傍線部内指示語
・理由説明

◎解答へのアプローチ

この設問は、〈本文解説〉で示した小説の段階的区別ができることが前提になる。Bをさらに追求するのなら、明確に「顔」の見える「私」を表に出すのが一番明快であるのはなぜか？　それは、「明確に「顔」の見える「私」を表に出す」ことで、最もBの狙いを実現できるからだ。

一人の人物の視点に立ち、その判断で統一を図るためには、作者の主観を甲や乙などという人物に託すのではなく、話者である「私」を表に出すのが一番効果的であるからだ。

とりあえず、解答パターンでできるところまでやってみよう。

（1）傍線部内指示語

「この主張」の指示内容をおさえる。これは簡単にできるだろう。

（2）理由説明原則

理由説明の場合、傍線部の主語や話題、仮定・前提・状況などは解答でもそのまま維持する。これも簡単にできるだろう。

この段階で、解答のカタチは以下となる。

はっきりと一人の人物の視点に立ち、その判断で統一を図れ

という主張をさらにおしつめれば、

明確に「顔」の見える「私」を表に出すのが

……から。

（3）引用と傍線部の後の記述をチェックする。

引用には、「創作に於いては作者の主観を移入した人物若しくは主観に直接共通の人物一人に定めなければならぬ。」「その一人（甲なら甲）の気ぶんになつてその甲が見た通りの人生を描写しなければならぬ。」と書かれている。

また、後には極端な実践として、「一人称の「自分」を大胆に打ち出し、作中世界のすべてをその「自分」の判断として統括しようと企てる」とある。

ここから、誰か（たとえば甲とか乙とか）の視点よりも、Ｉ（一人称）の視点が一番よくて、そのＩを「私」とするのが傍線部、「自分」とするのが白樺派だろうと判断する。

（4）解答作成

［字数を意識しない解答例］

言文一致体の小説において、明確に一人の人物の視点に立ち、その判断で作中世界全体の統一を図るには、作者の主観を託す特定の人物ではなく、「私」という話者の存在を読者に明示し、「私」の視点に立って、その判断で全体を統一するのが、最も効果的であるから。

解答枠は四行分。コンパクトにまとめよう。

［解答例］

言文一致体の小説において、明確に一人の人物の視点に立ち、その判断で作中世界全体の統一を図るには、話者としての「私」の存在を読者に明示し、作者の主観を「私」に託して、「私」の判断で全体を統括することが最も効果的であるから。（98文字／110字）

◎加点ポイント

1　「この主張」の内容

a　はっきりと一人の人物の視点に立ち、その判断で統一を図る

2　「明確に「顔」の見える「私」を表に出す」ことへの言及

b　話者としての「私」の存在を読者に明示する

c　「私」の判断で全体を統括する

d　作者の主観を「私」に託す

＊この部分は引用の表現を踏まえた部分であるから、「「私」ではない誰かを視点人物とするのではなく」など、否定形の表現でも可

3　「一番明快である」理由

e　最も効果的である・最も筋が通っている　など

解答

問一　写実主義の風潮の中で、記述の正確さが言文一致体の長所とされたのは、本来主観的な口語を模した言文一致体を主観的ではなく客観的であるとみなす点で矛盾があるから。

問二　読者の想像の自由は、言文一致体が、話者が存在する主観的な口語を模しながら、客観的描写を目指し、話者の存在を意識させない工夫をすることで、もたらされたものだから。

問三　言文一致体の小説において、明確に一人の人物の視点に立ち、その判断で作中世界全体の統一を図るには、話者としての「私」の存在を読者に明示し、作者の主観を「私」に託して、「私」の判断で全体を統括することが最も効果的であるから。

二〇一六年

一（文理共通）

出典

松浦寿輝（まつうら　ひさき）『青天有月』

松浦寿輝（一九五四〜　）は東京都生まれ。東京大学教養学部教養学科フランス分科卒、同大学院人文科学研究科博士課程単位取得満期退学。一九八一年パリ第3大学でブルトン研究により博士号、二〇〇二年『表象と倒錯　エティエンヌ＝ジュール・マレー』で東大より博士号を取得している。東京大学教授としてフランス文学や表象文化論を教え、研究、詩、小説、評論、随想、映画批評、翻訳など多方面で活躍し、高い評価を得ている。現在は東京大学名誉教授。

詩集では、『冬の本』で第18回高見順賞（一九八八年）、『吃水都市』で第17回萩原朔太郎賞（二〇〇九年）、『afterward』で第5回鮎川信夫賞（二〇一四年）を受賞している。小説では、『花腐し』で芥川賞（二〇〇〇年）、『半島』で第56回読売文学賞（二〇〇五年）、『あやめ　鰈　ひかがみ』で第9回木山捷平文学賞（二〇〇五年）、他に『そこでゆっくりと死んでいきたい気持をそそる場所』『川の光』などがある。評論では、『エッフェル塔試論』で第5回吉田秀和賞（一九九五年）、『折口信夫論』で第9回三島由紀夫賞（一九九六年）、『平面論——一八八〇年代西欧』で第13回渋沢・クローデル賞平山郁夫特別賞（一九九六年）、『知の庭園』で第50回芸術選奨文部大臣賞（二〇〇〇年）を受賞している。

『青天有月』は一九九六年に思潮社から出版され、二〇一四年に講談社文芸文庫として出版された随想集であり、光を主題とした随想を集めたものである。本文は、オウムガイにこと寄せて、太古の昔に思いをはせ、過去に確かに存在した事実としての「現実」、現実に及びようがない「想像」、物質的な証拠によって現実の存在を「知る」について述べている。

解説　（問三は文系のみ）

〈本文解説〉

まず、全体の流れを簡単に確認し、それから段落ごとに内容を見ていこう。

第①段落　カーンとポンピアの論文の紹介
カーンとポンピアは、オウムガイの化石に残った細線の数から古代の月に関する仮説を導いた。

第②段落　カーンとポンピアの仮説に対するグールドの評価と筆者の見解
グールド　カーンとポンピアの仮説に懐疑的
筆者　カーンとポンピアの推論の大まかな方向づ

けを肯定する。　…問二・問三

第③段落　現実と「想像すること」との関係

想像されたものは、想像されたものでしかなく、いかなる場合でも想像は現実に及びようがない。　…問四

第④段落　現実と「知ること」との関係

物質的な証拠を介して現実を知ることができることは、想像することをはるかに越えて豊かで本質的な営みとしてある。　…問五

では、詳しく見ていこう。

第①段落

1　現存種のオウムガイの殻の外面に見える成長線の数に関する調査

・二枚の隔壁の間に挟まれた小室一つ一つに平均約三十本の細線が含まれる。

↓　推論

・太陽の周期に合わせて浮沈するオウムガイの殻の細線は、一日ごとの成長の記録だと考えられるだろう。

・隔壁は月の周期に同調して作られるのだと仮定すれば、毎月三十本ということで数はぴったりと合う。

2　オウムガイの化石の調査

・一小室あたりの細線数が年代の古いものほど規則的に少なくなる。

・最古の化石ではわずか九本である。

↓

・四億二千万年前の地球では、ひと月はたった九日間しか持っていなかった。

・四億二千万年前に、月は今よりずっと地球に近いところにあり、わずか九太陽日で地球の周囲を公転していた。

・当時の月は、地球からの現在の距離のたった五分の二強という近いところを回っていた。

↓

・古生代のオウムガイは、今われわれが見ている月とは比べものにならないほど巨大な月を眺めていたのである。

第②段落

・オウムガイの殻に残った細線の数が意味するものについて、グールドはカーンとポンピアの仮説に懐疑的である。

↓

筆者の見解

1　九本が正確に九日間に対応していると断言するのは行き過ぎである。

2　少なくとも彼ら（カーンとポンピア）の推論の大まかな

方向づけはそのまま諾ってよいもののように思われる。

3　太古の海で巨大な月を見つめているオウムガイに思いを致すのは魅力的である。

第③段落

1　四億二千万年前の月の大きさ、堂々たる輝きについて筆者の見解＝それを想像してみようとは思わない。

2　想像一般論

・想像などという行為がいったい何になるだろう。

風鈴や蝋燭の炎
　わたしはそれを見たのであり
　　現に見ている
↔
四億二千万年前の月光
　わたしはそれを見たことがないしこれからも
　　見られようはずはない

・想像するとはそれ自体、精神の営為として基本的に貧しいものでしかありえない営みだと思う。

・想像されたものは、結局想像されたものでしかない。いかなる場合でも想像は現実には及びようがない。

第④段落

確固たる事実＝たしかにあったこと

・四億二千万年前の月は地球の海を照らし、オウムガイたちはその光を見つめていた。

・われわれが今見ているのとはまったく違う巨大な月を、オウムガイたちはたしかに見つめていた。

・オウムガイたちは見ていただけでなく、見ていたという事実を自分自身の軀に刻印し、四億二千万年後の今日に残している。

知ること

・事実をオウムガイたちは自らの軀に刻印し、四億二千万年後の今日に残している。

・われわれ（現代人）は、オウムガイの物質的な証言を通じて、そうした光が存在したことを知ることができる。

・それを見ることはできないが、かつて在りし日にそれを見ていた者を見ることができる。

・かつての現実を証明する物質的な証拠を見ることができ、それによってその光を知ることができる。

↓

・知ることとは、想像することをはるかに越えて豊かで本質的な営みとしてある。

見ようとしても見られないものを想像する
　安っぽい文学的感傷でしかない
↔
いかなる想像も追いつきえないものを知ることができる
　人を感動させ、興奮させる

　筆者は、オウムガイが見ていた古代の月、そしてその光について書いているのだが、それにこと寄せて、「現実」「想像」「知ること」について自身の見解を述べていることに注意したい。文学者である筆者が想像力に対しては消極的な評価をし、物理的証拠による「知る」という認識を高くしていることは興味深い。

〈設問解説〉

問一　漢字の書き取り

　(ア)懸念、(イ)四囲、(ウ)絵空事、(エ)迫真、(オ)行使。(イ)は「巨大な姿でしいを圧し」とあるから、周囲を意味する「四囲」が正解となる。同音異義語(思惟、恣意、示威など)と間違えないようにしよう。(ウ)の「絵空事」はおおげさで現実にはありえないこと。漢字は意味とともに覚えるようにしておこう。

問二　内容説明

◎設問意図

・部分要旨（第①段落）
・指示語変形「彼らの推論」
・傍線部の前後の正確な読解＝細部の読み
　この問題は、本文が正確に読解できているかどうかが大きなウエイトを占める。本文がきちんと読めていないと加点なしでおわるので、注意しよう。

◎解答へのアプローチ

(1)　傍線部の確認

　傍線部の「内容を説明せよ」と要求されているので、まず、傍線部を確認しよう。「彼ら」が誰なのか、「推論」は具体的にどのような推論なのか、「推論の大まかな方向づけ」はどういう方向づけのことなのかを見ていこう。

　彼らの推論の大まかな方向づけ
　　＝
カーンとポンピアの仮説の、
オウムガイの殻に残った細線の数が意味するものに関する大まかな方向づけ

(2)　傍線部の前後の正確な読み

1　傍線部の前に、「九本が正確に九日間に対応していると断言するのは行き過ぎであるにせよ」とあるので、「大まかな方向づけ」が、カーンとポンピアの仮説の正確な数値、細かな数値を指すのでないことを確認しよう。

という意味。

「大まか」は細かなことにこだわらない、おおざっぱな

2　傍線部の後に、「太古の海で巨大な月を見つめているオウムガイに思いを致すのはあまりにも魅力的なので、グールドの懐疑論には耳を貸したくないという気持が強いのだ」とあるので、以下。

オウムガイに思いを致すのはあまりにも魅力的である

⇐

彼らの仮説を疑う考えに耳を貸したくない

＝

彼らの推論の大まかな方向づけを諾いたい

太古の月を見ている〈オウムガイに思いを致すのが魅力的である〉というのは、傍線部の理由であり、解答要素にはならない。

（3）　第①段落のカーンとポンピアの仮説を具体化する。

傍線部の内容に関するポイント

1　オウムガイの殻に残った細線の数が意味するものに関係する

2　正確な数値ではない・大まかな方向づけである

＊「九本なので九日」と数値を出している答案は失格

3　オウムガイが巨大な月を見つめている部分は含まない

（4）　本文根拠の発見と整理

《第①段落》

観察（A）と推測・仮説（B）を確認していこう。

A1　現存のオウムガイの殻の観察

・二枚の隔壁の間に挟まれた小室一つ一つに平均約三十本の細線

↓

B1　オウムガイの殻の細線に関する推測

・太陽の周期に合わせて浮沈するオウムガイの殻の細線は、一日ごとの成長の記録である（と考えられる）

B2　オウムガイの殻の隔壁に関する仮定

・隔壁は月の周期に同調して作られる（と仮定する）

B3　隔壁間の細線数の意味

・隔壁間の細線数がひと月の日数と対応する

↓

A2　太古のオウムガイの化石の殻の観察

・最古の化石では九本の細線

＊太古は現在よりも隔壁間の細線が少ない

↓

B4　隔壁間の細線数の意味

・四億二千万年前の地球では、一ヶ月はたった九日間

＊太古は現在よりもひと月の日数が少ない

↓

B5
・月は今よりずっと地球に近いところにあり、わずか九太陽日で地球の周囲を公転していた
・当時（太古）の月は、地球からの現在の距離のたった五分の二強という近いところを回っていたはずだ
＊太古の月は現在よりずっと地球に近いところを回っていた

↓
B6　オウムガイは今われわれが見ている月とは比べものにならないほど巨大な月を眺めていた

《傍線部よりも後》
第④段落でも、隔壁間の細線数に言及している部分があるので、確認しておこう。
・化石の殻の小室ごとに刻まれた九本の成長線
・古生代のオウムガイの眼が見つめていた
・われわれが今見ているのとはまったく違う月、中天を圧して輝きわたっている巨大な月を、オウムガイたちはたしかに見つめていた

（5）解答の作成
［骨格のみ］
太古のオウムガイの化石の隔壁間の細線の数が現在よりも少ないことから、当時は、ひと月あたりの日数が現在より少なく、当時の月は、現在より地球の近くを公転していたはずだと推定したこと。（89字）
［字数を気にしない解答例］
（現存のオウムガイの殻の観察から、）
太陽の周期に合わせて浮沈するオウムガイの殻の細線は一日を示し、隔壁は月の周期に同調して作られ、隔壁間の細線数がひと月の日数と対応するのであれば、太古のオウムガイの隔壁間の細線数が現在よりも少ないことから、当時は現在よりもひと月の日数が少なく、当時の月は現在よりずっと地球に近いところを回っていたはずだと推定すること。（158字）

（6）解答欄に合わせた解答作成
解答欄は五行分。
・骨格を維持し、前提を簡単に付加する
・前半部分を大きくまとめ、細線の数が意味するものを確実に書く
［解答例］
オウムガイの殻の細線が太陽の周期と、隔壁が月の周期と同調する場合、隔壁間の細線数はひと月の日数を示し、太古のオウムガイの隔壁間の細線数が現在より少ないことから、当時、ひと月は現在より短く、月は現在より地球に近い位置を公転していたと推定すること。（115文字／122字）

◎採点条件

1 「隔壁間の細線数の減少→地球と月の距離の接近」に言及していること

＊〈隔壁間の細線数〉は〈小室の細線数〉でも可

＊〈細線数の減少〉〈隔壁の減少〉と述べている答案は誤読で失格

2 「おおまかな方向づけ」が説明されていること

＊「九本が正確に九日間に対応している」と指摘されている答案は誤読で失格

◎加点ポイント

1 メイン要素

a 太古のオウムガイの隔壁間の細線数が現在より少ない

b 当時の月は現在より地球の近いところを公転していた

2 サブ要素

c 細線は太陽の周期に同調する

＊太陽と細線の関係が示されていれば可

d 隔壁は月の周期に同調する

＊月と隔壁の関係が示されていれば可

e 隔壁間の細線数はひと月の日数を示す

f 太古のひと月は現在より短い

◎補足

以下のように、c・d要素をまとめて書いてもよいだろう。

［参考解答例］

太古のオウムガイ類の化石の隔壁間の細線数が現存種よりも少ないことから、現存種のオウムガイの殻の隔壁間の細線数に関する仮定に基いて、当時はひと月の日数が現在よりも少なく、当時の月は現在よりずっと地球に近いところを公転していたと推定すること。（115文字／119字）

問三　心情説明

◎設問意図

・心情説明

「どのような心情が込められているか、わかりやすく説明せよ」と要求されているので、傍線部「耳を貸したくない」「気持」の背後の心情を説明する必要がある。

◎解答へのアプローチ

（1）傍線部を含む一文を確認しよう。

1 いや正直に言えば

2 太古の海で巨大な月を見つめているオウムガイに思いを致すのはあまりにも魅力的なので、

3 グールドの懐疑論には

4 耳を貸したくないという気持ちが強いのだ（傍線部）

ここから、傍線部は「グールドの懐疑論」に対する心情であることが確認できる。また、2が傍線部の心情の理由にあたる部分であり、それが筆者の正直な心情告白（1）なのである。

（2） グールドと筆者の立場

「カーンとポンピアの仮説」に対して、「グールド自身は」「いくぶんかのけねん（懸念）を呈して」いる。この懸念が「グールドの懐疑論」である。

では、筆者はグールドの懸念＝懐疑論を受けて、どのように述べているのか見ていこう。

1 それはまことにもっともな点を衝いている

（もっとも＝道理に適っている、理屈に合っている）

2 彼らの推論の大まかな方向づけはそのまま諾ってよいもののように思われる

（グールドの懸念は道理に適っていると認めつつ、筆者自身はカーンとポンピアの仮説の大まかな方向づけに同意してもよいと思われると述べている）

3 いや正直に言えば……

このように、傍線部を含む一文に続いていく。

傍線部を含む一文を見ると、「魅力的なので」「耳を貸したくないという気持」とある。ここから、カーンとポンピアの仮説に対する筆者の判断（それはそのまま、カーンとポンピアの仮説に対するグールドの懸念＝懐疑論に対する筆者の判断でもあるが、）が、理性的な思考によるものではなく、主観的な心情に引きずられたものであることがわかる。

（3） 整理

1 カーンとポンピアの仮説について

大まかな方向づけを肯定する＝グールドの懸念・懐疑論に耳を貸さない	否定する＝グールドの懸念・懐疑論に耳を貸す
太古の海で巨大な月を見つめているオウムガイに思いを致すことが可能	太古の海で巨大な月を見つめているオウムガイに思いを致すことが不可能

2 筆者の主観的な思い

・太古の海で巨大な月を見つめるオウムガイに思いを致すのはあまりに魅力的

3 筆者の二つの思い

理性的・科学的な判断

グールドの懐疑論（＝懸念）はまことにもっともな点を衝いている→カーンとポンピアの仮説を否定する

↔

主情的な判断（オウムガイに思いを致す魅力を優先）

グールドの懐疑論（懸念）には耳を貸したくない→カーンとポンピアの仮説のおおまかな方向づけを肯定する

以上から

1 カーンとポンピアの仮説に対するグールドの懐疑論は理性的（合理的・科学的）に考えれば正しい側面をもつ。

2　しかし、筆者はオウムガイが太古の月を見ていることに思いを致すことの魅力にあらがえない。理性的な判断よりもこの魅力を優先したい。

3　筆者がカーンとポンピアの仮説の大まかな方向づけを諾い、グールドの懐疑論に耳を貸したくない（そうだと認めたくない）のは、正直に言えば、理性的な判断ではなく、自身の主観的な嗜好によるのだ。

［字数を意識しない解答例］

カーンとポンピアの仮説に対するグールドの懐疑論には一理あると思う。しかし、太古の海で巨大な月を見つめているオウムガイに思いを致すことは魅力的である。だから、科学的妥当性からいえば自分の判断が正しいかどうかはわからないが、自分の気持ちとしてはグールドの懐疑論を認めたくない。逆に、カーンとポンピアの仮説を大筋で認めることで得られる、太古のオウムガイと巨大な月が織りなす魅力的な情景を味わいたいという心情。（201字）

（4）解答作成

解答欄は四行分。要素が多いので、コンパクトにまとめよう。

1　グールドの懐疑論がカーンとポンピアの仮説に対するものであることを明示する。

2　〈耳を貸す〉という慣用表現の意味を踏まえて、「耳を貸したくないという気持」という傍線部の心情を明示する。

3　「耳を貸したくないという気持」の強さが、太古のオウムガイのイメージに関する筆者の思い入れを理由とするものであることを示す。

4　傍線部が筆者の「気持」であり、逆に、グールドの懸念に対する「もっともな点を衝いている」という判断が、それとは異なる〈理性的・科学的・理屈〉などの判断であることを指摘しておく。

［解答例］

カーンとポンピアの仮説に対するグールドの懐疑論に科学的妥当性を認めつつも、懐疑論を拒み、仮説を大筋で認めて、太古の海で巨大な月を見つめているオウムガイへ思いを致す魅力を優先したいという心情。（91文字／95字）

◎採点条件

グールドの懐疑論（懸念）もしくは、カーンとポンピアの仮説について書いてあること

◎加点ポイント

1　心情の対象の明示

a　グールドの懐疑論がカーンとポンピアの仮説に対するものであることの指摘

2　理性的・科学的な判断

b　グールドの懐疑論を「もっとも」だと筆者が判断していることの指摘

c　bについて、理屈、科学、理性に関わる判断であることの指摘

3　筆者の強い気持ち

d　グールドの懐疑論に「耳を貸したくない」気持ちの指摘

＊「耳を貸す」の的確な換言がしてあること

e　太古の海で巨大な月を見つめているオウムガイへ思いを致す魅力を優先したいという心情の指摘

問四　理由説明

◎設問意図

・部分要旨　第③段落・第④段落の要旨を問う設問

・「想像」と「現実」の関係に関する理解を問う

◎解答へのアプローチ

（1）理由説明の場合は、傍線部の主語・話題について理由を述べ、理由自体は傍線部の述語部分に直結する理由を述べるのが原則である。

←

「想像する」ことについて、「それ自体、精神の営為として基本的に貧しいものでしかありえない営みだ」と筆者が判断する理由を述べる。

（2）「想像する」ことについて、筆者が言及している部分を確認しよう。

《本文根拠》

・想像されたものは、結局想像されたものでしかない

・いかなる場合でも想像は現実には及びようがない

・この「あった」の重さにはいかなる想像力も追いつきようがない

←

《解答の骨格》

想像されたものは、結局想像されたものでしかなく、いかなる場合でも、確固とした事実である現実の重さに及びようがないから。

（3）補足説明

他にも「想像」と「現実」の関係について言及した箇所があるから、確認しよう。

《本文根拠》

・現実は、想像力を行使して構成しようと努めるイメージとは無関係に存在している確固とした事実である

・いかなる人工的なイメージも無力である

（・想像するというのはしばしば安っぽい文学的感傷でしかない）

（4）解答を作成しよう。

解答欄は三行分。解答の骨格を維持しつつ、（3）の内容を取り込んで作成しよう。

［解答例］
想像は、想像にとどまり、いかなる場合でも、想像力による人工的なイメージと無関係に存在している確固とした事実である現実の重さに及びようがないから。
（69文字／72字）

◎加点ポイント
a　想像は想像にとどまる旨の指摘
b　想像は現実の重さに及ばない旨の指摘
c　現実の説明＝確固とした事実であることの指摘
d　現実の説明＝人工的なイメージと無関係に存在していることの指摘
e　a・bの説明として「いかなる場合でも」「常に」など全否定があること

問五　内容説明
◎設問意図
・具体例を用いる場合の表現意図
具体例に傍線で、「どういうことを言おうとしているのか」「どういうことを言っているのか」と問われた場合、筆者が具体例を用いて、言おうとしていたのは一般論であるから、傍線部〈具体例〉で、筆者は〈一般論を言おうとしている〉〈一般論を言っている〉となる。
◎解答へのアプローチ

（1）傍線部内指示語「ここ」の指示内容をおさえる。
・巨大な月を見ていたという事実を自分の軀に刻印し、今日に残しているオウムガイを見ることで、
・オウムガイに残った物質的な証拠を私たちが見ることによって、
（2）一般論を導く。
昔の月の光を知ることができるところ
←一般化
過去に存在した事実を実際に体験したものに残る物質的な証拠を通じて、実際には体験しえない人間が、過去に存在した現実を知ることができるところ
（3）同義内容をおさえる。
感動する
←
・いかなる想像も追いつきようのないものを知ることができる↓人を興奮させる出来事である
・知ることとは、想像することをはるかに越えて豊かで本質的な営みとしてあると言うべき
（4）解答作成
解答欄は四行分。
［解答例］
現実を実体験したものに残る物質的な証拠を通じて、現実

を実体験しえない人間がいかなる想像も及ばない現実を知ることに、筆者は、想像を越えて豊かで本質的な営みを認め、興奮を覚え、心動かされるということ。

（92文字／98字）

◎加点ポイント

1 「知る」ことの内容

a 現実を実体験したものに残る／物質的な証拠

＊太古の月を見たオウムガイの隔壁間（小室ごと）の細線

b 現実を実体験しえない人間が／現実を知る

＊太古の月を見ることができない人間が太古の月の光を知る

c 現実の説明＝想像の及ばない

2 「知る」ことへの評価

d 想像を越える豊かで本質的な営み

3 感動の換言

e 興奮を覚え、心動かされる

◎補足説明

傍線部の指示語の指示内容をおさえてオウムガイについて書くのではなく、なぜ、一般論で書かなければいけないのかを説明しておこう。

（1）本文の全体の捉え方

「太古の巨大な月の光を見つめていたオウムガイ」をめぐる考察から、人間の「知る」という営みの大切さについて述べた文章である。

（2）「想像」に言及した箇所の確認

・想像などという行為がいったい何になるだろう。

・あの風鈴やあの蝋燭の炎もまた、わたしは想像したわけではなかった。

・詩人の富として語られることもある想像力というものの徳について、わたしはかなり懐疑的である。

・いかなる場合でも、想像は現実に及びようがない。

これらから、「想像」は「オウムガイに関する想像」に限定されないことがわかる。

（3）「知る」に言及した箇所の確認

・見ようとしても見られないものを想像するというのはしばしば安っぽい文学的感傷でしかない。

・だが、いかなる想像も追いつきようのないものを知ることができるというのは、これはまた何と人を興奮させる出来事であることか。

「しばしば」という表現、また、（2）との整合性を考えれば、見る・想像する・知るに関する一般論だと判断される。

したがって、この文章は、オウムガイという具体的なものについて述べつつ、現実と人間の営為（「想像する」「知る」）との関係における「知る」という営みの素晴らしさについて述べている文章と言えるだろう。

（4）解答作成の流れ

①　わたしが感動するのはここのところだ
　　＝　指示語の指示内容をおさえる

②　わたしが感動するのは、
オウムガイに残った物質的な証拠を私たちが見ることによって、
オウムガイが見た太古の月の光を
知ることができるところだ
　　↓　どういうことか？　具体例の一般化

③　わたしが興奮を覚え、心動かされるのは、
現実を実体験したものに残る物質的な証拠を見ることによって、現実を実体験しえない人間のいかなる
想像も及ばない現実を知ることができるところだ。

解答

問一　（ア）懸念　（イ）四囲　（ウ）絵空事
（エ）迫真　（オ）行使

問二　オウムガイの殻の細線が太陽の周期と、隔壁が月の周期と同調する場合、隔壁間の細線数はひと月の日数を示し、太古のオウムガイの隔壁間の細線数が現在より少ないことから、当時、ひと月は現在より短く、月は現在より地球に近い位置を公転していたと推定すること。

問三　カーンとポンピアの仮説に対するグールドの懐疑論に科学的妥当性を認めつつも、懐疑論を拒み、仮説を大筋で認めて、太古の海で巨大な月を見つめているオウムガイへ思いを致す魅力を優先したいという心情。

問四　想像は、想像にとどまり、いかなる場合でも、想像力による人工的なイメージと無関係に存在している確固とした事実である現実の重さに及びようがないから。

問五　現実を実体験したものに残る物質的な証拠を通じて、現実を実体験しえない人間がいかなる想像も及ばない現実を知ることに、筆者は、想像を越えて豊かで本質的な営みを認め、興奮を覚え、心動かされるということ。

二（文系）

出典

黒井千次（くろい　せんじ）『聖産業週間』。

黒井千次（一九三二～　）は東京都出身の小説家。古井由吉、日野啓三、小川国夫、高井有一、阿部昭などと共に「内向の世代」の小説家である。

東京大学経済学部卒業後、富士重工で勤務しながら執筆活動をする。一九五八年「青い工場」を発表し、労働者作家と

して注目される。一九六八年下期「穴と空」、一九六九年上期「時間」、一九六九年下期「星のない部屋」で芥川賞候補となった。一九六九年に「二つの夜」「聖産業週間」「穴と空」「時間」「騎士グーダス」「空砲に弾を」をおさめた『時間』（河出書房新社）が出版された。一九七〇年に『時間』で芸術選奨新人賞を受賞した後、富士重工を退職、作家活動に専念する。一九八四年には『群棲』で谷崎潤一郎賞、一九九四年に『カーテンコール』で読売文学賞（小説部門）、二〇〇一年『羽根と翼』で毎日芸術賞、二〇〇六年『一日・夢の柵』で野間文芸賞を受賞している。一九八七年から二〇一二年まで芥川賞の選考委員を務めた。

著作は多数あり、一九八四年には共通一次試験に「春の道標」が出題されている。二〇一六年一月には、自身の作品も収めた『「内向の世代」初期作品アンソロジー』（講談社文芸文庫）の選者を務めている。

「聖産業週間」は、先に記したように一九六九年出版された『時間』、さらに、一九七六年『時間』（河出文芸選書／河出書房新社）に収められ、一九九〇年には著者の校訂を経て出版された新版『時間』（講談社文芸文庫）に収められている。

本文は取組合いで負けた相手への怒りを貫き通せない息子の姿を見た主人公が、それを機縁に、自身がありたいように熱中して生きることをしてこなかった主人公自身の誤魔化しを自覚し、熱中して生きようとするに至る思いを思弁的に描いたものである。

解説

〈本文解説〉

前書きに本文内容が示されているので、それを確認しよう。

1　本文　田口の手記の一部
2　登場人物　会社員田口運平
　　田口の息子
3　出来事
田口　怠惰で仕事に対して冷笑的な態度をとってきた
↓
心境の変化のきっかけとなる出来事　田口の息子の行動
↓
田口　心境の変化
　　仕事に猛烈な情熱を示すようになり、周囲の同僚を驚かす

冒頭の段落は「心境の変化のきっかけとなった田口の息子の行動を記している」と述べられている。

一読して、本文の流れを確認しよう。本文は、まず、田口の息子の行動とそれを見つめる田口の様子が説明され、田口の心境が説明されている。形式段落を確認した上で、田口の

内省にしたがって、時系列に整理しておこう。
まず、形式段落を確認しておく。
第①段落　その時～許せないのだ。
第②段落　――しかし～転化していた。
第③段落　思えば～来たといえる。
第④段落　――私の中に～なかろうか。
第⑤段落　斯くして～からである。
第⑥段落　これは～恐れるとは。
第⑦段落　しかし～する為に。
第⑧段落　この賭け～呼ぼう。

では、第③段落～第⑦段落の田口の内省をもとに、田口の息子の行動も含めて、出来事と田口自身が捉えている自身のありかた・田口の思いを時系列で整理していこう。説明にあたっては、本文の表現を適宜変えている。

Ⅰ　これまでの田口

・誤魔化しに誤魔化しを重ねながら、潜在する〈飢え〉をあやしあやし、遂に私は今日まで生きて来たといえる。
第③段落のこの一文に言い尽くされている。

（1）子供時代～就職まで
田口は、子供時代から就職まで以下の生きかたをしてきた。
・その生の瞬間における、何事かへの熱中に身を投ずることなく、常に瞬間を相対化し、時間を手段とすることによって生きて来た（第③段落）
・先に在る重い目的のために、今を準備の段階、待機の時だと位置づけてきた（第③段落）
・賭けることを避け、熱中を逃げていた（第③段落）
しかし、田口自身がこうした生きかたが誤魔化しであることをどこかで感じてもいた。
・絶ゆる事もない熱中への〈飢え〉があった（第③段落）
・自らの身体を、自らの力で支えて進む他ないことを、意識のどこかで、常に感じ続けて来た

（2）就職して今の仕事に就く
就職した以上、この先に重い目的等は存在しない。しかし、田口は就職してからも同じように生きてきた。
・怠惰で冷笑的な態度をとってきた（前書き）
・冷やかなる傍観的態度を取ることによって誤魔化していた（第③段落）
ただ、就職後、無意識のうちに、この先、現在というものを充たす外に、先に招いている重い目的等は存在しないと感じ始めた時、以下のイメイジが誕生した。
・〈私はここで生きる〉という樹液の様にみずみずしいかつての労働のイメイジ（第④段落）

Ⅱ　田口の息子の行動とそれに対する田口の思い

田口の息子の行動が、田口の心境の変化のきっかけとなるのだが、その経緯を見ていこう。

田口の息子の行動	田口の様子
取組合いを始める	我が子が勝つ事を念じて、見守る
取組合いに負ける	無念がる
口惜しくて、泣く	
砂で汚れた顔で、負けた口惜しさから隣家の男児を追おうとする	怒れ、追え、倒せ、組み敷け、と身体の中に熱い声をこもらせて見守る
曖昧で気弱な表情が見られる（周囲の子供が怪獣だと囃す）	怒れ、怒れ、怒れと声を口の中に漲らせる
曖昧な表情のまま、隣家の男児を追い続ける	
急激に屈辱の色が失せていく	
怒りの力が退き、周囲の怪獣だと囃す声に身をまかせ、自らを強い怪獣として隣家の男児を追う誇らしさの中に堕していく	・許し難かった ・怒りに熱中することなく、怒りを曖昧に他のものにすり替えたことが許せない ・誤魔化したことが許せない

（以上、第①段落）

↓

我が子に対する怒りが、田口自身に対する怒りに転化する

（第②段落）

Ⅰで見たように、田口自身、これまで、誤魔化しに誤魔化しを重ねて生きて来た。息子への怒りを機に、田口は自身の生きかた、そういう生きかたをしている自身に怒りを感じる。これは以下のように図示できるだろう。

息子の誤魔化しを目撃する → 息子への怒り

↓　田口自身の生きかたと重なる

田口の誤魔化しに満ちた人生 → 田口自身への怒り

Ⅲ　田口の内省

息子の行動に対する怒りが、自己の生きかたへの内省を促し、生きかたを変える決意を促す。賭けることを避け、熱中を逃げているのは、息子ではなく、自身であると気づく。「賭けぬ自分」に苛立ち、田口は「賭け」を始めようとする。つまり、これまでの生きかたを変え、今ここに熱中しようとする。

（1）賭けまたは熱中

・無意識のうちに抱いていた労働のイメイジを自覚し、自身の仕事においても、そのイメイジを一点でも繋げることができるのではないかと思う（第④段落）

・自らの退路を断ち、自らの猶予を捨て、熱中によって今

ここに生きることの意味を確かめようと試みる（第⑤段落）

（2）賭けの危険性と賭けへの恐れ

賭けは危険と犠牲が多い。

1　熱中によって生きる意味を確かめることに失敗した場合、決定的に自己の傍らに立って生き続けねばならない。

2　自身の労働が、あの遠い潮騒の響きのような遥かなる労働のイメイジに繋がらない場合、熱中は行き場を失う。

3　熱中に成功した場合、現在までの日々よりも厳しく困難な日々であることが明らかである。

4　賭けそのものがもめごとを起こし、コストがかかることが明らかである。
（以上、第⑤段落）

Ⅳ　決意

これまで、先の目的のために今を手段化することも可能だったわけだが、就職した今について、田口は以下のように考えている。

・今こそ私は最もそう在りたいものの真只中に在らねばならぬのではないか。それは、良くも悪しくも、今のこの仕事にしかないのではないか（第③段落）

そこで、田口は仕事に熱中するというありかたを始めるのである。

・ここまで来てしまった以上、私はこれを為し遂げぬ訳にはいかぬであろう（第⑦段落）

←　突然仕事に猛烈な情熱を示すようになる（前書き）

では、設問を見ていこう。

〈設問解説〉

問一　内容説明

◎設問意図

「相対化」「手段」を具体的に説明する

◎解答へのアプローチ

（1）傍線部を含む一文を確認しよう。

・その生の瞬間における、～何事かへの熱中に身を投ずることなく、常に瞬間を相対化し、時間を手段とすることによって生きて来たように思われるのである。

ここから、傍線部の生きかたは、何事かへの熱中に身を投じる生きかたではないことがわかる。

ポイント1　何事かに熱中するのではない

（2）傍線部の表現を意識して、関連箇所をチェックしよう。

「時間を手段とする」とあるから、時間を他の目的のための手段とするということだ。他の目的とは何か？

・その為に今が準備の段階であり、待機の時であるという重い目的

傍線部の直後の具体的な説明もヒントになる。要するに、その時その時の「現在」を「現在」のために生きるのではなく、将来の目的のために、「現在」をその目的を達成するための手段として、また将来のための準備の段階だとして過ごすことである。

ポイント2　その時々の現在を将来の目的を達成するための準備の段階であり、そのために待機する時であるとする

(3) 傍線部の前文の表現と傍線部の表現に注意しよう。

・常に、最もそう在りたいものの傍らに立ち続けていたような気がするのである。

・常に瞬間を相対化し、時間を手段とすることによって生きて来たように思われるのである。

ポイント3　そう在りたいものの傍らに立ち続けていた

(4) これまでの生きかた＝傍線部(1)のあり方に対する田口の評価

・誤魔化しに誤魔化しを重ねながら

ポイント4　誤魔化す

(5) 最後に、「相対化」という語の意味を確認しておこう。相対化の反対語は絶対化である。

瞬間を絶対化する＝瞬間を他の何ものにも制約されないものとすること

瞬間を相対化する＝瞬間を他の何ものかとの関連でとらえること。他との関係で変わるものととらえること。

「相対化」のニュアンスは、ある瞬間を、ある時間を他の目的のための手段とするという説明で示すことができる。

(6) 解答作成

解答欄は二行分なので、コンパクトにまとめる必要がある。

[解答例]

人生の時々に最もそう在りたい事柄に熱中せず、将来の目的の準備と待機の時だと誤魔化すということ。　(45文字／47字)

◎加点ポイント

a　熱中しないことの指摘

b　その時その時を、将来の目的のための準備と待機の時だとすること

＊目的、準備、待機は必須。

c　「最もそう在りたいものの傍らに立ち続けて」を踏まえた内容

＊〈傍らに立つ〉のだから、最もそう在りたいものの渦中には存在しない＝最もそう在りたいものへの熱中に身を投じていないことを示せばよい。

d　誤魔化す

問二　内容説明

◎設問意図

・比喩表現の一般化

「手すり」「切れた」の語義を踏まえて、本文ではどのような意味なのかを考える。

◎解答へのアプローチ

比喩表現の一般化は難しいことが多い。最初に、語義から自分で意味を考えるのではなく、語義からイメージを浮かべつつ、本文を確認し、本文を根拠に、イメージを言語化するとうまくいく。

比喩表現の語義→イメージを浮かべる
←→思考　↓的確な言語表現
比喩表現を含む文脈の確認

また、「手すりは切れた」という表現は、先行状況・結果という関係を踏まえた表現であることを意識して、経緯を踏まえる。

手すりがあった　先行状況
←　きっかけ
手すりは切れた

（1）まず、傍線部を本文で確認しよう。

> 1　先行状況
> 誤魔化しに誤魔化しを重ねながら、潜在する〈飢え〉をあやしあやし、遂に私は今日まで生きて来たといえる。
> ←
> 2　手すりは切れた。
> 3　最早、自らの身体を、自らの力で支えて進む他はない。

1はこれまでの田口の生きかた、3は心境の変化を示していることから、「手すりは切れた」がどのような内容に対応するかを考える。

1　これまで、潜在する飢え（＝その時々に最もそう在りたい事柄に熱中したいという切実な願い）を、将来の目的のための準備や待機の時だと思うことで誤魔化してきた

2　息子への怒りをきっかけに、自身の切実な願いを誤魔化せなくなった

3　将来の目的ではなく、現在の自分の生きかたを変え、現在の何かに熱中して生きるしかない

（2）比喩表現の語義→イメージを浮かべる

手すり

人がつかまるために、橋や階段などに取り付けられている横木や柵

手すりが切れる

・手すりにつかまっていた人は落下したり、よろけたりする

・手すりにつかまれないから、自分で落下したりよろけたりしないようにバランスをとって階段を上ったり、橋を渡る必要がある

（3）「手すりは切れた」の意味を（1）・（2）から確定する。

1　潜在する熱中への渇望を将来の目的等によりかかって、誤魔化してきた

↓　息子への怒りをきっかけに、潜在する渇望が顕在化する（田口が飢えに気づく）

2　将来の目的等によりかかって渇望を誤魔化すことができなくなった

3　現在の自分の生活に渇望の実現（＝熱中）を求めるしかない

（4）解答作成

「飢え」は切実な欲求、渇望などと言い換える。「手すり」のもつ〈頼りになるもの〉〈すがるもの〉〈（自分が）よりかかるもの〉〈（自分を）支えるもの〉というニュアンスをきちんと示そう。解答欄は四行分。

［解答例］

最もそう在りたい事柄への熱中について潜在する渇望を、息子への怒りを機に自覚してしまった以上、もはや将来の目的等にすがって誤魔化しえず、現在の生活において充実を求めざるをえなくなったということ。（92文字／96字）

◎加点ポイント

1　「手すりは切れた」ことの説明

a　将来の目的などに**頼る**ことができなくなったことの指摘

b　誤魔化すことができなくなったことの指摘

c　現在の自分を現在の自分が支える必要性の指摘

2　潜在する〈飢え〉の内容

d　熱中への潜在的な渇望

e　熱中の対象として、「最もそう在りたいもの」への言及

3　手すりが切れたきっかけ

f　息子への怒りを機に、2を自覚したことの指摘

問三　内容説明

◎設問意図

・比喩表現の一般化

問二と同様、比喩表現の一般化。

◎解答へのアプローチ

「かつての労働のイメイジ」とあるので、本文で説明されて

いる「かつての労働のイメイジ」をチェックし、それに、「樹液の様にみずみずしい」=〈生き生きとした〉〈生気に溢れた〉という「みずみずしい」を踏まえた表現を加えて説明すればよい。

（1）かつての労働のイメイジ

《本文根拠》

・単純で素朴なイメイジ

・人間の意識が（まだ草のように）健やかで、（石のように）強固であった時代における労働のイメイジ

・全ての筋肉～求め――それ等の中にあるほとんど物のように確実な労働のイメイジ

・人間が自らの生存と繁殖のために汗することが労働である～そのように単純豪快な労働のイメイジ（以上、第④段落）

・遠い潮騒の響きのような遥かなる労働のイメイジ

・単純豪快な労働（以上、第⑤段落）

（2）「樹液の様にみずみずしい」を踏まえる。

・生き生きとした、生気にあふれたなど

（3）解答作成

解答欄は三行分。傍線部が語句なので、〈イメイジがある〉=〈思い浮かぶということ〉〈想像されるということ〉などと結んでおこう。

［解答例］

人間が自らの生存と繁殖のために働くという、人間の意識がまだ健やかで強固であった時代の、生気にあふれた単純素朴で豪快な労働が想像されるということ。

（69文字／72字）

◎加点ポイント

1　「かつて」の具体化

a　人間の意識がまだ健やかで強固であった時代

2　「労働のイメイジ」の説明として

b　人間が自らの生存と繁殖のために働く

c　単純・素朴・豪快

d　「みずみずしい」の換言

e　想像される

問四　内容説明

◎設問意図

・比喩表現の一般化

問一の解答作成の際に触れた〈傍らに立つ〉という比喩表現を一般化する。

・第一の場合の説明であることを意識する

◎解答へのアプローチ

（1）傍線部を含む一文を確認する

状況　重い賭けにおいて

仮定　熱中が私を捉えることに失敗するならば

結果　私は遂に何事も確かめ得ることなく、

決定的に自己の傍らに立って生き続けねばならぬ

（2）「重い賭け」の内容を具体化する

自らの退路を断ち、自らの猶予を捨て、
熱中によって凝結して行く自己を通して
此処に今在ることの意味を確かめんとする行為
＝
危険と犠牲の多い賭け

（3）「重い賭け」から、順に考えていく

退路を断って、猶予を捨て、熱中
↓
何かに熱中することに失敗すると、　ポイント1
他に道がなくなる＝その状態で生きるしかない　ポイント2
何事も確かめ得ることなく
↓
熱中することができない　ポイント3
決定的に自らの傍らに立って生き続ける
＝
決定的に最もそうありたいものを得ることができないまま
生き続ける　ポイント4

（4）解答作成

［基本解答例］

熱中することに失敗すると、
熱中することができないまま、最もそうありたいことが得られないまま、生き続けるしかない。

解答欄は二行分なので、先行条件（熱中に失敗するならば）の部分をカットする。なお、「決定的に」はきちんと解答に反映しよう。

［解答例］

最もそう在りたい事柄自体を失い、熱中の可能性を完全に欠いた人生を送り続けるほかないということ。（45文字／47字）

◎加点ポイント

a　最もそう在りたいものは得られない
b　熱中することができない
c　生き続ける
d　「決定的に」のニュアンス＝〈完全に〉など

問五　理由説明

◎設問意図

・経緯を説明する

1　きっかけ＝「我が子の顔の気弱な変貌」、結果＝田口を怒らせたが明示されているので、その間の経緯を説明する。

2　「我が子の顔の気弱な変貌」は「変貌」とあるので、変化の前後を書くこと。基本的なことだが、顔の変貌はその顔の背後にある主観の変貌であると考えて、心理・心情の変化を述べること。

◎解答へのアプローチ

本文解説で見たⅡ・Ⅲを踏まえて説明する。

（1）解答のカタチの確認

我が子の顔の気弱な変貌＝1→2

←

田口の我が子への怒り＝3

←

自己の誤魔化しの自覚＝4

←

自己への怒りへの転化＝5

←

田口を怒らせた

解答は、〈［1→2］→3→4→5から〉となる。

（2）（1）の1～5の具体化

1　隣家の男児に取組合いで負けた怒り・屈辱感

2　怒りを貫けず、自らを強い怪獣として隣家の男児を追う誇らしさの中に堕していく

3　息子が怒りを貫けず、誤魔化したことへの怒り

4　息子への怒りがきっかけで、自己の誤魔化しを自覚する

5　自己嫌悪に陥る、自己を許し難いと思う、自己への苛立ちを抱く

（3）息子の誤魔化しに対応する田口の誤魔化しを具体化する。

誤魔化し＝潜在的な熱中への渇望を誤魔化して生きてきた

（4）解答作成

解答欄は五行分。（2）2はコンパクトに言い換えておこう。

［解答例］

取組合いに敗れた屈辱感から相手に抱いた怒りを保てず、曖昧に他の心情にすり替えていく「我が子」の様子に怒ったことで、田口は、潜在的な熱中への渇望を誤魔化して生きてきた自身の姿を突如として自覚し、「我が子」への怒りが自身への許し難い思いへと転じたから。

（115文字／123字）

＊「我が子」は息子と換言してもよい。

◎加点ポイント

1　「我が子（＝息子）の顔の気弱な変貌」と田口の息子への怒り

a　取組合いに敗れた屈辱感・怒り

b　怒りを保てず、曖昧に他の感情に変えて行った事の指摘

c　bに対する田口の怒り

2　田口自身への怒りへの転化

d　息子への怒りが田口自身への怒りに変わったことの指摘

3　息子のbと類似する田口の生きかたの自覚

e　潜在的な熱中への渇望を誤魔化して生きてきた

4　田口自身への怒りの説明

f　自身への許しがたい思いなど

解答

問一　人生の時々に最もそう在りたい事柄に熱中せず、将来の目的の準備と待機の時だと誤魔化すということ。

問二　最もそう在りたい事柄への熱中について潜在する渇望を、息子への怒りを機に自覚してしまった以上、もはや将来の目的等にすがって誤魔化しえず、現在の生活において充実を求めざるをえなくなったということ。

問三　人間が自らの生存と繁殖のために働くという、人間の意識がまだ健やかで強固であった時代の、生気にあふれた単純素朴で豪快な労働が想像されるということ。

問四　最もそう在りたい事柄自体を失い、熱中の可能性を完全に欠いた人生を送り続けるほかないということ。

問五　取組合いに敗れた屈辱感から相手に抱いた怒りを保てず、曖昧に他の心情にすり替えていく「我が子」の様子に怒ったことで、田口は、潜在的な熱中への渇望を誤魔化して生きてきた自身の姿を突如として自覚し、「我が子」への怒りが自身への許し難い思いへと転じたから。

二（理系）

出典

樺山紘一（かばやま　こういち）『情報の文化史』

樺山紘一（一九四一～　）は東京都出身の歴史学者。東京大学文学部西洋史学科卒業、東京大学大学院人文科学研究科修士課程修了。東京大学教授・国立西洋美術館館長等を歴任。専門分野はフランス中世史、西洋中世史、西洋文化史。現在、印刷博物館館長。二〇一五年に『歴史の歴史』で毎日出版文化賞を受賞している。

主な著書に、『ゴシック世界の思想像』（岩波書店）、『カタロニアへの眼』『西洋学事始』（中公文庫）、『ヨーロッパの出現』（講談社）、『歴史のなかのからだ』（ちくま学芸文庫、岩波現代文庫）、『エロイカの世紀』（講談社現代新書）などがある。

『情報の文化史』（朝日選書　一九八八年）は、歴史学者である筆者が、洞窟画からビデオまで、人が情報をいかにつくり、情報に関わり、そして、歴史に参加してきたかについて述べた書籍であり、問題本文は、中世ヨーロッパ社会における情報の伝達について述べた部分である。

中世ヨーロッパでは肉声による伝達は一見困難に思われるが、実際は、人びとは音声を聞きわけるすぐれた能力を持ち、その意味を聞き取っていた。一方、情報の蓄蔵、伝達手段としては、芸術的価値をもつ書物や、文字による通信のほとんどを占めていた書簡という「文字」を用いた通信手段と同様、絵画も、近代と異なり、鑑賞されるのではなく、意味を解読される通信用の記号として存在したと述べられている。

解説

〈本文解説〉

前書きで、「主として中世のヨーロッパ社会でさまざまな情報がいかに伝達され、共有されたかを考察した文の一部である」と紹介されているので、本文の内容を予め確認した上で読み進めればよい。

Ⅰ　中世ヨーロッパで肉声告知が有効に機能していたことの指摘（①～⑥段落）　…問一

問題提起

マイクロフォンとスピーカーとによって、人声を同時に多人数に伝達ができるようになるまえ、ひとはいったいどうやって意思をつうじあっていたのだろうか。（①段落）

←

適切な文書による伝達が存在しなかった中世の時代、記録が証言しているところによれば、肉声による音声通信は、かなり効果的におこなわれたらしい。（②・③段落）

1　仲介スピーカー（③段落）

2　直接の肉声告知（④段落）

←

・中世人たちは、いまのわたしたちとは段違いの耳をもっていた。（⑤段落）

・音声の通信は機械的方法の援けをうけずに、数百、数千人の耳をとらえたのであろう。（⑥段落）

Ⅱ　当時の、情報を正確に蓄蔵し、空間と時間をこえて伝達する手段について（⑦～⑫段落）

通信用の記号には書物（著作、写本）や書簡という文字だけでなく、絵もあった。

（1）書物（著作＝写本）（⑦～⑧段落）　…問二

・写本は通信手段として、かなり洗練された利器

・単なる通信手段ではなく、それ自体ひとつの芸術品

←

・写本はモノとしての重みを兼備した財宝である。

・美しさと便利さとは、分離できぬ一体となっていたの

である。

（2）書簡（⑨・⑩段落）

・場と時とを異にする相手にたいして、意を正確につたえようとする、つよい通信欲求が、うかびあがってくる。…問三

（3）絵（⑪・⑫段落）

・絵は物語を表現した。

・絵には、明瞭な語りが秘められていた。

・絵画は、解読されるものだった。

・画家にとっての関心は、記号としての物語表現に集中されていた。

以上が本文の内容である。それでは設問解説にうつろう。

〈設問解説〉

問一　内容説明

◎設問意図

・部分要旨（⑤段落）

・否定形の表現をより正確な肯定形の表現に変える

◎解答へのアプローチ

（1）条件、仮定の維持

1　まず、傍線部を本文で確認しよう。

どんなに多数の音源があっても、

雑音・騒音というべきものはありえなかった。

傍線部を換言する場合、傍線部の条件や仮定はそのまま解答でも維持される。

2　第⑤段落で「多数の音源があっても」に関連箇所を確認しよう。

・そのころ、人間社会は音にみちた世界をいとなんでいた

＝　具体化

中世都市の路上　家畜の鳴声

子供たちのはしゃぎ声

乞食する訴え声

時をつげる鐘の音

どれもが、雑然と空間をつたわっていった

・どんなに多数の音源があっても

↓

整理する

ポイント1

多数の音源から多様な音が雑然と空間を伝わり、

社会が音に満ちていても、

＊解答のポイント　具体例の一般化

「家畜の鳴声も子供たちのはしゃぎ声も、乞食する訴え声も、そして、時をつげる鐘の音も」は具体例なので、まとめて「多様な音」とする。

（2）傍線部が本文でどのような位置づけになるのかを確認

しよう。

前書きから、傍線部は「中世のヨーロッパ社会」でのことであり、また、この第⑤段落冒頭から傍線部は「中世人たち」に関する説明である。

時代か主体を示す

ポイント2

・中世のヨーロッパ社会では

・中世人たちは

（3）傍線部は「中世のヨーロッパ社会」「中世人たち」に関する説明なので、第⑤段落で関連箇所を確認する。

・いまのわたしたちとは段違いの／耳をもっていた

←「わたしたち」「段違い」「耳をもっていた」をそれぞれ換言する。

ポイント3

現代人よりもはるかに優れた／聴力をそなえていた

＊解答のポイント

・代名詞は普通名詞、もしくは、固有名詞に換言する。

・「段違い」の語義を示し、「耳をもっていた」という慣用表現は換言する。この場合の耳は、耳そのものではなく、聴力を意味している。

（4）傍線部が否定形なので、より正確な肯定形の表現になおすべく、本文を確認する。

雑音＝目的とする音を聴く場合に、邪魔になる音

騒音＝ある目的に対して障害になる音

雑音・騒音というべきものはありえなかった

←　解答は肯定形

・その音と声のすべてを子細に聞きわける能力をとぎすませていた

・(ことばを)択びわけていた

・音声ひとつひとつに意味がみちあふれていた

←

ポイント4

すべての音声を聞きわけ、どの音も、一つ一つ意味ある音声として把握していたということ。

（5）解答作成

解答欄は三行分。

［解答例］

現代人よりはるかに優れた聴力をもつ中世人は、多数の音源から雑然と伝わる多様な音を子細に聞きわけ、すべて意味ある音声として把握していたということ。

（69文字／72字）

◎加点ポイント

a　時代限定・主体限定

中世においては、中世ヨーロッパにおいては、中世人は、

b　傍線部のコンパクトな換言（肯定形）
すべて意味ある音声であった

c　中世人の特徴
・現代人よりも格段に優れた／聴力
・子細に聞きわける

d　仮定・条件の指摘
多数の音源・多様な音・雑然と伝わる

問二　内容説明

◎設問意図
・部分要旨（第⑦・⑧段落）
・「美しさ」「便利さ」「分離できぬ一体」を換言する

◎解答へのアプローチ
（1）話題の確認
傍線部は「写本」について説明した部分である。

⑦段落から
写本＝情報を正確に蓄蔵し、空間と時間とをこえて伝達する手段

⑪段落から
写本＝通信用の記号としての文字である
←
写本＝文字により、情報を正確に蓄蔵し、空間と時間とをこえて伝達する手段

（2）換言
1　美しさ＝細密挿画＋文字装飾　ひとつの芸術品（第⑧段落）
2　便利さ＝軽量化・通信手段として洗練された利器（第⑦段落）
3　分離できぬ一体＝不可分
モノとしての重みを兼備した財宝（第⑧段落）

（3）解答作成
解答欄は三行分。話題を明示し、傍線部の各パーツを丁寧に換言する。

［とりあえずの解答例］
文字により正確に情報を蓄蔵し伝達する写本は、挿画や文字装飾による芸術的価値と、軽量で有用な通信手段としての機能を、不可分に兼備していたということ。

これでもよい。解答例は、最初の「文字により正確に情報を蓄蔵し伝達する」は、写本の便利さの説明なので、後ろに入れ込んで解答を作成している。

［解答例］
写本は、挿画や文字装飾による芸術的価値と、文字により正確に情報を蓄蔵し伝達する、軽量で有用な通信手段とし

ての機能を、不可分に兼備していたということ。

（69文字／74字）

◎採点条件

写本、もしくは書物、著書について書かれていること

◎加点ポイント

a　文字により正確に情報を蓄蔵し伝達するものであることの指摘

b　「美しさ」の説明

挿画や文字装飾による芸術的価値をもつことの指摘

c　「便利さ」の説明

軽量で有用な通信手段

d　「分離できぬ一体」の説明

不可分に兼備している

問三　理由説明

◎設問意図

・対比関係の把握　近代の絵画と中世の絵画

・部分要旨（第⑪・⑫段落）

◎解答へのアプローチ

（1）話題の確認もしくは限定

傍線部は〈中世ヨーロッパにおける通信手段としての絵〉に関する説明である。もしくは傍線部の画家は〈通信手段の絵を描く中世の画家〉である。

（2）対比関係を踏まえる。

近代の絵画　・絵そのものが対象を描写する

・鑑賞される

↔

中世の絵画　・物語を表現した

・明瞭な語りが秘められていた

・解読されるものだった

（3）理由は傍線部の述語部分の理由

鑑賞されることを目的に、対象を描写するのではない

→忠実な対象写影にはない

物語を表現し、絵を介して意味が解読されることを前提に、絵に意味を込めようとする

→記号としての物語表現に集中されていた

＊注意点

「記号」という表現のニュアンスを解答に反映する。記号とは、それによって、一定の意味・内容をあらわすものである。本文の場合、たとえば、食事の場面を描いた絵は単に、食事の場面を描いているのではなく、そこに宗教的な意味が込められていて、絵を見た人間は絵によって、その絵が示す宗教的な意味を理解することになる。

（4）部分要旨

絵については、第⑪段落で、「写本と書簡のように、文字

ばかりが通信用の記号ではなかった。絵がある。」とあるので、これを踏まえて説明する。

↓

絵は、文字と同様、情報を正確に蓄蔵し、空間と時間をこえて伝達する手段である。

(5) 解答作成

解答欄は五行分。対比関係をきちんと反映して解答を作成する。

［解答例］

中世社会では、近代と異なり、絵は文字と同様、時空をこえて情報を正確に蓄蔵、伝達する通信手段であり、画家は、対象を描写し、それが鑑賞されることではなく、意味が解読されることを前提に、絵を介して、人びとに意を語り伝えることに専念していたと考えられるから。

（114文字／125字）

◎加点ポイント

1 近代と中世社会の違い

a 中世社会が近代と異なる

2 近代の絵の特徴

b 対象を描写する

c 絵は鑑賞されるものである

＊中世の説明として、否定的に書かれていても可

3 中世の絵の特徴

d 文字と同様に機能したことの指摘

e 時空をこえて情報を正確に蓄蔵、伝達する通信手段であった

f 意味が解読されるものであった

g 記号性の説明　絵を介して、意味を伝える　など

解答

問一 現代人よりはるかに優れた聴力をもつ中世人は、多数の音源から雑然と伝わる多様な音を子細に聞きわけ、すべて意味ある音声として把握していたということ。

問二 写本は、挿画や文字装飾による芸術的価値と、文字により正確に情報を蓄蔵し伝達する、軽量で有用な通信手段としての機能を、不可分に兼備していたということ。

問三 中世社会では、近代と異なり、絵は文字と同様、時空をこえて情報を正確に蓄蔵、伝達する通信手段であり、画家は、対象を描写し、それが鑑賞されることではなく、意味が解読されることを前提に、絵を介して、人びとに意を語り伝えることに専念していたと考えられるから。

二〇一五年

一（文理共通）

出典

阿部昭（あべ　あきら）『短編小説礼讃』

阿部昭（一九三四〜一九八九年）は昭和の小説家。広島で生まれ、藤沢市で育ち、東京大学文学部仏文科に進み、その後現在のＴＢＳ（ラジオ東京）勤務。一九六二年「子供部屋」で文學界新人賞受賞、一九七三年「千年」で毎日出版文化賞、一九七六年には「人生の一日」で芸術選奨新人賞を受賞している。古井由吉、黒井千次、小川国夫らとともに「内向の世代」の作家であり、短編小説の名手と言われた。「巣を出る」「幼年詩篇」「月の光」「東京の春」「未成年」「大いなる日」で6回芥川賞候補となっている。他に、「司令の休暇」『緑の年の日記』「みぞれふる空」など。

センター試験では、一九九三年・本試験で「司令の休暇」一九九九年・国語Ⅰ・追試験で「あの夏」が出題されている。また、京都大学でも一九九三年・後期日程第一問で「散文の基本」が出題されている。

『短編小説礼讃』は一九八六年に出版された岩波新書であり、二〇一二年に復刊された随想である。問題本文では、短編をめぐって、筆者の思い、考えが述べられており、ルナールの作品にみられる会話による直接的、具体的、即効的な人物描写を取り上げ、具体的イメージを読者に与える優れた短編について説明している。

解説（問五は文系のみ）

〈本文解説〉

Ⅰ　短編の特徴　短編となる必然性1　…問一

短編の特徴を、サローヤンの比喩を紹介しつつ、以下のように説明している。

・ただ長い物語を短くしたものが短編ではない

・短いというのは、話の長短よりもむしろ文章の性質から来る

・十枚で完結すべき物語はすでにその分量に相応した文章の調子を持っている

・それ以上長くも短くもなりようがないのが作品の正しい寸法である

要するに、短編は、長編を量的に短くしたものではなく、文章の性質と調子に相応した適正な分量で完結した結果、必然的にその長さ（短編）になっていると筆者が考えているということである。

Ⅱ　短編におけるイメージの重要性
（1）短編と長編の違い　…問二
チェーホフ、モラヴィアの言葉を紹介しつつ、短編と長編の違いについて説明している。短編について書かれた表現から、長編の特徴を補って記しておく。

1　筆者の説明
短編
・悠長なことはやっていられない
・説明や注釈にも頼れない
・残るはイメージしかない
・具体的な物の形や印象を、手早く読者の脳裏に焼きつけなくてはならない
↔
長編
・悠長なことができる
・説明や注釈に頼ることができる

チェーホフの言葉は以下のように示せるだろう。「具体的な物の形や印象」が「生きた形象」に該当するから、

2　チェーホフの言葉
短編　生きた形象から思想が生まれる
↔
長編　思想から形象が生まれる

3　モラヴィアの言葉
短編　抒情詩に近いとする
↔
長編　評論や哲学論文になぞらえている

この短編におけるイメージの大切さについて、筆者は二つ付け加えている。

（2）短編となる必然性2
短編には「イメージしかない」というよりは、短編の作者はもともとイメージで語るのが得意なのである。
短編の作者　イメージで語るのが得意である
↓
イメージは引き伸ばせない
↓
短編の作者の書くものが短くなる

（3）短編の誕生　…問三
ルナールの喩えを紹介しつつ、短編がどのように生まれるかを説明している。
作者がイメージを採集する
↓
・記憶というフィルター
・回想できるようになるための十分な時間
↓

書く

ここから、「文章でも写生ということがよく言われるが、その喩えはむしろ誤解を生みやすい」と筆者は述べる。

Ⅲ　ルナールの『にんじん』が『めんどり』から始まることについて　…問四

筆者は、短編を集めた作品であるルナールの『にんじん』が『めんどり』という短編から始まるのには、ルナールの「計算があってにちがいない」と判断している。

会話は小説における重要な描写の一つであり、会話ぐらい直接的、具体的、即効的にその人物を表現してのけるものはない。『めんどり』はその会話によって、登場人物に自己紹介をさせており、それが『にんじん』という物語の要領のいい人物紹介となっており、しかも、各人物のこの物語における位置や役割や相互の関係といったものを一挙に示す、わかり易い見取り図になっている。

この点について、筆者は「『にんじん』一巻が『めんどり』で始まるのはいかにも適切で、作者のアレンジの妙であり、かつまた読者への親切である」と述べている。

それでは設問を見ていこう。

〈設問解説〉

問一　理由説明

◎設問意図

導入問題。短編の独自性を説明する。傍線部を含む段落の部分要旨。短編と長編の違いが単に量的なものではなく、質的なもの（文章の性質・調子）であり、作品は長くしたり短くしたりできるのではなく、短編は短編として必然的に生まれることを説明する設問。

◎解答へのアプローチ

本文根拠となる部分はすでに〈本文解説〉Ⅰで示している。

（1）否定形の表現をまず、否定形のまま換言する。

鯨の比喩も踏まえて、量的な短縮を指摘しよう。

ただ長い物語を短くしたものが短編ではない

↓

短編は長い物語を量的に短くしたものではない

（2）肯定形で筆者の考えをより明快に表現しよう。

キーワードは「文章の性質」と「文章の調子」。いわば文章の質である。これが「それ以上長くも短くもなりようがない」という「作品の正しい寸法」を決め、短編が誕生する。

↓

短編は、文章の性質から短編になるのであり、短いという分量に相応した文章の調子を持ち、作品の正しい長さとして必然的に短編になっている。

（3）解答作成

筆者はなぜこのように述べているのかと問われているから、〈（筆者は）～と考えているから〉〈（筆者には）～思われるから〉とまとめておくとよい。

解答欄は三行分。適度な字数（一行あたり、文字数では二三文字程度）で解答を作成しよう。ポイントをわかりやすくするために、解答例を分かち書きにしておく。以下の設問でも同様。

［解答例］

短編は、
長編の分量を減らしたものではなく、
長編と異質な文章の性質と
短編に相応した文章の調子による
適正な分量の要請から短編となった
と思われるから。（69文字／72字）

◎採点条件

短編について書いてあること

◎加点ポイント

a　長編の量的減少ではないことの指摘

b　文章の性質が異なることの指摘

c　短編特有の文章の調子をもつことの指摘

d　適正な分量として短くなっていることの指摘

問二　内容説明

◎設問意図

・部分要旨

問一に続き、短編の特徴の説明。〈本文解説〉Ⅱの部分要旨である。

・傍線部内指示語

「その辺」という指示語をふまえて、前のチェーホフの言葉を解答要素に含める。

・対比関係

長編と短編の相違を説明する。

・比喩表現の一般化

「～に近い」「～になぞらえている」を説明する。

◎解答へのアプローチ

本文根拠はすでに〈本文解説〉Ⅱに示している。

まず、長編と短編の相違を整理する。次に、傍線部内の「抒情詩に近い」「評論や哲学論文になぞらえている」という表現に着目し、これを具体的に説明する。「抒情詩に近い」＝「抒情詩みたいだ」「抒情詩のようだ」、「評論や哲学論文になぞらえている」＝「評論や哲学論文みたいだ」「評論や哲学論文のようだ」ということだ。

（1）解答要素の整理

短編	長編
・イメージしかない	（・悠長なことをやっていられる）
・具体的な物の形や印象を、手早く読者の脳裏に焼きつけなくてはならない	（・説明や注釈に頼れる）
・生きた形象から思想が生まれる（具体→抽象）	・思想から形象が生まれる（抽象→具体）
・抒情詩に近い	・評論や哲学論文になぞらえている

（2）比喩表現の一般化

表からすれば、短編の特徴である「抒情詩に近い」という表現は、作者の具体的な物の形や印象であるイメージ（主観）を説明や注釈などを用いないで、読者に印象づける点に着目したものとわかる。

短編の特徴である「具体的な物の形」という表現から、対になる特徴として〈抽象的〉、さらに、「評論や哲学論文」との類似性を意識して、長編の特徴は思想（抽象的な思考）を説明・注釈して表現する点であると説明する。

（3）解答作成

解答欄は三行分。対比項目を丁寧に入れていこう。

［解答例］

短編は、具体的な物の形や印象をイメージにより手早く読者に伝え、長編は、作家の抽象的な思考を、説明や注釈を交えじっくり読者に理解させるという相違。（67文字／72字）

◎加点ポイント

1　短編
- a　イメージ
- b　具体的な物の形や印象
- c　手早く

2　長編
- d　説明や注釈
- e　抽象的な思考
- f　じっくり

◎参考

二〇一〇年度共通一・問三で「ジャーナリズムの言葉と個人の言葉のちがい」、同年文系二・問二で「自意識と自覚のちがい」を説明する問題が出題されている。

問三　理由説明

◎設問意図

・比喩表現の一般化
解答の根拠となる部分の「フィルター」は比喩表現なので、一般表現に換言する。
・基本知識　写生
文章表現を絵画の写生に喩えることは「誤解を生みやすい」、つまり、文章表現と写生を類似のものと捉えることは誤解であると筆者が考える理由を説明する問題である。「写生」がどのようなものかという説明は本文中にないので、それは知識で補う必要がある。
◎本文根拠
・書くためには記憶というフィルターと、回想できるようになるまでの十分な時間が必要である
◎語彙力
写生＝眼前のものをありのままに描く
フィルター＝不要物を通過させない装置、選別をする装置
◎解答へのアプローチ
(1) まず、傍線部を確認しよう。
傍線部前半
文章でⓜ写生ということがよく言われるが、その喩えは
↓
「も」に着目する。
写生は本来、絵を描く場合に景色などを見たままに写し取ることだ。日本文学では、正岡子規が短歌・俳句の方法論として、対象をありのままに写し取ることを主張し、それが散文にも影響を与えたという経緯がある。
絵画では写生ということが言われる
俳句や短歌では写生ということが言われる
＝
文章でも写生ということがよく言われる
この表現は「喩え」とあるので、それを反映して表現すると、以下のようになる。
絵画では写生ということが言われるが、
文章でも写生するように書くということがよく言われる
(2) 誤解である理由
では、〈文章でも写生するように書く〉ということが「誤解を生みやすい」と筆者が考えるのはなぜか？　端的に言えば、〈文章表現と絵画の写生とは異なる〉、もしくは、〈文章表現は絵画の写生のようにはいかない〉からである。では、どのように異なるのか？
「写生」の語義と傍線部後の文章を「書く」場合の特徴を踏まえて整理しよう。「書く」場合の特徴については「フィルター」という比喩も一般表現になおしておく。
対比関係
文章表現　回想を可能とする時間の経過と記憶（主観）の仲介

写生　⟷　その場でありのまま（客観）

「写生」については本文では直接説明されていないので、語義をもとに、文章表現の特徴である〈時間の経過〉に対して「即座に」、「フィルター」に対して〈ありのまま〉というように、対になる説明になるように説明する。

（３）解答作成

絵画における写生と文章表現のちがいを的確に説明する。文章表現については、ルナールに関する記載をふまえ、イメージを文章化することに即して説明する。筆者が傍線部のように考える理由であるから、筆者の考えをそのまま説明すればよい。解答欄は四行分。

［解答例］

イメージを文章で表現するには、
記憶を経てイメージが選別され、
また、
十分な時間の経過によりイメージを回想できることが
必要であり、
絵画で、
眼前の対象をその場でありのまま描くのとは異なるから。

（87文字／93字）

◎加点ポイント

1　「文章」表現と「絵画」の写生が異なることの指摘

2　文章表現の特徴

a　イメージを文章で表現するものであること

b　記憶のフィルター

記憶を介することでイメージを選別する

c　回想を可能にする時間の経過

3　写生の特徴

d　絵画における表現であることの指摘

e　眼前の対象を即座に、ありのまま描く

問四　理由説明

◎設問意図

・部分要旨

〈本文解説〉Ⅲの要旨を理由説明の形でまとめる設問。設問文に「後の二つの段落を踏まえて」と指示もあり、本文根拠を発見しやすい問題である。

◎解答へのアプローチ

（１）傍線部を完全なカタチにする。

理由説明は、まず、傍線部が何について述べているのか（傍線部の主語もしくは話題）を確認し、それについて理由を述べていく。最初にすべきは、傍線部の主語・話題の確認である。現代文ではしばしば、傍線部は述語部分にしか引かれていないから、本文で傍線部の主語を確認し、傍線部を完全な文にすることが最初の作業となる。
彼一流の計算があってにちがいない
＝
作者（ルナール）が『にんじん』の巻頭には、是非ともこの『めんどり』を配したいと考えたのは、
彼一流の計算があってにちがいない

（2）設問条件から、後の二つの段落を確認する。
接続語の「そればかりか」「しかも」に着目して、解答を作成することが必要だ。

《本文根拠》
まず、傍線部直後の段落で3ポイントを確認し、さらに、最後の段落で「会話」に関する説明を拾い出して、解答に付け加える。
以下、本文根拠を示す。
直後の段落
・それ（『めんどり』）は一編の挿話でありながら、要領のいい人物紹介を兼ねている
＋〈そればかりか〉
・各人物のこの物語における位置や役割や相互の関係といったものを一挙に示す、わかり易い見取り図にもなっている
＋〈しかも〉
・紹介や説明の労をとるわけではない
会話によって、人物一人一人に、いわば順番に自己紹介をさせる
最後の段落
・会話ぐらい直接的、具体的、即効的にその人物を表現してのけるものはない

（3）同義関係の確認
『めんどり』を配したいと考えたのは、彼一流の計算があってにちがいない
←
『めんどり』を配したのは、彼一流の計算があったからにちがいない
＝
ルナールがこういう書き方を選んだのは、会話こそ自分の最強の武器であることをよく心得ていたからであろう
ここから、会話表現の利用に関するルナールの意図を解答に加えておく必要がある。

（4）解答作成
解答欄は四行分。「ちがいない」と筆者が推測する根拠であるから、筆者の主観として解答を作成しておけばよいだろう。

［解答例］

『めんどり』という一編の挿話の配置には、
会話の効果を心得たルナールの、
会話により
直接的、具体的、即効的に人物紹介をし、
各人物の物語全体における位置や役割や相互の関係を一挙
に読者に示す意図を感じるから。　（92文字／100字）

◎加点ポイント

1　『めんどり』の説明
a　一編の挿話
b　人物紹介をしている
c　各人物の物語全体における位置や役割や相互の関係を
　読者に示す
d　b・cは会話による
2　ルナールの説明
e　会話の効果を心得ている
f　会話の効果の具体的な説明＝直接的、具体的、即効的
　に人物を表現する
g　配置はルナールの意図に基づく

問五　要旨まとめ

◎設問意図

・本文全体の要旨

傍線部がなく、「筆者の考えでは、優れた短編はどのように生み出されるのか、本文全体を受けて説明せよ」という設問文から、条件付き（何についてまとめるかの指示がある）の要旨まとめである。

◎解答へのアプローチ

（1）関連箇所を拾い出していこう。

ルナールの『にんじん』は優れた短編の例として示されているから、ルナールの『にんじん』の特徴も解答に織り込む。

《本文根拠》

問一関連
・分量に相応した文章の調子
・それ以上長くも短くもなりようがない作品の正しい寸法
問二関連
・残るはイメージしかない
・具体的な物の形や印象を、手早く読者の脳裏に焼きつけなくてはならない
問三関連
・書くためには記憶というフィルターと、回想できるようになるまでの十分な時間が必要である
問四関連
・描写として風景描写、心理描写だけでなく、会話を有効に用いる

以前に京大現代文では頻出であった、各設問の解答を集約すると要旨になり、それが最後の設問で問われるというタイプの問題であった。

（2）解答作成

解答欄は五行分。解答例は本文の書かれている順番にこだわらず、以下のように短編ができる順番でまとめてある。

イメージの取得
←
選別と時間
←
書く　読者への印象づけ
　　　会話表現の利用
←
適正量としての短編
短編に固有の文章の調子

［解答例］

作家が、
自己の得たイメージを、
記憶を介して選別し、
回想に十分な時間をかけた後、
読者に手早く強烈に印象づけるべく、
風景描写、心理描写だけでなく会話も描写として有効に用い、作品に必然的な分量とそれに相応した文章の調子で表現することで生み出される。（113文字／121字）

◎加点ポイント

a　文章の調子
b　最適な分量
c　イメージに依存
d　手早く読者の脳裏に焼きつける
e　記憶を介して選別
f　回想のための時間経過
g　描写として会話の利用

解答

問一　短編は、長編の分量を減らしたものではなく、長編と異質な文章の性質と短編に相応した文章の調子による適正な分量の要請から短編となったと思われるから。

問二　短編は、具体的な物の形や印象をイメージにより手早く読者に伝え、長編は、作家の抽象的な思考を、説明や注釈を交えじっくり読者に理解させるという相違。

問三　イメージを文章で表現するには、記憶を経てイメージが選別され、また、十分な時間の経過によりイメージを回想できることが必要であり、絵画で、眼前の対象をその場でありのまま描くのとは異なるから。

問四　『めんどり』という一編の挿話の配置には、会話の効果を心得たルナールの、会話により直接的、具体的、即効的に人物紹介をし、各人物の物語全体における位置や役割や相互の関係を一挙に読者に示す意図を感じるから。

問五　作家が、自己の得たイメージを、記憶を介して選別し、回想に十分な時間をかけた後、読者に手早く強烈に印象づけるべく、風景描写、心理描写だけでなく会話も描写として有効に用い、作品に必然的な分量とそれに相応した文章の調子で表現することで生み出される。

二（文系）

出典　里見弴（さとみ　とん）『私の一日』

里見弴（一八八八～一九八三年）は横浜生まれの小説家。学習院高等科卒、東京帝国大学文学部英文科中退。長兄は小説家の有島武郎、次兄は画家の有島生馬。有島生馬の友人である志賀直哉から影響を受け、文学に親しみ、一九一〇年志賀直哉、武者小路実篤らとともに雑誌「白樺」を創刊。白樺派の小説家として活躍した。鎌倉に縁が深く、里見の父の別荘があり、また里見自身も、鎌倉の各所に住み、扇ガ谷で息を引き取った。代表作は『晩い初恋』『善心悪心』『多情佛心』『極楽とんぼ』など。一九五六年短編集『恋ごころ』で読売文学賞を受賞。一九五九年に文化勲章受賞、一九七一年に『五代の民』で再度読売文学賞を受賞している。

『私の一日』（中央公論新社、一九八〇年）は、本文冒頭にも「こちらが人並みよりもいくぶん永く生き残つてゐる」と記されているが、里見弴が八〇歳を過ぎてからの随想集である。問題本文は、親しかった人の死に際しての、老いた筆者の受け止め方を述べた文章で、筆者自身が年齢を重ねたことで、親しい人々の死に対して、悼む気持ちを感じにくくなること、さらに、故人との楽しい思い出が想起されることなどについて、肯定的に述べられている。

解説

〈本文解説〉

内容を簡単に追えば以下の通りである。

青少年期　死＝ズシンと重い胸への響き

↓　変化

年齢を重ねて、死に際して、

・自衛本能により、ズシンと重い胸への響きに緩みがついて来る

・自衛本能と筆者の性分から、

死に際して、故人の楽しく愉快な具象的な思い出が浮かんで微笑んでしまう
・そういう自分に対して反省したり、自責したりしない
・この安らぎをありがたいと思う

では、段落毎に見ていこう。○数字は段落番号を示す。

Ⅰ　頻繁に遭遇する死について

①　生死に関する不感症について　…問一

親しくした人たちが頻繁に死んでいくことについては、「人並よりいくぶん永く生き残つてゐる報ひとして甘受しなければならぬ自然の理」であるから、これについては「ウンもスンもない」つまり、何も言わず受け容れるだけであるとした上で、筆者は以下のように述べている。なお、本文の表現をいくぶん変えた箇所がある。

死について
・この上なく厳粛な事実でも、永年に亘り、夥しい数に直面するうちに、あのズシンと重い胸への響きにいくらかづつの緩みがついて来る

誕生について
・誕生を知らされての喜びなどは、もはやゼロにちかい

こうした筆者の状態を「老耄と同義語の不感症」とした上で、非人情になったとし、「不」（不人情）は感心しないが、「非」（非人情）なら仕方なかろうと述べている。

②　ここ数年来の、親しくした人の死に方について　…問二

①にもあるように、「親しくした人たちがどんどん死んで行く。年々歳々それが頻繁になる」状況にあって、筆者は、少し遠慮して欲しいという思いもある。しかし、相手は死神だから、遠慮などさせてくれるものか、と述べている。

Ⅱ　若い頃とのちがい

③　死の痛撃　…問三

第①段落で述べた不感症について、青少年期との比較で説明する。

青少年期
・親しい者の死に際会する場合も稀
・胸いっぱいに受け止める「死」の痛撃
・再び起ちなほれまい、と思ふほどの、あの文字どほりのデッド・ボール

←
この年齢になるまで、満身に浴び通しに生きて来られてたら超人である（＝凡人にはそのようなことはできない）。

④　不感症について

打算的な顧慮から意図的に不感症になっているのではなく、「あらゆる生物に共通の、みづから衛る本能」がそうさ

せるのであり、是非の範囲外である。

⑤　広津和郎、野田高梧の死

ズシンと重い胸への響きも、清らかに、静けく、遥けく薄れて行くに任せて、いつまでも黙っていられる。

Ⅲ　親しかった人の死に際して

⑥・⑦　　…問四

私の性分と自衛本能のせいで、

・故人の抽象的な面は少しも浮んで来ない

・故人の具象的な、楽しく愉快な思い出ばかりが浮んでくる

こうしたことについては、反省したり自責の念に駆られることもない。

⑧　肯定的評価

最後に一行あけて、「この安らぎ」をありがたいとしている。「この安らぎ」は一つは、死の痛撃を受けにくくなったこと、もう一つは、死に際して楽しい愉快な思い出しか浮かばず微笑んでしまう自分を反省したり自責したりすることがないことを指し、そうした老いに伴う自分の状況を筆者が肯定的におおらかに受け止めていることを示している。

以上が本文の内容である。それでは設問を見ていこう。

〈設問解説〉

問一　内容説明

◎設問意図

・語句の意味

不人情＝人情に背くこと。冷淡。

・文脈

非人情＝本文に言う「不感症」

・対比関係　　不人情　感心しない
　　　　　　　↔
　　　　　　　非人情　仕方ない

◎解答へのアプローチ

（1）前提となる筆者の状況を確認しよう。

1　筆者　年齢を重ねる・死に頻繁に遭遇する

死に対して、「ズシンと重い胸への響きにいくらかずつの緩みがついて来る」

2　筆者　誕生の喜びに関して、「もはやゼロにちかい」

↓　まとめて

「老耄と同義語の不感症」

「不感症」の辞書レベルの意味は、〈感受性が鈍くなること〉〈そのことに慣れて、感じにくくなること〉。ここでは老いと経験に伴う感銘の鈍化ということになる。

（2）人情、非人情、不人情の意味を確定しよう。

人情
「生を祝ぎ、死を悼む」「古今東西を通じて」存在する
人間の感情＝普遍的な情感
非人情
筆者の状況であるから、生死に対して強い感情を抱きにくくなっていること
不人情
本文に何の記載もないので、辞書レベルの意味で解して、〈人情味を欠く〉〈思いやりがない〉〈冷淡〉など

（3）傍線部の換言
傍線部のカタチを維持して、換言する。
筆者の状況（生死に対する不感症）について、
「不」は感心しない＝不人情は好ましくない
「非」なら仕方なかろう＝非人情であれば許容できる

（4）解答作成
解答欄は四行分。適度な字数（一行あたり、文字数では二三文字程度）で解答を作成しよう。ポイントをわかりやすくするために、解答例を分かち書きにしておく。以下の設問でも同様。

［解答例］
老いに伴い、生死に深く感銘することがなくなったのは、
人の誕生を祝い、人の死を悼むという人間に普遍的な情感に背く冷淡さであるなら好ましくないが、
人情を感じ難くなったのであれば許容できるということ。
（92文字／97字）

◎加点ポイント
1 「かういふ、老耄」と同義語の不感症
a 指示語　直前の「生死」について
b 老耄　老い
c 不感症
・辞書レベルの意味　感受性が鈍くなる・そのことに慣れて、感じにくくなる
2 人情
d 生を祝い、死を悼む
e 古今東西を通じて存在する情感＝普遍的な情感
3 「不」は感心しない
f 不人情の意味＝人情味を欠く・思いやりがない・冷淡さ
g 「感心しない」の換言＝好ましくない、など
4 「非」なら仕方なかろう
h cであれば許容できる

問二　内容説明
◎設問意図
・比喩表現の一般化

・傍線部中の表現「第一」「死神」「遠慮」を文脈に即して正確に説明する
・部分要旨
傍線部を含む段落の内容をコンパクトにまとめる
◎解答へのアプローチ
第②段落の内容をふまえて、傍線部を的確な表現になおすように心がけよう。
（1）第②段落最初の一文
・ここ数年来の、親しくした人たちの死に方と来たら
↓数年来、筆者に親しい人が頻繁に亡くなることについて
・遠慮したらどうだとボヤキたくなる
↓控えてくれと不平を言いたくなる
（2）頻繁な死の原因
・大勢の人と仲よくした報ひで、～まさかそれほどでもないし、
↓親しい人が多すぎる報いであるとも言えない
（3）「第一、相手は死神だ」
・第一
↓そもそも
・相手は死神だ
↓人に死をもたらすのは、「死神」つまり、人間の力を超えた存在である。これは、本文冒頭の「自然の理」という表現でもよいし、〈逃れられない運命〉〈人間の力を超えた存在〉などでもよいだろう。
・「遠慮などさせてくれるものか」
↓遠慮などさせてくれない＝筆者が〈親しい人の死を減らしてくれ〉と不平を言っても、その要請は聞き入れてもらえないということである。
（4）解答作成
解答欄は三行分。
［解答例］
数年来、筆者に親しい人が頻繁に亡くなるのは、親しい人が多すぎる報いであるとも言えず、そもそも人の死は自然の理であり、思い通りにはならないということ。（69文字／74字）
◎加点ポイント
1　前提となる状況の説明
a　数年来、筆者に親しい人が頻繁に亡くなる
2　死の原因
b　親しい人が多すぎる報いであるとも言えない
3　傍線部の換言
・「第一、相手は死神だ」
c　そもそも人の死は自然の理である、など

・「遠慮などさせてくれるものか」

d　思い通りにはならない、など

問三　内容説明

◎設問意図

・表現の置換

傍線部における「万が一にもさうであつたとしたら、私は超人だ。万年でも横綱が張りとほせる」という仮定の表現を、〈決して～できない〉といった表現へと置換する必要がある。

・傍線部内指示語

・比喩の一般化

◎解答へのアプローチ

（1）まず、解答のカタチ＝構文を確認する。

万が一にもさうであつたとしたら、私は超人だ。万年でも横綱が張りとほせる。

↓

私は凡人であるから、そのようなことは決してできない永遠に横綱を張り通すことなどできない

（2）傍線部内指示語「さう」

青少年期の死への反応を確認しよう。

少・青年時代（青少年期）

親しい者の死に際会する場合も稀

・まともに、すなほに、胸いつぱいに受け止める

・死の痛撃

・再び起ちなほれまい、と思ふほどの～デッド・ボール

ここから「さう」の内容は、「この年齢になるまで」、〈青少年期の感受性を保ち続けること〉、具体的には、〈死に際会した場合に、再起不能になるほどの、精神的打撃を受け続けること〉である。

（3）「万年でも横綱が張りとほせる」ことはない。

横綱は相撲の横綱なので、単純にタフではいられない、強くはいられないでもよいだろうが、「痛撃」「デッド・ボール」などの比喩から、解答例では耐久力としておいた。

（4）解答作成

解答欄は四行分。「この年齢になるまで」はもちろん老いるまでということなのだが、親しい者の死に際会することが稀な青少年期との対比から、〈親しい者の死に頻繁に際会する高齢になるまで〉としておくとよいだろう。

［解答例］

親しい者の死に頻繁に際会する高齢になるまで、青少年時代の感性を保ち、死をその都度再起不能なほどの重い衝撃として心身に受け止めて生き続ける耐久力をもつことは、凡人には絶対不可能であるということ。（92文字／96字）

◎採点条件

仮定法のままでは加点しない。何らかの形で、普通の人間には不可能である旨の指摘があって初めて採点対象とする。

◎加点ポイント

1　凡人には以下のa〜cが不可能であることの指摘

a　青年期の感性を持ち続けること

b　死に対して再起不能なほどの重い衝撃を受け続けること

c　bに耐え続けること

2　「この年齢まで」の説明

d　高齢まで

e　親しい人の死に頻繁に際会する年齢まで

問四　理由説明

◎設問意図

表情が変化する理由＝状況、きっかけ、主観的要素

◎解答へのアプローチ

親しい人の死に際して、筆者が「ニヤニヤ」とするであろうと考える理由を説明する。傍線部直前の仮定「目の前の〜すれば」と、筆者の「性分」、「自衛本能の作用」を踏まえて解答する。

（1）「ニヤニヤと、私の頬の肉はうごめきだす」の意味

当然、ニヤニヤ笑ってしまうという意味だから、その理由は、筆者が楽しくなっている、愉快になっているからだ。

（2）状況・きっかけ

傍線部の直前に「その他等々が、瞑がない目の前の絵となつて現れたとすれば」という仮定があるので、このような状況で、もしくは、これがきっかけで、とおさえればよい。

「目の前の絵となつて現れた」という表現は、「私の性分のせゐか、必ず具象的に、…その場その場の光景で眼前に髣髴としてくる」という表現と対応している。この光景は「しかもどれ一つとして楽しく愉快な想ひ出でないものはない」とある。これについては、第⑦段落にも「楽しかつたこと、嬉しかつたこと、特に選ぶのでもなんでもなく、おのづとさういふのばかりが思ひ出される」とある。さらに、それは「自衛本能の作用に違ひない」と説明されている。

（3）整理しよう。

・私の性分

具象的に、楽しく愉快な思い出が浮かぶ

・自衛本能（あらゆる生物に共通のみづから衛る本能）

楽しかったこと、嬉しかったことなどが思い出される

＝

楽しく、愉快なことを思い出している

⇐

ニヤニヤと、私の頬の肉はうごめきだす

（4）解答作成

解答欄は三行分。

［解答例］

老いた筆者の自衛本能の作用と、具象的な光景ばかり思い浮かべる性質により、親しかった故人の楽しく愉快な思い出の場面のみを想起すると考えられるから。（69文字／72字）

◎加点ポイント

a　自衛本能

b　筆者の性分

c　親しかった故人の具象的な光景

d　楽しく愉快な場面ばかりが思い出される

問五　要旨説明

◎設問意図

・傍線部読解　指示語

・要旨の把握

筆者が、親しい人の死をどのように受け止めるようになったかについて、本文全体から説明する。

◎解答へのアプローチ

青少年期と老いてから後との違い、「自衛本能」「性分」の意味、「さういふもの」という傍線部内指示語の内容などを踏まえ、親しい人の死を穏やかに受け止めるようになった自身の状況を肯定的にとらえている筆者の思いを説明する。

（1）「なったか」という設問文に着目し、変化を説明する。

A青少年期

親しい人の死を「すなほに」、「胸いつぱいに受け止める」、「「死」の痛撃」

↓

B老いて

・不感症＝非人情　「ズシンと重い胸への響き」は緩む

・楽しい愉快な思い出ばかり具象的に想起する

（2）Bの原因

・心身への障害を回避する自衛本能

・性分＝筆者の性質

（3）傍線部内指示語

さういふものとは、きれいさつぱりと手が切れてゐた

＝

Bに対する反省、自責はなくなった

＝

安らぎ

（4）解答作成

解答欄は五行分。

［解答例］

青少年時代には、

親しい人の死を率直に悼んで痛撃を覚えていたが、
年齢とともに、
自衛本能と筆者の性質から、
死の痛撃も緩み、
故人との楽しく愉快な思い出ばかりを具象的に想起しても
それを反省したり自責したりせず、
安らかな気分で死を受容するようになった。
（114文字／121字）

◎加点ポイント
1　青少年時代の説明
a　青少年時代　死を率直に悼んで痛撃を覚えていた
2　筆者の変化の説明
b　年齢とともに
c　死の痛撃の緩和
d　故人との楽しく愉快な思い出ばかりを具象的に想起
e　dを反省したり自責したりしない
f　安らぎを得ている
3　dの理由の指摘
g　自衛本能
h　筆者の性質・性分

解答

問一　老いに伴い、生死に深く感銘することがなくなったのは、人の誕生を祝い、人の死を悼むという人間に普遍的な情感に背く冷淡さであるなら好ましくないが、人情を感じ難くなったのであれば許容できるということ。

問二　数年来、筆者に親しい人が頻繁に亡くなるのは、親しい人が多すぎる報いであるとも言えず、そもそも人の死は自然の理であり、思い通りにはならないということ。

問三　親しい者の死に頻繁に際会する高齢になるまで、青少年時代の感性を保ち、死をその都度再起不能なほどの重い衝撃として心身に受け止めて生き続ける耐久力をもつことは、凡人には絶対不可能であるということ。

問四　老いた筆者の自衛本能の作用と、具象的な光景ばかり思い浮かべる性質により、親しかった故人の楽しく愉快な思い出の場面のみを想起すると考えられるから。

問五　青少年時代には、親しい人の死を率直に悼んで痛撃を覚えていたが、年齢とともに、自衛本能と筆者の性質から、死の痛撃も緩み、故人との楽しく愉快な思い出ばかりを具象的に想起してもそれを反省したり自責したりせず、安らかな気分で死を受容するようになった。

二（理系）

出典

清水幾太郎（しみず　いくたろう）『流言蜚語《ひご》』

清水幾太郎（一九〇七〜一九八八年）は東京生まれの社会学者。東京帝国大学文学部社会学科卒業。雑誌『思想』（岩波書店）の編集、読売新聞社論説委員を経て、一九四九年〜一九六九年まで学習院大学教授。「二十世紀研究所」「平和問題談話会」「現代思想研究会」などを組織し、オピニオン・リーダーとして活躍した。思想的には左翼から保守に転向している。『愛国心』『社会学講義』『論文の書き方』『現代思想』『本はどう読むか』『倫理学ノート』など多数の著作がある。

『流言蜚語』は一九三七年初出（日本評論社）、流言蜚語の成立条件、構造、社会的機能を分析した論考に、関東大震災の体験記と、震災直後の世情・流言を考察した随想を付している。東日本大震災後の二〇一一年にちくま学芸文庫として再版され、再度注目を集めた。なお、関東大震災から九〇年の二〇一三年九月一日の朝日新聞読書欄の「（ニュースの本棚）関東大震災90年　近代日本に突きつけた問い　尾原宏之」でも言及されている。

問題本文は社会学者である筆者が、現代社会の報道、交通、通信について述べた文章。報道は人間の生理的な必要であり、現代人が報道を欲するのは、当然の権利に基づく。現在の報道、交通、通信の機関は吾々の感覚器官そのものとなっているが、それが機能を果たさなくなった時、大衆はどんな暗示にも容易にかかると述べられている。

解説

〈本文解説〉

全体は三段落からなる。

第①段落　報道と人間の関係　…問一

全体の構造は明快である。「第一に」「第二に」「第三に」「第四に」という表現に着目し、一般論と四つの理由をおさえる。各理由には具体例があがっているので、（　）で囲っていこう。近現代の人間は報道を必要とするのだが、その理由が説明されている。

・報道は人間の生理的な必要である。しかも、この必要は近代になってから日をおってその強度を増している。

↓

理由　色々な理由が考えられる。

↓

第一の理由

・経済的にも政治的にも文化的にも世界の諸国が緊密に結び合され、そのために世界の片隅に起こった事件がやがて各個人の生活に影響を及ぼすようになって来たからであろう。

（具体例）

第二の理由

・社会の事情が甚だしく複雑性を加え来っていることが考えられる。

（具体例）

第三の理由

・社会の変化と運動とがその激しさを加えて来たことを指摘しよう。

（具体例）

第四の理由

・近代社会においては各個人が自分で生きて行かねばならぬということが注意されねばならぬ。

・（今は）各人が自己の運命の主人にならねばならぬ。

・自分の幸福は自分で喜び、自分の不幸は自分で嘆かねばならぬ。

・自ら生きようとするものは、自ら環境に適応せねばならず、自ら環境について知らねばならぬ。

←

・現代の人間が報道を欲するのは、その当然の権利に基づいていることである。

第②段落　現在の報道、交通、通信の意味　…問三

現在の報道、交通、通信と吾々の感覚器官との関係、さらに、吾々にとっての意味が説明される。

かつての社会と現代を比較して、説明している。なお、表現は一部本文を変えている。

単純な社会生活　（具体例　封建社会）

・人間の生活を動かすものは主として眼や耳の届く場所から生じている

・外界の出来事を知り且つ知らせるために具わっている眼や耳で十分に事が足りた

↔

現代

・人間の生活に作用を及ぼすものが眼や耳の届かぬ遠隔の地に住んでいる

・現在では、眼や耳、総じて人間の感覚器官は自然のままの形態ではもはや環境への適応に役立つことができない

こうした現代において、発達した技術的装置は人間の感覚器官の延長であり補足である。

健全な眼や耳を持っている

＝

特別の意識を欠くのが普通である

新聞が毎朝配達され、ラジオが朝から晩まで喋っているという状態

今日の吾々にとって特にはっきりと意識する必要のない当たり前の生活である

ここから、筆者は、報道や通信について、「今日では吾々の感覚器官そのものになっていると言えるかも知れない」と述べている。

第③段落　報道、交通、通信の機関の機能不全

第②段落で述べたように、すでに人間の感覚器官と等しいような機能を果たしている報道、交通、通信が機能不全に陥った場合について説明している。

（1）眼や耳が機能を果たさなくなった場合との比較　…問二

対比関係

眼や耳が急に機能を果たさなくなった場合

・原因は自分の身体の中にある

・医者に駈けつければ癒る

↔

感覚器官の補足乃至は延長がその機能を営まなくなった時

（報道、通信、交通が機能を果たさなくなった時）

・原因は自分の外に、しかも容易に知ることの出来ないところにある

・自分でどうすることも出来ないような強力なものが原因となっている

・眼や耳が機能を果たさなくなった場合よりももっと不安なものである

（2）危険性の指摘　…問三

（1）で見たように、感覚器官の補足乃至は延長がその機能を営まなくなった時（報道、通信、交通が機能を果たさなくなった時）、吾々は不安にさいなまれる。この状況は以下の危険をはらんでいる。

感覚器官の補足乃至は延長がその機能を営まなくなった時

（報道、通信、交通が機能を果たさなくなった時）

↓

・吾々の心は何事でも自由に書き記すことのできる白紙になってしまう

・この白紙は暗い底知れぬ不安によって一色に塗られている

↓

・社会の大衆は後になっては荒唐無稽として容易に片づけることの出来るような言葉もそのまま受け容れるのであって、どんな暗示にも容易にひっかかってしまうものである

以上が本文の内容である。それでは設問解説にうつろう。

〈設問解説〉

問一　理由説明

◎設問意図

・第①段落の論理展開の把握

傍線部の「現代の人間が報道を欲するのは、その当然の権利に基づいている」と筆者が考える理由を説明する設問。「報道は人間の生理的な必要である」ことについての四つの理由に加え、近代社会における個人主義の内容と、傍線部の「当然の権利」の内容をまとめる。

◎解答へのアプローチ

（1）第①段落の論理展開の把握

すでに本文解説で記しておいたが、単純化して見ていこう。

《第①段落の論理展開》

・報道は人間の生理的な必要である

・近代になってからその強度を増している

理由1　世界の諸国の緊密な結合

理由2　社会の事情の複雑化

理由3　社会の変化と運動の激化

理由4　各個人が自分で生きて行かねばならぬ

　個人主義

　・各人が自己の運命の主人

　・自ら環境に適応せねばならず、

　・自ら環境について知らねばならぬ

←

傍線部　現代の人間が報道を欲するのは、その当然の権利に基づいている

（2）（1）をふまえて傍線部から確認していこう。

1　傍線部内指示語「その当然の権利」の指示内容をおさえる。権利とは、「各人」が自己の運命の主人であることである。

2　報道を欲する理由を理由4の部分でおさえよう。

・各人が自己の運命の主人である（自分の運命を決める権利がある）＝各人が主体である

・自ら環境に適応しなければならぬ

・自ら環境について知らねばならぬ

↓報道を欲する

3　最後に第①段落の部分要旨でまとめていく。

理由1〜4により、近代以降の人間にとって報道はいっそう強く生理的な必要であることを解答に加える。

（3）解答作成

現代人が報道を欲することについて、理由1〜4をふまえ、さらに、最初の「人間の生理的な必要である」をも加えて解答を作成する。解答欄は四行分。適度な字数（一行あたり、文字数では二三文字程度）で解答を作成しよう。ポイントを

わかりやすくするために、解答例を分かち書きにしておく。以下の設問でも同様。

［解答例］

近代以降の社会は、
世界の諸国が緊密に結びつき、…理由1
社会の事情が複雑化し、…理由2
変化と運動が激化したため、…理由3
報道への欲求は、
主体的に生きる個人が環境に適応するために環境を知る権利として、…理由4
生理的に必要であるから。（91文字／98字）

◎採点条件
報道への欲求について書かれていること

◎加点ポイント
a　近代以降の社会に言及　もしくは、近代人、現代人
b　理由1　世界の諸国が緊密に結合
c　理由2　社会の事情が複雑化
d　理由3　変化と運動が激化
e　理由4　個人の権利への言及＝主体的に生きる個人
f　理由4　環境に適応するために
g　　環境を知る
h　報道への欲求は生理的な必要である

問二　内容説明

◎設問意図
・指示語
・対比関係

傍線部の「そうではない」の内容を説明する設問。指示語「そう」の指示内容として眼や耳の機能不全と、主語である報道・通信の機能不全、そしてそれらの比較として後者の方が前者よりも不安が強いことを説明する。

◎解答のカタチ＝解答記述パターンを意識する
否定形表現が傍線部の場合は、原則、否定形表現自体の換言をした上で、筆者の考えを肯定形で説明する。

＊参考　二〇一四年度・理系二・問二
傍線部　否定形
「芸術家にはこの種の独創性は必要ではない」
↓
解答のカタチ　否定形＋肯定形
・芸術家には、Aが必要ではなく、Bが必要である
・芸術家に必要なのはAではなく、Bである
・芸術家には、Aが必要なのではなく、Bをすべきである

◎解答へのアプローチ
（1）傍線部内指示語
「そうではない」の「そう」の指示内容をおさえる。

そうではない

＝

報道・通信の機能停止は、眼や耳が急にその機能を果さなくなったのと同じではない

（2）肯定形の説明

先に本文解説の部分でも書いたが、ポイントを確認しよう。

> 眼や耳の機能停止の原因
> 　自分の身体の内部　→医者に駆けつければ癒る
> ↔
> 人間の感覚器官の補足・延長である報道・通信の機能停止の原因
> 　自分の外に。しかも、容易に知ることの出来ないところ→自分でどうしようもできない

←

報道の機能停止は、眼や耳の機能停止よりももっと不安なものである

（3）解答作成

解答欄は三行分。字数が厳しいので不安の要因として直接的な〈自分でどうしようもできない〉を中心にまとめる。

［解答例］

治癒可能な眼や耳の機能不全とは違い、人間の感覚器官の補足・延長である報道・通信の機能不全は自己解決不能であるため、より強い不安をもたらすということ。（69文字／74字）

◎加点ポイント

1　眼や耳の機能不全（による不安）と報道の機能不全（による不安）が異なることの指摘

2　眼や耳の機能不全について
　a　治癒可能

3　報道（・通信）について
　b　人間の感覚器官の補足・延長＝報道
　c　人間の感覚器官の補足・延長の機能停止、もしくは、報道の機能停止の指摘
　d　自己解決不能である
　e　より強い不安をもたらす

問三　理由説明（全体要旨）

◎設問意図

・理由説明の形で、全体の要旨を問う設問

「社会の大衆」が「どんな暗示にも容易にひっかかってしまう」という事態が起こる理由を説明する問題だが、傍線部の直前だけでなく、関連箇所をおさえて説明することが必要である。

◎解答へのアプローチ

（1）「社会の大衆」について説明するのであるから、まず、

現代社会の大衆の状況を説明する。

第①段落
報道が人間の生理的な必要（人間が生きるために必要）となっている

第②段落
報道、通信、交通が人間の感覚器官そのものといえるような状況にある

＝

今日の吾々は、人間の感覚器官ではなく、人間の感覚器官の補足乃至は延長である報道、通信、交通によって外界の出来事について知り、環境に適応することが当然となり、それで安心している

（2）報道、通信、交通が機能不全になった時について説明する。

第③段落
報道、通信、交通が機能不全になった時、「吾々の心は何事でも自由に書き記すことの出来る白紙」の状態になって、不安になる

←

社会の大衆は、後になっては「荒唐無稽として容易に片づけることの出来るような言葉」もそのまま受け容れる

←

傍線部（社会の大衆は、）どんな暗示にも容易にひっかかってしまうものなのである

（3）解答作成

社会の大衆から始めて、（1）（2）の要素を傍線部の理由となるように、整理する。「白紙になってしまう」は比喩表現なので換言する。解答欄は五行分。

社会の大衆／現在

報道は生理的な必要である

←

自身の感覚器官ではなく、感覚器官の補足乃至は延長である報道、通信、交通によって外界の出来事について知り、環境に適応する（＝生きる）ことが当然の日常となり、それで安心している

←

報道、通信、交通が機能不全に陥った時、強い不安を覚え、何も考えられないでいる

←

根拠のない言葉をも無批判に受容する

⇐〈だから〉

社会の大衆／現在

傍線部　どんな暗示にも容易にひっかかってしまう

［解答例］

現代社会の大衆は、
生理的必要から報道を求め、　…第①段落・問一
自身の感覚器官ではなく、
報道、通信、交通に依拠して環境に適応することが日常化
しているため、　…第②段落
それらが機能不全になると、無力感から強い不安を覚え、
無思考状態に陥り、　…第③段落・問二
無根拠な言葉をも無批判に受容してしまう　…第③段落
から。
（114文字／124字）

◎加点ポイント

1　前提となる状況
a　現代社会の大衆への言及
b　報道は生理的必要から求められる
c　自身の感覚器官に依存するのではない
d　報道、通信、交通に依拠して環境に適応する
e　dが日常化している（当たり前となっている）

2　報道、通信、交通が機能不全になる時
f　無力感から強い不安を覚える
g　無思考状態に陥る
h　無根拠な言葉をも無批判に受容してしまう

解答

問一　近代以降の社会は、世界の諸国が緊密に結びつき、社会の事情が複雑化し、変化と運動が激化したため、報道への欲求は、主体的に生きる個人が環境に適応するために環境を知る権利として、生理的に必要であるから。

問二　治癒可能な眼や耳の機能不全とは違い、人間の感覚器官の補足・延長である報道・通信の機能不全は自己解決不能であるため、より強い不安をもたらすということ。

問三　現代社会の大衆は、生理的必要から報道を求め、自身の感覚器官ではなく、報道、通信、交通に依拠して環境に適応することが日常化しているため、それらが機能不全になると、無力感から強い不安を覚え、無思考状態に陥り、無根拠な言葉をも無批判に受容してしまうから。

二〇一四年

一（文理共通）

出典

石原吉郎（いしはら　よしろう）「望郷と海」。

石原吉郎（一九一五～一九七七年）は静岡県生まれの詩人。東京外国語学校（現在の東京外国語大学）ドイツ語部貿易科卒。

卒業後、大阪ガスに就職する。その後洗礼を受け、神学校に進学する決意をしたが、一九三九年に応召し、陸軍ロシア語教育隊高等科に送られた後、関東軍のハルビン特務機関に配属された。一九四五年ハルビンで敗戦を迎え、ソビエト連邦軍に留置される。その後、重労働二十五年の最高刑の判決を受け、単なる捕虜ではなく、戦犯として抑留され、「苛酷な」というひとことで済ますのが心苦しいほどの体験をする。一九五三年恩赦によってようやく日本への帰国を果たした。

帰国後、詩作を開始し、詩誌「ロシナンテ」を創刊。一九六四年詩集『サンチョ・パンサの帰郷』でH氏賞を受賞した。その後詩作を続け、帰国後十五年ほどを経て、ようやく抑留体験を散文として綴り始める。それが『望郷と海』である。『望郷と海』は一九七二年に刊行され、藤村記念歴程賞を受けた。その後、一九九〇年に文庫になった。そして、二〇一二年六月にみすず書房から復刊された。

代表作は他に、詩集『水準原点』『禮節』『足利』など、詩・評論集『日常への強制』（一九七〇年、構造社）、歌集『北鎌倉』（一九七八年、花神社）、句集『石原吉郎句集』（一九七四年、深夜叢書社）、エッセイ・評論集『海を流れる河』『断念の海から』などがある。

一九七七年六二歳で亡くなった。

問題本文については、すでに紹介した『望郷と海』からの出題であり、一九四五年の日本降伏後にソビエト連邦軍に抑留されて後、一九四九年に二十五年の重労働という長期刑の判決を受けた前後を回想した部分である。

解説（問四は文系のみ）

随想や評論については通例、「筆者」という語を用いているが、今回の問題については、本文前書きに「著者」と記されているので、以下、本文中の「私」については「著者」という語を用いることにする。

〈本文解説〉

丸数字は形式段落を示す。

まず、前書きの内容を整理しておこう。

一九四一年　満州（現在の中国東北部）へ派遣された

一九四五年　日本の降伏後
　　ソビエト連邦軍に抑留された
一九四九年　重労働の判決を受けた

本文は、一九四九年の判決を受けた前後、本文の言葉を用いていえば、「起訴と判決をはさむほぼふた月」の出来事と著者の心理状態を回想したものである。前半は主に、判決が出る前に著者が抱いた「錯誤としての望郷」について説明されている。後半では判決の日とその翌日の出来事やそれに伴う心理について説明されている。

Ⅰ「思郷の想い」から「望郷の願い」へ（①〜⑦段落）

（1）遠心と求心のバランス・思郷の想い

「弦にかえる矢があってはならぬ」という②段落冒頭の表現に着目しよう。弦は弓矢に張る糸のことである。弓の弦に矢をつがえて、矢を射る。矢は弓から放たれて、飛び去る。矢が弦に戻ることはない。「私たち」（著者を含めて、多くの人びと）は出征した以上は日本に帰ることはないという思いで、故国を離れていく。矢と同様、故国から「断ち切られ、放たれたはずであった」。

遠心は、弓から放たれた矢が弓から遠ざかっていく現象であり、著者に即して言えば、日本から離れて出征し、もう二度と戻れない（戻るまい・戻ることを願うまい）という想いである。求心は遠心とは逆方向で、著者の心が日本に向かう、つまり、著者が日本に帰りたいという想いである。「とだえては昂ぶる思郷の想い」がこれにあたる。

この二つの気持ちが均衡を保っていたということである。

（2）すがりつくような望郷の願い・錯誤としての望郷

起訴と判決をはさむほぼふた月、「錯誤としての望郷」が著者に始まる。それまでの「とだえては昂ぶる思郷の想い」が「すがりつくような望郷の願い」に変わる。この時、この望郷の想いは、自身が故国に戻りたいという想いであるにも関わらず、故国から著者が「恋われている」感覚がたえまなくある。

②段落に「弦こそ矢筈へかえるべきだという想い」とある。矢筈というのは矢の末端の部分である。

事実状況
　矢は弦から放たれており、矢と弦には距離がある。
　弦→（距離）→矢筈・矢
本当の心理
　矢（矢筈）が弦を求める＝弦から離れている矢が弦に戻り

たいと想う。

あるべき状態

弦こそ矢筈を求めるべきだ＝矢ではなく、弦の方こそが矢に戻るべきである。弦が矢に近づこうとすべきだと想う。

著者に即して述べれば、以下のようになる。

事実状況

故国を出て、抑留されている。故国にはなかなか戻れない。

本当の心理

著者は故国日本を恋しく想い、故国に帰りたいという「すがりつくような望郷の願い」を抱いている。

すがりつくような望郷の願い・錯誤としての望郷

著者が故国日本を想うのではなく、故国日本の方が著者を恋い、著者が戻ることを求めるべきであるという想いが「聞きわけのない怒りのように」あり、故国日本から著者が「恋われている」感覚がたえまなく著者にある。

この「錯誤としての望郷」については④・⑦段落でも説明されている。

④段落

著者たちは故国と結ばれていなくてはならなかった。

著者たちの側からの希求であるとともに、〈向う側（＝故国日本）〉からの希求でなければならない。

⑦段落

著者が陸に近づきえぬとき、陸が、著者に近づかねばならないはずであった。それは棄民されたものへの責任である。

この起訴と判決をはさむほぼふた月、焦燥のなかで、著者は二つの陸地を隔てる海をこえて、故国日本から「手繰られ」つつある自分を、信じなければならなかったのである。

Ⅱ　判決（⑧〜⑪段落）

時間をおってみていこう。

四月二十九日午後　著者は独房から呼び出される

↓

法廷　判決文が読み上げられる

著者　「全身を耳にして」刑期が言い渡されるのを待つ

↓

ロシヤ語で、重労働そして二十五年という刑期が言い渡される

著者　耳をうたがった

↓

日本語で判決が読み上げられる

著者たちのあいだで、混乱と恐慌状態が起こる

悲鳴とも怒号ともつかぬ喚声がわきあがった

← 監視兵が怒気を含んだ顔で走り寄る
← 「二十五年だ」と（著者が）言う
← 監視兵はだまってドアを閉めた
← 故国へ手繰られつつあると信じた一条のもの（観念）が、はっきり断ち切られたと著者は肉体的な感覚として感じた
← 四月三十日朝　著者たちは刑務所に送られる

以上簡単に本文を見てきた。京大現代文では、まず本文を一読し、大きく本文全体の構造をつかみ、それから、各設問に対応していくようにしたい。

では、設問を見ていこう。

〈設問解説〉

問一　漢字の書き取り

二〇一三年に続き、漢字の書き取り問題が出題された。標準的なものであり、完答したい。

問二　内容説明

「植物の感情」という比喩表現の意味を問う問題。問五との棲み分けで、問二は「望郷」という心情の具体的内容を説明するのではなく、あくまでも望郷という感情の「植物的」性格を説明する問題である。

◎設問意図

比喩表現の意味を説明する

◎解答へのアプローチ

（1）傍線部を本文で確認する。

望郷とはついに植物の感情であろう。

（2）直後の文に着目する。

・地におろされたのち、みずからの自由において、一歩を移ることをゆるされぬもの
・海をわたることのない想念

（3）「植物」の意味

こういう時は、対比的なものを思い浮かべて、その属性を明らかにしていくとよいだろう。この場合であれば、動物↔植物である。動物は自分で動くことができる。植物はそれができず、動くには誰かの手を借りねばならない。

「植物」の属性

・不動性　自分で移動することはできない
・受動性　他者の手を借りて、移動が可能になる

（4）（2）と（3）から加点ポイントを確定する。

1　不動性　自分の置かれた状況から、自分の自由では

2　受動性　自分の移動が他者に委ねられる
　　どこにも移動できない

抑留されている著者は自分の力で海を渡って故国日本に帰ることはできない。自力では身動きできない状態にある。故国日本に帰りたくても自分では帰れない、そのような状態にあって、著者は「錯誤としての望郷」、つまり、故国が自分を恋い、自分に近づくべきであるという思いを抱くのである。

（5）字数にゆとりがあるので、この時の心理状態を説明しておこう。

・ただ焦燥をたたえたままの過渡的な空間
・判決を待つあいだの不安といらだち
・終わりのない倦怠と不安のなかで

◎解答のカタチ

望郷とは、～という感情であるという意味。

◎加点ポイント

a　不動性の指摘　「自分で自由に移動できない」という内容の指摘
b　受動性の指摘　「自分の状態を他者に委ねるしかない」という内容の指摘
c　焦燥・不安などの心理の指摘

◎注意事項

著者は植物ではないから、「植物の感情」＝「植物のような感情」という比喩表現であり、「植物」の換言は必須である。

◎参考

二〇〇五年京大過去問下村寅太郎「知性改善論」の問一でも「植物的性格」が問われている。この場合も、自然に随順する「受動的」な性格が解答要素になっていた。

問三　理由（心情）説明

動作の理由として心情を問う問題。小説問題での心情説明と同様、シチュエーションをおさえ、きっかけと主観的要素で解答を作成する。

◎設問意図

心情の把握とその説明

◎解答へのアプローチ

（1）シチュエーションの把握

〈本文解説〉でも示したが、もう一度細かく確認しておこう。

（　）の記述は、本文には明記されていないが、シチュエーションから導かれる心情・心理を補ったものである。

二十五年という刑期が日本語で読みあげられる。

↓

1　認識

著者はロシヤ語で判決が言い渡された時に聞き違いかと耳をうたがったが、ここでまちがいではなかったことを認識する。また、ロシヤ語を知らない同僚は、日本語で読み上げられたのを聞いて、はじめて自分たちに重労働二十五年の刑が言い渡されたことを知る。

←

2　著者たちの反応

・私たちのあいだに起こった混乱と恐慌状態

・期せずして私たちのあいだから、悲鳴とも怒号ともつかぬ喚声がわきあがる

←

3　監視兵の対応

〈監視兵は日本人たちが騒ぎ出したのに気づく〉

・〈著者もしくは著者たちに〉監視兵が走り寄る音が聞こえる

・怒気を含んだ顔がのぞいた

これは、走り寄ってきて〈溜り〉にいる著者たちを見た監視兵の顔が著者もしくは著者たちに見えて、その顔が怒気を含んでいたということである。表情が怒気を帯びているということは、表情と心情は原則一致するから、監視兵が怒っているということだ。

←

4　著者たちの対応

・「二十五年だ」という

著者（たち）が「二十五年だ」と自分たちに言い渡された刑期を監視兵に伝えたのである。おそらく、ロシヤ語のできる著者が言ったのであろう。ここで読解ミスをしている受験生が多い。主語のない日本語は主語確定が読解に重要な意味をもつ。監視兵が「二十五年だ」と著者たちに伝えたのではなく、著者（たち）が「二十五年だ」と監視兵に伝えたのである。

←

5　監視兵の対応

・だまってドアを閉めた

（2）主観的要素の確定

では、傍線部は監視兵の動作なので、監視兵に即して整理してみよう。

捕虜たちが喚声を上げているのに気づく

←

腹を立てる

←

静かにさせようとやってくる

←

きっかけ＝捕虜たちの刑期が二十五年だと聞く

←

悲鳴とも怒号ともつかぬ喚声の理由を知る

←

主観的要素
・騒ぐのも仕方がないと思う。騒ぐのも無理もないと思う。
・長い刑期に同情を覚える。
↑
動作
だまってドアを閉める
こんなところだろう。
監視兵の動作の理由は、シチュエーションをおさえて、直接的なきっかけとそれから生じる主観的な要素を中心に説明すればよい。

◎加点ポイント
a　著者たち日本人捕虜が悲鳴とも怒号ともつかぬ喚声を挙げたことの指摘
b　監視兵がaに怒ったことの指摘
c　監視兵が静かにさせようと走り寄ってきたことの指摘
d　監視兵が著者たちの二十五年という刑期を知ったことの指摘
e　だまって立ち去った際の心情
　著者たちに同情した、著者たちが騒ぐのも無理もないと思った、など

◎注意事項
先行する「大佐」の説明に引きずられないようにしよう。

また、こうした問題は、シチュエーション・経緯・直接的なきっかけを本文で正確に確認した上で、主観的要素を確定することが必要だ。恣意的な解釈に流れないように注意しよう。

問四　内容説明
観念は、喪失するときにのみ、感覚として実感されることを説明する問題である。この傍線部を含む段落の部分要旨となっており、文系特化問題である。

◎設問意図
・指示語
・部分要旨

◎解答へのアプローチ
（1）傍線部内に指示語があるから、指示内容を確定する。
この感覚への変貌
＝
観念が断ち切られた瞬間に、観念がありありと感覚できる物質に変貌したこと

（2）感覚の説明
「感覚」に関する説明を確認しよう。
・実感／肉体的な感覚に根ざしている
・観念や思想が〈肉体〉を獲得するのは、ただそれが喪失するときでしかない
ここから、感覚は「肉体的な感覚」であることがわかる

（3）一般的に説明する。

傍線部を含む一文を確認すると、「観念が喪失するときに限って起るこの感覚への変貌を、そののちもう一度私は経験した」とある。「観念が喪失するときに限って起るこの感覚への変貌」は重労働二十五年判決を受けた時だけでなく、もう一度その後経験されるものである。

具体的経験1

故国へ手繰られつつあると信じた一条のものが、この瞬間にはっきり断ち切られたと、私は肉体感覚として実感した

具体的経験2

そののちもう一度私は経験した

←

傍線部

観念は、現実によって否定され完全に失われる際にのみ、その消失が肉体的な感覚に根差した、ありありとした実感となるということ。

（4）変化の説明であることを意識する。

観念

感覚ではない・物質ではない

←

観念が失われるとき

感覚でなかったもの・物質でなかったものが感覚・物質として実感される

◎加点ポイント

a　喪失される前の観念＝実体を伴わない想念

b　喪失するとき＝現実によって否定され、完全に失われるとき

c　限って起る＝のみ生じる

d　この感覚への変貌＝肉体感覚に根ざした実感としてとらえられる

◎注意事項

「観念」については、換言せず、そのまま「観念」としておいてもよい。

問五　内容説明

「錯誤としての望郷」という中心的テーマの把握を最後に問う問題。「錯誤」とは現実に起こっている事柄と考え・感覚が一致していないこと。この場合は、現実には著者が故国日本を恋い、故国日本に戻りたいと思っているのに、著者には、自分が故国日本から「恋われている」という感覚がある。この後者が「錯誤としての望郷」である。

◎設問意図

中心的テーマの把握

◎解答へのアプローチ

（1）「錯誤」という語義に即して、現実の思いと錯誤としての思いを方向として意識しよう。

望郷の念＝一般的な望郷Aと「錯誤としての望郷」B

著者 ↓ 故国日本 A

著者 ↑ 故国日本 B

（2）「錯誤としての望郷」を整理しよう。

1　弦にかえる矢があってはならぬ　遠心

思郷の想い　求心

← バランスをうたがいはじめたとき・変わった

望郷の願い＝望郷（A）＋錯誤としての望郷（B）

＊矢が弦に帰りたいと思っている（A）のに対して、弦こそ矢筈へかえるべきだ（B）という想い

＊自分が帰郷したいと思っている（A）のに対して、故郷が自分を求めるべきだ（B）という想い

2　著者の側からの希求

「私」が故国を〈恋うている〉（A）

＋

向こう側からの希求

故国日本から「私」が「恋われている」（B）

3　陸へ近づきたい（A）

← 陸へ近づきえない／抑留されている

陸が、私に近づかなければならない（B）

（3）これまでの設問で触れていない箇所を拾う。

最後の本文全体を踏まえた設問であり、字数としても一番長い六行であることを意識して、これまでの設問で問われていない箇所を補足説明として拾い出していく。今回は「錯誤としての望郷」に関連する箇所で、まだ触れていない③段落・⑦段落の内容も取り込もう。

③段落

・この錯誤には、いわば故国とのあいだの〈取り引き〉がつねにともなった。

・私は自分の罪状がとるにたらぬものであることをしいて前提し、やがては無力で平穏な一市民として生活することを、くりかえし心に誓った。

・この〈取り引き〉の相手は、～あくまで日本～でなければならなかったのである。

←

罪状が些細であり、平穏な市民生活を送ると誓う自分を故国日本が許す

⑦段落

・私が陸へ近づきえぬとき、陸が、私に近づかなければならないはずであった。それが、棄民されたものへの（故国日本の）責任である。

←故国日本には自分を抑留へと追いやった責任がある

◎加点ポイント

1　錯誤としての望郷

a　自分が故郷を希求する想いの反転であること＝錯誤の指摘

b　故郷が自分を希求するという想念

2　経緯

c　「弦にかえる矢があってはならぬ」気持ちへの言及

3　故国に関連する想いの具体的内容説明として

d　故国との〈取り引き〉をふまえた説明

e　故国の「棄民されたものへの責任」への言及

◎注意事項

「錯誤としての望郷」の説明であるから、必ず、正しい・事実としての望郷（先の設問解説の部分のA）について書き、それと異なる「錯誤としての望郷」を説明することが必要である。④段落の「私たちの側からの希求であるとともに、〈向う側〉からの希求でなければならない」という表現をベースに、A＋Bというカタチで書いておけばよいだろう。

解答

問一　（ア）凡庸　（イ）過渡　（ウ）飢餓（饑餓）　（エ）恐慌　（オ）完璧

問二　望郷とは、移動を自らの自由でなしえず、他者に委ねるしかない者が焦燥のうちに抱く想念であるという意味。

問三　監視兵は、著者たち日本人捕虜の悲鳴とも怒号ともつかぬ喚声に怒り、静かにさせようと走り寄ってきたが、二十五年という刑期を知って同情を覚えたから。

問四　実体を伴わない想念は、現実によって否定され完全に失われる際にのみ、その消失が肉体的な感覚に根差した、ありありとした実感となるということ。

問五　二度と帰郷しないという想いと思郷の想いとの均衡を疑い始めたとき、著者は、自分が故国を希求し、帰郷を願うだけでなく、罪状が些細であり、平穏な市民生活を送ると誓う自分を故国が許し、故国が自分を抑留へと追いやった責任を果たすべく、故国が自分を希求すべきであるとする倒錯した想念に陥ったということ。

二（文系）

出典

渡辺京二（わたなべ　きょうじ）「逆説としての明治十年戦争」

渡辺京二（一九三〇～　）は京都生まれ、法政大学社会学部卒。熊本在住の評論家・歴史評論家。「日本読書新聞」編集者、河合塾講師などを経て、現在は熊本大学大学院社会文化科学研究科客員教授。一九七九年評伝『北一輝』で毎日出版文化賞、一九九九年『逝きし世の面影　日本近代素描Ⅰ』で和辻哲郎文化賞を受賞。また、二〇一〇年に『黒船前夜　ロシア・アイヌ・日本の三国志』により大佛次郎賞を受賞している。著書は評伝『宮崎滔天』の他、『江戸という幻影』『小さきものの死』『近代の呪い』『幻影の明治：名もなき人びとの肖像』など多数。『苦海浄土』の作者で有名な石牟礼道子と交流がある。

「逆説としての明治十年戦争」は『暗河』一九七五年春号の『小さきものの死』に収められ、後に、『日本近代の逆説』に収録された。渡辺京二の仕事を若い読者に向けて、廉価で提供しようという試みとして、『渡辺京二コレクション』（全二巻）が企画され、筑摩書房から出版された。この「逆説としての明治十年戦争」はその一冊、二〇一一年に発行された『維新の夢　渡辺京二コレクション［1］　史論』（ちくま学芸文庫）で読むことができる。

「明治十年戦争」は一八七七年（明治一〇）年に起こった、明治政府に対する不平士族の反乱（西南戦争）である。西郷隆盛は明治維新の立役者であったが、この西南戦争で敗退。自刃して亡くなっている。

問題本文は、著者独自の視点から西郷隆盛を論じた文章であり、西南戦争で明治政府に反旗を翻した西郷隆盛の人物像を巡って、西郷の反近代的、反功利主義的な性格づけと、近代日本社会における伝統的共同体的感覚の喪失を論じた文章である。近代文語文の引用箇所が多かったが、語注もあり、「漢文」をきちんと学び、古典文法を習得していた受験生にはそれほど負担ではなかったと思う。

本文で引用されている中江兆民『三酔人経綸問答』（桑原武夫・島田虔次訳・校注）は岩波文庫で読むことができる。興味のある人は読んでみよう。

解説

〈本文解説〉

出典の部分でも述べたが、本文では、引用部分も含めて、受験生にとって難度の高い表現には注が付してあるので、それを手がかりに読解していけばよい。それでは、筆者が西郷についてどのように述べているのか見ていこう。

丸数字は形式段落を示す。

Ⅰ　西郷のマクシム（①段落）

西郷は「本質的に古い世代のひとり」であり、本気で「己れを愛するは善からぬことの第一也。決して己れを愛せぬもの也」というマクシム（行為の個人的規準）に近づこうとした人であったらしい。

Ⅱ　西郷のマクシムの由来（②段落）

西郷のマクシム（格率）は、わが国の士族の伝統的教養である儒学の道徳観に由来するものであるが、このマクシムの深部には「たゆたうようなゆたかな生命のリズム」が感じられる。

西郷は南島に流刑されて島人と交流した。「人と人との交わりにおいてなりたつコミューン的な感覚」は、わが国の生活民たちがその悠久の歴史を通じて保持してきた伝統的感性である。西郷は島人との交流を通して、この「人と人とのあいだのコミューン的な交わりに対する肉感的な幻覚」を抱き、それが先のマクシムの背景にある。

Ⅲ　西郷の人格（③段落）

己を愛さずともすむ心は己を羞じるぶこつな魂であり、内村鑑三がある挿話を記して、西郷が他人の平和を擾《みだ》すことを非常に嫌う人だったという。こういう人格は、伝統的な範型（類型）の一つであり、古い日本人にはなじみ深く、したわしいものであった。

Ⅳ　恋旧派の態度と符合する西郷の態度（④～⑥段落）

（1）明治初期の世代的分裂

中江兆民の『三酔人経綸問答』を引用している。なお、引用には一部人名などの省略がある。

簡単に整理しておこう。

1　同時代の日本人は恋旧家と好新家とに分類できる。

2　好新家（新しいものを好む人間）の特徴

理論重視、腕力軽視、産業優先、軍備軽視、道徳・法律の学説研究や経済原理の追究をし、平生文人・学者であると自認し、武人や豪傑の類や叱咤慷慨の態度を拒む。

3　恋旧家（古きを恋い慕う人間）の特徴

自由を勝手気ままで横暴な行為だとし、平等を大なたをふるってなぎ倒す事業だとし、悲壮慷慨して喜び、かたくるしくて難解な法律や綿密な経済は好まない。

著者が注目するのは、中江兆民が恋旧家についてさらに説明している箇所である。

（2）「恋旧家」が事柄に対処するときの態度

「漢文」をきちんと学び、古典文法を習得していれば、この引用文は、すでに書き下し文になっているし、語注もついているので意味はとりやすいと思う。語注を利用して、簡単にまとめておこう。

1　平生無事のときは泰然と手をこまねき、沈黙を守る。

2　ささいなことには頭を使う価値がないとみなして、たいして重大でない事柄については、自分は遠慮して、他人に付託する。

3　いったん重大な結果をひき起こす事態が生じると、昂然と発言する。自分の発言を実行することを目的として、中途で突然他人の意見に従うようなことは、極めて恥ずかしいことであるとする。

(3)　恋旧家の態度と符合する西郷の態度

(2)に記述された恋旧家の性格は板垣をモデルにしたものだろうが、西郷自身も「好新家」タイプを批判しており、西郷は広い意味でこの恋旧家のような性格の人物であった。その性格を「反功利主義」と規定しても的外れではないだろう。

V　明治十年戦争の意味（⑦段落）

西郷は、明治維新の草創に決起しながら、「家屋を飾り、衣服を文り、美妾を抱へ、蓄財を謀」る輩を嘆いている。「私を営みたる姿」つまり、私欲に駆られて贅沢をする輩について、「天下に対し戦死者に対して」面目がない（恥ずかしくて顔向けができない）と嘆く。西郷は、結果優先、業績至上の考え方が理解できなかったのだろうと著者は述べている。こうした著者の考えによれば、明治十年戦争は「実務官僚と現実的な権力執行者に対する夢想家の反功利主義的反乱」であったということになる。

簡単にまとめれば、西郷という人間は

1　自己愛を否定し、他者を煩わせない

2　共同体的な感覚の持ち主

3　己れを羞じる飾り気のない人柄

4　普段は泰然自若、多くを語らず、他人に諸事を委ねる

5　事あれば自分の主張を通し、有言実行し、積極果断となる

6　反功利主義的で、奢侈を嫌う

7　私利私欲に走るのを恥じる清廉な夢想家

ということだろうか。

以上が本文の内容である。日本に悠久の歴史というものが存在し、古き良き時代というものが存在し、そこに伝統的な共同体的感性が存在し、ゆかしき伝統的な人格範型が存在したとするならば、そうした感性や人格をそなえた古い時代の代表が西郷ということだろう。

それでは設問を見ていこう。

〈設問解説〉

問一・問二は解答枠が二行分なので、解答要素をコンパクトにまとめることが要求される。問三は引用されている近代

文語文の要約ということになるが、語注を利用して、これも三行分なので、コンパクトにまとめよう。問四は部分要旨、⑥段落・⑦段落の内容をまとめる。問五は二〇一四年度の[一]の問五同様、全体とかかわる問題なので、解答要素を複数箇所から拾い出してくることが必要だ。

問一　内容説明

西郷の人格の核となる性質を評した「肉感的な幻覚」という比喩的表現を一般表現でわかりやすく説明する問題。

◎設問意図

比喩表現の一般化

◎解答へのアプローチ

(1) 傍線部を本文で確認する

こういうマクシムの背景には、

人と人とのあいだのコミューン的な交わりに対する

肉感的な幻覚が存在する

(2) 同義的な表現を確認する

・傍線部の前文

この言葉(西郷の言葉＝彼のマクシム)の深部には～

「たゆたうようなゆたかな生命のリズム」が感じられる

≒

・傍線部

こういうマクシムの背景には～

「肉感的な幻覚」が存在する

「肉感的」は「生命のリズム」、「幻覚」は実体の欠如態として、「たゆたう」＝〈ゆらゆらと動いて定まらない〉と対応する。

(3) 字数が少ないから、表現をコンパクトにまとめる

a　こういうマクシム・この言葉

＝西郷の行為の個人的規準や西郷が述べた言葉

＝個人の思考や言表

b　人と人とのあいだのコミューン的な交わり＝共同体的

c　肉感的＝生命のリズム

d　幻覚＝たゆたうような＝不定形な

e　ゆたかな

「たゆたうようなゆたかな生命のリズム」とあるので、「ゆたかな」も解答に含めておこう。

(4) 解答のカタチを確定する

こういうマクシムの背景には～肉感的な幻覚が存在する

↓

個人の思考や言表の深部には、

共同体的で不定形な、豊かな生命のリズムがあるという意味。

このように、傍線部を含む一文の構造を維持して解答を作成しておいてもよいだろう。また、以下のように順番を入れ替えておいてもよい。

個人の思考や言表の深部に存在すると信じられる、

共同体的で不定形な、豊かな生命のリズムという意味。

◎加点ポイント

右記a〜e。

◎注意事項

解答は「個人の」としているが、「西郷の」としてもかまわない。解答例は前文の表現との対応関係と、西郷の南島の島人との交流関係がなければ「この言葉はなかった」という傍線部直後の記述をふまえて、「〜深部には、その根源として〜」と表現している。

問二　内容説明

設問文が「傍線部(2)について説明せよ」とあることに注意したい。単に、指示語の指示内容をまとめるだけでなく、それを説明する必要がある。

◎設問意図

・指示語の指示内容
・部分要旨

◎解答へのアプローチ

(1) 指示内容の確定

③段落の記述を丁寧に見ていこう。

西郷の性格
・己を愛さずともすむ心
・己を羞じるぶこつな魂
・他人の平和を擾すことを嫌う
・具体的なエピソード
他家を訪問した場合に、誰かが見つけてくれるまで待っている

↓

傍線部　こういう人格

以上から、

a　己れを愛さずともすむ＝(利己的ではなく、)共同体的
b　自己を羞じる(恥じる)
c　他者を煩わせることを嫌う
d　ぶこつ＝飾り気のない

「ぶこつ」は一般に、〈礼儀作法を知らない〉〈洗練されていない〉などの意味だが、ここでは西郷の人柄をほめている箇所なので、ネガティブな表現で換言することは避けたい。いわゆる都会風の軽くておしゃべりで社交上手な「巧言令色」(『論語』では「鮮《すくな》し仁」と続く)というタイプとは反対の人柄だということだ。解答例では「飾り気のない」としておいた。

(2) 傍線部に引き続く部分を確認しよう。

・こういう人格は、古い日本人にとってはある意味ではなじみ深い
・古い日本人にとってこのような人格はしたわしくはあっても、ことさらおどろくべきものではなかった

・伝統的な範型（類型・タイプ）のひとつ

・そのような人格の形象はこの国の歴史において～しばしば現れることがあった

「古い日本人」については、「現代の日本人」と対になっており、また、「伝統的な範型」とあるので、「こうした人格」は近代以前の日本人にしばしば見られる特徴的な人格ということだろう。

以上から、

e　近代以前の日本人の

f　性格類型

（3）字数が厳しい。少なくとも右記b・c・d・eはきちんと入れて、コンパクトに解答をまとめる。

◎加点ポイント

右記a～f。

問三　内容説明

「恋旧家」が事柄に対処する時の態度を、引用文（あ）の内容に基づいて簡潔に述べる問題。

◎設問意図

引用文の要旨まとめ

◎解答へのアプローチ

〈本文解説〉にも記したが、語注を活用して引用箇所をまとめればよい。対比関係を意識して、「恋旧家」の「平生無事」な場合や「平生大関係無き事条」に関する態度（A）と、「一旦利害の関する所有るに及《およ》ん」だ場合の態度（B）を明快に示そう。解答欄は三行分。A・B両方を書かねばならないので、この問も問一・問二と同様、加点ポイントを意識してコンパクトにまとめることが必要となる。

〈本文解説〉のところでは簡単にまとめておいたが、ここでは、引用のまま示そう。

A　a　平生無事

b　高拱緘黙

c　之が措置を施すことを、屑とせず。肯て与らず。

B　d　平生大関係無き事条に於ては、～他人に推諉する

e　一旦利害の関する所有るに及で

f　頭を昂げて一言

g　必ず其言ふ所を行ふことを以て目的と為し

h　他人の議に従ふが如きは、其極て恥辱とする

[ ]で囲った部分には注がある。

では、これを簡潔に換言したものを示そう。

A　a　普段

b　沈黙を是とする

c　泰然自若、関与せず

d　些事は他者に譲る

B　e　重大な結果を引き起こす事態が生じると

f　発言する（有言）

g　有言実行

h　己の信じたところを断固として

◎加点ポイント

右記a～h。

◎注意事項

引用のまま写しても加点はされないから、注を用いつつ、表現を自分で工夫する必要がある。

問四　内容説明

傍線部は「西郷にはこういう結果優先、業績至上の考えかたがどうしても理解できなかっただろう」の理由にあたる部分なので、傍線部は正確には

そのような考えかたには

「何かいまわしいもの、世道人心をまっぷたつにたち割るようなもの」があると

西郷には感じられた

となる。西郷の心性を説明するカタチで解答を作成したい。

◎設問意図

・比喩表現の一般化

・部分要旨

◎解答へのアプローチ

(1) 指示語の指示内容を確定する。

「そのような考えかた」

功利主義的な「結果優先、業績至上の考えかた」

(2) 四字熟語の意味

「世道人心」＝世の中の道徳とそれを守る人の

(3) 比喩表現の一般化

「まっぷたつにたち割る」＝破壊する

(4) 細部の表現の換言

「何か」＝漠然と

「いまわしい」＝不吉な

(5) 傍線部は西郷の心性であることを踏まえ、字数にゆとりがあるので、⑥段落・⑦段落の部分要旨として、

功利主義的な考え

↔

西郷　反功利主義的信条

という対比関係と、西郷の人となり、すなわち、「清廉」「夢想家」を解答に書き込もう。

(6) さらに、

われわれの近代人的な常識

清廉であっても無能な為政者より、たとえ個人的には悪徳が認められても有能な為政者のほうが、結果として国民に福利をもたらすものだ

↔

西郷

「われわれの近代人的な常識」が理解できないという対比関係も解答に含めたい。

（7）解答要素の整理

1　われわれの近代人的な常識
功利主義・結果優先・業績至上の考え方を許容
↔
西郷
功利主義・結果優先・業績至上の考え方に否定的

2　功利主義者
↔
西郷
反功利主義者・清廉・夢想家

3　換言
否定的な評価の具体化
＝
何かいまわしいもの、
世道人心をまっぷたつにたち割るようなものがある
＝
社会道徳と道徳的に生きる人心を破壊するという
不吉な徴候を漠然と感じる

◎加点ポイント

a「そのような考えかた」
結果優先、業績至上の功利主義的な考え方

b「何かいまわしいもの」
漠然と不吉である

c「世道人心をまっぷたつにたち割るようなもの」
社会道徳と道徳的に生きる人心を破壊するもの

d　西郷の説明として
・反功利主義的
・清廉（私欲がない）
・夢想家

e　西郷の説明として、〈近代人と異なる〉旨の指摘。もしくは、b・cの評価が〈近代人の常識と異なる〉旨の指摘

f　傍線部が西郷の主観である旨の指摘

問五　理由説明

波線部自体は他の傍線よりも先にあるが、設問は最後に設定されている。設問文が「本文の内容に基づいて」となっていることにも注意しよう。

◎設問意図
全体要旨

◎解答へのアプローチ

（1）波線部は西郷のマクシムの一部であり、「己れを愛するは善からぬことの第一也」と述べた後に、この波線部が続いている。

自己愛は善くないものである

↓

「決して己れを愛せぬもの也」

（2）西郷のマクシムの由来については、第②段落に、以下の記述がある。

・わが国の士族の伝統的教養である儒学の道徳観に由来する

・この言葉の深部にはそういう儒学的リゴリズムとは異質な、たゆたうようなゆたかな生命のリズムが感じられる

この「たゆたうようなゆたかな生命のリズム」は「人と人との交わりにおいてなりたつコミューン的な感覚」であり、「わが国の生活民たちがその悠久の歴史を通じて保持して来た伝統的感性の核心」である。

では、整理してみよう。

西郷の心性

1　士族の伝統的教養である儒学の道徳観

＋

2　体験　南島に流刑されて島人と交わる

感覚　日本の生活民の伝統的感性である、人と人との交わりにおいてなりたつコミューン的な感覚

↓

西郷の言葉・マクシム

「決して己れを愛せぬもの也」

（3）第⑥段落・⑦段落をふまえよう。

西郷の心性

反功利主義

自己利益の追求を恥じる

↓

西郷の言葉・マクシム

「決して己れを愛せぬもの也」

◎加点ポイント

西郷の心性の説明として、以下の6点。

a　自己愛に対する否定的な感情

b　士族の儒学的道徳観

c　流刑時の島人との交流体験

d　共同体的な感覚

e　自己利益優先に対する否定的な感情

f　反功利主義的心性

さらに、dの説明として、以下。

g　日本の生活民の伝統的感性である

◎注意事項

波線部は西郷の言葉であるから、その理由は西郷に即して説明すること。「西郷は～思ったから。」「西郷にとっては～から。」「西郷は～人間だから。」などというカタチで答える。

解答

問一　個人の思考や言表の深部には、その根源としての共同体的で不定形な、豊かな生命のリズムがあるという意味。

問二　近代以前の日本人の、自己を恥じ、他者を煩わせることを嫌う、飾り気のない、共同体的感覚に基づく性格類型。

問三　普段は泰然自若、沈黙を是とし、些事は他者に譲って関与しないが、重大な結果を引き起こす事態が生じると、己の信じたところを断固として有言実行する。

問四　清廉で反功利主義的な夢想家である西郷は、近代人とは違い、結果優先、業績至上の功利主義的な考え方に対して、社会道徳と道徳的に生きる人心を破壊するという不吉な徴候を漠然と感じたということ。

問五　士族の儒学的道徳観にも由来するが、西郷は、流刑時の島人との交流により日本の生活民の伝統的感性である共同体的な感覚を強くし、自己利益を優先する功利主義的な自己愛を恥じる人格を具えていたから。

二（理系）

出典

大庭みな子（おおば　みなこ）「創作」

大庭みな子（一九三〇～二〇〇七年）は東京生まれの小説家。津田塾大学学芸学部英文学科卒。結婚後、夫である利雄の赴任に伴い、一九五九年からアラスカ州シトカで暮らす。大学で美術を学びながら、小説を執筆。一九六八年にアラスカから投稿した「三匹の蟹」で群像新人賞、芥川賞を受賞し、一九七〇年帰国、作家生活にはいる。著書に『がらくた博物館』（女流文学賞受賞）、『寂兮寥兮（かたちもなく）』（谷崎潤一郎賞）、『啼く鳥の』（野間文芸賞）など多数。短編「海にゆらぐ糸」「赤い満月」で川端康成文学賞も受賞している。また、評伝に『津田梅子』（読売文学賞）がある。

一九九六年に脳梗塞で不自由な身となった後も、夫利雄が口述筆記をするなどして、みな子の文筆活動を支えた。最愛の夫に支えられつつ過ごしたこの間の想いは『浦安うた日記』として発表され、二〇〇三年紫式部文学賞を受賞している。

問題本文は小説家である筆者が、文学作品の根源となる「自然」の生命について述べた文章。人々が生活の中で呟いた、心を打つ言葉の中に埋もれた「自然」の生命を見出し表現するのが、文学である。芸術家は自らが独創的である必要はなく、個々の人生に反映された「自然」が内包する生命を見つけ出し表現する必要があると述べられている。

解説

〈本文解説〉

丸数字は形式段落を示す。

Ⅰ　序（①）

①段落では、「優れた作品」「作家」「読者」「傑作」などという表現が出てくるが、「木」「海」「風」という自然と文学との関連について述べてあることはわかるが、どういうことがいいたいのかはよくわからないと思う。わからない部分というのはそこで悩むのではなく、先に進んでいけば、どこかでそれまで書かれていたことがふっとわかってくることがある。①段落は自然と文学の関係が書かれているようだという程度でおさえておいて、先に進もう。

Ⅱ　作家と作品（②〜⑧）

②段落以降では、否定形の表現(〜ない)、比較の構文、定義、まとめの指示語に注目していくと、脈絡のないように見えた表現を秩序づけることができる。随想は評論と違って、論理展開が明快ではない。読む側が筆者の論理を明快に整理する必要がある。

まず、②段落の「自分の力で創り出すというよりは」という表現と、⑧段落の「作品は自分の力で創り出すわけではないとは、そういうことだ」に着目しよう。

創作について

作家は何もないところから何かを創り出すわけではなく、自分の力で創り出すというよりは、えたいの知れない力に押されてそうなってしまう時、比較的まともな作品ができる

↓

(比喩的な説明a)

1　創作は、もともと埋まっているものを掘り出す作業である

2　掘り当てたい像はどこに埋まっているか、どのような掘り方をすればよいのか、というようなことが作家の作業である

↓

(aを具体的に説明する。比喩的な説明b)

1　生活の中にかかる虹の橋づめに埋まっている金の壺が文学である

2　人間社会で、言いたいことを言えずに、口ごもって生きている人びとが、何かのときにふと洩らしてしまう言葉は無数の水滴になり、太陽の光が当たると

虹の橋になる

3　筆者は、生きているうちにめぐり会った人びとの呟いた言葉を拾い上げて、小説を書く

←

創作について
作品は自分の力で創り出すわけではない

ここまで読むと、この文章は、筆者が自身にとっての文学、自身がどのように小説を「創り出」しているかについて、説明している文章であることがわかる。

ここでは、「作家」について書かれているが、要するに、創作は、作者が創り出すというよりは、作者が生活の中にある一般の人びとの言葉を拾い上げて作品化していく作業であるという筆者の考えが述べられている。

Ⅲ　「自然」が内包する生命（⑨〜⑬）

⑨段落以降では、「自然」「生命」という言葉を用いて、Ⅱの内容を説明していく。②段落から⑧段落までは「作家」「作品」とされていたのに対して、⑬段落では、「芸術家」「芸術品」という言葉が用いられ、芸術一般について論じているが、⑭段落では「文学作品」とされており、⑬段落以降は⑧段落までと同様、筆者に即して語られている。ここではまず、⑬段落までの内容を確認しておきたい。

問二、問三の解答要素となる部分であるが、⑫段落「そこにある生命を掘り出すのが芸術家で、芸術家は生命を無から創り出すわけではない」の「掘り出す」「創り出すわけではない」という表現に着目し、少し整理してみよう。

1　芸術家に必要なのは風変わりな風習を身に付けることではない。その意味での独創性は必要ない。（⑪・⑫）

2　真正の芸術家といえるのは、「独自の作品世界ともいうべきもの」をもつ人びとであり、「自然」を映した彼らの生活そのものが芸術品である。（⑬）

3　芸術家は生命を無から創り出すのではなく、「自然」が内包する生命を掘り出すことができることが必要である。（⑫・⑬）

右記の2から、「自然」は「人びと」の生活に反映されている。3から、「自然」は「生命」を内包している。Ⅱの内容と関連づければ、「埋まっている金の壺」が「生命」ということになる。

Ⅳ　筆者と文学作品（⑬〜⑰）

⑬段落は「自然」に言及しており、Ⅲの内容を把握するのに必要となる段落であるが、同時に筆者自身に言及しているところでもある。⑬段落以降をここでは、筆者に即して整理

しておこう。

1　彼ら（⑬段落で言及している二、三の友人）の人生にまつわる独特の表現の中には、そのままで立派な文学作品となるものがある。（⑭）

2　筆者はそれらの話をつづり合わせて小説を書いている。（⑭）

3　人びとの何げない言葉が筆者の作品を生む。（⑮・⑯）

2と3はⅡで述べられていた内容に対応している。それは最後のセンテンスで「虹」「金の壺」に言及している点で明らかである。「人びとの何げない言葉」は⑧段落の「人びとの呟いた言葉」に対応する。作家として暮らし始めると、筆者が作家であることを意識して、「小説に書いてもらいたくて」話をする人の話や小説に「書かれまいとして用心している人」の話は、筆者の文学にはつながらないということである。

こうして最後まで読んで来ると、第①段落の位置づけがわかってくる。

⑰段落の「吹く風の音」に注意しよう。①段落に「吹く風に似た音」とある。①段落は、自然の風物（たとえば木や海や風など）の自然さと似た自然さをもつ作品が傑作だということを言っている。それは、作家の手つきが見えないままに、読者を感動させる。

「自然」を映した人びとの生活を作品化する。

作者が自分の力で創り出すのではない。

こうしてできた作品は、吹く風の音や木の揺れ、海の波の形と同様の魅力というか美というか詩というか、そうしたものを具えるということだろう。

①段落で、筆者の作品観をコンパクトにまとめ、それ以降で比喩を用いて説明し、⑯段落で、①段落・②〜⑧段落の内容と照応する表現を用いつつ、⑮〜⑰段落で、筆者の考える創作が以前よりも困難になっている状況に対する憂いを述べて結ぶ、という展開となっている。

それでは設問解説にうつろう。

〈設問解説〉

問一　内容説明

京大現代文では頻出の、比喩表現を一般表現に直す問題。設問意図を意識して解答を作成することが大事だ。傍線部表現の一つ一つをきちんと一般化することを心がけたい。内容をおおまかに（もしくは恣意的に）とっているだけでは、加点につながらない。

◎設問意図

比喩表現の一般化

◎解答へのアプローチ

（1）傍線部の表現を確認する。

生活の中にかかる虹の橋づめに埋まっている金の壺がわたしの文学である

「虹」「橋づめ」「金の壺」が比喩表現であることに気づき、それぞれ対応する表現に置き換えていくことが要求されていると意識する。

（２）本文根拠を確認する。

比喩表現は原則、自力で、たとえがもつイメージをもとに一般表現に直していくことが要求されるが、本文の別の箇所に一般表現があるケースもある。その場合は、それが使える。とりあえず、「虹」「橋づめ」「金の壺」という語が示すイメージを思い浮かべつつ、本文を探そう。

・彼ら（恋人たち）は虹の橋づめに立っている
・幼児の足の下にも金の壺は埋まっている
・そうした人（怒る人、闘う人、不可思議な衝動にかられて立ちすくんでいる人）の背後には必ず虹の橋がかかっている

以上をまとめて、

・人間社会で、言いたいことを言えずに、口ごもって生きている人びとが、何かのときにふと洩らしてしまう言葉は無数の水滴になり、太陽の光が当たると虹の橋になる

ここから、まず、「虹」は〈人びとの言葉〉であることを確認しよう。正確には「ふと洩らしてしまう言葉」「呟いた言葉」である。

（３）傍線部は筆者にとっての文学を説明した部分だから、本文中で、筆者の作品と人びとの言葉について書いている箇所を探そう。

・わたしは、生きているうちにめぐり会った人びとの呟いた言葉を拾い上げて、小説を書いている

ここから、〈人びとの言葉が文学になる〉〈人びとの言葉から文学ができる〉ことを確認しよう。

（４）「虹」という表現がプラスの価値をもっていることから、プラスの価値をもつ〈人びとの言葉〉が筆者の文学の源泉であることを確認し、本文の「自分を文学の専門家だと思い込んでいる人たちの言葉は、ほとんど、わたしの心を打たない」（⑨段落）という表現に注目し、〈心を打つ人びとの言葉〉としよう。

人びとの言葉　心を打つ　→　作品化
↔
人びとの言葉　心を打たない　→　×

（５）「生活」「虹」「橋づめ」「金の壺」の関係を確定しよう。

「金の壺」については〈本文解説〉に書いたが、

・埋まっているものを掘り出す
・埋まっている金の壺
・生命を掘り出す
・「自然」が内包する生命

から、「金の壺」は「生命」もしくは〈「自然」に内包されている生命〉であることを確認しよう。要するに、文学の本質であるが、ここでは、「金の壺」が⑫段落の「生命」であることがわかって換言できればよい。コンパクトに〈「自然」の生命〉としておいてもよいだろう。

「橋づめ」は橋の終わるところ、橋の際である。

以上から、

生活の中	生活の中
虹の橋づめに埋まっている	心を打つ人びとの言葉がつきる部分の内部にある
金の壺	「自然」の生命

「埋まっている」という表現は、気づかない人には気づかれずというニュアンスがあるのだろう。それがどこにあるかに気づくことを含めて、作家の力量ということだ。

(6) 字数を意識して解答を作成しよう。三行しかないので、コンパクトにまとめる。

できれば、「金の壺」と筆者の「文学」の関係を正確に説明しておきたい。〈金の壺から筆者の文学が生まれる〉〈筆者の文学の源泉が金の壺である〉と説明しておこう。

また、人びとについては、⑨段落、⑯段落との違いをふまえて、「言いたいことを言えずに、口ごもって生きている人びと」に限定しておこう。

◎加点ポイント

1 「虹」の説明として

a 人びとの言葉であることの指摘

b 言葉の説明として「呟いた言葉」であることの指摘

c 人びとの説明として
「言いたいことを言えずに、口ごもって生きている人びと」であることの指摘

d 虹のプラス価値の説明として「心を打つ」

2 「橋づめに埋まっている金の壺」の説明として

e 1の中にある「自然」の生命

3 文学との関係

f 1もしくは2から文学が生まれる、1もしくは2が文学の源泉である　など

◎注意事項

問二とも共通するが、問三で「自然」の説明が要求されているので、問一では「自然」はそのままかぎ括弧付きで使用しておけばよいだろう。

問二　内容説明

傍線部内に「この種の独創性」とあるので、「この」の指示内容を踏まえて説明する。また、傍線部の「必要ではない」、次の文の「必要なのは〜である」という表現をふまえて説明しよう。

記述説明のパターンとして、原則、以下を意識しておこう。

否定形表現に傍線部→否定形表現自体の換言＋肯定形で主旨を述べる

サンプル　Xが1万円札、Yが千円札としよう。
傍線部　「XとYは等価ではない」
設問文　傍線部はどういうことを言っているのか？
解答例　Xの価値とYの価値は同じではなく、違っていて、Xの価値の方がYの価値よりも大きいということ。

◎設問意図
・指示語の指示内容
・否定形の文の内容説明
◎解答へのアプローチ
（1）指示内容の確定をしよう。
直前の段落⑪の具体例をふまえ、コンパクトに「珍しい習性」という本文中の表現を拾えばよい。

この種の独創性＝芸術家自身が珍しい習性をもつこと
（2）芸術家自身には（1）の独創性は必要ではない。傍線部の「芸術家には」に着目しよう。直前に以下の表現がある。
独創的だと思う人は、芸術家の素材となるに適した人である

独創性というのは芸術家に求められるものではなく、「人びと」にある特性なのである。関連する表現も確認しよう。

人びとの独創性
・そういう人たちは真正の芸術家だった
・彼らは、独自の生活世界というべきものを持っていた
・「自然」を映した彼らの生活そのものが芸術品だった
・彼らの人生にまつわる独特の表現の中には～立派な文学作品になるものがあった
（3）芸術家に独創性が不要であるなら、何が必要なのか。
芸術家の役割はなにか？　それは傍線部の直後に書かれている。
・芸術家に必要なのは「自然」が内包する生命で、そこにある生命を掘り出すのが芸術家である
（4）解答のカタチを確認しよう。
・芸術家には、Aが必要なのではなく、Bが必要である
・芸術家に必要なのはAではなく、Bである
第一確認事項
芸術家は、自分自身が独創的である必要はない。
第二確認事項
芸術家に必要なのは、個々に独創的に暮らしている人びとの生活に反映された「自然」に内包される生命を掘り出すことである。

［最低目標解答例］

芸術家に必要なのは、自らが風変わりな生活をすることではなく、人びとの独自な人生に映った「自然」の生命を発見し表現することであるということ。（64文字／69字）

◎加点ポイント

1　否定形　傍線部自体の換言・指示語の指示内容

a　芸術家「自身」が独創的である必要はないという指摘

b　独創性の具体化

2　人びとの説明

c　個々の人びとの独自な人生・生活に言及していること

d　「自然」と人生・生活と関係

人生や生活に反映されている「自然」

e　「自然」と生命の関係

「自然」が内包する生命、「自然」に内包されている生命

3　芸術家の使命

f　eを発見し表現すること

◎注意事項

問一と同様、「自然」は問三で説明が要求されているので、問二ではそのままかぎ括弧つきで「自然」としておけばよいだろう。

問三　内容説明

傍線部なしの内容説明問題である。後半のキーワード「自然」について説明する問題。

設問文に「作者が本文中で用いる」とあるが、「作者」はこの文章を書いている「大庭みな子」を指すので、本文中の「わたし」が「自然」について述べている部分に注目して、その内容を説明すればよい。また、設問文に「芸術家との関係を踏まえ、説明せよ」とあるので、⑫段落を中心にまとめることになる。

◎設問意図

・本文の核となる表現内容の把握

・多義的な表現の限定

◎解答へのアプローチ

（1）まずは、「自然」について筆者（作者）が述べている箇所をチェックしよう。

・彼のまわりにうごめいているものをじっと見つめ、「自然」の中にひそんでいるものを自分自身の中に見つけようとする

・「自然」が内包する生命

・わたしを「自然」から何かを掘り出すことのできる人間として扱ってくれた

・「自然」を映した彼らの生活そのものが芸術品だった

以上から、「自然」の特徴として

a　個々の独自な人生を生きる人々の生活に反映される

b　芸術創造の根源となる生命を内包する

の2点が拾いだせる。できれば、この設問では「生命」を〈本質〉などと言いかえておきたい。

(2) さて、先ほど抜き出したなかの最初の文に注意してみよう。「『自然』の中にひそんでいるものを自分自身の中に見つけようとする」とあるので、ここから、「自然」は「自身」と区別され、しかも、それは「彼のまわりにうごめいているものをじっと見つめ」とあるから、彼の周辺に「自然」があり、その中にひそんでいるものが彼自身の中にもあるということになる。

彼の周囲・「自然」の中　　ひそんでいるもの(x)

彼自身の中　　x

①段落とも関連するが、筆者(作者)が述べている「自然」は木や海や風などの自然にも、人間にも関わる「自然」のことであり、〈存在するものの本来のあり方〉〈ありのままのあり方〉を意味していると考えられる。

自然は多義的な語である。「自然保護」「自然の摂理」「その方が自然だ」「自然な欲求」など様々な意味をもつ。一度辞書で確認しておこう。

◎加点ポイント

a　個々の独自な人生を生きる人びとの生活に反映されることの指摘

b　芸術創造の根源となる本質を内包することの指摘

c　存在の本来のあり方であることの指摘

解答

問一　言いたいことを言えずに口ごもって生きている人びとが生活の中でふと呟いた心を打つ言葉の中にある「自然」の生命が、筆者の文学の源泉になるということ。

問二　芸術家に必要なのは、自らが風変わりに生きることではなく、個々の人びとの独自な人生に反映された「自然」が内包する生命を発見し表現することであるということ。

問三　「自然」とは、存在の本来のあり方であり、個々の独自な人生を生きる人びとの生活に反映され、芸術家が作品を創造する際の根源となる本質を内包するものである。

二〇一三年

一（文理共通）

出典

中野孝次（なかの　こうじ）『ブリューゲルへの旅』

中野孝次（一九二五〜二〇〇四年）はドイツ文学者、作家、評論家・随想家である。千葉県生まれ。東京大学文学部独文学科卒業後会社員となり、その後、國學院大學講師となり、一九五四年に國學院大學文学部教授となる。國學院大學勤務時代に一年間ドイツに滞在した。帰国後、カフカなどのドイツ文学の翻訳、文芸評論、エッセイを発表するなど、多彩な執筆活動を展開した。

日本の古典だけでなく、中国の古典を紹介する著作もある。また、ローマの哲人セネカの入門書として、その言葉・著作を紹介する『ローマの哲人　セネカの言葉』『セネカ　現代人への手紙』を発表しているが、食道がんを告知された後の記録「ガン日記」でもセネカの言葉を引用している。

小説も発表しており、『麦熟るる日に』は平林たい子文学賞を受賞している。『苦い夏』『季節の終り』などとともに、自らの経験をもとにした自伝的な作品である。

愛犬家でもあり、愛犬との暮らしを描いた『ハラスのいた日々』はベストセラーとなり、新田次郎文学賞を受賞している。また、『清貧の思想』はバブル景気がはじけた世情に合い、これもベストセラーとなった。ドイツ文学者や文芸評論家としてよりも、むしろ、世間ではこの二著の著者として知られている。

「核戦争の危機を訴える文学者の声明」を作成するなど、文学者として社会参加する側面もあった。囲碁好きでもあり、中野杯が設けられている。

『ブリューゲルへの旅』は一九七六年に日本エッセイスト・クラブ賞を受賞したエッセイである。ブリューゲルは16世紀ネーデルランド（現在のオランダ）を代表する画家である。代表作には、「イカロスの墜落のある風景」「子供の遊戯」「ネーデルランドの諺」「悪女フリート」「バベルの塔」などがある。『ブリューゲルへの旅』は、筆者がウィーンでブリューゲルの作品「雪中の狩人」に出会い、その後、ブリューゲルの作品を求めて旅をするという紀行文の形をとっている。所々で出会った作品を紹介し、それにまつわる思索を記したものである。

問題本文では、ブリューゲルの農民の労働を描いた絵との出会いにより、自身の人生のあり方、芸術の価値、作品と芸術の関係、思想と芸術の関係を問い直していく筆者の思索が述べられている。筆者が志向してきた「西洋的教養主義」「抽象的観念性」「言語と精神の世界の自律性」が揺らぐ。「抽象的な観念世界の生」「非現実で観念的な生きかた」は、ブリューゲルが獲得した「生と現実との幸福な関係」を生むことはできなかった。

「大自然の中で自然の一部として肉体を使って労働し憩う農民の姿」に「全存在を肯定された生の充実感」を見て取り、それを讃える。それとの対比で、西洋的教養主義・抽象的観念性の自明性を疑い反省し、近代的労働に否定的なまなざしをむける。こうした内容の文章である。

解説（問四は文系のみ）

京大現代文□一は二〇一三年度も文系・理系共通問題であった。ジャンルとしては、一二年度の小説と異なり、随想からの出題であった。問題本文字数は約三一〇〇字で、一二年度より約六〇〇字増加した。漢字設問が復活し、記述設問が4問であった。解答記述分量は三行・四行・四行・五行の十六行分で、一二年度より四行減少している。

〈本文解説〉

最初の段落で、ブリューゲルの「ある絵」と筆者との出会いがコンパクトにまとめられ、②段落以降で、それが具体的に説明されていく。

Ⅰ　ある絵について（①段落）

1　絵の説明

・「もの」によって屹然と対峙しているような一枚の絵

2　絵が筆者に与えた効果

・絵はまるでわたしの四十年の生に冷水を浴びせるように作用した

Ⅱ　ブリューゲルの絵の具体的な紹介（②～⑤段落）

「なんの変哲もない麦刈りの絵」が具体的にどのような絵であるのかが説明されている。

Ⅲ　連想1／共通性・類似性（⑥段落）

〈ブリューゲルの絵に描かれた農民〉から筆者は十九歳の自分たちの姿を想起する。そして、両者の共通性を感じる。

本文から、ブリューゲルの絵に描かれた「農民」と勤労動員の際の「自分たち」に関連する具体的な記述を、後の段落の記述も含めて拾い出しておこう。太字は共通する要素である。

ブリューゲルの絵	勤労動員
麦刈り	麦刈り
農民たち	十九歳の自分たちの姿

・労働のはげしさ ・休息の一途さ＝何も彼も放りだしてでんと休んでいる男や女 ・人間が自然の一部として生き、自然のゆたかな恩寵とその反面であるあらあらしい生命力とに真向から取組んで、結びつき、充足しきっている姿 ・この地上にあるがままの姿において、人間はなんと大地と深く結びつき、生命をともにし、そして全体の生命を形作っている ・人間は～、あるがままにその全存在を肯定されて、大自然の中にいる	・はげしい労働 ・陽に灼かれながら成熟した麦というものをこの肉体の労苦を通して相手にした経験 ・生命の充実の感じ

⑧段落 ・自然のなかの人間の生に関わるもの ・自足しきった姿 ・存在はすべてあるがままに全肯定されている	

Ⅳ　連想２／対比性（⑦段落・⑧段落前半）

駐車場の車の入替え作業を見て、筆者は、それを「おそろしくむだな、ばかばかしいものに感じないわけにいかなかった」と述べている。そのように述べたのは、筆者の根底にブリューゲルの絵に描かれた労働に対する評価があるからである。今度は、ブリューゲルの絵に描かれた労働と車の入替え作業の違いを確認しておこう。

ブリューゲルの絵に描かれた労働
　労働以上のものがある
　労働とその報酬、所有関係を越える何か、自然のなかの人間の生に関わるものがある

↔

駐車場の車の入替え作業
　労働に過ぎない
　労働とその報酬、所有関係にとどまる

Ｖ　ブリューゲルの絵が筆者に与えた効果の具体的説明（⑧段落後半・⑨段落）

①段落で「絵はまるでわたしの四十年の生に冷水を浴びせるように作用した」とコンパクトに述べられていたが、これがここでは「わたしを慄然とさせた」と換言され、⑧・⑨段落でその内容を具体的に説明している。ブリューゲルの絵の意味、それによる筆者の精神の揺らぎを簡単にまとめておこう。（一部、本文の記述を整理して記しておく。）

ブリューゲルの絵から得た考え

・絵画芸術は現実のあるがままの人間の生を正しく描けさえすればそれでいいのだ、絵の価値をきめるのはそこに描かれたものの真実性だ
・存在はすべてあるがままに全肯定されているではないか、それを正しく描き出す以外に芸術の用はない

↓

筆者に与えた効果

・「言語と精神」の世界の自律性そのものを否認する
・精神と言語の力など迷妄だったという
・絵の世界と同様に、言葉の世界も、作品の自律的価値のために、その規律と価値を得るのではない
・言葉や形象や色彩や音の世界は、つねに一義的に生の現実のなかからだけその生命と存在理由を獲得することができる

Ⅵ　作品と現実の関係（⑩・⑪段落）

⑩・⑪段落では、ブリューゲルの絵のもつ現実との関わりについて考察する。それは、いっそう筆者がよってたつ「抽象的な観念世界の生」の欠点を認識させるものとなる。

（1）ブリューゲルの絵（麦刈りの絵）

・現実の模写　×
・写生的リアリズム　×
・様式化されたリアリズム＝ブリューゲルの見た生の実相の表現
・ブリューゲルが民衆の肉体と精神においてこれぞ真実の姿と見極めた精髄の形象化、従って様式化されたリアリズム
・ブリューゲルという思想によってだけ統一されている
・描かれた人物たちは、個体の普遍的な表現となっている

（2）絵（作品）と現実との関係

ブリューゲル

・現実そのものをしっかりとその手で摑んでいた
・彼の天才的な形象把持能力
・画家にとってはその現実を画面の上に再創造することが彼自身の生となった

←
現実との幸福な関係
↔
抽象的な観念世界の生
現実との幸福な関係はうみえなかった

以上が本文の概略である。本文と設問との対応を見ておこう。

1　ブリューゲルの絵に描かれた「農民」と勤労動員の際の「自分たち」との共通性　……問二
2　ブリューゲルの絵の労働と車の入替え作業の違い　……問三
3　ブリューゲルの絵が筆者の精神に与えた効果　……問四
4　ブリューゲルの絵がもち得た「現実との幸福な関係」　……問五

京大現代文では、まず本文を一読し、大きく本文全体の構造をつかみ、それから、各設問に対応していくようにしたい。では、設問を見ていこう。

〈設問解説〉

問一　漢字の書き取り

久しぶりに漢字の書き取りが復活した。（オ）「迷妄」は少し難しかったかも知れないが、他は標準的な熟語ばかりである。5問中4問は正解しておきたい。

問二　内容説明

問二と問三は、共通性の説明と対比性の説明という反対の方向から、ブリューゲルの絵画に描かれた人間や労働の内容の理解を問う設問となっている。

◎設問意図
・指示語の指示内容
・共通点の指摘

◎解答へのアプローチ

（1）設問文の確認
傍線部（A）はどのようなことを言っているのか、説明せよ。
←　内容説明・換言＝同義置換

（2）傍線部の確認
1　「あれは十九歳の自分たちの姿でもあった」
☞「あれ」は指示語なので、指示語の指示内容を示す。
2　「十九歳の自分たちの姿で㋲あった」
☞「も」に注目し、「あれ」と「自分たちの姿」の共通性を指摘する。

（3）解答の骨格

[A]は[B]と共通しているということ。

＊ここで注意したいのは、両者が客観的に同じだと判断しているのではなく、傍線部は筆者の感慨を述べた表現であるということだ。できれば、その主観性をも表現しておきたい。直前の表現を使用して、「共感を覚える」でもよいし、「似ていると実感する」などでもよい。

[A]は[B]と重なり、共感を覚えるということ。

（4）本文根拠の発見

A　ブリューゲルの「麦刈り」の絵に描かれた農民たちの姿

B　勤労動員で「麦刈り」を経験した自分たちの姿

と大きくおさえた上で、「共通している」「似ている」という述部につなげるのであるから、A・Bの具体的な説明、もしくは、共通性の具体的な説明は、「共通する」部分を示さないといけない。〈本文解説〉のⅢの表を参照してほしい。

「何も彼も放りだしてでんと休んでいる」農民の姿は、⑧段落の「存在はすべてあるがままに全肯定されている」姿であることがわかると差をつけることができる。

少なくとも、筆者の肯定的な評価である「生」の充足感、充実感があることは指摘したい。⑧段落の「自然のなかの人間の生に関わるもの――があって、だから画家はああいう自足しきった姿を描いた」が大きなヒントになる。

（5）加点ポイントの確定

勤労動員の経験の説明の方が短いから、こちらから確定していくとよい。

B　勤労動員の労働体験

・陽に灼かれながら

・成熟した麦というものを

・この肉体の労苦を通して相手にした経験は、

・いまもわたしのなかに、まちがいのない生命の充実の感じをともなって残っているような気がする

↑

A　ブリューゲルの「麦刈り」の絵

・労働のはげしさ

・人間が自然の一部として生き、自然のゆたかな恩寵とその反面であるあらあらしい生命力とに真向から取組んで、結びつき、充足しきっている姿がある

・地上にあるがままの姿において、人間はなんと大地と深く結びつき、生命をともにし、そして全体の生命を形作っていることだろう

・人間は愚かなまま、無様なまま、あるがままにその全存在を肯定されて、大自然の中にいる

（6）解答は〈～であるAは、～であるBと重なり、共感を覚えるということ〉でもよいし、〈AとBは～という点で共通

し共感を抱くということ〉でもよい。

◎加点ポイント

1　傍線部の構文をふまえていること

「あれは」「十九歳の自分たちの姿」「でもあった」

a　〈ブリューゲルに描かれている農民の姿〉と「十九歳の自分たちの姿」との共通性の指摘

2　共通要素

b　生(命)の充実感・充足感

c　bの補足説明として〈自然の中での労苦(激しい労働)〉からbが生じる旨の指摘

3　「あれ」の指示内容

d　ブリューゲルの農民について「何も彼も放りだしてでんと休んでいる」姿が「あるがままにその全存在を肯定されて」いる姿であることの指摘

4　「十九歳の自分たちの姿」の具体的な説明

e　勤労動員での労働経験

◎注意事項

解答枠は三行分。解答枠にきちんとおさまるように解答を作成しよう。加点ポイントを意識してコンパクトにまとめることが大事である。

問三　理由説明

問二でも書いたように、ブリューゲルの絵画における農民の労働を肯定的に評価する筆者であるからこそ、車の入替え作業をネガティブに評価しているのだということが読み取れれば、書きやすい。ただし、京大特有の比喩がらみの設問なので、そこには注意がいる。

◎設問意図

・比喩表現の一般化

「彼の神技的労働」の「神技的」を換言する。「彼」という代名詞もきちんと誰を指すのか示したい。

・理由説明原則

1　筆者の主観的要素

解答は「(筆者には)～思われたから」などとなる。

2　主語・話題の維持

傍線部の主語「彼の神業的労働」について書く。

解答は、1、2より、〈筆者には、[彼の神業的労働]が～と思われたから〉などとなる。

3　述語部分に直結する理由

「おそろしくむだな、ばかばかしいものに感じないわけにいかなかった」という否定的な評価に繋がる理由を明示する。筆者が〈価値がある〉と評価する要素を欠くからと説明すればよい。

・対比関係

ブリューゲルの絵に描かれた労働に対する筆者の肯定的な

評価が、「彼の神技的労働」へのネガティブな評価につながっている。

ブリューゲルの絵に描かれた労働　肯定的評価

↔

彼の神技的労働　否定的評価

◎解答へのアプローチ

(1)解答のメイン要素の確定

主語からはじめて、述部につながるように組み立てる。

彼の神技的労働

＝

駐車場で若い男のしている巧みな車の入替え

←

・労働とその報酬、所有関係にとどまる

・ブリューゲルの絵に描かれた労働の特徴をもたない

←

おそろしくむだな、ばかばかしいものに感じないわけにいかなかった

(2)ブリューゲルの絵に描かれた労働の特徴を確認して、(1)の「ブリューゲルの絵に描かれた労働の特徴」の部分と置き換える。

1　自然のなかで営まれる労働を介して、

2　人があるがままに全存在を肯定され、

3　生命の充実感を得て自足する

←　コンパクトにまとめる

1　自然

2　全存在の肯定

3　生命の充足感

＊ブリューゲルの絵に描かれた労働の特徴をもたない

＝

自然の中で人間が全存在を肯定されて生命の充実感を覚えるという要素を欠く

(3)サブ要素　傍線部を含む文脈の説明

それにもかかわらず

←

駐車場で若い男がしている車の入替え作業は驚嘆すべきで、その運転技術は極めて巧みであるにもかかわらず

◎加点ポイント

1　「彼の神技的労働」について

「神技的」の換言と「彼」の限定

a　駐車場の若い男・車の入替え作業　＋　驚異的・人並みはずれた

2　ネガティブな評価をする理由

b 〈自然のなかの生の充足感〉を欠く
c 〈人間が存在を全肯定されること〉がない
d 労働が、労働とその報酬、所有関係にとどまる
3 文脈の補充 「それにもかかわらず」
e 神技的であるにもかかわらず
＊「神技的」を換言してあることが加点の条件

◎注意事項
解答枠は四行分。解答枠にきちんとおさまるように解答を作成しよう。設問意図に示したように、比喩表現の一般化や対比関係を意識して、理由説明できるかどうかで差がつく問題である。

問四　理由説明
文系専用問題である。文系の場合は、この設問があったので、問五の解答範囲が絞りやすかったと思う。

◎設問意図
・指示語の指示内容
・理由説明　傍線部直後に理由明示
＊傍線部直後に「それはほとんど「言語と精神」の世界の自律性そのものを否認するように聞えたからである。」とあるので、これを解答の軸とする。
・関連づけ
①段落の「絵はまるでわたしの四十年の生に冷水を浴びせるように作用した」に照応していることをふまえて、また、注の「西洋的教養主義を志向し、抽象的観念性を養っていた」も参考にする。

◎解答へのアプローチ
（1）「この考え」の指示内容
（本文）
・絵画芸術は現実のあるがままの人間の生を正しく描けさえすればそれでいいのだ、絵の価値をきめるのはそこに描かれたものの真実性だ
・存在はすべてあるがままに全肯定されているではないか、それを正しく描き出す以外に芸術の用はない
（2）理由
（本文）
・「言語と精神」の世界の自律性そのものを否認する
これに続く部分もおさえる。
・精神と言語の力など迷妄だったという
・作品の自律的価値　否定
・言葉や形象や色彩や音の世界はつねに一義的に生の現実のなかからだけその生命と存在理由を獲得することができる
（3）①段落との照応と注の記述を参考にする
・絵はまるで四十年の生に冷水を浴びせるように作用した

・西洋的教養主義を志向し、抽象的観念性を養っていた

◎加点ポイント

1 「この考え」の説明

a 描かれた現実自体の真実性のみが絵画の価値を決める

という考え

2 明示的な理由

b 「言語と精神」の世界の自律性そのものを否認する

3 bの補足説明

c 自律性＝生の現実と無関係にそれだけで成立つ

d 自律性＝筆者が志向してきたもの

e 「言語と精神」の世界＝言語的な抽象的観念的世界

◎注意事項

解答枠は四行分。解答枠にきちんとおさまるように解答を作成しよう。理由は明示されているから、それは書けるはずだ。指示語の指示内容をコンパクトにまとめることができるかどうかで差がつく問題である。

問五　内容説明

設問文の「ブリューゲルにおける「現実との幸福な関係」とはどのようなものか」という記述が加点ポイントを示してくれているし、傍線部直前の指示語「そういう」に着目できれば、それほど難しくない。

◎設問意図

・直前の指示語の指示内容

・部分要旨（⑩・⑪段落）

傍線部直前の「そういう」の指示内容が解答の中心となる。その内容は〈ブリューゲルの天才的な形象把持能力〉、〈生きるすべての人間を画面上に再創造すること〉、〈ブリューゲル自身の生となること〉である。これに、⑩段落のブリューゲルのリアリズムを重ねる。文系の場合、問四があるので、問五の解答範囲がわかりやすい。

◎解答へのアプローチ

（1）指示語の指示内容

・現実そのものをしっかりとその手で摑んでいた＝彼の天才的な形象把持能力

・画家にとってはその現実を画面の上に再創造することが彼自身の生となった

（2）関連部分

ブリューゲルの「麦刈り」の絵に関する⑩段落の記述をふまえる。

・様式化されたリアリズム＝ブリューゲルの見た生の実相の表現

・ブリューゲルが民衆の肉体と精神においてこれぞ真実の姿と見極めた精髄の形象化、従って様式化されたリアリ

ズム
・ブリューゲルという思想によってだけ統一されている
・ちょうど彼の自然が写生そのものでなく、普遍的な世界風景であるように、描かれた人物たちは、個体でありながら個を超えたもの、いわば個体の普遍的な表現となっている

◎加点ポイント
1　解答の骨格＝メイン要素＝指示語の指示内容
a　ブリューゲルの天才的な形象把持能力により、現実を把握している
b　その現実を画面上に再創造することが彼自身の生となる
＊傍線部の「幸福な関係」を意識して、この「生」が充実した生であることを付加できるとよい。
2　「再創造」の具体化
c　現実の自然と個々の人間を超えた精髄の形象化、様式化を行う
d　普遍的な世界風景と個体を超えた生きるすべての人間個体の普遍的な姿を画面上に再創造する

◎注意事項
解答枠は五行分。解答枠にきちんとおさまるように解答を作成しよう。⑪段落を中心に、「再創造」を⑩段落の記述に基づいて具体化できるかどうかで差がつく問題である。

解答

問一　(ア)変哲　(イ)代償　(ウ)粗野
(エ)報酬　(オ)迷妄

問二　ブリューゲルの描く、全存在を肯定され自足する農民の姿は、勤労動員で自然と関わる労苦により生命の充実感を得た自分たちと重なり、共感を抱くということ。

問三　車の入替えをする男の運転技術は驚嘆に値するが、その作業は収入を得るための労働にとどまり、自然の中で人間が全存在を肯定されて生命の充実感を覚える労働の自足とは何ら関わらないものだと思われたから。

問四　描かれた現実自体の真実性のみが絵画の価値を決めるという考えによって、生の現実と無関係にそれだけで成立つという、筆者が志向してきた言語的観念的な世界の自律性自体を否定されたように思われたから。

問五　ブリューゲルの天才的な形象把持能力により、現実の自然と個々の人間を超えた精髄の形象化、様式化を行い、普遍的な世界風景と個体を超えた生きるすべての人間個体の普遍的な姿を画面上に再創造し、同時にそれがブリューゲル自身の生の充実となるというもの。

二（文系）

出典

幸田文（こうだ　あや）「旅がへり」

幸田文（一九〇四～一九九〇年）は小説家、随筆家。「風流仏」「五重塔」などで知られる文豪幸田露伴の二女である。幸田文はいったん、酒屋の三男と結婚し、娘・玉（青木玉、随筆家）を生んだが、後、離別して実家に戻り、晩年の露伴の身の回りの世話を担当し、その死を看取った。父の死の前後から文章を発表し始めた。随想には『父』『こんなこと』『みそっかす』など、小説には『黒い裾』『おとうと』『流れる』などがある。

文章のうまさ、品格には定評があり、読者も多く、教科書にも作品が採用されている。随想、小説とも大学入試でもよく出題されている。京大でも一九九六年度前期に「おふゆさんの鯖」が出題されている。文系二では、二〇一二年に続き、二年連続で過去に出題された筆者からの出題となった。

坂口安吾
○四年度　後期・一「理想の女」
一二年度　前期・二「意慾的創作文章の形式と方法」

幸田文
九六年度　前期・一「おふゆさんの鯖」
一三年度　前期・二「旅がへり」

問題本文は、幸田露伴を父親に持つ筆者が、旅帰りの家族を迎え入れる側の気遣いについて、父親との思い出をふまえて述べた文章である。旅から帰る者の心は、様々な変動を経て興奮しており、家の様子が出発前のままでも、また、宿と同じようでもいけないという、もてなす心のありようを述べている。

解説

文系の二は一二年度と同様随想からの出題であった。本文量は約二一〇〇字で、一二年度より約五〇〇字程度減少した。設問数は一二年度と同様5問である。解答記述量は一二年度より二行分増加し、二〇行であった。内容としては一二年度が小説の文章の特徴を論じた芸術論という硬質な随想であったのに対して、一三年度は父親との心の触れ合いや旅の心理を具体的に述べた、心情描写主体の随想であった。

歴史的仮名遣いで書かれており、受験生にとっては、若干読みづらかったかもしれないが、全般的には読みやすく解きやすい、標準的な良問であった。

〈本文解説〉

Ⅰ　「むかし」の「旅」の特殊性　　特別な心理状態

「それでも、そのふらつと行つてふらつと帰るあるときには、これはやはりただの途ではなくて旅の途なのだなあ、といふ感傷が出ることもある。むかしは旅といふことばには哀感のやうなものが漂つてゐた」「いまは外国かなにかへ行くのでない限り、そんなことを云つてゐる人はない。第一たびだなんて云ふ人はないのである、旅行だ」という記述に注意しよう。

旅の途　↕　ただの途
むかし　↕　いま

という対比により、「むかし」の「旅」が旅する人間にもたらす特別な心理状態が説明されている。

Ⅱ　旅帰りの者の迎え方について

(1)現在の「私」(筆者)の心情

かつて、父親から「旅がへりの受けかたはなつてゐない」といやな顔をされたが、現在の「私」(筆者)は自身が旅の特殊性を感じ、そのたびに必ず、父親から言われたこの言葉を想い出す。自身も当時の父親と同じように、「旅がへりをよく迎へてもらひたい気はしきりである」と感じる年齢になっている。

(2)かつての「私」(筆者)

かつて〈旅帰りの迎え方〉ができていないと父親から苦言を呈されたときには、「私」(筆者)にはその意味がわからなかった。「私」(筆者)には「旅がへり」の経験がなかったからである。

(3)「私」(筆者)の自覚

そんな「私」(筆者)自身が旅帰りを経験し、旅帰りの迎え方の大切さを知る。「旅がへりのものははじかれてゐるやうな気がさせられた」と感じている「私」(筆者)の様子を見て、父親はにやりとする。父親は、以前旅帰りの気持ちをわからないと言っていた娘が、自分(父親)の気持ちを実感した様子に満足しているのである。

Ⅲ　「私」(筆者)の工夫

さて、旅帰りの者をよく迎えることの重要性を自身が実感した「私」(筆者)は、旅帰りの者をもてなす工夫を思案する。そこで思いついたのは、座蒲団とお茶だった。

Ⅳ　「私」(筆者)の工夫への父の反応

つぎの父親の旅のときに、「私」(筆者)は旅帰りの者をもてなす工夫を実行する。父親は「私」(筆者)が工夫をしたのは承知しているようだったが、「私」(筆者)を褒めたりねぎらったりはしなかった。「私」(筆者)は最近、自分が出かけて帰ってくる際には、娘やお手伝いさんの「迎へじたく」をねぎらおうと躍起になる。

以上が本文である。

本文と設問の関連を確認しておこう。

Ⅰ　問一
Ⅱ　問二・問三
Ⅲ　問四
Ⅳ　問五

念のために記しておくが、本文が今回のように歴史的仮名遣いだった場合も、解答は現代仮名遣いで書けばよい。
それでは設問を見ていこう。

〈設問解説〉

問一　心情説明

◎設問意図

・比喩表現の一般化
「気持ちといふ持物の目方」

・具体的記述の圧縮
「うちの閾～怠りもある」の部分に、旅の前後・最中の様々な気持ちが書かれているが、字数の制約があり、それをそのまま書き写すわけにはいかない。圧縮が必要となる。

・対比関係
傍線部は〈本文解説〉Ⅰで述べた対比関係を前提とする「むかし」の「旅」に関連する描写であるから、そこが読み取れていることを解答に示したい。

◎解答へのアプローチ

（1）気持ちの変動
傍線部の前に、旅の前後・最中のその時々での気持ちが示されているので、まずそれをチェックする。

（本文根拠）
・うちの閾を跨いで出るまでのざわめき
・乗りもののなかでは先へ向ふ心と何がな後へ残る気とが入りまじる
・帰りは宿の女中衆に送られて出ると少し残り惜しくて、大部分の気もちはなんだか元気で家へ向いてゐる
・途中はもどかしく、また遊んだあとの巻きあげきれない怠りもある

三行という解答記述量の制約があるから、これらをすべて書くことはできない。圧縮する。
旅立つ前から帰途までの過程の各々で
様々な感懐を抱く

（2）対比関係
設問意図の部分でも説明したように、傍線部はすべての旅についてあてはまるのではなく、〈むかしの旅〉に限定されるのだから、その旨をきちんと解答に反映する。

（本文根拠）
・ただの途ではなくて旅の途なのだなあ
・むかしは　いまは

（3）「気もちといふ持物の目方」という比喩の正確な解釈↓

主体の確定

「気もち」が持ち物であるのだから、誰かの持ち物ということになる。したがって、旅人が気持ちを持ち、その気持ちの変動が激しいということになる。旅人は実際に〈気持ちを持つ〉わけではないから、より正確に言えば、旅人の心にさまざまな気持ちの変化が生じるということになる。

◎加点ポイント

a　旅立つ前から帰途までの過程の各々で

b　旅人は様々な感懐を抱く

c　〈旅人の心〉の〈変動のはげしさ〉の換言

d　「むかし」の旅への言及

e　普段の外出との違いへの言及

◎注意事項

解答枠は三行。解答枠にきちんとおさまるように解答を作成しよう。今回は、本文根拠が簡単に見つかっても、その的確な圧縮ができないとa・bポイントを獲得できないので、やや難しくなっている。これは、一〇年度・前期・㈠津島佑子「物語る声を求めて」の問一と同様の設問タイプである。

問二　心情説明

◎設問意図

・比喩表現の一般化

「旅がへりのものははじかれてゐるやうな気がさせられたのだつた」

・具体的な心情把握

◎解答へのアプローチ

（1）傍線部前半

旅に出る前と旅から帰宅したときとで、家の様子は変わりない。

（2）傍線部後半

「旅がへりのものははじかれてゐるやうな気がさせられた」

傍線部の前に旅帰りの者の心理・心情が具体的に示されているので、これを丁寧にチェックする。旅帰りの者が普段とは異なる心理状態で帰宅すること、そうした特殊な心理状態にある旅帰りの者に感じられる家の印象を拾い出してみよう。

（本文根拠）

旅帰りの者

・感傷いつぱいに浸つて帰つて来

・云ひやうのない懐かしさになつてしまひ

・往きの途より興奮して

・意気込んで帰つて来ても

帰宅した家

・うちはなんとびしよつと不景気で不愉快なものに見え

たか
・すわる場処のないやうな手持ち無沙汰な、しよげたものだつた
・住みなれたわが家にわが座蒲団は敷いてあつても、上機嫌にどさつと膝をつく気には遠い座蒲団だつた
←
・旅がへりの受けかたはなつてゐない
＝
旅がへりのものははじかれてゐるやうな気がさせられた
〈旅帰りの者が特殊な心理状態にある→普段と変わらない家の様子→違和感・不満〉という流れ、つまり、普段と異なる旅帰りの者の心理状態と普段通りの家とのギャップに言及して説明することが必要である。
（3）字数を意識してコンパクトにまとめる
◎加点ポイント
1　旅帰りの者の心理状態
　a　感傷的
　b　懐かしさ
　c　興奮・意気込み
2　家の様子
　d　旅の前後で変化なし
3　2に対する旅帰りの者の心理
　e　不愉快
　f　居心地が悪い
　g　旅帰りを迎える気遣いがなされていないと感じられる
◎注意事項
解答枠は四行。解答枠にきちんとおさまるように解答を作成しよう。旅帰りの者の複雑な心情を丁寧に拾い出すことが必要である。問一と違い、解答字数にゆとりがあるので、特徴的な心理・心情をくまなく拾い出すことが必要となる。
問三　理由説明
問二と対応する設問。「私」（筆者）の変化、その変化に対する父親の心理・心情と段階立てて、説明していくことが必要である。解答の骨格は以下のとおり。
父親が
「私」（筆者）の変化を見て、
〈以前に言った言葉の意味・心中がわかったろう〉と思い、
満足したから。
◎設問意図
・シチュエーションの把握
以前　「私」（筆者）は父親に対して「旅がへりの感なんてわかりはしない」と文句を言った
←
今　「私」（筆者）は、自身が「旅がへりの感」を抱き、かつ

ての父親の不足に思う気持ちを実感した様子である

・理由説明原則

「待つてゐた眼」について、何を待っていたのか?

「にやりとした」という表情を導いた心理・心情は何か?

◎解答へのアプローチ

「私」(筆者)の変化をふまえて、父親の心理・心情を説明していく。〈待っていた〉のは、「私」(筆者)が旅帰りの者を迎える気遣いの大切さを理解すること、言い換えれば、かつて父親が言ったことの意味をわかることである。

字数を意識しないで解答を作成すれば以下のようになるだろう。メインとなる父親の心理・心情は、「待つてゐた」ことが実現したときの満足感でよいだろう。

かつて

旅帰りの受け方で小言を言われた際に、旅の経験がないから分からないと「私」(筆者)は反論した

今

「私」(筆者)は、よく迎えてもらえなかった旅帰りの寂しさを思い知った様子をしている

←

父親

その様子を見た

←

父親の心理・心情

「私」(筆者)が旅帰りの者を迎える気遣いの大切さ、気遣われない時のいやな気持ちをさとったことに満足した

←

父親

にやりとした

〈あのとき言ったことがやっとわかったか〉というような気持ちだろう。

◎加点ポイント

1　「私」(筆者)=娘の変化

i　以前

a　旅帰りの者を迎える気遣いの欠如を叱った時

b　合点せず、文句を言った

ii　今

c　実際に自分が旅帰りの者として迎えられる立場になる

d　はじめて旅帰りの者を迎える気遣いの大切さを実感している様子である

2　父親の心理・心情

e　満足した

◎注意事項

解答枠は四行。解答枠にきちんとおさまるように解答を作成しよう。「父親はにやりとした」の理由説明であるから、

父親を主語にして、「私」（筆者）については、「私」（筆者）でもよいし、父親から見た「私」（筆者）、つまり、娘という表現を用いてもよい。

問四　理由説明

問二と連動する設問。筆者は、問二で、自身が旅帰りの者となり、旅帰りの者を迎える気遣いの大切さを実感した。そこで、旅から帰る父親をどのようにして迎えるのがいいのかを思案し、工夫をすることになる。よい案が浮かんだので安心したのが傍線部である。

傍線部内に「それで」があるから、「それ」が〈私が安心した〉理由であり、傍線部の前の記述が当然加点ポイントとして入ってくる。

◎設問意図

・シチュエーションの把握

・理由説明原則

今回は「私」が「安心した」理由であるから、その前提として「私」にあった〈心配〉〈不安〉などの心理・心情が解消したと「私」に思えたことが、「安心した」理由となる。

・傍線部内指示語

「それで」

◎解答へのアプローチ

(1)前提となる心理・心情

まず、先行する心理・心情をおさえておこう。

(本文根拠)

・出て行つたときのままにただ掃除しただ整頓したといふのでは、旅がへりを迎へるにははなはだしく不足であつた

・宿とうちとを較べ、特別な金をかけず、何に特別な気をつかつたら、宿の上を行くもてなしができるか捜すことが眼目だつた

(2)「私」(筆者)の思いつき

心理・心情の変化をもたらしたきっかけをおさえよう。

(本文根拠)

・座蒲団とお茶だつた

座蒲団とお茶に工夫をしようと気づいたわけだが、具体的に「私」(筆者)が考えたことは以下のとおりである。

座蒲団

留守の間に洗濯をしてこしらえ直して出す

お茶

食後の番茶によい手際をみせる

このように思いついたことで、筆者は〈心配〉〈不安〉から解消されたわけであり、また、「それで」の指示内容もこの部分となる。

(3)字数を意識してまとめる

経緯をふまえて、並べていくと書きやすい。

［字数を意識しない解答例］
旅帰りの父親を迎える気遣いとして、宿とは違い、金をかけずに、宿の上を行くもてなしができるか思案したところ、掃除や整頓だけでなく、洗濯してこしらえ直した座蒲団と焙じたての番茶を出すことを思いつき、これでよいもてなしができると思ったから。

◎加点ポイント
1　心配・不安の解消
　a　旅帰りの父親を迎える気遣いに何をしてよいかが浮かんだという旨の指摘
2　心配・不安（この場合は、どうしたらよいか、あれこれ思案する気持ちくらいだろう）の具体化
　b　宿とは違い、金をかけず、宿の上を行くもてなしができるか
3　思いつきの具体化
　c　掃除や整頓だけではない
　d　洗濯してこしらえ直した座蒲団と焙じたての番茶を出す

◎注意事項
解答枠は四行。解答枠にきちんとおさまるように解答を作成しよう。

問五　心情説明
直接は明示されていない、父親に対する「私」（筆者）の微妙な心情を、それより以前の時のことを述べた波線部を踏まえ、さらに本文の最終段落も踏まえたうえで説明する。
「座蒲団と番茶」を考えた「私」（筆者）に対して、波線部を踏まえると、父親は何もいわずとも〈やはり承知していてくれたのだ〉という心情が、また、それをうれしく思う気持ちがある。他方、傍線部では「あたりまへだ。～とけなされた」とあり、最終段落での「私」の態度も踏まえると、〈もう少し父からねぎらいのことばがほしかった〉という心情がある。この双方を「受け止め」方として説明する。

◎設問意図
・心情の把握（類推）
・対比関係

◎解答へのアプローチ
（1）波線部を踏まえてとあるので、これを解答に含める。
波線部の前から確認しておこう。
（父親は）黙つて飲んでからにした。それでも私は父が承知してゐるなと思つた
↓
父親は旅帰りの父親に対する筆者の気遣いを言葉に出して褒めたりねぎらったりはしないけれども、ちゃんとわかってくれていると、筆者はうれしく思った
（2）最後の段落を踏まえて、傍線部の言葉に対する「私」（筆

者）の心理・心情を類推する。
父親　「私」（筆者）の気遣いをわかりながらも、けなしている
↔
筆者　娘やお手伝いさんのしておく「迎へじたく」をねぎらおうとして必死に捜す
ここから、「私」（筆者）には、父親に少しはねぎらわれたい・ほめられたいと思う気持ちがあることがわかる。
（3）以上の二つの受けとめ方を説明する。
◎加点ポイント
1　わかってくれているという思い
a　座蒲団と番茶で旅帰りの父親を迎えた気遣い
b　父親は無言でも理解してくれている
c　理解していてくれることがうれしい
2　ねぎらいの言葉が欲しい
c　その程度は当然の配慮だとけなされた
d　至らないのは承知しているがもう少しねぎらいがほしい

解答

問一　かつての旅では、旅人は旅立つ前から帰途までの過程の各々で様々な感懐を抱き、普段の外出では感じない大きな心の起伏を味わったということ。

問二　旅の前後で家内の様子に何の違いもないが、それが旅の感傷に浸って名状しがたい懐かしさに興奮している旅帰りの心には不愉快で居心地も悪く、迎え方に何の気も遣われていないことを思い知らされたということ。

問三　以前に旅帰りの者を迎える気遣いの欠如を叱った時には合点せず、文句を言った娘が、実際に自分が旅帰りの者として迎えられる立場になり、はじめてその気遣いの大切さを実感している様子に満足したから。

問四　旅帰りの父親を迎える特別な気遣いとして、掃除や整頓だけでなく、洗濯してこしらえ直した座蒲団と焙じたての番茶を出すことを思いつき、宿とは違い、金もかけず、宿の上を行くもてなしになると思えたから。

問五　座蒲団と番茶で旅帰りの父親を迎えた気遣いを、父親は無言でも理解してくれていると思っていた「私」は、父親の理解を喜ばしくうけとめているが、その程度は当然の配慮だとけなされ、至らないのは承知しているがもう少しねぎらいがほしいとも思っている。

二（理系）

出典

尼ヶ崎彬（あまがさき　あきら）『日本のレトリック』

尼ヶ崎彬（一九四七〜　）は美学者。東京大学文学部美学芸術学科卒業、同大学院博士課程中退。東京大学助手、学習院女子短期大学助教授・同教授を経て、一九九八年より学習院女子大学教授。著書に『ことばと身体』（勁草書房）、『ダンス・クリティーク―舞踊の現在／舞踊の身体』（勁草書房）などがある。

問題本文は美学研究者である筆者が、「見立て」という日本語の修辞法について述べた文章である。「見立て」とは、主観的印象を与える対象を正確に表現するために、客観的特徴に基づく既成の辞書的名称を用いた表現ではなく、類似の性質をもつ別のものになぞらえた表現によって新たな認識を与える修辞であると述べられている。

解説

理系の入試要項に変更があって、理系と文系が分かれて七回目の入試となったが、理系二は二〇一三年度は評論からの出題であった。本文字数は一二年度とほぼ同じで約一七五〇字であった。設問数は3問で、解答記述量は三行・三行・三行の合計九行で二〇一二年度よりも四行減っている。解答記述量は減少したものの、文章自体の難易度が一二年度より上がり、全体としては難化している。

〈本文解説〉

本文では「柳」を「お化け」に見立てる例をあげながら、「見立て」という修辞法（言語表現の役割）について考察している。

Ⅰ　具体例の提示（①段落）

柳が風に揺れているのが見え、それは何か生き物のような不気味さを感じさせる場合、「不気味な感じを与えているこのもののありよう」を伝えようとして、「柳」を「お化け」に見立てることになる。ここで注意したいのは、筆者は対象に「柳」という辞典上の名前があることを知っているにもかかわらず、「柳がある」では筆者の抱いている「感じ」を伝えることができないと感じているということである。

Ⅱ　例から見て取れること（②〜④段落）

例から見て取れることは二つある。

（1）見立ては言語表現のための演技である。（②段落）

先に述べたように、「お化けのような柳がある」とか「そこにお化けがいる」と表現するとき、筆者は〈柳〉を〈お化け〉と間違えているわけではない。以下、整理しておこう。

言葉以前のある不気味な存在

←　言語化の欲求
「お化け」という言葉が、私の見ているものを言い表すのに最も正確だと思えた
←
〈〈柳〉と〈お化け〉が〉違うことを承知で〈柳〉を〈お化け〉として見るふりをしている

（2）「見立て」としての言表は、既成の言語規則に対する不信、少なくともその不便の証拠である。（③・④段落）
では、「言語規則」とは何か？　筆者はまず、言語規則について説明している。確認しておこう。

1　言語規則
＝
ある物についていかなる名称を与えるかという規則
＝
認識の規則

2　言語規則によって、物の分類がなされる

3　通常の会話は認識のための分類規則を共有しているからこそ、何事かの認識を言葉によって伝えうる

では、筆者がその言語規則にしたがって「柳」という名称を使うのをためらい、「お化け」を使ったのはなぜか。

1　分類とは関係がない
・この分類によって得られる認識は今私が「言いたいこと」と関わりがないと思えたからである
・そのモノが博物学上いかなる分類をうけているかは、とりあえずはどうでもよい
・それ（「言いたいこと」）は〈柳であって松ではない〉といった種類の認識ではない

2　私の「言いたいこと」
・私の語ろうとした〈私の経験〉は、ある異様なものが目の前に立ち現れたということであ（る）

ここから、筆者はさらに「分類の基準」について話を進める。
博物学的分類の基準
＝
物の客観的特徴
＝
物の外形上ないし機能上の特徴による分類
←
「何」について語っているかを容易に相手に了解させるので通常は便利である

これに対して、筆者が〈今語りたい〈それ〉〉は、どのような客観的特徴をもつかが問題なのではない」と述べる。では何が問題なのか。見ていこう。

筆者が「今語りたい〈それ〉」
＝

それが私に与えている主観的な印象

←

そのような印象を持つものとしての〈それ〉を表す言葉である

そこで、筆者は別の分類基準による意味を与えたいと思い、〈それ〉に対し命名をやり直す。そうして、〈不気味なもの一般〉〈類〉に名前を与える際に、新しい〈類〉の名前をつけるかわりに、この類に属する一つの〈種〉で、すでに名前を持っているものの名前を借りることにする。それが「お化け」である。こうして、筆者は「〈それ〉を、新しい〈類〉の名前で呼ぶかわりに、「お化け」と呼ぶのである」と説明している。

それでは設問解説にうつろう。

〈設問解説〉

問一　内容説明

京大現代文では頻出の、比喩表現を一般表現に直す問題。「見立て」は「演技」そのものではなく、「演技」のようなものである。では、この場合、「演技」のようなものであるとはどういうことか、これを説明する問題である。

◎設問意図

・比喩表現の一般化

◎解答へのアプローチ

(1)接続語に注意して、②段落の二文目からを見てみよう。

P。ということは、Q。というのも、Rからである。だから、傍線部。

ここから、P＝Q＝傍線部となり、その理由はRということになる。これを整理して示すと、

R　「お化け」という言葉が、私の見ているものを言い表すのに最も正確だと思えた

⇓

Q　「見立て」の言葉が語られているとき、私は〈柳〉を〈お化け〉と間違えているわけではなく、むしろ違うことを承知で〈柳〉を〈お化け〉として見るふりをしているのである

＝

P　「見立て」は言語化のための苦しまぎれの方便なのである

＝〈ということは〉

傍線部　見立ては言語表現のための演技なのである

したがって、「演技」とは、「違うことを承知で」、私の見ているものを最も正確に言い表すためになされる「見るふり」であり、方便＝ある目的を達成するための便宜上用いられる手段ということになる。つまり、無意識に間違われて使用されているのではなく、一定の目的(この場合は、自身の主観的な印象を正確に表現するという目的)のために、意図的になされる言語使用ということになる。

・私の経験の中身ではなく
☞その表現と自身の経験の中身が違うことは承知している
・言語表現のための演技なのである
☞自身の主観的な印象を正確に表現するために意図的にその表現になぞらえる

(2)「私の経験」を具体化する。

本文中で、「私の経験」「私の見ているもの」がどのように表現されているか拾い出していこう。

・何か生き物のような不気味さ
・自分の今の「感じ」
・いま私に不気味な感じを与えているこのもののありよう
・言葉以前のある不気味な存在
・私の語ろうとした〈私の経験〉
・ある異様なものが目の前に立ち現れたということ
・私に与えている主観的な印象
・〈それ〉

「柳」「不気味さ」というのは、「たとえば」で導かれている具体例である。①段落最後で「この例から何が見てとれるだろうか」と記されていることに着目しよう。

傍線部は「見立て」一般について述べた一般論である。したがって、「私の経験」は具体例ではなく、④段落の表現を使って「主観的な印象」としておくのがよいだろう。

(3)「柳」と「お化け」の関係

④段落後半の内容をふまえると、「お化け」という表現が用いられたのは偶然ではない。不気味なものという特性を備えた〈不気味なもの一般〉(類)に含まれ、すでに名前をもつ他の〈種〉である「お化け」という表現が選ばれたのである。この記述をふまえれば、「お化け」は、私が表現したいものとは違うが類似性をもつものを意味する表現ということになる。参考解答例はこの点を解答に含めたものである。

(4)「見立て」は言語表現のためになされる点への考慮

「見立て」が言語表現のための工夫であれば、それはレトリック、つまり、修辞ということになる。参考解答例はこれにも言及したものである。

受験生であれば、解答例レベルの解答が書ければ充分であろう。なお、一般論と具体例の区別はできないとだめだから、具体例にそくした解答では部分点止まりである。

[参考解答例(発展)]
主観的印象を与える対象を言語で正確に言い表すために、認識対象自体ではなく、対象と類似性を持つ別のものにあえてなぞらえて修辞的に表現すること。

[具体例にそくした解答(部分点止まり)]
柳に抱いた不気味さを最も正確に言い表すために、柳とお化けが違うことを知りつつ、あえて「お化けのような柳が

ある」と表現すること。

◎加点ポイント

1　言語表現のための手段であることの指摘

a　主観的印象を与える対象・対象から主観的な印象を得た経験・対象から得た主観的印象

b　言語で正確に言い表すために・言語化の手段として

2　演技性の説明

c　対象それ自体とは異なることを自覚

d　対象と類似性を持つ別のものになぞらえて表現する・別のものの名称を借りて表現する

e　dが意図的に、意識的に、故意になされることの指摘

◎注意事項

解答枠は三行分。解答枠にきちんとおさまるように解答を作成しよう。「「演技」とはどういうことか」の説明が要求されているので、〈自然な〉行為ではなく、「演技」であることをきちんと示したい。

問二　内容説明

①・②段落をふまえて、③段落の要旨を説明する問題。前半部分は問一と解答要素が重なるのでコンパクトにまとめて、後半の「既成の言語規則に対する不信、少なくともその不便の証拠である」を丁寧に換言する。

◎設問意図

・指示語の指示内容

傍線部内の「このような「見立て」としての言表」の「このような」を意識して、①・②段落での「見立て」の説明をコンパクトにまとめる。この傍線部も「見立て」一般について述べられている箇所であることに注意する。

・部分要旨

「既成の言語規則」については③・④段落に説明があるので、これを利用する。

◎解答へのアプローチ

(1)指示語の指示内容をおさえて、前半をコンパクトに換言する。

このような「見立て」としての言表は

＝

対象の主観的印象を別のものに擬して表現するのは

(2)「既成の言語規則」の説明

〈本文解説〉でも見たが、「言語規則」に関する説明を、③・④段落から拾い出していこう。

(本文根拠)

・ある物についていかなる名称を与えるかという規則

・認識の規則

・認識のための分類規則

・博物学的分類の基準
・物の客観的特徴
・物の外形上ないし機能上の特徴による分類
ここから、〈博物学的分類基準に基づく認識の規則〉もしくは〈客観的特徴による分類基準に基づく認識の規則〉などとしておけばよいだろう。
(3)「不信、少なくともその不便の証拠である」の換言
この場合の「不信、少なくともその不便」は、筆者が主観的印象を表現するには不十分であるという思いでよいだろう。解答例では〈表現欲求が満たされない〉としておいた。「証拠」はそのまま〈証である〉としておいた。〈明らかに示すものである〉などとしておいてもよいだろう。
◎加点ポイント
a　見立ての説明＝対象の主観的印象を別のものに擬して表現する
b　既成の言語規則＝認識の規則・博物学的分類基準・客観的特徴に基づく分類基準
c　aをbで表現することができない・aを表現するにはbでは不十分である
d　明らかにする・証である
◎注意事項
解答枠は三行分。解答枠にきちんとおさまるように解答を作成しよう。加点ポイントのすみわけを考えて、前半の見立ての説明に字数を使いすぎないように注意しよう。

問三　内容説明
傍線部なしの内容説明問題であるが、例年とはことなり、最後の段落の〈それ〉を説明する問題。「「分類の基準」と関わらせて説明せよ」という条件があるので、問二で触れた「分類の基準」に言及しつつ説明する必要がある。
◎設問意図
・同義関係
〈それ〉＝〈私の経験〉
・部分要旨
④段落の〈それ〉に関する記述、及び、③段落の〈私の経験〉に関する記述をまとめる。
◎解答へのアプローチ
(1)同義関係に着目する
③段落から
・今私が「言いたいこと」
・私の語ろうとした〈私の経験〉
④段落から
・私が今語りたい〈それ〉
↓
〈それ〉は「私の経験」である。

（2）〈それ〉の特徴1

④段落から

・〈それ〉が私に与えている主観的な印象

・そのような印象を持つものとしての〈それ〉

←

〈それ〉は私に主観的印象を与えたものである。

（3）〈それ〉の特徴2

〈それ〉に別の分類基準による意味を与えたいと筆者は願い、結果的には、〈それ〉を別の分類基準による新しい〈種〉の名前で呼ぶかわりに、「見立て」による言表をなすことになる。この消息をまとめればよい。

←

客観的特徴による博物学的な分類の基準が与える意味とは別の意味を「見立て」によって与えられるもの

◎加点ポイント

a　〈私の経験〉＝主観的な印象・主観的な印象を伴った対象認識の経験

b　客観的特徴で分類された既成の言語規則における名称では表現しがたい

c　別の分類基準に基づく意味付与が求められる・「見立て」によって意味付与がなされる

◎注意事項

解答枠は三行分。解答枠にきちんとおさまるように解答を作成しよう。主観的な印象・認識を与えた（得た）経験であることと、既存の分類基準では表現しがたい意味を見立てによって付与されるものであることの二点を分けて書くと書きやすい。

解答

問一　対象に抱いた主観的印象を最も正確に言い表すために、対象それ自体とは異なることを知りつつ、対象をあえて対象とは別のものになぞらえて表現すること。

問二　対象の主観的印象を別のものに擬して表現するのは、博物学的分類基準に基づく認識の規則に従う言葉では表現欲求が満たされない証しであるということ。

問三　「私」の主観的印象を伴う対象認識の経験であり、客観的特徴による博物学的な分類の基準が与える意味とは別の意味を「見立て」によって与えられるもの。

二〇一二年

一（文理共通）

出典

尾崎一雄（おざき　かずお）「痩せた雄雞」

筆者（一八九九～一九八三年）は神奈川県小田原市を拠点に活躍した小説家。志賀直哉の影響を受けて作家を志し、早稲田大学在学中に『二月の蜜蜂』を発表。以後、私小説的な作品を数多く発表し、一九三七年（昭和一二年）に「暢気眼鏡」で第五回芥川賞、一九六二年（昭和三七年）に『まぼろしの記』で第十五回野間文芸賞、一九七五年（昭和五〇年）に『あの日この日』で第二八回野間文芸賞を受賞し、一九七八年（昭和五三年）には文化勲章を受章している。右記以外の代表作には『虫のいろいろ』『懶い春』『芳兵衛物語』などがある。

「痩せた雄雞」は一九四九年（昭和二四年）に発表されている。主人公の「緒方」は「病気になり、どう考えても余り長い命でない、という事実にぶち当った」とあるが、筆者は一九四四年（昭和一九年）胃潰瘍の大出血を経験しており、この経験を踏まえた小説となっている。

解説（問四は文系のみ）

京大現代文一は二〇一二年度も文系・理系共通問題であった。漢字設問はなく、記述設問が5問であった。問題本文字数は約二五〇〇字で、一一年度より約三〇〇字減少した。解答記述分量は三行・三行・五行・五行・四行の二〇行分で、一一年度と同じだった。ジャンルとしては、一一年度の随想と異なり、小説からの出題であった。文章は古いものの、内容読解に背景知識が不要な私小説であり、本文内容はやや易化している。現代随想と私小説と、タイプはかなり違ったが、設問では内容の理解を前提とした簡潔でわかりやすい説明が求められており、例年通りの出題といえる。

〈本文解説〉

病を得て自分の余命が長くはないことを自覚した主人公の、自らの人生に対する思いを描いた私小説である。家族と無関係に自己の生死について考え続けながら、家族の期待に応えて死までの日々を堂々と生きようとする自負心を「雄雞精神」と呼び、それを固持しようと主人公は考えている。

小説だからといって、特別な読解法が必要なわけではない。随想で筆者の考え、思いを把握するように、本文を一読して、シチュエーションと人物像をおさえて、主人公緒方の考え、思いを把握していけばよい。

まず、「緒方」の人物像を確認しよう。

1　幼い子どものいる父親である。

〈本文〉

・幼女の、病む父親にかけるあらゆる夢と希望～

・これら天真らんまんな、若い、生命に充ち溢れた人間たちに、それが通じようはずはない。

2　病気であり、余り長くは生きられない。

〈本文〉

・自分が病気になり、どう考えても余り長い命でない、という事実にぶち当ったとき～

3　文筆活動をしている。

〈本文〉

・若しそうなら、彼は、文章など一行も書きはしないだろう。書く必要がないだろう。彼には、未だ野心と色気が残っている。

次に、本文の流れと設問との関係を確認しておこう。

Ⅰ　二女の発言と緒方の反応

二女が来夏父親と二人で海に行くという空想をして、笑顔を見せる。それを見て、緒方は一方で「がんじがらめだ」「死ぬにも死ねない」と思い、「肚で溜息をつく」が、もう一方で、「まんざらでもなくなり、よろしい治ってやる、治ってやらないまでも、むやみと死んだりはしないから安心したまえ」と雄雞気分が多分にくすぐられる。

…問一・問五

Ⅱ　緒方の「秘密の部屋」

緒方は「病気になり、どう考えても余り長い命でない、という事実にぶち当った」ことをきっかけに、自分の「いのち」について、つまり、自分の生と死について考え始める。緒方は、何気ない顔で家族と関わりつつも、自分の「いのち、あるいは生というものについて、納得したい」と思い、ひとりでこの問題について思索を巡らしている。ここでの「部屋」は当然、実際の空間的な「部屋」ではない。緒方が思索を巡らす精神世界を指している。本文でこの「部屋」に言及されているところを確認しておこう。

・自分の中に、誰にものぞかせない小さな部屋のようなものをつくっている

・家族の者も、緒方がそんな秘密の部屋を持っているとは知らない

・彼は自分の中の部屋に引きこもって、それらを丹念に噛みくだき始めたのである

・ただ、こっそりと自分だけの部屋を用意し、閑さえあれば（彼は、大体、普通の意味では閑人である）家族と離れてそ

こへもぐり込もうとする

家族との日常生活を何気なく続けつつ、心は別の精神世界に生きている。知人からの私信への返事をした後、こうした自分の状態について、緒方は「一種の出家遁世かも知れない」と考えている。
…問二・問三・問四

Ⅲ　緒方の雄雞精神

本文の最初の方に「自分の例の雄雞気分」、また、最後に「俺の雄雞精神」とある。

緒方の家の隣には雞小屋があり、そこには雄雞がいる。元気で、いささかも遅疑逡巡せず、気負った目つきをしている。緒方はこの雄雞のありように似た気分や精神をもっており、二女の夢と希望を知って「雄雞気分」がくすぐられたり、また、病を得て様々な思索をするなかで薄らいだりするものの、「雄雞精神」を持ち続けていこうと考えている。
…問五

では、設問を見ていこう。

〈設問解説〉

問一　理由説明

◎設問意図

娘とのやりとりをふまえて娘に対する主人公緒方の心情を説明する問題。解答作成に当たって意識する必要があるのは以下の4点である。

1　傍線部内指示語

傍線部は「ああ、これは、がんじがらめだ」であるから、まず、「これ」が何を指すのかを明らかにする。

2　傍線部を含む文脈の確認

傍線部を本文で確認すると、傍線部だけで完結しているわけではないことがわかる。

ああ、これは、がんじがらめだ、死ぬにも死ねないというが、ほんとだな、と緒方は肚で溜息をつく。

これが一文である。当然、傍線部は「死ぬにも死ねない」という心情であり、また、それは「溜息をつく」ような心情であることがわかる。

3　心情の理由説明

理由説明にはいくつかのパターンがあるが、主人公の心情の理由説明であるから、シチュエーション、原因・きっかけ、主人公の主観的要素が理由を構成する。

4　比喩表現・慣用表現の意味

「がんじがらめ」は「縄などで左右からうちちがえて巻きからめること」であり、「比喩的に、精神的な束縛を受けて、身動きのできないさま」を示す(以上、広辞苑第五版)。ここでは、実際に縄で縛られているわけではないので、精神的に縄で縛られているように感じているのである。したがって、

「傍線部のように緒方が感じる」理由は、緒方が束縛感を覚えているからである。

◎解答へのアプローチ

(1)解答の骨格を考える。

［これ］が、緒方には［がんじがらめだ］と思われるから。

(2)加点ポイントを意識して本文をおさえる。

i　指示語「これ」の指示内容＝原因・きっかけ

a　来夏父と海に行くという空想に、病気の父親への夢と希望を凝縮させ、幸せな笑顔を見せる娘の様子を、緒方が見たこと

ii　「がんじがらめだ」を導く緒方の心情＝主観的要素

b　(死ぬに死ねない)束縛・不自由さ・拘束を緒方が感じていること

iii　bの思いの具体的説明

c　死ぬ＝病を自覚し、自分の死を受容する思い

d　死ねない＝娘を悲しませたくない(＝娘への愛情)ので、死ぬわけにはいかないという思い

iv　シチュエーション＝緒方の置かれている状況

e　緒方が病気になり、余命の短さを自覚していること

(3)字数を意識してまとめる。解答の骨格として、a・bは必ず含め、字数に応じて、c・d・eを入れる。

◎注意事項

解答欄は三行。解答欄にきちんとおさまるように解答を作成しよう。加点ポイントは右記のa〜eの5ポイントである。bの束縛感の類を指摘できるかどうかと、dの娘への愛情(娘を悲しませたくないという思い)に言及できるかどうかが得点差につながる。

問二　内容説明

◎設問意図

・比喩表現の一般化

「小さな部屋のようなもの」は比喩表現である。この比喩表現を一般表現になおして説明する設問である。

◎解答へのアプローチ

(1)傍線部の直後の「家族の者も、緒方がそんな秘密の部屋を持っているとは知らない」をおさえる。

←

a　傍線部「誰にものぞかせない」＝家族に見せない、家族には秘密の

(2)傍線部(3)と関連するが、この「部屋」は現実の空間的な部屋ではなく、心の中、精神の中の「スペース」である。緒方が自分の生死について考える「精神世界」とでもしておけばよいだろう。本文の関連箇所を確認しよう。

・自分というものは何で生れて来たのか、何故生き、そうし

て何故死ぬのか、ということ、また、それを考えることによってあとからあとからと湧き出す種々雑多な疑問に何かの答を得ようとあせること、大体それに尽きるのである。

・自分のいのちについて、自分が考えずに、いったい誰が考えてくれるだろう。

・緒方は、いのち、あるいは生というものについて、納得したいのだ、ただそれだけの、至極簡単なことなのだ。そしてそれは、自分で納得するより外、仕方がない。そのこととは、ただ一人でしか向き合うことが出来ず、その作業はただ一人でしか出来ない。

・ただ、こっそりと自分だけの部屋を用意し、閑さえあれば(彼は、大体、普通の意味では閑人である)家族と離れてそこへもぐり込もうとする、どうやらこれは、一種の出家遁世かも知れない。

←

b　傍線部「誰にものぞかせない」＝自分だけの、家族から孤立した

c　傍線部「小さな部屋のようなもの」＝緒方の精神世界、緒方の思索世界

d　cの具体化＝自己の生死とそれに伴う様々な疑問に納得できる答えを求める精神活動、思索活動

(3)字数にゆとりがあるので、緒方と家族の違いをコンパクトに説明しておく。

緒方

・緒方のような境遇にある者なら、誰でも直ぐに了解するだろう

・緒方のような衰頽者の、夕暮れの思考

↔

家族

・これら天真らんまんな、若い、生命に充ち溢れた人間たち

←

e　緒方の状況＝死に臨んだ

f　家族の状況＝若く生命力に満ちた

＊家族との対比を踏まえて、緒方については「緒方のような境遇」「緒方のような衰頽者」を具体化し、「死に臨んだ」「病んで死を意識した」などとしておきたい。

◎注意事項

解答欄は三行。解答欄にきちんとおさまるように解答を作成しよう。加点ポイントは右記のa～fの6ポイントである。

比喩表現の一般化という設問意図を意識して、実際の「部屋」ではなく、心の中の「部屋」であることを、何らかの表現で明示することが必要である。

問三　内容説明

◎設問意図

・変化の説明

傍線部は「彼には判り切ったことが判り切ったことでなくなった」であるから、まず、「判り切った事態…A」があり、それが「判り切ったことでなくなった事態…Aでなくなった事態＝Bになった事態」があるということである。変化を説明する場合は、変化の前(A)と後(B)の違いを意識して、説明することが必要である。時系列を含む対比関係の説明である。

◎解答へのアプローチ

(1)まず、変化の前と後をおさえよう。

i　緒方の状態

今の緒方の状態が明記されているので、それを踏まえて、以前の緒方の状態を確認する。ここでは、問二の緒方と家族の違いもヒントになる。

以前の緒方

健康で、死を実感していなかったとき

↔

今の緒方

・自分が病気になり、どう考えても余り長い命でない、という事実にぶち当たったとき

ii　生死への思いの変化

・緒方もいつとなくそういうふうに(生死に関する、宗教、哲学、科学、芸術の巨大な集積)教えられ、そういうものなんだろう、と思ってはいた。しかし、今の緒方から見ると、それは他人事であった。

・つねられて見なければ、痛さは判らぬのである。

・文字や言葉の上では一応判り、時には自分でもそんな文字や言葉を吐き散らすこともないのではなかったが、ただそれだけのことに過ぎなかった。ちっとも身にしみてはいなかった。

・緒方は始めて、痛い、と感じた。

・彼には、判り切ったことが判り切ったことでなくなった。

・素通りして来たものを、改めて見直すと、ひどく新鮮であった。

・ありふれたあたりのものも、心をとめて見ると、みなただものではなくなった。

(2)対比関係を意識して、グルーピングし、整理する。

i　生死について

判り切ったこと

・健康な時に、先人の知恵の集積として、自分と無関係に、頭で理解していた生死にまつわること

↓

判り切ったことでなくなった

・自分の余命の短さに直面して、生死が初めて痛切な実感として経験されると、未だ納得しえず、熟考すべき

問題として捉えられた

ii　日常的な経験や事物について
判り切ったこと
・平凡で当然なこと

←

判り切ったことでなくなった
・平凡で当然なことではなく、心惹かれて改めて見直すと新鮮で特別なものとなった

◎注意事項

解答欄は五行。解答欄にきちんとおさまるように解答を作成しよう。「健康時・生死は自明→病・生死を実感・生死の自明性の揺らぎ→日常の見直し・生死を熟考」という流れを意識して解答を作成すると、ポイントの取りこぼしを避けることができる。また、「AがAでなくなった」＝「Aが（Aではなくなり）Bになったという事態」という解答のカタチにするのがコツである。否定形の表現は肯定形で示すことで、より正確な表現となる。加点ポイントは以下のa～fである。

◎加点ポイント

1　変化前＝判り切っていた
a　健康であるとき（自分が病気でなく、間近に死を意識していないとき）
b　生死の問題を先人の知恵の集積として自分に無関係なこととして頭で理解していた
c　日常的な経験や事物を平凡で当然のことと捉えていた

2　変化後＝判り切ったことでなくなった
d　病気になり、死を意識したとき
e　生死の問題を痛切に実感し、納得できていない熟考の必要な問題と捉えられるようになった
f　日常的な経験や事物に心をとめ、改めて見直し、それが新鮮で特別なものだと感じられるようになった

問四　理由説明

◎設問意図

解答作成に当たって意識する必要があるのは以下の3点である。

・指示語の指示内容
・語義
・理由説明

傍線部内の「そう」は自分が書いた若い文学批評家への返事の「出家遁世くらい、家の中にいても出来ます」を指すから、傍線部は、緒方の現在の状況には、「家の中で出家遁世ができるといえなくもない点がある」ということになる。設問は、傍線部のように緒方が考える理由であるから、緒方の主観的要素、すなわち、自分の現在の状況が家の中で出家遁世することに当てはまるように思われたという緒方の内面を

説明すればよい。類似性を指摘するためには、「出家遁世」の語義の理解が前提となる。

◎解答へのアプローチ

（1）「出家遁世」の語義をおさえる。

まず、広辞苑第五版で意味を確認しよう。

出家＝家を出て仏門に入ること。俗世間をすて、仏道修行に入ること。また、その人。僧。

遁世＝1　俗世の汚濁をのがれて仏門に入ること。

2　俗世間との関係をたつこと。隠居あるいは隠遁すること。遯世。

本文では、若い批評家の「出家遁世を思うや切なるものがあります」を受けて、緒方が「出家遁世ぐらい」と受けているので、ここでは、「家族との関わりや雑事に煩わされることなく過ごすこと」くらいの意味だろう。

（2）緒方の状況をおさえる。

緒方は問二で見たように、家族とともに家で暮らし、普通に関わりつつ、自分だけの精神世界をもち、家族と無関係に自らの生死について考えている。

（3）解答のカタチを意識する。

「そういえなくもない節がある」と考える理由であるから、「緒方の状況」と「出家遁世を家ですること」には「似ている点もあると思われるから」「該当する点もあると思われるから」としておけばよい。

◎注意事項

解答欄は五行。解答欄にきちんとおさまるように解答を作成しよう。加点ポイントは以下のa～eである。

◎加点ポイント

1　緒方の状況

a　以前と変わらず家族と接している

b　彼らと無関係に、精神的に孤立している

c　bの具体化　自らの生死について考えている

2　手紙の文面

d　家にいても、俗世間を離れることができる

3　1と2に共通性があることの指摘

e　1は2に該当する点がある　など

問五　内容説明

◎設問意図

・比喩表現の一般化

「雄雞精神」すなわち「雄雞のような精神」を具体的に説明する設問。設問文に「本文全体を踏まえて」とあることに注意しよう。「雄雞精神」については、傍線部の後ろで現実の雄雞に即して説明されているが、本文前半部でも「雄雞気分」として述べられている。自己の死を意識した主人公の、自らあろうとする生き方、また家族や執筆活動へのあり方に

対する思いも含めて説明することが必要である。

◎解答へのアプローチ

（1）本文関連箇所を確認する。

i　傍線部（1）の後

・雄雞気分が多分にくすぐられる

・隣の雄雞に似ているだろう気負った目つきになる

←

a　自分の子どもに対して、父親として期待に応えよう、父親として立派に振る舞おうとする気負い

ii　傍線部（5）の後の隣の雞小屋の雄雞の説明

・雄雞の元気

・いささかも遅疑逡巡するところない、あの気負い方はどうだ

・あれは立派で、堂々としている

・遅疑逡巡することがない

←

b　立派で堂々と迷いなく生きようとする気負い

iii　緒方の意欲

・俺は、疳癪を起さず、凝っと持ちこたえて行こう。堪え、忍び、時が早かろうと遅かろうと、そこまで静かに持ちこたえてゆく

←

c　死を迎えるときまで、冷静に耐え続ける

iv　執筆活動について

「俺の雄雞精神も、影がうすくなった」とあるので、元来、雄雞精神が強くあったのが、現在では影がうすくなったということになる。

現在の緒方の状況＝家の中で出家遁世をしているような状況＝病気をし、死を意識して、生死についてあれこれと考えている状況

＝

雄雞精神の影がうすくなった状況

↔

東洋流の、無常感、諦観の上にあぐらをかいているのではない。彼には、未だ野心と色気が残っている。

＝

雄雞精神は家族や自身の生死に対してだけでなく、執筆活動にも関連することになる。つまり、雄雞精神には、よい作品を書きたい、よい作品を書いて成功したいなどという「野心や色気」も含まれることになる。

←

d　文章を書くことに対する野心や積極的な意欲をもっている

＊「色気」は多義的な表現なので、「積極的な意欲」と限定し

ておきたい。

(2)比喩表現を一般化する。

「雄雞精神」は雄雞がもっているような物の考え方、感じ方、心的傾向のことである。①から父親としての思いであることは明快であり、また、「隣の雞小屋では、また卵を生んだらしい。あの雄雞の元気には、とても及ばない。」という記述からも、「男」という性を意識した表現であることがわかる。解答には、少なくとも、「父親としての」思いであることは明示したい。

◎注意事項

解答欄は四行。解答欄にきちんとおさまるように解答を作成しよう。設問文の「本文全体をふまえて」を意識して、前半の内容を入れ込むことができたかどうかで得点差がつく設問である。加点ポイントは以下のa～fである。

◎加点ポイント

1　メイン要素

a　気負い、自負心、強い意欲　など

2　aの具体化

b　父親として

子どもの期待にこたえようとする

（父親として男として、家族の期待にこたえようとする）

c　死に対して

冷静さ・平静さを保ち、耐える

d　作家として

仕事・執筆活動に野心や積極的意欲を持ち続ける

3　雄雞の様子から

e　悩みためらわず、堂々と立派であろうとする

4　対比関係

f　東洋流の、無常感、諦観ではない

解答

問一　来夏父親と海に行くという空想を喜ぶ娘の笑顔を見ると、緒方は娘への愛情から、余命の短さを自覚しつつも、死に身を委ねることもできない束縛感を覚えたから。

問二　死に臨んだ緒方が自己の生死とそれに伴う多大で様々な疑問に納得できる答えを求めるための、若く生命力に充ちた家族たちには見せない、孤立した精神世界。

問三　健康なときには知識としてのみ理解していた生死に関する事柄を、自分の余命の短さに直面した緒方がはじめて痛切に実感し、それまでは看過していた日常の諸事を見直し、特別な新鮮さを覚えて、生死を納得しえない問題として熟考するに至った事態。

問四　表面的には以前と変わらず家族と接しながら、精神的

に孤立して絶えず彼らと無関係に自らの生死について考え続ける緒方自身の状況が、世間の煩わしさから離れる出家遁世に似たことが自宅でもできるという手紙の文面に該当する点もあると思われたから。

問五 東洋流の無常感や諦観とは異なり、作品創造に野心や積極性を持ち続け、父や男として家族の期待に応えつつ、やがてくる死に対して平静に持ちこたえ、悩みためらうことなく堂々としようとする緒方の自負心。

二（文系）

出典 坂口安吾（さかぐち　あんご）「意欲的創作文章の形式と方法」

筆者（一九〇六～一九五五年）は新潟県出身の小説家。戦前から小説作品を発表し、戦中には評論『日本文化私観』を発表していたが、戦後、一九四六年（昭和二一年）に発表した評論『堕落論』、小説『白痴』で一躍人気を博し、戦後を代表する作家となる。特に『堕落論』は敗戦に精神的支柱を失い混乱の内にあった当時の若者に大きな影響を与えた。

太宰治、石川淳、織田作之助らとともに無頼派もしくは新戯作派と呼ばれる。代表作は他に、『石の思ひ』『桜の森の満開の下』『青鬼の褌を洗う女』『金銭無情』『道鏡』『信長』『不連続殺人事件』などがある。

問題本文は一九三四年（昭和九年）に発表された芸術論である。小説の文章の特徴として、まず、必要な事柄のみを取捨選択する作家の意欲のもつ意味について述べた上で、小説の表現の特殊性が説明され、さらに芸術論・芸術家論へと展開し、いわゆる現実、芸術家の抱く現実像、作品が示す現実像の関係が示される。

坂口安吾は二〇〇四年度・後期入試一で「理想の女」が出題されており、これも小説論であった。

解説

〈本文解説〉

本文を一読して、全体の構成を確認し、小説及び芸術に関する筆者の主張を整理しよう。

Ⅰ　一般の文章と小説の文章との違い

（1）小説の文章と一般の文章の違いは、小説固有の独特の文章にあるのではない。

〈本文関連箇所〉

・小説の文章を他の文章から区別する特徴は、小説のもつ独特の文章ではない。

・小説に独特な文章というものは存在しない。

(2)小説の文章は、小説全体の効果から考えて、書く必要がある事柄のみを作者が選定して書くのであり、必要以外のことを書いてはならない。

〈本文根拠〉

・何よりも大切なことは、小説全体の効果から考えて雨の降ったことを書く必要があったか、なかったか、ということである。

・小説の文章は必要以外のことを書いてはならない。

・必要の事柄のみを選定するところに小説の文章の第一の鍵がある。

(3)小説の文章において重要なのは、小説全体の効果から考えて文章をあやつる作者の意慾であり、作者の意慾は表面の文章の取捨選択に働くことが重大である。　…問一

〈本文根拠〉

・小説の文章は、表現された文章よりもその文章をあやつる作者の意慾により以上重大な秘密がある。

・作家の意慾は表面の文章に働く前に、その取捨選択に働くことが更に重大なのだ。

Ⅱ　小説の文章の特殊性

小説の効果をあげ、小説全体を明快適切にするために、時として各個の文章を晦渋にする場合もある。　…問二

〈本文根拠〉

・小説には更に別の重大な要求があるために、必ずしも適切に分り易くのみ書くわけにいかない。

・文章を故意に晦渋にするのも、畢竟するに、文章を晦渋にしたために小説の効果をあげ、ひいては小説全体として逆に明快簡潔ならしめうるからに他ならない。

・小説の主体を明快適切ならしめるためには、時として各個の文章は晦渋化を必要とされることもありうるのだ。

Ⅲ　小説と芸術

(1)小説の文章の特殊性は、小説が事体をありのままに説明することではなく、描かれたものの他に別の実物があるわけのものではなく、小説それ自体が創造された実体であることから生まれてくる。　…問五

(2)芸術について

i　芸術は、描かれたものの他に別の実物があってはならない。

ii　芸術家は写実家であっても、現実をありのままに写すのではない。完全な幻影を与えることこそ勝れた写実家の仕事である。

iii　芸術家とは自己の幻影を他人に強うることのできる人である。…問四

iv　芸術家をして創作にからしめる彼の幻影といえども幻

影として実在するものではなくて、描かれてのち、描かれたものとしてはじめて実在することができる。

最後に、小説の文章と比較されている一般的な文章の特徴を拾っておこう。

Ⅳ　一般的な文章について

〈本文根拠〉

・一般の文章ならば、最も適切に分かり易く表すことが表現の要諦である。

・我々の平素の言葉は「代用」の具に供されるものである。　…問三

それでは設問解説に移ろう。

〈設問解説〉

問一　内容説明

◎設問意図

・傍線部直前の指示語「此の」の指示内容

・「隠れた」という表現の意味

本文解説Ⅰの内容が理解できているかどうかを問う設問。

◎解答へのアプローチ

(1)設問文は「どういう意欲か」であるから、「作家の～という意欲。」もしくは「～という作家の意欲。」という解答のカタチを意識する。本文では「作者の意欲」「作家の意欲」と記されているので、作家でも作者でもどちらでもよい。

(2)「此の」の指示内容をおさえて、「隠れた」が「表面の文章に働く前に、その取捨選択に働く」ことだと理解する。

(3)「取捨選択」を具体的に説明する。本文解説Ⅰの(2)(3)参照。Ⅱの内容をふまえて、取捨選択がどのような目的でなされるのかも解答に含める。

←

小説全体の効果を考え、書く必要のある事柄の取捨選択を図る

(4)傍線部(1)の少し後に「高い精神によって深い根柢から言い当てられた」もふまえて、「根本的な意欲」とする。

◎注意事項

解答欄は二行。解答欄にきちんとおさまるように解答を作成しよう。加点ポイントは以下のa～dの4ポイントである。

◎加点ポイント

1　「意欲」の限定

　a　作家の根源的な意欲、作家の根本的な意欲

2　「隠れた」の意味

　b　文章の表面・表現には現れない＝文章表現以前、文章表現に先行する

3　「取捨選択」の説明

c　目的　小説全体の効果を考える
d　内容　書く必要のあるものだけを取捨選択する

問二　内容説明

◎設問意図

・「更に別の」という表現の換言（同義置換）
・「必ずしも～いかない」という表現の換言（同義置換）

「更に別の重大な要求」を説明するには、「まずPがあり、Pとは別の、P以上に重大な要求であるQ」というように二要素を意識して解答を作成する必要がある。また、「必ずしもRするわけにいかない」は「Sする場合もある」と換言する。

◎解答へのアプローチ

（1）「重大な要求」とは何かをおさえる。
←
一般の文章表現の要諦である「最も適切に分かり易く表わすこと」…P

（2）「更に別の重大な要求」とは何かをおさえる。
←
小説の効果をあげ、小説全体（小説の主体）を明快簡潔にすること…Q

（3）「必ずしも適切に分り易くのみ書くわけにいかない」を換言する。
←

〈本文根拠〉

・文章を故意に歪めること、重複すること、略すこと、誇張すること、さらには、ある意図のもとに故意に無駄をすること
・文章を故意に晦渋にする
←
「晦渋」は「言語・文章などがむずかしくて意味のわかりにくいこと（広辞苑第五版）」である。傍線部の「分かり易く」との対比で「難解」とでもしておけばよいだろう。
←
故意に難解な表現を用いる場合もある　…S

◎注意事項

解答欄は三行。解答欄にきちんとおさまるように解答を作成しよう。加点ポイントは以下のa～dの4ポイントである。

◎加点ポイント

1　「更に別の」を踏まえる。
a　一般の文章と同様に／明快適切さが肝要である
b　小説全体の効果が重要である、小説全体を明快適切にすることが重要である
2　「必ずしも～のみ書くわけにいかない」
c　各個の文章を故意に難解にする
d　～場合もある

問三　内容説明

◎設問意図

・具体例の一般化

小説とは異なる「平素の言葉」が現実そのものの「代用」であることの意味を説明する問題。本文主題である小説とは異なる対象についての設問であるから、詳しい説明はなされていないが、傍線部直後の風景に関する具体例を踏まえて一般化するとよい。

◎解答へのアプローチ

(1)傍線部から「我々の日常的な言葉は、何かの代わりに用いられるものである」とおさえ、直後の具体例をチェックする。

↓

〈本文根拠〉

・風景を目のあたり見せるに越したことはないが、その便利がないために言葉をかりて説明する

・言葉を代用して説明するよりも〜実際の風景を観賞せしめるに越したことはない

・実物を見せる方がより本物だ

↓

現実そのもの、実物をそのまま見せることができない場合に、その実物の代用として言葉で説明する

(2)傍線部の構文を維持して解答を作成する。「『代用』の具に供される」もきちんと意識して換言する。

↓

[字数を意識しない解答例]

日常的に使用される言語は、現実そのものをありのままに提示して伝達することができない場合に、実物の代わりに、実物を説明するために用いられるものであるということ。

◎注意事項

解答欄は三行。解答欄にきちんとおさまるように解答を作成しよう。加点ポイントは以下のa〜dの4ポイントである。

◎加点ポイント

1　我々の平素の言葉

a　日常的な言語使用

2　「代用」の具に供される

b　実物の代替物

c　用いられる

3　状況の限定

d　現実そのものをありのままに提示して伝達することができない場合

問四　内容説明

◎設問意図

・「幻影」に関わる記述＝本文解説Ⅲ(2)のⅱ・ⅲの要旨

・傍線部直前の「つまり」

「芸術家とは自己の幻影を他人に強うることのできる人である」であるから、「自己の幻影」が意味する個人の現実像と「他人に強うる」という芸術家の権能について説明するわけだが、傍線部直前に「つまり」があるので、「それゆえ」から始まる段落まで戻り、「幻影」について書かれている部分をチェックする。

◎解答へのアプローチ

(1)「自己の幻影」を具体的に説明する。

〈本文根拠〉

・彼が芸術家である限り、～現実そのものよりももっと完全な、もっと迫るような、もっと納得の出来るような人生の幻影を我々に与えるように努めるであろう。

・各人の感覚も理性も同一のものを同一に受け納れはしないから。

・我々はめいめい自分の幻像を持っているのである。

←

芸術家が我々に与えようとする、各人の感覚や理性を通して受容した固有の自己の現実像

(2)「他人に強うることのできる」を換言する。「つまり」に着目して、具体化する。

←

〈本文根拠〉

・芸術家とは、彼が学んだそして自由に駆使することのできる芸術上のあらゆる手法をもって、この幻影を再現する人である

・Aの幻影がBに納得される

←

芸術家は、自己が学び自由に駆使することのできる芸術上のあらゆる手法を用い、自己の幻影(＝現実像)を表現し他者に納得させる

(3)幻影については、傍線部の後に、「芸術家をして創作にからしめる彼の幻影」とあるので、これを使用してもよい。

←

芸術家を創作に駆り立てる彼の現実像

(4)設問文は「筆者は芸術家をどのような人であると考えているか」なので、解答は「芸術家は～人である。」で終わってもよいし、「筆者は芸術家を～人であると考えている。」としてもよい。ただ、書きやすいのは解答例のように、「芸術家は～人であると筆者は考えている。」であろう。

◎注意事項

解答欄は五行。解答欄にきちんとおさまるように解答を作成しよう。加点ポイントは以下のa～dの4ポイントである。

◎加点ポイント

1　「自己の幻影」の説明

ａ　各人の感覚や理性を通して受容した固有の自己の現実像

ｂ　芸術家はａを他者に与えようとする、芸術家はａによって創作に駆られる

２「他人に強うることのできる」の換言

ｃ　芸術家は、自己が学び自由に駆使することのできる芸術上のあらゆる手法を用いる

ｄ　自己の幻影（＝現実像）を表現し他者に納得させる

問五　内容説明

波線は三つの文、すなわち、「小説は事体をありのままに説明することではない。小説は描かれた作品のほかに別の実体があるわけのものではない。小説はそれ自体が創造された実体だからである。」に引かれ、設問はその最後の文（小説はそれ自体が創造された実体だからである）とは「どういうことか、わかりやすく説明せよ」とある。後で記すが、波線部を本文で確認し、その前後を踏まえ、さらに、本文後半の構造をおさえることが要求される設問である。

◎設問意図

・後半の要旨

・構造読解

◎解答へのアプローチ

（1）まず、波線部の少し前から、本文後半の構造を確認しよう。

・一般の文章と異なる小説の文章の特殊性

↓

〈なぜなら、〉

１　小説は事体をありのままに説明することではない。

２　小説は描かれた作品のほかに別の実体があるわけのものではない。

３　小説はそれ自体が創造された実体だからである。

↓

・そこから小説の文章の特殊性も生まれてくる。

↓

・次にそのことを詳述しよう。

↓

❶　現実をありのままに写すことではない。

〈のみならず〉

❷　世に現実が実在すると信ずることは間違いである。

〈のみならず〉

❸　芸術家をして創作にからしめる彼の幻影といえども幻影として実在するものではなくて、描かれたのち、描かれたものとしてはじめて実在することができるのである。

右記から、

i　波線部は小説の特殊性が生じる理由である。波線直前の「なぜなら」と波線直後の「そこから～生まれてくる」に着目したい。

ii　さらに、波線部の三文は本文後半の❶・❷・❸と対応している。

（2）設問文は最後の一文（＝3）の内容説明を要求しているが、三文は否定・肯定文の関係にあり、さらに、三文は小説の特殊性が生まれる理由になっているので、解答のカタチは以下のようになる。

←

a1　小説の特殊性は、［1の換言］［2の換言］［3の換言］から生じるということ。

もしくは

a2　小説が特殊であるのは、［1の換言］［2の換言］［3の換言］であるからだということ。

（3）1＝❶、2＝❷、3＝❸であるから、❶・❷・❸の箇所をチェックして、それぞれ具体的に説明する。ここで注意したいのは、波線部は小説に関する記述であり、❶・❷・❸は芸術についての記述であるから、❶・❷・❸の「芸術」を「小説」に、「芸術家」を「作家」「作者」に置き換えて説明することが必要である。

（4）❶・❷・❸の箇所を確認しよう。

---

❶　現実をありのままに写すことではない。

・芸術は、描かれたものの他に別の実物があってはならない。

・芸術は創造だから。

＝

・現実をありのままに写すことではない

・選択が必要となる

・現実そのものよりももっと完全な幻影を与えることが写実家の仕事である

←

b　作家が取捨選択をする

c　現実をそのまま写すものではない

d　現実の代用ではなく創作である

❷　世に現実が実在すると信ずることは間違いである。

・各人の感覚も理性も同一のものを同一に受け納れはしないから。

＝

・我々はめいめい自分の幻像を持っているのである。

←

e　作家固有の現実像は小説に描かれる以前に実体として存在するのではない

（作家の現実像は小説に描かれる以前には作家にのみ受容され、他者には受容されえない幻影にすぎない）

❸ 芸術家をして創作にからしめる彼の幻影といえども幻影として実在するものではなくて、描かれたのち、描かれたものとしてはじめて実在することができるのである。

↓

f 作家固有の現実像は、小説に描かれることで初めて実在として創造される

◎注意事項

解答欄は五行。解答欄にきちんとおさまるように解答を作成しよう。加点ポイントは右記のa1かa2、b～fの6ポイントである。

解答を波線部と対応させた解答例を示しておこう。

［参考解答例］

小説の文章が一般の文章と異なる特殊性をもつのは、

1 小説が作家の取捨選択に基づく創作であり、現実の代用として現実をそのまま写すものではなく、

2 作家固有の現実像は作品以前に存在する実体ではなく、

3 小説に描かれて初めて実在するものだからである、ということ。

解答

問一 小説全体の効果を考え、文章表現以前に書く必要のある事柄の取捨選択を図る、作家の根本的な意慾。

問二 小説の表現は、一般の文章と同様に明快適切さが肝要だが、効果的に小説全体を明快適切にする必要上、各個の文章を故意に難解にする場合もあるということ。

問三 日常的な言語使用では、現実そのものをありのままに提示して伝達することができない場合に、実物の代替物として言葉を用いて説明するということ。

問四 芸術家は、各人の感覚や理性を通して受容した固有の真実である自己の現実像に駆り立てられて、自己が学び自由に駆使することのできる芸術上のあらゆる手法を用い、その現実像を表現し他者に納得させるために創造を行う人であると筆者は考えている。

問五 一般の文章と異なる小説の文章の特殊性は、小説が作家の取捨選択に基づく創作であり、現実の代用として現実をそのまま写すものではなく、作家固有の現実像は作品以前に存在する実体ではなく、小説に描かれて初めて実在することから生じる、ということ。

二（理系）

出典

米原万里（よねはら　まり）「前門の虎、後門の狼」

筆者は一九五〇年生まれ。二〇〇六年に、五六歳で卵巣がんで亡くなった。ロシア語の同時通訳者であり、エッセイス

ト、小説家でもある。来日する要人の通訳、ロシア関連の報道・国際会議で活躍し、ロシア語通訳協会会長も務めた。また、メディアへの露出も多く、NHK教育テレビ『ロシア語会話』では講師として、報道番組ではコメンテイターとして出演している。エッセイでは、『不実な美女か貞淑な醜女か』『魔女の1ダース』『嘘つきアーニャの真っ赤な真実』などで賞をとっている。小説も執筆し、『オリガ・モリソヴナの反語法』でBunkamuraドゥマゴ文学賞を受賞している。

問題本文は、先にあげた『不実な美女か貞淑な醜女か』に収められている。ロシア語同時通訳者であった筆者が、文化的背景を補いつつ時間的制約の中で異文化間の意思疎通を成立させる通訳の難しさを実体験に基づいて語ったうえで、師の教えをきっかけに知り得た通訳の極意について述べた文章である。

なお、本文中の師匠「徳永氏」とのエピソードについては、筆者の死に際して、上智大学教授の徳永晴美氏が寄せた「米原万里さんを偲ぶ」に以下のように書かれている。

そう、もう25年も前のこと。会議の同時通訳をやらせてみた。が、（多くの人はもうこの話は聞き飽きたかも知れないが）数分も経たないうちに彼女は、「だめ、私やっぱり才能ない、こんなの向いてない」と叫んだ。私は、「万里ちゃん、大丈夫だよ、最初は、分かるところをゆっくり伝えるだけでいいよ」とささやいた。言われて彼女は気を取り直した。以後これまで「全部訳さなくてもいいと教わったから通訳者になった」と話していたが、私は、「なりたての最初のうちは」と言いたかっただけだ。

しかし、「情報の核」を抽出してめりはりをきかせる米原流の通訳は、我が国マスコミに重宝がられた。

（ロシア語通訳協会「追悼集　米原万里さんを偲ぶ」http://rus-interpreters.jp/1980/yonehara-tsuitoushuu1.html）

解説

〈本文解説〉

本文はいくつかの具体例を交えつつ、通訳の使命や難しさ、極意について記されている。

I　通訳の難しさ＝「前門の虎、後門の狼」

「前門の虎、後門の狼」は、「一つの災いを逃れてもさらに他の災いがあることのたとえ（広辞苑第五版）」だが、通訳の難しさが、この「前門の虎、後門の狼」という故事成語によって端的に表現されている。

（1）前門の虎

〈本文〉

・通訳の使命は究極のところ、異なる文化圏の人たちを仲介し、意思疎通を成立させることに尽きる以上、両方がいかなる文脈を背景にしているかを事前に、そして通訳の最中も可能な限り把握し、必要ならば字句の上では表現されていない、その目に見えない文脈を補ってあげねばならない。

・「異文化間の溝を埋めよ、文脈を添付せよ」

←

通訳は異なる文化に属する人たちの意思疎通を成立させるという使命があり、そのために、それぞれの文脈を把握し、補充して通訳する必要がある。…A

(2)後門の狼

〈本文〉

・それは極度に狭められた時間的制約の中で行われることを常とする。

・「極力、訳出時間を短縮せよ」

←

通訳は時間的制約の中で行われる必要がある。…B

AとBの両方の要求を満たすことは難しく、Aを満たそうとすると、時間がかかって、Bを満たせない。逆に、Bを重視すると、Aが不十分になってしまう。そこで、工夫が必要になるわけである。これは通訳全般に言えることだが、特に、外国語を日本語に訳す場合には、日本語の特性による困難が加わる。先に、それを見ておこう。

Ⅱ　日本語の特性

(1)「ん」以外に、子音が母音なしでは存在し得ないという音韻的特徴がある。

(2)漢字の音読み言葉は情報量が多く、コンパクトだが、耳から聞いたとき、伝わりにくいために、大和ことば系の表現を多用しがちになる。

←

外国語を日本語に訳すと、時間がかかる。

Ⅲ　そこで工夫が必要になる。

(1)エピソードの紹介

筆者が初めて同時通訳をしたとき、師匠の徳永氏から助言(戒め)をもらう。

〈本文関連箇所〉

・「全部訳そうと思うから大変なんだ。分かるところだけ訳していけばいいんだよ」

・全部訳さなくてもいいのだ。

・分かるところしか訳せないのは、アッタリマエではないか。

←

全部訳す必要はない。わかるところだけ訳していけばいい。

（2）通訳の極意＝省略

語り口が遅い筆者が、文脈を補いつつ限られた時間的な制約の中で意思疎通をはかるためには、通訳の際に、大事な情報は落とさず、つまり、情報量を減らすことなく、余分な言葉を排除する「省略」が有効な方法である。

それでは設問解説にうつろう。

〈設問解説〉

問一　理由説明

筆者が具体的経験の中で「往生した」理由について、前後の抽象論に基づいて説明する問題。

◎設問意図

・論と例
・語彙力
・理由説明

「日本側の著名な学者」の発言は、「この人タヌキで、あなたはキツネ、わたしはウナギ」と同様、文脈を補う必要のある表現の具体例である。

また、設問文の「そのような状態」とは「往生した」状態である。「往生する」には仏教的な意味や「死ぬこと」などの意味もあるが、ここでは「どうしようもなく困り果てること」であり、この「往生した」の意味をおさえて、そのような状態になった理由を説明する必要がある。

理由説明については、筆者の状態の理由であるから、そのような状態を招いたシチュエーション、原因・きっかけ、さらに、筆者の主観的要素＝筆者の心情を示す必要がある。

◎解答へのアプローチ

（1）筆者の置かれているシチュエーションをおさえる。筆者は同時通訳ブースにいる。つまり、同時通訳として、以下の二つを要求される状況にあるということである。

A　通訳は異なる文化に属する人たちの意思疎通を成立させるという使命があり、そのために、それぞれの文脈を把握し、補充して通訳する必要がある。

B　通訳は時間的制約の中で行われる必要がある。

（2）「日本側の著名な学者」の発言

「大政奉還は済んだ」「廃藩置県はまだ終わってない」というのは隠喩であり、また、日本の歴史に関する理解を前提とした発言、つまり、文脈を補う必要のある表現である。

（3）「往生した」につながる主観的要素

限られた時間内で文脈を補って通訳するのが難しいと思われた、もしくは、文脈を補って説明する時間を確保するのが無理であると感じたから、「往生した」のである。解答例は「どうにも～できないと思われたから」としておいた。

◎注意事項
解答欄は四行分。解答欄にきちんとおさまるように解答を作成しよう。理由説明の場合、状況や事実だけを書いて終わる答案が多いが、「困難」「不可能」「無理」という往生につながる表現を入れ、最後を「思われたから」「感じられたから」で結んでおこう。「できないと困り果てたから」などでもよい。筆者の主観的要素を入れるよう意識しよう。加点ポイントは以下のa～dである。

◎加点ポイント
1　「日本側の著名な学者」の発言の説明
a　日本の歴史理解を前提とした比喩的発言
2　筆者の置かれている状況、筆者に要求されている状況
b　外国人との意思疎通をはかるために文脈を補う必要がある、外国人にその表現意図を説明するには文脈を補う必要がある　など
c　同時通訳には時間的制約がある
3　「往生した」に繋がる主観的要素
d　説明時間を確保するのは困難であると思われた、制限時間内で説明するのは無理だと思われた　など

問二　内容説明
この状況、すなわち、「前門の虎、後門の狼」という状況に対処する方法を説明する設問である。

◎設問意図
・故事成語の意味
・構造読解
傍線部直後に「虎は～、狼は～」とあるので、実際には「前門の虎、後門の狼」の意味がわからなくても対応できるが、故事成語の意味から「困難な状況」であることを解答要素に入れたい。また、傍線部の直前の「というわけで」を見て、日本語の特徴を入れ、さらに、対処法については、十三年前のエピソードを踏まえて説明する必要がある。

◎解答へのアプローチ
(1)解答のカタチ
対処法だけでなく、この状況が具体的にどのような状況なのか、それに対してどういう対処法をとるのがよいのかを示したい。また、傍線部直前に「というわけで」とあるので、設問意図にも述べたように、日本語の特徴が困難さを助長していることも解答に含めたい。
(2)「この状況」＝「前門の虎、後門の狼」
〈本文解説I〉を参照してほしい。
←
a　文脈(文化的背景)を補いつつ、時間の短縮をはかる
b　困難な状況
(3)対処法

〈本文解説Ⅲ〉を参照してほしい。
（全部訳す必要はない。わかるところだけ訳していけばいい。）
＝
大事な情報は落とさず、つまり、情報量を減らすことなく、
余分な言葉を排除する
＝
省略
←
c　余分な言葉を省略し、重要な情報を減らさない
もしくは、
重要な情報は維持しつつ、余分な言葉を省略する
（4）日本語の特徴
〈本文解説Ⅱ〉を参照してほしい。（1）・（2）をそのまま書くのは字数的に無理であるから、コンパクトに圧縮する必要がある。
←
d　日本語の音韻的特徴と大和ことばの使用のせいで時間がかかる
（5）字数を意識しない解答例は以下の通りである。
［参考解答例］
文化的背景を補いつつ、理解されやすい大和ことばを用いて音韻上時間がかかる日本語で、通訳する時間を短縮するという筆者に課せられた困難な状況に対処するには、余分な言葉は省略し、重要な情報を減らさないようにするのがよい。
◎注意事項
解答枠は四行分。解答枠にきちんとおさまるように解答を作成しよう。加点ポイントは右記のa～dである。
問三　理由説明
筆者が「とくに感謝している」と言う理由を、師の「戒め」の内容を踏まえたうえで、「というのも」以下の内容に基づいて説明する問題。
◎設問意図
・指示語の指示内容
・「とくに」
・直後の理由「というのも」
「この時の戒め」は師匠の徳永氏の戒めを指し、問二の解答要素となった「前門の虎、後門の狼」という状況に対する対処法である。傍線部直後に「というのも」とあるから、構文的には直後に理由があることになる。ただし、傍線部に「とくに」とあるから、「今まで私の角膜あたりに張りついた鱗をずいぶん取り払っていただいた」徳永氏の助言の中で、「この時の戒め」が特別である点を意識することが必要となる。
◎解答へのアプローチ
（1）傍線部を含む一文の確認

「角膜あたりに張りついた鱗をずいぶん取り払っていただいた」という表現は「目から鱗が落ちる」という慣用表現を前提にしている。「目から鱗が落ちる」とは「あることをきっかけとして、急にものごとの真相や本質が分かるようになる（広辞苑第五版）」ことを意味する。師匠の徳永氏のこれまでの様々な忠告をきっかけとして、筆者が通訳の本質を理解するようになったということである。

(2)「この時の戒め」

「この時の戒め」は、筆者が初めて同時通訳の仕事を引き受けて、通訳できないと思って「同時通訳ブースを飛び出し」た際に、徳永氏が言った「全部訳そうとするから大変なんだ。分かるところだけ訳していけばいいんだよ」を指す。

(3)「とくに感謝している」理由

まず、「というのも」に注目して、筆者の語り口の遅さをおさえよう。語り口が遅い筆者は、話す速度を上げることができないからこそ、徳永氏の戒めが他の人に比べて「とくに」ありがたかったのである。

さらに、この戒めが与えられた状況に注目しよう。(2)で見たように、筆者が初めて同時通訳の仕事を引き受けて、自分には同時通訳は無理だと思った際にこの戒めが与えられ、それで「肝っ玉が据わ」り、その後も通訳の仕事を続けられるようになったのである。したがって、徳永氏の種々の忠告の中で、この戒めが筆者にとって特別なのは、筆者に通訳の仕事をしていく勇気を与えてくれた言葉だったからである。

さらに、この徳永氏の言葉が問二で確認したように、通訳の困難さに対処する、いわば通訳の極意とでもいうべきものであったからこそ、それを教えてもらった筆者が特別に感謝しているのである。

筆者に固有の弱点故に、他の人ではなく筆者にとって特別であったことと、最初の通訳の仕事で逃げ出した際の言葉であったが故に、他の言葉ではなくこの言葉が特別であったこと、さらに、種々の忠告の中でもこの戒めが通訳の困難さを解決する通訳の極意、通訳の本質中の本質であったことの三点を明示する。

(4)できれば、「目から鱗」の慣用表現の意味をおさえて、解答のカタチを整える。

↓

[この戒め]は～契機となったから。

◎注意事項

解答欄は五行分。解答欄にきちんとおさまるように解答を作成しよう。加点ポイントは左記のa～eである。

◎加点ポイント

1　この時の戒め

a　すべてを訳さず分かるところだけ訳せばよいという師の教え
2　筆者の固有の理由
b　筆者は語り口＝口調が遅くスピードをあげることができないこと
3　特別な状況
c　aが、通訳の仕事をしていけると筆者を勇気づけたこと
4　通訳の極意
d　aが、通訳の極意を知る契機となったこと
＊「aが、通訳の極意であること」でもよいだろう。
5　dの具体的説明
e1　通訳の困難さの説明
　文脈を補いつつ時間的制約の中で意思を疎通させる
e2　情報量を維持しつつ、余分な言葉を省略する
＊e1・e2については字数の関係上、両方は書けない。e2はaの具体化であるから、省略し、e1を優先しておけばよいだろう。
◎字数を気にしない解答例
［参考解答例］
初めて同時通訳の仕事を引き受けたとき、不可能であると思って逃げ出した筆者に向けて、師匠の徳永氏が言った、すべてを訳さず、分かるところだけ訳せばよいという教えは、文脈を補いつつ時間的な制約の中で意思を疎通させることが、口調が遅いために一層困難だと感じていた筆者に通訳を続けていく勇気を与えると同時に、口調を速くしなくても、余分な言葉は捨て重要な情報だけを訳出するという省略の方法をとれば通訳は可能であるという通訳の極意を、筆者が知る契機ともなったから。

解答

問一　日本の歴史理解を背景とした比喩的発言であったため、意図を外国人に説明するには文脈を補うべきであるが、同時通訳に与えられた時間的制約の中ではどうにも説明時間が確保できないと思われたから。

問二　文化的背景を補いつつ、時間はかさむが理解の容易な大和言葉を用いて音韻上時間のかかる日本語への訳出時間を短縮するという難題を解決するには、余分な言葉を省略し重要な情報を減らさず伝えるのがよい。

問三　すべてを訳さず分かるところだけ訳せばよいという師の教えは、文脈を補いつつ時間的制約の中で意思を疎通させることが自身の遅い口調のために一層困難だと感じていた筆者を勇気づけ、スピードをあげなくても可能な通訳の極意を知る契機ともなったから。

二〇一一年

一（文理共通）

出典

長田弘（おさだ　ひろし）『失われた時代』

筆者（一九三九～二〇一五年）は福島県生まれ、二〇一五年没の詩人。早稲田大学第一文学部卒業。一九六五年詩集『われら新鮮な旅人』でデビューし、詩人として活躍する。代表詩集に『食卓一期一会』『深呼吸の必要』など。最近では二〇一〇年『世界はうつくしいと』で三好達治賞を受賞している。また、詩集以外にもエッセイ、詩文集、評論などでも多数の著書があり、一九八二年にはエッセイ『私の二十世紀書店』で毎日出版文化賞、一九九八年には詩文集『記憶のつくり方』で桑原武夫学芸賞を受賞している。

『失われた時代』（筑摩叢書、一九九〇）は「一九三〇年代への旅」という副題がつけられており、後記には「この本は、風景を読み、言葉を歩くことをとおして、ひとりの思想紀行として、一九七一年のソヴェト、ポーランド、七二年のスペイン、フランス、七五年のイギリスへの、すべて個人的な旅にもとづいて書かれた。」「この本で明らかにしたかったのは、失われた時代を生きた人びとの生きかたと、そして死にかたにきざまれた、フィロソフィー・オブ・ライフ、書かれざる哲学である。」と記されている。スペイン市民戦争に一兵卒として参加し『カタロニア賛歌』というルポルタージュを残したジョージ・オーウェルやナチス支配を逃れ亡命先で自殺したヴァルター・ベンヤミンなどがとり上げられているが、筆者は最後に、アウシュビッツを訪れ、「今日ほんとうに怖しい」のは、「わずか二十六年前の信じがたい大量虐殺をすらもはや現在において観光の対象としてしまっているわたしたちの戦後というもののありようではないのか」と感じる。そして、「わたしたちが死者をおもいおこすとき、死者がわたしたちにおもいおこさせるのは、ほんとうは過去なのではない。いま、ここにあるわたしたちの現在のありようなんだ。」と述べる。その後に、〈生きるという手仕事〉について語る本文が来るのである。

解説（問四は文系のみ）

〈本文解説〉

本文の内容を簡単に整理しておこう。

テーマは〈生きるという手仕事〉としての生きかたであるが、本文は大きく三つに分かれる。

Ⅰ　帽子屋の生き方を紹介し、筆者が考える〈生きるという手仕事〉としての生きかたについて述べる。

Ⅱ　伊東静雄の庶民観を紹介し、それを批判し、筆者の庶民観を紹介した上で、再度〈生きるという手仕事〉としての生きかたについて述べる。

Ⅲ　人の生が受け身であると述べた上で、再度〈生きるという手仕事〉としての生きかたについて述べる。

詳しく見ていこう。

Ⅰ　帽子屋の生きかたと筆者の考え

まず、ロシアの作家の『穴熊』という作品に登場するある帽子屋について紹介される。そして、この帽子屋の生きかたに象徴される、「じぶんが生きなければならないように生きる」一個の生きかたこそが、「生きる」という行為の母型であると述べている。

帽子屋の仕事は、日に一個ずつ帽子をつくるというしかたで、その手をとおしておのれの〈生きるという手仕事〉をしとげてゆくことであり、生きるとは、この帽子屋がしたように、「日々のいとなみのうちにみずからの〈生きるという手仕事〉の意味を開いてゆくという、わたしの行為なのだ」と述べている。

さらに、ひとがこのように「みずからの生を〈生きるという手仕事〉として引きうけ、果たしてゆくかぎり、…支配の論理によって組織され、正統化され、補完されえないわたしたちの〈生きるという手仕事〉の自由の根拠がある、というかんがえにわたしはたちたい。」と述べている。

具体例・典型例　　帽子屋の生きかた

↓

筆者の考える生きかた

という流れと、さらに、筆者の考える生きかたと「支配」との関係をきちんと把握しておきたい。

Ⅱ　伊東静雄の庶民観と筆者の考え

ここではまず、伊東静雄の庶民観が紹介される。

伊東静雄の庶民観

共産主義がさかんな時は共産主義化し、右翼がさかんな時は右翼化し、民主主義が栄えてくれば民主主義になるのが本当の庶民というもので、それだからいいのです

この伊東の庶民観を、筆者は「本当の庶民」像の倒錯にすぎないとし、筆者の庶民観を述べる。

本当の庶民

共産主義の時代がこようと右翼がさかんな時世がこようと民主主義の世の中がこようと、人びとはけっして「共産主義化」も「右翼化」も「民主主義化」もせず、みずからの人生を、いま、ここに〈生きるという手仕事〉として果たしてゆくにほかならない

そして、Ⅰで述べた〈生きるという手仕事〉を果たす生きか

たについて説明する。

〈生きるという手仕事〉を果たすという生きかた

・そのときそのときの支配の言葉を販いで生きのびてゆく生きかたを、みずから阻んで生きるわたしの生きかた

・社会の支配のついにおよばない自由を生きる本質をふかくそなえていた

Ⅰの最後同様、「支配」との関係を正確に把握しておきたい。

Ⅲ　人の生死の受動性と筆者の考え

ここでは、まず人は生死に対して受け身であることを述べた上で、本文の冒頭の「じぶんが生きなければならないように生きる」という言葉が繰り返される。そして、生きてゆくことに関する筆者の考えが紹介される。それは、〈生きるという手仕事〉を自覚してじぶんに引き受けた人たちの生きかたであり、筆者は帽子屋の生きかたを、「事実を倫理として生きるすべをわがものとして、生きるようにせよ」という言葉に読みかえることで記憶しつづけてゆきたいと結んでいる。

ここでテーマについてまとめておこう。

帽子屋の生きかた（死にかた）に代表される生きかたは、日々のいとなみのなかで果たされるわたしの行為であり、受け身である事実としての生を（そして死を）そのまま引きうけて生きる生きかたであり、支配することをせず、支配を支えるようにみえながら支配のうえをいく自由な、自律的な生きかたなのである。そして、こうした生きかたが現在のわたしたちに、未来の生きかたに指針を与えるべく遺された生きかたであるということを述べている。

では、設問を見ていこう。

〈設問解説〉

問一　内容説明

◎設問意図

内容説明の形で、引用・例の表現意図を問う設問。問二と対になる設問である。問一では、「生きるという手仕事」と関連づけて解答を作成できているかどうか、逆に、問二は帽子屋に即して具体的に説明できているかどうかがポイントとなる。

問一　引用（帽子屋の台詞）に傍線→筆者の意図＝筆者が引用で述べようとしていること

問二　一般論に傍線→具体例に即して説明

◎解答へのアプローチ

（1）同義関係の発見

傍線部は帽子屋の台詞だが、この台詞は後の部分で繰り返されている。まず、そこに気がついたかどうかで差がつく。

・帽子屋の台詞

傍線部「ただこの手、手だけがおれを欺さねえんだ」

＝

・筆者による換言

帽子屋の手は、かれがどんなに老いぼれて目がみえなくなってしまっていても、その仕事をいっしんに果たしつづけた

この筆者による換言に気がつけば、帽子屋の台詞で筆者がどういうことを言おうとしていたのかがわかる。

(2)本文関連箇所の確認

Ⅰに本文を紹介しておいたので、ここでは加点ポイントとなる表現のみを記しておく。本文で各表現を確認してほしい。

a 「この手」に関連する内容

・日に一個ずつ　↓不断

・〈生きるという手仕事〉をしとげていく　↓遂行

・〈生きるという手仕事〉を引きうけ、果たしてゆく　↓受容・遂行

・日々のいとなみ　↓日常

b 「手だけがおれを欺さねえんだ」に関連する内容

・支配の論理によって組織され、正統化され、補完されえないわたしたちの〈生きるという手仕事〉の自由の根拠がある　↓支配の論理から自由な生

◎注意事項

解答欄は三行分。本文を抜き出して合成するだけでは解答欄におさまらない。↓で示したように、表現を工夫して圧縮する必要がある。「不断」については後半に「不断に刺縫いしてゆく」という箇所があるので、自分で思いつかなくてもこれが使用できる。以下に加点ポイントを示す。

◎加点ポイント

1 「手仕事としての生を生きる」の説明

a 不断・日常・受容・遂行

2 「欺さない」の説明

b 支配の論理から自由な生

◎補足説明

目と手が象徴する内容については、近代批判でよく目にする議論に以下のようなものがある。目は視覚、視覚は理性であり、近代は視覚が重視され、理性が支配的な地位を占めている時代である。しかし、理性は支配の「論理」にだまされやすい。それに対して、手はからだであり、生に根づいた身体感覚であり、支配の「論理」にだまされにくい。視覚・理性一辺倒を見直し、身体感覚・感性・五感を再評価することを指摘するタイプの議論である。

問二　内容説明

◎設問意図

「生きることをじぶんに引きうけた人間に特有の自恃と孤独」について、帽子屋のいとなみに即してわかりやすく説明することが求められている。

・語彙　「自恃」「孤独」
・具体化

◎解答へのアプローチ

(1)設問条件および傍線部の直前にある主語「帽子屋の生死には」を確認する。

(2)帽子屋の生死＝生きかた・死にかたを記述した部分を見て、「自恃」「孤独」を具体化する。広辞苑で意味を確認しておこう。

自恃＝自分自身をたのみとすること。

孤独＝仲間のないこと。ひとりぼっち。

単に、自恃と孤独の一般的な意味を記すだけではなく、帽子屋に即して具体化することが必要である。

(3)本文関連箇所
・この手、手だけがおれを欺さねえんだ
・誰にも知られず、～ひっそりと死んでゆく

◎注意事項

解答欄は三行分。解答欄にきちんとおさまるように解答を作成しよう。以下に加点ポイントを示す。

◎加点ポイント

a　帽子屋の生死について書かれていること
b　自恃の具体化＝自らの手だけを頼りに帽子を作る
c　孤独の具体化＝手仕事を人知れず果たす
　　ひっそりと死んでいった

問三　内容説明

◎設問意図

・部分要旨
・対比関係　☞問四
・具体例、具体的説明の一般化
・比喩表現の一般化　言葉を販いで生きのびてゆく
・語彙力　「迎合」「変節」「安泰」「保身」など

◎解答へのアプローチ

(1)傍線部と対応する本文関連箇所の発見↓一般化

傍線部　そのときそのときの支配の言葉を販いで
本文関連箇所　共産主義がさかんな時は共産主義化し、右翼がさかんな時は右翼化し、民主主義が栄えてくれば民主主義になる
↓
時代ごとの権力の支配的な価値観に迎合して変節する

(2)対比関係の確認

傍線部　そのときそのときの支配の言葉を販いで生きのびてゆく生きかた
↔
・〈生きるという手仕事〉を果たすという生きかた

・傍線部を、みずから阻んで生きるわたしの生きかた

(3)「支配の言葉を販いで生きのびてゆく」のニュアンス「販ぐ」は「販売する」だから、それで利益を得ると考えればよい。対比関係をふまえて考えれば、以下。

迎合する→安易で保身的な生き方

↔

自分の考えを通す

◎注意事項

解答欄は三行分。解答欄にきちんとおさまるように解答を作成しよう。以下に加点ポイントを示す。

◎加点ポイント

1　具体例の一般化

a　時代ごとの権力の支配的な価値観

b　aに迎合して変節する

2　「言葉を販いで生きのびてゆく」の一般化

c　保身的に生きる・安泰をはかるなどの指摘

3　対比関係を踏まえる

d　「わたしの生きかた」ではない旨の指摘

e　「自分の考えを通す〈堅持・固持〉」のではない旨の指摘

問四　理由説明

帽子屋が帽子をつくり続ける行為と社会の支配との関係を理由説明の形で説明する設問である。

◎設問意図

・部分要旨

・対比関係　☞問三

・同義内容の把握

◎解答へのアプローチ

(1)傍線部を含む一文をチェックする

『穴熊』の帽子屋のように一日一個ずつ帽子をつくってゆく行為でさえ、それが〈生きるという手仕事〉のいとなみを手離さなかったかぎりにおいて、その行為は意識的にせよ無意識にせよ、社会の支配をささえるようにみえながら同時に社会の支配をみかえす無名の行為のひとつとして、社会の支配のついにおよばない自由を生きる本質をふかくそなえていたはずだ。

(2)同義内容の発見と関連箇所の発見

i　限定条件

・それが〈生きるという手仕事〉のいとなみを手離さなかったかぎりにおいて

・ひとがみずからの生を〈生きるという手仕事〉として引きうけ、果たしてゆくかぎり

↑

・じぶんが生きなければならないように生きる

ⅱ　見かけ
・社会の支配をささえるようにみえながら
・それがどんなにいかなる政治体制のもとに圧されて果たされる生であるようにみえ、また「血も流さなきゃ、祖国を救いもしない」生にみえようと
・権力の支配のしたにじっとかがむようにみえ

ⅲ　実質
・社会の支配をみかえす
・支配の論理によって組織され、正統化され、補完されえない
・どこまでも権力の支配のうえをゆこうとする
　　↓
・ひとりのわたしを他の人びとのあいだで自律的につかみなおすこと

ⅳ　無名の行為
・無名の行為
・名もない老帽子屋
・無名のロシアの帽子屋

（3）解答要素を確認する
・帽子屋のいとなみを傍線部のようにとらえることができるのは、「～かぎりにおいて」である
　　↓

解答の骨格
　帽子屋のいとなみが～かぎりにおいて、～から。
・「ⅱ＋ⅲ＋ⅳ」ととらえることができる理由を明示する
（4）字数を意識して表現を工夫する

◎注意事項
　解答欄は五行分。解答欄にきちんとおさまるように解答を作成しよう。以下に加点ポイントを示す。

◎加点ポイント
a　帽子屋の行為について説明されていること
b　限定条件の明示
c　被支配・抑圧にとどまるように見える旨の指摘
d　支配の拒絶と自律性の指摘
e　帽子屋が名もなき庶民である旨の指摘

問五　内容説明

　Ⅲの部分が中心になるが、実際には本文全体を通して説明されている〈生きるという手仕事〉を踏まえて、違いを説明させる設問。一〇年度第一問の問三でも「ジャーナリズムの言葉と個人の言葉のちがい」を説明させる設問があったが、一〇年度と異なり、「事実を倫理として生きる」については本文に説明があるが、「希望としての倫理によって」生きることについては本文に説明がないので、前者をもとに類推することが必要であり、難度が高い。

◎設問意図

・部分要旨＋α

・対比関係

◎解答へのアプローチ

（1）「事実を倫理として生きる」ことに関連する本文箇所の発見→コンパクトな換言

ⅰ「事実」

・人の生はI was bornという受け身にはじまる

・ひとは偶然に生まれて、ほんとうに死ぬ存在である

→生と死の受動性

・ここにじぶんが生きている事実

・生のもつあいまいさ、貧しさ、複雑さ

・わたしたちの世界にはなにかしら欠けたものがある

→世界の不完全さ

ⅱ「倫理」

・正しくうけいれるべきだ

・まっすぐに引きうける

→正しく受容

・酸っぱいおもいを切りかえし切りかえしして生きてゆく

→辛い思いを抱く

・支配することをせずに、しかも支配の思考をこえる途をつつみもつひとりのわたしの生きかたをみずからの〈生きるという手仕事〉のうちにつらぬいてゆく

→支配を超越する・不断

・生きなければならないように生きる

→必然的

・ひとりのわたしを他の人びととのあいだで自律的につかみなおす

→自律的構築

（2）「事実を倫理として生きる」ことをもとに「希望としての倫理によって生きる」の意味を確定する

・受動性の拒否

・支配の思想をもつ

（3）「希望」のニュアンスを意識する

事実としての生と死を受容するのではなく、よりよい生（そして死）を求めると考えればよいだろう。

（4）「事実を倫理として生きる」ことの説明については、（1）で示したようにコンパクトに表現することが必要となる

◎注意事項

解答欄は六行分。解答欄にきちんとおさまるように解答を作成しよう。以下に加点ポイントを示す。

◎加点ポイント

a　生（と死）の受動性

b　世界の不完全さを辛く思う

c　前者　事実の拒否・より良い生・支配の思想
d　後者　事実の受容・必然的な生・支配を超越・自律

解答

問一　自ら受け入れた生きかたを日々の営みを通して不断に遂行する行為だけが、自己の生をいかなる支配の論理からも自由なものとするということ。

問二　帽子屋が老いて目が見えなくなっても、自らの手だけを頼りに一日一個の帽子を作る仕事を人知れず果たし続け、ひっそりと死んでいったということ。

問三　自己の個人的な生きかたを堅持せず、時代ごとの権力の支配的な価値観に迎合して変節することにより、わが身の安泰を図って生きる姿勢。

問四　名もない帽子屋が帽子を作り続ける行為は、それが日常において手仕事を行い必然的に生きることであるかぎり、社会的抑圧を受けてただ果たされる生に見えても、社会的支配に従う生き方を阻み、社会の中の自己を自律的に把握し直すことであるから。

問五　世界が不完全であるという辛い思いを抱いて生きる人間が、前者は、事実としての受動的な生と死を拒み、支配の思想を抱いてより良い生を求めるのに対して、後者は、自己の生と死の事実を正しく受容し、支配を越え、自己を他者の間で自律的に把握し直し、必然的な生きかたを不断に続けることである。

二（文系）

出典

安田登（やすだ　のぼる）「神話する身体」

筆者は一九五六年生まれ。能楽師（下掛宝生流ワキ方）であり、能の舞台をつとめながら多彩なワークショップを行っている。また、ロルフィングとは筋肉のトーナス（緊張度）を適正化することだが、筆者は米国RolfInstitute認定ロルファーでもあり、東洋の身体技法を生かし、ボディーワーカーとしても活躍している。

自身のツイッター（https://twitter.com/eutonie/）の自己紹介には、「能楽師、ワキ方、下掛宝生流。身体、論語など興味はさまざま。広尾で寺子屋をやってます」「銚子市（千葉県）出身」と記されている。この寺子屋の活動については、自身のホームページ（http://www.watowa.net/）で紹介されている。

著書に、『ワキから見る能世界』『能に学ぶ身体技能』『疲れない体をつくる「和」の身体作法―能に学ぶ深層筋エクササイズ』『身体感覚で『論語』を読みなおす。』などがある。

本文は『言語』（大修館）に二〇〇八年一月～十二月に連載された「神話する身体」の一部であり、新劇との比較をしつつ、能の舞や謡の「型」は個人的な体験を超えた普遍的な心的作用やその深層の神秘的精神作用を封じ込めたものであるとし、身体技法としての能の舞歌の現代における意義を述べた部分である。

本文の後半の内容については、筆者自身が二〇〇七年五月に立命館大学で開催された「21世紀統合医療フォーラム」のワークショップに寄せて、以下のように記している(http://east-westdialogue.org/07forum/forum_yasuda.htm)。

> さて、能とロルフィングの共通点を探っている途中に、私たちの身体のさらなる可能性に目が行くようになりました。結論を先にいえば、それは個人の身体を超えた身体。祖先からの記憶を受け継ぎ、それを未来に伝えていく身体で、私はこれを「神話する身体」と呼んでいます。私たちは、この「神話する身体」を深奥に有するのですが、しかしそれはなかなか外には現れません。でも、それは常に私たちによって読まれることを期待しています。
>
> (略)
>
> 「心(シン)」や「思ひ」こそが、私たちの身体に眠る神話そのものです。ロルフィングをしたり、あるいは謡ったり舞ったりするという作業は、私たちの身体の深奥に眠っている神話を目覚めさせ、解凍する作業に他ならないのではないだろうか、そう思うようになりました。

解説

〈本文解説〉

本文は能と新劇を比較しつつ、能の特徴とその現代的意義について述べた文章である。順に見ていこう。

Ⅰ　能と新劇の違い　その1

ⅰ　舞台前

新劇　準備に余念がない

↔

能　発声練習すらしない

ⅱ　解釈

新劇　作品の解釈をしっかりする

↔

能　あまりしない

ⅲ　稽古

近代演劇　・さまざまなメソッドを生み出した
・メソッド演技(人生経験を生かす)

↔

能　・発声方法などは全く教えず、ただ真似して謡えという
・マネをする、これが能の稽古の基本で、稽古メソッドなどというものは特にない

・過去の経験がどうのこうの以前に解釈すらほとんどしない
・ただ型や謡を教わる

この新劇と能の稽古の違いを説明させる設問が問一である。

Ⅱ　能と新劇の違い　その2

能の舞台でも、演者は、稽古の時と同様、解釈をしたり気持ちを入れたりはせずに、ただ稽古された通りの型を稽古された通りに忠実になぞる。その時、「何ともいえない感情」が立ち上がる。この感情が、新劇で表現される感情とは異なる「思ひ」である。「思ひ」について説明されている箇所を確認しておこう。

能で立ち上がってくる感情＝「思ひ」
・いわゆる演劇的な感情表現ではない
・ころころ変化するココロ、すなわち情動なんかではない
・ココロの深層にある「思ひ」は同じなのだ
・ココロを生み出す心的作用
・対象があるココロは変化するが、そのココロを生み出す「思ひ」は変化しない
・何歳になってもなくならない
・演者の個人的な体験などは優に超越している

この部分の読解を問う設問が問二と問三である。

Ⅲ　能の特徴とその現代的意義

ここでは「思ひ」だけでなく、「思ひ」のさらに深層に想定される「心(シン)」という神秘的精神作用について述べられる。

・「心(シン)」や「思ひ」は私たちの身体に眠る神話そのものだ
・古人は「思ひ」だけでなく、その「心(シン)」すらをも型の中に封じ込めた

ここから、能の舞謡の意味が導き出される。

・舞歌とは文字化された神話をクリックする身体技法であり、私たちの身体の深奥に眠っている神話を目覚めさせ、解凍する作業である

こうして筆者は最後に、「身体性も神話性も非常に希薄になってしまった現代に、身体を使って神話を読み直してみるというのはどうだろうか」と提案する。本文の比喩をそのまま用いれば、神話を冷凍保存した能の舞や謡の型を身体で実現することで、神話を解凍してみてはどうかということだろう。

ここで用いられている比喩表現の意味を問う設問が問四、身体技法としての能の現代的意義を問う設問が問五である。

それでは設問解説に移ろう。

〈設問解説〉

問一　内容説明

新劇と能における稽古の違いを説明する設問。

◎設問意図

・部分要旨

・対比関係

◎解答へのアプローチ

本文解説Ⅰiiiをまとめるだけの設問。解釈を行い、メソッドがあり、個人的体験に基づいた演技を引き出す新劇の稽古に対して、能の方は解釈すら行わず、型や謡を教わり、それをマネするだけであることをまとめればよい。

新劇の稽古の体験依存についても言及しておいた方がよいだろう。本文後半の「思ひ」の説明箇所に「演者の個人的な体験などは優に超越している」とあるので、この部分の反対解釈からすれば、新劇の方は演者の個人的な体験に依存する部分があることになるからである。

◎注意事項

解答欄は五行分。解答欄にきちんとおさまるように解答を作成しよう。以下に加点ポイントを示しておく。

◎加点ポイント

1　新劇　a　解釈をする

b　メソッドがある

c　個人的な体験に依存する

2　能　d　解釈をしない

e　型や謡を教わる

f　忠実にマネる

問二　内容説明

能で立ち上がってくる「思ひ」とは異なるココロを説明する設問。

◎設問意図

・部分要旨

・対比関係

◎解答へのアプローチ

能で立ち上がってくる「思ひ」に関する否定的な記述を使ってまとめる。

・ころころ変化するココロ、すなわち情動なんかではない

↓変化・情動

・対象があるココロは変化する

↓対象がある

・演者の個人的体験などは優に超越している

↓個人的体験と関わる

◎注意事項

解答欄は二行分。コンパクトにまとめることが必要である。解答例は傍線部の最後「感情表現」に合わせて最後を「～演

技という意味」としているが、「〜を演技で示すこと」などと結んでおいてもよい。以下に加点ポイントを示しておく。

◎加点ポイント

a　情動

b　変化

c　対象

d　個人的体験

問三　内容説明

『隅田川』を例にして、能で立ち上がってくる感情である「思ひ」を説明する設問。設問条件をふまえて、『隅田川』の内容を例示したうえで、「思ひ」の特徴をまとめる。

◎設問意図

・部分要旨

・対比関係

◎解答へのアプローチ

(1)『隅田川』の例

『隅田川』の能でシテの母親がわが子を求める思慕と『伊勢物語』で業平が妻を偲ぶ思慕は、恋い慕う対象は違うのだがココロの深層にある「思ひ」は同じである。

(2)「思ひ」の特徴

本文解説のⅡで拾い出した部分を整理すればよい。

・ココロの深層にある「思ひ」は同じなのだ

→情動の深層にある

・ココロを生み出す心的作用

→情動を生み出す心的作用

・対象があるココロは変化するが、そのココロを生み出す「思ひ」は変化しない

→対象が異なっても同じである

・何歳になってもなくならない

→主体の年齢にかかわらず同じである

◎解答のカタチ

設問条件を意識して、[例]のように[論]というカタチでまとめる。

◎注意事項

解答欄は五行分。解答欄にきちんとおさまるように解答を作成しよう。以下に加点ポイントを示しておく。

◎加点ポイント

1　『隅田川』の例

a　『隅田川』　母親が子どもを求めるココロ(情動)

b　『伊勢物語』　夫が妻を偲ぶココロ(情動)

c　a・bの深層にある「思ひ」は同じ

2　「思ひ」の特徴

d　「何ともいえない感情」である

e　変化する情動の深層にあり、情動を生じる心的作用

f　対象や主体の状況によらず同じである

問四　内容説明

「思ひ」については問三で説明済みなので、ここでは「封じ込めて冷凍保存した」の意味を説明させる設問と考えられる。注意したいのは、傍線部は「思ひ」だけで、「心（シン）」は含まれないということである。傍線部直後の記述と混同しないように注意したい。

傍線部

古人は舞や謡の「型」の中に、言葉にはできないある「思ひ」を封じ込めて冷凍保存した

傍線部の次の文

古人は「思ひ」だけでなく、その「心（シン）」すらをも型の中に封じ込めた

◎設問意図

比喩説明＝「封じ込めて冷凍保存した」

◎解答へのアプローチ

（1）「思ひ」の説明

問三で説明済みだが、ここでは加えて、傍線部の「言葉にはできない」も含めて説明しておこう。

（2）比喩に関連する箇所

・私たちの身体の深奥に眠っている神話を目覚めさせ、解凍する

（3）「封じ込める」「冷凍保存」のニュアンスが出るように説明する

・封じ込める＝中に入れて閉じ込める（広辞苑）

→身体の深奥に

・冷凍保存解凍（溶かす）

→定着させる

＊五行分あれば「後人が舞い謡うことでそれを感受することができるように、身体の深奥に定着させる」などと説明したいところである。

（4）「型」もできれば「様式」などと言い換えておきたい

◎注意事項

解答欄は四行分。解答欄にきちんとおさまるように解答を作成しよう。以下に加点ポイントを示しておく。

◎加点ポイント

1　思ひの説明

a　個人的体験を超越・普遍的

b　情動が生じる根源

2　型の説明

c　一定の様式

3　比喩

d　身体性の深奥

e　「定着」「固定」など

問五　内容説明

傍線部の内容を「筆者の能の理解に基づいて説明」する設問。問三・問四でふまえた内容に加えて、「思ひ」の深層にある「心（シン）」をも含めた能に言及しつつ、「身体」と「神話」の関係を説明する。

◎設問意図

・全体要旨

◎解答へのアプローチ

(1)身体と神話の関係に関連する本文箇所に注目する。それがそのまま、筆者の能の理解に重なる

・「心（シン）」という神秘的精神作用

・古人は「思ひ」だけでなく、その「心（シン）」をも型の中に封じ込めた

・「心（シン）」や「思ひ」は私たちの身体に眠る神話そのものだ

・舞歌とは神話をクリックする身体技法であり、私たちの身体の深奥に眠っている神話を目覚めさせ、解凍する作業である

・この神話の解凍に必要なのが私たちの身体だということは重要である

(2)本文で示された筆者の能の理解を踏まえて、ポイントを整理する

「思ひ」の内容　…問三・問四

↓

神話＝「思ひ」と「心（シン）」

↓

身体の深奥に眠る・舞歌の「型」に保存　…問四

↓

身体を使って舞を舞い、謡を謡う＝身体技法としての能

↓

「思ひ」（や「心（シン）」）が立ち上がる

(3)現代という時代の特性、さらに、「読み直してみる」という表現を踏まえて説明する

◎注意事項

解答欄は五行分。解答欄にきちんとおさまるように解答を作成しよう。以下に加点ポイントを示しておく。

◎加点ポイント

1　現代という時代の特性

a　身体性も神話性も非常に希薄になってしまった現代

2　能の特徴

b　舞や謡という身体技法によって「思ひ」や「心（シン）」を立ち現す

c　舞や謡の型は「思ひ」や「心（シン）」を維持している

3　「思ひ」・「心（シン）」の説明

d　「思ひ」＝人間の身体の深奥に潜む普遍的で言語化しえない心的作用
e　「心(シン)」＝「思ひ」の深層の神秘的精神作用
4　「読み直してみる」のニュアンス
f　再び立ち現す試みである

解答

問一　新劇では、演者は作品解釈を入念に行い、様々なメソッドを教えられ、演者の個人的な体験に基づいた演技を引き出す稽古をするのに対して、能では、演者は作品解釈もほとんどせず、ただ型や謡を教わり、それらを忠実に真似する稽古をひたすら行う。

問二　新劇の演者が個人的に体験される特定の対象に対して変化する情動を観客に伝える演技という意味。

問三　能『隅田川』で母親が子を求める情動と『伊勢物語』で夫が妻を偲ぶ情動の、両者の根底にある何ともいえない感情が同じであるように、変化する情動の深層にあって情動を生じる心的作用は、その対象や主体の個別的状況によらず、同じであるということ。

問四　能の伝える舞や謡の型は、個人的体験を超越し、特定対象への変化する情動を生じる源となる、言語化できない普遍的な心的作用を、古人が一定の様式として身体の深奥に定着したものであるということ。

問五　身体性や神話性を経験しがたくなった現代において、能は、舞や謡という身体技法によって、それらの型が維持している、人間の身体の深奥に潜む普遍的で言語化しえない心的作用やその深層の神秘的精神作用を、再び立ち現す試みであるということ。

二（理系）

出典

林達夫(はやし　たつお)「文章について」

林達夫(一八九六〜一九八四年)は東京出身の評論家、編集者。京都帝国大学哲学科卒業後、複数の私立大学の講師を務めつつ、戦前は岩波書店の雑誌『思想』の編集に携わり、戦後は平凡社『世界大百科事典』の編集長を務めた。一九七二年に『林達夫著作集』で毎日出版文化賞を受賞した。また長年の「西洋精神史及び現代文明に対する研究と評論活動の業績」に対して朝日文化賞が贈られている。多くの評論、随想を残した、小林秀雄と並ぶ、日本を代表する知識人の一人である。代表的な著作に「歴史の暮方」「共産主義的人間」などがある。

本文は、未完成なまま即興的に産出される「話される言葉」との対比を通して、時間的持続に耐えうる完成された散文を理想とする、印刷を前提とした現代の「書かれる言葉」の特質について述べた文章論である。

同一箇所が一九八八年度の京大第一問で出題されている。これは出題者のチェックミスであろうが、要するに、本文選定の基準や設問作成の基本姿勢が二十年前とそれほど変わっていないということだろう。以下、一九八八年度の設問を紹介しておこう。二重傍線は「関係者」「関心者」に引かれていた。

一九八八年度・設問

問㈠ (1) 書くことの身体性についてアランの言っていることを、筆者は「表面的な身体性」と述べている。それはどういうことか、具体的に説明せよ。（五行）

(2) 筆者は、更に、書くことの身体性について「もっと深いところに根差している」ものを挙げている。それはどういうことで、なぜ深いと言えるのか、具体的に説明せよ。（四行）

問㈡ 文中の傍線部の「関係者」と「関心者」とが、このような表現で使い分けられている理由を述べよ。（八行）

問㈢ (1) 話される言葉に関わる作業と書かれる言葉に関わる作業はどのように異なると述べられているか、簡潔に答えよ。（六行）

(2) 書かれる言葉でありながら「耳に愬える」とはどういうことをいうのか、説明せよ。（四行）

問㈣ 筆者は、この文章の前の部分で、話すように書けと言うことはナンセンス（無意味）であると述べている。なぜそう言えるのか、この問題文の内容に即して説明せよ。（十一行）

解説

〈本文解説〉

本文の内容を見ていこう。全体を通して「書かれる言葉」について述べられているが、全体は三つに分けることができる。

Ⅰ「肉筆で書かれたもの」と「印刷されたもの」の違い

Ⅱ「話される言葉」と「書かれる言葉」の違い

Ⅲ「書かれる言葉」を「話される言葉」から区別するための心構えと作業

以上の三つである。では、順に見ていこう。

Ⅰ 「肉筆で書かれたもの」と「印刷されたもの」の違い

まず、現代においては「書かれる言葉」は「たいていの場合目で黙読されるために印刷される運命にある言葉であり、それを理想的境地として目差している」と指摘し、以下の違いに言及する。

・肉筆で書かれたものは、続け字や略字のためにその行間になお何か身振り的なものや舞踏的なものを残しているが、印刷はそれを払拭して、抽象的に均一化するのである
・書くということには、~かかる表面的な身体性ばかりでなく、もっと深いところに根差している身体的なものも現われており、そのものの払拭も印刷の役目の一つになっていないであろうか

Ⅱ「話される言葉」と「書かれる言葉」の違い
Ⅰをうけて、「話される言葉」と「書かれる言葉」の違いが比喩を用いつつ説明される。

話される言葉
・本来即興的にほとんど猶予なしに産出され、産出されるままに多少の訂正と彫琢とを受けながら、しかも多くは未完成にとどまったままその使命を終えてしまうものである
・その場限りの試作
・関係者はごたごたの中で立ち会い
↓
・ありのままの話される言葉

書かれる言葉
・一定の時間をかけられて構成され、再構成され、とにかく仕上げを完うされたものとして、しかる後にその使命を果たさんがためにおもむろに提出されるのが普通である
・多少とも持続に運命づけられた完成品
・関心者は工場を離れた出来上がった品物とだけ見参する
↓
・一定の目標と境地とを目差さねば用をなさぬ書かれる言葉

このように両者の違いを述べた上で、「書かれる言葉」を「話される言葉」とは異なるものにする「心構えと作業」について述べる。

Ⅲ「書かれる言葉」を「話される言葉」から区別するための心構えと作業
文章は、話される日常の言葉とその組み立てが前提ではあるが、一定の「心構えと作業」が必要であり、以下のように説明されている。
・何らかの思想の絆によって全体が貫かれ、引き締められ、この全体的連関の見通しにおいて、絶えず後ろを振りかえり、且つ前を見してそこから余計なもの、冗漫なもの、重複的なものを取り除くという心構えと作業を欠かすわけには行かない
これが「原始的な基礎工作」であり、模索の言葉を省く「浄化の仕事」である。そして、「そのような工作はやがて曖昧

な言い廻しや陳腐な月並句等々を除去してゆき、ついには耳にうったえるようなものさえも慎重に回避するに至るのである」と述べられている。

「耳にうったえる」については過去問で問われていたが、忌避される文章として「演説口調の、調子づいた、それに反復句の多い文章」が挙がっているように、要するに、音韻やリズム感などにより理性ではなく感性・情緒に訴えることである。

それでは設問を見ていこう。

〈設問解説〉

問一　内容説明

傍線部の「もっと」という比較の表現に注目し、「表面的な身体性」をふまえたうえで、「深いところ」に「根差している身体的なもの」の内容を説明する設問である。簡単にみえるが意外と難度の高い設問である。

◎設問意図

・部分読解

・比較

・抽象化

◎解答へのアプローチ

(1)話題の確認

肉筆で書かれたもの・肉筆で書くということ

(2)比較を意識して具体化する

i　表面的な身体性

・続け字や略字のためにその行間になお何か身振り的なものや舞踏的なものを残している

ii　もっと深いところに根差している身体的なもの

・作家の表現の努力そのもののあとかたであるところの、消し、直し、書き足し等

・書く工作のあと

(3)　iiに関連する本文箇所の確認

・何らかの思想の絆によって全体が貫かれ、引き締められ、絶えず後ろを振りかえり、且つ前を見してそこから余計なもの、冗漫なもの、重複的なものを取り除くという心構えと作業＝この原始的な基礎工作

(4)　表現の工夫

比喩表現は一般表現に直し、列挙されている具体例は抽象化してまとめるなどの工夫がいる。それが同時に字数の圧縮にもなる。加点ポイントに示しておいたので確認してほしい。

◎注意事項

解答欄は三行分。解答欄にきちんとおさまるように解答を作成しよう。以下に加点ポイントを示しておく。

◎加点ポイント

1　表面的な身体性

a「身振り的なもの・舞踏的なもの」　→身体的運動
b「続け字」　→筆跡
c「表面的」　→視覚的に把握できる
2　もっと深いところに根差している身体的なもの
d「表現の努力」　→思想を表現する内面的な努力
e「消し、直し、書き足し等」　→推敲の痕跡
3　話題確認
f　肉筆の場合に限定

問二　理由説明

指示語の指示内容をふまえて傍線部の文意を把握したうえで、肉筆原稿の写真版が活字印刷より「美しいもの」には見えないと筆者が述べる根拠を説明する設問。本文全体で述べられている「書かれる言葉」の理想的特質を、それとは対比的な肉筆原稿への否定的評価の根拠として用いて説明する必要がある。

◎設問意図
・部分読解
・対比関係

◎解答へのアプローチ
(1)傍線部「その効果は逆であろう」の文意
直前に「より美しいものに見える」とあるから、「かかる書く工作のあとをありありと示すことによって、傑作の一頁が醜いものに見えるだろう」という意味になる。
(2)関連する本文箇所を整理する
i　肉筆原稿
・推敲の過程をそのまま残した
・未完成・試作
ii　書かれる言葉
・印刷されることを理想的境地としている
・純粋な抽象の形態・何ら作家の身体の動きのあとかたをとどめぬそれ(身振り的なものや舞踏的なものを払拭して、抽象的に均一化する)
・構成され、再構成され、仕上げを完うされたもの
・完成品
(3)字数を意識しない解答例
現代の文章は構成を整えた完成品として、肉筆の身体性を捨象した純粋な形態で印刷され読者に提示されることを理想としている。ところが、推敲の過程をそのまま残した肉筆原稿は、肉筆の身体性をまざまざと残している。したがって、推敲の過程をそのまま残した肉筆原稿は、現代の文章に求められる要求を満たさないから。
(4)字数を意識して、重複をカットしてまとめる。

◎注意事項
解答欄は四行分。解答欄にきちんとおさまるように解答を

作成しよう。以下に加点ポイントを示しておく。
◎加点ポイント
1　話題の限定
a　現代の印刷された文章もしくは散文に言及していること
2　aに求められる条件の指摘
b　構成を整えた完成品
c　身体性の捨象
3　「かかる書く工作のあとをありありと示している大作家の「原稿」」の特徴
d　肉筆であること
e　推敲の過程を残している
4　理由説明の構造
f　3は2の条件を満たさない旨の指摘

問三　内容説明
「「書かれる言葉」の特質をふまえて」という設問条件をふまえ、本文全体の趣旨を含めて説明する。
◎設問意図
・全体要旨
・対比関係
・指示語

◎解答へのアプローチ
(1)「かかる何でもないような浄化の仕事」
本文解説Ⅲを参照してほしい。
・「～思想の絆によって～重複的なものを取り除くという心構えと作業」(第④段落二文目)
・原始的な基礎工作・文章の第一歩
(2)「書かれる言葉」と「話される言葉」の特質
設問条件から「書かれる言葉」の特質を説明することは当然必要だが、傍線部の内容を説明する以上、「話される言葉」の特質についても述べる必要がある。本文根拠については本文解説Ⅱを参照してほしいが、字数内におさめるために対比関係を意識しつつ、表現をコンパクトにする必要がある。
(3)傍線部の続きに「そのような工作はやがて～ついには～」とあるので、傍線部で「既に」と言われた段階が推敲の基礎的段階であることも明確にしておきたい。
◎注意事項
解答欄は五行分。解答欄にきちんとおさまるように解答を作成しよう。以下に加点ポイントを示しておく。
◎加点ポイント
1　「書かれる言葉」の特質
a　思想的一貫性／体系化
b　完成品

c　時間的持続
2　「話される言葉」の特質
d　未完成
e　即興的
3　「かかる何でもないような浄化の仕事」の内容
f　推敲の基礎的段階
g　文脈を点検・余分な字句を除く

解答

問一　肉筆には、作家の身体的運動の痕跡として視覚的に把握できる筆跡だけでなく、作家の内面的思索の表現過程である推敲の痕跡も残っているということ。

問二　現代の文章は、構成を整えた完成品として、肉筆の身体性を捨象した純粋な形態で印刷され読者に提示されることを理想としており、推敲の過程をそのまま残した肉筆原稿は、その要求を満たさないから。

問三　書かれる言葉は、思想的一貫性によって体系化された完成品として、時間的持続に堪える洗練された散文を目指すもので、文脈を点検し余分な字句を除く推敲の基礎的段階から、未完成のまま即興的に話される言葉とは、性質を異にしているということ。

二〇一〇年

一（文理共通）

出典

津島佑子（つしま　ゆうこ）「物語る声を求めて」

津島佑子（一九四七〜二〇一六年）は作家・小説家。太宰治の次女。代表作に『寵児』『光の領分』『黙市』『謝肉祭』『大いなる夢よ、光よ』『かがやく水の時代』など多くの作品がある。

本文は、『東洋文庫ガイドブック』（二〇〇二年出版）に収められた随想である。口承文学で伝えられた物語の魅力、口承文学と近代文学をめぐる、声と活字、土地や人に固有の言語と近代国家の存在を前提とする共通語、神話的・風土的な想像力と近代的な論理の違いに言及した上で、近代的文学観を乗り超える試みを紹介した文章である。

解説（問五は文系のみ）

〇九年度に引き続き、京大現代文第一問は文系・理系共通問題であった。漢字設問がなくなり、記述設問が5問となった。問題本文字数は〇九年度より約六〇〇字増加して約二八〇〇字であり、例年になく多かった。逆に、解答記述分量は〇九年度より三行分減少し、三行・三行・三行・三行・五行で合計十七行分であり、こちらは例年になく少なくなった。

〈本文解説〉

本文の内容を簡単に整理しておこう。（丸数字は形式段落を示す。）

Ⅰ　口承で伝えられた物語の魅力（①〜⑫）

冒頭で「口承で伝えられた物語の世界はなぜ、私を魅了するのだろう」と問題提起し、筆者自身の経験を踏まえて、その魅力について説明している。魅力については、子どものころの世界の特徴と関連づけながら、「ヤマンバ」を例にとって具体的に説明している。さらに、口承の物語と、筆者にとって魅力のなかった絵本や日本の近代文学とを比較することで、筆者が口承の物語に強く惹かれていたことを強調している。

(1)子どもの世界の特徴（①〜⑥）

・そこには口承の物語がふんだんに生きていた

・子どものころの世界は、音とにおいと手触りとでできあがっているということなのだろうか　……問一

(2)母親の口から話を聞く場合と絵本の物語を読む場合の違い（⑦〜⑩）

・そこにどんなおもしろい話が書いてあっても、母親の口から聞く話ほどには、どきどきするような現実感がなかった

(3)文学に表現された子どもの世界—日本の近代文学と民話(⑪・⑫)　……問二

・(日本の近代文学、「赤い鳥」系の話)私にはつまらなかった
・子ども向けの本は嫌いだった

↔

・民話の本を読みつづけていた
・経験談を集めた本を片っ端から読みあさった
・私は物語の声を求めつづけていた

(1)(2)では、耳で聞く口承の物語の魅力が、実際には聴覚だけでなく、イメージの想起を含めて頭と体に訴える全身感覚的なものであることをつかんでおきたい。

Ⅱ　口承の物語と近代の文学—語る・聞く言葉と書く・読む言葉(⑬〜⑰)

ここでは、物語・文学と言葉の関係に言及している。

(1)口承の物語と現代

・口承の物語は決して、現代の私たちと切り離された、異質な世界ではない

(2)口承の物語と近代の文学の違い　……問三

ジャーナリズムの言葉	個人の言葉
・近代の文学	・口承の物語
・印刷術と共に発達した新しい分野	・ひとりひとりの顔が見える言葉
・血縁、地縁を超えて	・家族や地縁に支えられている言葉
・自分の意見を発表できるという魅力	⇐
・幅広い人たちに理解できる言葉→共通語・人工の言葉を使う(近代国家という新しい枠組み)	・地方の風土、習慣、伝統が生きつづける ・地方の風土、習慣、伝統を確認するための道具

本文の読解としては以上の表の対比関係を把握しておけばよいが、注意しておきたいのは「個人の言葉」という表現である。厳密に言えば、「個人」が成立するのは近代(正確には近代西欧社会)においてであり、近代以前の言葉を「個人の言葉」と呼ぶのには違和感がある。本文では、口承の物語を担う人間、つまり、特定の土地で具体的生活をしているひとりひとり異なる生身の人間を意味しているわけだが、「個人」という言葉がもつ時代性を考えるとやや

不適切な表現であるように思われる。

（3）近代的文学観と現在の小説

筆者自身も近代的な発想に育まれているわけだが、近代的文学観に基づく現在の小説が魅力にあふれた作品を生み出していない状況に対して「私たちは考え込まざるを得なくなっている」と告白している。

Ⅲ　新しい試みと筆者の思い⑱・⑲ ……問四

（1）新しい試みとその背景

⑱・⑲段落は「ほかにも」、指示語（「こうした」）、「そこにはもう一つ」という表現、助詞「も」に注目して、正確に論理構造を読み取ることが必要である。読み取った内容を整理すると、以下のようになる。

背景

1　人間たちの欲求

近代が見失ってきたものをなんとか取り戻したい

2　「大発見」

近代の学問がとんでもない古代の口承文学の世界を見事に読み解いてくれた

↓

新しい試み

・それぞれの風土の時間を近代の時計からはずして、神話的な時間に読み替えていこうとする試み

例1　ラテン・アメリカの世界の「マジック・リアリズム」

例2　カリブ海の島々の「クレオール文学」

（2）筆者の思い

筆者は、近代が見失ってきたものを取り戻す「試み」が、近代の学問がもたらした「大発見」の成果であることを考えると、「私はいやでも複雑な思いにならずにいられなくなる」と述べている。

近代が見失ってきたもの＝近代がないがしろにしてきたものを見直す試みが、近代の学問の成果に依存しているという皮肉な状況に対して「複雑な思い」にとらわれているのである。

それでは設問解説に移ろう。

〈設問解説〉

問一　理由説明

傍線部の理由説明であるが、設問文が「「どきどきするような現実感」とは、どのようにして生じるのか、説明せよ。」となっていることに注意したい。点ではなく線、つまり、経緯を説明せよということである。

◎設問意図
〈本文解説〉Iの（1）（2）の理解を問う設問である。
・話題の確認
・対比関係
・具体例の一般化
・具体例とまとめの指示語「そのように」
・同義関係の把握
◎解答へのアプローチ
（1）話題の確認・対比関係
口承で伝えられた物語の世界＝母親から聞く話　↕　絵本
（2）同義関係の把握
表現と接続語「だから」に注目する。

・そこ（絵本）にどんなおもしろい話が書いてあっても、母親の口から聞く話ほどには、どきどきするような現実感がなかった
＝
・子どもは物語の世界を直接、体に受け入れて生きてしまう。《だから》、どんなことよりも興奮する

接続語「だから」は理由⇒結論関係を示すから、ゴシック太字部分が解答要素となることを確認する。
（3）具体例とまとめの指示語
「ヤマンバ」の話を例にとって説明されているから、これを一般化する。また、まとめの指示語「そのように」に注目して、（2）のゴシック部分と具体例との関係を意識する。
ヤマンバの話
母親の声から誘い出されて　口承→聴覚刺激
山の風景が浮かび　視覚イメージ
ヤマンバの声が私の頭と体に反響して　聴覚・体感
＝
ヤマンバと馬子のシルエット　視覚イメージ
声の反響と共に　聴覚・体感
←
日常の一部になっていた　日常化
＝
そのように、子どもは物語の世界を直接、体に受け入れて生きてしまう
（4）関連箇所のチェック
解答要素に関連する本文記述をチェックする。
・子どものころの世界は、音とにおいと手触りとでできあがっている　聴覚・嗅覚・触覚
（5）解答の骨格
設問文「どのようにして生じるのか」を意識し、解答の骨格を決める。

母親（語り手）が物語を語る声
↓　誘発
子ども（聞き手）・視覚イメージ
・聴覚他、五感を刺激
↓　反響
体
↓
日常生活の一部
＝
物語の世界を直接体に受け入れる

［参考解答例］
物語を語る語り手の声に誘発されて、まず聞き手の視覚的イメージが想起され、さらに聴覚などの身体感覚が刺激されて物語世界が直接体感されると共に、物語世界が聞き手の現実の生活と不可分になって生じる。（92文字／96字）

◎注意事項
解答枠は三行分。解答枠にきちんとおさまるように解答を作成しよう。解答作成に関連する本文箇所の発見は難しくないので、解答枠内にどれだけポイントを入れ込めるかで差がつく。

［解答例］
物語を語る声に誘発されて聞き手の視覚的イメージが想起され、さらに身体感覚に直接訴える物語世界が現実の生活と不可分の関係になることで生じる。（67文字／69字）

◎加点ポイント
a　「物語を語る声に誘発される」旨の指摘
b　「聞き手」に作用することの指摘
・「聞き手に生じる作用」の具体的説明
c　視覚的イメージを想起することの指摘
d　聴覚などの感覚が刺激されることの指摘
e　物語世界を体に受け入れることの指摘
f　直接的であることの指摘
g　物語世界が日常生活の一部になる

問二　内容説明
「近代性」という多義的な表現、もしくは、人により内容理解に違いがある表現の本文中での意味を確定する設問である。類似設問としては、〇六年度共通第一問の問一（「お話」の意味を説明させる設問）、〇七年度共通第一問の問三（「人間の生来の価値観」の意味を説明させる設問）などがある。

◎設問意図
・指示語
・論と例
・関連箇所のチェック

◎解答へのアプローチ
（1）傍線部内指示語「そこ」＝「赤い鳥」系の話

(2)論と例

「文学で表現される子どもの世界」の例として「日本の近代文学」、さらに「日本の近代文学」の例として「「赤い鳥」系の話」があがっている。この「「赤い鳥」系の話」についての説明問題であるから、当然、論部分をチェックすることになる。

・子どものころの経験を文学で表現するという例(詩、小説)

そこで表現される子どもの世界は、「無垢」、あるいは「無知」の象徴として描かれている

・日本の近代文学も例外ではなく

・「赤い鳥」系の話

(3)関連箇所のチェック

そもそも「近代性」の意味が問われているのであるから、本文中で「近代」、「近代性」、「近代文学」と言葉に言及している本文箇所をチェックする。さらに、解答要素に「言葉が近代の論理で～」が含まれるので、字数にゆとりがあれば「近代の言葉」について書いてある本文箇所もチェックすることが必要となる。

・言葉が近代の論理できれいに整理され、描かれている人物たちも「近代的」論理性のなかでしか生きていない。

・幅広い人たちに理解できる言葉が必要になり、共通語が作られていく。つまり、人工の言葉を使うという約束事を守ることが前提となり、それは言うまでもなく、近代国家という新しい枠組みとも、歩みを共にしている。

(4)解答の骨格

加点ポイントを整理して、解答の骨格を決める

・(近代性は)「日本の近代の童話」の特徴である

・近代性の内容1

言葉・人物　近代の論理(近代的論理性)できれいに整理されている

・近代性の内容2

子どもの世界を無垢、無知と捉えている

＋

・言葉…近代国家により人工的に作られた共通語

・ドイツ・ロマンティシズムの影響

・注　理想的な子どもを育む童話

[参考解答例]

近代日本の童話は、ドイツ・ロマンティシズムの影響を受けて、理想的な子どもを育むことを目的に、子どもを無垢で無知な存在とみる近代の子ども観に基づいて、近代国家の共通語としての日本語で、近代の論理に従って書かれているという意味。

(105文字／112字)

◎注意事項

解答枠は三行分。解答枠にきちんとおさまるように解答を

作成しよう。傍線部の前後を拾うだけでも部分点はとれるが、指示語の指示内容をきちんと示して確実に得点を稼ごう。

［解答例］

近代日本の童話は、子どもを無垢で無知な存在とみる近代の子ども観に基づき、近代国家の共通語としての日本語で、合理的に描かれているという意味。（65文字／69字）

◎加点ポイント

a　近代の日本の童話の特徴である
b　近代の論理で整理されている＝論理整合性・合理的
c　子どもの世界を無垢、無知と捉えている
d　近代国家の共通語で書かれている

問三　内容説明

〈本文解説〉Ⅱ(2)の対比関係の把握を問う設問。個人の言葉の説明のあとで、「一方の近代の文学は」とあるので、対比関係は明快である。

〈本文解説〉Ⅱ(2)に示した表を文章化するだけの設問であり、6割くらいは簡単にとれる設問であるが、加点ポイントをもれなくまとめて高得点を狙うとなると、字数の圧縮が難しい。

◎設問意図

・対比関係の整理
・圧縮

◎注意事項

解答枠は三行分。解答枠にきちんとおさまるように解答を作成しよう。解答作成に関連する本文箇所の発見は容易なので、解答枠内にどれだけポイントを入れ込めるかで差がつく。「ジャーナリズムの言葉」「個人の言葉」は前者、後者で置き換えておくとよい。

［解答例］

前者は近代文学に用いる、共同体を超え広く意見を発表するための人工的共通語で、後者は口承文学に用いる、共同体で培われた各人固有の言葉である。（65文字／69字）

◎加点ポイント

・ジャーナリズムの言葉について
a　「近代の文学」への言及があること
b　血縁、地縁を超えて（幅広い人たちに理解できる）
c　人工的に作られた共通語
・個人の言葉について
d　「口承の物語」への言及があること
e　血縁、地縁に支えられている
f　ひとりひとりの顔が見える言葉
※fの表現は一種の比喩なので換言しよう。

問四　内容説明

〈本文解説〉Ⅲの要旨が理解できているかどうかを見る設問

である。

◎設問意図

・部分読解

・構造読解

◎解答へのアプローチ

〈本文解説〉Ⅲで見ておいたが、もう一度整理しておこう。

(1)論と例

⑱段落で、新しい試みが紹介されている。「ほかにも、それぞれの風土の時間を～試みは、世界中ではじまっている」の「ほかにも」に注目すると、「マジック・リアリズム」や「クレオール文学」が具体例であることがわかる。

論　それぞれの風土の時間を近代の時計からはずして、神話的な時間に読み替えていこうとする試みは、世界中ではじまっている

例1　ラテン・アメリカの世界の「マジック・リアリズム」
風土に昔から生きつづけた神話的想像力と近代の小説とを結び合わせた不思議な小説

例2　カリブ海の島々の「クレオール文学」
土地の言葉とフランス語が混じり合った言葉を活かして、その風土の想像力を描く小説

(2)指示語と二要素

「こうした」という指示語と「そこにはもう一つ」「も手伝っている」に注目する。

・そこ(こうした流れ)にはもう一つ、「大発見」も手伝っている

＝

・世界中ではじまっている試みには、人間たちの欲求だけでなく、大発見も手伝っている

これを簡単に示せば、以下の通りである。

欲求＋大発見　↓　試み

(3)指示語の正確な把握

その成果

＝

「大発見」の成果

＝

「大発見」が「試み」をもたらしたこと

〈本文解説〉Ⅱも踏まえて整理すると、以下のようになる。

口承文学により育まれていた風土的・神話的想像力は、近代文学の台頭により失われてしまった。
しかし、近年、近代の学問が口承文学の世界を見事に読み解いてくれたという大発見も手伝って、近代が見失ってきたものを何とか取り戻したいという人間たちの欲求の反映の一つとして、世界各地で、近代文学が見失ってきた風土的・神話的想像力を近代文学の枠組みの中で

再生し、新たな小説として結実させようという試みが始まっている。

(4)「複雑な思い」を具体化する。どのような事態に対する「複雑な思い」なのかをまず限定する。

近代の学問が口承文学を解明したことにより、近代が見失ってきた神話的・風土的想像力を小説の中に再生する試みが生じたことへの「複雑な思い」

↓

次にこのような事態に対する筆者の「複雑な思い」を具体化する。皮肉な事態に対する違和感・とまどいでよいだろう。口承文学の神話的・風土的想像力を衰退させたのも近代であり、口承文学の神話的・風土的想像力を再生させる契機となる口承文学の解明をしたのも近代であるという皮肉な事態に対する違和感・とまどいである。

(5)解答の骨格

「大発見が試みをもたらしたことに対するとまどい」という書き方でもよいし、「試みが大発見によりもたらされたことへのとまどい」という書き方でもよいだろう。

[解答例1]

近代の学問が古代の口承文学を読み解いたことが、近代が見失った神話的・風土的想像力を取り戻そうとする文学的試みをもたらしたことへのとまどい。　(66文字／69字)

[解答例2]

近代が見失った神話的・風土的想像力を取り戻そうとする文学的試みが、古代の口承文学を読み解いた近代の学問によってもたらされたことへの違和感。　(66文字／69字)

後述の解答例には解答例2を示しておく。

◎注意事項

解答枠は三行分。解答枠にきちんとおさまるように解答を作成しよう。問五と重なるが、「こうした流れ」をコンパクトにまとめるのが難しい。

◎加点ポイント

a　構造　[近代　↓　近代×・想像力の再生回復]

b　「複雑な思い」の換言

c　「大発見」の具体化＝近代の学問が古代の口承文学を読み解いたこと

d　「成果」＝「こうした流れ」の具体化＝近代が見失った神話的・風土的想像力を再生回復する試み

問五　内容説明

波線部の説明を通して、後半の内容をコンパクトにまとめる設問。波線の位置から〈本文解説〉Ⅲが関わることは明らかである。また、「「近代の文学」と「口承の物語」との関係をふまえ、わかりやすく説明せよ。」という設問文からⅡの内容も解答に取り込むことになる。京大現代文でかつて頻出であった全体要旨を問う設問である。

◎設問意図

・全体の要旨を踏まえた波線部読解

・比喩表現の一般化

「時計からはずして」

◎解答へのアプローチ

アプローチの方法は二つある。

（1）波線部の各部分の換言

オーソドックスに波線部の各部分を換言していくアプローチである。語彙力と背景知識に基づいた内容読解力が必要となる。波線部とその前の二つの具体例から、各表現の意味を確定していく。さらに、そこに「近代の文学」（その言葉）と「口承の物語」（その言葉）を入れ込んでいく。

a　それぞれの風土の時間を＝口承の物語が育んできた風土的・神話的想像力を

b　近代の時計からはずす＝近代の枠組みで評価することをやめる

c　神話的な時間に読み替えていく＝口承の物語を育んできた枠組みで捉え直す

↓

a　共同体固有の言語による口承の物語の中で育まれてきた風土的・神話的想像力を

b　近代合理主義的な発想で否定するのをやめ、

c　近代合理主義とは異なる発想として評価し、共同体を超えた人工的共通語を用いる近代の小説として再生させていく試み。

↓

［解答例1］

共同体固有の言語による口承の物語の中で育まれてきた風土的・神話的想像力を近代合理主義的な発想で否定するのをやめ、近代合理主義とは異なる発想として評価し、共同体を超えた人工的共通語を用いる近代の小説として再生させていく試み。（107文字／111字）

（2）個別設問解答の合成

波線部の各部分の換言ではなく、波線部全体の意味を考えることもできる。波線部は例1と例2の内容を一般化したものと考え、ここまでの個別設問の解答例から使えるものを使ってまとめる。

問二　近代の言語の説明部分

近代国家の共通語としての日本語で、近代の論理に従って書かれている

＋

問三

前者は近代文学に用いる、共同体を超え広く意見を発表するための人工的共通語で、後者は口承文学に用いる、共同体で培われた各人固有の言葉である。

＋

問四　関連箇所の整理（問四の設問解説（3））

近代が見失ってきたもの＝近代がないがしろにしてきたものを見直す試みが、近代の学問の成果に依存している

←合成

共同体で培われた各人固有の言葉を用いる口承の物語が育んだ風土的・神話的想像力は、共同体を超え広く意見を発表するための人工的共通語を用い、近代の論理に従う近代の文学の台頭により失われてしまった。その風土的・神話的想像力を近代文学の枠組みの中で再生し、新たな小説として結実させようという試み。

←圧縮

［解答例２］

共同体を超え広く意見を発表するための人工的共通語で合理的に表現される近代の文学で見失われた、共同体で培われた各人固有の言葉を用いる口承の物語が育んだ風土的・神話的想像力を、近代文学の枠組みの中で回復しようという小説創作の試み。

（109文字／113字）

◎注意事項

解答枠は五行分。問四との重複を最小限に抑え、設問条件を踏まえて解答を作成することが必要である。

◎加点ポイント

a　風土的・神話的想像力が「口承の物語」で育まれてきたことの指摘

b　風土的・神話的想像力が近代（近代の文学）で見失われたことの指摘

c　風土的・神話的想像力を小説（近代の文学）の中に取り戻すことの指摘

d　「口承の物語」の（言語の）特徴の指摘

e　「近代の文学」の（言語の）特徴の指摘

＊ポイントが踏まえられていれば、解答例１でも解答例２でもよい。後述の解答例には解答例１を示しておく。

解答

問一　物語を語る声に誘発されて聞き手の視覚的イメージが想起され、さらに身体感覚に直接訴える物語世界が現実の生活と不可分の関係になることで生じる。

問二　近代日本の童話は、子どもを無垢で無知な存在とみる近代の子ども観に基づき、近代国家の共通語としての日本語で、合理的に描かれているという意味。

問三　前者は近代文学に用いる、共同体を超え広く意見を発表するための人工的共通語で、後者は口承文学に用いる、共同体で培われた各人固有の言葉である。

問四　近代が見失った神話的・風土的想像力を取り戻そうとする文学的試みが、古代の口承文学を読み解いた近代の学問によってもたらされたことへの違和感。

問五　共同体固有の言語による口承の物語の中で育まれてきた風土的・神話的想像力を近代合理主義的な発想で否定するのをやめ、近代合理主義とは異なる発想として評価し、共同体を超えた人工的共通語を用いる近代の小説として再生させていく試み。

二（文系）

出典

上田閑照（うえだ　しずてる）「宗教とは何か」

上田閑照（一九二六～二〇一九年）は哲学者。専攻はドイツ哲学、宗教哲学。京都大学哲学科卒。京都大学名誉教授。西田幾多郎、西谷啓治等の京都学派思想の研究で知られる。

本文は、『上田閑照集』（十一巻）所収（二〇〇二年出版）。『上田閑照集』出版の宣伝文句は、「人間として生きることの真実を、東西の伝統のはざまで究明する」である。この本文も、「人間である」「本当に生きる」という主題で、それはいかなることか、また、そのためにはいかにあるべきかを論じている。人間が「人間である」ためには、「人間である」とはどういうことかを実践的に問いつつ、模範的な「人間」との出会いによって自己実現・自己転換をしていくことが必要であると論じている。

解説

文系の第二問は〇九年度と同様随想が出題されたが、〇九年度の随想が筆者の心情を綴った文章であったのに対して、一〇年度は哲学系の文章であった。一見平易な表現で綴られているが、哲学的な考察に慣れていない学生には難しかったかもしれない。

本文字数は〇九年度より一二〇〇字程度増加し、約二六〇〇字となった。設問数は〇九年度よりも1問減少して4問。解答記述量は〇九年度より三行減少し、三行・五行・五行・四行で合計十七行分であった。

〈本文解説〉

まず本文を一読して、キーセンテンスに注目できるか、そのキーセンテンスを理解できるかが、解答の出来不出来に大きく影響する。

・私たち人間は、人間であれば「人間である」のではありま

せん。人間はしばしば人間でなくなります。非人間的になり、悪魔的にすらなります。（第②段落冒頭）
・私たち人間はおかしくなったり、でたらめになったり、迷ったり、間違ったりするだけでなく、悪質になったり悪辣になったりします。それに気がついて、あらためて人間になる道、「人となる道」を歩む全プロセスが「人間であること」の実質になります。（第③段落冒頭）

ここから、人間であることがそのまま「人間である」ことではないという論旨をつかむことが大事だ。

私たちは確かに犬ではないし、鳩でもない。人間である。人間として生きている。その私たちが「人間でなくなる」ことがある。私たちは猫になってしまうとか、カエルになってしまうのだろうか？　むろん、生物学的に、もしくは種として、私たちが変化するわけではない。ここでの「人間はしばしば人間でなくなります」という表現は、人間としての生き方や振る舞い方を問題にしているのである。いわゆる「人間らしさ」を欠いた在り方を「人間でなくなる」と述べているのである。種としての人間であっても、人間性を欠いた人間は非人間的であり、悪魔的であるということである。

これが理解できれば、本文の構造や趣旨は明快になる。

まず、本文の流れに沿って簡単に整理しておこう。

Ⅰ　人間であれば「人間である」のではない
1　人間には両義性がある（非人間的になることがある）
2　現代の生活文明は人間を非人間化する
↓
「真の人間に」なるべき課題
↓
（言葉に感銘を受ける・）本当の人間に感銘を受けて、その人間が模範となる
↓
方向付け

Ⅱ　無自覚から自覚へ
本当の人間との出会いと出会いのための条件
↓
「ある自分」と「あるべき自分」の自覚（自意識との違い）
↓
自己実現・自己転換

Ⅲ　教育の重要性
「教える」／「学ぶ」ということが「人間であること」に本質的である

それでは、本文をもう少し詳しく見ていこう。

（1）不安定な両義的可能性

人間は不安定な両義的可能性をもつ。第②段落ではこの点を詳しく説明している。

人間である（A）＝不安定な両義的可能性

真の人間になる ↔ 非人間的になる・悪魔的になる

＝　　　　　　　＝

人間である（B）　人間でなくなる

AとBの違いを確認する。

（2）「真の人間」になるために（その1）

「真の人間」になるきっかけは言葉との出会いと人間との出会いである。第①段落ではこの点について、具体例を挙げて説明している。

1　言葉

・或る言葉が或る人に或るとき、深い感銘を与え、生涯の導きになるということは少なくありません

2　人間

・これが本当の人間だと感銘を受ける人間に実際に出会い、その人を模範にして生きるということもあります

（3）「真の人間」になるために（その2）

模範となる人間と出会うことについて、第③段落でさらに詳しく説明されている。

人間は自分が非人間的になっていることに気がついて、真の人間になろうとする全プロセスが「人間であること」の実質になるのだが、それに「気がつく」のは「自覚」の働きである。

1　自覚と自意識

自覚	自意識
・自己理解や自己認識とは異なる ・「（現に）ある自分」と「あるべき自分」 　← 自己実現・自己転換 ・目覚め	・すべてものを自己関心によって歪めて写す ・意識の癌 ・自閉的

2　出会い

・目覚めは人間（本当の人間だと感じられ思われる人間）との出会いによってもたらされる。

・「人間とは何か」

実存問題　○　↔　定義の問題　×

・出会い

与えられるもの　○　↕　こちらが差配するもの　×
求める　○　↕　偶然　×
自分が窮地に陥る　○　↕　外に求める　×

(4)「人間であること」と教育
第③段落と第④段落では教育への言及が見られる。
・本当の人間だと感じられ思われる人間に出会って、その人に接して、その人から人間であることを学びつつ、人間として養われてゆく（第③段落）
・出会いと交わりにおいて人間は、人間から、人間であることを学びつつ、人間として養われてゆく（第④段落）
・人間は人間に、人間であることを教えつつ、人間を育ててゆく（第④段落）
↓
「教える」／「学ぶ」というそのことが「人間であること」に本質的

(5)現代の生活文明と「人間であること」
現代の生活文明が、本質的に人間を非人間化する傾向があるから、「人間であること」を単純素朴な基礎からたどり直して考察し反省し考慮し実践することが大切であると述べて結んでいる。
それでは設問解説に移ろう。

〈設問解説〉
問一　理由説明
本文全体の構造が把握できていないと高得点が難しい設問である。筆者が考える理由であるから、筆者の考えに即して、つまり、本文の趣旨を踏まえて答えることになる。
◎設問意図
・主題の把握
・全体構造の把握
◎解答へのアプローチ
(1)傍線部と設問文の確認
傍線部が疑問文であることに注目しよう。
x 「本当に生きているか」という問に、「はい」とはっきり答えられる
y 「本当に生きているか」という問に、「はい」とはっきり答えられるでしょうか
の二つを比べてみよう。「yと筆者が考えるのはなぜか」という設問は、「xと断定することができないと筆者が考えるのはなぜか」ということである。
(2)主題の把握
第②段落を読めば、xと断定することができないと筆者が考えるのは、人間が「本当に生きている」と言えない場合があるからである。つまり、人間が非人間化することがあるからである。

（3）関連箇所の確認
本文の最後に、「非人間化」に関する説明があるので、これも理由に含める。
◎解答の骨格
非人間化する場合は二つあるので、二つをコンパクトにまとめる。

本文根拠
・人間はしばしば人間でなくなります。非人間的になり、悪魔的にすらなります。
・人間でなくなるか、真の人間になるか、不安定な両義的可能性のなかにあって
＋
・現代の生活文明には本質的に人間を非人間化する傾向がある
◎注意事項
第①段落最初の部分は以下のような構造になっている。
「本当に生きているか」と他者から問われる、もしくは自問する
↓
1　「はい」とはっきり答えられるか？
〈むしろ〉
2　「これでいいのか」と思う

〈あるいは〉
3　「人間であるとは一体どういうことか」「本当に生きるとはどういうことか」という問が起こる
接続語に注意すれば、2や3は傍線部の理由にはならない。安易に傍線部周辺で解答を作らないようにしたい。

また、本文の最後に、「もう一つ特に注目したいのは」と初めて、現代の生活文明に言及していることも無視できない。

傍線部は本文の冒頭にあり、加点ポイントは全体に関わる設問となっているため、とまどったかもしれない。しかし、
○八年度の問五のように、従来は波線がひかれて、最後に全体の要旨を踏まえて筆者の考えを問う設問は京大現代文では頻出である。そうした過去問演習をしていれば、最初の設問であれ、最後の設問であれ、とまどうことはないだろう。
解答枠は三行分。解答枠にきちんとおさまるように解答を作成しよう。
［解答例］
人間は真の人間にも非人間的、悪魔的にもなりうる不安定な両義的可能性のなかにあり、また、現代の生活文明には人間を非人間化する傾向があるから。（65文字／69字）
◎加点ポイント
a　両義的可能性の指摘
b　両義的可能性の説明（真の人間にも非人間的にもなり得

る）

c　現代の生活文明の指摘

d　cが人間を非人間化することとの指摘

問二　対比説明

第③段落で「自意識」と「自覚」について書かれている箇所をまとめればよいが，「違いを説明せよ」ではなく，「～について，筆者の考えを説明せよ」とあるので，単なる相違点説明ではなく，「自意識」ではなく「自覚」こそが「人間である」ことへの第一歩であることを説明する必要がある。

◎設問意図

・部分（第③段落の前半）要旨

・対比関係の把握

・比喩表現の意味

・筆者の考え＝評価　真の人間への目覚め

◎解答へのアプローチ

（1）対比関係を整理する〈本文解説〉（3）の1

（2）比喩表現の一般化

「意識の癌」の「癌」は比喩表現であるから，言い換えたい。「癌」は人間のからだにとって悪影響を与える「異物」である。解答例では，「歪めて」「自閉的」などにネガティブなニュアンスがあるので，「異物」を非本来的なものと換言している。

（3）筆者の評価

「人間である」こととの関連を説明する。「人間である」ことは本文中では二つの意味があるので，ここでは，「本当に生きる」「真の人間となる」というように，〈本文解説〉（1）のBの「人間である」ことを明示する。

◎解答の骨格

自意識，自覚はともに字数が少ないので，このまま使用して，「自意識が～であるのに対して，自覚は～」「自意識は～であるが，自覚は～」というカタチで書けばよい。

◎注意事項

解答枠は五行分。解答枠にきちんとおさまるように解答を作成しよう。

［解答例］

自意識は，すべてを自己関心によって歪めて写す，根本的に自閉的で非本来的な，自分についての意識であるのに対して，自覚は，他者との出会いにより非人間的な現在の自分に気づかせ，自己実現や自己転換を要求させ，真の人間になる契機として働く。

（107文字／115字）

◎加点ポイント

・自意識

a　すべてのものを自己関心によって歪めて写す

b　意識の癌＝自己にとって非本来的（な悪）

c　自閉的
・自覚
d　「(現に)ある自分」に気づかせる
e　「非人間的な自分」に気づかせる
f　自己実現・自己転換への要求を含む
g　人間との出会いによってもたらされる
h　真の人間になるきっかけとなる

問三　内容説明

「本当に生きる」ためには、模範となる人間との出会いが必要なのであるが、その「出会い」のための条件を説明したのが傍線部である。

◎設問意図
・部分(第③段落後半)要旨
・同義換言

◎解答へのアプローチ
(1)傍線部の役割
・出会いに関する説明の付加部分であることを確認する
・「求める」ことに関する補足説明部分である
(2)傍線部自体の換言
・外に求めるのではなくて、自分自身に行き詰まって「どうしたらいいのか」という問に自分がなっているという窮地が、真に求めていることのリアリティです

↓

「真に求めている」ことのリアリティは、
i　外に求めるのではなくて、
ii　「これでいいのか」、
自分自身に行き詰まって「どうしたらいいのか」という問に自分がなっているという窮地にある。

↓

i　自分の外に求めるのではない＝自分の内面と無関係なところに求めるのではない
ii　現在の自己の在り方を疑い、
真の人間になるためにどうしたよいのか苦しむ
＊「これでいいのか」「どうしたらいいのか」は換言したい
＊「窮地」の意味を解答に示したい
(3)説明を補足する
出会いの説明である「求める」に関する説明部分であるから、「出会い」の特徴を順に説明する〈本文解説〉(3)の2

◎解答の骨格
傍線部の構文をそのまま維持してもよいが、出会いの条件を述べた部分であるから、「出会いには～が必要である」というカタチで書くと書きやすい。

◎注意事項
問二同様、「人間である」という表現では本文中のどちら

の意味なのか紛らわしいので、「本当に生きる」「真の人間となる」というように、〈本文解説〉(1)のBの「人間である」ことを明示する。解答枠は五行分。解答枠にきちんとおさまるように解答を作成しよう。

［解答例］

真の人間とは、定義の問題ではなく模範となる人間との出会いによって真の人間になろうとする実存問題であり、その出会いは偶然ないし自己の内面と無関係に与えられはせず、現在の自己を疑い、真の人間になるべき課題に苦しむ必要があるということ。（110文字／115字）

◎加点ポイント

1　ⅰの説明

a　自己の内面と無関係には存在しない

2　ⅱの説明

b　現在の自己を問う

c　真の人間になるべき課題

d　窮地の意味

3　出会いの特徴

e　偶然にではない

f　模範となる人間との出会いである

g　真の人間となるきっかけである

h　真の人間とは定義の問題ではなく、実存問題である

問四　理由説明

「人間であること」と教育の関係に関する理解を問う設問。これも問一同様、筆者が傍線部のように考える理由を説明する設問である。

◎設問意図

・部分（第④段落）読解

・文構造の理解　「所以がここにあります」

◎解答へのアプローチ

(1)教育に関連する部分の確認

・本当の人間だと感じられ思われる人間に出会って、その人に接して、その人から人間であることを学びつつ、人間として養われてゆく（第③段落）

・出会いと交わりにおいて人間は、人間から、人間であることを学びつつ、人間として養われてゆく（第④段落）

・人間は人間に、人間であることを教えつつ、人間を育ててゆく（第④段落）

・この全プロセスが「人間であること」に属しています

(2)文構造の確認

「所以がここにあります」という記述から、傍線部の理由は直前にあることは明快である。

(3)本文根拠を明快な表現に変える

第④段落の冒頭の二文をそのまま抜き出して書くだけで

は、傍線部のように筆者が考える理由にはならない。第③段落の記述を含めて、表現を明確に限定する必要がある。

人間は、
人間から
人間であることを学びつつ、
人間として養われていく

←不足部分を補って内容を明快に限定する

学ぶ側の人間は、
本当の人間だと感じられ思われる人間から
本当の人間であるとはどういうことかを学びつつ、
本当の人間として養われていく

人間は、
人間に、
人間であることを教えつつ、
人間を育てていく

←

教える側の人間は、
学ぶ側の人間に、
本当の人間であるとはどういうことかを教えつつ、
本当の人間を育てていく

(4)理由の考察＝本文読解

さて　それでは(3)をもとに理由を考えよう。

学ぶこと ＝　学ぶ側の人間が、真の人間であると感じられ思われる人間から学ぶこと i　＝　学ぶ側の人間が、真の人間であると感じられ思われる人間を模範に真の人間になろうとして生きること ii　＝　学ぶ側の人間が、真の人間として養われること

真の人間であることを学ぶことは、真の人間として養われることであり、それは同時に、真の人間として生きる(生きよう)とすることだから、学ぶことは「人間である」ことにつながる。

教えること ＝　教える側の人間が、真の人間であることを教えること iii　＝　教える側の人間が、真の人間として学ぶ側の模範とされること iv　＝　教える側の人間が、真の人間として生きること

教える人間が真の人間であることを教えるというのは、学ぶ人間から真の人間として模範にされることであり、真の人間として模範にされるのは、教える人間が真の人間として生きていることであるから、教えることが「人間であること」につながる。

◎解答の骨格

学ぶことと教えることを分けて、それぞれと「人間であること」の関係を書く。

◎注意事項

問二同様、「人間である」という表現では本文中のどちらの意味なのか紛らわしいので、「本当に生きる」「真の人間となる」というように、〈本文解説〉（1）のBの「人間である」ことを明示する。解答枠は四行分。解答枠にきちんとおさまるように解答を作成しよう。

［解答例］

真の人間であると思われる人間を模範として生きることが真の人間として養われることであり、ある人間が真の人間を目指す他者の模範となるのはその人間が真の人間として生きている在り方であるから。　（90文字／92字）

◎加点ポイント

1　学ぶこと

a　誰かを模範として生きる（ⅰ）→真の人間として生きる（ⅱ）

2　教えること

b　誰かに模範とされて生きる（ⅲ）→真の人間として生きる（ⅳ）

3　真の人間の説明（第③段落を踏まえる）

c　本当の人間だと感じられ思われる人間

解答

問一　人間は真の人間にも非人間的、悪魔的にもなりうる不安定な両義的可能性のなかにあり、また、現代の生活文明には人間を非人間化する傾向があるから。

問二　自意識は、すべてを自己関心によって歪めて写す、根本的に自閉的で非本来的な、自分についての意識であるのに対して、自覚は、他者との出会いにより非人間的な現在の自分に気づかせ、自己実現や自己転換を要求させ、真の人間になる契機として働く。

問三　真の人間とは、定義の問題ではなく模範となる人間との出会いによって真の人間になろうとする実存問題であり、その出会いは偶然ないし自己の内面と無関係に与えられはせず、現在の自己を疑い、真の人間になるべき課題に苦しむ必要があるということ。

問四　真の人間であると思われる人間を模範として生きるこ

とが真の人間として養われることであり、ある人間が真の人間を目指す他者の模範となるのはその人間が真の人間として生きている在り方であるから。

二（理系）

出典

木下是雄（きのした　これお）『日本語の思考法』

木下是雄（一九一七〜二〇一四年）は物理学者。東京大学理学部物理学科卒。学習院大学・理学部教授、学長をへて、同大学名誉教授。科学に関するエッセイ、日本語教育に関する著書を多数発表しており、代表作は『理科系の作文技術』『レポートの組み立て方』。

本文は二〇〇九年に発行された中公文庫に収められており、かつて発表された「日本人の言語環境を考える」を改題したものである。要約された情報に対する疑問に答えるために、自然科学的情報の伝達をとりあげ、結果だけを求める読者と結果が得られた過程を求める研究者を比較した上で、要約精神の権化である教科書の使い方について論じている。

解説

理系の入試要項に変更があって四回目の入試となった一〇年度だが、〇九年度と同様、第二問は文系とは別問題で、随想が出題された。本文字数は〇九年度より八〇〇字増加して約二一〇〇字となった。設問数は3問で、記述解答分量は四行・三行・四行の合計十一行分で、〇九年度と設問数も分量も同じであった。本文字数は増えたものの読みやすい文章であり、難度としては二〇〇九年並みである。

〈本文解説〉

本文の内容を簡単に見ていこう。丸数字は形式段落を示す。

Ⅰ　要約に対する疑問（①）

まず、要約された情報について二つの疑問を提示している。

1　要約された情報を「血肉にする」のに時間がかかるのではないか。著者が論文を圧縮するのに要した手間と時間に近いぐらいのものが、それを解読する読者の側にも要求されるのではないか。

2　要約ではつたえることのできない大切なものがあるのではないか。

……問一

Ⅱ　問題を自然科学的情報の伝達に限定して検討（②〜⑥）

ここでは要約集との関係で、二種類の読者について説明している。

A　結果だけ、あるいは知識だけを必要とする読者
　例　ロケット技術者
　　産業界・政府機関
・速やかに目や耳を通過できるかたちでできるだけたくさんの情報が供給されることが必要であり、十分である
・各国の主要な研究報告の抄録を集めた国際抄録誌がもっとも有用な情報源として役立つ
・要約集で用が足りる
↔
B　多くの物理や化学の研究者
・抄録を読んだだけで用がすむということはあり得ない
・要約は単にきっかけを与えてくれるにすぎない
・結果の羅列よりも一つ一つの結果が得られた過程のほうが大切なことが多い
・本論文を通じて著者とともに創造の過程に参画してはじめて、将来の展望がひらける

Ⅲ　要約精神の権化である教科書の使い方（⑦～⑨）
（1）教科書はよくできているがつまらない
（2）読者について
　抄録の集積を読みつづけることができる人
・はっきりした目的をもって何かを探し求めている人
・たちまち眼光紙背に徹してその抄録の秘めているものを見ぬくことのできるえらい人　……問二
↔
　高校生
（3）教科書を用いる講義
・講義までが要約でいいという法はない　……問三
・教科書の一ページの背後には、自然そのものとのつき合いから生まれた厖大な研究がある
←
・講義が創造の過程を解き明かし、生徒を創造の過程に招待するのが教育である

さて、それでは、設問を見ていこう。

〈設問解説〉
問一　理由説明
　設問文が「筆者が考えるのはなぜか、説明せよ」となっていることに注意したい。理由は直接本文中には書いていないが、本文の趣旨を踏まえると理由が導き出せるというタイプである。
◎設問意図
・部分読解

・論と例
・対比関係
・関連箇所の発見
◎解答へのアプローチ
(1)部分読解
　抄録誌は要約の一つであるから、抄録誌を重宝がるのは、
〈本文解説〉Ⅱで見たAタイプの読者である。したがって、産業界や政府機関がAタイプの読者であることを指摘すればよい。

　抄録誌を重宝がる＝Aタイプの読者　……本文趣旨
　産業界や政府＝Aタイプの読者　……考察
　⇓
　抄録誌を重宝がるのは産業界や政府である　……傍線部
(2)対比関係
　Aタイプの読者とBタイプの読者(研究者)が対比関係にあるので字数にゆとりがあれば、否定肯定文で、Bタイプの説明を加える。
(3)Aタイプの特徴
・結果だけ知識だけを必要とする
・速やかに目や耳を通過できるかたちで→迅速に処理
・できるだけたくさんの情報が供給される→量・大量
・抄録誌が有用な情報源として役立つ

(4)関連箇所の発見
　Aタイプの例として上がっているロケット技術者については、⑧段落にも説明があるのでこれも利用する。
・はっきりした目的をもって何かを探し求めている→明確な目的
(5)抄録の説明
④段落にある抄録の説明を加える。
・もっとも要約されたかたちの抄録
◎解答の骨格
まず、アプローチの(1)で示したカタチで解答を作成し、Aタイプの説明が重複するので、それを一つにまとめる。さらに、Bタイプの読者の説明を加える。

研究を最も要約されたかたちで集めた抄録集が
有用な情報源として役立つのは、
明確な目的のために、
迅速に多量の結果や知識を求める読者であり、
産業界や政府機関がそうした読者であると考えられるから。
←
研究を最も要約されたかたちで集めた抄録集は、
明確な目的のために、

迅速に多量の結果や知識を求める
産業界や政府機関にとっては
有用な情報源として役立つと考えられるから。
↓
［解答例］
創造の過程を重視する研究者と違い、
明確な目的のために
迅速に多量の結果や知識を求める
産業界や政府機関にとっては、
研究の最も要約されたかたちの抄録集が
有用な情報源となると考えられるから。（88文字／91字）

◎注意事項
解答枠は四行分。解答枠にきちんとおさまるように解答を作成しよう。

◎加点ポイント
・抄録誌に関する説明
a　要約である
b　有用な情報源である
・産業界や政府機関が求めているものの説明
c　迅速に
d　多量に
e　明確な目的
f　結果や知識を求める
g　創造の過程を重視する研究者と異なる
・研究者との違い

問二　内容説明
設問文に「筆者の考えに即して」とあるから、本文での意味を説明する。したがって、〇九年度の第二問の問一「阿諛追従」を問う設問と同様、語句の知識をふまえて本文の趣旨を説明させる問題である。

◎設問意図
・話題の確定
・部分読解
・語彙力　眼光紙背に徹して
・対比関係

◎解答へのアプローチ
（1）語句の意味
語句の意味（知識）をもとに、本文中での具体的な意味を考える。実際には、傍線部の直後の「その抄録の秘めているものを見ぬく」という記述をヒントに考えるのでもよいだろう。「秘めている」とあるから表面的なものではなく、背後にあるものと理解できれば知識がなくても解ける。
眼光紙背に徹して＝文章の言外に含まれた意味を読みとる
↓

結果や知識のみを記した教科書の字句を読んで、その背景にあるものを読み取る

(2)部分読解

教科書の特徴を⑦段落からおさえ、さらに、その背景にあるものを⑨段落から確定する。

教科書＝要約精神の権化

結果や知識しか書かれていない

背景にあるもの

・結果が得られた過程＝創造の過程

(3)対比関係

「眼光紙背に徹してその抄録の秘めているものを見ぬくことのできる」のは「えらい人だけ」であり、学生にとっては教科書はつまらないものである。

◎解答の骨格

傍線部があるのは教科書について述べている段落であり、「その抄録」は教科書を指す。したがって、以下のように考える。

えらい人だけが、要約精神の権化である教科書を読むとき、眼光紙背に徹することができる。教科書は学生にとってはつまらない。

↓

学生にとってはつまらない要約精神の権化である教科書でも、えらい人は、眼光紙背に徹することができるということ。

あとは、「要約精神の権化」を言い換え、「眼光紙背に徹する」の意味を踏まえて具体化すればよい。

◎注意事項

解答枠は三行分。解答枠にきちんとおさまるように解答を作成しよう。

[解答例]

研究の結果や知識だけを要約したつまらない教科書でも、特別な人は、その字句の背後にある膨大な研究における創造の過程をも読み取れるということ。(66文字／69字)

◎加点ポイント

・「眼光紙背に徹して」

a　教科書の字句の背後にあるものを読み取る

b　読み取るもの＝厖大な研究における創造の過程

c　眼光紙背に徹するのは「えらい人」だけである

・教科書の説明

d　研究の結果や知識だけを要約した教科書

e　つまらない

問三　内容説明

○九年度第二問の問三と同様の設問である。設問文は「どのように使うべきものであると筆者は考えているのか」とあ

る。筆者の考えは本文に書かれているから、その書かれている筆者の考えを説明せよということであれば、内容説明のカタチで部分要旨の把握を見る問題である。しかし、本文に書かれている筆者の考えから読み取れる筆者の考えを説明せよということであれば、部分要旨を踏まえて、さらに一歩踏み込んだ理解を問う設問となる。

◎設問意図

・本文全体を踏まえた条件付き要旨

◎解答へのアプローチ

(1)教科書の使い方に関する筆者の考えは最後の段落に書かれているので、まずそれをまとめればよい。「元来そういうふうに使うべき」とあるから、「そういう」の指示内容をおさえる。「招待する」は一種の比喩表現なので一般表現になおす。

・教科書の背後

a　自然そのものとのつきあいから生まれた厖大な研究

b　創造の過程

・教育(講義)

c　その創造の過程を解き明かす

d　生徒をその過程に招待する＝創造の過程に参画させる・追体験させる

(2)「創造の過程」に着目すれば、本文前半の内容も関連していることに気づく。そこで、研究者に関する説明部分から、筆者の教科書に関する考えを類推して書き加える。

・要約の役割

e　結果や知識を伝達する

f　発展の機縁を生む

・創造の過程の意味

g　彼は著者とともに考えを進め→生徒が自分の考えを進める

◎解答の骨格、注意事項

解答枠は四行分。解答のアプローチに示したa～gのポイントをまとめればよい。全ポイントを入れ込むにはかなりの圧縮が必要となる。最後の段落だけでa～dまでは書けるから、それだけは確実に書いておきたい。

◎加点ポイント

右記のa～g。

［解答例］

要約情報としての表面的知識を授けるものではなく、対象との交流を通した厖大な研究によって結論が生じる創造の過程を解き明かし、生徒にその過程を追体験させ、主体的に考えさせる機縁となるもの。　（88文字／92字）

解答

問一　創造の過程を重視する研究者と違い、明確な目的のために迅速に多量の結果や知識を求める産業界や政府機関にとっては、研究の最も要約されたかたちの抄録集が有用な情報源となると考えられるから。

問二　研究の結果や知識だけを要約したつまらない教科書でも、特別な人は、その字句の背後にある膨大な研究における創造の過程をも読み取れるということ。

問三　要約情報としての表面的知識を授けるものではなく、対象との交流を通した厖大な研究によって結論が生じる創造の過程を解き明かし、生徒にその過程を追体験させ、主体的に考えさせる機縁となるもの。

二〇〇九年

一（文理共通）

出典

柳沼重剛（やぎぬま　しげたけ）「書き言葉について」

筆者は一九二六年東京生まれ。京都大学文学部卒業。東京大学大学院修了。筑波大学名誉教授。二〇〇八年に死去。西洋古典文学が専門で、著作に『ギリシア・ローマ名言集』『古代・地中海世界を彩った人たち』など。

本文「書き言葉について」は、『語学者の散歩道』（岩波現代文庫、二〇〇八年六月一七日出版）に収録されている。全体の後半、約半分くらいが問題本文箇所である。親本は一九九一年一〇月に研究社から出版されているが、この「書き言葉について」は文庫版で新たに収録したと説明されているので、この文庫版から出題されたと思われる。

本文は、「文学の表現」「文章表現」とはいかなるものかについて、筆者の意見を述べた文章である。意味伝達のみが言葉の機能ではなく、また、平易な文章のみが優れた文章ではないとして、言葉のリズムや勢いなどの意義をわかりやすく説いている。

解説（問三は文系のみ）

二〇〇八年度に引き続き、この第一問は文系・理系共通問題であった。ただし、理系は記述説明の設問が1問カットされている。

内容は、先に簡単に紹介しておいたが、文章論や言語論、読書論は京大現代文では頻出のテーマである。

問題本文字数については約二五〇〇字。二〇〇八年度がやや少なかったので、例年通りの分量に戻ったと考えられる。設問数は漢字の書き取りが1問、残りはすべて記述説明問題で4問。合計5問であった。

解答記述量は二〇〇八年度よりも減少し、四行・四行・五行・七行で合計二〇行分であった。通例、5問で二五行が標準であるから、標準的な分量である。

〈本文解説〉

本文の内容を簡単に整理しておこう。

Ⅰ　文章表現において重要なこと

（1）的確なことを的確に表現する　↓問二

筆者が若いころ、百科事典の執筆をし、その執筆が「的確なことを的確に」表現する「ありがたい勉強になった」ことが述べられている。

（2）音読に耐える文章を書く

「音読に耐える文章を書くというのも大事なことである。」という表現の「も」に注目し、これより前の部分で一つ目の「文章を書くのに大事なこと」について述べられていることを確認しておこう。

1　リズムの重要性その1　散文と韻文のリズムの違い　→問三

この「音読に耐える文章」の要素として大事なのはリズムであることが指摘される。散文にもリズムが必要だが、それは、「ある文章を気持ちよく読めたとき、この文章にはリズムがあったなと気がつく」というようにリズムがあるべきだということであることが述べられる。

2　リズムの重要性その2　訳と言葉のリズム　→問四

「言葉のリズムに関してさらに重大なのは」という書き出しの「さらに」に注目し、言葉のリズムに関する重要なことの二つ目に言及されることを確認する。

「平家物語」を現代語訳をすると、原文がもっている響きとリズム、そしてその響きとリズムによって、文が読者に与える効果が失われてしまうという例をあげて、言葉の生命について論じている。

Ⅱ　言葉の生命

言葉は意味を伝えるだけに終わるものではないから、分かりやすいだけの文章には言葉の生命がない。Ⅰの(2)を踏まえると、意味伝達とリズムが言葉の生命であることがわかる。

Ⅲ　文学の役目

文学の最も重要な仕事は、「言葉がもっているあらゆる能力を発揮させること」であることが指摘されている。Ⅱを踏まえれば、言葉を用いて、意味を伝達(Ⅰで述べられた「的確なことを的確に表現すること」を含む)することに加えて、言葉の響きやリズムを十分に生かすことが、文学の役割ということになる。

〈設問解説〉

問一　漢字の書き取り

漢字の書き取り。読みの問題は出題されなかった。すべて平易な問題である。

問二　傍線部の内容説明

◎設問意図

・多義的な表現の限定

「(ありがたい)勉強になった」という表現を換言する。「勉強」は多義的な表現なので、その表現を文脈に即して限定することになる。

・部分(本文冒頭部分Ⅰ(1))の要旨把握

◎解答へのアプローチ

(1)傍線部を完全な文にする

「あれは、今から思えばありがたい勉強になった。」

(2)加点ポイントの確認

・「あれ」の指示内容の確定

・「ありがたい勉強になった」の換言

・「今から思えば」という表現のニュアンスを出す

(3)指示語の確認

i　直前をチェックする

「あれ」…若いころ、いくつかの百科事典の執筆をやったこと

ii　同義関係の確認

「あれは～勉強になった」

＝

「あの執筆はそういう勉強を強いてくれた」

iii　指示語の指示内容の確定

そういう勉強

↓

何行とか何字とかいう、きびしく制限されたわくの中で、意味のある、そして分かる文を書くには、的確なことを的確に言わなければならな(い)

(4)本文関連箇所(I(2)1)の内容を確認する

・(まずはじめに)どんなに手短に言うにしても、これだけはぜひ言わなければならないことは何かを決める

・(そして次に)手短に、しかし分かりやすい文で書く

・言葉のむだはまだあるもので、それを削る。むだを削る

・こうして言葉を削って、このことについてこれだけの字数で言うには、こう書くほかは書きようがない、というところまでもっていく、つまり抜き差しならぬ文章を仕上げる

(5)解答の骨格を決める

・「あれ」はありがたい勉強になった

↓

若いころの百科事典執筆の経験は、「ありがたい勉強になった」

(6)「ありがたい勉強になった」の換言

文章表現を学ぶのに有益であった

文章表現の有益な訓練であった

(7)「今から思えば」のニュアンスを出す

当時は気づかなかったが今振り返って考えてみると

後で思い返すと

(8)字数にゆとりがあれば、(4)を利用して、「百科事典執筆」経験を具体化する

・厳格な字数制限のなかで

・意味のあることを

・わかりやすく、無駄なく、的確に表現することが

・要求された

(9)解答作成

解答欄は十四センチ×四行。一行二三字を目処に解答を作成する。

［解答例］

若いころ百科事典の執筆をした際に、厳格な字数制限の中で意味のあることをわかりやすく、無駄なく的確に表現することが要求され、後で思い返すとそれは文章作成を学ぶ有益な訓練だったということ。（92字）

◎加点ポイント

1　主語

a　若い頃百科事典の執筆をしたこと

2　ありがたい勉強になった

b　文章作成への言及

c　有益、役立つ

d　訓練

3　学んだ内容

e　字数制限のなかで、短い字数で

f　意味のあること

g　わかりやすく、的確に

問三　傍線部の内容説明

◎設問意図

・「阿呆陀羅経になる」という比喩表現の説明であるが、「阿呆陀羅経」に関する知識を前提として受験生に問うているとは考えがたい。「阿保(アホ)」「お経」に注目できればよいだろう。むしろ、設問文に「文脈に即して説明せよ」とあるように、文脈把握力と推論の能力を問う設問である。

・ただし、「阿呆」の語感から、くだらないものや低俗なものという意味合いはつかみたい。

・部分(本文Ⅰ(2)1)の要旨把握

◎解答へのアプローチ

(1)傍線部を完全な文にする

他の点では詩になっていない文章をあえて定型の韻律、日本でなら七五調にのせると、詩でも散文でもなく、阿呆陀羅経になる。

(2)本文のⅠ(2)1の内容を確認する

・音読に耐える文章の要素としてリズムが大事である

・リズムがなければならないといっても、定型詩のように一定の韻律をもてということではない

(3)文脈把握＋推論

i　仮定条件1

音読に耐える文章の要素として必要なリズムを、定型詩のような一定の韻律であると誤解する

ii　仮定条件2

他の点(韻律以外の点)では詩になっていない文章をあえて定型の韻律に乗せる

iii　結果

詩でも散文でもない、阿呆陀羅経になる

←推論

韻律があるだけで、詩とも散文ともどちらともつかない中途半端で低俗なものになる

(4)解答作成

解答欄は十四センチ×四行。一行二三字を目処に解答を作成する。

［解答例］

音読に耐える文章の要素であるリズムを単なる一定の韻律と解し、詩としての条件を全く満たさない文章を強いて定型の韻律にのせると、詩でも散文でもない中途半端で低俗な文章になるということ。（90字）

◎加点ポイント

1　メイン要素

a　韻律以外の点では詩になっていない文章への言及

b　aを韻律に乗せることの指摘

c　詩とも散文ともつかない中途半端なものになることの指摘

d　cが低俗でくだらないものであることの指摘

2　前提状況

e　音読に耐える文章の要素として必要なリズムを、定型詩のような韻律であると誤解する

問四　傍線部の理由説明

◎設問意図

・論と例の理解

『平家物語』の現代語訳は、リズムと響きが言葉の生命を構成する要素であること、逆に言えば、言葉の役割は意味を伝えるだけではないことの具体例である。

・部分(Ⅰ(2)2を中心に、Ⅰ(2)1の論、Ⅱの論を含む)の要旨の把握

◎解答へのアプローチ

(1)論と例の理解

論

・文章は、分かりやすければそれでいいというものではない

・分かりやすいだけの文には言葉の生命がない

・言葉というものは、意味を伝えるだけに終わるものではない

←演繹

・文章表現にはリズムと響きも大事である

・文章は音読に耐えることも大事である

・文章表現では、意味伝達に加えて、リズムや響きも大事である

例
『平家物語』の「響きとリズム」、その「響きとリズム」による表現効果が完全に消えている「現代語訳」

(2)傍線部を完全な文にする
『平家物語』を、原文がもっていた響きとリズムを欠き、その響きとリズムがもたらす表現効果を失った「現代語訳」で読んで、内容を理解したとしても、それでは、『平家物語』を読んだ、あるいは理解したということに、むろん、なるわけはない。

(3)理由を考える
i　わかりやすく意味を伝えることだけが言葉の役割ではなく、音読に耐えること(リズムをそなえていること)も必要である
↓
ii　『平家物語』の現代語訳は、わかりやすく意味を伝えている
iii　現代語訳には、原文の「響きとリズム」がない
iv　現代語訳には、原文の「響きとリズム」がもたらす表現効果・感興がない
↓
v　原文がもっている要素をすべてもっているわけではない

原文の言葉の働きの重要な要素を欠いている
要するに、言葉の役割として、意味伝達だけでなく音読に耐えることもその要素と考えている筆者にとって、『平家物語』(原文)は意味に加えて、響き・リズム(その効果)をそなえているのに対して、現代語訳は意味しかそなえていない、つまり、原文がもつすべてをそなえているわけではないために、現代語訳を読んでも、『平家物語』を読んだ、あるいは理解したということにならないということになるのである。
設問文が「筆者が考える理由は何か」とあるのをヒントに、筆者の言葉に関する一般的な考え(論)を踏まえて、理由を説明する。

(4)解答作成
解答欄は十四センチ×五行。一行二三字を目処に解答を作成する。

[解答例]
文章表現では的確な意味伝達に加えて音読に耐えることも大事であり、意味だけ分かりやすく現代語訳した『平家物語』は、原文の響きやリズムとそれによって読者が得る感興を喪失しており、原文がもつ言葉の要素を完全に具えているとは言えないから。(115字)

◎加点ポイント
1　一般論

a　文章表現では意味を的確に伝えることが大事である
b　文章表現では音読に耐えることも大事である
2　平家物語に即して
c　意味だけわかりやすく訳した平家物語
d　cが原文の響き、リズムをもたないことの指摘
e　cがdによる感興をもたないことの指摘
f　が原文のもつ言葉の要素を完全にそなえていないことの指摘

問五　傍線部の理由説明
◎設問意図
(1)傍線部の構造把握
・文学を「簡単なことを飾り立てて言い、まっすぐなことをねじったり曲げたりして言う」と解することは、「文学についての無知の表白」と「言葉で本気になって苦労したことがない証拠」であると言い得る理由を説明する
・一つの主題が二つの帰結をもつことの理由であるから、理由内容も二つ述べなければならない
・「無知の表白である」と考える理由は、知識が欠如している、理解を欠くと判断・推測されるからである
・「苦労したことがない証拠である」と考える理由は、実際の経験がないと判断・推測されるからである
(2)全体の趣旨
・「文学についての無知の表白である」と言い得る理由は、Ⅱの記述と関連する
・「言葉で本気になって苦労したことがない証拠である」と言い得る理由は、Ⅰ(1)の趣旨と関わる

◎解答へのアプローチ
(1)傍線部を完全な文にする
aそんなことを言うのは、
b文学についての無知の表白であるばかりでなく、
c言葉で本気になって苦労したことがない証拠である
(2)指示語の指示内容を明らかにする
そんなことを言う
＝
「簡単なことを飾り立てて言い、まっすぐなことをねじったり曲げたりして言う」ことを非難する場合に「文学的表現」という言葉を用いる
(3)理由を考える…「文学についての無知の表白である」理由
傍線部直後の「言葉を言葉として使いきる、つまり、言葉がもっているあらゆる能力を発揮させることこそ文学の最も重要な仕事なので」という表現に着目しよう。「言葉を言葉として十分に使いきる、つまり、言葉がもっているあらゆる能力を発揮させることこそ文学の最も重要な仕事である」ことがわかっていれば、「そんなことを」言った

りはしないと筆者は考えているのである。

(4)理由を考える…「言葉で本気になって苦労したことがない証拠である」理由

本文第②段落冒頭の「これだけ苦労しても」という表現に着目しよう。筆者は「本気で」的確なことを的確に言う努力をしたことがあり、体験として、実感として、文学の役割がどういうことにあるかわかっている。だから、「そんなことを言う」人について「言葉で本気になって苦労したことがない」のではないかと考えているのである。

以下に整理しておこう。

筆者	そんなことを言う人
文学の役割が、言葉のもつあらゆる能力を発揮させることにあることをわかっている＝文学について知識がある	文学の役割が、言葉のもつあらゆる能力を発揮させることにあることをわかっていない＝文学について無知 ← そんなことを言う
言葉で本気になって苦労したことがある ←体験から・実感として 文学の役割が、言葉のもつあらゆる能力を発揮させることにあることを体験的にわかっている	言葉で本気になって苦労したことがない ← 文学の役割が、言葉のもつあらゆる能力を発揮させることにあることもわかっていない ← そんなことを言う

(5)解答作成

解答欄は七行分。一行二三字を目処に解答を作成する。字数にゆとりがあるから、「言葉がもっているあらゆる能力」を具体化しておこう。意味を的確に伝えるだけでなく、音読に耐える文章は、聴覚的な要素により読者の感興をそそる。こうした文章こそ、「文学的表現」なのである。「そんなことを言う」のは、知的に理解していないのは勿論、体験としても実感されていないということだろう。

[解答例]

的確な内容が的確に表現された音読に耐える文章は、意味を伝達するだけでなく、聴覚を刺激し、読者の感興をそそる。こうした言葉のもつ全能力を発揮させるのが文学の最も重要な機能である。これを理解せず、また実際によい文章を作る努力をしたこともないために、簡易な内容を過剰に修飾し、無理に表現を屈曲させるのを「文学的表現」と非難するのだと判断されるから。（171字）

◎加点ポイント

1　指示語の指示内容

a　簡単なことを「飾り立てて言う」

b　「まっすぐなことをねじったり曲げたりして言う」

＊それぞれ、比喩が一般表現になおされていて加点

c　a・bを文学的な表現だと非難する

2　文学に関する正しい理解

d　文学の最も重要な仕事は言葉のもつ全能力を発揮させることにある

3　「文学」の説明

e　的確な内容が的確に表現された、音読に耐える文章

f　eは、意味を伝達する

g　eは、聴覚を刺激し、読者の感興をそそる

4　メイン要素

h　cは、dに関する知識・理解を欠くことの指摘

i　cは、dを実現する実践・体験・努力を欠くことの指摘

解答

問一　（ア）枠　（イ）概　（ウ）範

（エ）朗朗　（オ）緊迫

問二　若いころ百科事典の執筆をした際に、厳格な字数制限の中で意味のあることをわかりやすく、無駄なく的確に表現することが要求され、後で思い返すとそれは文章作成を学ぶ有益な訓練だったということ。

問三　音読に耐える文章の要素であるリズムを単なる一定の韻律と解し、詩としての条件を全く満たさない文章を強いて定型の韻律にのせると、詩でも散文でもない中途半端で低俗な文章になるということ。

問四　文章表現では的確な意味伝達に加えて音読に耐えることも大事であり、意味だけ分かりやすく現代語訳した『平家物語』は、原文の響きやリズムとそれによって読者が得る感興を喪失しており、原文がもつ言葉の要素を完全に具えているとは言えないから。

問五　的確な内容が的確に表現された音読に耐える文章は、意味を伝達するだけでなく、聴覚を刺激し、読者の感興をそそる。こうした言葉のもつ全能力を発揮させるのが文学の最も重要な機能である。これを理解せず、また実際によい文章を作る努力をしたこともないために、簡易な内容を過剰に修飾し、無理に表現を屈曲さ

せるのを「文学的表現」と非難するのだと判断されるから。

二（文系）

出典

南木佳士（なぎ　けいし）「天地有情」

南木佳士は一九五一（昭和二六）年生まれ。小説家、医師。大学入試問題で頻出の現代作家である。医師経験を踏まえた小説が多い。一九八五年から軽井沢病院に赴任し、この軽井沢病院生活に取材した「ダイヤモンドダスト」で一九八八年芥川賞を受賞。著書に、『エチオピアからの手紙』『冬物語』『医学生』『阿弥陀堂だより』などがある。

本文は、現代仮名遣いで書かれた随想であり、「天地有情」という言葉をキーワードに語られる人間の感情についての筆者の見解を前提に、同僚医師（本文では医者）の死という具体的体験に際しての筆者の感情の起伏を綴った文章である。読解力としては、むしろ、小説的で、シチュエーションの把握と心情の理解を前提とした表現能力が問われる。

解説

文系の第二問は、二〇〇五年度・二〇〇六年度と小説が続き、二〇〇七年度随想、二〇〇八年度小説で、二〇〇九年度は随想出題であった。第一問に比べると、ここ数年古い文章が出題され、表記も旧仮名遣いであったが、二〇〇九年度は第一問よりも新しい現代随想であった。

本文字数は二〇〇八年度より減少し、約一五〇〇字。設問数には変化がなく、すべて記述説明問題で5問。解答記述量は二〇〇八年度より四行減少し、四行・四行・五行・三行・四行で合計二〇行分であった。比喩関連の設問が難問であった二〇〇八年度第二問に対して、二〇〇九年度は心情説明の問題が難しかったが、問題本文・設問全体の難易度として量的な減少もあり、易化したといえる。

〈本文解説〉

本文内容を簡単に見ていこう。

Ⅰ　座右の銘「天地有情」の紹介と説明（問一）

ここでは、筆者の座右の銘「天地有情」という言葉の意味を、哲学者大森荘蔵の文章を引用しつつ説明した上で、大森の文章を同僚医師に話した時のエピソードが紹介される。

Ⅱ　同僚医師の死の前後と筆者の心情

まず、同僚医師の死の事実が語られ、その死に至るまでの経緯、通夜、葬儀、葬儀の翌日の様子が筆者の心情にも言及しつつ説明されている。同僚医師の人となり、筆者にとってどのような存在であったのかなどが、座右の銘の「天地有情」をベースに語られている。時系列に沿って整理しておくと以下となる。

1　癌発見まで
2　進行癌の発見→入院・抗癌剤治療…見舞い（問三）
3　亡くなった朝…外来診療（問二）→午後…遺体の搬出
4　通夜の夕方
5　葬儀の日（問四・A）
6　葬儀の翌日（問四・B）

それでは設問を見ていこう。

〈設問解説〉

問一　内容説明

◎設問意図

・部分（引用文）読解→部分要旨

筆者の座右の銘である「天地有情」について、引用された哲学者の文章から基本要素を把握する

・論と例

論　自分の心の中の感情だと思いこんでいるものは、実はこの世界全体の感情のほんの一つの前景に過ぎない

例(1)　暗鬱な梅雨の世界　陰鬱
　↓　私も又陰鬱な気分になる
例(2)　晴れ渡った秋の世界　晴れがましい
　↓　私も又晴れがましくなる

論　世界は感情的で、我々人間も又、其の微小な前景として、その有情に参加する。それが我々が「心の中」にしまい込まれていると思いこんでいる感情に他ならない

・論と例

「天地有情」の具体例が、本文で語られる具体的体験における筆者自身の心情と自然の情景との関係であるから、これを踏まえて説明する

・比喩表現（「前景」）の一般化

◎解答へのアプローチ

（1）「天地有情」の説明は引用文にあるから、その内容を確認する

・世界は感情的である
・世界に人は含まれる
・世界の感情の「ほんの一つの小さな前景」が人の感情である
・人の感情は、「心の中」の感情ではない

（2）本文における筆者の心情と浅間山の様子との関係が「天地有情」の具体例となっているので、具体例を確認する

・浅間山は不気味な夕焼けの赤に染まっていた。出来事の前でうろたえるばかりのわたしの心情そのままの定まら

ぬ色だった。
・浅間山は澄んだ秋空を背景に、荒い山肌を剝き出しにしていた。不安な赤に翻弄されるよりは、荒涼たる静けさの方がまだましだ、と思うことにした。～声が震え、立っているのが精一杯だった。

(3)（1）（2）をもとに、世界（といっても具体例を見る限り、自然の景色）と人間の心情の関係を把握する
景色自体が心情を持っていて、それが人間に反映されるわけだが、同じ心情を持つことになるわけだから、共振・照応することになる。筆者に関連する具体例（2）からすれば、正確には以下のような流れになるだろう。

筆者（自覚されていない心情の存在）
↓見る
景色（客観的景色）
↓自覚されていない心情の反映
筆者の景色に対する認識（主観的景色）
↓反映・投影　↑↓共振・照応・同調
筆者の心情（自覚された心情）

(4)解答作成
解答ポイントを意識して、解答を作成する。「ほんの一つの前景」は一種の比喩表現であるから、換言したい。解答欄は十四センチ×四行。一行二三字を目処に解答を作成する。

［解答例］
我々は、感情を自己に固有の内在的なものだと思いこんでいるが、世界の微小な一部に過ぎない人間の感情は、自然の景色が具えている感情に同調し、それを投影することで生じたものであるということ。（92字）

◎加点ポイント
1 「天地有情」の意味
a 自然（の景色）は感情を具えている
b 人間の感情はaへの共振・照応・同調である
c 人間の感情はaの反映・投影である
d 人間は世界（自然）の微小な一部にすぎない
2 常識的な理解（誤解）
e 感情は各人に固有の内在的なものだと思いこんでいる

問二　傍線部の内容（状況）説明
◎設問意図
・シチュエーションの把握
・人物像の把握
・比喩表現の一般化
・表現「察する」の理解
◎解答へのアプローチ
一部比喩表現「カルテの山が低くなっていった」を含むものの、設問文に「どのような状況を表しているか」とあるよ

うに、基本はシチュエーションの説明であるから、時・所・人物・出来事を正確に把握することが必要である。

(1)傍線部を完全な文にする

定刻どおりに外来診察を開始したのだが、その日はわたしの異様を察するのか、患者さんたちの訴えも少なく、常よりも早くカルテの山が低くなっていった。

(2)シチュエーションの把握1　時の確定

傍線部直前の「その日」を特定する。七歳年下の働き盛りの内科医が亡くなった日である。

(3)シチュエーションの把握2　筆者の状態

傍線部の直前の「が」に注目し、「察する」の意味を把握したい。

・定刻どおりに外来診察を開始した 外見…いつもと変わらぬ様子で振る舞う
・筆者は内科医の死を知って、いつもとは異なる心理状態にある 内心…動揺、悲嘆など

患者が「わたしの異様を察する」のであるから、筆者は「異様」を見せず、いつもと同じように振る舞おうとしているのにもかかわらず、どこかに普段と異なる雰囲気などが出てしまい、患者はそれを敏感に察したということだろう。

・筆者は普段通りに振る舞う
・筆者は普段とは異なる心理状態にある

(4)シチュエーションの把握3　患者の様子

「わたしの異様を察するのか、患者さんたちの訴えも少なく」の「か」に注目しよう。患者さんたちの訴えが少なかったという事実があり、筆者がその理由を「わたしの異様を察するのか」と推測しているのである。

患者は普段と変わりなく振る舞っている「わたし」にどこか異変を感じたのである。つまり、逆に言えば、筆者は完全に普段と同じように振る舞いきれていなかったということである。

・筆者の隠しきれない動揺を感じる
・患者が病状に関する訴えをするのを遠慮する

(5)シチュエーションの把握4

「常よりも早くカルテの山が低くなっていった」については、比喩表現ではあるが、診療が早く済んでいく様子であることは簡単に理解できるだろう。

・普段よりも診察が迅速に進んだ

(6)字数にゆとりがあれば、補足的なシチュエーションの説明として、筆者が同僚医師の死にショックを受ける理由を書いておこう。同僚医師の人物像の把握を含む。

・七歳年下の働き盛り

・筆者にとって、肺癌患者さんの治療を託すのに最も頼りになる医者だった
・筆者が脱落した癌診療の第一線に懸命にとどまり続けた年下であるだけでなく、信頼しており、敬意を払っていた立派な医師の死であることが、(3)(4)の隠しきれない動揺につながる。

(7)解答作成

解答欄は十四センチ×四行。短くまとめるのが思いのほか難しいかもしれない。一行二三字を目処に解答を作成する。

[解答例]

過酷な癌診療に真摯に携わり、信頼していた年下の医師が癌で死んだ日、平静を装う筆者の様子に隠せない動揺を感じたせいか、患者からの病状申告が少なく、普段よりも診療が迅速に進んだということ。(92字)

◎加点ポイント

1　その日の説明
　a　医者が癌で死んだ日
2　亡くなった医師(医者)の人物像
　b　年下
　c　「最も頼りになる医者」
　d　「懸命」「癌診療」「第一線に留まる」
3　冬の意味
　e　診療が早く済んでいく
4　筆者と患者の関係
　f　いつも通りに診療を行う・平静を装う
　g　筆者の様子に隠せない動揺を感じる
　h　患者の訴えが少ない

問三　傍線部の内容説明(心情説明)

◎設問意図

・内容(意味)説明
・シチュエーションの把握
・心情説明

評論であれば、内容(意味)説明問題であり、傍線部の表現を具体化・明確化すればよいのであるが、今回は特定の状況で、筆者が「彼」に言った台詞であるために複雑なことになる。台詞はまず何らかの内容を伝えるものであるが、同時に、相手に何かを伝えるものでもある。その「内容」や「何か」はしばしば、語り手の主観を反映したものになる。時には、心情を反映したものになる。とすれば、シチュエーションを踏まえて、筆者の心情を考察する必要がある。

◎解答へのアプローチ

(1)傍線部を換言する
・未来は／現在の／想いに過ぎない
＝

・未来は客観的な事実として存在しているのではない
・未来は／現在生きている人間の／主観的な想念の中で想像されるものでしかない
・互いの未来
進行癌で死期の切迫を意識している彼の未来とそうでない筆者の未来
・不確かさは平等である
どうなるかわからないのは同じである
(2)入院中の医師が進行癌であるというシチュエーションを踏まえる
未来＝いつ死ぬか
(3)傍線部が「本当の言葉」であることを踏まえる
傍線部の前後三文の解釈はかなり難しい。本人も周囲も死が避けがたいとわかっていても、見舞い客は、しばしば、「早く良くなって、また野球見に行こうよ」「きっと、良くなるよ」などと言いがちなものである。逆に、「あと二週間くらいの命だってね」などとは言わない。

しかし、筆者は「本当の言葉」で話したいと思った。ということは前者のような発言ではなく、「客観的事実を語りたい」『嘘のない話をしたい』と思ったということだろう。そこで、傍線部のような発言をしたわけである。

確かに、健康な人間と終末期にある人間のどちらが早く死ぬかなどわからない。健康な人間が一瞬後、事故に遭って死ぬ場合だってある。その意味で、傍線部は「本当の言葉」と言える。しかし、それは同僚医師には何の慰めにもならない。健康な人間も明日死ぬかもしれないというのは確かだが、同時に、確率的には、同僚医師の方が明らかに早く死ぬ確率が高いからである。つまり、死が不可避でしかも急迫している患者にとって、客観的事実など何の役にも立たない。死に怯える同僚医師を支配しているのは、まさに、彼自身の思いである。主観的な不安がすべてであって、客観的な事実など何の意味もない。そんな風に、筆者は同僚医師の笑顔を理解した。

これが、「その笑顔が『本当の言葉』などというものは実は存在しないのだ、と訴えているようだった。」に至るまでの三文の一つの解釈である。

いずれにしても、文脈から傍線部の発言が「本当の言葉」であることは確かであり、これを何らかの形で、解答に取り込みたい。
(4)「か」のニュアンス
細かなことだが、傍線部は「か」で終わっている。つまり、断定ではなく、「そうではないだろうか」と問いかけているのである。このニュアンスも出したい。解答例では、「と思われる」としている。

(5)解答作成

解答欄は十四センチ×五行。一行二三字を目処に解答を作成する。

［解答例］

未来は、現在生きている人間が主観的に想像するものに過ぎないから、進行癌で入院し死期が近いと思われる友人にとってもそうではない自分にとっても、いつ死ぬかを含めて未来は等しく不確実で予測できないのが客観的事実だと思われるということ。（114字）

◎加点ポイント

a　未来は、現在生きている人間が主観的に想像するものに過ぎない

b　友人にとっても自分にとっても、いつ死ぬかを含めて未来は等しく不確実で予測できない

c　bは客観的事実だと思われる

d　友人の説明　進行癌で入院し死期が近い

e　著者の説明として　dの状況にないことの指摘

問四　傍線部の内容(心情)説明

波線部A・Bに描かれた浅間山の情景に、それぞれ、どのような筆者の心情が現れているかを説明する設問である。

◎設問意図

・景情一致

小説的読解としては、情景と心情の相関性に基づいて心情を把握する

・内容読解

随想的読解としては、本文冒頭の「天地有情」を踏まえて、自然の景色のもつ感情が即筆者の感情であるとして、心情を把握する

・シチュエーションの把握を前提とした心情の把握

A

◎解答へのアプローチ

(1)シチュエーションの把握　時の確定

・葬儀の日

・別れの言葉を彼の遺影に向かって述べた

(2)本文根拠

波線部だけを見て心情を考えるのではなく、関連する箇所をヒントに、傍線部に現れた心情を考えていくことができる。

i　不安な赤に翻弄されるよりは、

これは、直ぐ前に「通夜の日」の「うろたえ」が書かれているので、この時の心情を表していると考えられる。

ii　荒涼たる／静けさの方が

これが、傍線部の「荒い山肌を剝き出しにしていた」「澄んだ秋空を背景に」と対応していると考えられる。通夜の日の動揺から脱し、同僚医師の死を事実として認知し、索

漠たる喪失感を覚えているということだろう。

iii　まだましだ、と思うことにした

iv　声が震え、立っているのが精一杯だった

「思うことにした」というのは、実際にはましだとは思えないということだ。これはdを踏まえれば、通夜の動揺はおさまったものの、また違う痛恨の思いに襲われているということだろう。

(3)語彙力・表現力

荒涼に対応する心情表現として、「索漠たる喪失感」、「声が震え、立っているのが精一杯だった」に対応する「痛恨の思い」などの表現を思い浮かべられるか、そもそも、そうした表現を知っているかで差がつく設問である。

(4)解答作成

解答欄はAの表示分だけ解答欄が短くなっていて、十三センチ×三行。一行二二字を目処に解答を作成する。

[解答例]

通夜の日の激しい狼狽からは脱したが、葬儀で彼の死という冷徹な事実を認めると索漠たる喪失感にとらわれ、さらなる痛恨の思いを抱いている。　(66字)

◎加点ポイント

a　通夜の日の激しい狼狽からは脱した

b　葬儀で彼の死という冷徹な事実を認める

c　索漠たる喪失感

d　さらなる痛恨の思い

B

◎解答へのアプローチ

(1)シチュエーションの把握　経緯の確認

・葬儀の翌日　弔文を、翌日清書して遺族に届けるとき

←

・葬儀の日　痛恨の思い

・葬儀の翌日　弔文を清書する

＝

故人の生前の人となりに思いを馳せる

葬儀の翌日の心情であり、一日時間が経過していることと、弔文を清書したことを踏まえて心情を考えることが必要である。

(2)波線部読解

Aと異なり、波線部以外に根拠にできる箇所がないので、波線部から心情を考えるしかない。

i　穏やかな秋の陽に包まれ、静謐そのもの

←

気持ちの整理がつく・死の受容・安らかで静穏な思い

ii　純白の煙を濃く青い空に昇らせていた

←連想

火葬場から立ち上る煙…天に上る・土に還る

これは様々に解釈が可能だと思うが、解答例では、筆者の「天地有情」的な発想から類推して、人間という存在も自然の一部であり、死は自然に還る営みであるとして、死を受容するという解釈をとった。

(3)解答作成

解答欄はAと同様、タテが若干短く、十三センチ×四行である。一行二二字を目処に解答を作成する。

[解答例]

弔いの言葉を通して彼の生を見つめ直すことで気持ちの整理がつき、彼の死を、自然の一部である人間が自然に還る営みとして、安らかで静穏な心境で受け入れ、冥福を祈る思いになっている。（87字）

◎加点ポイント

a　弔いの言葉を通して彼の生を見つめ直す
b　気持ちの整理がつく
c　彼の死を、自然の一部である人間が自然に還る営みとしてとらえる
d　安らかで静穏な心境で受容
e　冥福を祈る

解答

問一　我々は、感情を自己に固有の内在的なものだと思いこんでいるが、世界の微小な一部に過ぎない人間の感情は、自然の景色が具えている感情に同調し、それを投影することで生じたものであるということ。

問二　過酷な癌診療に真摯に携わり、信頼していた年下の医師が癌で死んだ日、平静を装う筆者の様子に隠せない動揺を感じたせいか、患者からの病状申告が少なく、普段よりも診療が迅速に進んだということ。

問三　未来は、現在生きている人間が主観的に想像するものに過ぎないから、進行癌で入院し死期が近いと思われる友人にとってもそうではない自分にとっても、いつ死ぬかを含めて未来は等しく不確実で予測できないのが客観的事実だと思われるということ。

問四　A　通夜の日の激しい狼狽からは脱したが、葬儀で彼の死という冷徹な事実を認めると索漠たる喪失感にとらわれ、さらなる痛恨の思いを抱いている。

B　弔いの言葉を通して彼の生を見つめ直すことで気持ちの整理がつき、彼の死を、自然の一部である人間が自然に還る営みとして、安らかで静穏な心境で受け入れ、冥福を祈る思いになっている。

二(理系)

出典

澁澤龍彦(しぶさわ　たつひこ)「玩具のシンボル価値」

　澁澤龍彦は一九二八(昭和三)年生まれ、一九八七(昭和六二)年没。東京大学文学部仏文科卒。フランス文学者、翻訳家、批評家、思想家、エッセイスト。晩年には小説も発表している異端のフランス文学者であり、ジョルジュ・バタイユ、マルキ・ド・サドの翻訳で知られる。人形作家・四谷シモン、画家金子國義、文学者三島由紀夫、暗黒舞踏の草分け土方巽などとの親交があった。「悪徳の栄え」の翻訳がワイセツだというので訴えられた、いわゆる「サド裁判」でも有名である。

　本文は、玩具について、現実模倣性とシンボル価値を対比して述べた文章である。玩具の現実模倣性による予定された使用ではなく、新たな使用法を暗示するシンボル価値の重要性を、具体例を挙げながら、わかりやすく説いている。

解説

　理系の入試要項に変更があって三回目の入試となった二〇〇九年度だが、二〇〇八年度と同様、第一問は文系と共通問題(一問設問数が少ない)、第二問は文系とは別問題であった。今回は第一問・第二問とも随想であった。

　本文字数は二〇〇八年度より減少して、約一五〇〇字。記述解答分量は、3問(三行・四行・四行)合計十一行分で、二〇〇八年度より四行減少した。

〈本文解説〉

I　導入

・人間の遊びは、百パーセントに玩具によって規定されるものではない。

・玩具のきまりきった使い方を裏切るような遊びを人間は好んで発明する。＝遊び

(例1　汽車や自動車の玩具)

←

・玩具がいかに巧妙に現実を模倣して、子供たちに阿諛追従しようとも、子供たちはそんなことを屁とも思わず、平然としてこれを無視するのだ。

(例2　私　すべり台)

←

・子供たちはしばしば、玩具の現実模倣性によって最初から予定されている玩具の使い方とは、まるで違う玩具の使い方をする。

(例3　私　三輪車)

Ⅱ　エッセーの基本的な主題

・玩具にとって大事なのは、その玩具の現実模倣性ではなく、むしろそのシンボル価値なのである。
・玩具は、その名目上の使い方とは別に、無限の使い方を暗示するものでなければならぬだろう。
・一つの遊び方を決定するものではなく、さまざまな遊び方をそそのかすものでなければならぬだろう。
（例2　すべり台・例3　三輪車）

←

・玩具の現実模倣性とシンボル価値とは、反比例するのではあるまいか。
・玩具が複雑巧緻に現実を模倣するようになればなるほど、そのシンボル価値はどんどん下落するのではあるまいか。
　あまりにも現実をそっくりそのままに模倣した玩具
　・その模倣された現実以外の現実を想像させることが不可能になるから
　・名目上の使い方以外の使い方を、私たちにそそのかすことがないから

←

そういう玩具はつまらない

《本文の対比関係のまとめ》

対比関係
　シンボル価値がある玩具　（筆者の評価　魅力がある）
　・名目上の使い方とは別に、無限の使い方を暗示する
　・さまざまな遊び方をそそのかす

↔

現実をそっくりそのままに模倣した玩具　筆者の評価　つまらない
　・名目上の使い方以外の使い方をそそのかさない

〈設問解説〉
問一　傍線部の内容（意味）説明
◎設問意図
・論と例
第①段落の論と例の関係を踏まえるとともに、全体の論旨（玩具について、現実模倣性とシンボル価値があること）を踏まえて解答を作成する
・対比関係
現実模倣性　↕　シンボル性

・語彙力

阿諛追従の意味

◎解答へのアプローチ

（1）設問文　傍線部とはどういう意味か、文脈に即して説明せよ（三行分）

←　本文で傍線部を確認する・傍線部を「文」化する：

解答のカタチ

玩具がいかに巧妙に現実を模倣して、玩具が子供たちに阿諛追従しよう（とする）

（2）同義関係の発見

・玩具がいかに巧妙に現実を模倣して、玩具が子供たちに阿諛追従しようしても、

＝

子供たちは平然とこれ（阿諛追従）を無視する

・子供たちはしばしば、玩具の現実模倣性によって最初から予定されている玩具の使い方とは、まるで違う玩具の使い方をする。

（3）阿諛追従の意味　阿諛追従＝こびへつらう

阿諛追従＝最初から予定されている玩具の使い方をする

（4）解答作成

カタチを作り、要素を入れる。

［基本解答例］

玩具が現実を巧妙に模倣して、最初から予定されている遊び方で遊んでもらえるように、子供たちにこびへつらうという意味。（57字）

1 「文」化

「玩具」「現実を模倣する」「子供」を書く

2 同義関係を発見できたことを示す

「最初から予定されている使い方で遊ぶ」を入れる

3 阿諛追従の意味を示す

「こびへつらう」を入れる

（5）表現を整える

1 露骨な擬人法は避ける（「物が～する」ではなく、「人が～する」「物が～れる」にする）

玩具が子供たちにこびへつらう　↓

玩具は、最初から予定されている遊び方をしてもらえるように、子供たちに気に入られようとする

玩具は、子供たちが気に入って、～遊んでもらえるように作られている

2 具体例の内容をふまえる

汽車の玩具・自動車の玩具→現実の汽車そっくりにする・現実の自動車そっくりにする

現実を巧妙に模倣する→現実に存在する物を巧妙に模倣する

(6) 解答作成

解答欄は三行分。一行二三字程度で完結に説明しよう。

[解答例]

現実にある物を巧妙に模倣した玩具は、子供たちに気に入られ、最初から予定されている玩具の使い方で遊んでもらえるように作られているという意味。(69字)

◎加点条件

「阿諛追従」の意味と矛盾するような説明になっていないこと

＊「玩具が子供たちに命令する」「強制する」などの表現が用いられている場合は採点対象としない

◎加点ポイント

1 「最初から予定されている遊び方で遊んでもらえるように」旨の指摘

a 「最初から予定されている玩具の使い方」

＊「名目上の使い方」「きまりきった使い方」でも可

b 「子供たちに玩具で遊んでもらう」

2 「阿諛追従」の意味を踏まえていること

c 「気に入られようとこびへつらう」など

d 擬人法の回避

3 玩具の現実模倣性から派生する性質であることの指摘

e 玩具の現実模倣性の指摘

f 玩具が「現実の物」を模倣していることの指摘

問二 内容説明

◎設問意図

(1) 表現系＝表現の正確な説明

「飛行機」に対して、一見「びくとも動かない」と「矢のように速く疾駆する」という矛盾しているかに見える記述がされているから、この矛盾を解消すべく、「飛行機」に説明を加えればよい。

A 「本物の飛行機」　現実に飛ぶ

B 座敷に置かれている
「すべり台を改造した飛行機(飛行機に見立てたもの)」　現実には飛ばない

C 空想の世界における
「すべり台を改造した飛行機」　想像の世界で飛ぶ

(2) 比喩表現の一般化

直喩　矢のように＝速く飛ぶ矢のように → とても速く

隠喩　疾駆＝馬や馬車が速く走る → 速く飛ぶ

↓

矢のように疾駆する＝とても速く飛ぶ

◎解答へのアプローチ

（1）「座敷の中の飛行機」に関する説明の確認

・すべり台のすべる部分と梯子の部分とをばらばらに分解して、すべる部分を椅子の下に通し、それとT字型に交わるように梯子を設置して、飛行機をつくることだった。

（2）対比関係を意識する

座敷の中の「飛行機」＝すべり台を改造して作った玩具・もの

本物の飛行機ではない・飛行機に見立てたものである

現実にはびくとも動かない

↔

想像の中の「飛行機」

矢のように速く疾駆

すると想像できた

（3）解答作成

解答欄は四行分。「びくとも〜ない」なども丁寧に換言しよう。

［解答例］

座敷にある飛行機は、すべり台を本来と異なる使い方をして飛行機に見立てた玩具であり、実際には全く動かないが、想像力により、それに乗って空中を高速で飛行することを空想できたということ。（90字）

◎加点ポイント

1　座敷の中の「飛行機」の説明

a　すべり台で作ったもの・すべり台を本来とは異なる使い方で使ったもの

b　飛行機に見立てたもの・飛行機に見立てた玩具

c　現実には全く動かない

2　架空の空間を飛ぶ「飛行機」の説明

d　筆者の想像の中・空想の中の飛行機

＊空想、想像のどちらかで可

e　高速で飛ぶ

問三　内容説明

◎設問意図

1　部分要旨

2　キーセンテンスをおさえる

◎解答へのアプローチ

（1）シンボル価値に関連する記述の拾い出しと整理

・玩具のきまりきった使い方・最初から予定されている使い方・名目上の使い方

・別の使い方、新しい使い方

・無限の使い方、さまざまな遊び方

・暗示する、そそのかす

（2）シンボル価値と現実模倣性の関係

・玩具にとって大事なのは、現実模倣性ではなくシンボル価値である

・玩具の現実模倣性とシンボル価値とは、反比例する
（玩具の現実模倣性が複雑巧緻になるとシンボル価値は下落する）
・現実模倣性しかもたない＝シンボル価値のない玩具はつまらない

（3）整理

a　玩具にとって重要なのは、現実模倣性ではなく、シンボル価値である

b　玩具がシンボル価値を持つ場合、玩具は想像力に働きかけ、名目上の使い方とは異なる無限な使い方による多様な遊び方を暗示する

c　現実模倣性が複雑巧緻になればなるほどシンボル価値は下落する

d　過剰な現実模倣性は玩具の魅力を損なわせる
↓　好ましくない

解答作成のコツ
1　内容の説明　玩具のシンボル価値がどういうものかを説明する
2　評価　玩具のシンボル価値について筆者がどのように評価しているかを説明する

（4）解答作成

解答欄は四行分。現実模倣性も含めて、説明しよう。

［解答例］

玩具は、遊び手の想像力を刺激し、名目上の使い方とは異なる無限の使い方を暗示し、多様な遊びを示唆するシンボル価値が重要であり、過剰な現実模倣性はこの価値を損ない、魅力を欠き好ましくない。（92字）

◎加点ポイント

1　玩具のシンボル価値の説明

a　想像力に働きかける

b　名目上の使い方とは異なる使い方を可能にする

c　無限の使い方を暗示する

d　様々な遊びを示唆する

e　玩具にとってシンボル価値が重要である

2　現実模倣性との関係

f　現実模倣性が強いとシンボル価値を損なう（「反比例する」のままでは加点しない）

g　fの玩具はつまらない・魅力がない

解答

問一　現実にある物を巧妙に模倣した玩具は、子供たちに気に入られ、最初から予定されている玩具の使い方で遊んでもらえるように作られているという意味。

問二　座敷にある飛行機は、すべり台を本来と異なる使い方をして飛行機に見立てた玩具であり、実際には全く動かないが、想像力により、それに乗って空中を高速で飛行することを空想できたということ。

問三　玩具は、遊び手の想像力を刺激し、名目上の使い方とは異なる無限の使い方を暗示し、多様な遊びを示唆するシンボル価値が重要であり、過剰な現実模倣性はこの価値を損ない、魅力を欠き好ましくない。

二〇〇八年

㊀（文理共通）

出典

安田雅弘（やすだ　まさひろ）「《演劇的知》について」

筆者は一九六二年生まれ。演出家。一九八四年に早稲田大学演劇研究会を母体に、仲間と共に「山の手事情社」を結成した。演出活動のほか、一般市民を対象に各地で数多くの演劇ワークショップを行っている。また、演劇関連のコンクールの審査員や新潟大学、桐朋学園芸術短期大学などの講師を務めた。執筆活動も活発に行っており、「演劇ぶっく」などの雑誌への連載も多い。著書に『ハッピーなからだ』（洋泉社）がある。

筆者は、主宰する山の手事情社のホームページ(https://www.yamanote-j.org/)に、以下の文章を載せている。

山の手事情社資料6　演劇的教養について
「演劇的知の貧困について」（抜粋）
演劇には世界を相対化する機能がある。この相対化こそ、世界を「味わう」上で第一になされなければならないことだと思う。相対化によって生ずる視点は自分の行動を明瞭にするはたらきがある。すなわち、自分がどういうものであるか、どういう社会に住んでいるか、その社会に対してどのような態度で接しているか、そもそも人間存在とはそして世界とは何であるか。そうした枠組み、もしくは自分なりの輪郭は現代社会を生きる上で個人個人が構築していかなければならないものである。そのよすがとして、つまりものごとを相対化し、世界を「味わう」方法として「演劇的知」は有効に機能するのではないだろうか。

今回出題された本文は、この文章と通底するところがあり、「靴下の着脱」という具体例を示しながら、演劇的知について説明したものである。筆者は演劇的知を教養の一つとしてとらえている。

解説（問四は文系のみ）

二〇〇七年度に引き続き、この第一問は文系・理系共通問題であった。ただし、理系は記述説明の設問が一問カットされている。

内容としても、二〇〇七年度に引き続き、今日的な話題を意識した文章であった。身体と教養に関わる主題を演劇との関連で論じている。筆者は、本文で、演劇を演劇という特殊な空間に限定するのではなく、演劇を通して、人間や現代社会をとらえ、日本人の身体をみつめようとしている。現代社会では、身体的存在としての自己は忘れられがちである。筆者は、演劇を通して、この身体的存在としての自己を自覚することで、自己の実在感や自己の尊厳、ひいては、他者への思いやりや周囲への配慮なども生まれてくるのではないかと述べている。

問五とも関わってくるが、筆者は、演劇的知を含む教養には、無自覚の自覚化、無意識の意識化を通して、自己を規定するものから解放し、豊かな自己理解そして他者関係をもたらす働きがあると述べている。逆に言えば、そのような役割を果たすものが「教養」であるということだろう。

演出家の文章としては、一九九七年度前期試験で鈴木忠志の随想『演出家の発想』が出題されている。また、教養の意義に関しては、二〇〇四年度前期試験で野上弥生子「ローマへ旅立つ息子に」が出題されている。演劇論は京大現代文では頻出である。

本文字数は二〇〇七年度第一問と比較すると減少し、約一八〇〇字であった。設問数は漢字の書き取りと読みが1問、残りはすべて記述説明問題で4問。合計5問であった。

解答記述分量は二〇〇七年度第一問よりは大幅に増加し、五行・六行・七行・七行で合計二五行分であった。通例、5問で二五行が標準であるから、4問で二五行はかなり多い。

なお、解答字数については、一行二三字程度と考えて、解答を作成するとよい。

〈本文解説〉

本文の内容を簡単に整理しておこう。

Ⅰ　「教養」と「演劇的知」

ここでは、導入として、教養と演劇的知について簡単な説明がなされている。

1　教養の魅力

・私たちを自由にしてくれる働き

・もつれている思考を整理してくれる快感

2　演劇的知

・広く演劇にまつわる教養

・私たちを無意識に縛っているものに気づいていく教養

・実践的な教養

これに続けて、筆者が演出家として、人間のたたずまいや現代社会の様相をとらえる仕事をしていること、ワークショップというフィールドワークを通じて現代日本人の身体や社会を見つめていることが記されている。

Ⅱ　私たちを縛っているもの＝身体

ここでは、私たちが身体的存在であり、その身体がどのようなものに規定されているか説明されている。

1　自分の性別や容姿、さまざまな欲望も含めた生理状態から逃れられない。

2　生まれた地域や時代、家庭環境を選ぶことができない。

3　言語や習慣も身体を縛っている。

Ⅲ　演劇的知　身近なしぐさ

演劇的知の初歩的な問いかけは、身近なしぐさ・行動や思考を把握することを目指しているわけだが、ここでは、靴下の着脱を題材にしたトレーニングが紹介されている。

1　視線の再現

・靴下の着脱を再現する→視線が再現できない

このトレーニングで、靴下の着脱を普段どのようにしているのかを十分に観察しても、人前でそれを再現しようとすると、視線が再現できないことがわかる。それは、靴下の着脱といった日常的なしぐさが、ほぼ無意識に繰り返されているからであり、無意識であるために人は自分の視線に無頓着なのである。

2　身体に埋め込まれた歴史

・身体への感動

想起→自己の実在感・尊厳

↔

忘却→自己の喪失感

他者への思いやりのなさ・周囲への無配慮

今、私たちは靴下の着脱を無意識に繰り返しているが、最初から、スムーズに靴下の着脱ができたわけではない。それは、「親の手を借りる→自分でできるようになる」という過程を経て身体的に習得された動作であり、手助けをしてくれた親との関わり、さらに、はじめて自分でできたときの周囲の喜び、その喜びを通じた自分自身の感動という歴史があって、はじめて、無意識に繰り返される動作となっているのである。しかし、無意識に繰り返される動作となったときにはその歴史を忘れている。

3　演劇的知の意義

・身体との対話の欠如→自殺・自傷行為

うつ病・ひきこもり

・演劇的知　身体との対話の欠如を補填する

演劇的知は自分の身体に埋め込まれた身体の歴史を自覚し、その時の感覚や心の動きを思い起こすことにある。この想起は、自己の身体との対話とも言える。日常動作を習得した際の感動を想起することは、実在感の基礎であり、そこから尊厳も発生する。自己との、身体との対話の欠如が社会的問題の発生と関連があるのではないか、そして、演劇的トレーニングの中には、この自己との、身体との対話を補填する方法や教養があふれていると、筆者は結んでいる。
では設問をみていこう。

〈設問解説〉

問一　漢字の書き取りと読み

二〇〇七年度入試で復活した漢字問題であるが、二〇〇八年度は文理共通の第一問の問一で出題された。書き取りは入試標準レベルだが、(ウ)「煩瑣」、(オ)「補塡」の読みは学生には難しい。日頃から読めない漢字が出てきたら、まめに辞書で調べるなどして、読めるようにしておくことが大切である。

問二　傍線部の理由説明

◎設問意図

・論と例

設問文で、「観察が不足しているもの」について問われていることを確認し、身近なしぐさ・行動や思考の具体例として、靴下の着脱が紹介されていることに気づく必要がある。

・具体例の一般化

本文は「観察が不足しているもの」一般について書かれているわけではないから、具体例である靴下の着脱での「視線」について書いてある内容をチェックし、それを一般化する。

◎解答へのアプローチ

(1)例の確認　靴下の着脱

視線は日ごろ着脱の際、意識していない。そのため、他人に見られる状況で再現しようとすると、視線の置き場が普段と違ってくる。人前で再現した場合に、(視線を・靴下の着脱を)忠実に再現できない。

(2)例の一般化

靴下の着脱に限らず、日常動作は意識している部分と無意識部分からなる。具体例を分析し、整理してみると以下のようになる。

意識部分	→	観察可能	→ 人前で再現可能
＋			
無意識部分	→	観察不可能	→ 人前で再現不可能
＝			
動作全体	→	観察不可能部分を含む	→ 人前で再現不可能な部分を含む

無意識部分について観察ができないために、動作全体として完全な観察はなしえず、不足部分が発生する。その結果、観察の不足部分を含む日常動作については、再現が不可能になるのである。「再現」は、この場合、普段行っている動作を人前で一〇〇%完全に実現することである。

(3)考察

では、逆にどういう状況であれば、再現できるのか。たとえば、自分の日常生活をビデオに撮って、そのビデオを見て、自分がしている動作を注意深く観察した後に再現しようとすればできるはずだ。つまり、動作をしている自己ではなく、その動作を見る他者として、客観的に対象化して観察することで、再現は可能になる。ということは、再現できないのは、自分がある動作をしながら、その動作を観察した場合、自分が今その動作をしているのであるから、そもそも他者の目で客観的に対象化して観察することができないからである。この要素を加えたい。

(4)解答構造の確定

日常的動作の無意識部分は観察できない

←

動作のすべてについて、客観的に／他人の視点で／対象化して観察することはできない

←

他人の見ているところで意識的に再現しようとする

←

本来と異なる動作をしてしまう

(5)解答作成

解答欄は五行分。一行二三字程度で解答を作成しよう。

［解答例］

日常的な身体の動作のうち、無意識な部分については自己観察が不十分となり、動作中の自己の状態全体を客観的に他者の視点に立って把握できていないため、他人の見ているところで意識的に再現しようとしても、本来と異なる動作をしてしまうから。（114字）

◎加点条件

日常的なしぐさ・身体動作、身近なしぐさ・行動について書いてあること

◎加点ポイント

a　無意識的な部分には十分な自己観察が及ばない

b　動作中の自己の状態全体が把握できていない

c　客観的に、他人の視点に立って把握できていない（対象化できていない）

d　他人の前で意識的に再現する際に本来と異なる動作をしてしまう

問三　傍線部の内容説明

◎設問意図

・指示語「そこ」の指示内容の確認

・条件付き（ヒント付き）

設問文に「日常的な動作が習得されるプロセスとの関わりで」とある。「身体に埋め込まれた歴史」について、これとの関連で説明する。

・具体例の一般化

靴下の着脱について書いてある部分をチェックし、ここから「日常的な動作一般」について考える。

◎解答へのアプローチ

(1)指示語の指示内容の確認

そこ

＝

日常的なしぐさがほぼ無意識に繰り返されていること

無意識にあるしぐさができるようになっているということは、それ以前に、そのしぐさを習得するプロセスがあり、そのプロセスで得た様々な心的要素がある。それを、「身体に埋め込まれた歴史」と書いているのである。

(2)「身体に埋め込まれた歴史」の説明

1　歴史

「日常的な動作が習得されるプロセスとの関わり」とあるので、「靴下の着脱」について書いてある部分を一般化する。

i　独力でできず、他者の援助

ii　独力でできるようになる…周囲の喜び＋自分自身の感動

2　身体に埋め込まれている

「埋め込まれている」は比喩表現であるから、言い換える必要がある。表面的には忘れてしまっているが、身体には蓄積されているという意味だから、たとえば、「無意識的な身体の記憶として蔵している」などと言い換えておく。

(3)解答構造の確定

身体に埋め込まれた歴史

＝

歴史が身体に埋め込まれていること

＝

歴史を無意識的な身体の記憶として蔵しているということ

と同義変換し、「〜のプロセスで、歴史を無意識的な身体の記憶として蔵しているということ。」と解答の形を決めて、「歴史」を、その具体的な説明と置き換えればよい。

(4)解答作成

解答欄は六行分。一行二三字程度で解答を作成しよう。

[解答例]

人は誕生以来、日常的な動作を習得するまでの過程で、周囲の大人たちという他者から世話を受け、しつけられ、やがて自力でその動作ができるようになるが、そのときどきの身体動作に伴う様々な周囲の反応や自己の感動を、無意識的な身体的記憶として蔵しているという意味。(126字)

◎加点ポイント

1　プロセス

a　他者の援助

b　自力でその動作ができるようになる
c　身体動作に伴う様々な周囲の反応や自己の感動
2　歴史
3　身体に埋め込まれた
d　無意識的な身体的記憶として蔵している

問四　傍線部の内容説明

第一問では一番難度の高い設問である。

◎設問意図

・内容読解もしくは語彙力を前提とした考察

実在感＝今ここに存在することをリアルに感じること

尊厳＝かけがえのなく、尊いものであること

実在感や尊厳が、どのような仕方で生み出されてくるのかは具体的には書かれていないので、本文記述と「実在感」「尊厳」の語義から自分で考える必要がある。

・対比関係の把握

身体への感動を想起 → 実在感・尊厳

↕

身体への感動を忘却 → 自己の喪失感
他者への思いやりのなさ
周囲への無配慮

傍線部直後の記述を踏まえると、以上の対比関係がわかる。これが考察のヒントとなる。

◎解答へのアプローチ

(1)身体への感動(問三の内容と重複)

対比関係を踏まえて、換言すると、「無意識に行っている日常動作に関して、その日常動作の習得のプロセスで抱いた身体への感動を想起すること」となる。

(2)考察1…「身体への感動」と「自己の実在感」を関連づける。

簡単に言えば、「今の自分は、これまで様々な日常動作を習得してきたことで、存在しているのだと実感する」ということだろう。他者と関わり、一つ一つ日常的動作を習得してきたことを思い起こせば、自己が身体的存在として、今までも、そして今も、確かに存在することが実感される。

(3)考察2…「身体への感動」と「自己の尊厳(「他者の尊厳」にもつながる)」を関連づける。

今の自分は、日常動作の習得について他の人がもっていない自分だけの歴史をもっている。つまり、他の人間と取り替えることのできないかけがえのない存在である。

そして、その習得の際には、多くの他者と関わってきたわけであり、かけがえのない自己が存在するのは、かけがえのない他者がいたからである。

(4)解答構造の確定

対比関係を踏まえて、「身体への感動を想起する」場合と限

定し、理想は、「～仕方で実在感が生み出される。また、～仕方で尊厳が生み出される」としたいが、字数が厳しいので、「～で実在感が、～で尊厳が生み出される」と書けばよい。

(5)解答作成

解答欄は七行分。一行二三字程度で解答を作成しよう。

［解答例］

現在は無意識的に行っている日常的な身体動作に関して、各人固有の習得過程で抱いた身体への感動を想起することによって、多様な動作を習得してきた現在の身体状態の意義を自覚して、自己の実在感が、他者と関わる固有の歴史をもつ身体的存在としての自己のかけがえのなさを自覚して、自己の、ひいては他者の尊厳が生み出されてくる。

（155字）

◎加点ポイント

1　身体への感動

a　現在は無意識的に行っている日常的な身体動作

b　各人固有の習得過程で抱いた感動を想起する

2　実在感

c　多様な動作を習得してきた現在の身体状態の意義を自覚する　→自己の実在感

d　他者と関わる固有の歴史をもつ身体的存在であることのかけがえのなさ　→自己の尊厳　→他者の尊厳

問五　内容説明

◎設問意図

・要旨変型

本文では、演劇的知を教養の一つとした上で、演劇的知について説明しているわけだが、さらに、演劇的知そのものについての一般的な説明よりも、靴下の着脱という具体的トレーニングの説明に多くを割いている。問五は、教養に関する説明を求めているので、靴下の着脱そのものについて説明することはもちろん、演劇的知に関する具体的な説明をしても、設問で求められる解答にはならない。これをまず、確認して、以下のような作業をすることが必要となる。

本文の記述		解答作成	
教養	←　具体例	教養の働き	→　帰納・一般化
演劇的知	←　具体的な事例	演劇的知の働き	→　帰納・一般化
靴下の着脱		靴下の着脱に関する記述	

本文全体を踏まえて、靴下の着脱、さらには演劇的知について書いてあることから帰納・一般化して、教養に関する筆者の考えを説明する必要がある。

◎解答へのアプローチ

（1）「自由にしてくれる」の意味を考える

自由というのは、束縛・拘束状態があって、そこから解放されること、それに規定されなくなることである。したがって、教養に「私たちを自由にしてくれる働き」があるということは、私たちが何かに束縛・拘束されている状況があって、教養によって、そこから解放されるということである。具体的には、本文冒頭にも書かれているように、教養は「私たちを無意識に縛っているもの」に気づかせることで、私たちを解放するのである。

これを踏まえて、本文関連箇所をチェックすることが必要である。つまり、私たちを束縛・拘束しているもの、もしくは、束縛・拘束されている私たちの状況を説明した上で、教養の働きを具体化すればよい。ただし、設問意図に記したように、教養そのものの働きについては具体的に書かれていないので、演劇的知について書かれているところから帰納・一般化することになる。

（2）本文関連箇所の確認

1　私たちを無意識に縛っているもの

・自分の身体

i　性別や容姿、さまざまな欲望も含めた生理状態

ii　生まれた地域や時代、家庭環境

iii　言語や習慣

2　演劇的知の特徴

・演劇にまつわる実践的な教養

i　身近なしぐさ・行動や思考を把握させる

ii　日常的動作が無意識になされていることに気づく

iii　自分の身体の歴史を掘り返し、埋もれている感覚を再確認し、それらにかかわる心の動きを思い起こす

iv　身体との対話→実在感・尊厳

・演劇のトレーニングの中には、それを補塡する多くの方法や教養があふれている

・自己との、つまり身体との対話

・身体への記憶の喪失→自己の喪失感→自傷行為、うつ病・ひきこもり

（3）帰納・一般化

（2）2を確認して、考えてみると、自由の一つは、靴下の脱着で明らかなように、自己を無意識に規定しているものに気づき、自己を客観的に見ることができることだろう。もう一つは、普段無自覚であることを自覚することで、自己との対話を通して、自己が実在していることを実感したり、自己のかけがえのなさを感じたり、他者を思いやったり、周囲に配慮ができるようになることだろう。つまり、そうしたことができない状況から解放されることである。単純化すれば、

無自覚の自覚化により、豊かな自己理解・他者関係が構築されるということだ。

(4)解答構造の確定

段階的に説明すると書きやすい。まず、束縛しているもの、束縛されている状況を書き、次に、「教養」が、束縛から解放された状況をもたらすとまとめる。

(5)解答作成

解答欄は七行分。一行二三字程度で解答を作成しよう。

［解答例］

人間は自己の身体や自己が属する時代や社会によって規定されており、通常はそのことに無自覚であるが、無自覚さが高じれば様々な社会的問題にまで至ってしまう。演劇的知を含め、教養はそうした自己を客観視させ、自己を無意識のうちに規定するものに気づかせることで自己を解放し、自己内対話を通した豊かな自己理解・他者関係をもたらす。（158字）

◎加点ポイント

1　拘束

a　人間は自己の身体や自己が属する時代や社会によって規定されている

b　無自覚

2　教養の働き

c　自己を客観視させる

d　自己を無意識のうちに規定するものに気づかせる

3　結果

e　自己を解放

f　自己内対話を通した豊かな自己理解・他者関係をもたらす

4　サブ要素

g　bの無自覚さが高じると問題状況がおこる

h　教養が、演劇的知を含むものであることの指摘

解答

問一　(ア)　端的　(イ)　俳優　(ウ)　はんさ

(エ)　枚挙　(オ)　ほてん

問二　日常的な身体の動作のうち、無意識な部分については自己観察が不十分となり、動作中の自己の状態全体を客観的に他者の視点に立って把握できていないため、他人の見ているところで意識的に再現しようとしても、本来と異なる動作をしてしまうから。

問三　人は誕生以来、日常的な動作を習得するまでの過程で、周囲の大人たちという他者から世話を受け、しつけられ、やがて自力でその動作ができるようになるが、そのときどきの身体動作に伴う様々な周囲の反応や自己

の感動を、無意識的な身体的記憶として蔵しているという意味。

問四　現在は無意識的に行っている日常的な身体動作に関して、各人固有の習得過程で抱いた身体への感動を想起することによって、多様な動作を習得してきた現在の身体状態の意義を自覚して、自己の実在感が、他者と関わる固有の歴史をもつ身体的存在としての自己のかけがえのなさを自覚して、自己の、ひいては他者の尊厳が生み出されてくる。

問五　人間は自己の身体や自己が属する時代や社会によって規定されており、通常はそのことに無自覚であるが、無自覚さが高じれば様々な社会的問題にまで至ってしまう。演劇的知を含め、教養はそうした自己を客観視させ、自己を無意識のうちに規定するものに気づかせることで自己を解放し、自己内対話を通した豊かな自己理解・他者関係をもたらす。

二（文系）

出典

中島敦（なかじま　あつし）『文字禍』

中島敦（一九〇九～一九四二年）は、東京都生まれの小説家。一九四二年に『古譚』（「山月記」「文字禍」）、『光と風と夢』を発表するが、気管支喘息でその年の年末にわずか三三歳で亡くなった夭折の小説家である。死後、「李陵」「弟子」などの遺稿が出版された。中国の古典に取材した「山月記」「李陵」「弟子」「名人伝」などの格調の高い漢文調の文章で書かれた小説が代表作であり、高い芸術性が評価されている。また、パラオの南洋庁につとめていた際に知った南島の伝説や奇譚から題材を得た「幸福」「夫婦」（「南島譚」）なども、独特の魅力をもつ小説として、ファンは多い。

本文は、中島敦の短編小説「文字禍」から出題されており、歴史的仮名遣いであり、比喩表現も多く、受験生には読みづらかったかもしれない。ジャンルは小説ではあるが、言語論的内容を含み、言語（本文に即して言えば、文字）に依存する文明社会に対する皮肉な見方が示されている。言語を習得することは、人間に多くの恩恵をもたらすわけだが、同時に、そのせいで失うものもあるというテーマは、人文系・教育系の小論文でおなじみである。

なお、本文では、入試問題としてふさわしくない記述や細かな説明部分が省略されている。気になる受験生は、原典に当たってほしい。

解説

京大国語の第二問は、二〇〇五年度・二〇〇六年度（共に前期）と小説が続き、二〇〇七年度は随想であったが、二〇〇八年度は小説に戻った。二〇〇九年度も、随想か小説からの出題と考えておけばよいであろう。また、第一問に比べると、古い文章が出題され、表記も歴史的仮名遣いである可能性が高い。

本文字数は二〇〇七年度より増加して、約一八〇〇字。設問数は5問。二〇〇七年度は問一が漢字の書き取りであったため、記述説明問題は4問で、解答記述量は二行・三行・六行・六行で合計十七行分であった。二〇〇八年度は、漢字の書き取りが第一問に移行し、第二問は記述説明問題のみとなり、五行・五行・五行・四行・五行で合計二四行分である。例年の京大現代文では5問二五行分が標準であるから、その点では記述量が増えたわけではないが、本文の難度・設問の難度も加味すれば、ここ数年の京大現代文ではかなり難度の高い問題となった。

なお、解答字数については、一行二三字程度と考えて、解答を作成するとよい。

〈本文解説〉

本文内容を簡単に見ていこう。

Ⅰ　文字の霊の存否

1　エリバ博士は図書館の資料に当たるが、文字の霊についての説を見つけることができなかった。

2　博士は自力で、文字の霊の存否問題を解決せねばならなくなった。

3　一つの文字を見つめているうちに、意味のない複数の線の交錯に、一定の音と一定の意味をもたせるものは何かと考え、博士は文字の霊の存在を認めた。

Ⅱ　文字の霊の性質

文字の精霊は地上の事物の数程多く、増殖する。

Ⅲ　文字の霊が人間に与える影響

ここでは、文字を覚えてから、それ以前とどう変わったかが例示されている。数多くの聴取統計から、博士は文字の霊は人間の頭脳や精神に悪影響を与えたと記し、文字が普及して、人間の頭は働かなくなったと結んでいる。

それでは設問を見ていこう。

〈設問解説〉

設問について簡単に述べておくと、問一は本文関連箇所をチェックし、的確に拾い出せばなんとか得点できる設問であるが、問二・問三・問四はいずれも、比喩を含む設問であり、解答要素を自分で考える必要があり、かなり難度が高い。こうした設問は京大現代文に特徴的な難問であり、対策として最も有効なのは、まず、こうした設問の解答は本文の抜粋＋合成だけでは作れないことを認識することである。わからないからといって、傍線部近くの本文を抜粋し、それを適当に書くという解答姿勢では力はつかない。設問意図を確認して、自分で考えることが必要となる。京大の過去問でしっかり練習をすることも大切である。

問一　傍線部の理由説明

◎設問意図

・シチュエーションの把握

・理由＝経緯説明

◎解答へのアプローチ

小説の「理由」説明にはいくつかのパターンがあるが、今回は経緯を説明するのか、結論を導いた論拠を説明するのか迷うところだ。しかし、傍線部に「ここ迄思ひ到つた時」とあることに注目すれば、設問文の「どのようにして」は経緯を尋ねていると考えればよいだろう。したがって、アプローチとしては、まず、傍線部内の指示語「ここ」の指示内容を明らかにすることが必要である。

[本文関連箇所]

＊現代仮名遣いで表記する

・文字の霊があるかどうか、万巻の書／古知識を調べてもわからなかった。

・文字に霊があるかどうか、自力で解決せねばならなくなった。

1　一つの文字を長く見詰めているうちに、文字が解体して、意味の無い一つ一つの線の交錯としか見えなくなってきた

2　単なる線の集まりが、なぜ音と意味をもつことができるのか

単なるバラバラの線に、一定の音と一定の意味をもたせるものは何か

↓

（不思議な事実を発見して驚き・目から鱗が落ちた思い）

3　一つの霊が存在して、単なるバラバラの線を統べるのでなければ、単なる線の集合が一定の音と一定の意味をもつことができないと思い至った

4　霊　バラバラの線　↓統べる　文字として意味と音

＝　類推

魂　人間の身体各部　↓統べる　人間

・解答構造の確定

「書籍で調べる→自力で考える」の流れ、さらに、自力で考え始めた後の経緯を順に書けばよい。字数が十分にあれば、人間における魂の働きからの類推で霊の存在を確信したことも書ける(以下の太字部分)。

[参考解答例]

古い知識の集積からは文字の霊の存否の手がかりが得られず、自力で解明すべく、一つの文字を凝視するうちに、文字が意味のない複数の線の交錯に過ぎないことに気づき、**身体の各部を魂が統括することで人間となることからの類推で、**無意味な線の集合が意味と音を備えた文字となるには、それらを統括する霊の存在が必要であると考えるに至って。

(159字)

今回は字数からいっても、傍線部の構造からしても、経緯のみでよいだろう。

問二　傍線部の理由説明

◎設問意図

・比喩説明

・理由＝表現意図の説明

設問文が「傍線部(2)のように言われるのはなぜか」と尋ねていることに注意しよう。比喩で表現される理由であるから、解答の骨格は簡単に決まる。

比喩表現する理由…類似性の存在もしくは類似性の強調

←文字の精霊の数が急速に増える様子は、野鼠が子を次々と産んで増えていく様子と似ているから。

◎解答へのアプローチ

骨格はすでに確定しているから、どのような点が類似しているのかを考える。本文には文字が具体的にどのように増えるのかについては書かれていないので、自分で考えることが必要である。難度の高い問題である。

(1)文字の精霊の増え方　その1

本文に、「文字の精霊の数は、地上の事物の数程多い」とあるから、これをヒントに考える。

1　地上に存在する事物の分だけ、それを表す文字があり、その文字の分だけ文字を成り立たせる霊が存在するため、地上の事物の数と同数の霊が存在する。

2　地上の事物が増えれば、それを表す文字の数も増え、必然的に、文字の霊の数も増える。

(2)文字の精霊の増え方　その2

具体的に文字そのものについて考えてみる。すると、一つの文字は別の文字と組み合わさり、熟語を作ることで、別の読みと別の意味をもつことが思い浮かぶはずだ。

3　複数の文字が組み合わされることで、新たな意味をもつ文字が生まれ、文字を成立させる際に働く文字の霊も増える。

文字p（精霊p）＋文字q（精霊q）

↓

文字［pq］（新たな精霊）

（3）解答構造の確定

まず、文字の霊が増える様子（1～3）を記し、次に、その増加の様子が野鼠の増加と類似する旨を記せばよい。

問三　傍線部の内容説明

◎設問意図

・内容説明（比喩説明）

「文字ノ精ガ人間ノ眼ヲ喰ヒアラス」

・漢文の再読文字の知識確認

「猶～如シ」

・論と例

・具体例の一般化

◎解答へのアプローチ

（1）再読文字の知識

猶～如し…「ちょうど～と同じである」「あたかも～のようである」

まず、傍線部が比喩表現であることを確認する。

傍線部＝文字の精が人間の目を食い荒らすのは、あたかも、蛆虫が胡桃の固い殻を穿って、中の実を巧みに食い尽くすようだ。

（2）具体例の一般化

文字の霊の人間に対する作用が傍線部の前で具体的に紹介されているので、それをチェックし、一般化する。

例1　虱を捕るのが下手になった　　反応能力の低下

例2　眼に埃が余計はいる　　見えにくくなる

例3　鷲の姿が見えなくなった　　把握能力の低下

例4　空の色が以前ほど碧くなくなった　　感覚の鈍化

（3）比喩表現の理解

蛆虫と胡桃の殻・胡桃の実の比喩表現をもとに、文字の精と人間について、どのようなことを述べているのかを考える。

蛆虫　→殻を穿つ・胡桃の実を食い尽くす

＝

文字の精　→人間の眼を食い荒す

＝

文字を知ること　→外見はそのまま・内面が損なわれる（人間の視覚に作用する・視覚に関連する諸能力を損なう）

（4）考察

文字を知っても知らなくても、人間の視力そのものが変わるわけではない。したがって、ここでは視力の低下を指摘しているのではない。文字のない頃は、対象を直接見ていたのだが、文字を知った後は、文字を介して対象を見てしまうせいで、以前と同じようには「見えなくなる」という状況がもたらされる。その点を解答に加えておきたい。

・解答構造の確定

「内容をわかりやすく述べよ」という尋ね方であるから、蛆虫と文字の精の類似性を踏まえ、さらに、「食い荒らす」を一般表現に直していく。そして、文字を知る前と文字を知った後の対比関係を意識し、何が異なるのかを明示して解答を作りたい。

文字を知る前	対象を直接見る
↔	
文字を知った後	対象を文字を介して見る

字数が充分あれば以下の解答例が考えられる。

［参考解答例］

蛆虫が胡桃の殻に孔をあけて、中の実を巧みに食い尽くすのと同様に、文字を知ることは人間の視覚に作用し、文字を知ると、人間の外見は以前と同じでも、文字を仲介することなく事物そのものを直接見ることができなくなり、視覚によって事物を把握する能力や視覚に基づく事物に対する反応の鋭敏性、豊かな感受性が損なわれるということ。

（156字）

具体例をそのまま書き写していたのでは解答欄にはおさまらないので、自力で一般化することが必要である。比喩の意味自体はわかりやすいが、具体例を一般化するのが難しい。

問四　傍線部の内容説明

◎設問意図

・比喩説明

傍線部は「文字は、その影のやうなものではないのか」であり、指示語の指示内容を示して言い換えると、「文字は、埃及人がある物の魂の一部と見做している影のやうなものではないのか」となる。設問は「文字がどのようなものだといっているのか」と尋ねているのだから、「影のような」という比喩表現を用いないで説明する必要がある。

・意図理解

設問は「いっているのか」という問だから、当然、「筆者は言っているのか」であり、一般的な「影のようなもの」の意味を考えるのではなく、筆者がその比喩表現でどういうことを表現しようとしているのかを理解する設問となる。

・具体例の一般化

影のようなものについて、筆者は、獅子の例を挙げている。これを一般化して、対象とその影、文字の関係を明らかにすることが必要である。

◎解答へのアプローチ

(1)本文関連箇所のチェック

・ある物の影を、其の物の魂の一部と見做している

・傍線部　文字は、その影のようなもの

←

文字　獅子という文字

＝

物の影　本物の獅子の影

＝

物の魂の一部

・具体例の一般化

例	一般化
獅子という文字を覚えた漁師	文字を覚えた人間
本物の獅子の代わりに	本物の具体的な事物の代わりに
獅子の影を狙う	事物から抽象された観念を求める

(2)考察

すでに、右の表で、影を「事物から抽象された観念」と言い換えたが、「影」について、本文に書かれていることをヒントに考察する必要がある。

・文字は実在する事物そのものではない

・文字は実在する事物の本質の一部である

←

i　本質から抽出された概念・観念

ii　実在するものを示す

iii　実体がない

つまり、以下のような関係となる。

実在する事物　実体を備えた具体的な存在

↔

文字　実在する事物に対応して、それを示す
　　実体のない抽象的記号／観念

(3)補充

文字の人間への影響の大きさを指摘しておきたい。文字は人間を支配し、人間が直接事物を把握することを妨げる働きをもっている。

(4)解答構造の確定

「文字」を主語にして、述語部分にその特徴を順に書けばよい。

問五　傍線部の内容説明

◎設問意図

・対比関係の把握

文字が普及する前と普及した後の比較である。

・多義的な表現もしくは曖昧な表現を文脈に即して限定／具体化する

設問文が「ここでは」と限定していることに注意したい。「頭が働かない」という表現は日常的によく用いる表現である。「疲れて頭が働かない」「眠くて頭が働かない」などという表現は受験生諸君も使ったことがあるだろう。だからこそ、「ここでは」という限定がついているのである。本文の文脈ではどのような意味になるのかを説明する問題である。

◎解答へのアプローチ

(1)本文関連箇所の確認

i　対比関係

文字が無かった昔
　歓びも智慧もみんな直接に人間の中に入ってきた

↔

文字を知った後
　文字の薄被をかぶった歓びの影と智慧の影としか、我々は知らない

ii　具体的な指摘

・近頃人々は物覚えが悪くなった

・人々は、最早、書きとめて置かなければ、何一つ憶えることが出来ない。

iii　視覚に与える作用　　問三　直接→間接
　　　　　　　　　　　　　把握・反応・感性の劣化

(2)他の事例との関連から②の意味を確認する

着物→皮膚が弱く醜くなった
乗物→脚が弱く醜くなった

＝

文字に依存して、記憶力が低下

(3)解答構造の確定

「最早、働かなくなった」という記述は、「以前は働いていたが、最早、働かなくなった」ということだから、まず、文字を知る以前の状況を記し、その状況が損なわれると結べばよい。

解答

問一　文字の霊の存否を古い知識の集積に頼らず、自力で解明すべく一つの文字を凝視するうちに、文字が無意味な複数の線の交錯に過ぎないことに気づき、それらを統括し、意味と音をもつ文字として成立させるには、霊の存在が必要であると考え至って。

問二　地上に存在する事物に対応する文字は事物の増加に伴って増えるだけでなく、複数の文字が結合して新たな音と意味を持つ文字を作る。文字の際限のない増加

は文字を統御する精霊の増殖を意味し、この増殖の様子が野鼠の増殖の様子に酷似しているから。

問三　蛆虫が胡桃の殻に孔をあけて中の実を食い尽くすのと同様に、文字を知ると、人間は、見かけは同じでも、事物を直接見ることができなくなり、視覚によって事物を把握する能力や視覚に基づく事物への反応の鋭敏性や感受性が損なわれるということ。

問四　文字は、実在する事物から抽象され、事物に付随して事物を指示する実体のない観念であり、事物そのものではないにもかかわらず、人間を惑わして事物そのものと錯覚させてしまうものである。

問五　文字を知る以前は、人間は事物と直接関わり、生き生きと感動し、経験知を得ていたが、文字を知った後は、文字に依存して事物と間接的にしか関われなくなり、事物を感受する感覚や事物を把握し、考察し、記憶する諸能力が劣化したということ。

二（理系）

出典

青柳瑞穂（あおやぎ　みずほ）「真偽のむずかしさ」

青柳瑞穂（一八九九〜一九七一年）は、山梨県生まれ。詩人、仏文学者、美術評論家、古美術蒐集家。詩人としては、堀口大学に師事し、詩集『睡蓮』などを発表していたが、後、仕事の比重を翻訳に移し、ルソー『孤独な散歩者』などの名翻訳家として知られるようになる。特にモーパッサンについては短編のほとんどを翻訳している。また、古美術鑑賞に優れ、一九三七年には尾形光琳の唯一の肖像画「藤原信盈像」を発見（後に、光琳のパトロンであった大富豪の中村内蔵助を描いたものと判明。現在は重要文化財。）している。

なお、青柳瑞穂の孫であり、ピアニストでもある青柳いづみこが『青柳瑞穂の生涯—真贋のあわいに』（新潮社）を発表し、第四九回日本エッセイストクラブ賞を受賞している。

この「真偽のむずかしさ」は、『ささやかな日本発掘』に収められた随想である。『ささやかな日本発掘』は、古美術の発見・蒐集談話や美についての感慨などをまとめた随想集で、一九六〇年に新潮社から刊行され、一九九〇年講談社文芸文庫により、文庫化された。

解説

理系の入試要項に変更があって二回目の入試となった二〇〇八年度だが、基本的には二〇〇七年度と同様、第一問は文系と共通問題（一問設問数が少ない）で評論、そして、第二問は文系とは別問題で随想であった。ただし、二〇〇七年度第二問に比べると、本文がやや古く、また、解答字数が多かった。

この第二問の青柳瑞穂「真偽のむずかしさ」は、実は、一九九六年の秋に実施された第二回京大実戦模試の第一問と同一出典同一箇所であった。京大の本試験の傾向を踏まえて、京大実戦は作成されている。したがって、一九九六年度の京大実戦は、当時の京大の入試傾向を踏まえて作成されている。ということは、二〇〇七年度第二問とは異なり、二〇〇八年度第二問は、まだ、第一問現代文・第二問近代文語文の頃の第一問と同じ傾向の出題であったということになる。明治から大正・昭和にかけて活躍した著名な学者・芸術家の含蓄豊かな文章から出題され、表現は比較的平易だが、深い読解力が要求される。これが従来の京大現代文の傾向である。

二〇〇七年度のような現代随想から出題される可能性も、また、二〇〇八年度のように古い随想から出題される可能性もある。したがって、今後の理系第二問対策としては、少し前の京大の過去問（現代文）をやっておくことも有効な対策となる。

本文字数は二〇〇七年度よりも少し増えて、約一七〇〇字。漢字の書き取りと読みの設問が第一問に移行したことで、全問記述説明問題となった。記述解答分量は、五行・五行・五行で十五行分。1問五行で、5問二五行分という近年の京大現代文の標準的な記述解答分量と一致する。

なお、解答字数については、一行二三字程度と考えて、解答を作成するとよい。

〈本文解説〉

「真偽」を話題にした随想である。本文の内容を簡単に見ていこう。

Ⅰ　書画骨董の真偽判断に関する一般論

ここでは、書画骨董の真偽の判断の難しさについて、慎重であっても、大胆であっても、誤りを犯す危険はあり、難しいことを述べた上で、筆者は、大胆で犯す誤りの方がまだよいと述べている。以下、簡単に示しておく。

・初心者にとっても経験者にとっても、書画骨董の真偽判断は難しく、誤りを犯しやすい

・石橋を渡るつもり（小心）
　作者の異色ある作品が犠牲にされる可能性がある
　本物を逃す

↔

大胆
　偽物を摑む

・筆者の考え
「大胆」の方がまだしも明るい感じだ
理由…偽物が本物にされても、いつかは見破られる時が来る

Ⅱ　本物・偽物の言葉の重み

ここでは、「本物」「偽物」という言葉は対になる表現であり、同格であるはずなのに、言われた人が受ける感じは違うことが述べられている。以下、簡単に示しておく。

・本物だと言われる
　軽くしか触れない
↔
偽物だと言われる
　重くて、圧迫的で、決定的な何ものかを持っている
　決定的な、破壊的な力を持つ
　強くて、権威的である

Ⅲ　本物と偽物の判断の難しさ

ここでは、小林古径画伯の作品にまつわるエピソードを紹介し、そこから、出来の悪い本物と出来のいい偽物が入りみだれているが、本物は本物だとしなければ筋がとおらないとしている。

Ⅳ　本物と偽物

ここでは具体例を挙げて、さらに本物と偽物に関する筆者の考えが述べられている。

・具体例
白桃（ナシやリンゴやブドウ）
　一流品だが、味も香も劣って、すっかり別物になりさがっている
　形態だけは本物そっくりでも、中身、つまり、味と香は偽物なのである
↔
巴旦杏・杏
　安ものだが、生きのいい、正直な味をもっている

ここから、筆者は、書画についても、キノコについても、総じて、一流品は堕落してしまったのに、二流品・三流品は、本来の矜持を保っていると述べている。これが書画骨董、食物、そして人間についても、筆者の本物・偽物に関する基本的な考えである。

一流品	二流品・三流品
形態は本物そっくりでも、中身が偽物	本物を維持
堕落	本来の矜持を維持
偽物の一流品	本物の二流品
	筆者の評価…好きだ

最後に「ここに掘出しのコツがあると思っている」と結んで

いるから、二流品・三流品でも本来の矜持を保っているものを発見することが、よいものを発見するコツということだろう。

さて、それでは、設問を見ていこう。

〈設問解説〉

問一　傍線部の内容説明

◎設問意図

・比喩表現の意味

「ふれる」「ふれない」という語は「触れる」「触れない」であり、言葉が「私」に触れることは実際にはないので、ここでは、言葉が「私」に及ぼす作用、もしくは、その影響をたとえた表現となる。

・指示語の指示内容

・対比関係の把握

・論と例

傍線部を含む一文の冒頭に「たとえば」とあるから、この傍線部は具体例である。具体例は一般論の例証である。

・筆者の意図

設問文が「どういうことか」ではなく、「どういうことをいっているのか」となっている点に注目し、単なる傍線部換言ではなく、そこで筆者が言っていることは何かを考えたい。この場合は、具体例に傍線が引かれているので、具体例で一般論を主張していると考えればよいだろう。また、傍線部内に比喩表現があるので、筆者が比喩表現で表そうとしている意味内容をおさえることも必要となる。

◎解答へのアプローチ

(1)本文関連箇所の確認

i　指示語と対比関係

これ
＝
本物だと言われること　私には軽くしかふれない
↔〈それに反し〉
偽物だと言われる　決定的な、破壊力を持っている

ii　論と例の関係

論　本物・偽物は同格として同じ比重であるべき筈なのに、どうしたわけか、偽物という言葉の方が、重くて、圧迫的で、決定的な何ものかを持っている
↓
例　私の実体験
↓
論　本物という言葉より、偽物という言葉の方が、強くて、権威的である

(2)比喩表現の意味

ふれる＝心にふれる＝心理的影響を与える

（3）解答構造の確定

i　傍線部は具体例なので、具体例で「いっていること」と問われたら、原則として、論の内容をまず書く。

ii　傍線部は対比関係の片方であり、字数にゆとりがあれば対比関係を踏まえて解答を作る。

iii　基本の構造は、「[具体例]ように、[論]」という流れ。

iv　傍線部「ふれる」は比喩表現なので、意味を踏まえて換言する。

◎注意点1

ここでの「本物」「偽物」は物自体の、たとえば、書画骨董自体が本物か偽物かという話ではない。書画骨董などが「本物」と評価されたり、「偽物」と評価されたりする場合の話である。したがって、解答には、ここでの「本物」「偽物」が言葉（表現）もしくは評価であることを明快に示したい。

これが採点条件となる。

◎注意点2

論と例の関係であるが、この第②段落は二通りに読める。

a　書画骨董一般に対する「本物」「偽物」という言葉もしくは評価について述べ、具体例として、自分の蒐集品の場合をあげている。

b　対象一般に対する「本物」「偽物」という言葉もしくは評価について述べ、具体例として、自分の蒐集品である書画骨董について述べている。

第①段落からの流れで読めばaとなり、本文の最後で、書画骨董だけでなく、食物や人間について言及しているところから考えればbとなる。したがって、解答は、書画骨董一般について書いてもよいし、対象一般について書いてもよいだろう。

問二　傍線部の心情説明

◎設問意図

・視点人物以外の心情説明

小林古径の台詞に傍線が引いてあるが、古径自身がどのような気持ちでその言葉を発したのかはともかくとして、筆者が本文中で、古径の気持ちについて記述している部分がある。設問は「どのような気持ちから発せられたと筆者は考えているのか」であり、本文で与えられた状況とそれを踏まえた筆者の考えをまとめればよい。

◎解答へのアプローチ

（1）前提となる状況の確認

真偽を巡る争い

蒐集家は本物だと主張する

↔

古径好きの美術研究家が偽物だと思う

↓

古径自身に見てもらう

←傍線部（古径の台詞）

（2）古径の台詞からわかる心情

・まことにおはずかしい　→羞恥・面目ない

・自分の作品であると認める→率直

（3）筆者の考え

i　正真正銘の本物であるが、鑑定家はこれを偽と思い、作者自身は、不出来の真作だと告白した

ii　出来の悪い本物は、偽物にされてしまう。そんなもの、本物でも偽物と同じだ

iii　古径さんの謙虚な言葉は、iiをやや肯定しているともいえよう

（4）解答構造の確定

状況をコンパクトにまとめる。「～という状況で」と書くには十分な字数がないので、作品の説明として状況を含み込むとよい。作品は真偽が争われた作品であり、具体的に言えば、鑑定家から偽物だと判断された作品である。

その作品に対する古径の考え（筆者が考えたもの）を記し、そこに、台詞からうかがわれる心情と筆者の評価である「謙虚」を含めて解答を作成する。

問三　傍線部の内容説明

◎設問意図

・語彙　矜持＝誇り

難度の高い表現なので、意味がわかっていることを示したい。

・具体例の一般化

傍線部は「総じて」で始まっている。したがって、食物について、もしくは、書画骨董について限定するのではなく、それを代表例として、様々なものに「一流品は堕落してしまったのに、二流品、三流品は、その本来の矜持を保っている」ということがいえるということだ。

・筆者の意図

設問文が「どういうことか」ではなく、「どういうことをいっているのか」となっている点に注目し、単なる傍線部換言ではなく、そこで筆者がいっていることは何かを考えたい。この場合は、「総じて」で始まる部分に傍線が引いてあるので、一般論を述べたいという筆者の意図と、さらに、傍線部内の表現及び傍線部に引き続く表現に、筆者の評価・心情が反映されているので、その評価・心情をくみ取って、明示することも必要となる。

◎解答へのアプローチ

（1）本文関連箇所のチェック

i　一流品は堕落してしまった＝偽物の一流品

白桃　味も香も劣って、すっかり別物になりさがった形態だけは本物そっくりでも、中身は偽物なのである

書画　筆法だけが似ていて、精神のない書画

↓　一般化

名ばかりで、本来の価値を喪失

ii　二流品、三流品は、その本来の矜持を保っている＝本物の二流品、三流品

生きのいい、正直な味

子供の頃に食べたのと全く同じ風味だ

↓

本来の矜持を保っている

＝

誇り高く、本来の価値を保持している

(2)「総じて」という表現の具体化

書画骨董でも、食物でも、人間様でも、

(3)筆者の評価や思いをくみ取る

堕落した一流品　ネガティブな評価

矜持を保っている二流品、三流品　ポジティブな評価

ここに掘出しのコツがある　思いがけない価値・魅力を発見できる

(4)解答構造の確定

話題を書画骨董や食物に限定しないで、一般的に書く。次に、傍線部を本文関連箇所をヒントに言い換え、さらに、筆者の評価・心情を加えて結ぶ。

解答

問一　自己の蒐集物を偽物と言われた時と比べて、本物と言われた時は心理的な影響が少ないように、本物も偽物も対象に対する評価として等価であるはずなのに、否定的な表現である偽物は肯定的な表現である本物よりも、決定的な影響力をもつということ。

問二　自身の作品を愛好する鑑定家に偽物だと判断されるような出来の悪い作品は偽物と同様の価値しかないと恥じ入りながらも、作品を不出来ではあるが自作であると率直に認め、その作品の不出来さや自身の至らなさを謙虚に認めようとする気持ち。

問三　最近は一般に、物も人も一流と言われる存在は名ばかりで、本来の価値を失って、内実は一流とは言い難くなっているが、二流、三流の存在は固有の価値を誇り高く維持しており、魅力を感じるし、価値の見つけ甲斐があるということ。

二〇〇七年

一（文理共通）

出典

清水哲郎（しみず　てつろう）「死に直面した状況において希望はどこにあるのか」

著者は一九四七年生まれ。東京大学理学部天文学科卒業。東京都立大学大学院人文科学研究科博士課程単位取得退学。文学博士。現在、岩手保健医療大学学長。専門は、古代中世哲学・初期キリスト教思想史、及び、医療哲学・臨床倫理学。『オッカムの言語哲学』（一九九〇年、勁草書房）、『パウロの言語哲学』（二〇〇一年、岩波書店）、『医療現場に臨む哲学』（一九九七年、勁草書房）』『医療現場に臨む哲学Ⅱ ことばに与る私たち』（二〇〇〇年、勁草書房）、『生命と人生の倫理』（二〇〇五年、放送大学教育振興会）など。

著者はもともと、中世哲学、特に、言語と論理の哲学を専門にしていたが、妻が甲状腺癌で、治療・手術等闘病生活を送ることになり、患者の家族として患者の日常に接したことをきっかけに、医療哲学・臨床倫理学分野に研究領域を広げることになる。

本文は、「患者が最後まで希望を持つことができるためにはどうしたらよいか」という問いについて考察したものである。

解説（問二は文系のみ）

比較的新しい著者による標準的な評論文である。哲学・倫理系の内容だが、二〇〇六年の脳科学・認知科学と同様最近話題の分野からの出題といえる。ただし、内容的には、終末期における医療倫理というよりは、死生観に比重が置かれており、終末期という特殊な時期を素材にしているものの、一種の人生論と捉えることができる。

本文字数は二〇〇六年度第一問と比較するとやや増加したものの、約二一〇〇字（頁数では二頁と三行分）で例年並み。設問数も5問、全問記述。解答記述分量も二〇〇六年度第一問よりはやや増加したものの、五行・五行・三行・五行・六行で合計二四行分であり、例年並みである。

〈本文解説〉

テーマは、患者が最後まで希望を持つことができるためにはどうしたらよいかである。特に、医療現場で、重篤な疾患に罹った患者に最後まで希望を持って生きてもらうためには、医療者はどうしたらよいかを論じている。

希望の持ち方・その内容について、いくつかの考え方を紹介し、その欠点を指摘して、最後に、著者の考えを提示するという論の進め方をしている。内容を簡単に整理しておこう。

Ⅰ　希望その1

希望
・「治るかもしれない」という望み
・「自分の場合は通常よりもずっと進行が遅いかもしれない」という望み

このような希望は確率からいって、はじめに立てた希望的観測が次々と覆されることになる。

Ⅱ　希望その2

前提となる認識
・死は終わりではない、その先がある
・死後の私の存在の持続

←

希望
・時間的な未来における幸福な生に託す
・死後の生に望みをおく

これは、医療自らが、「公共的には根拠なき希望的観測に過ぎない信念を採用」するものであり、許されない。

Ⅲ　希望その3

前提となる認識
死が私の死であることを肯定

←

希望
死へと向かう目下の生それ自体

希望の根拠
・終わりのある道行きを歩むこと、今私は歩んでいるのだということを積極的に引き受ける
・終わりに向かって歩んでいるという自覚

←

希望を最後まで持つ
・現実への肯定的な姿勢を最後まで保つ
＝
・自己の生の肯定　「これでいいのだ」
1　生きてしまっている生（完了形）
「これでよし」という満足
完了形の生の肯定
2　生きつつある生（進行形）
前方に向かっての肯定
前方に向かって自ら踏み出す姿勢

Ⅳ　希望その3の根源〈肯定的な姿勢の源〉

人間は共同で生きるように生まれついているので、皆と一緒に歩むのでなければ、肯定的姿勢が取れない。希望は、「自分は独りではない」ことの確認と連動する。死に直面している人と、また厳しい予後が必至の病が発見された人と、医療者・家族・友人が共にあることが必要である。悲しみが解消されるわけではないが、悲しみは希望と共にあり続ける。

著者は、死すべき人間にとっての希望のあり方を以上のように述べている。

〈設問解説〉

問一　傍線部の理由説明

◎設問意図

・Ⅰの内容読解

・指示語

傍線部(1)冒頭の「右に述べたような望みの見出し方」の指示内容を確認する。

・二要素

傍線部の「右に述べたような望みの見出し方」(A)と、「真実を把握することが人間にとってよいことだという考え」(B)の内容を具体化する。

・理由説明

傍線部が「Aは、Bとは調和しない」という構文なので、理由は、「Aの内容とBの内容は背反する・両立しない」「Aは、Bを損なう」「Aは、Bで損なわれる」となる。

◎解答へのアプローチ

「右に述べたような望み」は、「治るかもしれない」と「自分の場合は通常よりもずっと進行が遅いかもしれない」の二つである。接続語「あるいは」に着目して、きちんと二つおさえたい。

「真実を把握することが人間にとってよいことだという考え」は、告知の正当性を主張する際の根拠となる考えであり、傍線部直前の「患者が自分の置かれた状況を適切に把握することが今後の生き方を主体的に選択するために必須の前提であった」という考え方である。

本文の記述をもとに、理由を考える。

真実を把握する ← 患者が自分の置かれた状況を適切に把握する ← 今後の生き方を主体的に選択できる	真実を把握する ← 患者が自分の置かれた状況を把握する ← 希望的観測を覆すような悪い情報ばかりを得る

	←希望的観測を覆される
真実を把握することは人間にとってよいことだ	真実を把握することが人間にとってよいことだという考えとは調和しない

ゴシック部分を自力で補うことが必要であり、内容読解を前提に、設問について考察することが要求される京大現代文らしい問題である。

字数を意識しない解答は、以下の通りである。

a　重篤な疾患で死を間近に感じている患者が、
b　最後まで希望を持つために、
c　「治るかもしれない」という望みや「自分の場合は通常よりもずっと進行が遅いかもしれない」という望みを抱く場合、
d　患者が自分の置かれた状況を把握することは、
e　非常に悪い情報を真実として知ることになり、
f　病状に対する患者の希望的観測は次々と覆されてしまうから。

解答欄は五行分なので、a・cをコンパクトにする。

［解答例］

重篤な患者が最後まで希望を持つために、治ることや病気の進行の遅さに希望を見出すとすれば、患者が自分の置かれた状況を把握することは非常に悪い情報を真実として知ることになり、病状に対する患者の希望は次々と覆されてしまうから。（110字）

問二　傍線部の意味説明

◎設問意図

・Ⅱの部分読解
・語彙力
・指示語

傍線部(2)の直前指示語「そのような」の指示内容の確定により、傍線部(2)が「何に」関する記述かを確認する。

・「公共的」の意味

語彙力と本文内容読解。「公共」という単語の意味「社会一般の」「公の」を踏まえて、本文中での意味を考える。

◎解答へのアプローチ

「そのような」の指示内容をおさえると、傍線部を含む一文は以下のようになる。

医療自らが、「死は終わりではない、その先がある」といった考えを採用して、希望を時間的な未来における幸福な生に託すという、公共的には根拠なき希望的観測に過ぎない信念を採用して、患者の希望を保とうとするわけにはいかない。

「死は終わりではない、その先がある」「希望を時間的な未来における幸福な生に託す」については、傍線部を含む段落の次の段落に「死後の私の存在の持続」「死後の生に望みをおく」などの表現があるので、これを利用することもできる。

これらの考えは来世の存在や魂の不滅を前提としている。これは、客観的な医学知識と矛盾し、すべての患者が満足するわけではない。つまり、万人が信じると前提することができず、医学的な根拠もない。逆に言えば、一部の人が信じているだけで、一般的な了解は得られていない。「公共的には根拠なき」はこのような意味で使われている。

字数を意識しない解答例は以下の通りである。

a　重篤な患者の希望を最後まで保とうとして、

b　医療自らが、

c　「死は終わりではない、その先がある」といった考えを前提に、

d　希望を時間的な未来における幸福な生に託すという考え方を採用した場合、

e　この考えは、万人が信じるというわけにはいかない考えであり、一般的な了解は得られず、科学的根拠もない希望的観測であるという意味。

解答欄は五行分。eを解答の骨格とし、a〜dを取り込んでうまくまとめたい。c・dをコンパクトにまとめることが必要となる。

［解答例］

医療現場で、重篤な患者に最後まで希望を持たせるために採用されうる、死後も患者の存在が持続し、幸福な未来の生が可能であるという見方は、科学的な根拠がなく、一部の人が信じるだけで一般的な了解を得てはいない予測であるという意味。（111字）

問三　傍線部の内容説明

◎設問意図

・IIの部分読解

・関連箇所の発見

・語彙力

・指示語

傍線部(3)の直前の指示語「それは」の指示内容を確定し、傍線部(3)が「何に」関する説明かを確認する。

・関連箇所の発見

指示内容と関連する記述が本文中にあるので、それに注目する。

・「生来」の意味

生まれつきの。

◎解答へのアプローチ

「それ」の指示内容は、直前にある。多くの宗教が教えと

して含んでいる、「死後の私の存在の持続」と「そこに希望を見出そう」とすることである。傍線部を含む文の後に、この「死後の生に望みをおく考え方」を拒否する流れが紹介されている。

・死後の私の存在の持続 ・そこに希望を見出す	死後の生に望みをおく考え方を拒否する ＝ ・死後も生き続けたいという思いがそもそも我欲なのである ・自己の幸福を追求するところに問題がある
人間の生来の価値観を肯定しつつ、提示される希望	生来の価値観を覆しつつ提示される考え

ここでの「私」は、この段落で「その私にとって希望とは何か」と問われている「私」であり、「遅かれ早かれ私の生もまた死によって終わりとなることは必至である」私である。

つまり、死すべき存在である「私」が、死後の生を望み、さらに、その生の幸福を願うことは、人間生来の価値観であるということになる。「生来」をきちんと言い換えて説明したい。「価値観」は一般には「価値に関する考え」であるが、この場合は、厳密には考えというより、内容からして、生来の志向・性向と捉えておけばよいだろう。

解答欄は三行分。

［解答例］

自己の生を死によって終えざるを得ない人間には、必然に抗して自己の生の永続や私的な幸福の存続を希求する自然な性向があるという意味。（64字）

問四　傍線部の内容説明

◎設問意図

・Ⅲの内容理解
・文構造の把握
・同義関係の把握

◎解答へのアプローチ

（1）文構造の把握

主語確認と「〜（S）は〜（傍線部）に他ならない」という構造を確認する。つまり、傍線部（4）は述語部分で、S＝傍線部（4）という構造である。

また、この一文の冒頭が「そうであれば」という仮定で始まっているので、この部分も踏まえて解答を作成する。

（2）「つまり」による同義関係の把握

傍線部の後にある「つまり」に注目して、傍線部と傍線部以降が同義関係であることを把握する。

(3)二要素

「完了形」と「進行形」という二種類の肯定的な人生観・死生観があることを確認する。

(4)二要素の関係

「前向きであり得るかどうかは、完了形の生(これまで歩んできた生)を肯定できるかどうかにかかる」とあるので、「完了形→進行形」という関係にある。

(5)換言

傍線部の「最後まで」を具体的に言い換える。

(6)解答作成

字数を気にしない解答例は以下のとおりである。

a　死が私の存在の終わりであること、そして、私が死に向かって歩んでいることを自覚することを希望の根拠にするとすれば、

b　希望を最後まで持つということは、

c　生きてしまっている生に対して「これでよし」と満足し、

d　その現状肯定の上で、

e　死の瞬間まで

f　生きつつある生を肯定する前向きの姿勢を持ち続けることである。

解答欄は五行分。aをコンパクトにまとめて、解答を作成する。

［解答例］

自己の生が死によって終わることを自覚しながら、希望を最後まで持つということは、生きてしまっている生に満足し、この現状肯定を前提として、死の瞬間まで、死へ向かいつつある生を前向きな姿勢で生き続けることであるということ。(108字)

問五　要旨まとめ

◎設問意図

・指示語

傍線部(5)冒頭の「それが」の指示内容をおさえ、最終段落の内容を解答に盛り込む。

・要旨

本文全体が「希望のあり方」について書かれている。したがって、「筆者は文中でどのように考えているか」に対する解答は本文全体の要旨ということになる。

◎解答へのアプローチ

傍線部中の「それ」の指示内容は直前の「悲しみは希望と共にあり続ける」ことである。「希望のあり方」に関する本文の内容を簡単にまとめれば、以下のようになる。

a　目標　重篤な患者が最後まで希望を持って生きる

b　方法　治ることや進行の遅さを望む　……×

c　前提　人間は死すべき存在である

d　方法　死後の自己の存続を肯定し、死後の幸福な生に希望を託す　……×

e　方法　死が自己の存在の終わりであることを自覚し、これまで歩んできた生と、生きつつある生を肯定する

f　根源　人間の生のあり方＝生の共同性＋悲しみを含む希望　……○

字数を意識しない解答例は以下の通りである。

重篤な患者が最後まで希望を持って生きることができるために、患者が治ることや進行の遅さに希望を持った場合、確率的には希望的な観測が次々と覆されるばかりである。

死後の自己の存続を肯定し、死後の幸福な生に希望を託す考えは、公共的には根拠無き希望的観測に過ぎない。

人間は死すべき存在であることを引き受けるのであれば、「希望を最後まで持つ」とは、死が自己の存在の終わりであることを自覚し、これまで歩んできた生と、生きつつある生を肯定することである。そうした肯定の姿勢の根源は、人間の生のあり方にある。悲しみが解消されるわけではないが、共同で生きるように生まれついている人間は、誰かと一緒に歩むのでなければ希望を持つことはできない。

解答欄は六行分なので、筆者の希望観であり、かつ、指示語の指示内容を含むe・fを中心にまとめればよい。

［解答例］

死によって生を終えざるを得ない人間が最後まで希望を持って生きるには、死で自己の存在が終わることを認め、これまで歩んできた生と、今生きつつある生に希望を見出すほかなく、その希望の根源は、悲しみをも含みこんで他者と共同で生きる人間の生のあり方そのものにあると筆者は考えている。（136字）

解答

問一　重篤な患者が最後まで希望を持つために、治ることや病気の進行の遅さに希望を見出すとすれば、患者が自分の置かれた状況を把握することは非常に悪い情報を真実として知ることになり、病状に対する患者の希望は次々と覆されてしまうから。

問二　医療現場で、重篤な患者に最後まで希望を持たせるために採用されうる、死後も患者の存在が持続し、幸福な未来の生が可能であるという見方は、科学的な根拠がなく、一部の人が信じるだけで一般的な了解を得てはいない予測であるという意味。

問三　自己の生を死によって終えざるを得ない人間には、必然に抗して自己の生の永続や私的な幸福の存続を希求

する自然な性向があるという意味。

問四　自己の生が死によって終わることを自覚しながら、希望を最後まで持つということは、生きてしまっている生に満足し、この現状肯定を前提として、死の瞬間まで、死へ向かいつつある生を前向きな姿勢で生き続けることであるということ。

問五　死によって生を終えざるを得ない人間が最後まで希望を持って生きるには、死で自己の存在が終わることを認め、これまで歩んできた生と、今生きつつある生に希望を見出すほかなく、その希望の根源は、悲しみをも含みこんで他者と共同で生きる人間の生のあり方そのものにあると筆者は考えている。

二（文系）

出典

中野好夫（なかの　よしお）「多すぎる自己没入型」

中野好夫（一九〇三～一九八五年）は、愛媛県松山市生まれの英文学者、翻訳家、伝記作家、評論家。東京帝国大学出身で、東京大学教授を経て、中央大学教授などを務めた。

著者が一九五六年（昭和三一）『文藝春秋』二月号に発表したエッセイのタイトル「もはや「戦後」ではない」は、その年の『経済白書』にも使われ、流行語となった。明晰で辛辣な時事評論で活躍するとともに、平和運動・市民運動の活動家でもあった。スウィフト「ガリヴァ旅行記」、ギボンの「ローマ帝国衰亡史」（以上、翻訳）、「アラビアのロレンス」「蘆花徳冨健次郎」（以上、評伝）、『悪人礼賛』（エッセイ集）、『中野好夫集』（著作集）など。

本文は、出来事への反応や対応の仕方を二種類に分け、日本人には自己没入型であることに、俳句と川柳を示しつつ、批判的に言及したものである。

解説

京大国語前期の第二問は、〇五年度・〇六年度と小説からの出題が続いたが、二〇〇七年度は随想からの出題であった。テーマは文化論であるが、二〇〇七年度は文系と理系で問題が分かれ、第二問は文系に特化したため、文学的な内容が扱われている。本文内容自体は単純な二項対立で構造読解は容易だが、本文内容に込められた皮肉や揶揄《やゆ》などを読み取ることが必要であり、難度は低くない。

第一問が評論、第二問が随想という組み合わせは、〇五年度・〇六年度の後期の出題パターンであった。もともと京大では小説が出題されること自体が少なく、こういう出題はオーソドックスな組み合わせと考えられる。

著者は〇六年度に出題された高見順とはほぼ同世代であり、

今回は現代仮名遣いで書かれた文章であったが、今後も戦前・戦中に発表された著作が出題される場合には、歴史的仮名遣いで表記された文章となる可能性がないわけではない。

文系については、原則的には、第一問は最近活躍中の若手も含めて戦後の著者からの出題、第二問はそれよりは古い著者からの出題で歴史的仮名遣いの場合もあると考えておけばよいだろう。また、第二問の問題本文のジャンルとしては、二〇〇七年度は随想であったが、小説も含めて文学的な文章が出題される可能性が高いだろう。

本文字数は第一問に比べると短く、約一五〇〇字。〇六年度第二問に比べてもやや減少した。解答記述分量は四問（二行・三行・六行・六行）で合計十七行分であった。

〈本文解説〉

本文では最初に、具体的な出来事を示し、これに対する二通りの反応を紹介し、二つの心の型へ言及している。さらに、日本人に一方の型が多すぎることを指摘した上で、川柳の作者やホメロスの「硬い心」を評価している。

内容を簡単に整理しておこう。

Ⅰ　二つの心と二つの態度

1　他人の危険を目の前にした二つの反応・態度

例1　二人づれの娘さん

アッとも、キヤッともつかぬ声をあげて、一瞬手で顔を蔽った

例2　一人の男

しごくひょうきんに、これはまた、ヘッ！　ころびやァがった、という言葉をかすかに発する

2　日本における評価

例1は、「他人の危険をそのまま己れの危険と感じ、胸のとどろきが直ちに同情の叫びとなり、ジェスチュアとなってあらわれる」ものであり、「温かい心」の現れとみなされ、例2よりも「はるかに評判がいい」。

これに対して、例2は「心が冷たい」と言われ、非情と批評され、「点数が落ちる」。

3　筆者の評価

例1は「対象への自己没入」であり、日本人にはあまりにも自己没入型が多いが、自己没入からはユーモアは生じないとし、批判的である。

これに対して、例2に「心惹かれる」と述べ、例2は「出来事と見る人との間の心の距離感の余裕から生まれる」態度であるとする。

4　分類

筆者は例1と例2を、アメリカの心理学者ウィリアム・

ジェームズの二つの心の型と関連づけて説明している。

例1
軟らかい心(テンダー・マインド)
自己没入型、主観的、感傷的、センチメンタル、悲観的
↔
例2
硬い心(タフ・マインド)
客観的、理性的、楽観的　↓例2の態度

Ⅱ　日本人の気質と川柳文学

1　日本人は国民性的に見ても「軟らかい心」のせいか、すべてに悲壮であり、ウェットである。そうした湿りがちな気質な中で、川柳文学というものの「硬い心」を珍重したい。

2　俳句と川柳

鬼貫の俳句　「行水のすてどころなし虫の声」
日本流ウェット・感傷的誇張
↔
川柳子の川柳　「鬼貫は夜中タライを持ちまわり」
感傷的誇張が川柳子のカンにピンと来た

千代女の俳句　「起きてみつ寝てみつかやの広さかな」
↔
川柳子の川柳　「お千代さんかやが広けりゃ入ろうか」

Ⅲ　日本人の気質とホメロスの「オデュッセイア」
ホメロスの「オデュッセイア」を紹介しつつ、日本人のウェットな気質を皮肉っている。

(日本人　空腹も忘れて悲しんだなどと書く)
↔
ホメロスの「オデュッセイア」
彼等はたらふく食った。そして満腹を感じたとき、はじめて不幸な仲間たちの運命を悲しんで泣いた、と。

〈設問解説〉
問一　漢字の書き取り
京大現代文で漢字が出題されるのはかなり珍しい。(ア)は「非情」。同音異義語の「非常」ではない。また、(ウ)の「珍重」は知識がないと書けない。

問二　傍線部の内容説明

◎設問意図

・対比関係の把握

・同義関係の把握

・具体化

・文構造の確認

傍線部は述語部分なので、主語をおさえ、傍線部が何に関する記述かを確認する。

・同義関係の把握

傍線部は例1に関する説明なので、本文の他の部分で例1を説明している箇所を探す。

・対比関係

例1と例2が対比的に紹介されているので、対比関係を前提として説明する。

・具体化

傍線部はどのようなことなのか、本文の記述を使って具体化する。

◎解答へのアプローチ

まず、傍線部を含む文全体を見て、主語をおさえ、

　アレッ！　＝対象への自己没入

という構造を把握する。次に、本文中で、例1の説明箇所をチェックする。

・他人の危険をそのまま己れの危険と感じ、胸のとどろきが直ちに同情の叫びとなり、ジェスチュアとなってあらわれる

・「軟らかい心」は自己没入型である。主観的で、感傷的、センチメンタルで、悲観的

例2との対比関係を踏まえて整理しておこう。

例1	例2
ジェスチュア・叫び アッとも、キヤッともつかぬ声をあげて、一瞬手で顔を蔽った	言葉を発する ヘッ！　ころびやァがった
a　他人の危険をそのまま己れの危険と感じる（自他同一視） b　胸のとどろき（動揺） c　同情	g　出来事と見る人の間の心の距離感（客観視） h　余裕
「軟らかい心」 d　主観的 e　感傷的、センチメンタル f　悲観的	「硬い心」 i　客観的 j　理性的 k　楽観的

解答字数を意識しない解答は、以下の通りである。

他人の危険に対する同情や動揺の反応は、
　他人の危険を客観化できず、
そのまま自分の危険と感じる
　感傷的な心的態度から生まれたということ。

解答欄は二行分なので、傍線部の「対象への自己没入」とほぼ同義であるaを中心にまとめる。例1と例2の違いに言及している文章なので、傍線部(1)は例1に関する説明であることを理解していることを示すべく、きちんと主語を明示することが必要である。

[解答例]

他人の危険を客観化できず、自他を同一視して感情移入する感傷的な心性から、同情を示すということ。(47字)

問三　傍線部の内容説明

◎設問意図

・対比関係の把握

・文構造の理解

傍線部とその直前の一文を整理すると以下のようになる。

客観的で、理性的で、楽観的な「硬い心」が、ヘッ！　ころびやァがったにもなるゆえんである。

・問二の対比関係を今度は例2の側から答える。

◎解答へのアプローチ

(1)設問文の「どのような態度から発せられたと考えているのか」と、傍線部とその直前の文の文構造を踏まえれば、以下のとおり。

どのような態度→ヘッ！　ころびやァがった

＝

客観的で、理性的で、楽観的→ヘッ！　ころびやァがった

(2)問二同様、例1と例2の対比関係を前提に、例2の特徴として、g・h(問二の表参照)を解答に入れる。

(3)字数にゆとりがあるから、「ヘッ！　ころびやァがった」という発言に繋がる状況を踏まえ説明する。目撃したのは、ある程度距離のある、どう焦ったところで手の貸しようもない小椿事である。

(4)筆者が例2の態度に好意的であることを踏まえて解答を作成する。

解答欄は三行分である。

[解答例]

手助けが不要で深刻でもない他人の危険に対して、それを目撃しても動揺せず、対象との距離をとって対象を客観視する余裕のある、理性的な心的態度。(69字)

問四　傍線部の内容説明

◎設問意図

・俳句と川柳の解釈

・具体例の理解

・指示語

傍線部(3)冒頭「そのいわば感傷的誇張が」の指示内容の確認。

・傍線部の文構造の把握

「鬼貫の俳句」を川柳子がもじって「川柳」を作ったのは、鬼貫の俳句の感傷的誇張が川柳子のカンにピンと来た状況においてである。

↓

a　鬼貫の俳句＝感傷的誇張

b　川柳作者の対象を冷静に捉える心的態度がaを見抜く

c　川柳を作る

・俳句および川柳の解釈

・川柳が鬼貫の俳句に対する揶揄・皮肉などになっていることを理解すること

◎解答へのアプローチ

a・b・cを解答の骨格とし、そこに鬼貫の俳句と川柳の解釈を入れ込めばよいわけだが、俳句が例1側(〈本文解説〉参照)の、川柳が例2側(〈本文解説〉参照)の心的態度であることを加えたい。

鬼貫の俳句の解釈

庭のそこここで鳴く虫に対する気遣いから行水の水を捨てるところがない。

川柳の解釈

鬼貫が俳句で詠んだことが本当なら鬼貫は水を捨てられず、一晩中タライを持ちまわることになる。

解答要素は以下の3点となる。

i　鬼貫の心的態度↓鬼貫の俳句(解釈)

ii　川柳子の心的態度↓川柳子の川柳(解釈)

iii　川柳子の川柳が、鬼貫の俳句に対する揶揄・皮肉になっていることの指摘

解答欄は六行分。なお、川柳子の「子」は「そのことを行う人」という意味で、川柳子は川柳を作る人という意味である。

［解答例］

状況を冷静に判断する心的態度を備えた川柳作者は、鳴く虫への気遣いから行水の水を捨てるところがないと詠んだ鬼貫の俳句は非現実的で、過度に感傷的な表現であると瞬時に見抜き、それが本当なら鬼貫は一晩中タライを持ちまわることになると皮肉を込めて揶揄する川柳を作ったということ。　(134字)

問五　趣旨を踏まえた内容説明

◎設問意図

趣旨把握(対比関係・評価)

・対比関係の把握

日本人の国民的心性
　対象への自己没入・感傷的・悲壮・ウェット
　（空腹も忘れて悲しんだ）
↔
ホメロスの「オデュッセイア」に表れた心性
　対象を客観的に捉える冷静さ・余裕
　（満腹を感じたとき、はじめて不幸な仲間たちの運命を悲しんで泣いた）

・評価
　筆者は例1側の心性に批判的である。
　筆者は例2側の心性を評価している。

◎解答へのアプローチ

「筆者はホメロスの表現をどのようなものとして受けとめているのか」と設問文にあり、「文章全体の趣旨をふまえて」という指示があるから、ホメロスの表現が例1側の表現ではなく、例2側の表現であることを確認し、さらに、文章全体で、筆者が例1および例2をどのように評価しているかを明示する。

筆者の評価は、例2に関する記述で「私は妙に、へッ！ころびやァがった、に心惹かれるのである」とあり、さらに、川柳文学に関する記述で、川柳文学というものの「硬い心」を珍重したいと述べている。「惹かれる」という感性的な評価と、「珍重したい」という価値的な評価の両者を揃えて書きたい。

本文内容を簡単に分類すると以下の通りである。

「軟らかい心」	「硬い心」
自己没入型	心の距離感、余裕
主観的、感傷的、悲観的	客観的、理性的、楽観的
例1 アッとも、キャッともつかぬ声をあげて、一瞬手で顔を蔽った	例2 しごくひょうきんに、これはまた、へッ！　ころびやァがった、というような言葉をかすかに発する
鬼貫の俳句・千代女の俳句	川柳
	ホメロスの「オデュッセイア」
ユーモアを欠く	筆者の評価　惹かれる 珍重したい

解答には本文に記載されている筆者の評価を踏まえて、さらに一歩踏み込み、日本人の欠点を指摘した上で、手本になる、範とすべきという内容を含めておくのがよいだろう。

解答欄は六行分。

［解答例］

生き残った者たちは空腹を満たしてから不幸な仲間たちのために泣いたというホメロスの表現には感傷に浸る悲壮感の誇張はない。逆に、筆者が惹かれ高く評価する、距離を置いて対象を客観的、理性的に見る冷静さがあり、国民性から見て自己没入型が多くユーモアを欠く日本人には、学ぶべき点がある。（138字）

解答

問一　（ア）非情　（イ）焦　（ウ）珍重
　　　（エ）発揮　（オ）漂

問二　他人の危険を客観化できず、自他を同一視して感情移入する感傷的な心性から、同情を示すということ。

問三　手助けが不要で深刻でもない他人の危険に対して、それを目撃しても動揺せず、対象との距離をとって対象を客観視する余裕のある、理性的な心的態度。

問四　状況を冷静に判断する心的態度を備えた川柳作者は、鳴く虫への気遣いから行水の水を捨てるところがないと詠んだ鬼貫の俳句は非現実的で、過度に感傷的な表現であると瞬時に見抜き、それが本当なら鬼貫は一晩中タライを持ちまわることになると皮肉を込めて揶揄する川柳を作ったということ。

問五　生き残った者たちは空腹を満たしてから不幸な仲間たちのために泣いたというホメロスの表現には感傷に浸る悲壮感の誇張はない。逆に、筆者が惹かれ高く評価する、距離を置いて対象を客観的、理性的に見る冷静さがあり、国民性から見て自己没入型が多くユーモアを欠く日本人には、学ぶべき点がある。

□二（理系）

出典

橋本治（はしもと　おさむ）『浮上せよと活字は言う』

著者は、一九四八年生まれ。東京大学文学部国文学科卒。東大在学中に駒場祭のポスターで注目を集め、以後イラストレーターとして活躍し、一九七七年には小説「桃尻娘」を発表し、以後、小説・評論・随想・戯曲・古典の現代語訳など多彩な執筆活動を展開した。二〇一九年没。代表作に『桃尻語訳枕草子』『窯変源氏物語』『宗教なんかこわくない！』『「三島由紀夫」とはなにものだったのか』『蝶のゆくえ』など。

解説

〈本文解説〉

「若者の活字離れ」を嘆く最近の風潮に対して、現状を正確に踏まえたものでないことを指摘した上で、活字文化が読書の価値や必要性を若者に教える義務を怠っていることを批判し、活字文化の閉鎖性が若者を疎外し、活字文化の衰退を招いている状況への活字文化の側の無自覚さを指弾している。一種のアカデミック批判といってもよいだろう。

本文の内容を、記述の順に見ておこう。

Ⅰ「若者の活字離れ」について

1　「若者の活字離れ」という発言は不正確であり、本を読む人間はいつでも本を読み、本を読まない人間はいつの時代にもいる。

2　近代という期間は、知性なるものが本を読む若者にも読まない若者にも、本を読むことの必要性や意義を言い続けてきた。活字の側はこの啓蒙という義務を怠ってはならないのに、「活字離れ」などという安易なレッテル貼りで、その義務を怠ったのである。

Ⅱ　活字の偏狭さについて

1　人は、現実生活の中で、無意識の内に自分とは異質な文化、即ち、他者との接点を見出そうとしているはずである。

2　しかし、活字文化は、自分達とは系統の違う文化の読み取りを拒絶し続けて来た。

Ⅲ　活字文化の閉鎖性と退廃

活字文化の側が若者を疎外しているにもかかわらず、活字文化はそれに気づいていない。活字文化の退廃の元凶は活字文化というムラ社会の閉鎖性にあり、活字文化の責任は重い。

〈設問解説〉

問一　漢字の書き取りと読み

漢字の書き取りと読みについては、一九八〇年代には出題されていたが、一九九〇年代以降は出題されていない。二〇〇七年度久しぶりに復活した。以降も漢字の書き取りと読みが出題されることを念頭に置いておく必要がある。（ウ）の「雑駁」はやや難。

問二　傍線部の意味説明

◎設問意図

・部分の要旨

・比喩表現の換言もしくは慣用表現の意味

・語彙と具体化

・「安易なレッテル貼り」の換言

・「啓蒙」の具体化

・主語明示

◎解答へのアプローチ

第①段落の後半を詳細に読解する。知性なるものが言い続けてきた内容(「本を読むべきだ。～〝自由〟と呼ばれるものだ」)をPとすると、Pは「その、強制力にも似た声」であり、以下の対比関係が成立する。

> 近代という時代
> 　知性なるものがPを言い続ける
> 　↓
> その、強制力にも似た声があったからこそ、若者達は、本を読み続け、思考というか細い力を持続させて来た
>
> ↔
>
> 近年
> 　知性の側　1　その努力を捨てる
> 　　　　　　2　レッテル貼りをする
> 　　　　　　3　啓蒙という義務を怠る

「啓蒙」とは、「暗い」ものを「明るく」することであり、この場合の「暗い」は知識や教養などのない状況、「明るい」は逆に、知識や教養を備えることである。ここで、Pの内容を確認すると、

・本を読むべきだ。
・本を読むことで自身の思考力を身につけることができる。
・思考と認識によって得るものが〝自由〟である。

とある。

ここから、傍線部の「啓蒙」の具体的内容はPを言い続けること、すなわち、若者に対して、本を読むべきであり、本を読めば思考力を身につけることができ、それにより自由を得ることができることを教えること、そして、実際に自由を得させることを意味することがわかる。

「レッテル貼り」は、若者に実際にラベルを貼るわけではないので比喩表現であるが、既に一般化された表現なので、慣用表現の意味を知っているかどうかが問われていると考えてもよい。いずれにしても、「レッテルを貼る」とは、人間や物事に対して一方的にある特定の評価・判断を下すことである。ここでは、若者に対して、若者は「本離れ」していると決めつけることである。

以上から、傍線部の意味を、字数を意識しないで説明すると、

a　活字文化の側が
b　事態を正確に分析することなく、今の若者は本を読まないと一方的に決めつけることで
c　若者に対して、Pを言い続け、若者に本を読ませ、自由を得させる努力を
d　怠ってよい訳がない

となる。

解答欄は三行分しかないので、Pをコンパクトに圧縮する必要がある。また、傍線部の主語「活字の側」が曖昧なので、これをはっきりさせたい。その際には、「活字の側」が、レッテルを貼り、啓蒙という義務を果たしうる存在であることを意識して、「知性」「大学に代表される知性」「活字文化」などという表現ではなく、最後の段落の言葉を借りるなら、活字文化という「ムラの住人達」をもってきたい。もちろん、比喩表現のままでは使えないから、「活字文化を担う人間」などと書き換えたい。

［解答例］

活字文化を担う人間が、今の若者は本を読まないと決めつけて、読書の価値や必要性を若者に教える努力を放棄しているのは許されないという意味。（67字）

問三　(A)　比喩が成立する理由の説明

◎設問意図

・部分の内容理解

・比喩の成立する理由の説明

◎解答へのアプローチ

比喩の成立条件は「たとえる」ものと「たとえられる」ものの間に類似性が存在することであるから、「活字文化」の状況と「閉鎖的なムラ社会」の状況とに類似性が存在することを指摘すればよい。

活字文化は、自分たちとは異質な異文化（他者）との接点を見出すことなく、文章以外の表現はいくらでもあるのに、自分達とは系統の違う文化の読み取りを拒絶し続けてきた。この点がまさに閉鎖性であり、これをまとめればよい。

字数を意識しない解答例は以下のとおりである。

ムラ社会は異質なムラの外の人間を拒絶する排他的な閉鎖性を特徴とするが、これと同様に、活字文化にも、視覚表現などの、文章とは系統が異なる文化の読み取りを拒絶する偏狭さがあるから。

解答欄が二行分しかないので、前半は割愛し、後半でまとめる。

［解答例］

活字文化には、視覚表現などの、文章とは異なる文化の読み取りを拒絶する偏狭さがあるから。（43字）

問三　(B)　比喩表現の解釈を含む傍線部の内容説明

◎設問意図

・部分の内容理解

・比喩表現の解釈

◎解答へのアプローチ

設問文に「筆者が考える」とあるので、本文内容を踏まえ、「過疎化現象」がここではどのような意味で使われているのかをまとめる。「ムラを去って、ムラはさびれる」という比喩表現に着目し、これを言い換えることが必要である。
過疎化とは、人口が減少し、その地域がさびれることだから、最後の段落の内容をもとに考えれば、活字文化の後継者である若者が活字文化から遠ざかり、活字文化が退廃することとわかるはずだ。これをまとめればよい。人の減少とムラの退廃の両者に触れたい。

一般的な「過疎化現象」
　住民の減少に伴って、
　その地域がさびれる
≒
活字文化における「過疎化現象」
・人口減少…若者が活字文化から疎外されて、活字文化から離れていく
・活字文化の退廃…活字文化が発展の可能性を失い廃れていく

また、若者が、「ムラを発展させてムラ社会という閉鎖性を解き放つはずだった後継者達」であったことを踏まえて、
自分との異質な文化との接点を見出す　→発展
↔
自分と異質な文化を拒絶する　→退廃
という設問(A)とも関連する内容を意識して、解答作成をしたい。字数は二行分。

［解答例］
活字文化が若者を疎外し、異質な文化との交流によって発展する可能性を失い、退廃していく状況。（45字）

解答
問一　(ア)　かたく　(イ)　偏見　(ウ)　ざっぱく
(エ)　焦点　(オ)　浪費
問二　活字文化を担う人間が、今の若者は本を読まないと決めつけて、読書の価値や必要性を若者に教える努力を放棄しているのは許されないという意味。
問三　(A)　活字文化には、視覚表現などの、文章とは異なる文化の読み取りを拒絶する偏狭さがあるから。
(B)　活字文化が若者を疎外し、異質な文化との交流によって発展する可能性を失い、退廃していく状況。

二〇〇六年

[一] 編集の都合により、省略します。

[二]（文理共通）

出典

高見　順（たかみ　じゅん）「わが胸の底のここには」

高見順は一九〇七（明治四〇）年生まれ（一説に前年末）、一九六五（昭和四〇）年没の小説家。母は福井県の旧家の一人娘であったが未婚のまま出産、彼は一九〇八（明治四一）年、母・祖母とともに上京し、麻布市東町小学校から旧制東京府立第一中学校に進学（本文の通りである）、旧制第一高等学校、東京帝国大学英文学科へと進んだ。高校時代から文学活動を始め、大学卒業後は左翼運動に参加して逮捕され転向。敗戦後は日本ペンクラブ専務理事も務めた。代表作に「故旧忘れ得べき」「わが胸の底のここには」「死の淵より」「如何なる星の下に」などがあり、日記も高く評価されている。

解説

小説問題は、二〇〇二年度以降、二〇〇三年度、二〇〇五年度と、この数年では頻出で、二〇〇六年も[二]で出題された。

リード文に基本的な事情が記され、本文の冒頭部に時代が明記されていることに注意したい。これらの情報を活用して、読み解くのである。時代が古く旧仮名遣いではあり[二]の本文は一貫して旧仮名遣いである）、現在の感覚では少しつかみにくい点もあるが（当時は、旧制公立中学と私立中学では各種の格差が明瞭に存在し、前者は色々な意味でエリートであったことなど）、それは本文を理解する過程でつかめるので、前提知識として要求されているわけではない。

ごく一部だし、設問に関わってはいないが、漢文が含まれていた。二〇〇六年度向けの入試要項で「漢文除外」の項が削除されていたのは、この本文を意識してのことと思われる。

またこの問題でも、京大の好む比喩表現が用いられていることに気をつけたい。難易度の点では、京大の現代文として、標準程度だが、受験生にとっては、いくらか難解な語句も含まれていた。

以下、本文の重要ポイントを中心に、人物の内面にも踏み込んで概略を示す。焦点は主人公の行動と内面的な思いである。〔→問○〕で設問とのつながりをあらわしておく。

行空きが二カ所あるので、三つの塊にして把握する。

時間展開順に出来事を上段に示し、角間を中心に、つかむべき注意点や人物の内面を下段に示す。

〈話の概略〉

主人公かつ描写視点の立場でもある角間は、母と祖母に育てられている（父がいない事情は不明）

大正八年四月頃

主人公は旧制東京府立第一中学校に合格

入学に際して教科書を買いに行き、古本を買った

このことは、母のために節約出来て、得な気分でもあったのだが、この古本が後々、問題を生んでしまう

古本の教科書購入

主人公が旧制東京府立第一中学校に入学 ― 「入学できたと言ふのが～」とあるので、余裕の合格ではない

当時は数え年だから、現代でいえば十一～十二歳

当初は新本購入の予定で、それだけの金をもらってきたのだが、教科書の古本があることを知り、母親の負担を軽くしようと、古本を購入 ― 古本屋に多くの中学生が詰めかけているのに励まされたせいである（→問二）

主人公はいくらか気が弱く、あまり世間ズレしておらず、母思いでもあり、大変いいことをしたような喜びを味わった（次の塊の冒頭）

古本を購入している群の中に、ほとんど府立中学生は見なかった ― 古本を購入しているのは私立中学の生徒たちで、府立とでは、**厳然たる階層差**があったこと、また制服・制帽などの外見から、当時は府立か私立か一目で区別できたことが分かる

府立の第一～第五中学に合格できなければ、私立に進学するしかなかった

授業が始まって

周囲に古本の教科書を持っている生徒はおらず、屈辱を感じた ― 主人公は小心者で、一貫した心情を保持できない（この自分の弱点を明瞭に自覚していることが、この塊の末尾に明記されている）

買った時は良いことをしたつもりだったのに、軽率と後悔し、貧乏人根性をいまいましく感じる

兄のお下がりであるという悪賢い言い訳を思いつき、周囲の生徒には弁解した ― 正直に「節約のつもりで古本を買った」と言えば済むものを、羞恥と虚栄心からそれが言えない

しかし、心の中は不安

虚栄心から、前の持ち主の名前は墨で塗り消したが、古本を買ったことを誤魔化している自分の卑怯さの証拠となり、心やましく自分を脅かす〔→問二〕 ― 本当に兄のお下がりなら、姓は残して良いはずで、全部を塗り消したことがかえって、嘘の証拠になってしまい、これが気になって仕方がない

現在の時点に立っての反省

勇気を出して古本を買い、ただのケチな気持でなく母のための節約をしたという喜びを感じた以上〔→問三〕、その気持で一貫すべきだった ― 主人公は自分の弱さを自覚し、現時点では、反省している（ここで題名が効いていることが分かる）

この卑怯な弱さが自分のこれまでの人生に色々現れてつきまとっている

教師の勘違い事件

漢文の時間に、教師に教科書に書き入れするなど厳しく咎められた ― 当時は、漢文の授業で出来の良い生徒は漢字の読みなどをすぐ記憶すべきもので、教科書に書き込みするのは劣等生のすることとされていたらしいと推定する

書き入れは古本の前の持ち主が力がないので、あれこれ細かく記入したものであった ― 主人公自身、そのことをよく理解しており、前の持ち主の書き込みに怒りを覚えている

主人公はひどく恥ずかしく感じながら、古本だと弁解する ― この弁解で周囲の生徒に兄のお古だと誤魔化していた嘘がばれてしまう

教師は荒々しく教科書を手にしてそれを確かめ、表情を変えてそそくさと去って行った ― 教師は嘘ではないかと疑ったのだが、本当に古本だと確認して（本の古び方や、まだ授業していない先まで書き込みがあるなどで容易に分かったはず）、角

教師が、自分が貧しく

て古本を買ったのだと誤解し、叱ったのをまずい失敗だと反省したことを、主人公は察知する

主人公は(古本と理解してもらえたのはよいが)教師を、意図せず窮地に追いやってしまったことを悲しむ

そして、元はと言えば自分が古本を買ったと公言できずに嘘をついていた卑怯さが、この誤解の原因と自覚し、悲しく感じた

間の家庭が貧しいのだと思いこんで、厳しく咎めたのは間違いだったとバツの悪い思いになる

右で明瞭な通り、一貫して主人公・角間(筆者の分身)の内面を尋ねる設問が並んでいる。その各解答をつなぐと、主人公の内面の動きがつかめるという、小説としては典型的な設問配置になっている。

この本文把握を踏まえて解答を書けば良い。本問題では、問一・二・四が四行、問三が三行、問五が八行である。では、各設問別の説明に移る。

〈設問解説〉

問一　まず、「さういふ」の指示内容をきちんと示し、「刺激し」「支へる」の実質的な意味を傍線部の前から細かく拾って整理する。「どのようなことを言っているのか」という設問だが、解答枠が四行あるから単に傍線部を機械的に置き換えるだけでは不十分である。傍線部にかかわる文脈を正確にたどり、解答要素を十分揃えたい。

指示内容は「古本屋の前に群を成して詰めかけてゐる中学生」。実は、「私」以外は私立中学生ばかりなのだが、その点に言及する必要はないだろう。「刺激し・支へる」は「さういふ勇気」に置き換えるのがベスト。しかしここにまた「さういふ」という指示語があるので、さらに「母親の負担を軽くしよう」にまで戻る。父がいない理由は不明だが、それが家庭的に豊かでない可能性を、ある程度示唆する。実際は他の私立中学生より家計はゆとりがあるようだが(新本の教科書一式が買える金を貰ってきている)、金銭的な配慮などまったく不要な家庭なら、こんな節約は思いつくまい。

主人公は「母親」の負担を減らしたいのだが、他の中学生までそうと限定はできない。だから、解答では「家計の負担」

と一般化しておく。

典型的ではないが、一種、比喩説明的な問題で、標準レベルの設問である。

問二　比喩を踏まえた理由説明。前問同様、「その」の指示内容をつかみ、「犯罪の痕跡のやうに」という直喩の意味を理解した上で、私の心情を整理しつつ理由を述べる。解答に関わる「狡猾」はそのまま書かずに言い換えて、意味を理解していることを示すのが賢明。傍線部の「私をおびやかして」はすぐ前の「心は穏やかでなかつた」と対応している。

古本が屈辱的で兄のお古だということにし、前の持ち主の名を墨で塗り消して誤魔化したものの、その墨跡を見ると自分が嘘をついている（犯罪相当）ことを意識させられ、いつ嘘が発覚するかとひやひやし、心の平安が保てないのである。もっとも、傍線部の後、この塊の最終部分にも解答要素が含まれることに注意。すなわち、題名の「わが胸の底のここには（常に自分の弱さ・卑怯さを意識して反省している気持がある）」とかかわらせて解答すべきであろう。やや難しい。

問三　「吝嗇」を「けち」の意味と知っていることが大前提である。「一種美しい喜び」を、傍線部（1）の前にある「母親の負担～」にかかわらせて説明することが求められる。つまり、ただのけちな気持からではなく、母親の負担を減らしたいという立派な心がけを発揮したのが嬉しかったのである。本文にも「まことにいぢらしい心根」とある。これはやや易しめの設問。

問四　傍点付きの「熱心」と、「劣等生」という矛盾した表現のつながりをどう理解して説明するかがポイントである。漢文の教科書の前の持ち主は、「桃李」に「トウリ」、「責」に「ススムル」と読みを振っている、これは教師の説明通り書いていて熱心ではあるのだが、かえって即、記憶していないという「学力不足」の証拠になる訳である。標準的難易度。

問五　尋ね方が問一と同じだが、解答量が八行と非常に多い点に注意。まず、傍線部にかかわる事態そのものを正確につかんでおく。そして、私の書き込みと思いこんで間違って叱責した教師のばつの悪さ、古本を使うのを貧しさの故と感じて、叱責を後悔する気持、さらにその教師の内心を感じ取っている私の複雑な心情をできる限り網羅して手順よくまとめる。

自分自身も腹を立てている、前の持ち主の書き込みのせいで教師に叱られるということ自体と、その弁解でどうしても古本だと白状せざるを得なくなった状態の双方が、深い恥ずかしさ（顔から火の出る想ひ）を生む。しかし、それ以上の悲しみがあったのだから、二段階性を明瞭に示したい。

元はと言えば、教師が誤解したのは、自分自身が古本と公言できず嘘をついてきたせいである。そこに主人公は自分の持つ卑怯さを自覚し、悲しむのである。だから、問二と同様、題名とのかかわりを踏まえて、第二の塊の末尾部分を利用して解答すべきであろう。この問題はやや難しい。

解答

問一　十分にお金も貰っており、当初は新しい教科書を買う予定だったが、古本屋の店先に中学生が群がっているのを見て、家計の負担を軽くしたいのは自分だけではないと、古本を買う勇気を得たということ。

問二　自分だけが古本なのが屈辱的でずる賢く弁解し、虚栄心から前の持ち主の名前を塗り潰したことに対し、いつ嘘が発覚するか心配で、購入時の勇気と喜びを貫き通せない自分の卑怯さを自覚していたから。

問三　教科書を単純に安く買いたいという物惜しみする気持ではなく、母親の負担を減らしたいといういじらしい良心を発動したという喜び。

問四　漢文を読む力が弱く、教師の説明通りに漢字の読みを丹念に教科書に書き込んでいることが、かえって、教科書の前の持ち主の姿勢が依存的で学力不足の様子をよけい露わに示しているという意味。

問五　自分自身が怒りを感じていた書き込みを、私のものと早合点した教師に言葉鋭く叱責され、また弁解のために皆に古本だと知れて、私はひどく恥ずかしく悲しかった。それ以上に、私の家庭が貧しいのだと思って教師が叱責を悔やむ気持は後姿にも察せられ、偶然にも、そのような窮地に教師を追いやったようで、古本購入時の勇気と喜びを貫けない気弱さも思い知らされ、悲哀をいっそう感じた、ということ。

二〇〇五年

一（文理共通）

出典

下村寅太郎（しもむら　とらたろう）「知性改善論」

下村寅太郎は一九〇二（明治三五）年生まれ、一九九五（平成七）年没の哲学者。西田幾多郎・田辺元らに師事し京都大学を一九二六（大正一五）年卒業、京大講師を振り出しに東京文理大学（現・筑波大学）助教授・教授を経て、学習院大学教授。一九七五（昭和五〇）年、学士院会員。近代科学論を中心に『ルネッサンスの芸術家』（学士院賞受賞）など、著作多数。

解説

一は、一九九四年度～九九年度と一貫して随想文だったのが、二〇〇〇・〇一年度と続けて純粋の評論文となり、内容まで同じ芸術論であった。それが二〇〇二年度は一転して小説となった。さらに二〇〇三年度ではいくらか随想的な評論に回帰し、二〇〇四年度は書簡ではあるが、実質上、評論文と見なして差し支えない文章で、引き続き二〇〇五年度も純粋の評論文となった。そして二年連続して出題されて二〇〇四年度にいったん姿を消した小説が、二〇〇五年度にはまた二で復活した。二〇〇四年度の現代文は二問とも現代評論であり、二題出題する意味がなかったので、二題を別ジャンルとする意図からであろう。

本文は執筆時点が示されておらず、いくらか古めかしい表現も含むが、題名からも見当のつく内容ではあり、特に把握に困難はないだろう。ただ、冒頭一語目の「我々」を、「（筆者執筆当時の）日本人」ときちんとつかむか、漫然と分かったつもりで読み進むかで、解答の充実度の差が生じるだろう。また、京大の好む比喩が用いられている点にも注意を要する。しかし、具体例を使用しての説明部分を省略すれば、骨格は簡単にまとまる。全体的な難易の点では、京大現代文として、標準からやや易し目である。

以下、本文構造の骨格を図式化して示す。丸数字で段落を、〔→問〇〕で設問とのつながりをあらわす。

〈本文解説〉

①主題設定＝日本人の知性は植物的

日本人の知性は植物的

日本人は自然に対し鋭敏繊細な感覚・感情・叡智を持つ

その由来

　風土的環境による

　　温帯に属し、自然環境が複雑多様・動揺可動

正反対のものの暫時的対立

〔↓問一〕

近代科学の基礎＝自然の一様性

↓日本人の感性にとっては言葉にすぎない〔↓問二〕

②右の続き

日本人の知性は植物的

自然は多様複雑で可動

予測しがたい天変地異は因果性追究を拒む〔↓問二〕

自然を支配する観念は思い浮かべられない

精緻な観察と敏速な行動を訓練し、受動的な経験知識を集積して自然の暴威を回避し、その恩恵を受容する

随順的知性を養ってきた

〔↓問二〕

③文学とのつながり

日本人は空想力や想像力が微弱

その理由

空想や想像は自然からの意識的なあるいは意識における可能的な独立・超越である↑近代科学の基盤

日本人は右と逆に、自然を客観的に突き放して観察せず、

精神と自然との融合を理念とし、自然に順応するだけ

〔↓問三・問四〕

日本の文学伝統へ

右の日本人の特性から

喜劇・悲劇・意志の文学がなく、もっぱら情趣的な気分の文学

「魂の発展」の文学がない

↓短歌・俳句に、その情趣性気分性が端的に表れている

人間の心＝自然の声

自然の晴曇が人間の心の明暗に直結

日本人は誰でも歌人俳人であり得る理由

×詩型が単純平易だから

○日本人自身の存在の仕方による

〔↓問四〕

④日本人の知識の不純性

右の文学的性格が、哲学・科学・道徳ないし宗教的性格に通じて区別されない

日本の知識人の知識は潔癖でなく曖昧

論理の整合性を堅持しない

思想送迎における処し方で明らか

過去の思想の清算過程もなく、気分的に新しい思想に

移り変わる

〔↓問五〕

各設問の解答をつなぐと要旨ができあがるという、京大型

の典型的な設問配置になっている。

この本文把握を踏まえて解答を書けば良い。なお、解答枠はいつも通り縦十四センチ。二〇〇五年度も二〇〇四年度同様、国語三問題とも、幅一センチの内枠が示された。本問題では、問一が六行、問二〜問四が四行、問五が三行である。一行あたり二〇字強書けばよいだろう。

では、各設問別の説明に移る。

〈設問解説〉

問一　傍線部(1)は本文の冒頭にあるが、解答するためには、②段落目まで読み切る必要がある。まず「我々」を「（執筆当時の）日本人」と明瞭につかむのが大前提。次に、「知性」の性格が「植物的」というのは比喩だから、京大で頻出の比喩説明が一つの狙いである。しかし、「植物的性格」の発生経緯をも視点に入れて解答したい。本文前半の把握力を尋ねる設問である。

「植物的」とは常識的に思い浮かべる通り「動物的」の逆で、「動物」が攻撃性・積極性を備えているのに対して、受け身的・消極的であることをいう。実際、②段落の四行目に「受動的な経験的知識」と記述されているから、この語句を拾うことが必須である。それが「積極的」と対照的位置にあることも引き続き書かれているので、この二文をほぼ利用して「〜ではなく、〜」という対比構造でまとめると形が整う。また、②段落の後から三行目にある「もっぱら自然に随順する受動的態度」も合成しておこう。これで一応、比喩説明は済んでしまうが、これだけでは解答の六行の半分強しか埋まらない。そこで、残りの行は、先にも示したように「植物的性格」の発生経緯を説明することで、解答を充実させる。ただし、本文の①段落全体がこの発生経緯の細かく具体的な説明で、これらを機械的にすべて拾うと、とんでもない量になってしまう。同一内容は一つにまとめ、具体を一般化して圧縮した表現を心がけよう。なお、解答順としては、この発生経緯を前に書き、次に比喩説明の順で書くと落ち着く。

問二　「〜理解される」のは意味的に「日本人にとって」であることは明白。ただし、問一解答で示しておいたから、ここで再掲する必要はない。傍線部は第①段落末尾にあるが、傍線部の前だけでなく、連関する②段落の内容も踏まえる。傍線部の「恒常性」と「法則性」とを関連させてつかみ、「無常」がそれとは対照的な位置にあることを比較の視点から明記して説明する。安定した自然なら生起事象に一般性があり、因果関係を想定できるが、不安定ならそのような視点は持ち得ず、自然は人知を越えて変転きわまりないものだと理解されるというのである。「無常」の意味を理解していることを盛り込んだ解答を書くのがベスト。

問三　傍線部の冒頭、「したがって」の論理を押さえ、「そこには」の指示内容も明示するのが当然。「そこ」は前段落に記述された日本をとりまく自然環境自体とそこから生まれた日本人の植物的知性を広く受けている。傍線部直後の一文が「からである」と理由表現であるのが大きな手掛かり。傍線部の前で分かるのは、日本人が自然に対して受け身であり、その法則性を追究する姿勢を持たなかったことだけである。「空想力・想像力」との関連は、この傍線部の後の文を待って初めてつかめる。ただし、そこには「自然科学」との関係が明記されていないから、解答で補っておく。第③段落は文学論に進むが、そこにも、この設問の解答要素が散在するから、それらを細かく拾って、理由表現になるように構成する。

問四　傍線部の直後が「からである」であって、あることの理由として書かれているのだから、その「あること」の守備範囲を確定する。つまり、日本人が誰でも歌人俳人であり得るという文学的性格についての理由である。傍線部の前の部分だけでなく後の部分も踏まえること。また、「自然の晴曇は直ちに心の明暗である」という比喩をそのまま書くのでは十分な解答にならないので、一般説明に置き換えておきたい。

問五　例年、最後の設問は本文全体をまとめることが多いのだが、これは傍線部の直前の内容をつかむだけで解答可能である。ただし、解答枠が三行と少ないので、必要な要素をコンパクトにまとめるのに工夫を要する。「純粋な思惟が独立していない」とは、ここでは「日本の知識人の、知識・思想のあり方のイイカゲンさ」の批判である。論理の整合性を欠き、思想の変転も気分によることを言うのである。「移易」は「移り変わること」。

以上、五設問間に関連があるので、各設問ごとの焦点を明確にして解答したい。

解答

問一　日本人は多様・可動な風土的環境の中で、鋭敏繊細な感覚と感情と知恵による、精緻な観察と敏速な行動を訓練し、受動的な経験知識を集積してきた。そこでは、自然に対し積極的に働きかけ人間の意志に順応させるのではなく、自然の暴威を回避しその恩恵を受容する随順的知性を養ってきたという意味。

問二　自然の運行、現象に関し、客観的に一般法則を導いたり、因果性を追究したりすることのできる安定したものと見るよりも、自然そのものを複雑多様、変容自在で、その一様性を否定的に捉える理解。

問三　精神と自然との融合を理念とするため、自然に順応するだけで、近代科学の基盤である自然からの意識的あるいは意識における独立や超越の可能性を探索する空想力や想像力に、日本人は関心が乏しいから。

問四　日本人は、自然と精神との融合を理念とし、晴天と曇天は心の明朗と暗鬱に反照するというように、汎自然論的に和歌や俳句において折々の季節を情趣的気分と即応させて謳いあげてきた存在だという意味。

問五　今日の日本の知識人の文学的性格も、峻厳な論理整合性の堅持を欠き、特定分野の思想の受容、変節にも情緒や気分が関係してしまうという意味。

二（文理共通）

出典

横光利一（よこみつ　りいち）「天城」

横光利一は一八九八（明治三一）年生まれ、一九四七（昭和二二）年没の小説家。福島県生まれで、早稲田大学に入学したものの次第に大学から遠のき、文学修行に励んだ。一九二三（大正一二）年、「蝿」「日輪」を発表して新進作家として脚光を浴びた。大震災後の翌年一〇月、川端康成らとともに『文芸時代』を創刊し、それに掲載した「頭ならびに腹」への評から「新感覚派」と呼ばれた。戦時色に影響を受けて神秘的独断主義に陥り、敗戦後批判を受けたが、一時は「小説の神様」とも称された。この「天城」も発表年から分かるように、戦争気分が見え隠れしている。代表作は右記以外に「旅愁」など。

解説

二〇〇二年度、それまで一〇年以上出題がなかった小説が一で出され、翌二〇〇三年も二で出題された。二〇〇四年度にいったん姿を消したが、また二〇〇五年度に復活した。ここ数年の前期日程に限れば、小説が頻出と言って良い。

リード文が詳しく、**わざわざ発表年が示されていること**に注意したい。これらの情報を活用して、読み解くのである。時代が古く旧仮名遣いではあり、現在の感覚では少しずれる点も多いが（社内結婚禁止の不文律・レクリエイションの社員登山が人生行路の競争の模擬である・登山に薬罐や湯呑を持参するなど）、それが理解を妨げるほどでもない。またこの小説でも一同様、京大の好む**比喩表現**が用いられていることに気を付けたい。難易度の点では、京大の現代文として、標準程度と見て良い。

以下、本文の重要ポイントを中心に、人物の内面にも踏み込んで概略を示す。〔→問〇〕で設問とのつながりをあらわす。焦点は主人公の宇津の内面の思いと動きである。

〈本文解説〉

設定状況

昭和一六年頃

主人公の宇津は新入社員

ある会社の社員旅行で、宇津たちが天城山を登山中

この会社には社内結婚禁止の不文律がある

同じ新入社員の畑中は右の禁止に違反し、その罰で薬罐を持たされている

以下、時間展開順に出来事を上段に示し、宇津を中心に人物の内面を下段に示す。

宇津が畑中に声を掛ける ― 宇津は親切

畑中が宇津に水を勧める ― 畑中も親切であるが、同時に不文律を気軽に破る面を持っている

宇津は飲むのに気がさし、断る ― 宇津は不文律を守る、律儀な性格

宇津に畑中が水を渡してしまう

宇津は、やはり、飲むのをためらう ― 上の理由

水は全社員共同のもの

登頂後に飲むもの

社員旅行の天城登山は、社員間の出世競争を模した趣旨を持つ

↓自然に、登山途中に自分だけが飲むべきではないという暗黙の了解の成立〔↓問一〕

宇津は貰ってしまった水の処理に苦慮する ― 右のように、水を飲むのは不文律に違反する

しかし、畑中は好意でくれたので水を捨てて彼の好意を無にはしたくない

同時に、自分だけ不文律に反して飲むこともできない

↓どちらとも決することができず、この水をどう扱うか、宇津はいくらか面倒な気分になった〔↓問二〕

結果的に、宇津は茶碗の水を持ったまま登山を続けることになる ― 細かい苦労である

水が自然にこぼれてしまえば、右のジレンマは解消できる（畑中の好意を無にせず、かつ、自分は飲まない）

いっそ飲んでしまおうかとも思うが、飲めない ― 上の理由

宇津は、すがすがしい山の雰囲気（山中の青さ）に影響され、厳格に行動を律さねばならない気分になっている〔↓問三〕

宇津は、水を持ったまま ― 上の結果

登山を続けるが、山道はさらに急になる ― 水をこぼさず登るのは至難である
水が自然とこぼれたかどうかなどに、他の社員は関心がない
出世競争の模擬試験としても無理して水をこぼさず登ることは無意味に思える

水を飲んでしまう ―→宇津は油断する（→問四）

宇津が水を飲んだのを見て他の社員たちが集まり、次ぎ次ぎにこっそりと（不文律違反であると承知しているから）水を飲む

一人が畑中に謝りを言う
畑中は薬罐が軽くなって助かったとかえす ― 宇津は、水を飲むのは不文律違反で辛さもあるのに、それが畑中に理解できていないことを感じる

水を飲んだ後、登山を続ける宇津の気分 ― 気分が曇る
不文律違反で水を飲んだのは、発覚しても咎められるようなひどい悪事ではないが、気分がさらに重くなる
登山の目的は、爽快に山上の空気を吸うことだが、晴れない気分をかかえていてはそれが達成できない
それでは登山の意味がなく、ただの徒労になって残念（→問五）

右で明瞭なとおり、一貫して主人公・宇津の内面を尋ねる設問が並んでいる。その各解答をつなぐと、宇津の内面の動きがつかめるという、小説としては典型的な設問配置になっている。

この本文把握を踏まえて解答を書けば良い。本問題では、問一・四が五行、問二が六行、問三・五が三行である。

では、各設問別の説明に移る。

〈設問解説〉

問一　宇津の思いの把握の第一歩であるが、ここではその思いそのものを説明するので、宇津という名を出す必要はない。傍線部にある「ここにも」という指示・並列表現の説明が決め手である。「ここ」は「登山途中で水を飲んでよいかどうか」

という問題の場である。「も」の内容は、リード文で解説されたた社員同士の結婚が「社の不文律」として禁止されていること。「犯してはならぬ~ひそかに生じてゐる」のだから、明示されていない「不文律」として「水を飲んではいけない」のである。しかも、傍線部直前に「してみれば」があり、その指示内容は、「この度の登山に限り人生行路の競争を模擬してゐること」である。ただのレクリエイションではなくて、人生の生き方を試されているのだから、不正をしてはならないのである。

また、「これはどうもすみません」という宇津のせりふの後には、「一杯の水と雖も(社員)共同のものであることに間違ひはなかつた」とあるから、共有物なので自分勝手に扱ってはいけない水なのである。しかもそれは「山上で」、つまり、登頂後に飲むために用意されていた。だから、いくら苦しくても、登山中に、自分だけが勝手には飲めない訳である。

以上の要素を、配置順を適切に並べなおせば解答ができあがる。解答要素の骨子をつかむのは簡単だが、「自ら」まできちんと処理できるかどうか(解答例では「自然と」とした)、そうした配慮の程度で得点差が生じるだろう。「不文律」は、傍線部の上の「暗黙のうちに」を使って置き換えればよい。

問二　「『愛情の重み』の意味するところを明らかにして説明せよ」という条件付きである。また、ここでも前問同様「この愛情の重み」という指示内容把握がある。しかもそれは「不意に襲つて来た」ので、宇津には思いがけないことである。畑中は親切にも自分に声を掛けてくれた宇津に対して、好意を返す意味で、宇津の断りも待たず水を渡してくれた、つまり、「不意に襲つて来た」のである。だから、「愛情の重み」は、一見、「畑中の(宇津に対する)好意」と説明すればよいように思える。しかし、ここでは男同士で、恋愛感情などは関係がない。しかも「愛情の重みの処置には多少うるささも~」と続いて、それは「処置」されるべきものと扱われている。さらに傍線部の後は、水を捨てもならず、飲みもならず細かい辛苦を続ける宇津の様子が描かれる。この水の扱いが「処置」なので、つまり、「愛情の重み」はこの水なのである。すなわち、これは京大で頻出の比喩説明問題だったのである。

畑中が一人で薬罐を持たされているのは、社内結婚をするという不文律違反の罰である。宇津が共同の水を登頂前に飲めばやはり不文律違反で、自分も罪をかかえることになる。かといって、畑中は悪意などなく水をくれたのだから、彼の目の前で水を捨てることもままならない。さあ、どうするべきか、結局、宇津は、水入りの茶碗を持ったまま登山する羽目になった。現実に肉体的に困った状態であり、同時に、それは心理的な板挟みでもある。ただ、「多少のうるささ」なので、「抜き差しならない」など、極端な心情ととってはならない。解答例では、「いくらか」と表現しておいた。
問三　傍線部の前が逆接であり、傍線部自体にも「飲まさぬ」があるから、「水を飲んではならない」ことにまつわるのは明白。その厳しく条件遵守を迫るものの正体は明瞭に書かれず「何か」というだけだが、「自分の外の山中の青さの中に潜んでゐた」ので、宇津本人の内面の倫理ではない。山の様子がどうなのか、傍線部近辺には書かれず解答に戸惑うが、これ終から二段落前に「爽爽しい山気」という記述がある。これが「何か」であり、これに気づくかどうかが勝負所の設問である。緑の山は清々しく、それが峻厳さをもっていくら水が飲みたくても、宇津に不文律を犯してはならないと迫っていたのである。「爽爽しい山気」を使うことが分からないと、「山は緑で、その中に、厳しく水を飲んではならないと宇津に迫る何物かが存在した。」程度の無内容な解答になってしまう危険性が高い。
問四　宇津が水をこぼすことへのこだわりを忘れて、つい飲んでしまうことの理由説明である。傍線部の直前が「〜思ふと」なので、何か思うことが傍線部の気のゆるみを生じさせたことがつかめる。思った内容はそこに直接書かれているが、「(人生行路の競争の)模擬としてみても」と並列だから、さらに前にも思う内容があるはず。前の「また自然〜」の文がその内容である。少し回りくどい言い方であるが、要するに「宇津としては、水が自然にこぼれてくれたら一番喜ばしい処置(「愛情の重み」の)なのだが、他の社員は、水が自然にこぼれようが、宇津が飲もうが関心がない」ということである。

しかも、またこの冒頭が「また」で、その前にも理由がある。坂が急になって、茶碗の水をこぼさず登ることは至難という、肉体的な条件である。これより前に戻っても理由は見つからないから、文章に書かれた順に「肉体的条件→他人は関心なし→人生行路の模擬としても無意味」とまとめればよい。
問五　「後悔はさらにまたこのときから別のものに変つて来る」のだから、二種類の「後悔」を書けばよい。第一の後悔は、不文律を犯して飲んではいけない水を飲んでしまったことである。

では、第二は何だろうか。傍線部の前の表現に注意したい。構文から、「これは無益なことになつた」が、傍線部の「別なもの」なのであって、傍線部の後の二行に「別なもの」が存在するのではない。「これは無益なことになつた」とは、「爽快に山上の空気を吸ひたい」登山で、不文律を犯したために気分が重くなり、爽快感を味わうことができず、登山が無価値になった残念さである。不文律を犯したやましさは、爽快感を味わえない残念さの元来の発生源ではあるが、ここはあくまでも「別なもの」と宇津は感じている。だから、「不文律を犯したやましさのために、山上で爽快感を味わえない残念さ」といった風に因果関係を設定して書いては、失格にされてしまう。このちょっとした表現の書きよう一つで、大きく点数が分かれてしまうだろう。

以上、五設問が順に宇津の気持ちの流れを示すので、人物の心の動きをつかんで明確に解答したい。

解答

問一　社員同士の結婚の禁が暗黙の了解であるように、社員間の出世競争を模した趣旨を持つ社員旅行の天城登山においても、登山途中で全社員共同の水を自分だけが飲むべきではないという暗黙の了解が自然と成立しているということ。

問二　「愛情の重み」とは、不文律を犯して社内結婚をする罰則に薬罐を持たされ登山している畑中から、宇津が受け取ってしまった水を意味する。水を捨てて畑中の好意を無にすることも、自分だけ不文律に反して水を飲むこともできず、宇津はいくらか煩わしい思いをしているということ。

問三　水を飲めば登山しやすくなるのに、宇津はすがすがしい山の雰囲気に影響され、厳格に行動を律さねばならない気分になっていたということ。

問四　山道は一層急な坂になって、水をこぼさず登るのは至難であり、また、水が自然とこぼれたかどうかなどに他の社員は関心もなく、出世競争の模擬試験としても無理して水をこぼさず登ることは非常に無意味に思われたから。

問五　不文律を犯したやましさとは別の、山頂で爽快な気分を味わうという目的を果たせなくなり、登山が徒労に終わるということに対する残念さ。

二〇〇四年

一（文理共通）

出典

野上弥生子（のがみ　やえこ）「ローマへ旅立つ息子に」

解説

野上弥生子は一八八五（明治一八）年生まれ、一九八五（昭和六〇）年没の小説家。大分県北海部（きたあまべ）郡臼杵町の酒造業家の長女に生まれ、数え一六歳で上京、明治女学校入学。二二歳で豊一郎と結婚した。野上豊一郎は漱石の弟子の一人で、弥生子は漱石の推薦で「ホトトギス」に小説を発表するに至る。平塚らいてうの「青鞜」にも助力し、作品を寄せた。小説・戯曲が多数あり、代表小説は「真知子」「迷路」「秀吉と利休」など。

この手紙の相手の息子はイタリア文学研究家の野上素一（そいち）で、一九三六（昭和一一）年に第一回日伊交換学生としてイタリアに留学し、当時は二五歳くらいであった。

一は、一九九四年度〜九九年度と一貫して随想文だったのが、二〇〇〇・〇一年度と続けて純粋の評論文となり、内容まで同じ芸術論であった。それが二〇〇二年度は一転し、小説となった。一九八九年前期の辻邦生『嵯峨野名月記』以来、一三年ぶりである。ところが、二〇〇三年度の一ではいくらか随想的な評論に回帰し、〇四年度の一は書簡ではあるが、実質上、評論文と見なして差し支えない文章で、〇二・〇三年度と続いた小説は出題されなかった。

書簡は、当事者間でしかわからない個人的事情が含まれていたり、心情的な表現が多かったりするのが普通である。だが、本文はそうした傾向がなく、内容からすれば、過去に出題された近代化論の流れに乗る、学問論である。実際、息子宛に出されたのであろうが、読解に際しては、息子の世代の若者たち一般に対して、「教養をつけよ」と教える内容と見ればよい。

書かれた時代のため表現がやや古めかしく分かりにくい点があり、比喩を多用しているのも注意を要する。しかし、そうした比喩や実例を省略すれば、骨格はつかみやすい。ただし、前書きに示された、「昭和十一年」という時代状況を踏まえて読むことが大前提である。全体的な難易の点では、京大現代文として、標準的である。

実質は評論文で理屈が通っているから、以下に具体例を略した構造の骨格を図式化して示す。丸数字で段落を、〔↓問〇〕で設問とのつながりをあらわす。

時代状況

大正末頃から昭和初期は左翼運動が盛んで、特に文学にもその風潮が及んでいた。しかし、この手紙が執筆された前年の昭和一〇(一九三五)年には「天皇機関説」批判が出ており、共産党中央委員会が壊滅させられた年でもある。「国体明徴」が謳われた時代で、日本は右傾化して行った。なお、本文で触れられたロシア革命は一九一七年で、約二〇年前にあたる。マルキシズムに対する筆者の微妙な感覚をつかんで、的確に読み取りたい。

①主題設定

若者たちは専攻学科の知識を孤立して学ぶのではなく、人格的なまとまりのある立派な教養に押し広げよ(教養肯定)〔↓問五〕

②教養の肯定

教養とは＝遊離した知識でなく、それが総合的な調和ある形で人間と生活の中に結びつくこと

教養と趣味〔↓問一〕

非常に似通っているようで、内容的に遠い距離がある

共通点＝有閑的な無駄な消費生活／実生活にかかわらない無駄な贅沢／不当所得のこしらえあげたもの

↓否定的評価(特にマルキシズムの立場から)

相違点

趣味＝生活と事物のほどよい味わい方を知ること

教養＝趣味よりもっと根の深い積極性を持つ

マルキシズムの教養否定が知識否定にまで発展すると、同情を失う

実生活を重視し、教養を否定する立場もわかるが、学業放棄は賛成できない

人はそのおかれた位置を各自に守るべき

③教養肯定の追加

筆者は右のように、学校における知識習得を高く評価

筆者の立場に対する(マルキシズムなどから)の批判〔↓問二〕

批判に対する筆者の反論

(旧制)高校・大学で、多すぎるほどの豊富な知識が与えられていない

与えられているのは、雑多で切れ切れで、基礎的なものから遊離した知的断片

日本の近代文化享受法は「逆コース」

欧州の学問(あるべき姿)

学問に対して、源泉から自然の流れに沿った便利な研究方法が採用できる

↔

日本(逆コース)〔↓問三〕

学問の末端部でさんざん苦労して、上流に遡るべきと

気付いた時には、もう時間も体力も残されていない
川の比喩＝源やそこからの紆余曲折した流れの発展を
知りもせずに、末梢的なことを考えている
伝統の根本をなすものを一体となった完全な形で移植せず、急場の必要に応じて、部分だけを得たから
右のもたらした欠陥〔↓問四〕
手っ取り早いことだけが第一条件で、特殊で弊害と不備を内在させた
急ごしらえの不備から生じる欠陥を
教育者たち＝古来からの淳風美俗（良き風俗）に汚点を
印すると嘆く
為政者＝政治・社会的機構全般にわたる欠陥を見てあ
わてる
その結果
何を取り入れるか考えず、要らないものを間違って（欧米から）取り入れた／取り入れ過ぎた、と排除の方向へ
筆者の批判
排除は間違いであり、断片的な知識として享受したのが誤りである
④教養は必要
良い教養とは〔↓問五〕
専攻学科の知識や人生経験を基礎に、社会的な正しい認識へ
新鮮で進歩的な文化意識に生きる
↓人間性の完成に深い意義がある
肉体労働者たちも、余暇においては教養人士として生きられてこそ、立派な進歩した社会である

各設問の解答をつなぐと要旨ができあがるという、京大型の典型的な設問配置になっている。

この本文把握を踏まえて解答を書けば良い。なお、解答枠はいつも通り縦十四センチ。二〇〇四年度は国語三問題とも、幅一センチの内枠が示された。問一が六行、問二が三行、問三〜問五が七行である。一行あたり二〇字強書けばよいだろう。では、各設問別の説明に移る。

問一　ストレートに「教養と趣味」の類似点と相違点を整理して述べる設問。基本的な要素は傍線部の後に揃っているが、くだくだしい具体的説明は削除し、類似点については、両者についての細かい表現の相違を無視して共通性を抽出する。相違点については、傍線部の後の「それ」が「趣味」、「これ」が「教養」であることをつかむのが大前提。後者の方が高く評価されているが、その理由となる教養の実質を、傍線部の前から拾っておきたい。

問二　傍線部の「これらの考え方」は筆者の「学校における知識習得肯定」の立場であり、それを「知識の偏重」と攻撃するのは、前段落に述べられたマルクス主義などの「知識不要」論である。実生活に必要な物以外は、不当所得でこしらえた贅沢な無駄であるとする。

問三　京大で頻出の比喩に関わる説明問題。傍線部(3)から次の傍線部(4)まで解答要素が並んでいる。ヨーロッパの学問研究が歴史の流れに沿った自然な展開を持つのに、日本では源を無視して、末端から成果のみを手早く取り入れる、逆の順で展開していることを説明する。本文では川の比喩で説明しているが、比喩のままでは説明にならないので、普通の表現に変換する必要がある。

問四　傍線部全体を説明するのだから、「その形態」の指示内容も明記する。日本が行なった、西洋文化の手っ取り早い成果取り入れ型の享受形態のことである。さらにこの設問も比喩表現の理解に関わっている点に注意。「弊害と不備」は「仮屋・雨洩り・汚点を印する・建てつけが狂い」などの比喩で述べられ、教育や政治的・社会的機構のすべてに渡っていると書かれているが、具体的にはどういうことか明記されていない。比喩をそのまま使っては説明にならないから、無理をせず、本文から書ける範囲に留めておく。また、享受法がもたらした弊害と不備である風俗の悪化に対して嘆くのは教育者で、機構のゆがみに慌てるのは為政者である。この主語の違いまで書かないと意味がない。

問五　傍線部がなく一種の要約設問ではあるが、現実には、解答要素は第④段落だけでほとんど揃う。しかし、段落冒頭に「はじめ私は～といったと思いますが」とあるので、これを根拠にして、第①段落に示された「教養の定義」を補っておく必要がある。もっとも、解答字数の制限があるから、わざわざ別立てで書くのは苦しい。そこで、「人格的なまとまり」を、最後の段落の「人間性の完成」と重ねておけば十分である。なお、肉体的労働者も教養人士であるべきだというのが筆者の願いなので、誰が教養を持つべきかという点から、この件も落としたくない。

解答

問一　趣味も教養も、生活に必要不可欠な実用的な価値をもたず、暇と余裕のある人間だけが楽しむ贅沢だと否定的に捉えられている。だが、趣味が、単に生活と事物のほどよい味わい方を知ることであるのに対し、教養は、総合的な調和ある形で人間と生活に結びつき、趣味より深い積極性を持つ。

問二　学校での十分な知識習得を奨励する立場に対して、実生活に関わらない知識ばかりを重視するもので誤っていると批判するマルクス主義などの考え。

問三　欧州では、学問の伝統を踏まえ、学問をその源から学び、歴史的経緯を順にたどり、現在の学問成果の理解へと至る。だが、日本がそれを享受する際には、伝統の根本をなすものを完全な形で移植せず、学問の成果からまず学び、発生の源やそこからの紆余曲折した発展の経緯を知らぬまま、末端的な物事で苦労して、源に遡ることができないで終わる点。

問四　日本の明治初期における欧州文化の享受法は、文化・学問の伝統の源を無視して成果のみ得るという急場しのぎであり、手っ取り早さだけを第一条件としていた。その急ごしらえの不備から生じる欠陥を、教育者達には古来からの日本の良い風俗を汚すと嘆かせ、為政者には、政治・社会的機構全般にわたって生じた不調を見てあわてさせている結果となった。

問五　教養は、知識や人生経験を総合的な調和のある形で人間と生活の中に結びつけ、世界や社会について正しい認識をもつとともに、常に新鮮で進歩的な文化意識をもって生きることを可能にすべきものである。また、教養は、限られた人々だけに許される贅沢ではなく、民衆にも享受され、すべての人々の人間性の完成に深い意義をもつものであるべきである。

二（文理共通）

出典

西田幾多郎（にしだ　きたろう）「読書」

解説

西田幾多郎は一八七〇（明治三）年生まれ、一九四五（昭和二〇）年没の哲学者。石川県河北郡に生まれ東京帝国大学哲学選科に入学し、卒業後一八九九（明治三二）年、第四高等学校教授となった。参禅に励み、学習院大学教授を経て京都大学教授となり、退官後、一九四一（昭和一六）年、文化勲章受章。『善の研究』が代表著作である。なお、京都大学では、一九八八年A日程で西田の随想文「東圃学兄が其著国文学史講話を亡児の記念として出版せらるゝに当りて、余の感想を述ぶ」が出題されている。

本文は平易な文体ではあるが、比喩もあり、行間を補って読む素養がないと理解困難な箇所があり、思想や文化や歴史に関する読書経験がものをいうであろう。

きちんと筋の通った評論文だから、以下、本文の骨格構造を図式化して示す。丸数字で段落を、〔→問○〕で設問とのつながりをあらわす。

①主題設定＝偉大な思想家の思想をどう読むか

自分の理解力の進化に従って、理解も深まる
ある段階で、急に自分の内部でその思想が生きるようにな
り、大きな影響を受ける〔→問二〕
一部から全体が理解でき、その思想が自分のものとなる
本質をつかんで、自分でもその思想が使用できるようにな
らねばならない
右について、筆者自身の体験も紹介
　長期にわたって大思想家の著作を座右におき読んでいる
　すると、ある年齢で急に理解できることがある
②本質をつかめ
思想家独自の物の見方や考え方の本質がある
それをつかめば、詳しく著作を読まなくても、その思想家
の考え方が予測できる
だから、筆者は全集を持たない
その善し悪し〔→問二〕
　×それで満足ではない
　×他の万人に勧められる方法ではない
　×本質をつかんでいないと主観的・独断的解釈に陥る
語句解釈の正確さにこだわって、思想の根底をつかまない
のも良くない＝浅い、雑な読書法
　○全集を持たない方法は、右よりはよい
③大思想家の著作を読め

画期的な大思想家や大きな思想の流れを創始した人の著作
を読め
　すると、その流派は芋ツル式に理解できる〔→問三〕
概論や思想の末のような書物は読まなくてよい
本格的な著作にどこまでもぶつかって行け〔→問二〕
ただ一つの思想だけでは、思想を知らないのと同じ
　その思想がどのような歴史的地盤からそれが生まれ、ど
　のような意義を持つかを知れ〔→問四〕
思想が行き詰まり新たに踏み出さねばならない時代は、
特に、一つの思想を知るだけでは不都合
大思想は、各種の可能性の中から確定した〔→問四〕
思想の行き詰まりにおいては、大思想の元に還って、思
想の流れてきた道筋をたどることで乗り越える〔→問三〕
　他の思想の存在の示唆も受けられる〔→問三〕

題名は「読書」だが、以上から分かるように読書一般の話
ではなく、思想家の著作と思想理解に関わる内容である。
解答をつなぐと、内容がすべてつかめるという、京大型の
典型的な設問配置になっている。
　右の本文把握を踏まえて解答を書けば良い。なお、解答枠
はいつも通り縦十四センチ。二〇〇四年度は国語三問題とも、
幅一センチの内枠が示された。問一が四行。問二が六行。問

三が五行、問四が四行、問五が五行である。一行あたり二〇字強書けばよいだろう。
では、各設問別の説明に移る。

問一　傍線部に「そこ」という指示語句があり、設問に「具体的には」という条件もついている。指示内容を実質に置き換えるのが、眼目の設問である。さらに「考えられるか」という尋ね方だから、本文抜粋を越えて、**根拠のある推定**が必要である。

傍線部の前後には、偉大な思想家の著作(思想)をどう読むか、筆者の体験をまじえて説明されている。大思想家の著作を座右においているとは、ただ所有しているのではなく、その間、繰り返し読んでいることを言う。そして、年齢とともに理解が深まり、ある時、突然、自己の内に生きて来たように把握できるのである。「座右におく」ことの意味までつかみだせという要求が「考えられるか」、という表現で示されたと考えるべきである。

さらに、傍線部(4)の前にさりげなく書かれた「何処までもぶつかって行くべきでないか」もこの問の解答要素であることを見抜きたい。

問二　全集を持たないことについて、理由とそのことについての筆者の考えの二つを解答しなければならない。理由が傍線の直前にあることは、傍線部冒頭が「それで」であるので明瞭である。

筆者の考えは、全体的には弱点指摘に傾き、傍線部の後にそれが並んでいる。

それで満足してはいない

他人に勧められる方法ではない／万人向きでない

主観的・独断的解釈に陥る(本質をつかんでいない場合)

だが、現に筆者は実行しているわけで、それは、筆者自身が「本質をつかんでいる」という自信があるからである。また、良くない点の異なる羅列では、自己矛盾になってしまう。

これについて検討すると、「語句解釈の正確さにこだわって、思想の根底をつかまないのは、浅い(膚浅な)、雑な(粗笨)読書法」とも書かれている。逆に、本質をつかめば深いわけで、それが正しいのだから、全集を持つ必要がないことが肯定できる。**この肯定面を落としてはならない。**

問三　第③段落では、画期的な大思想家や大きな思想の流れを創始した人の著書を読めと勧める(傍線部(3))。それには各種の理由があって、

傍線部直後＝その流派は芋ツル式に理解できる

は明快である。しかし、実はこの理由は傍線部（4）の後にもあって、

思想の行き詰まりにおいては、元に還って、思想の流れてきた道筋をたどることで行き詰まりを乗り越えるべき

他の思想の存在の示唆を受ける
（そのためには思想の淵源となった大思想家の著作でなければならない）

という二件が、本文末尾部六行に書かれている。ここまで視野を広げられたかどうかで、点数が半分以下か満点か差が付くのである。

問四　前問と解答要素が互い違いに書かれているややこしい部分である。先の本文把握を参照してもらいたい。ある大思想も、特定の歴史的条件下で、複数の思想的可能性の中から他を排除して、特定の思想として確定されて、特定の意義を有するにいたったのである。まったく孤立した思想は存在しないわけで、そのような全体状況を知った時、その思想の意味も初めて理解できるのである。

問五　傍線が引かれておらず、最後に要旨を尋ねる、京大の典型的なまとめ設問である。だが、解答枠が五行しかないので、これまでの解答要素を細々と拾うことはできない。あれもこれもと目移りして骨格不明になるとまずいので、

何を読むのか（対象著作）

どのように読むのか（読書方法）

の二つをはっきり意識したい。前者は言うまでもなく、傍線部（3）そのものである。次に読み方である。

問一解答の「本格著作にぶつかれ」（第③段落）と「本格著作にまで自己を深めよ」（第①段落・第③段落）という要求、「コツ（本質）をつかめ」（第①段落）という問二解答を焦点に、問二解答の「思想の本質がつかめれば全体がわかり、思想家の考え方自体が推定できる」（第①段落末尾＋第②段落冒頭）を加える。次は字数の許す限りであるが、問四解答「一つの思想だけでは理解したことにならないので、その成立の歴史事情まで知れ」（第③段落）という注文が書ければ、完全であろう。本文を気分だけでつかんだ、「深く読め」といった内容の羅列では、ほとんど点数にはならない。

また、「正確といっても、言葉の内容をつかまない外面レベルの解釈の正確さだけでは浅い」という件の処理も考えておこう。この注意は確かに第②段落末尾に書かれてはいるが、本設問は「～せよ」という積極的要求を書けというのである。だから「～するな」だけでは意味がない。解答字数に十分な余裕があれば、「～せずに、～せよ」の対比構造で効果的な解答となるが、この字数では対比まで書きづらく、「～するな」の否定項のみを書くと、マイナスにならないまでもまとまった点は得られないだろう。

解答

問一　偉大な思想家の思想全体が明らかになるように著書を繰り返し読み、思想家自身が自己の精神の内部に大なる影響を与え、生きていると実感しうるまでに自らの思想を高めるということ。

問二　偉大な思想家の本質である物の見方考え方や言葉遣いの特徴が理解できていれば、詳細に読まなくても著者の考えは予想できるからである。全集に照らさないために、主観的独断的な解釈を回避できなくなると不完全であるし、万人向けにもならないが、皮相な読書法には勝ると考えている。

問三　画期的な大思想家や大きな思想の流れの淵源となった人の著書を読むことで、その思想の流派の理解も容易になるし、思想の行き詰まりを解消し新たな思想を構築するために、淵源において排除された他の思想的可能性の示唆も得られるから。

問四　いかなる思想も、特定の歴史的条件下で、複数の思想的可能性の中から他を排除しつつ、特定の思想として確定され、特定の意義を有するにいたったのであり、単独で成立したのではないから。

問五　画期的で思想流派の淵源となる偉大な思想家の書物に直接当たり、自分の思想を著作と一脈通じるまでに進展させ、思想の本質をつかみ、著者の考えを予想しながら読む。その上で、思想が成立した歴史的背景をも知るように努める。

二〇〇三年

一　（文理共通）

出典

渡辺一夫（わたなべ　かずお）「書籍について」

解説

渡辺は一九〇一（明治三四）年生まれ、一九七五（昭和五〇）年没のフランス文学者。東京大学フランス文学科卒業後、東京大学でフランス語・フランス文学を講じ、一九六一（昭和三六）年、東大を退官し名誉教授となった。学士院会員。「ガルガンチュワとパンタグリュエル」を始め、文学書の翻訳やフランス文学研究の論文多数。また、啓蒙的な随筆もかなりあり、主なものは『渡辺一夫著作集』全一四巻に収録されている。

本文の主題は、過去に出題された文章論や訳書読法などに連なる読書論である。用語自体、現在では日常用いないものが多いので注意を要する。また、比喩・皮肉・逆説的表現などを多用した、やや古めかしい文体で、少し読みづらかったかもしれない。言葉の外面のみではなく、実質内容を把握するよう努めなければならない。しかし、全体的な難易の点では、京大現代文としては、標準からやや易というところである。いくらか随想的な書き方ではあるが評論文なので、以下に構造を図式化して示す。（丸数字で段落を、矢印で設問とのつながりをあらわす。）

①主題設定・書籍は気味が悪い

書籍は気味が悪い

そう感じる理由

筆者の読書力不足

筆者には「眼光紙背に徹する」〔A〕読み方が無理で、「眼光紙面に彷徨する」〔B〕情けない読み方しかできず、完全に読み終えたという感慨を抱いたことがないから　↓問一

②書籍の気味悪さ

人間にとって不可避である以下の真実は、筆者の半分慰めとなり（自分だけが読み残すのでないから）、あるいは悲観させかねない（自分にとってもどうしようもないので）

読み残しが生じる理由＝人間一般の持つ限界

人間は、各自で相違する問題意識の量や質によって、自分の認識の量や質を規定されていて、自己の問題意識を越えることはつかめない

しかも、各自の持つ問題は、自分の生活や生理や年齢など身体的条件などに応じて変化してゆく　↓問二

これでいっそう、変貌可能な書物は気味が悪くなる
　右を感じさせる筆者の体験の紹介
読者は複数だから、いよいよ「浮動常なく多様な」読まれ方をする
　それにまつわる筆者の体験の紹介
結局、書籍は、出来上がったが最後、作者のものでなくなり、万人の所有に属し、しかも誰の所有にも属さない独自な存在を獲得する、不思議な現像液のようなものであり、読者各人の精神が持つ問題意識を反映した読まれ方をする
↓問三

③主張・読書すべし
「有能な読者」は、作者が書籍に記した深意以上の内容を自分の心中から付加して創造的に解釈する
当面の問題意識を越えて、心中に潜んだ様々な問題意識まで浮上し、それを意識化できる　↓問四
こうした有能な読者になるために
　できるだけ多くの問題を常に生き生きと用意することが必要
　完全に読み終える力がないなどと弱音を吐いてはならない
（冒頭でこの弱音を吐いたのは、他ならぬ筆者自身であったが、この末尾を意識していたのである）
結論としての主張
読めば読むほど新しくなる気味の悪い書物をいよいよ愛し、ますます読まねばならない
（書籍を「気味の悪い」と評したのは、常に新しい意味を提供する書籍への畏怖と愛着を逆説的に表現していたのであった）　↓問五

各設問の解答をつなぐと要旨ができあがるという、京大型の典型的な設問配置になっている。

この本文把握を踏まえて解答を書けば良い。なお、解答枠はいつも通り縦十四センチで、幅は問一が六センチで一三〇字見当、問二～問四が五センチで一一〇字見当、問五は八センチで一六〇～一八〇字見当である。

では、各設問別の説明に移る。

問一　客観的な説明だけでよいのなら、解答枠が大きすぎる。だから、「眼光紙背に徹する・眼光紙面に彷徨する」という慣用的比喩表現の説明も要求されているのである。前者は「書物に書かれたただの字句解釈にとどまらず、その深意までも読みとること」で、知識があれば解答できる。後者の対比的表現はその応用から解釈し、第①段落にある解答要素も利用する。前者に対し、読解力が弱くて書物を読んでも意味がつかめずうろうろさまよう（彷徨する）情けない状態である。

前者の慣用句は、第③段落に「眼光紙背に徹して」という表現があるので、その文脈から意味が推定できる。

Aを説明してからその後に対比としてBを説明するのが自然である。

問二　傍線部直後からの四行で解答要素はそろう。傍線部の「事実」＝三行後の「真実」という対応が分かれば平易である。

問三　京大で頻出の比喩表現の説明問題で、理由説明でもある。書籍を写真の現像液に譬え、しかもそれに「不思議な」と形容を付けている。傍線部の後では「読者各自の精神の種板（乾板）にあらかじめ写しおかれた影像を現像してくれる」と説明を追加しているが、これ自体も比喩だから機械的に引用しても得点にはならない。「あらかじめ写しおかれた影像」に目を付けて、②段落前半の、人間が各自で異なる問題意識の量や質によって自分の認識の量や質を規定されていることに置き換えればよい。だから、前問の解答要素の一部を取り込むことになる。

この件に、傍線部のいくらか前にある、「（書籍が）浮動常なく多様な」読まれ方をすること、また、傍線部直前に記された、書かれてしまえば作者を離れて「万人の所有に属し、しかも誰の所有にも属さぬ独自の生存を獲得する」という「不思議」な存在があることを加えれば全要素が揃う。

本文を機械的に抜粋して全部書いていると、とうてい解答枠に収まらない。枝葉を削って無駄なくまとめたい。

この設問までが「書籍は気味が悪い」件にまつわる問である。

問四　比喩表現の説明問題であるとともに、語と語の関係を説明させる問題でもある。比喩説明としては、「現像液」が「書籍」を指すということを明記しておく必要がある。ただし、「現像液」という比喩の一般的な説明は前問で済んでいるので、ここでは特に「有能な読者」の場合に限定して具体的に説明する必要がある。

「有能な読者」という表現は三行前にもあり、③段落の冒頭四行余りの内に、「有能な読者」の力は説明されている。作者が書籍に記した深意以上の内容を自己の心中から付け加えて創造的に解釈する特別な読者の能力である。その創造的な面が並の読者を越えているので、「有能な読者」の特別な能力によって、「現像液」の機能が通常を越えて働くようになるのである。これを、設問の要求の両者の「関係」になるように整えれば解答になるが、解答枠もやや小さめで、工夫を要する。やや難しい設問である。

この設問で、「書籍は気味が悪い」件を越えて、より深い読書をすべしと、方向を切り替える。ターニングポイントの問である。

問五　単純な要約でよいのならば、問二・三の解答を合成することで済んでしまうので無用な設問になってしまう。さらに、本文末尾で筆者は「気味の悪い書物をいよいよ愛しますます読まねばならぬものなのだろう」と強く読書を奨励している。だから、ここでは、筆者が書籍を「気味の悪い」ものと言うのは敢えてした逆説的表現だと理解して解答しなければならない。実際は、書籍は愛すべきものであり、どんどん読むことで新しい意味を発見し続けよ、と筆者は主張しているのである。だから、問二・三の解答を利用して書籍の不気味さの所以を説明した後は価値を切り替えて、だが、読書すべきだという方向でまとめる。

ただし、こうした解答を書かせたいのなら、設問に「書籍が『気味の悪い』ものであると敢えていう筆者の考えを」とでもヒントを入れた形にしておいてほしかった。こうした出題者の意図が見抜けず、問二・三の解答要素を合成しただけでは、せいぜい四割前後の得点に留まるだろう。やや難問である。長いので、文を切ること。

解答

問一　Aは、書籍を読んで、ただ字句の解釈にとどまらず、その深意までも読みとる。これに対して、Bは、精神力が弱く、才能も薄いため、書かれた字句の表面的な意味すら十分理解できず、あれこれと解釈に迷い、一冊の書籍を読了しても、常に何かを読み残すという意味。

問二　人間は、自分の生活や身体的条件などに応じて異なる問題意識の量や質によって自分の認識の量や質を規定されており、自分が理解できることや理解したいと望むことしか理解できないものだという、人間に不可避の真実。

問三　書籍は、完全で一元的な解釈を許さない浮動的で多様なもので、書かれるや否や作者を離れて万人の所有に属し、しかも誰の所有にも属さない独自な存在となり、読者各人の精神が有する問題意識を反映した読まれ方をするから。

問四　有能な読者とは、現像液としての書籍に対して、作者が記した深意以上の内容を読者の心中から付加して創造的に解釈する読者を指す。したがって、両者は、前者の能力によって後者の機能が通常以上に引き出されるという関係にある。

問五　常に変化する多様な存在である人間が自己の精神を反映した読み方をすることと、読者の複数性とによって、書籍もまた常に浮動的で多様な読まれ方をする。筆者はこのような書籍への畏怖と愛着を逆説的に「気味の悪い」ものと表現し、作者の深意を越えた創造的な解釈ができる有能な具眼の読者となるべく、できるだけ多くの問題を常に生き生きと用意することが必要だと考えている。

二（文理共通）

出典

中　勘助（なか　かんすけ）「こまの歌」

解説

中は一八八五（明治一八）年生まれ、一九六五（昭和四〇）年没の小説家・詩人。東京大学英文科に入学し、国文科に転部、一九〇九（明治四二）年卒業。大学時代に夏目漱石の教えを受け、弟子となった。一九一三（大正二）年に漱石の推薦を受けて「東京朝日新聞」に処女作「銀の匙」を連載、一九二一（大正一〇）年、理想主義の「堤婆達多（でーばだった）」以後、随筆や詩に転じた。『中勘助全集』全一三巻がある。「銀の匙」を中心に、例年、一～三校程度で入試問題に採用されている。

本文は、「私」が自分の事を報告する型の小説なので、京大で頻出の随想系文章と同じように読解できる。随想文の心情追求をしていれば、対応は不可能ではない。

内容は古めかしく、旧仮名遣いで、「仰山に（大げさに）・韋駄天走り（足の早い韋駄天の神のように早く走る）・ひけた（帰る）・しんかん（森閑＝静まりかえった様子）・いつかな（いっこうに）・危急存亡（生きるか死ぬかというような大きな危機）・相合傘（一本の傘を男女二人でさすこと）・引廻し（斬罪以上の罪人を、死刑執行前に縛って馬に乗せ、見せしめとして人々に見せて回る刑罰）・咎人（罪人）・分別する（判断する）」など、受験生の日常語からかけ離れた用語も多い。

以下、出来事の時間順に、「私」の心情をつかんで行く。

前提的枠組み

明治二五～三〇年頃の小学校

「私」は体が弱く、雨が降ってきたら伯母さんが迎えに行くから学校で待っているようにと言われていた

事件―発端

「私」が小学校に上がって数日たった頃のこと

〔「大事件」とある点に注意〕

実際、学校から帰ろうとしたら小雨が降ってきた

大した雨でもないから、少々濡れることを覚悟すれば傘無しでも帰れないことはないが、「私」は言いつけがあるので、帰らず学校の表で伯母さんの迎えを待つ

〔「きつと・懇々」から、必ず待っていなければならないと「私」が思いこんでいたと判断できる〕

小使いのおかみさんが見つけて帰るようにとすすめるが、「私」は迎えの来るのを信じて、いっこうに動こうとしない

時間が経つのに迎えはいくら待っても来ず、だんだん雨に濡れてくる

「私」は心細くて途方に暮れ、大泣きに泣き出したい気分

になって来る＝傍線部(1)→問一
〔幼い子どもにはたしかに困ったことだが、「大事件」と言うほどのことでもないだろうと思われる〕

事件―山場

「私」を何とか帰そうとしておかみさんが手こずっているところへ、一人遅れて傘を持った女の子が出てくる
高等科二年(今の小学校六年)からは男女別学で、それより低学年では共学でも、一つの教室内で男女は左右に席を分かたれていた時代である
男女相合傘で帰るなどもっての他で、仲間に見つかればいい物笑いの種になる
〔そうしたマズイ状況になりそうだ、という「私」の判断が「運悪く」なのであり、「大事件」と評価したとわかる〕
＝傍線部(2)→問二
実際、おかみさんはその女の子に「私」との相合傘を頼んでしまい、(女の子の方も同じく物笑いの種になるから)ひどく迷惑なのだが、その子もおとなしいらしく、断れない
仕方なく、二人は相合傘で歩き出す
共に息を殺して大緊張状態で、自分の意識すら怪しい
江戸時代の引き廻しの刑にあった罪人のような切羽詰まった恥ずかしさである
家の近所まで来た時、妹の乳母が出迎えてくれたのに出会う
乳母の命令で、「私」はやっと女の子に礼を言う
相手の女の子はろくに返事もできない
二人の恥ずかしさ混じりの大緊張状態は、大人の乳母からすればいじらしくて楽しい見物であった
だから、乳母は後々までもそのことを愉快な思い出話として語った＝傍線部(3)→問三
「私」は、帰宅してから迎えに来なかった伯母さんに苦情を言う
伯母さんは、忙しかったからばあや(妹の乳母)を代わりに出したと言った
〔伯母が迎えに行けなかったのは、実は父の命令である。だが、必ず自分が迎えに行くと約束した手前、いつまでも帰って来ない「私」をほってはおけず、父に内緒でばあやを代理派遣したのである。こうした背後のややこしい事情を幼い「私」に告げるのはまずいと判断して、すべてを飲み込んだうえで、伯母は自分が悪かったようにあえて嘘をついて取り繕ったのである〕＝傍線部(4)→問四
伯母の言葉は嘘であった
実は、父がわざと迎えを止めたのだと、兄が隠されていた真実を告げた(すっぱぬいた)
それは、意気地なしの「私」がどう対処するかを試すためだった
この事件は、かりに善意からでも約束が守られないことがあるという、「私」の、家の者に対する不信用の最初となった

回想―事件の後の位置づけ
中学三年頃、英語の教科書で読んだ短い詩
小学校で女の子が男の子と自然に話しあい、後に結婚してめでたく天寿を全うするという内容だった
自分たちの、男女が厳しく律せられた小学校生活と比較して、詩に描かれた少年時代の生活ぶりがうらやましく、深く印象に残った＝傍線部(5)→問五

問一・二・五の解答をつなぐと、「私」の気持ちの流動がすべてつかめるという、京大型の典型的な設問配置になっている。問三・四は脇の人物の心情把握である。

右の本文把握を踏まえて解答を書けば良い。なお、解答枠はいつも通り縦十四センチで、問一は幅二センチで四五字見当、問二・三は幅三センチで六〇～七〇字見当、問四・五は幅五センチで一一〇字見当である。

では、各設問別の説明に移る。

問一　心情説明兼、京大で頻出の比喩説明問題でもある。「大雨」は「私」が泣くことの比喩であることをつかむのが大前提。これをつかまないと失格であろう。「実際に降っているちょっとした雨の量以上に涙があふれるほど、今にも泣き出したい気持ち」を核心にまとめる。そのような気持ちに至る経緯(きっと来ると言った迎えの伯母を待っているのになかなか来ず、帰るに帰れないので途方に暮れて困りきっている)をどこまで入れられるかで、具体レベルの充実度が決まる。ただし、解答枠からすれば五〇字程度書くのが限界である。

問二　まず、傍線部の「運悪く」が「女の子」にとってなのか、「私」にとってなのか、両者にとってなのかの判別が難しい。おかみさんに「私」と同道してくれと頼まれるので、さしあたりその女の子にとって運が悪いのに違いないが、問題の焦点は「二人共が嫌な相合傘になる」点にある。だから、結果として「私」とその女の子双方にとって「運が悪い」のである。小使いのおかみさんにとって、女の子が傘を持っていたのは私を家に帰せる点で好都合であったろう。だが、男女間が厳しく律せられた時世であるため、いくら幼くても女の子と男の「私」が相合傘をすることが仲間に見つかれば物笑いになりかねない。不運の要因は以上である。時代状況を書かないと解答にならないので、これだけの要素を解答枠に収めるのが困難である。

問三　妹の乳母に出会うまでは二人とも恥ずかしさと大緊張の中で押し黙り、引き廻しの刑にあった江戸時代の罪人のような気持ちでいた。迎えの乳母に出会い、私は乳母から促されて礼を言ったようであるが、女の子の方(本文の「先も」)はろくに返事ができなかったとある。彼女も「私」同様で恥ず

かしく緊張していたのだろう。この二人の様子が乳母の目にはどのように見えたかを推測する必要がある。幼い男女の緊張した恥ずかしい様子は、大人からすればほほえましく、だから、後々乳母は「あのときの二人の様子は本当に面白かったのですよ」などと愉快そうに語ったのである。「愉快な思ひ出」という肯定的な評価を入れるべきで、単に、二人の押し黙った罪人のようなつらい気持ちをつかんだだけでは不十分である。本文からの抜粋がきかないから、表現に幅が出る設問である。

問四　伯母は、私の苦情に対して「(自分は)忙しかつたからばあや(妹の乳母)に代りにいつてもらつた」と言い訳をしているが、伯母が迎えに行けなかったのは、実は父の指図であった。その事情のすべてを飲み込んで、伯母にできることはこっそりと乳母を迎えにやらせることであった。あえて嘘を付く伯母の心遣いをつかみ出せるかどうかである。これは表面的にはまったく書かれていない伯母の心情把握で、非常に難しい。

問五　男女の間がひどく厳しく縛られていた「私」の少年時代の状況と、英詩に描かれている幼なじみの男女の物語とを対比すれば、後者の自然で伸びやかな楽しさは明瞭である。そこで逆に、前者は抑圧され暗い不自然な生活だったという構成で説明する。説明に際して、小説前半の小学時代の相合傘の思い出と、その記憶を残しながら中学時代にこの英語の詩を読んだことを具体的な経緯として踏まえておきたい。「自由で幸福な」を説明するのだから、解答に「自由・幸福」をそのまま使うのは避けたい。

解答

問一　来るはずの伯母が来ないので帰れず、雨にも濡れて途方に暮れ、今にもわっと泣き出したい気持ち。

問二　男女間が厳しく律せられた時代なので、仲間からの物笑いになってしまう、女の子と男の「私」が相合傘をするという羽目に陥るから。

問三　相合傘でいたことで「私」も女の子も過度に緊張し、互いに意識してはにかんでいる様子が、大人の乳母の目にはほほえましく滑稽でもあったから。

問四　本当は父の指図で自分が迎えに行けなかったのだが、妹の乳母をこっそりと迎えにやる心遣いが伯母にはあった。止められた事情を幼い「私」には言えず、苦情を言う私への思いやりから、自分が悪かったと取り繕おうとする気持ちである。

問五　英詩には幼なじみの男女の自然な仲が描かれていた。相合傘も許されず、抑圧されて味気ない自分たちの少年時代と違い、年少ながらも悲喜こもごもの男女の心の交流が経験できる少年時代こそ、伸びやかで楽しいと思ったということである。

二〇〇二年

一（文理共通）

出典

高井有一（たかい　ゆういち）「半日の放浪」

解説

筆者・高井は一九三二（昭和七）年生まれ、二〇一六（平成二八）年没の小説家。早稲田大学英文科卒業後、敗戦と疎開先での母の入水自殺を描いた小説「北の河」で一九六五（昭和四〇）年、芥川賞受賞。自己の少年期・青年期の孤独と愛を描いた作品が多く、「この国の空」で一九八三（昭和五八）年、谷崎潤一郎賞受賞。小説の他、立原正秋の評伝がある。以前、「浅い眠りの夜」が筑波大学で出題されたことがある。

小説出題は、一九八九年前期の辻邦生『嵯峨野名月記』以来で、一三年ぶりである。しかし、「私」が自分の事を報告する型の小説なので、「私」が虚構の人物である点を除けば、京大で頻出の随想系文章と同じように読解できる。随想文の心情追求をしていれば、対応は不可能ではない。以下、出来事の時間順に直して、「私」の心情をつかんで行く。前書きも重要な情報源である。

矢印で設問とのつながりをあらわす。

前提

「私」は戦後まもなく自宅を建築、会社定年退職後も同じ家に妻と暮らしている。息子・毅夫には二人の子があり、別の社宅で暮らしている。作品中の「今」がいつなのか不明だが、息子を三〇歳前後と仮定すると「私」は六〇歳前後にはなっているはずである。

高速道路建設（一〇年〜二〇年といった昔のようである）

自宅の近くに高速道路が建設され、冬場は二時を過ぎると日照が遮られるようになった。

「私」はそれに対するいまいましさを、わざとの大きなくしゃみで示し、妻に笑われたことがある。〔傍線部（2）〕

↓問二

（この件は、息子が、自分の新築したい家なら陽当たりが良いと「私」に売り込む伏線になっている）

息子の性質・生き方

成績は中位以下には落ちたことがなく、手がかからず高校入試〜就職試験に一度も失敗していない。〔傍線部（3）〕

↓問三

ただし、それは自己の能力で手の届く範囲を慎重に計量した（傍線部（1）における、用意周到な息子の性格の描写にもなっている）結果で、「努力して一流にのし上がっていくべきだ」と考える「私」には物足りない。〔傍線部（3）〕
↓問三
一方、息子は「私」のそうした考えを時代遅れと批判している。
（「私」と息子には、価値観の世代ギャップがある）

家の建て替えを巡って　その1「悶着」

当初の息子の提案
「私」も、いつか息子一家と同居する心積もりがある（つまり、息子に老後の面倒を見てもらう打算である）ので、息子が「私」の財産を活用しようという計算を拒否はしない。
だが、郊外への新築移転について、息子が手回し良く郊外分譲住宅のパンフレットを持参したので、「私」には余りにも自分勝手に思え、予期しない反発心が湧いた。〔傍線部（1）〕
↓問一
そこで、その分譲地について「私」はけちをつける。
対して、息子は、自宅の日照の悪い事を気にしている「私」に、郊外分譲住宅の陽当たりの良さを売り込む。
（息子は、如才ない性格である）

ただし、自分一家の利害が基本にあるとはいえ、息子が精一杯誠意を尽くそうとしていることは「私」も理解でき、いい息子だと口に出して言う。
しかし、「私」は息子の指図を受けたくなくて、「この家を売る気はない」と明言する。

家の建て替えを巡って　その2「妥協案」

妻が、「私」の死後、息子一家に面倒を見てもらうのは自分だという利害もあって、父子の対立を調整し、息子の家へ出向き、今の場所で二世帯住宅に建て替える案をまとめてきた。気の優しい息子の家族と暮らす安定した老後生活と見て、世間からは羨ましがられるだろう。（傍線部（3の後の「まさにその通りには違いない」という保留条項のある表現に注意。つまり、「私」は完全には満足していないのである）〔傍線部（3）〕↓問三
息子・「私」双方の元の言い分自体も無茶でないし、中に入って現実的な妥協案をまとめた妻の気遣いにも感謝している。だが、虚しさに加え憤りが湧くのは、「私」自身、理由がつかめない。
（「私」は長く住んだ家に愛着がある上、結局、建て替えに関してまったく主導権を発揮できていない）〔傍線部（4）〕
↓問四

取り壊しの前日

「私」は、この家の最後の一日を落ち着いて自宅で過ごすつもりだった。だが、だんだん居たたまれなくなってくる。住み慣れた家のあれこれの部分が、「私」を責めているように感じたからである。

（私は自分が建て、長年住み続けたこの自宅に愛着の念があり、家を壊すのが忍びず、その自責の気持ちが家からの非難と感じられたのである）

その辛さから逃れるため、妻に外出しようと呼びかける。だが、忙しさを理由にことわられ、微かに笑いながら「一人で外出した方が良いのではないか」と妻に言われる。〔傍線部（5）〕

妻は、住み慣れた家も今日限りで、夫（「私」）は感傷的な気分に浸りたいのだろうと、ほほえましく感じたらしい。「私」はそう推察した。

それも完全に間違いではないから、妻の気遣いは受け入れるのだが、家を守りきれなかった腑甲斐なさにいたたまれなくなっている自分の気持ちまでは妻にわかるまいと、「私」は思っている。

↓問五

各設問の解答をつなぐと、「私」の気持ちの流動がすべてつかめるという、京大型の典型的な設問配置になっている。

この本文把握を踏まえて解答を書けば良い。なお、解答枠はいつも通り縦十四センチで、幅は問一・問二が四センチで八〇～一〇〇字見当、問三～問五は五センチで一〇〇～一二〇字見当である。

では、各設問別の説明に移る。

解説

問一　傍線部（1）の前の息子一家との同居に肯定的な気持ちと傍線部自体の内容を重ね合わせ、さらに傍線部の後ろに書かれている、あまりに段取りの良い息子への不快感を合成して解答を作る。傍線が「しかし」から引かれているので、逆接以前の、息子の方針に対する肯定的な気持ちも忘れないように。基本的に息子の考えは許容でき、特に腹を立てる理由はなかったはずなのに、ついむかっとして、という「私」の気持ちの流動を把握する。あまり具体的に書くと解答枠に収まらないので、適宜、適切な表現を工夫して字数を節約したい。

問二　「私」と「妻」の気持ちだが、それぞれ独立して書く。「私」は傍線部（2）前半の「私」の行動「わざと大きな嚔をして」の裏にある「私のくやしさ」を中心にまとめる。傍線部の右横に「いまいましく」があるからこれが手がかりになっている。大きなくしゃみをしたところで高速道路が消えて無くなるわけではない。またそれに「私」は、日照権を振りかざして道路公団に抗議するような積極的な気もないのである。ただ、「ちくしょう、この道路のせいで陽差しの落ちるのがひどく早いじゃないか」という不快感をくしゃみに託しているのである。

「妻」については、傍線部後半の笑いの意味をさぐる。夫の右のような行動の意味を理解して笑ってはいるので、「嘲笑」ではない。共感を感じながらも「そんなことをしても何の効果もないのに、いい大人にしてはちょっと子供っぽいわね」というユーモラスな気持ちである。この妻の気持ちを取り出すのはやや難しいだろう。

問三　設問の「気持ちがこめられているか」という表現に注意する。本文に明記されていないが、本文の表現に着目すれば、その表現に込められた心情がつかめるから、それをつかめ、ということである。さらに「また」から傍線が引かれているから、第③段落の、息子のことで同僚から羨ましがられる件から書き始めて、今回の親子同居が世間では羨ましがられるだろうという話へ進む。ただし、世間からそう見られても、「私」はそれを単純に肯定はできないのである。傍線部(3)から次の段落末尾の傍線部(4)への気持ちの屈折ぶりを理解し、第③段落後半に記述されていた、息子に対する物足りない気持ちを利用して、「私」の「世間の評価通りには感じていないのだぞ」という心情をつかむ。これもやや難しい。

問四　傍線が「それなのに」から引かれているので、指示内容を明記する。ここは建て替えに対する許容の気持ちと妻への感謝である。つまり、一方で(逆接の後は心情だから、ここは理屈での判断である)、二世帯住宅への建て替えを現実的で妥当だと思ってはいるのである。しかし、同時に、虚しさと憤りという感情も湧く。長年(たぶん、三〇年以上)住み慣れた家を取り壊すやりきれない喪失感があり、建て替えを妻と息子に宰領され「俺の立場はどうなっているのだ」という不満も生じるわけである。傍線部末尾の「何故だろう」から、「我ながらこの感情は変だ」という思いを持っていることを理解したいが、そこまで書くのはかなり難しいだろう。

問五　傍線の引かれた本文最終段落に解答要素が集中している。ただし、書くべき要素が非常に多いので、いかにそれを解答枠に押し込むか、工夫を要する。妻の気持ちは傍線部の後の「妻は微かに笑いを含んで」から推定するが、この笑いは傍線部(2)と類似した肯定の笑いである。「私が一人で感傷に耽りたいのだとでも思ったのだろうか」と「私」は思っている。すなわち、妻は夫をいくらか神経質でセンチメンタルな所のある人と見ているらしい。本文末尾の「まあ、それだって構わない」には、「肯定だが全面肯定ではない、許容に過ぎない」という気持ちがある。「私」についての妻の把握は間違いではないが、他にも「私」がこの家に居辛い理由がある。家を守りきれず、取り壊すことになってしまったのは「私」の責任で、それを心苦しく感じているからである。しかし、その辛い内心の思いまで妻にはわかるまいと「私」は推定しているのである。設問の要求をきちんと守って、無駄なくこれだけ要素の揃った解答を書くのは難しい。要素の八割もつかめれば十分であろう。

解答

問一　息子が「私」の家を活用して家を建てることに異存はなかったが、建て替えではなく郊外分譲地に移るという、自分本位な計画をそつなく準備してきた計算ずくな態度に不快感を覚えたから。

問二　「私」は、高速道路で日照が奪われたいまいましさを抑えがたく、故意に大げさなくしゃみでうさをはらそうとする。「妻」はその気持ちに共感しつつ、子供じみた振る舞いと滑稽にも思っている。

問三　世間からは、息子に苦労せずに済み、気の優しい息子の家族との同居で老後が安定してと羨ましく見られるだろうが、「私」自身は自分の能力の範囲で生きる息子の覇気のなさが不満で、今回の二世帯住宅同居も手放しで喜べないでいる。

問四　理屈では建て替えを現実的と理解し、妻の配慮にも感謝しながら、自分で建て、長年住み続けてきた家を失う喪失感も強く、息子と妻に段取りされて自分の立場を奪われたように思い、不合理とは知りつつ、敗北感と不快感を消すことができない。

問五　住み慣れた家も今日限りで夫は感傷的な気分に浸りたいのだろうと、妻はほほえましく感じている。「私」はそう推察して妻の気遣いを受け入れつつ、家を守りきれなかった腑甲斐なさにいたたまれなくなっている自分の気持ちまでは妻にわかるまいと思っている。

二（文理共通）

出典

永井荷風（ながい　かふう）「浮世絵の鑑賞」（岩波文庫・永井荷風『江戸芸術論』収録「浮世絵の鑑賞」三・四）

解説

荷風の説明は一九九九年を参照のこと。

荷風の文章は、京大で繰り返し出題されている（その説明は一九九九年の解説を参照のこと）。近代文語文出題としては一九九九年の「矢立のちび筆」が初出で、この「浮世絵の鑑賞」とほとんど同趣旨であった。だから、過去問題を研究しておれば、取り組みやすかったはずである。また『近代文語文問題演習』（駿台文庫刊）に、「浮世絵の鑑賞」を収録しているので、そちらも参考にしてほしい。末尾の刊記に示されたように一九一三(大正二)年に発表された文章である。

近代文語文は、近代化論と芸術論の二テーマが頻出であるから十分な用意をしたい。この文章は難易度としては標準からやや易しめで、近代文語文を読み慣れていたら、かなりの得点が取れるはずである。ただ、政治・思想関係の内容になると、広い意味ではあるが近代化を推し進める論調のことが多く、荷風のように退嬰的な主張は珍しい。もっとも、荷風は芸術をめぐって述べており、論調としては先に記した既出入試本文から一貫している。近代ではあるがその後期で、文人・荷風による、近代化批判、文明批評の典型的なパターンである。西洋の絵画芸術と日本の浮世絵を比較し、例によって皮肉な調子で、西洋最新の主義を取り入れることに熱を上げる世間のあり方を批判している。江戸と今(大正二年)とでは五〇年以上隔たりがあるが、実は世の中のあり方は江戸時代と変わっておらず、強権に弱者が虐げられていると荷風は見る。そうした中で、自分は浮世絵に心を慰められる、と述べている。

注が二つしかないが、「赫々・萎微・毫も～否定表現・けだし～べし・泰西人・闊歩・朋党・轟々・髣髴」などは注無しでクリヤーできる力が必要である。

本文の長さは二頁弱で、近代文語文としては標準の範囲内。解答字数は五〇〇字程度で平均的である。

詳しい内容は「大意」を見てもらえばすむから、以下に文章を整理し図式化して示す。頻出の、典型的な対比の構造で書かれた文章で、浮世絵を愛好する筆者の心情をくっきりとつかみ出すのが肝心である。丸数字は段落番号を示し、矢印で設問とのつながりをあらわす。

本文の構造

①主題設定

浮世絵の特色＝小型で独特の色合い→問五

浮世絵と(西洋式の)油絵との比較→問二

　生き生きしている油絵

照りつける強い太陽の光を望むよう

色には強い意味や主張があり、制作者の精神を十分に示す

↔(対比)

色がさめたようで光沢のない浮世絵

　暗い行灯の火を見るような思い

　全く専制時代の衰えた人の心の反映だけ

筆者の浮世絵評価(肯定である)

右のような暗黒時代の恐怖と悲哀と徒労とを暗示される
点で、うら悲しい頼りない色合いを忘れる事ができない

②屈折した肯定
現代社会の様子は常に強い者が横暴をきわめている
　それを見て義憤を感じる（このまま進むと単純な正義派
　になる）↓問五
反転
浮世絵の頼りない色彩の美、その中に潜む哀訴のメロ
ディから
　東洋固有の専制的精神を理解する
　深く正義をあれこれ議論することが愚かだと悟る
　（これがどうしようもない日本の伝統だとあきらめ、
　肯定する）
西洋美術との比較（再度）
ギリシャの美術＝アポロン（太陽神）を神とした国土に発
生
↔
浮世絵＝虫けら同然の江戸時代町人の手により、日当た
りの悪い横町の借家の中で作られた
日本の現実
今や時代は全く変革されたと言われるが、外観だけ
内側を見通すと、武断政治の精神は江戸時代と全く同じ
江戸木版浮世絵の悲しい色彩が、百年を超えて私の胸に
しみこみ、親密なささやきを伝えるのは当然（日本の精
神は江戸時代同様なのだから）↓問三・問五

③浮世絵の魅力
西洋芸術との比較（三度目）
主張を持つ強い西洋の芸術は、茫然と仰ぎ見るだけで何
の感興も湧かない↓問四
↔
個性に乏しく単調で疲労した江戸の文学や美術に、精神
的・肉体的にしびれたような慰めを感じる（感覚的な喜
び）↓問五
私の浮世絵鑑賞・研究は、厳密な美学論理によるものでな
く、単なる感覚である

④浮世絵の魅力のとどめ（日本の現状批判）
西洋と日本の比較（四度目）
日本＝もろくて清楚な家屋で、四季がある↓問五
↔
西洋＝広くて堅固な家屋で、立って生活
ピアノと油絵と大理石の彫刻が似合う
↓問四
私のあり方
日本家屋で座って生活し、暖房も乏しく、天候の変化を

楽しむ↓問五
清貧と安逸と退屈な生涯を喜び、酔生夢死の生き方に満足しよう〔↓問一（イ）〕と努力
日本家屋の様子
曇った空の光は障子の紙を透かして独特の陰影を作る
これに適合する美術は、形が小さく、質が軽いはずだが、
そういう芸術は見つからない
その欠を補うのが浮世絵↓問五
私の嫌う日本の現状
東京の劇場で下手くそな翻訳劇が上演されると、「新しい芸術の出現」と喜ばれる
政府主催の美術展覧会場では下品な画家たちが虚名を競い合い〔↓問一（ロ）〕、猜疑と嫉妬に駆られた通俗な議論が沸騰する
こうした馬鹿馬鹿しい状態に対する、私の対応策↓問五
秋の雨がしとしとと降りそそぎ、虫の音が消えゆく郊外の詫び住まいで
厭き疲れた昼下がりに
尋ね来る友人もいないまま
一人ひそかに浮世絵を取り出して眺める
江戸時代全盛の歌舞伎を目の前にありありと思い浮かべる
吉原の不夜城の歓楽に誘われる
のどかな町中の風景に遊ぶ
これによって自ら大いに慰められる〔世間流行のエセ西洋芸術など糞食らえだ〕

各設問の解答をつなぐと要旨ができあがるという、京大型の典型的な設問配置になっている。

右の本文把握を踏まえて解答を書けば良い。一九九七年には問題文に「解答は原文をそのまま引くのではなく、自分の文章に直して書くこと。」という注記が付いていた。二〇〇二年度にはこうした注記は示してないが、「現代文」入試なのだから、解答を近代文語の機械的抜粋でなく普通の現代語に訳して書くのは自明のことである。

なお、問一は(イ)(ロ)の指定枠を除いて縦十三センチ、問二～問五の解答枠はすべて縦十四センチで、問一は幅二、五センチで五〇字見当、問二・三・五が幅五センチで一〇〇～一二〇字見当、問四のみ四センチで八〇～一〇〇字見当である。

傍線部のある設問と無い設問の双方が混じっている。後者の場合は、まず本文のどこについての設問なのか、該当箇所を確認しておく。では、各設問別の説明に移る。

問一　解答枠が小さいことからも分かるように、慣用語句の辞書的意味をベースに、文脈も考慮して簡潔にまとめる。文字をやや小さく書いたとしても、一行二五字程度が限界であろう。

（イ）の「酔生夢死」は「酒に酔い夢を見るだけで一生を終える」ことから、何のなす所もなく無意味に生涯を暮らすことである。ただし、これだけでは本文を踏まえた「説明」とならないから、「西洋型の積極的努力力行などまっぴらごめん」という、対比項を補いたい。

（ロ）は「虚名」と「鎬を削る」の置き換えである。後者は、戦いで刀を削り合うほど激しく争うこと。「しのぎ」とは刀の峰と刃の間の盛り上がった部分を指す。明記されていないが傍線部は西洋の物真似芸術（翻訳劇や絵画）の批判だから、その点まで明記した方が分かりやすいだろう。

問二　傍線は引かれていないが、「第一段落」と指定されているので、ここに限って、「対比的に」説明する。対比は明瞭であるが「よう」の比喩で述べられた部分はそのままの抜粋で終わらず、比喩でない形に置き直しておきたい。先の本文把握を整理して再掲しておく。

油絵＝生き生きしている／照りつける強い太陽の光を望むよう／色には強い意味や主張があり、制作者の精神を十分に示す

浮世絵＝色がさめたようで光沢がない／暗い行灯の火を見るような思い／全く専制時代の衰えた人の心の反映だけ

問三　傍線が引かれているが、傍線部そのものではなく、傍線部の判断を筆者が下す理由をまとめる。傍線部の冒頭「けだし」は「（私が）思うに」の意味で、結局、第②段落の内容が全体この理由となることを示している。解答になる範囲は明瞭だが、字数内におさめるためにはしっかり骨格に絞りきること。荷風が、専制制度下の江戸町人の状況と、自分が生きている明治から大正初期の時代の有様を重ねて捉えている点が焦点になる。時代と外観は変わっても、結局、日本の専制的強権体質は変わらず、精神状況は百年前と同じで、だからこそ、浮世絵がかつてと同様、筆者に訴える力を持つのである。

問四　設問の第二文が「傍線部Bの譬えを踏まえながら」とあるのをヒントに、第③段落から第④段落前半が解答すべき部分であることをつかむ。また、比喩説明は京大で頻出設問で、どう処理すべきかは当然マスターできているだろう。ここでは本当に山岳を仰ぎ見ているのではないから、それが実質何を意味するのかを書くのである。荷風の西洋芸術への不快感は明瞭だが、第④段落前半にあるとおり、本式の西洋の生活の中でなら、彼自身も西洋芸術をそばに置いて楽しみた

いのである。彼にとって、日本人が訳も分からず、日本の生活にマッチしていない西洋芸術をありがたがって猿まねするのがたまらないのである。「山岳を望む」「仰ぎ見る」は、遠方を高く見上げるので、そこに高い価値があることは理解している。しかし、それは現在の日本の生活と切り離されており、自分には縁がない遠くのものに過ぎないと、荷風は捉えている。誤って、西洋芸術の全面的否定のように書いてはならない。

問五　「今の生活の中で」という条件に注意。ここで前問と連動していることが分かる。つまり、本格西洋型生活をしているのなら西洋芸術も楽しめるが、日本の現状はそれとほど遠い状況にある。日本の生活状況にマッチしているからこそ、浮世絵の価値が楽しめるのである。傍線部のない設問で、第④段落を中心として、本文全体の趣旨も視野に入れて解答を構成したい。日本の生活状況を簡略に示して、それに調和する芸術としての浮世絵を位置づける。同時に、外観だけ近代化したようなつもりで、実際は江戸の封建制武断政治と変わってはいない現代(明治末ないし大正始め)を皮肉に捉える筆者の視線も見逃さない。しかし、そうした批判的視点を持てるのは荷風だけで、本文末尾にあるように、侘び住まいの中でただ一人、ひっそり、自分だけの楽しみとして浮世絵を眺めるのである。

大意

浮世絵はその木版刷りの紙質と絵の具との結果によって得た独特の色調と、そのきわめて小さな規模とによって、本当に著しい特徴を持つ美術になっている。浮世絵はたいてい奉書紙または西之内紙に印刷され、その色合いはすべてあせたようにうすく光沢がない。ためしにこの浮世絵を生き生きとした(西洋の)油絵の色と比較すると、一つ(油絵)は厳しく照りつける強い太陽の光を望むようで、一つ(浮世絵)は暗い行灯の火を見るような思いがする。油絵の色には強い意味や主張があって、制作者の精神を十分に示している。これに反して、仮に木版刷りの眠たげな色合いの中に(その)制作者の精神があるとしたら、それは全く専制時代(封建制度下の江戸時代)の衰えた人の心の反映だけである。私はこのような暗黒時代の恐怖と悲哀と徒労とを(浮世絵に)暗示される点で、ちょうど娼婦が(我が身の不幸を嘆いて)すすり泣きする忍び音を聞くような、このうら悲しい頼りない色合いを忘れる事ができない。

私は現代の社会に接触して、常に強い者が横暴をきわめていることを見て義憤を感じる時、ひるがえってこの(浮世絵の)頼りない色彩の美を思い、その中に潜む哀訴のメロディによって、暗黒の過去(の時代)を再現させると、たちまち東洋に固有の専制的精神がどういうものであるかを理解するとともに、深く正義をあれこれ議論することが愚かだと悟らないでおられない。ギリシャの美術はアポロン(太陽神)を神とした国土に発生し、浮世絵は虫けら同然の(江戸時代の)町人の手によって、日当たりの悪い横町の借家の中で制作された。(日本では)今や時代は全く変革されたと称えるけれども、要するにそれは外観だけである。一度、合理的な眼でその外側(から内側)を見通すと、武断政治の精神はほんのちょっぴりも百年前(の江戸時代＝本文が大正二年発表であることに注意)と異なることはない。江戸木版画(浮世絵)の悲しい色彩が、(百年を超えて)全く時間の隔てなく深く私の胸の内にしみこんで常に親密なささやきを伝える理由は、思うに、偶然ではないであろう(当然の理由があるのだ)。

私はどういう訳か近頃、主張を持つ強い西洋の芸術に対しては、ちょうど(遠方の)高い山を仰ぎ見るようで、ただ茫然としてこれを仰ぎ見る(だけで何の感興も湧かない)傾向があるのに対し、一度その目を転じて、個性に乏しく単調で疲労した江戸時代の文学や美術に向かうと、たちまち精神的・肉体的にしびれたような慰めを感じざるを得ない。だから、私の浮世絵に関する鑑賞といい研究といっても、もとより厳密な美学論理によるものではない。もし(「なぜ、浮世絵がそんなに好きなのか」と私に)尋ねる者があれば、私はただ「特別な事情の下で、特別な一種の芸術を喜んでいる」と答えるばかりである。(だから)西洋人の浮世絵に関する美学的工芸的研究は、すでに遠い十年前に全く微細な部分にわたって完了されてしまったことについては(私が浮世絵について学問的にあれこれ言及する必要がないのは)言うまでもない。

私はすでに、何回か木で作り紙で張った日本伝来の家屋に住み、春に風が吹き秋に雨が降る四季の気候に対する郷土的感覚がどうであるかを述べてきた。このようなもろくて清楚な家屋とこのような湿気に満ち変化に富んだ気候の中で生きていると、かつて広くて堅固な西洋の部屋に立ち上がって歩き回った時とは、何ごとにつけて自然と趣味が異なってくるのは、思うに当然のことであろう。私がもしマロック革の大椅子に横たわって図書室で食後の葉巻を吹かすような富を持っていたら、自然と(西洋風の)ピアノと油絵と大理石の彫刻を欲しがるであろう。しかし、幸か不幸か、私は今なお(日本家屋に住んで)畳の上に両足を折り曲げ(て座り)、乏しい火鉢の炭火で寒さをしのぎ、簾を動かす朝の風、庇を打つ夜中の雨音を聞く人間である。清貧と安逸と退屈な生涯を喜び、酔生夢死の生き方に満足しようと努力するものである。曇った空の光は(日本家屋の)軒先に遮られ、障子の紙を透かしてここに独特の陰影を作る。このような(日本式の)部屋に適合すべき美術は、まずその形が小さくならざるを得ず、その質は軽くならざるを得ない。ところが、現代の新しい美術制作品の中に、私は不幸にして未だに西洋の細密画または銅版画に似たようなものを発見できない。浮世絵の木版刷りは十分この欠陥を補うものではないか。東京の劇場に下手くそな翻訳劇が上演されると、仲間は一致して直ちにこれを「新しい芸術の出現だ」と(喜んで)叫び、政府主催の美術展覧会場に下品な画家たちが虚栄の名を競い合うと、猜疑と嫉妬に駆られた通俗な議論が音をとどろかせて沸騰するような時、秋の雨がしとしとと降りそそいで、虫の音が次第に消えゆく郊外の侘び住まいに、厭き疲れた昼下がり、尋ね来る友人もいないまま、一人ひそかに浮世絵を取り出して眺めると、ああ、(浮世絵画家の)春章、写楽、豊国(の浮世絵は)は江戸時代全盛の演劇(歌舞伎)を目の前にありありと思い浮かばせ、(浮世絵画家の)歌麿、栄之(の浮世絵は)は(遊里の吉原の)不夜城の歓楽に人を誘い、(浮世絵画家の)北斎、広重(の浮世絵は)はのどかな町中の風景に(人を)遊ばせる。私はこれによって自ら慰められるところがないとはしないのである(大いに慰められる)。

解答

問一　(イ)西洋の能動的外向的精神とは逆に、何のなす所もなく、いたずらに一生を終えることで十分だと思うということ。

(ロ)日本の伝統画を忘れ、ただ虚栄に駆られて、新時代への即応を西洋美術の模倣によって競い合うということ。

問二　西洋の油絵は活力があって能動的で明るく強い色調を持ち、制作者の積極的精神をよく現す。一方、浮世絵は江戸町人の作で、専制時代の衰微した暗い人心を、小さな画面と淡い光沢のない色調をもって暗示している。

問三　現在の日本の様子は、外観の変革こそ大きいが、百年前の武断政治の精神に異なるところがなく、強者の横暴に屈するしかない多くの人々の状況を見るにつけ、自然と江戸時代の浮世絵の醸成する哀訴の趣に筆者の心情を重ねてしまうから。

問四　筆者は、西洋芸術を日本の時代状況から遊離したものと捉え、高邁な精神にも無感覚でいる。これは、西洋の風土と生活様式のもとでこそ、その芸術の意味も生まれるという受け止め方である。

問五　小さく軽い木版画は、脆弱で清楚な日本家屋と湿潤で変化に富む気候の中での筆者の生活に適し、かつ、江戸をしのばせる浮世絵は、外観のみの近代化にはやる世間を避けつつ、強権の横暴に反発する筆者の孤独な生活を慰めてくれるから。

二〇〇一年

一 （文理共通）

出典 高階秀爾（たかしな　しゅうじ）「近代美術における伝統と創造」

解説 筆者・高階は一九三二（昭和七）年生まれの美術評論家。一九五三（昭和二八）年、東大教養学部卒業後、大学院で西洋美術史を専攻。フランスに留学し帰国後国立西洋美術館主任研究官。アメリカ滞在後、一九七一（昭和四六）年に東大教員となり、七九年教授。一九七二（昭和四七）年、芸術選奨文部大臣賞受賞。美術評論の著作が多く、時々大学の入試問題でも使われている。

二〇〇〇年に続いて評論からの出題であり、内容も絵画論であった。

以下に文章を整理して示す。丸数字は段落番号を示し（冒頭一行だけで改行されているが、引用文であるのを明示するためであって、次行の「といったのは」に続いている。だから、この行だけで第①段落とせず、冒頭八行を第①段落と認定する）、矢印で設問とのつながりをあらわす。

本文の構造

①②「見る」ことは学ばれる

画家は、先輩や師匠の作品を通して「見る」ことを学ぶ

もし、自然を赤ん坊のようにとらわれない眼で見れば、混沌しかないだろう

その混沌に秩序を与え、対象を明白に認識させるのは「先輩や師匠」たちの「眼」である

↓問一

絵画世界で、ある表現様式が固定して継続する傾向があるのは、このせいである

具体例＝古代エジプト人の、現代人からすれば「不自然な」人間描写

彼らはそのように人間を「見て」描いた

だから、それなりに写実的といえる

↓問二

③④伝統とは

このような固定様式は、伝統を形成する重要な要素

しかし、無意識では伝統に過ぎず、それが意識化されて初めて、伝統となる↓問三

伝統の持つ理想主義とノスタルジー

伝統は、過去から伝えられたものが危機に瀕して強く意識されて生じる→問四
⑤⑥日本における伝統の意識化
明治の御一新＝あらゆるものごとの西欧化
明治十年代後半から＝極端な西欧化への反動
明治二十二年＝東京美術学校創立の「復古主義」
それまでの伝統が失われそうな危機意識から生じた
→問五

各設問の解答をつなぐと要旨ができあがるという、京大型の典型的な設問配置になっている。
この本文把握を踏まえて解答を書けば良い。なお、解答枠はいつも通り縦十四センチで、幅は全問とも五センチで一〇〇字見当である。
では、各設問別の説明に移る。

問一　傍線は第①段落の中ほどに引かれているが、実質は第①段落全体の要旨把握である。傍線部(1)の「すらも」に留意しつつ、傍線部(2)の前にある「学んだ」との対応を押さえる。「学ぶ」ということが「先輩や師匠の作品」を見ることを通して、「視覚的映像世界に秩序をあたえて、明確に認識できるようになる」ことを示せばよい。

問二　「それなり」の指示内容である「古代エジプト人たち」の具体例を要約するとともに、「写実的」の意味を本文に照らして解説する必要がある。すなわち、「見ることの継承」と「見えたままを描く」との二点を押さえ、現代の我々からすると不自然でも、古代エジプト人としては「見えたままを描いたのだから写実といえる」理由としてまとめる。

問三　実質は第③段落の要約である。傍線部を前半と後半に分けて、「歴史」と「伝統」について、傍線部の直後を中心に本文に沿って説明できればよい。傍線部内には「伝承」の用語はないが、時間の流れに沿った「受け伝え」が筆者の言う「歴史」であり、「伝承」である。

問四　出題者が意図したかどうか不明であるが、少しトリックの掛かった設問である。理由を書くのだが、傍線部(4)の直前に「したがって」とあるので、安易に考えると「したがって」の前が理由に見えてしまう。しかし、この前の部分にあるのは「伝統は意識から生じる」という件だけで、これのみでは「理想主義的な憧れとノスタルジー」が「伝統」にこめられる理由になっていない。伝統がどういう場合に意識されるかを説明しないと、「理想的な憧れ・ノスタルジー」につながらないのである。もっとも、この事情が見抜ければ、解答の核心部分が第④段落の末尾にあることはつかめるであろう。さらに、「失われ行くもの」だからこそ「美化・愛惜の念」

が起こるのだと、「ノスタルジー」の意味を理解していることまでアピールできるとよい。

問五　傍線が引かれていない設問であるが、本文最終二段落の具体的な内容を、全体の要旨と明治維新からの時間の流れとに照らしてまとめる。へたに「伝統」の解釈にこだわり過ぎると、明治二十年代に対する筆者の捉え方を十分に説明できなくなってしまう。「伝統」の解釈は、「伝統は古いものが亡びに瀕した場合の危機意識から生まれる」さえ書けば十分なので、字数と相談して、時代の流れの説明とのバランスを考えて適切にまとめる。

解答

問一　人間は、どのように「見る」かについてまで、先人の作品や対象の見方を表現様式のモデル、手本とすることによって学び、混沌としているはずの視覚的映像世界に秩序を与え、対象を明確に認識することができるようになる、という意味。

問二　古代エジプト人は、現代人からすれば一見不自然な人間像を三千年ものあいだ描いてきたが、それは彼らがそのように人間を「見る」ことを自然な様式として受け継いだ結果であり、彼らにとって見えたままを描いたといえるから。

問三　先輩や師匠から後輩や弟子へと歴史的に伝えられ固定した様式は、伝統を形成する重要な要素ではあるが、それだけでは無意識的な伝承にすぎず、その様式が伝統となるには、伝承が一つのモデル、手本として意識される必要がある、という意味。

問四　古くから伝えられ、生活の一部となっていたものが一つのモデル、手本として意識されるようになるのは、そうした古いものが失われるという危機意識が強く持たれた場合で、そこには様式の喪失への愛惜の念が働くから。

問五　筆者の考えどおり、御一新以来の極端な西欧化によって、古いものが失われるかもしれないという事態に対する危機意識が、明治十年代の後半頃からの反動として表れ、明治二十年代には伝統の意識が急速に強まってきたと筆者は捉えている。

二（文理共通）

出典

福沢諭吉（ふくざわ　ゆきち）「学者の職分を論ず」（『学問のすゝめ』第四編・一八七四（明治七）年一月刊によるが、かなり細かく切り接ぎされている）

解説

福沢諭吉は一八三四（天保五）年生まれ、一九〇一（明治三四）年没の啓蒙思想家である。幕末に三回の欧米旅行を体験しているが、明治政府には加わらず、在野のままで国民の啓蒙につとめた。一八六八（慶応四）年に創立した慶應義塾が現在の慶應大学の前身である。また、一八七三（明治六）年に同志たちと「明六社」を興し、啓蒙雑誌の『明六雑誌』を発行した。著作ははなはだ多いが、『学問のすゝめ』が最も著名であろう。啓蒙を狙うため文章は平易で、本文も文語文ではあるが具体的で、分かりやすく書かれている。

福沢の文章は、一九七九年『福翁百話』（五十二　独立は吾れに在りて存す）・一九八三年『学問のすゝめ』（第十六編「手近く独立を守る事」）・一九九三年後期日程「人の説を咎むべからざるの論」と、京大で繰り返し出題されているから、京大受験者は十分注目しておくべきである。なお、近代文語文関係では、この福沢諭吉以外にも、森鷗外・幸田露伴・永井荷風が繰り返し出題されている。余裕があれば、『近代文語文問題演習』（駿台文庫刊）でも文例に慣れておいていただきたい。

近代文語文問題は、二〇〇〇年には芸術論であったが、一九九六年の翻訳に関する出題以外、一九九四～九九年と一貫して文化論・近代化論であった。だから、二〇〇一年の出題でまた元に戻ったことになる。難易度としてはやや平易で、近代文語文を読み慣れていたら、かなりの得点が取れるはずの問題である。ただし、各設問で解答要素に重なりがあるから、いかに焦点を的確にとらえてまとめるかが問題となり、その点では注意を要する。

本文の長さは二〇〇〇年度よりやや長く一頁半あるが、近代文語文としては標準の内である。解答字数も二〇〇〇年度の五六〇字見当から四四〇字見当前後に減少した。

読解にあたっては、「官・政府」の理解に注意を要する。いわゆる広い「お上」の意味で使われていて、狭く「政府」のみを指しているのではない。だから同じ語でも、適宜現代語として適切な語句に置き直さなければならない。なお、この本文は、原文で三〇〇〇字程度の長さの部分を切り接ぎして作ってある。だから、原文と照合すると意味にズレを生じるが、あくまでもこの入試本文として理解すればよい。

詳しい内容は「大意」を見てもらえばすむから、以下に文章を簡略化して示す。丸数字は段落番号を示し、矢印で設問とのつながりをあらわす。

本文の構造

①政府政治の愚かさ（主題設定）
政府・官公庁に勤めている人々は、個人としては立派だが、彼らが政府に集まって行う政治は愚かである↓問一
明治維新以来、政府が学術、法律、商売などの道を起こそうとして効果がない理由も、そこにある

②③西洋学者の欠点
日本の文明を進めるには、右の気風を一掃すべきである
その任務に当たれるのは西洋の学問を学んだ人間だけ
しかし、彼らは、たいてい皆、官公庁に勤め、民間人として仕事をしている者は非常に少ない
これは、彼ら個人が悪いのでなく、生まれて以来、官尊民卑の風潮に毒されているせいだから、深く咎めるには及ばない↓問二

④政府あって、国民なし
民間の事業の多くは、官庁と関わっているから、人々はますます官庁をうやまう気風となる
官庁に頼らず、独立して自前で物事をなそうという真心を発揮する者はほとんどいない

その例
現在出版されている新聞や各種の官庁への意見書の類
こうなった理由
世間で民間の権利を唱道する実例がないせいである
まとめて言えば
日本にはただ政府だけがあって、まだ国民が存在しない↓問三

⑤日本の独立を（自説明示）
政府はただ命令する権限を持っているだけで、物事を教え諭して実例を示すのは民間人の役目↓問四
そこで、筆者が私人として、学術・商売・法律などについて、国民の限界内で実行してみせる
場合によっては、政府の頂門に一針を加えて警告し、旧来の間違った風習を除いて民間の権利を回復することが、現在の急務
筆者の目的↓問五
事業を巧みに行う方法を示すのではない
日本の人々に「私立」の方向を教える
各人、民間の事業をなすべきであるとする
政府を恐れず近づき、疑わずに親しむべきであるという趣を知らせたい
そうすれば、官尊民卑の気風も次第に消滅して、はじめて

真の日本国民が生まれ、国民が政府にもてあそばれることなく政府の刺激となる→問三
学術以下三つ（商売・法律・出版）も自然と国民の所有となり、国民の力と政府の力とが互いにバランスがとれ、それによって日本全国の独立が維持できる→問四

□一と同様、各設問の解答をつなぐと要旨ができあがるという、京大型の典型的な設問配置になっている。

右の本文把握を踏まえて解答を書けば良い。一九九七年には問題文に「解答は原文をそのまま引くのではなく、自分の文章に直して書くこと。」という注記が付いていた。二〇〇一年度にはこうした注記は示してないが、「現代文」入試なのだから、解答を近代文語の機械的抜粋でなく普通の現代語に訳して書くのは自明のことである。

なお、問一〜問五の解答枠はすべて縦十四センチで、問一・三・四が幅四センチで八〇字見当、問二・五が幅五センチで一〇〇字見当である。

では、各設問別の説明に移る。

問一　傍線部(1)の前に「以上まとめれば」というニュアンスがあることに気づけるかどうか。それが分かれば、傍線部の前三行を圧縮すればよい。ただし、「一身両頭」は比喩だから説明に使えない。「闊達大度」を間違えずに訳しておきたい。

問二　傍線は引かれていないが、「洋学者流」の用語からも明らかなように、解答要素は③段落にまとまっている。「洋学者流」の生き方に批判的ではあるが、③段落末尾が示すとおり、厳しくはとがめていないという点に注意。

問三　設問の「筆者はどういうことを言おうとしているのか」という尋ね方に注意。「言おう」だから筆者の意志までつかみ出せという条件である。傍線部の近くの機械的な抜粋合成では解答できず、福沢の「独立した真の日本国民が生まれて欲しい」という願望をつかむのである。傍線部から離れた、④段落二行目の「独立」の用語、さらに、本文末尾部の「真の日本国民を生じ」に気づかなければいけない。傍線部の前の情けない現状から脱して、真の国民になって欲しいと訴えているのである。

問四　解答要素は⑤段落前半にかなりまとまっている。「私立」の役割を主語とし、「具体的に述べよ」という条件を守って、「学術・商売・法律・言論」といった内容をそのまま示したい。ただし、「私立」だけで社会は成り立たないので、「公」との関係も明記して、本文末尾の「日本の独立」につなげる。「個人の独立を踏まえてこそ、国家の独立があり得る」という、

福沢のお得意の自説を知っていたら有利だろう。

問五　福沢の、意図の理解である。慶應義塾設立・明六社設立と『明六雑誌』刊行・交詢社の設立・各種の言論活動などの、本文外の活動まで具体的に書く必要はない。だが、知識として知っているべきで、彼の在野での諸事業を踏まえ、傍線の後三行をまとめると解答になる。「～知らしめ(なば)」(知らせたい)までが「目的」の守備範囲となる。

大意

現在、官(政府・官公庁)に勤めている人物は少なくなく、個人として彼らの言うことを聞きその行動を見ると、だいたい皆、度量が大きい立派な人物で、言葉や行いにあるいは慕うべきものがある。ところが、今、この立派な人々が政府に集まって政治するに当たって、その実行された政治を見ると、私が喜ばないものが非常に多く、まるで一つの体に頭が二つあるようなもの(矛盾した状態)である。私人としては賢明であり、官人としては愚かである。彼らは個々人バラバラにすれば賢明で、(政府に)集まると暗愚である。(これをまとめて言えば)政府は、個人としては賢明な人々が集まっている所であり(ながら)、(政府としては)まるで一人の愚かな人物が事業をしているように馬鹿げていると言える。明治維新以来、政府が学術、法律、商売などの道を起こそうとして効果がないのも、その失敗の理由は、思うにここにあるのである。

我が国の文明を進めるには、まずこのような気風を一掃しなくてはならない。その(一掃の)任務に当たる者は、ただ、一つ、西洋学を学んだ人間だけである。ところが、その西洋学を学んだ人間のやっていることについて、私は疑いがあると感じるものが少なくない。その疑いがあるというのは、この(西洋学を学んだ)学者・立派な人々が、すべて「公」があることを知っていて、「私」があることを知らず、政府の上に立つすべを知っていて、(在野の個人として)政府の下にいる道を知らないという一事である。

現在、世間の西洋学を学んだ人々は、たいてい皆、官公庁に勤め、(公人でない)民間人として仕事をしている者の数はいたって少ない。思うに彼らが官僚になっているのは、単に利益をむさぼるためだけではなく、生まれて以来の(官尊民卑の)教育が先入観となっていて、ひたすら政府ばかりを見つめ、政府でなければ決して事業ができないと思い、政府の力を借りて長年の立身出世の志を遂げようと願うばかりである。彼らのしていることはあるいは卑しいと批判すべきようだが、彼らの志を深く咎めるには及ばない。(それは)思うに、(彼らの)志が悪いのではなくて、ただ世間の(政府をあがめる)気風に飲まれていて、(自分たちのしていることに)自覚がないのである。

およそ民間の事業で一〇の内七つか八つは、官庁と無関係なものはない。そのため、人々の気風はますますその（官庁をうやまう）気風に従い、官庁を慕い官庁に頼り、官庁を恐れ官庁にこびへつらい、ほんのちょっぴりでも（官庁に頼らず）独立して（自前で物事をなそうという）真心を発揮する者がなく、その醜い有様は、見るに堪えないことである。（その）例をあげれば、現在出版されている新聞や各種の官庁への意見書の類もその一例である。出版の条例は、ひどく厳しくはないのだが、新聞紙上を見ると、政府が嫌うことは決して載せないばかりでなく、官公庁でほんのちょっぴりの良いことがあると、やたらにこれを誉め称え、実際以上に持ち上げる。このようなことが極端になった理由は、まだ世間で民間の権利を唱道する実例がないためで、ただあの（官庁に対して）卑屈な気風に支配され、その気風に付和雷同して、国民の本来の性質を現せないのである。これをまとめて言えば、日本にはただ政府だけがあって、まだ国民が存在しないと言うこともできる。

政府はただ命令する権限を持っているだけである。物事を教え諭して実例を示すのは民間人の役目なので、この私がまず（官公庁と無関係な）私人の立場に立ち、あるいは学術を講義し、あるいは商売に従事し、あるいは法律を議論し、あるいは書物を著し、あるいは新聞を刊行するなど、およそ国民である限界を越えない事は、はばかることなく実行し、きちんと法律を守って正しく物事に対処し、あるいは政府が法律を正しく実行せず（国民が）被害を受けたら、自分の立場を曲げることなくこれを議論し、言ってみれば政府の頂門に一針を加えて（警告し）、旧来の間違った風習を除いて民間の権利を回復しようとすることが、現在の急務であろう。もとより民間の事業は多種で、またこれを実行する人々にもそれぞれ長所があるものだから、わずか数人の学者ですべてその事を実行することはできないが、私が目的とするのは、事業を巧みに行う方法を示すのではなく、ただ日本の人々に「私立」の方向を教えようとするばかりである。今、私から「私立」の実例を示し、世の中の事業はただ政府のみの仕事ではなく、学者は学者として民間で事業を行うべきであり、（学者でない）町人は町人として民間の事業をなすべきで、政府も日本の政府であり、人々も日本の人々で、政府は恐れず近づくべきで、疑わずに親しむべきであるという趣を知らせたなら、人々は段々（自分の）進むべき道を明らかにし、上下に固有の（官尊民卑の）気風も次第に消滅して、はじめて真の日本国民が生まれ、（国民が）政府にもてあそばれることなく政府の刺激となり、学術以下三つ（商売・法律・出版）も自然と国民の所有となり、国民の力と政府の力とが互いにバランスがとれ、それによって（日本）全国の独立を維持できるのである。

解答

問一　政府は、個人としては度量が大きく言行も立派で賢明な人々が集まっている所でありながら、集団としてはまるで一人の愚かな人物が事業をしているようだと言える、という意味。

問二　彼らの、私人としてのあり方を忘れ官吏となって立身出世を望むだけの行動は卑しむべきようだが、その志が間違っているのではない。世間の政府をあがめる気風に飲まれていて、自覚のないことなので、厳しくとがめるには及ばない。

問三　日本人は政府の力に対して恐れへつらうだけで、国民の権利内で個人が独立心を持って各種の事業に従事し、時には政府批判も辞さないという真の国民はまだ生まれていない、ということ。

問四　学術・商売・法律・言論などの事業については、政府は命令する権限があるだけだから、「私立」が法の範囲内で自由に具体的に実行を担当し、公と均衡を保ち日本の独立に役立つという点。

問五　世間の人々に「私立」がどんな方向で進むべきかを知らせるのが目的である。学者として、学術・出版などにおける「私立」の実例を自ら示すことによって、各個人が各種事業を担当し、政府を恐れず近づき親しむあり方を知らせたい。

二〇〇〇年

一（文理共通）

出典

桑原武夫（くわばら　たけお）「現代社会における芸術」（一九六九年初出）

解説

筆者・桑原は一九〇四（明治三七）年生まれ、一九八八（昭和六三）年没のフランス文学研究家。福井県出身で一九二八（昭和三）年京都大学卒。東北大学助教授などを経て一九四八（昭和二三）年～六八（四三）年、京都大学人文科学研究所の教授、所長を勤めた。その間、多くの共同研究を組織して成果をあげ、「新京都学派」と呼ばれた。一九四六（昭和二一）年、俳句は本格芸術ではないとする「第二芸術論」を発表し、センセーションを巻き起こし、これ以外にもオピニオン・リーダーとして活躍した。著作は『桑原武夫全集』八巻にまとめられているが、入門書では『文学入門』（岩波新書）が有名である。

なお、同じ「現代社会における芸術」が、一九七二（昭和四七）年金沢大学、一九七九（昭和五四）年成蹊大学（経済学部）でも出題されている。

一は、一九九四年度～一九九九年度と一貫して随想文だったが、二〇〇〇年度は純粋の評論文となった。

いわゆる「複製芸術論」で、現在では特に目新しい議論ではないが、出典に示されたように一九六九（昭和四四）年発表だから、さすがに言及が早いといえる。

以下、本文の骨子を整理してつかんでみよう。難しい話ではないが、右に書いたようにかなり長いので、いくつかの段落をとりまとめて五つの塊にしてつかむのがよい。以下、ローマ数字で塊を、丸数字で段落番号を示す。また、矢印で設問とのつながりをあらわす。

本文の構造

Ⅰ①主題設定

現代社会では芸術に固有と考えられる若干の属性が疑問とされている〔芸術観を過去と現代で比較する内容だと宣言〕

Ⅱ②～④比較　その1永遠について

過去の芸術観の特徴

芸術は永遠

時間・空間に制約されない普遍妥当性を持つ

↔（対比）

右の芸術観は現代では疑問

芸術は時間・空間に制約され、時代・場所が変われば評

価されない〔具体例＝ミロのヴィナスの美、『万葉集』の真実性、『赤と黒』〕
芸術は永遠というのは観念的美学にすぎない
世界中の文化の均一化の中で、一部、時間・空間を越えて鑑賞される芸術もあるが、亡びるものもある
芸術は永遠というのは感情論にすぎない
現在では自然にも人為が乱入し、自然の永遠不滅という考えも成り立たない→問一

Ⅲ⑤比較　その2個我について
過去の芸術観の特徴
　個我観念を強く含む
　　社会と自己との間にさけ目を自覚した孤独な天才〔卓越した個我〕が主観的生命を客体化したのが芸術

↔

右は、ヨーロッパ近代という短い時期に栄えた一つの芸術観にすぎない〔時間・空間の制約を指摘〕
芸術が天才を含みつつ多くの協力者によって成就された共同制作であった時代のほうが長い→問二

Ⅳ⑥〜⑩比較　その3オリジナルについて
現代の芸術観〔過去とは違う〕
　共同制作
　新しい芸術ジャンル〔映画・ラジオ・テレビ〕

オリジナルの意味
過去の芸術観では
　独創的
　コピーでなくホンモノ
↔
現在の芸術観では
　独創的は過去同様
　ただし、個我の独創にこだわらない
　「コピーでなくホンモノ」の価値はさらに低下
複製の一般化
　複製肯定〔特に新しい芸術において顕著〕
　場合によっては作品すべてが複製
　複製品でも感動できればそれでよいのだから、それが複製だとわざわざ指摘するのは芸術の敵→問三
過去の芸術観では
　オリジナルの稀少性があった
　神秘的、礼拝的基盤
　永遠性、固い感じ
↔
現在の芸術観では
　稀少性喪失
　神秘的、礼拝的基盤喪失

柔らかい感じ
V ⑪⑫危惧・対象拡大
芸術の複製制作は芸術の規格化である
芸術享受者の心の規格化・従順な心的態度の養成へ
過去の芸術観では
純粋芸術のみが対象だった
↔
現在の芸術観では
純粋芸術だけではすまなくなった

右のようにまとめてみると、問四の位置だけが書き込めないことが分かる。それは当然で、問四は文章全体の把握に関わる設問だからである。

この本文把握を踏まえて解答を書けば良い。なお、解答枠はいつも通り縦十四センチで、幅は問一・二・三が五センチで一〇〇字見当である。問四は上に(イ)(ロ)の符号欄があるので解答枠は縦十三センチとなり、幅は各六センチで一二〇字見当である。

では、各設問別の説明に移る。

問一　自然論は本文の骨格ではないので、脇筋になる設問である。ただし、「永遠」に関わるという点で、芸術の永遠性と間接的に結びつく。

傍線部の「漸次歴史化」の部分については、明瞭に対応する箇所が本文中にない。このため、解答表現を自分の語彙と知識で考えることが必要となる。「漸次(ぜんじ)」は「次第に」という意味。「歴史化」の手がかりは傍線部の後にあり、「自然のなかへ人為が乱入して」である。自然にも時間による変化はあるが、「遷移」など言って、「歴史」とは言わない。つまり、「歴史」は人為によってのみ成立するものなのである。この程度は京大を受験するなら必須知識。自然は人間と関わらない無垢の自然ではあり得ず、もはや人間の働きの介入を許しているのである。

傍線部の直前の「自然の永遠不変性」を過去の捉え方としてここからスタートし、それが現在ではこうなっていると進める。すなわち、説明の形式は「AからBへ」という構成になる。

問二　ここ以降、論の本質的骨格を尋ねる設問になる。

傍線部は、過去の芸術観(前半)とそれに対立する芸術観(後半)という、典型的な対比構造をとる。個々の具体的な「ダンテ・杜甫」などにこだわらず、「社会集団の共通意識」「個我」「独創」などのキーワードをふまえて解答すればよい。解答構成要素はほぼ⑤段落だけで拾えるが、⑦段落の「社会との対抗関係・悲壮」にまで目を配りたい。

傍線部の「さけ目」は比喩表現だから、これは「社会との対抗関係」で置き換えておく。比喩の説明は京大では頻出設問である。

問三　従来の「コピーでなくホンモノ」でなければ価値がないとする芸術観と、現代の複製芸術の特質との対比構造を焦点に、理由説明の形式で解答する。

問四　尋ね方に注意を要する設問である。設問の要求をどうとらえるかで、解答が揺れる危険性がある。

一見すると、本文全体の対比構造(過去の芸術観、対、現在の芸術観)だけをまとめれば良いようにも考えられる。しかし、それなら設問は、(イ)「過去の芸術観はどのようなものか、述べよ／説明せよ。」、(ロ)「現代の芸術観はどのようなものか、述べよ／説明せよ。」といった形になるはずである。設問はそうなっていない。(イ)「〜どのようなものとしてとらえているか」(ロ)「著者はどのような立場から〜考えようとしているか」という尋ね方からすれば、筆者自身の芸術観まで踏み込んで演繹的に推論すべきである。この点、設問要求を取り違えると、点数は大幅に減点されるであろうから、細心の注意を要する。この解答をまとめるために、先に示した本文の構造をさらに簡略化して再掲しておこう。

本文の構造(簡略版)

Ⅰ・Ⅱ・Ⅲ・Ⅳ芸術観の比較(①〜⑩)

芸術観を過去と現代とで比較

過去

永遠(時間・空間に制約されない普遍妥当性を持つ)

個我観念を強く含む

オリジナルの稀少性

↔

現代

時間・空間に制約される(永遠とするのは、観念的で感情論)

共同性・集団性(個我観念はヨーロッパ近代という短い時期のみ→時間・空間の制約の指摘)

複製の一般化

Ⅳ筆者の指摘する危惧(⑪⑫)

現代芸術における規格化→心の規格化

以上、全体として、過去の芸術観を批判した文章だが「過去の芸術、芸術観より現代の方がよい」という単純な主張ではないことを見逃さない。

(イ)では、単に過去の芸術観を示すのではなく、それを著者・桑原がどのようにとらえているかという評価性、価値観まで書き込まねばならない。評価は②〜④段落から明瞭で、特に③段落の「観念的美学者にとって好都合」・④段落の「感情論にすぎない」は中核要素と思われる。また、⑤段落の「一時的な芸術観だ」とする見方も落としてはならない。

（ロ）では、筆者がよって立つ基盤を書かねばならない。歴史的変化や、新芸術の特性考察という切り込みは当然として、過去に対して現在の芸術観が優れているといった単純な立場をとっていないことを把握する。特に⑪段落に示された現代芸術に対する危惧の念を確実に提示しておきたい。

学習対策として、本文の正確な読解だけではなく、設問文も正確に読み、出題意図を的確に見抜く力が必要。また、全体の論旨の把握が要求される。

解答

問一　かつて自然は、人事に比して、永遠不変の営みを繰り返すものとみなされてきた。だが、自然は、いまや工業化の進展によって次第に人間社会を超えた存在ではなくなり、人為によって改変、管理する対象とみなされるにいたっている。

問二　社会と対抗関係にある個我が創り出す作品は悲壮的で、独創性を持つが、芸術品は、社会に対立する個我意識より、社会集団の人間に共通なものを磨こうとする共通意識が強く働くところで作られてきた、という意味。

問三　今日の趨勢では、芸術家の成功を複製作品の最大多数頒布とみてよい。それにも関わらず、鑑定職人はいまだにオリジナルにのみかけがえのない貴さを認め、複製芸術を享受する者の美的陶酔を否定してしまうのだから。

問四

（イ）芸術の普遍妥当性の考えに対し、好尚の変遷を無視した観念論で、自然の永遠不変性をふまえての感情論にすぎないと批判的に見ている。また、独創的、唯一的というオリジナルの観念に対し、歴史的には短い時期に主流となった芸術観にすぎないと限定的にとらえている。

（ロ）社会集団の共通意識が働いていた歴史的経緯や、新芸術の共同制作性と作品の複製頒布という点を踏まえ、問題を純粋芸術の考察に限定していない。さらに、複製、規格化によって従順になる人々の心的態度をも考察し、その上で、単なる現状追認にとどまるまいとする立場をとっている。

二（文理共通）

出典

大西祝（おおにし　はじめ）「悲哀の快感」

解説

大西の文章は、京大で一九九八年度前期「批評心」が出題されている。著名人というほどではないから、この繰り返しはやや異例である。大西については、一九九八年の解説を参照のこと。

近代文語文は、一九九六年の翻訳に関する出題以外、一九九四年～九九年と一貫して文化論・近代化論であった。しかし、二〇〇〇年は芸術論となった。もっとも、京大現代文全体の傾向としては芸術論も頻出内容であるから、十分な用意をしておれば、とまどうことはないだろう。難易度としても標準的で、近代文語文を読み慣れていたら、かなりの得点が取れるはずの問題である。ただし、設問をきちんと読まないと要求内容を取り違える危険性もあり、その点では注意を要する。

本文の長さは一九九九年と同様一頁あまりで、近代文語文としては標準的。だが、解答字数は一九九九年の四〇〇字前後から五六〇字前後に増加した。また、問五では、二四〇字以内という、字数指定がなされた。これは一九九三年前期の第二問以来のことである。

詳しい内容は**大意**を見てもらえばすむから、以下に文章を整理し図式化して示す。悲哀の快感を芸術論として展開した評論で、京大の好む皮肉な内容である。以下、丸数字は段落番号を示し、矢印で設問とのつながりをあらわす。

本文の構造

①悲哀の快感（主題設定）

人間は楽しいことだけでなく、悲しいことをも喜ぶ

その事例＝小説・演劇鑑賞

その理由

悲哀に快感が伴うから

右は古今に通じる真理

その例証＝兼好法師の言葉・『徒然草』一三七段→問一

②快感の内容

小説・戯曲を読んで、作中の人物の悲哀に、読者も一緒になって泣く

それが快感となる

人間の持つ社会的性質が満足させられる快感である

狭い利己心を抜け、広く社会や他者とつながるから

→問二

右のように感じさせるのが、詩歌・芸術の大目的

③道徳との結合

例えば、悲壮な戯曲で、主人公が正義・公の道を守り、そのため非業の死をとげるのを見る

悲痛で惨たらしいのだが、一種の高級な快感が存在するのを感じる

道徳的な快感を味わう→問三

④評価

人間は、悲哀に訓練されて真性の楽しい境地(利己を脱し、他者と連帯する)に至る道を知る

これは、人生の悲しい事実→問四

これはどうしようもない

問五は文章の論旨把握で、右のように特定部分を解答とすることはできない。それ以外、問一〜問四はきれいに各段落に一つずつ設定されている。つまり、各設問に解答することがそのまま各段落の内容把握となり、それらが解答できれば、自動的に問五の論旨もまとまるという、京大型の典型的な設問配置になっている。

右の本文把握を踏まえて解答を書けば良い。一九九七年には問題文に「解答は原文をそのまま引くのではなく、自分の文章に直して書くこと。」という注記が付いていた。二〇〇〇年度にはこうした注記は示してないが、「現代文」入試なのだから、解答を近代文語の機械的抜粋でなく普通の現代語で書くのは自明のことである。

なお、問一〜問四の解答枠はすべて同じで、縦十四センチ、幅四センチで八〇字見当である。

では、各設問別の説明に移る。

問一　第①段落の要点把握設問だが、「著者は何を言うために」が解答の焦点である。したがって、兼好法師の言葉の現代語訳だけで済ませてはならない。

傍線部の後は「〜と兼好法師が云ひしはこれが故なり」と続く。この部分の「これ」は傍線部の前の一文「世は不如意なること〜面白味の加はるものなれ。」を指す。「自分の思い通りにならない(不快なこと)があってこそ、(不快のはずが)逆に面白味が増加するものだ」という、人間の感じ方の矛盾を示している。ただし、これだけでは兼好法師が「花は〜」と述べた理由になるだけで、設問の「著者は〜」という設問の解答にはならない。そこでさらに一文をさかのぼると、「秋の夕をあはれと思ひ、散る花をあはれと見るは、〜その悲哀の情につきまとふ一種の快感の存するあり。」と筆者が書いている。ここで、兼好法師の「桜は満開を楽しむだけではない。花が散ってしまう無常の悲哀も面白いものだ(快感であ

る)」という主張と、筆者の価値観「悲哀が快感となる」とが重なるのである。

評論文は、端的にいえば「私の意見が正しい」と述べる文章である。しかし、「自分はこう考える」と書いただけでは、読者は簡単に納得してくれない。そこでしばしば引き出されるのが、古今東西の著名人の言葉である。つまり、「こう考えるのは自分だけではありませんよ。ほらあの有名な○○さんも同じことを述べていますよ」と紹介して自説の正しさを証明し、読者を説得するわけである。この場合、同時代の同国人なら箔が少なく、過去の人を出せば、「昔から同じ」と言えるし、外国人なら「東西、世界中で同じ」と言えて、箔が増す。兼好法師なら過去の著名人として打ってつけで、そもそもこの「花は～」は否定的言及も含めて、『徒然草』で最も有名な言葉の一つである。「例証・古今の真理」といった言葉が出れば、きれいにまとめられる。

本文の正確な読解だけではなく、設問文も正確に読み、出題意図を的確に見抜く力も必要である。

問二　第②段落の要点把握である。傍線部直前の「これによりて」の部分に対応する、「他者の悲哀に自分も涙を流す」という内容の記述から書かねばならない。「仮我」「実我」のそれぞれに対応する部分を正確に把握すれば解答になる。「仮我を去つて」の「去る」が「我が狭隘～圧力を脱して」と対応し、「実我を得(る)」の「得る」が「本性に復らん・真に我に復る」に対応している。そこから「仮我」「実我」の実質を把握する。

問三　第③段落の要点把握である。傍線部に対応する箇所が本文にあるので、それを踏まえて解答する。「悲哀の情」が「道徳的の愉快を来たす」経緯を述べる。傍線部と同じ段落内に、傍線部の言い換えになる「道徳的心識の満足・一種高等なる快感」がある。あくまでも「他人の状態を見て、自分が道徳的快感を味わう」という構造を外さないこと。

小説や戯曲の登場人物たちという他人の悲哀な状況を見て、その読者・観客である自分が共感し快感を覚える、というありかたは、本文で一貫している。だから、解答でも一貫して記述するのである。

問四　一行あまりの④段落に設定された問題である。傍線部の前に「こは(これは)」とあるので、直前の一文の「悲哀」の皮肉なあり方をつかんで、理由を説明する。④段落冒頭文の「真正の楽境」の「真正」は②段落の「真に我に復る」の「真」であり、「真正の楽境に至る」は「実我」の「回復」にあたるのは明白である。

「悲しい」のが以下のいずれなのか判然としない。

a　真の本性の回復のためには「悲哀」を経なければならないことが、悲しい

b　普段は真の本性を失っていることが、悲しい理屈だけでは、bの解釈も可能だが、「悲哀を経由して」が焦点の文章だから、aと見なすのが妥当であろう。

他者の悲哀な状況への共感によって、利己心から脱出でき、他者と連帯できることは結構なことにちがいない。では、他者の悲哀を感じる事態が存在して良いのかといえば、もちろん、ない方が良いはずである。マイナスを通じてやっとプラスに到達する人間の弱さを皮肉っているのである。ただし、本文中には理由として明記されていないので、推定しなければならない。従って解答表現は多様となる。

「人生」は「人間が生きる中で」といった意味である。

問五　文章全体の論旨なので、問一～問四の解答が流用できる。ただし、本文は芸術論なのだが、問一～問四ではその件を独立して明記する部分がなかった。そこで、②段落末尾の一文を利用して芸術論であることを踏まえつつ、解答をまとめることになる。論の実質である①～③段落を中心に、特に「悲哀の快感」の内容説明となる②段落を詳しく書き、評価中心の④段落は軽く済ませる。

二四〇字もあるので、一文で書くのは避けたい。いくつかに文を分けて書くのが自然である。

大意

人間は喜ばしいことだけを喜ぶのではない、悲しいことをも喜ぶと言うと、一見、理屈に反することのようであるが、少し考えれば、これはかえっていつも我々の目や耳に触れ、いつも我々の経験している事実である。どうして、小説家は哀れな話を書き綴って、読者に涙を流させようとするのか。どうして、女性たちは泣くためにお芝居の（涙流れる）悲劇的場面を見に行くのか。悲しいことをわざわざ語りだしてひたすら涙を流すことを、一つの楽しみとする人さえいないわけではない。これはすべて結局のところ、悲哀にいくらかの、また特別の快感が伴うからである。世間でもし「生者必滅、会者定離（生まれでたものは必ず死に、出会った者同士は必ず別れる）」という嘆きがなければ「哀れだなあ」という感情は全く存在しないだろう。秋の夕暮れを哀れだと感じ、散り行く桜を哀れだなあと見るのは、これはただ悲哀の情だけによるのではなく、その悲哀の情に伴う一種の快感が存在しているのである。世の中は（自分の）思い通りにならないことがあるからこそ、また一つの面白味が加わるものである。「花は盛りに月は隈なきを見るものかは（桜の花は満開状態で、月はかげったところのない状態だけを賞賛するものだろうか、いやそうではない）」と兼好法師が（『徒然草』で）述べたのは、このためである。

私は考える。小説あるいは戯曲を読んで可憐な少女が悲哀に泣いている場面を見て、(読者の)自分自身も一緒になって泣くときに心の中で言い難い快感を感じるのは、これは自分の(人間が持つ)社会的な性質を満足させることによるのであろうと。自分が他人のために泣くときは、自分の狭く窮屈な利己心の束縛から脱け出て、自分の心が人類(全体)が大きいように大きく、社会が広いように広く感じる。これは自分の心にとっての一時的な救いではないか。狭い利己心はこれは自分の真の性質ではない。他人のために涙を流して他人と自分の区別を忘れるときは、これは自分の本性が光を放射する瞬間である。我々はその(人間の)本性にかえることを求める。これは、これによって仮の(利己心に縛られた)我から離れて本当の(利己心を脱した)我を得るからである。これは真に我に返るということである。あのいわゆる社会的な性質は、つまりこの「本当の我にかえる」ことの一つの現れである。詩歌といい、芸術といい、すべてこの大目的(人間が利己心を脱して本当の我にかえること)に向かって進むものではないか。

我々が感じる悲哀の情がもし道徳的な観念や感情と結合する場合、あるいはその悲哀の情が存在するためになおいっそう道徳的な観念や感情が活気を増し光輝くときは、その悲哀の情はいくらか道徳的快感をもたらす機縁となるであろう。

例をあげると正義をしっかり守り潔白な人が耐え難い苦痛の中にいながら、なおよくその信念を守る様子を見た場合、一方ではもちろん、悲痛でひどい苦しみの状態はあるのだが、しかしかえってその悲惨な苦しみがあるがために、また一方では道徳的な意識の満足を発揮させる。だから、悲壮な戯曲の主人公が正義・公の道を守ってついにはそれがために非業の死をとげるのを見たときは、悲痛で惨たらしい状態はもちろん、これ以上のことはないのだが、しかし、その悲惨な中にもなお一種の高級な快感が存在するのを感じるのである。

人間は悲哀に訓練されて、真性の楽しい境地(利己を脱し、他者と連帯する)に至る方途を知る。これはもとより人生の悲しい事実に相違ない。そうではあるのだが、それが事実であることをどうしようがあるだろうか(どうしようもないことなのだ)。

解答

問一　兼好法師の言葉を例証として、世の中には人間の思い通りにならず悲哀の情を感じることがあるからこそ、一つの快感、面白味が加わるという、古今を通じての真理を述べるため。

問二　他者の悲哀を我がことととして共感することで、人間がとらわれている狭い利己心を脱して広く人類全体とつながり、他者と連帯するという人間の素晴らしい本性を回復した事態を指す。

問三　他者が苦難の中で信念を守って悲運に殉じるのを見るとき、人の道をはずれまいと妥協しなかったその節操の高さに共感し、次元の高い道徳的な快感を感得すること。

問四　利己心を脱して他者と連帯する人間の真の本性は、他者の悲哀への共感という道を経由するという迂遠な経路抜きで回復できれば、それに越したことはないのだから。

〈別解〉

他者の悲哀への共感という迂遠な道を経由しないと、利己心を脱して他者と連帯する人間の真の本性を回復できないということは、人間の愚かさを証明しているのだから。

問五　人間が楽しいことだけでなく悲しいことも喜べるのは、他者の悲哀に自己も共感できるという特別の快感が伴うからである。これは、ふだん人間がとらわれている狭い利己心を脱して広く人類全体と連帯するという人間の本性を回復し、人間が社会的に持つ性質を満足させるからである。文学や芸術はすべてこの大目的に向かって進むものである。悲哀の情に道徳的観念が結合すると、艱苦の中に信念を曲げない他者を見て一種高級な道徳的快感を得る。だが、悲哀経由でしか本性を回復できないのは、人間の悲しい事実である。

（二三八字）

一九九九年

一 （文理共通）

出典

内山　節（うちやま　たかし）『時間についての十二章─哲学における時間の問題─』の「第十章　近代社会の時間」の「二」の前半部。

解説

筆者・内山は一九五〇（昭和二十五）年、東京生まれ、哲学専攻。『労働過程論ノート』『存在からの哲学』『自然と人間の哲学』『戦後思想の旅から』など著作多数。

同じ『時間についての十二章』の「第二章　山里の時間」の「一」の部分が、一九九五（平成七）年前期に東京大学文系第五問で出題されている。

本文内容は一九九八年同様の自然観、都市と地方、「故郷（ふるさと）」といったテーマ群に属するもので、過去の入試問題を研究しておれば対応しやすい。各設問が本文のどのあたりの内容理解を問題としているかをつかむことができれば、解答表現に苦しむことはなく、時間内に解答欄を埋めることができたであろう。

筆者の普段の住所は本文に明記してあるわけではないが、文中の上野村（群馬県多野郡上野村）の住人ではなく、都会人であることをつかんでおくのが前提となる。筆者は普段は都会（多分、東京）に住んでおり、四季の折々にこの村に滞在して小さな畑作をしているのである。そして二十歳過ぎの頃から新年をこの村で迎えている。そうした半訪問者を、村人がどのように扱うかが、長い年月（多分、二〇年以上）の内に変化してきた。その経験を踏まえて、筆者は自然の中で生きる人間のあり方を考えている。

本文の骨子を整理してつかんでみよう。難しい話ではないが段落が細かく切れており、具体例も多くて進行が遅い文章である。そこで、書かれた順をある程度無視して、内容から全体をいくつかの塊にまとめ、ローマ数字と算用数字でそれを示す。また、矢印で設問とのつながりをあらわす。

Ⅰ　歳取りをめぐって

①筆者が上野村で新年を迎えるようになった最初の頃

村人に「どこで歳を取っても同じことだから、よいお歳取りを迎えてくださいよ」と言われた。

その背後にある考え方

前提＝人間は自己の属する共同体で歳取りするのが
ふさわしく、それを誤ると身に差し障りが出る危険がある。

内山にとって＝この村の住人でなく都会の住人なのだから、都会で歳取りする方がふさわしいはずだ。

だから、「今年はこの村で歳取りするのなら、よい歳取りを迎えてくれ」という台詞を村人は言ったのである。

↓問一　村人の気持ちをさぐって解答する

②上野村で毎年新年を迎えて一〇年くらい経った頃

村人は「内山は、お歳取りはこの村でと決めている人だ」と認識するようになった。

内山はこの村で歳取りして良い、共同体の一員に近い人である、と処遇が変わったのである（実は、筆者本人はただ静かな山里の正月が好きだっただけだが）。

その理由

内山が上野村でわずかであるが畑仕事をしていたから。

↓問二　村人の内山への処遇の変化を解答する

Ⅱ

時間のあり方の二種（「仕事」と「稼ぎ」にも対応）

③共同体の中で、自然の四季のめぐりという、毎年循環する時間に従うのが「仕事」である。自然と人間の共同で作りだす時間世界の内にある。

↓問三　自然と人間の関係をとおして作られる時間世界を説明する

同時に、その内に、村祭り・オテンマなど、村人同士の関係という人事の時間世界が成立する。

↓問四　「仕事」における人間同士の関係をとおして作られる時間世界を説明する

農作業で高収入を得たとしても、それはこの時間世界の中の「仕事」の結果に過ぎない。

↔（対比関係）

④自然循環の時間の外で、時計の時間を基準にした時間労働が「稼ぎ」である。多くは賃労働だが、賃労働以外でも、経営的合理性に基づく労働である（要するに、投入時間に対して効率よく金を稼ぐことが目的）。

↓問五　右の「仕事」と「稼ぎ」の対比性をつかんで説明する

右の本文把握を踏まえて解答を書けば良い。なお、解答枠はいつも通り縦十四センチで、幅は問一・二・五が五センチで一〇〇字見当、問三・四が三・五センチで八〇字見当である。では、各設問別の説明に移る。

問一　「村人のどのような気持ち」という設問条件が、そのまま解答のヒントになっている。つまり、村人の心情表現をチェックして行けば解答要素が見つかる。まず、傍線部から四行後の「もっと歳取りにふさわしいところがあるだろうに」

という雰囲気と、一〇行後の「歳を取るにふさわしい場所がある」を重ねて、村人の価値観を理解する。これをベースに、その後の、共同体の中で一緒に歳取りするのが適切という件を押さえ、右の本文把握の①の末尾に当たる段落(「だからこの村で～」で始まる)にある「～という気持ちがあり～」にたどり着く。結局、ほぼこの段落をまとめるだけで解答が出来上がるが、「共同体の中で歳取りする」という件を前段落から補っておくべきである。また、末尾を設問要求に即した形でまとめることも忘れないように。

問二　傍線部内に「その理由は」とあるから、最初にこの指示内容を押さえるのが先決で、必然的に前に戻ることになる。上野村で歳取りする内山に対して、村人のかける言葉の内容が変化したことを指している。即ち①→②の変化を押さえる設問である。「よそ者はその属するよそで歳取りすべきだ(問一の解答の一部)」→「彼はよそ者でなく、この上野村の住人に近い存在になった。その理由として、ここで畑仕事をし、共同体の一員にもなっている(問二解答)」という関係から作られた設問である。そこで、傍線部の前だけでなく後にも目を配り、共同体の中で生きる村人の生活のあり方が「毎年循環する自然の四季のめぐりに沿っている」ものだと把握する。

問三　傍線が次の問四と接近していることでも明白なように、二つは連関した設問である。共に似た解答内容になるため、違いを正確に捉える必要がある。その相違は、前者については農作業という、後者については村祭りやオテンマという具体例を参考にして考えると分かりやすい。後ろから四段落目にある「自然と人間の共同の世界がつくりだす仕事は～村人の人間と人間の関係をもこの時間世界のなかにつつみこむ」という重層関係をつかむことが必要である。右の問二の解説の末尾に記した、村人の生活のあり方が「毎年循環する自然の四季のめぐりに沿っている」ことが、自然と人間の関係で、そこに作られる時間世界が、問三の解答になる。

問四　問三の解説・解答と連動する。問三の時間世界の中に包まれた、村祭り・オテンマなどの人事世界を構成する時間世界である。

問五　相違点説明で、先のⅡの「③対④」の対比をつかむ設問である。「仕事」については、傍線(3)(4)を含む段落のエッセンスがそれに相当し、後ろから二段落目にも言及がある。一方「稼ぎ」については末尾段落と後ろから三段落目にまとまった説明がある。だから、実際には、ほぼ最終三段落の要旨をまとめれば十分解答内容が揃い、キー・ワードも発見しやすく、解答しやすい問題である。

解答

問一　新しく歳を取るのにふさわしい場所である共同の世界をないがしろにして、筆者の身にさしさわりがでないかと、共同体に暮らしてきた感覚から心配し、自分たちの村で一緒にうまく歳を取ってもらいたいと願う気持ち。

問二　自然と人間とが密接な関係を持つ農作業に筆者もわずかながら従事していることが、円環する時間世界を村人と共有していることになり、年毎の戻ってくるしかるべき時期に当然来るべき人と村の人々に思われるようになっているから。

問三　自然とともに毎年循環してくる春夏秋冬それぞれの仕事を通して、自然と人間がひとつの世界を共有し、その両者の関係のなかにつくられる、山里の時間世界。

問四　自然と人間の共同の世界がつくりだす仕事のうち、人事のかたちをとった仕事を通して、村人同士の人間と人間の関係をそのなかにつつみこむ、山里の時間世界。

問五　前者は、四季の円環する時間意識の共有に成立する、山里での共同生活の基盤となる労働をいう。一方後者は、山里の時間を遊離した労働であり、時計の時間を基準に投入時間に見合った収益を図る経営的合理性に基づく労働をいう。

□二（文理共通）

出典

永井荷風（ながい　かふう）「矢立のちび筆」

解説

荷風は一八七九（明治一二）年生まれ一九五九（昭和三四）年没の小説家・随筆家。一九〇三（明治三六）年渡米、後にフランスに渡った。この体験をもとに『あめりか物語』『ふらんす物語』を発表。帰国後、慶應大学教授となって、数年間『三田文学』を主宰した。日本の近代化を批判し、次第に江戸趣味に傾いて花柳界を舞台とする小説を発表するにいたる。代表作は、『腕くらべ』『濹東綺譚』など。一九五二（昭和二七）年、文化勲章を受賞している。

荷風の文章は、京大で繰り返し出題されている。一九九三年前期『日和下駄』・一九八六年『濹東綺譚』（末尾の随想的部分）・一九七六年「紅茶の後」〈倦怠〉である。もっとも、これらはすべて口語文で、近代文語文出題としては一九九九年が初出である。しかし、文体の別を越えて荷風の主張は一貫しているから、□一同様、□二でも過去問題の研究が効果的なのが確かめられる。本文は一九一四（大正三）年初春に書かれ、本題が「矢立のちび筆」で、「或人に答ふる文」の小見出しが付けられているが、その末尾三分の一に当たる。なお、全文は岩波文庫『荷風随筆集(下)』に収められている。

近代文語文は、一九九六年度が翻訳に関する出題であったが、一九九四・九五年度と二年連続で、また九七年〜九九年度と連続で文化論・近代化論である。頻出内容であるから十分な用意をしたい。難易度としては標準的で、近代文語文を読み慣れていたら、かなりの得点が取れるはずの問題である。ただ、政治・思想関係の内容になると、広い意味ででではあるが近代化を推し進める論調のことが多く、荷風のような退嬰的な主張は珍しい。もっとも、荷風は文学・芸術をめぐって述べており、論調としては先に記した既出入試本文から一貫している。例によって皮肉な調子で、西洋最新の主義を取り入れる文壇のあり方を批判し、江戸戯作をめざす自分こそが本物の文学者であるという自負心を披瀝している。本文の長さは一頁あまりで、近代文語文としては標準的。解答字数は四〇〇字程度でやや少な目である。

詳しい内容は「大意」を見てもらえばすむから、以下に文章を整理し図式化して示す。頻出の、典型的な対比の構造で書かれた文章で、文学・芸術に対する筆者と現代文壇一般的傾向の二つの立場の違いを述べ、自分が文壇の急進派から批判されても本望だと締めくくっている。筆者の文壇批判の価値観をくっきりとつかみ出すのが肝心である。

現代文壇

現代日本の表面に現れた、政治・社会一般の生産的な活動に積極的につながろうとする

車馬往来の街路(繁忙な活動)に相当

たとえれば太陽・昼で、人生の活動と進歩の面である

「主張の芸術」である

例＝イタリア未来派の詩人マリネッチの著作の人生驀進

戦場に功名の死をなす勇者の覚悟を賛美

世をののしって憤死する生き方を賛美

西洋文芸・芸術礼賛が文壇一般の風潮

↓金儲けの商業と化している

西洋礼賛が時代の流行＝文学・芸術も西洋を範とすれば世人に喜ばれる、という事情に沿っている

そうした芸術の実体

自由・幽玄な空想・知識への要求・生命の活力、などが自分の本心にないのに、西洋を良しとしそれを真似て、革命・西洋の音楽・西洋哲学の新論・未来派の美術、を主張している[甲]

無用な新用語を作る・文芸批評の新聞言論化(ことさら問題を派手に提出して人気を博する)機敏[乙]

進取の機運(ただし、荷風からすれば、外面だけのこと)

↔(対比)

筆者
時代の風潮と関係なく、自己の体質・境遇・感情に最も親しくしっくりする芸術を求める＝筆者のみの個人性
現代日本の表面に現れた、政治・社会一般の活動から離脱
無業・隠退者（生産性からの離脱）に共感
車馬往来の街路から隔てられた庭園の花鳥を見て、憂苦の情を忘れる
たとえれば月・夜で、人生の静安と休息の面である
「趣味の芸術」である
イタリア未来派の詩人マリネッチの著作を批判・嫌悪
兵士を戦場に送り出した後、家に残って孤児を養育する老母や、淋しく暖炉の火を焚く老爺の心に同情
心ならずも世に従い生きて行く者の胸中に同情
「世に立つは～」の狂歌への共感
ただし、右の立場を鼓吹し、他者への強要を主張するものではない（積極・強要は荷風の立場と矛盾するから）
しっくり来るなら古今東西、どのような芸術でも良い（現代の西洋賛美一辺倒を批判）
日本の（伝統）文芸の中に自己の気持ちを託せる作品を発見したい
文壇一般の風潮と一致しなくて良い（自分の文学は、金儲けの商業ではないから）

［甲］を軽薄な行動だと批判
［乙］は利に聡いだけと批判
現代文壇の進取の機運から離れる＝江戸戯作者（京伝もその一人）風の気質である
それで現代文壇の急進者から排斥嫌悪されても本望の至りである
この文章は、以上の宣言の文章である

問は全てこの対比構造に関わって設定されている。

右の本文把握を踏まえて解答を書けば良い。一九九七年度には問題文に「解答は原文をそのまま引くのではなく、自分の文章に直して書くこと。」という注記が付いていた。九九年度にはこうした注記は示してないが、「現代文」入試なのだから、解答を近代文語の機械的抜粋でなく普通の現代語で書くのは自明のことである。

なお、解答枠はすべて縦十四センチで、幅は、問一～問四が三・五センチで八〇字見当、問五のみ四、五センチで一〇〇字見当である。

では、各設問別の説明に移る。

問一　「主張の芸術」とは、（筆者が批判する）現代文壇の芸術のあり方で、「趣味の芸術」が筆者・荷風の芸術的立場で

あるのは明瞭。本文全体が「主張の芸術」と「趣味の芸術」の対比構造をなすので、解答要素は文章の後半からでも拾いうる。しかし、後半に入ると単なる説明から批判へと話が深まるから、ここは紹介段階として、ほぼ傍線部の前の部分だけで解答要素を揃えれば十分である。「公・活動・進歩・社会全体・積極、対、私・休息・個人・消極」の対比性を明瞭に示すこと。なお、書き方として、「傍線部(1)は〜」と書くと不自然だから、「前者は〜、後者は〜」か、めんどうでもきちんと主語を明記し「主張の芸術とは〜」と書いておきたい。

問二　段落の切れ方だけに注目すると、傍線部が指すのは、マリネッチの作品に描かれた戦場で奮闘する英雄の背後で主なき家を守る哀れな老人たちのことのようにとれる。しかし、傍線はそうした特定の人間を超えて一般的に述べているので、解答の書き方に困る。そこで、次の段落で紹介された、京伝の狂歌に注目すると、正にこれが「心ならず世に従ひ行く」人々の生き方を典型的に示している。「世に従」うと言う場合、一応自立して生きているのが普通だから、老人や(まして孤児)では不適当である。「(腰が)曲がることでやっと立っている腰屏風」という狂歌のしゃれた意味が十分取れないとつらいが、傍線部を常識的に説明するだけでも、一応の解答が書けるだろう。「荷風が同情する生き方」を説明すればよいのである。「心ならず」に適合する「渋々・嫌々ながら」といった表現を、是非、入れておきたい。

問三　問二と同じ尋ね方だが、傍線部が長いので、現代語訳が焦点になる。「無用なる新用語」を作りたがる現代文壇批判を明瞭に示し、「いはんや〜とすることにおいてをや(〜であるのは言うまでもない)」の呼応とその実質把握(何以上なのか)や、「さながら」「事とする」の訳までも正確に。「〜であるのは言うまでもない」と書く「〜」部分に傍線部の前の文の内容が入るが、ここを詳しく書いていると、肝心の傍線部訳が書けない。だから、前文全体の現代語訳はあきらめて、内容を思い切り手際よく圧縮する。また、傍線部のままの構造で書くと「文芸批評」についてのメイン部に、新聞の件の割り込みが入り落ち着かない。そこは現代語として自然なように語順を組み替えておく。

問四　傍線部は短いが、「筆者はどのようなニュアンスをこめているか」という条件で明瞭なように、背後に含みのある表現である。「進取」は「積極的に新しいものを取り入れようとする」ことで、一般的には肯定されることである。しかし、荷風はあえてそれを、世間での評判を狙い、西洋歓迎の時代風潮に迎合するものと批判している。このニュアンスが読めるかどうかで勝負が決まる。本文の後半にある「文学者の事業は文壇一般の風潮と一致しなくて良い・文学者の仕事は営利の商業ではない・西洋新流行を取り入れれば世人に喜ばれる・(だが、自分は)そうした軽挙を恥じる」などや、さらに傍線部(4)の表現から、荷風が「進取の気運」を苦々しく感じていたことははっきりとつかめよう。つまりこうした部分を解答に盛り込めという指定が、「本文中の語句を用いて」という条件なのである。

問五　傍線部は長いが、その現代語訳ではなく、筆者が傍線部のように考える「理由」が求められているのに注意。問四と連動しており、同じ事を逆の角度から見ている設問だと見抜くこと。荷風からすれば、最近の、世間の受けを狙う流行迎合の文壇は到底本物の文学者のする仕事ではない(問四の解答内容)。だから、それを裏からみれば、「進取の気運」に満ちた文壇の急進派から排斥嫌悪されれば、それこそが、彼らを批判する自分の願い通りで、自分の生き方が認められた事になり、満足なのである。「自分は現代文壇を批判する、だから、彼らから排斥嫌悪されれば、自分の考えが彼らに伝わった証拠になる」という対の関係を、裏から述べている。だから、解答にも「逆に・裏から言えば」といった表現が欲しいものである。

大意　(理解しやすいよう、原文の第①段落を二つに分けた)

私は今、自分の体質と自分の境遇と自分の感情とに最も親しくなるはずの芸術を求めようとしているところである。現代日本の政治ならびに社会一般の出来事を無視した世界に出かけて楽しむことを願っている。(例えば)社会の表面で活動をしていない無職の人、または公の勤めの義務を終えて隠退した老人たちの生活に興味を移そうとしている。垣根によって、車や馬が行き来する街路〔活発な活動をする社会のたとえ〕から切り離された庭園〔社会から切り離された世界のたとえ〕の、花や鳥を見て辛い苦しい気持ちを忘れようとしている。人生には常に二面性があることは、ちょうど天に太陽と月があり、一日に昼と夜があるようなものである。(だから)活発な活動と進歩以外に静かな安らぎと休息もまた、人生の別の一面ではないか。

私は主張の芸術を捨てて趣味の芸術に生きようとしている。私は現在の文壇の成り行きに配慮せず、国の東(東洋・日本)西(西洋)も問わず、時代の新古も無視して、ただ自分に最も親しいものを求めてそこで安んじたいと願うものである。イタリアの未来派に属する詩人マリネッチの著述は、三年前に私もその名声を伝え聞いて一読したことがあった。しかしながら、彼の説く人生をまっしぐらに進む意気はあまりにも勢いが強大なので、私はたちまちこれを捨ててしまい顧みることはなかった。私は、戦場で功名を立てて死ぬ勇者の覚悟よりも、（その勇者を送り出して）家に残って孤児を養う老婆と、暖炉のそばでさびしく火をたく老爺の心の方を一層哀れと感じるからである。世間をののしり憤慨して死んでしまう者よりも、心ならずも世間に従って渋々生きていく者の胸中により深い同情心を感じなければならない。

世の中で立ち上がり生きて行くのは苦しいことだなあ、腰屏風よ。（屏風のつなぎ目が）曲がるように折り屈んで何とか立ってはいるのだが。

〔腰屏風は、ちょうつがいの部分で曲がることによってやっと立っている。人間がこのつらい世間を生きていくには、あのように腰を折りかがめるしかないのだ。〕

私は、山東京伝が描いた『狂歌五十人一首』の中に掲げられた右の一首を見てから、初めて狂歌を捨てがたいと思った。

しかし、私は他人に向かって狂歌を作れ、浮世絵を描け、三味線を聞けと主張するのではない。私はただ、西洋の文芸や芸術でなくても、なお、時として自分の胸の内を託することができる作品があることを思って、母国の文芸作品の中で私の現在の詩情を感動させるものを発見しようと努めるだけである。文学者の仕事は、無理に文壇の一般的な風潮と一致しなければならないということはない。元来、文学は金儲けの商売ではないからである。現在の日本あげての流行が西洋歓迎という時代に当たって、文学や芸術もまたそのモデルを西洋に採れば、世間の人々に喜ばれるのは火を見るより明らかである。しかしながら私は、それほど自由を求めてもいないのに革命を叫び、それほど奥深い空想もないくせにしきりに西洋の音楽は素晴らしいと説き、それほど知識の要求を感じてもいないのにやたらに西洋哲学の新論を主張し、あるいはまたそれほど生命の活力もないくせにむやみに未来派の芸術を歓迎するような軽薄な行動を恥ずかしく思う。（だから）ちょうど新聞の言論がことさらに派手に問題を提起して世間で人気を得ようとするように、無駄な新語を作って、文芸批評が利に聡い機敏な行動ばかりするのは、それ以上に恥ずかしい軽挙であるのは言うまでもない。

私は今、自分から後退して、積極的行動をよしとする傾向から遠ざかろうとしている。（だから）ありがたいことに、私の（古めかしい）戯作者精神を、いわゆる現代文壇の急進者から排斥嫌悪されることになれば、それが最高の本望である。そのことを示すために、ここにこの文章を書き記す。

〔注〕

マリネッチとは、フィリッポ・トンマーゾ・マリネッティのこと。一八七六年生まれ、一九四四年没のイタリアの作家。エジプトのアレクサンドリア生まれで、パリとジェノヴァで学び、その後ミラノでジャーナリストとして働いた。一九〇九年に「フィガロ」紙に独創的な未来派の宣言文を発表。著作では戦争、機械の時代、スピード、「ダイナミズム」を賛美し、戦争を「この世の唯一の清掃機関」と呼んだ。あらゆる伝統的な文学や芸術の形式を非難した。一九一九年にはファシストになった。作品には「未来派文学の手法宣言」（一九一二）や「合成未来派劇場」（一九一六）がある。

参考…岩波書店『ケンブリッジ世界人名辞典』

新潮社『新潮世界文学辞典』

解答

問一　前者が、現代日本の政治や社会の活動と進歩に積極的に関与し発言しようとする芸術であるのに対し、後者は、個人的な安らぎと楽しみを求めるだけで、社会活動とは無関係な芸術である。

問二　政治や社会のあり方には不満は感じながらも、世間に逆らっては生きていけないので、強く異議を申し立てることもなく、腰をかがめて渋々世間に合わせて生きていくということ。

問三　新聞が世間受けを狙って派手な問題提起をするように、文芸批評が不必要な新語まで作って目敏く評判狙いばかりするのは、西洋の流行への安易な迎合以上に軽薄なのは言うまでもないということ。

問四　「進取の気運」は、現在の流行に乗り、文学・芸術のモデルを西洋から目敏く取り入れ世人の受けを狙った営利的な行為に過ぎず、真の文学者のすることではなく軽薄だという、批判的ニュアンス。

問五　西洋の新流行に迎合して世間の評判を狙う現代の文壇から批判されることで、逆に、人々にこの世の憂さを忘れさせる昔ながらの戯作の世界に生き、社会活動の外で利も捨てて現代の風潮に背く自分の生き方が伝わった証拠になるから。

一九九八年

[一]　編集の都合により、省略します。

[二]（文理共通）

出典

大西祝（おおにし　はじめ）「批評心」

解説

筆者大西は京大では初出。大西は一八六四（元治元）年生まれ、一九〇〇（明治三三）年没の哲学者。岡山藩士の子に生まれ、同志社神学科を卒業、続いて東大哲学科に学び、一八九一（明治二四）年から東京専門学校（現・早稲田大学）で哲学・心理学・倫理学などを講義した。一八九八（明治三一）年ドイツに留学したが翌年病気で帰国、三五歳で早世した。カント的な理性による批判主義の精神を日本に初めて移植した哲学者であり、和歌・新体詩も作り、詩歌論まで発表している。なお、新劇指導者だった島村抱月は大西の弟子である。

近代文語文は、一九九六年が翻訳に関する出題であったが、一九九四・九五年度と二年連続で、また九七年・九八年と連続で文化論・近代化論である。頻出内容であるから十分な用意をしたい。難易度としては標準的で、近代文語文を読み慣れていたら、かなりの得点が取れるはずの問題である。

詳しい内容は「大意」を見てもらえばすむから、以下に文章を整理し図式化して示す。評論文で頻出の、対比の構造で書かれた文章で、筆者の「不平分子・批評心」肯定の価値観をくっきりとつかみ出すこと。なお、ローマ数字は原文の段落を示し、丸数字は、内容をつかみやすくするためにここで加えた小段落を表す。分かりやすいように段落を全部で四つに切ってある。

Ⅰ　保守派と進歩派

①不平分子の位置づけ（支配層対筆者）

改良・革命を叫ぶ社会の不平分子

×支配層の考えで＝危険人物であり、良民ではない

（→抑圧・弾圧すべき）

↔

○筆者の考えで＝社会の進歩のために必要

少数派だが、いないと社会が古いまま

固定してしまう

②筆者の考える健全な社会運営

保守派と進歩派の二つの傾向の程良いバランスが必要

いわゆる「良民」＝現状満足の保守派
社会の慣例をそのまま惰性的に維持
（多数派）

進歩主義の率先者＝惰性的社会に耐えられない不平家

↔

Ⅱ　国家運営に関する進歩派の位置づけ
③大前提＝国家運営の根本は国家の永久存続
旧来の風俗習慣が維持できない事態でどうするか
支配層の考える案
とりあえず一時的な安定の維持だけ考える
批判者を危険分子として抑圧
改変を恐れ、旧来の状態を改めない
すると、最終的には国家が立ち行かなくなる
↓×
④筆者の主張する案
（旧来の風俗習慣が維持できない事態でどうするか）
ごり押しの権力維持や弾圧はかえって効果がない
旧来の風俗習慣の根拠は何かと根本的に批判・詮索
多少の危険は覚悟し、批判を許し、必要なら飲む
（そもそも批判精神の長期弾圧は不可能）
すると、必要な改革がなされ、国家は長期存続する
↓○

右の本文把握を踏まえて解答を書けば良い。一九九七年度には問題文に「解答は原文をそのまま引くのではなく、自分の文章に直して書くこと。」という注記が付いていた。九八年度にはこうした注記は示していないが、「現代文」入試なのだから、解答を近代文語の機械的抜粋でなく普通の現代語で書くのは自明のことである。

なお、解答枠は、問一が縦十三センチである以外すべて縦十四センチである（問一のみ短いのは、A・Bを示す枠が上に付いているから）。幅は、問一Aが二・五センチで五〇字見当、問一Bが三センチで六〇字見当、問二・三・四がほぼ五センチで一〇〇字見当、問五が六センチ強で一二〇字見当である。

では、各設問別の説明に移る。

問一　ここだけ別符号で、本文の出現順と違ううえ、まとめて尋ねている。つまり、大きな内容把握設問ではなく、用語・漢文訓読調の正確な現代語への置き換えを狙う設問である。

A　傍線部に主語がないが、どういう人物が「〜者」であるのかを書くのだから、まずそれを確定する。傍線部の直前にある「〜なり」が傍線部の「〜なり」と同じで、並列関係になっている。だから前の「〜なり」の主語と同じはずだから

「進歩主義の率先者」とわかる。これは現代語でそのまま通じるから、訳すに及ばず。「無事」は普通は良い意味だが、ここでは「進歩主義の率先者」が「苦しむ」のだから、悪い事態のはず。「悪いことがない」のでなく、「何事も起こらない」こと。傍線部Aの文の冒頭が「之に反して」なので、傍線部(1)と対照関係にあり、良民たちの「惰性」的社会維持に「苦しむ」のが「進歩主義の率先者」。「惰性」は本文四行目の「社会はひたすらに旧時の状態を維持する」に置き換えられる。残りは「底」だが、「てい」とふりがなが付いているから「そこ」ではない。厳密には「種類」のことだが、「体」と書く「てい（様子・態度）」と混同しても結果的には意味が通る。あるいは、応用力で逃げ切る。

B「豈（あ）に～せんや」の漢文の語法（どうして～できようか、できるはずがない）を知ってたら簡単である。ただし、「襲撃」はそのままでは不自然だし、義理堅く「権力の神聖さ」などと持っていくより、もう少しこなしたい。「批評心」はこのままでも通じるが、「襲撃」につながる強いニュアンスを出したい。傍線部の後ろの一文も援用できる。

問二　京大でほぼ毎年出題されている比喩説明が焦点で、解答内容は問三と対比的な関係になる。

比喩であることは設問に明示され、さらに傍線部(1)の上にも「物理上の比喩を用ふれば」と述べられている。ただし、「惰性」は特に物理学の用語と感じられないが、かつて「慣性」といった意味に使われたのであろう。傍線部直前の主語「彼等は」の指示内容を、まずきちんと捜す。前文の「彼等」にもどり、実質は本文四行目下「所謂良民」がそれに当たる。この文と次の文を圧縮し、現状維持の満足派だから「保守」も明記する。解答字数はそう多くないので「ここで惰性は～のたとえで」式に律儀に書くと、実質が不足する。「惰性」の内容が正確に説明できていたら、比喩の説明様式にこだわることもあるまい。

問三　前問で旧習維持派を説明し、ここで旧習破壊派を説明する。二つの設問が対比関係になっている。

傍線部に指示語の「之」があるから、この内容を捜す。機械的に抜き出すことはできないが、ちょうど傍線部の右隣を上下転倒させ、「旧時の状態を維持す可からざ」る「一国の風儀習慣」とするとまとまる。「国家永久の計」は「国家百年の計」などから応用すればよく、「国家を永久（あるいは長く）維持するための計画」。「破壊」はいささか表現が過激なので、現代語として不自然でないように処理する。「破壊」対象は「国家そのもの」でも「あらゆる風儀習慣」でもない。文脈を押さえて、正確に限定を付けておく。

問四　ここは機械的現代語訳では解答できない。問三からの発展設問で、傍線が長いのに設問で指定されている部分が短いのに注意。設問形式では、傍線部全体の説明は要求されていないのに傍線部が長いのは、傍線部全体を目配りすれば解答しやすいというヒントである。実際、解答を作ってみると傍線部全体を踏まえることになる。もっとも、国家存続を焦点に解答をまとめること。

傍線部冒頭の「之」が「批評心」であるのはすぐわかる。問題は「曽て恐るべしと思ひし」よりもなお「恐るべき結果」の二つの「恐ろしい」がつかめるかどうかである。京大では、こういうところで文章全体の把握力が試されるのである。先の図式のⅡの要所を再掲してみよう。

旧来の風俗習慣が維持できない事態でどうするか
　支配層の考える案
　　とりあえず一時的な安定の維持だけ考える。
　　　批判者を危険分子(甲)として抑圧
　　　　改変を恐れ、旧来の状態を改めない
　　　　　すると、最終的には国家が立ち行かなくなる(乙)

最初は、右の(甲)を「恐るべし」と思って抑圧したのだが、その結果として改革がなされず、旧来の「風儀習慣」が無意味に温存され、国家崩壊という、より恐ろしい結末(乙)を引き出すわけである。難しいのはこの「国家崩壊」が本文に明記してないことで、それは傍線部(2)の「国家永久の計」を裏返して、応用的に引き出す他はない。

問五　京大でお馴染みの全文把握設問。問一～問四の解答要素を有効に利用したい。ただし、解答量は一二〇字程度なので、簡潔にまとめる。二文構成として第一文で「批評心」を説明し、第二文で主旨を説明すると安定する。問一Aを利用して批判精神の肯定、その抑圧批判を書くのは必須。そしてなぜ批判を抑圧してはならないかを、問三・問四の解答から抽出する。

原文全体がどのような内容であるか不明だが、筆者は江戸幕府の崩壊を例としてイメージしつつ、強権的な明治の天皇政府のあり方を批判しているのであろう。

大意

（内容がつかみやすいように、原文の第①段落・第②段落をそれぞれ二つに切った。）

社会のこれまでの状態に満足できないで、あるいは「改良すべきだ」と声を上げ、あるいは「革命だ」と叫ぶ者は、私が考えるに、あの(お偉い支配者たちがそう言う)いわゆる「良民(お上の命令に素直に従う人々)」の部類に属する人ではない。そうした(「改良・革命」と声を上げる)人々は、おおむねその社会の中にいる不平家である。こうした人々の言動は、その時代の社会から見て危険と思われるものである。しかしながら、もしこうした人々がいなければ社会は変動の要素を欠いてしまうであろう。またそれと同時に進歩の要素を欠いてしまうであろう。社会の一隅に常にこうした少数の不平家が潜んでいないと、社会はひたすら昔の状態を維持することになってしまうであろう。

社会の健全な生活は、保守と進歩の二つの傾向がちょうど良いバランスをとることにあるとするならば、もとよりその(保守と進歩の)一方だけを選び取って、他方を棄てるべきではない。そして、あのいわゆる「良民」と呼ばれる人々はこの二つのどちらの傾向を代表している者かと言えば、おおむね社会のその現在の状態に満足して、その中で各個人の範囲内で平凡な義務を果たすこと以外に理想など持っていない人々であろう。ただ何の考えもなくその時代の社会習慣を守って、あえてそれに反抗する必要を感じない人々であろう。すなわち、こうした人々がいるから、保守の傾向がその価値の重みを持つのである。(これを)物理学の比喩で言えば、(すでに存在している)社会の慣例をそのまま惰性的に維持させようとする人々と言えるであろう。これに反して、進歩主義の率先者となる人々は社会に不平を感じている者で、社会に何の変化もない状態に耐えられない人間である。

一つの国の風俗習慣が、今まさに、旧来の状態を維持することが不可能な事態になっている時、(旧来の状態を根本的に改めることをせず)とりあえず一時的な安定を維持するという策は、(もはや改変すべき)旧来の風俗習慣を取り繕うゴマカシである。そうではなくて、国家を長く続かせようとするなら、時代にそぐわなくなった旧来の風俗習慣などを破棄・改変していかなければならない。旧来の状態を破壊する人間は、その時代にあっては「危険」と呼ばれるであろう。「危険(な奴)」と呼ばれて社会から処罰をされるのを、甘んじて受けなければならない。ただ何の考えもなく、従来の風俗習慣をひたすら守り通すということをせず、こうした風俗習慣の根拠は何かと詮索しなければならない時代状況において、なお無理矢理にこうした詮索追求・批判の精神を抑圧するのは決して得策ではない。こうした追及・批判精神を抑圧していったあげく、結局は、最初に「(批判する不平分子は危険だから)恐れて抑圧しなければ」と思った以上に恐ろしい結果(国家崩壊)を誘い出すことになってしまうであろう。

火災の被害を恐れて避けようと思うなら、うまくその火炎の流れる逃げ所となる道を与えるべきである。権勢を長く保とうと願うのならば、うまくその権勢の力の一部をそぎ落とすべきである。〔以上二文は、「力への対抗・力の維持、いずれも単純な一方的ごり押しでは効果がない」ことの喩え。〕旧来の考えを批判する場合、それに伴いいくらか危険がないはずがない。しかし、そのいくらかの危険を恐れて批判を抑圧しようとするのは、しっかりした判断力のある人物のするべきことではない。批判精神がいったん芽を出すと、どのようにその批判精神を撲滅しようとしても、どうしてその成長を長い間妨害することができようか(できはしない)。神聖視されている権力でも、固定化した習慣でも、どうしてこの批判精神にさらされるのを免れることができようか(できはしない)。批判精神がいったん芽生えたら、どんなものがこれに抵抗することができようか(そんなものは一つもなく、どんなものも批判精神に対抗などできはしない)。

解答

問一　A　進歩主義の率先者は、人間の多数が社会の現状に満足した変化のない状態には耐えられない人間だ、という意味。

B　批判精神は一旦生まれたら抑圧は不可能で、神聖視されている権力も固定した習慣も、批判にさらされるのを免れえない、という意味。

問二　概ね社会の現状に満足して、与えられた分の中で従来通りの義務を果たせばよいと考えているために、すでに存在している社会の慣例に何の疑いも抱かず、そのまま惰性的に維持する、良民と呼ばれる保守的な人々のこと。

問三　国家本来の目的は国家の永久維持で、そのためには時代に合わせて進歩していかなければならない。そこで、時代にそぐわなくなった風俗習慣などを随時見直し、必要に応じて破棄・改変していくべきだ、ということ。

問四　国家の長期維持には、旧来の風俗習慣を必要に応じて改変していかねばならない。そこで、一時的な安定のためにとその改変を促す批判精神を抑圧していくと、改変を怠った結果、長期的には国家の根本的な崩壊を招くから。

問五　批評心とは、社会の現状に満足せず、固定した習慣や神聖な権力すらも根底から考え直し、必要とあらば改革しようとする批判精神である。保守だけでは国家は時代に即応できず、結局崩壊に到るので、そのような批判精心神を持った人間も不可欠で、決して抑圧してはならない。

◆解答・解説執筆者

松本　孝子

［現代文　2022〜2003年度一二、2002〜1998年度一］

川戸　昌

［近代文語文　2002〜1998年度二］

京大入《きょうだいにゅう》試《し》詳解《しょうかい》25年《ねん》　現代文《げんだいぶん》〈第《だい》2版《はん》〉

編　　者	駿台予備学校
発行者	山﨑良子
印刷・製本	日経印刷株式会社
発行所	駿台文庫株式会社

〒101-0062　東京都千代田区神田駿河台1-7-4
小畑ビル内
TEL. 編集　03(5259)3302
販売　03(5259)3301
《第2版①－808pp.》

ISBN978-4-7961-2384-6　　Printed in Japan

駿台文庫 Webサイト
https://www.sundaibunko.jp